GOTTHOLD EPHRAIM LESSING
WERKE IN DREI BÄNDEN

Band 1
Fabeln · Gedichte
Dramen

Carl Hanser Verlag

Aufgrund der in Zusammenarbeit mit Karl Eibl,
Helmut Göbel, Karl S. Guthke, Gerd Hillen,
Albert von Schirnding und Jörg Schönert besorgten
Werkausgabe in acht Bänden
herausgegeben von
HERBERT G. GÖPFERT

ISBN 3-446-13461-1
Hanser Bibliothek
Alle Rechte vorbehalten
© 1982 Carl Hanser Verlag München Wien
Umschlag: Christian Diener
Druck und Bindung: May & Co., Nachf., Darmstadt
Printed in Germany

INHALT

Fabeln in Prosa
9
Gedichte
121
Dramen
151
Anhang
779
Inhaltsverzeichnis
839

Ich

Die Ehre hat mich nie gesucht;
Sie hätte mich auch nie gefunden.
Wählt man, in zugezählten Stunden,
Ein prächtig Feierkleid zur Flucht?

Auch Schätze hab ich nie begehrt.
Was hilft es sie auf kurzen Wegen
Für Diebe mehr als sich zu hegen,
Wo man das wenigste verzehrt?

Wie lange währts, so bin ich hin,
Und einer Nachwelt untern Füßen?
Was braucht sie wen sie tritt zu wissen?
Weiß ich nur wer ich bin.

FABELN

Drei Bücher

ERSTES BUCH

I. Die Erscheinung

In der einsamsten Tiefe jenes Waldes, wo ich schon manches redende Tier belauscht, lag ich an einem sanften Wasserfalle und war bemüht, einem meiner Märchen den leichten poetischen Schmuck zu geben, in welchem am liebsten zu erscheinen, *la Fontaine* die Fabel fast verwöhnt hat. Ich sann, ich wählte, ich verwarf, die Stirne glühte – – Umsonst, es kam nichts auf das Blatt. Voll Unwill sprang ich auf; aber sieh! – auf einmal stand sie selbst, die fabelnde Muse vor mir.

Und sie sprach lächelnd: Schüler, wozu diese undankbare Mühe? Die Wahrheit braucht die Anmut der Fabel; aber wozu braucht die Fabel die Anmut der Harmonie? Du willst das Gewürze würzen. Gnug, wenn die Erfindung des Dichters ist; der Vortrag sei des ungekünstelten Geschichtschreibers, so wie der Sinn des Weltweisen.

Ich wollte antworten, aber die Muse verschwand. »Sie verschwand? höre ich einen Leser fragen. Wenn du uns doch nur wahrscheinlicher täuschen wolltest! Die seichten Schlüsse, auf die dein Unvermögen dich führte, der Muse in den Mund zu legen! Zwar ein gewöhnlicher Betrug –«

Vortrefflich, mein Leser! Mir ist keine Muse erschienen. Ich erzählte eine bloße Fabel, aus der du selbst die Lehre gezogen. Ich bin nicht der erste und werde nicht der letzte sein, der seine Grillen zu Orakelsprüchen einer göttlichen Erscheinung macht.

II. Der Hamster und die Ameise

Ihr armseligen Ameisen, sagte ein Hamster. Verlohnt es sich der Mühe, daß ihr den ganzen Sommer arbeitet, um ein so weniges einzusammeln? Wenn ihr meinen Vorrat sehen solltet! – –

Höre, antwortete eine Ameise, wenn er größer ist, als du ihn brauchst, so ist es schon recht, daß die Menschen dir nachgraben, deine Scheuren ausleeren, und dich deinen räubrischen Geiz mit dem Leben büßen lassen!

III. Der Löwe und der Hase

Aelianus de natura animalium libr. I. cap. 38. Οῤῥωδει ὁ ἐλεφας κεραστην κριον και χοιρου βοην. Idem lib. III. cap. 31. Αλεκτρυονα φοβειται ὁ λεων

Ein Löwe würdigte einen drolligten Hasen seiner nähern Bekanntschaft. Aber ist es denn wahr, fragte ihn einst der Hase, daß euch Löwen ein elender krähender Hahn so leicht verjagen kann?

Allerdings ist es wahr, antwortete der Löwe; und es ist eine allgemeine Anmerkung, daß wir große Tiere durchgängig eine gewisse kleine Schwachheit an uns haben. So wirst du, zum Exempel, von dem Elefanten gehört haben, daß ihm das Grunzen eines Schweins Schauder und Entsetzen erwecket. –

Wahrhaftig? unterbrach ihn der Hase. Ja, nun begreif ich auch, warum wir Hasen uns so entsetzlich vor den Hunden fürchten.

IV. Der Esel und das Jagdpferd

Ein Esel vermaß sich, mit einem Jagdpferde um die Wette zu laufen. Die Probe fiel erbärmlich aus, und der Esel ward ausgelacht. Ich merke nun wohl, sagte der Esel, woran es gelegen hat; ich trat mir vor einigen Monaten einen Dorn in den Fuß, und der schmerzt mich noch.

Entschuldigen Sie mich, sagte der Kanzelredner *Liederhold*, wenn meine heutige Predigt so gründlich und erbaulich nicht gewesen, als man sie von dem glücklichen Nachahmer eines *Mosheims* erwartet hätte; ich habe, wie Sie hören, einen heischern Hals, und den schon seit acht Tagen.

V. Zeus und das Pferd

Καμηλον ὡς δεδοικεν ἱππος, ἐγνω Κυρος τε και Κροισος. Aelianus de nat. an. lib. III. cap. 7

Vater der Tiere und Menschen, so sprach das Pferd und nahte sich dem Throne des Zeus, man will, ich sei eines der schönsten Geschöpfe, womit du die Welt gezieret, und meine Eigenliebe heißt mich es glauben. Aber sollte gleichwohl nicht noch verschiedenes an mir zu bessern sein? –

Und was meinst du denn, daß an dir zu bessern sei? Rede; ich nehme Lehre an: sprach der gute Gott, und lächelte.

Vielleicht, sprach das Pferd weiter, würde ich flüchtiger sein, wenn meine Beine höher und schmächtiger wären; ein langer Schwanenhals würde mich nicht verstellen; eine breitere Brust würde meine Stärke vermehren; und da du mich doch einmal bestimmt hast, deinen Liebling, den Menschen zu tragen, so könnte mir ja wohl der Sattel anerschaffen sein, den mir der wohltätige Reiter auflegt.

Gut, versetzte Zeus; gedulde dich einen Augenblick! Zeus, mit ernstem Gesichte, sprach das Wort der Schöpfung. Da quoll Leben in den Staub, da verband sich organisierter Stoff; und plötzlich stand vor dem Throne – das häßliche *Kamel*.

Das Pferd sah, schauderte und zitterte vor entsetzendem Abscheu.

Hier sind höhere und schmächtigere Beine, sprach Zeus; hier ist ein langer Schwanenhals; hier ist eine breitere Brust; hier ist der anerschaffene Sattel! Willst du, Pferd, daß ich dich so umbilden soll?

Das Pferd zitterte noch.

Geh, fuhr Zeus fort; diesesmal sei belehrt, ohne bestraft zu werden. Dich deiner Vermessenheit aber dann und wann reuend zu erinnern, so daure du fort, neues Geschöpf – Zeus warf einen erhaltenden Blick auf das *Kamel* – – und das Pferd erblicke dich nie, ohne zu schaudern.

VI. Der Affe und der Fuchs

Nenne mir ein so geschicktes Tier, dem ich nicht nachahmen könnte! so prahlte der Affe gegen den Fuchs. Der Fuchs aber erwiderte: Und du, nenne mir ein so geringschätziges Tier, dem es einfallen könnte, dir nachzuahmen.

Schriftsteller meiner Nation! – – Muß ich mich noch deutlicher erklären?

VII. Die Nachtigall und der Pfau

Eine gesellige Nachtigall fand, unter den Sängern des Waldes, Neider die Menge, aber keinen Freund. Vielleicht finde ich ihn unter einer andern Gattung, dachte sie, und floh vertraulich zu dem Pfaue herab.

Schöner Pfau! ich bewundere dich. – – »Ich dich auch, liebliche Nachtigall!« – So laß uns Freunde sein, sprach die Nachtigall weiter; wir werden uns nicht beneiden dürfen; du bist dem Auge so angenehm, als ich dem Ohre.

Die Nachtigall und der Pfau wurden Freunde.

Kneller und *Pope* waren bessere Freunde, als *Pope* und *Addison*.

VIII. Der Wolf und der Schäfer

Ein Schäfer hatte durch eine grausame Seuche seine ganze Herde verloren. Das erfuhr der Wolf, und kam seine Kondolenz abzustatten.

Schäfer, sprach er, ist es wahr, daß dich ein so grausames Unglück betroffen? Du bist um deine ganze Herde gekommen? Die liebe, fromme, fette Herde! Du tauerst mich, und ich möchte blutige Tränen weinen.

Habe Dank, Meister Isegrim; versetzte der Schäfer. Ich sehe, du hast ein sehr mitleidiges Herz.

Das hat er auch wirklich, fügte des Schäfers Hylax hinzu, so oft er unter dem Unglücke seines Nächsten selbst leidet.

IX. Das Roß und der Stier

Auf einem feurigen Rosse floh stolz ein dreuster Knabe daher. Da rief ein wilder Stier dem Rosse zu: Schande! von einem Knaben ließ ich mich nicht regieren!

Aber ich; versetzte das Roß. Denn was für Ehre könnte es mir bringen, einen Knaben abzuwerfen?

X. Die Grille und die Nachtigall

Ich versichre dich, sagte die Grille zu der Nachtigall, daß es meinem Gesange gar nicht an Bewundrern fehlt. – Nenne mir sie doch, sprach die Nachtigall. – Die arbeitsamen Schnitter, versetzte die Grille, hören mich mit vielem Vergnügen, und daß dieses die nützlichsten Leute in der menschlichen Republik sind, das wirst du doch nicht leugnen wollen?

Das will ich nicht leugnen, sagte die Nachtigall; aber deswegen darfst du auf ihren Beifall nicht stolz sein. Ehrlichen Leuten, die alle ihre Gedanken bei der Arbeit haben, müssen ja wohl die feinern Empfindungen fehlen. Bilde dir also ja nichts eher auf dein Lied ein, als bis ihm der sorglose Schäfer, der selbst auf seiner Flöte sehr lieblich spielt, mit stillem Entzücken lauschet.

XI. Die Nachtigall und der Habicht

Ein Habicht schoß auf eine singende Nachtigall. Da du so lieblich singst, sprach er, wie vortrefflich wirst du schmecken!

War es höhnische Bosheit, oder war es Einfalt, was der Habicht sagte? Ich weiß nicht. Aber gestern hört ich sagen: dieses Frauenzimmer, das so unvergleichlich dichtet, muß es nicht ein allerliebstes Frauenzimmer sein! Und das war gewiß Einfalt!

XII. Der kriegerische Wolf

Mein Vater, glorreichen Andenkens, sagte ein junger Wolf zu einem Fuchse, das war ein rechter Held! Wie fürchterlich hat er sich nicht in der ganzen Gegend gemacht! Er hat über mehr als zweihundert Feinde, nach und nach, triumphiert, und ihre schwarze Seelen in das Reich des Verderbens gesandt. Was Wunder also, daß er endlich doch einem unterliegen mußte!

So würde sich ein Leichenredner ausdrücken, sagte der Fuchs; der trockene Geschichtschreiber aber würde hinzusetzen: die zweihundert Feinde, über die er, nach und nach, triumphieret, waren Schafe und Esel; und der eine Feind, dem er unterlag, war der erste Stier, den er sich anzufallen erkühnte.

XIII. Der Phönix

Nach vielen Jahrhunderten gefiel es dem Phönix, sich wieder einmal sehen zu lassen. Er erschien, und alle Tiere und Vögel versammelten sich um ihn. Sie gafften, sie staunten, sie bewunderten und brachen in entzückendes Lob aus.

Bald aber verwandten die besten und geselligsten mitleidsvoll ihre Blicke, und seufzten: Der unglückliche Phönix! Ihm ward das harte Los, weder Geliebte noch Freund zu haben; denn er ist der einzige seiner Art!

XIV. Die Gans

Die Federn einer Gans beschämten den neugebornen Schnee. Stolz auf dieses blendende Geschenk der Natur, glaubte sie eher zu einem Schwane, als zu dem was sie war, geboren zu sein. Sie sonderte sich von ihres gleichen ab, und schwamm einsam und majestätisch auf dem Teiche herum. Bald dehnte sie ihren Hals, dessen verräterischer Kürze sie mit aller Macht abhelfen wollte. Bald suchte sie ihm die prächtige Biegung zu geben, in welcher der Schwan das würdigste Ansehen eines Vogels des Apollo hat. Doch vergebens; er war zu steif, und mit aller ihrer Bemühung brachte sie es nicht weiter, als daß sie eine lächerliche Gans ward, ohne ein Schwan zu werden.

XV. Die Eiche und das Schwein

Ein gefräßiges Schwein mästete sich, unter einer hohen Eiche, mit der herabgefallenen Frucht. Indem es die eine Eichel zerbiß, verschluckte es bereits eine andere mit dem Auge.

Undankbares Vieh! rief endlich der Eichbaum herab. Du nährest dich von meinen Früchten, ohne einen einzigen dankbaren Blick auf mich in die Höhe zu richten.

Das Schwein hielt einen Augenblick inne, und grunzte zur Antwort: Meine dankbaren Blicke sollten nicht außenbleiben, wenn ich nur wüßte, daß du deine Eicheln meinetwegen hättest fallen lassen.

XVI. Die Wespen

Ἱππος ἐρριμμενος σφηκων γενεσις ἐστιν. Aelianus de nat. animal. lib. I. cap. 28

Fäulnis und Verwesung zerstörten das stolze Gebäu eines kriegerischen Rosses, das unter seinem kühnen Reiter erschossen worden. Die Ruinen des einen braucht die allzeit wirksame Natur, zu dem Leben des andern. Und so floh auch ein Schwarm junger Wespen aus dem beschmeißten Aase hervor. O, riefen die Wespen, was für eines göttlichen Ursprungs sind wir! Das prächtigste Roß, der Liebling Neptuns, ist unser Erzeuger!

Diese seltsame Prahlerei hörte der aufmerksame Fabeldichter, und dachte an die heutigen Italiener, die sich nichts Geringers als Abkömmlinge der alten unsterblichen Römer zu sein einbilden, weil sie auf ihren Gräbern geboren worden.

XVII. Die Sperlinge

Eine alte Kirche, welche den Sperlingen unzählige Nester gab, ward ausgebessert. Als sie nun in ihrem neuen Glanze da stand, kamen die Sperlinge wieder, ihre alten Wohnungen zu suchen. Allein sie fanden sie alle vermauert. Zu was, schrieen sie, taugt denn nun das große Gebäude? Kommt, verlaßt den unbrauchbaren Steinhaufen!

XVIII. Der Strauß

Η στρουθος ἡ μεγαλη λασιοις μεν τοις πτεροις ἐπτερωται, ἀρθηναι δε και εἰς βαθυν ἀερα μετεωρισθηναι φυσιν ὀυκ ἐχει· θει δε ὠκιστα, και τας παρα την πλευραν ἑκατεραν πτερυγας ἁπλοι, και ἐμπιπτον το πνευμα κολποι δικην ἱστιων ἀυτας· πτησιν δε ὀυκ ὀιδεν. Aelianus lib. II. c. 27

Itzt will ich fliegen; rief der gigantische Strauß, und das ganze Volk der Vögel stand in ernster Erwartung um ihn versammelt. Itzt will ich fliegen, rief er nochmals; breitete die gewaltigen Fittige weit aus, und schoß, gleich einem Schiffe mit aufgespannten Segeln, auf dem Boden dahin, ohne ihn mit einem Tritte zu verlieren.

Sehet da ein poetisches Bild jener unpoetischen Köpfe, die in den ersten Zeilen ihrer ungeheuren Oden, mit stolzen Schwingen prahlen, sich über Wolken und Sterne zu erheben drohen, und dem Staube doch immer getreu bleiben!

XIX. Der Sperling und der Strauß

Sei auf deine Größe, auf deine Stärke so stolz als du willst: sprach der Sperling zu dem Straußse. Ich bin doch mehr ein Vogel als du. Denn du kannst nicht fliegen; ich aber fliege, obgleich nicht hoch, obgleich nur Ruckweise.

Der leichte Dichter eines fröhlichen Trinkliedes, eines kleinen verliebten Gesanges, ist mehr ein Genie, als der schwunglose Schreiber einer langen Hermanniade.

XX. Die Hunde

Λεοντι ὁμοσε χωρει κυων Ινδικος – και πολλα ἀυτον λυπησας και κατατρωσας, τελευτων ἡττᾱται ὁ κυων. Aelianus lib. IV. cap. 19

Wie ausgeartet ist hier zu Lande unser Geschlecht! sagte ein gereister Budel. In dem fernen Weltteile, welches die Menschen Indien nennen, da, da gibt es noch rechte Hunde; Hunde, meine Brüder – – ihr werdet es mir nicht glauben, und doch habe ich es mit meinen Augen gesehen – die auch einen Löwen nicht fürchten, und kühn mit ihm anbinden.

Aber, fragte den Budel ein gesetzter Jagdhund, überwinden sie ihn denn auch, den Löwen?

Überwinden? war die Antwort. Das kann ich nun eben nicht sagen. Gleichwohl, bedenke nur, einen Löwen anzufallen! – –

O, fuhr der Jagdhund fort, wenn sie ihn nicht überwinden, so sind deine gepriesene Hunde in Indien – besser als wir, so viel wie nichts – aber ein gut Teil dümmer.

XXI. Der Fuchs und der Storch

Erzähle mir doch etwas von den fremden Ländern, die du alle gesehen hast, sagte der Fuchs zu dem weitgereisten Storche.

Hierauf fing der Storch an, ihm jede Lache, und jede feuchte Wiese zu nennen, wo er die schmackhaftesten Würmer, und die fettesten Frösche geschmauset.

Sie sind lange in Paris gewesen, mein Herr. Wo speiset man da am besten? Was für Weine haben Sie da am meisten nach Ihrem Geschmacke gefunden?

XXII. Die Eule und der Schatzgräber

Jener Schatzgräber war ein sehr unbilliger Mann. Er wagte sich in die Ruinen eines alten Raubschlosses, und ward da gewahr, daß die Eule eine magere Maus ergriff und verzehrte. Schickt sich das, sprach er, für den philosophischen Liebling Minervens?

Warum nicht? versetzte die Eule. Weil ich stille Betrachtungen liebe, kann ich deswegen von der Luft leben? Ich weiß zwar wohl, daß ihr Menschen es von euren Gelehrten verlanget – –

XXIII. Die junge Schwalbe

Was macht ihr da? fragte eine Schwalbe die geschäftigen Ameisen. Wir sammeln Vorrat auf den Winter; war die geschwinde Antwort.

Das ist klug, sagte die Schwalbe; das will ich auch tun. Und sogleich fing sie an, eine Menge toter Spinnen und Fliegen in ihr Nest zu tragen.

Aber wozu soll das? fragte endlich ihre Mutter. »Wozu? Vorrat auf den bösen Winter, liebe Mutter; sammle doch auch! Die Ameisen haben mich diese Vorsicht gelehrt.«

O laß den irdischen Ameisen diese kleine Klugheit, versetzte die Alte; was sich für sie schickt, schickt sich nicht für bessere Schwalben. Uns hat die gütige Natur ein holderes Schicksal bestimmt. Wenn der reiche Sommer sich endet, ziehen wir von hinnen; auf dieser Reise entschlafen wir allgemach, und da empfangen uns warme Sümpfe, wo wir ohne Bedürfnisse rasten, bis uns ein neuer Frühling zu einem neuen Leben erwecket.

XXIV. Merops

Ο Μεροψ το ὀρνεον ἐμπαλιν, φασι, τοις ἀλλοις ἁπασι πετεται· τα μεν γαρ εἰς τουμπροσθεν ἱεται και κατ' ὀφθαλμους, το δε εἰς τουπισω

Ich muß dich doch etwas fragen; sprach ein junger Adler zu einem tiefsinnigen grundgelehrten Uhu. Man sagt, es gäbe einen Vogel, mit Namen *Merops*, der, wenn er in die Luft steige, mit dem Schwanze voraus, den Kopf gegen die Erde gekehret, fliege. Ist das wahr?

Ei nicht doch! antwortete der Uhu; das ist eine alberne Erdichtung des Menschen. Er mag selbst ein solcher *Merops* sein; weil er nur gar zu gern den Himmel erfliegen möchte, ohne die Erde, auch nur einen Augenblick, aus dem Gesichte zu verlieren.

XXV. Der Pelekan

Aelianus de nat. animal. libr. III. cap. 30

Für wohlgeratene Kinder können Eltern nicht zu viel tun. Aber wenn sich ein blöder Vater für einen ausgearteten Sohn das Blut vom Herzen zapft; dann wird Liebe zur Torheit.

Ein frommer Pelekan, da er seine Jungen schmachten sahe, ritzte sich mit scharfem Schnabel die Brust auf, und erquickte sie mit seinem Blute. Ich bewundere deine Zärtlichkeit, rief ihm ein Adler zu, und bejammere deine Blindheit. Sieh doch, wie manchen nichtswürdigen Guckuck du unter deinen Jungen mit ausgebrütet hast!

So war es auch wirklich; denn auch ihm hatte der kalte Guckuck seine Eier untergeschoben. – Waren es undankbare Guckucke wert, daß ihr Leben so teuer erkauft wurde?

XXVI. Der Löwe und der Tiger

Aelianus de natura animal. libr. II. cap. 12

Der Löwe und der Hase, beide schlafen mit offenen Augen. Und so schlief jener, ermüdet von der gewaltigen Jagd, einst vor dem Eingange seiner fürchterlichen Höhle.

Da sprang ein Tiger vorbei, und lachte des leichten Schlummers. »Der nichtsfürchtende Löwe! rief er. Schläft er nicht mit offenen Augen, natürlich wie der Hase!«

Wie der Hase? brüllte der aufspringende Löwe, und war dem Spötter an der Gurgel. Der Tiger wälzte sich in seinem Blute, und der beruhigte Sieger legte sich wieder, zu schlafen.

XXVII. Der Stier und der Hirsch

Ein schwerfälliger Stier und ein flüchtiger Hirsch weideten auf einer Wiese zusammen.

Hirsch, sagte der Stier, wenn uns der Löwe anfallen sollte, so laß uns für einen Mann stehen; wir wollen ihn tapfer abweisen. – Das mute mir nicht zu, erwiderte der Hirsch; denn warum sollte ich mich mit dem Löwen in ein ungleiches Gefecht einlassen, da ich ihm sichrer entlaufen kann?

XXVIII. Der Esel und der Wolf

Ein Esel begegnete einem hungrigen Wolfe. Habe Mitleiden mit mir, sagte der zitternde Esel; ich bin ein armes krankes Tier; sieh nur, was für einen Dorn ich mir in den Fuß getreten habe! –

Wahrhaftig, du tauerst mich; versetzte der Wolf. Und ich finde mich in meinem Gewissen verbunden, dich von diesen Schmerzen zu befreien.

Kaum war das Wort gesagt, so ward der Esel zerrissen.

XXIX. Der Springer im Schache

Zwei Knaben wollten Schach ziehen. Weil ihnen ein Springer fehlte, so machten sie einen überflüssigen Bauer, durch ein Merkzeichen, dazu.

Ei, riefen die andern Springer, woher, Herr Schritt vor Schritt?

Die Knaben hörten die Spötterei und sprachen: Schweigt! Tut er uns nicht eben die Dienste, die ihr tut?

XXX. Aesopus und der Esel

Der Esel sprach zu dem Aesopus: Wenn du wieder ein Geschichtchen von mir ausbringst, so laß mich etwas recht Vernünftiges und Sinnreiches sagen.

Dich etwas Sinnreiches! sagte Aesop; wie würde sich das schicken? Würde man nicht sprechen, du seist der Sittenlehrer, und ich der Esel?

ZWEITES BUCH

I. Die eherne Bildsäule

Die eherne Bildsäule eines vortrefflichen Künstlers schmolz durch die Hitze einer wütenden Feuersbrunst in einen Klumpen. Dieser Klumpen kam einem andern Künstler in die Hände, und durch seine Geschicklichkeit verfertigte er eine neue Bildsäule daraus; von der erstern in dem, was sie vorstellete, unterschieden, an Geschmack und Schönheit aber ihr gleich.

Der Neid sah es und knirschte. Endlich besann er sich auf einen armseligen Trost: »Der gute Mann würde dieses, noch ganz erträgliche Stück, auch nicht hervorgebracht haben, wenn ihm nicht die Materie der alten Bildsäule dabei zu Statten gekommen wäre.«

II. Herkules

Fab. Aesop. 191. edit. Hauptmannianae. Phaedrus lib. IV. Fab. 11

Als *Herkules* in den Himmel aufgenommen ward, machte er seinen Gruß unter allen Göttern der *Juno* zuerst. Der ganze Himmel und *Juno* erstaunte darüber. Deiner Feindin, rief man ihm zu, begegnest du so vorzüglich? Ja, ihr selbst; erwiderte *Herkules*. Nur ihre Verfolgungen sind es, die mir zu den Taten Gelegenheit gegeben, womit ich den Himmel verdienet habe.

Der Olymp billigte die Antwort des neuen Gottes, und Juno ward versöhnt.

III. Der Knabe und die Schlange

Fab. Aesop. 170. Phaedrus lib. IV. Fab. 18

Ein Knabe spielte mit einer zahmen Schlange. Mein liebes Tierchen, sagte der Knabe, ich würde mich mit dir so gemein nicht machen, wenn dir das Gift nicht benommen wäre. Ihr Schlangen seid die boshaftesten, undankbarsten Geschöpfe! Ich habe es wohl gelesen, wie es einem armen Landmann ging, der eine, vielleicht von deinen Ureltern, die er halb erfroren unter einer Hecke fand, mitleidig aufhob, und sie in seinen erwärmenden Busen steckte. Kaum fühlte sich die Böse wieder, als sie ihren Wohltäter biß; und der gute freundliche Mann mußte sterben.

Ich erstaune, sagte die Schlange. Wie parteiisch eure Geschichtschreiber sein müssen! Die unsrigen erzählen diese Historie ganz anders. Dein freundlicher Mann glaubte, die Schlange sei wirklich erfroren, und weil es eine von den bunten Schlangen war, so steckte er sie zu sich, ihr zu Hause die schöne Haut abzustreifen. War das recht?

Ach, schweig nur; erwiderte der Knabe. Welcher Undankbare hätte sich nicht zu entschuldigen gewußt.

Recht, mein Sohn; fiel der Vater, der dieser Unterredung zugehört hatte, dem Knaben ins Wort. Aber gleichwohl, wenn du einmal von einem außerordentlichen Undanke hören solltest, so untersuche ja alle Umstände genau, bevor du einen Menschen mit so einem abscheulichen Schandflecke brandmarken lässest. *Wahre* Wohltäter haben selten Undankbare verpflichtet; ja, ich will zur Ehre der Menschheit hoffen, – niemals. Aber die Wohltäter mit kleinen eigennützigen Absichten, die sind es wert, mein Sohn, daß sie Undank anstatt Erkenntlichkeit einwuchern.

IV. Der Wolf auf dem Todbette

Fab. Aesop. 144. Phaedrus lib. I. Fab. 8

Der Wolf lag in den letzten Zügen und schickte einen prüfenden Blick auf sein vergangenes Leben zurück. Ich bin freilich ein Sünder, sagte er; aber doch, hoffe ich, keiner von den größten. Ich habe Böses getan; aber auch viel Gutes. Einsmals, erinnere ich mich, kam mir ein blökendes Lamm, welches sich von der Herde verirret hatte, so nahe, daß ich es gar leicht hätte würgen können; und ich tat ihm nichts. Zu eben dieser Zeit hörte ich die Spöttereien und Schmähungen eines Schafes mit der bewundernswürdigsten Gleichgültigkeit an, ob ich schon keine schützende Hunde zu fürchten hatte.

Und das alles kann ich dir bezeugen; fiel ihm Freund Fuchs, der ihn zum Tode bereiten half, ins Wort. Denn ich erinnere mich noch gar wohl aller Umstände dabei. Es war zu eben der Zeit, als du dich an dem Beine so jämmerlich würgtest, das dir der gutherzige Kranich hernach aus dem Schlunde zog.

V. Der Stier und das Kalb

Phaedrus lib. V. Fab. 9

Ein starker Stier zersplitterte mit seinen Hörnern, indem er sich durch die niedrige Stalltüre drängte, die obere Pfoste. Sieh einmal, Hirte! schrie ein junges Kalb; solchen Schaden tu ich dir nicht. Wie lieb wäre mir es, versetzte dieser, wenn du ihn tun könntest!

Die Sprache des Kalbes ist die Sprache der kleinen Philosophen. »Der böse *Bayle!* wie manche rechtschaffene Seele hat er mit seinen verwegnen Zweifeln geärgert!« – O ihr Herren, wie gern wollen wir uns ärgern lassen, wenn jeder von euch ein *Bayle* werden kann!

VI. Die Pfauen und die Krähe

Fab. Aesop. 188. Phaedrus lib. I. Fab. 3

Eine stolze Krähe schmückte sich mit den ausgefallenen Federn der farbigten Pfaue, und mischte sich kühn, als sie gnug geschmückt zu sein glaubte, unter diese glänzende Vögel der Juno. Sie ward erkannt; und schnell fielen die Pfaue mit scharfen Schnäbeln auf sie, ihr den betriegrischen Putz auszureißen.

Lasset nach! schrie sie endlich; ihr habt nun alle das Eurige wieder. Doch die Pfaue, welche einige von den eignen glänzenden Schwingfedern der Krähe bemerkt hatten, versetzten: Schweig, armselige Närrin; auch diese können nicht dein sein! – und hackten weiter.

VII. Der Löwe mit dem Esel

Phaedrus lib. I. Fab. 11

Als des Aesopus Löwe mit dem Esel, der ihm durch seine fürchterliche Stimme die Tiere sollte jagen helfen, nach dem Walde ging, rief ihm eine nasenweise Krähe von dem Baume zu: Ein schöner Gesellschafter! Schämst du dich nicht, mit einem Esel zu gehen? – Wen ich brauchen kann, versetzte der Löwe, dem kann ich ja wohl meine Seite gönnen.

So denken die Großen alle, wenn sie einen Niedrigen ihrer Gemeinschaft würdigen.

VIII. Der Esel mit dem Löwen

Phaedrus lib. I. Fab. 11

Als der Esel mit dem Löwen des Aesopus, der ihn statt seines Jägerhorns brauchte, nach dem Walde ging, begegnete ihm ein andrer Esel von seiner Bekanntschaft, und rief ihm zu:

Guten Tag, mein Bruder! – Unverschämter! war die Antwort. –

Und warum das? fuhr jener Esel fort. Bist du deswegen, weil du mit einem Löwen gehst, besser als ich? mehr als ein Esel?

IX. *Die blinde Henne*

Phaedrus lib. III. Fab. 12

Eine blind gewordene Henne, die des Scharrens gewohnt war, hörte auch blind noch nicht auf, fleißig zu scharren. Was half es der arbeitsamen Närrin? Eine andre sehende Henne, welche ihre zarten Füße schonte, wich nie von ihrer Seite, und genoß, ohne zu scharren, die Frucht des Scharrens. Denn so oft die blinde Henne ein Korn aufgescharret hatte, fraß es die sehende weg.

Der fleißige Deutsche macht die Collectanea, die der witzige Franzose nutzt.

X. *Die Esel*

Fabul. Aesop. 112

Die Esel beklagten sich bei dem Zeus, daß die Menschen mit ihnen zu grausam umgingen. Unser starker Rücken, sagten sie, trägt ihre Lasten, unter welchen sie und jedes schwächere Tier erliegen müßten. Und doch wollen sie uns, durch unbarmherzige Schläge, zu einer Geschwindigkeit nötigen, die uns durch die Last unmöglich gemacht würde, wenn sie uns auch die Natur nicht versagt hätte. Verbiete ihnen, Zeus, so unbillig zu sein, wenn sich die Menschen anders etwas Böses verbieten lassen. Wir wollen ihnen dienen, weil es scheinet, daß du uns darzu erschaffen hast; allein geschlagen wollen wir ohne Ursach nicht sein.

Mein Geschöpf, antwortete Zeus ihrem Sprecher, die Bitte

ist nicht ungerecht; aber ich sehe keine Möglichkeit, die Menschen zu überzeugen, daß eure natürliche Langsamkeit keine Faulheit sei. Und so lange sie dieses glauben, werdet ihr geschlagen werden. – Doch ich sinne euer Schicksal zu erleichtern. – Die Unempfindlichkeit soll von nun an euer Teil sein; eure Haut soll sich gegen die Schläge verhärten, und den Arm des Treibers ermüden.

Zeus, schrien die Esel, du bist allezeit weise und gnädig! – Sie gingen erfreut von seinem Throne, als dem Throne der allgemeinen Liebe.

XI. Das beschützte Lamm

Fabul. Aesop. 157

Hylax, aus dem Geschlechte der Wolfshunde, bewachte ein frommes Lamm. Ihn erblickte Lykodes, der gleichfalls an Haar, Schnauze und Ohren einem Wolfe ähnlicher war, als einem Hunde, und fuhr auf ihn los. Wolf, schrie er, was machst du mit diesem Lamme? –

Wolf selbst! versetzte Hylax. (Die Hunde verkannten sich beide.) Geh! oder du sollst es erfahren, daß ich sein Beschützer bin!

Doch Lykodes will das Lamm dem Hylax mit Gewalt nehmen; Hylax will es mit Gewalt behaupten, und das arme Lamm – Treffliche Beschützer! – wird darüber zerrissen.

XII. Jupiter und Apollo

Fab. Aesop. 187

Jupiter und Apollo stritten, welcher von ihnen der beste Bogenschütze sei. Laß uns die Probe machen! sagte Apollo. Er spannte seinen Bogen, und schoß so mitten in das bemerkte Ziel, daß Jupiter keine Möglichkeit sahe, ihn zu übertreffen. – Ich sehe, sprach er, daß du wirklich sehr wohl schießest. Ich werde Mühe haben, es besser zu machen. Doch will ich es ein andermal versuchen. – Er soll es noch versuchen, der kluge Jupiter!

XIII. *Die Wasserschlange*

Fab. Aesop. 167. Phaedrus lib. I. Fab. 2

Zeus hatte nunmehr den Fröschen einen andern König gegeben; anstatt eines friedlichen Klotzes, eine gefräßige Wasserschlange.

Willst du unser König sein, schrieen die Frösche, warum verschlingst du uns? – Darum, antwortete die Schlange, weil ihr um mich gebeten habt. –

Ich habe nicht um dich gebeten! rief einer von den Fröschen, den sie schon mit den Augen verschlang. – Nicht? sagte die Wasserschlange. Desto schlimmer! So muß ich dich verschlingen, weil du nicht um mich gebeten hast.

XIV. *Der Fuchs und die Larve*

Fab. Aesop. 11. Phaedrus lib. I. Fab. 7

Vor alten Zeiten fand ein Fuchs die hohle, einen weiten Mund aufreißende Larve eines Schauspielers. Welch ein Kopf! sagte der betrachtende Fuchs. Ohne Gehirn, und mit einem offenen Munde! Sollte das nicht der Kopf eines Schwätzers gewesen sein?

Dieser Fuchs kannte euch, ihr ewigen Redner, ihr Strafgerichte des unschuldigsten unserer Sinne!

XV. Der Rabe und der Fuchs

Fab. Aesop. 205. Phaedrus lib. I. Fab. 13

Ein Rabe trug ein Stück vergiftetes Fleisch, das der erzürnte Gärtner für die Katzen seines Nachbars hingeworfen hatte, in seinen Klauen fort.

Und eben wollte er es auf einer alten Eiche verzehren, als sich ein Fuchs herbei schlich, und ihm zurief: Sei mir gesegnet, Vogel des Jupiters! – Für wen siehst du mich an? fragte der Rabe. – Für wen ich dich ansehe? erwiderte der Fuchs. Bist du nicht der rüstige Adler, der täglich von der Rechte des Zeus auf diese Eiche herab kömmt, mich Armen zu speisen? Warum verstellst du dich? Sehe ich denn nicht in der siegreichen Klaue die erflehte Gabe, die mir dein Gott durch dich zu schicken noch fortfährt?

Der Rabe erstaunte, und freuete sich innig, für einen Adler gehalten zu werden. Ich muß, dachte er, den Fuchs aus diesem Irrtume nicht bringen. – Großmütig dumm ließ er ihm also seinen Raub herabfallen, und flog stolz davon.

Der Fuchs fing das Fleisch lachend auf, und fraß es mit boshafter Freude. Doch bald verkehrte sich die Freude in ein schmerzhaftes Gefühl; das Gift fing an zu wirken, und er verreckte.

Möchtet ihr euch nie etwas anders als Gift erloben, verdammte Schmeichler!

XVI. Der Geizige

Fab. Aesop. 59

Ich Unglücklicher! klagte ein Geizhals seinem Nachbar. Man hat mir den Schatz, den ich in meinem Garten vergraben hatte, diese Nacht entwendet, und einen verdammten Stein an dessen Stelle gelegt.

Du würdest, antwortete ihm der Nachbar, deinen Schatz doch nicht genutzt haben. Bilde dir also ein, der Stein sei dein Schatz; und du bist nichts ärmer.

Wäre ich auch schon nichts ärmer, erwiderte der Geizhals; ist ein andrer nicht um so viel reicher? Ein andrer um so viel reicher! Ich möchte rasend werden.

XVII. Der Rabe

Fab. Aesop. 132

Der Fuchs sahe, daß der Rabe die Altäre der Götter beraubte, und von ihren Opfern mit lebte. Da dachte er bei sich selbst: Ich möchte wohl wissen, ob der Rabe Anteil an den Opfern hat, weil er ein prophetischer Vogel ist; oder ob man ihn für einen prophetischen Vogel hält, weil er frech genug ist, die Opfer mit den Göttern zu teilen.

XVIII. Zeus und das Schaf

Fab. Aesop. 119

Das Schaf mußte von allen Tieren vieles leiden. Da trat es vor den Zeus, und bat, sein Elend zu mindern.

Zeus schien willig, und sprach zu dem Schafe: Ich sehe wohl, mein frommes Geschöpf, ich habe dich allzuwehrlos erschaffen. Nun wähle, wie ich diesem Fehler am besten abhelfen soll. Soll ich deinen Mund mit schrecklichen Zähnen, und deine Füße mit Krallen rüsten? –

O nein, sagte das Schaf; ich will nichts mit den reißenden Tieren gemein haben.

Oder, fuhr Zeus fort, soll ich Gift in deinen Speichel legen?

Ach! versetzte das Schaf; die giftigen Schlangen werden ja so sehr gehasset. –

Nun was soll ich denn? Ich will Hörner auf deine Stirne pflanzen, und Stärke deinem Nacken geben.

Auch nicht, gütiger Vater; ich könnte leicht so stößig werden, als der Bock.

Und gleichwohl, sprach Zeus, mußt du selbst schaden können, wenn sich andere, dir zu schaden, hüten sollen.

Müßt ich das! seufzte das Schaf. O so laß mich, gütiger Vater, wie ich bin. Denn das Vermögen, schaden zu können, erweckt, fürchte ich, die Lust, schaden zu wollen; und es ist besser, Unrecht leiden, als Unrecht tun.

Zeus segnete das fromme Schaf, und es vergaß von Stund an, zu klagen.

XIX. *Der Fuchs und der Tiger*

Fab. Aesop. 159

Deine Geschwindigkeit und Stärke, sagte ein Fuchs zu dem Tiger, möchte ich mir wohl wünschen.

Und sonst hätte ich nichts, was dir anstünde? fragte der Tiger.

Ich wüßte nichts! – – Auch mein schönes Fell nicht? fuhr der Tiger fort. Es ist so vielfärbig als dein Gemüt, und das Äußere würde sich vortrefflich zu dem Innern schicken.

Eben darum, versetzte der Fuchs, danke ich recht sehr dafür. Ich muß das nicht scheinen, was ich bin. Aber wollten die Götter, daß ich meine Haare mit Federn vertauschen könnte!

XX. *Der Mann und der Hund*

Fab. Aesop. 25. Phaedrus lib. II. Fab. 3

Ein Mann ward von einem Hunde gebissen, geriet darüber in Zorn, und erschlug den Hund. Die Wunde schien gefährlich, und der Arzt mußte zu Rate gezogen werden.

Hier weiß ich kein besseres Mittel, sagte der Empiricus, als daß man ein Stücke Brot in die Wunde tauche, und es dem Hunde zu fressen gebe. Hilft diese sympathetische Kur nicht, so – Hier zuckte der Arzt die Achsel.

Unglücklicher Jachzorn! rief der Mann; sie kann nicht helfen, denn ich habe den Hund erschlagen.

XXI. Die Traube

Fab. Aesop. 156. Phaedrus lib. IV. Fab. 2

Ich kenne einen Dichter, dem die schreiende Bewunderung seiner kleinen Nachahmer weit mehr geschadet hat, als die neidische Verachtung seiner Kunstrichter.

Sie ist ja doch sauer! sagte der Fuchs von der Traube, nach der er lange genug vergebens gesprungen war. Das hörte ein Sperling und sprach: Sauer sollte diese Traube sein? Darnach sieht sie mir doch nicht aus! Er flog hin, und kostete, und fand sie ungemein süße, und rief hundert näschiche Brüder herbei. Kostet doch! schrie er; kostet doch! Diese treffliche Traube schalt der Fuchs sauer. – Sie kosteten alle, und in wenig Augenblicken ward die Traube so zugerichtet, daß nie ein Fuchs wieder darnach sprang.

XXII. Der Fuchs

Fab. Aesop. 8

Ein verfolgter Fuchs rettete sich auf eine Mauer. Um auf der andern Seite gut herab zu kommen, ergriff er einen nahen Dornenstrauch. Er ließ sich auch glücklich daran nieder, nur daß ihn die Dornen schmerzlich verwundeten. Elende Helfer, rief der Fuchs, die nicht helfen können, ohne zugleich zu schaden!

XXIII. Das Schaf

Fab. Aesop. 189

Als Jupiter das Fest seiner Vermählung feierte, und alle Tiere ihm Geschenke brachten, vermißte Juno das Schaf.

Wo bleibt das Schaf? fragte die Göttin. Warum versäumt das fromme Schaf, uns sein wohlmeinendes Geschenk zu bringen?

Und der Hund nahm das Wort und sprach: Zürne nicht, Göttin! Ich habe das Schaf noch heute gesehen; es war sehr betrübt, und jammerte laut.

Und warum jammerte das Schaf? fragte die schon gerührte Göttin.

Ich Ärmste! so sprach es. Ich habe itzt weder Wolle, noch Milch; was werde ich dem Jupiter schenken? Soll ich, ich allein, leer vor ihm erscheinen? Lieber will ich hingehen, und den Hirten bitten, daß er mich ihm opfere!

Indem drang, mit des Hirten Gebete, der Rauch des geopferten Schafes, dem Jupiter ein süßer Geruch, durch die Wolken. Und jetzt hätte Juno die erste Träne geweinet, wenn Tränen ein unsterbliches Auge benetzten.

XXIV. Die Ziegen

Phaedrus lib. IV. Fab. 15

Die Ziegen baten den Zeus, auch ihnen Hörner zu geben; denn Anfangs hatten die Ziegen keine Hörner.

Überlegt es wohl, was ihr bittet: sagte Zeus. Es ist mit dem Geschenke der Hörner ein anderes unzertrennlich verbunden, das euch so angenehm nicht sein möchte.

Doch die Ziegen beharrten auf ihrer Bitte, und Zeus sprach: So habet denn Hörner!

Und die Ziegen bekamen Hörner – und Bart! Denn Anfangs hatten die Ziegen auch keinen Bart. O wie schmerzte sie der häßliche Bart! Weit mehr, als sie die stolzen Hörner erfreuten!

XXV. Der wilde Apfelbaum

Fab. Aesop. 173

In den hohlen Stamm eines wilden Apfelbaumes ließ sich ein Schwarm Bienen nieder. Sie füllten ihn mit den Schätzen ihres Honigs, und der Baum ward so stolz darauf, daß er alle andere Bäume gegen sich verachtete.

Da rief ihm ein Rosenstock zu: Elender Stolz auf geliehene Süßigkeiten! Ist deine Frucht darum weniger herbe? In diese treibe den Honig herauf, wenn du es vermagst; und dann erst wird der Mensch dich segnen!

XXVI. Der Hirsch und der Fuchs

Fab. Aesop. 226. Phaedrus lib. I. Fab. 11 et lib. I. Fab. 5

Der Hirsch sprach zu dem Fuchse: Nun wehe uns armen schwächern Tieren! Der Löwe hat sich mit dem Wolfe verbunden.

Mit dem Wolfe? sagte der Fuchs. Das mag noch hingehen! Der Löwe brüllet, der Wolf heulet; und so werdet ihr euch noch oft bei Zeiten mit der Flucht retten können. Aber alsdenn, alsdenn möchte es um uns alle geschehen sein, wenn es dem gewaltigen Löwen einfallen sollte, sich mit dem schleichenden Luchse zu verbinden.

XXVII. Der Dornstrauch

Fab. Aesop. 42

Aber sage mir doch, fragte die Weide den Dornstrauch, warum du nach den Kleidern des vorbeigehenden Menschen so begierig bist? Was willst du damit? Was können sie dir helfen?

Nichts! sagte der Dornstrauch. Ich will sie ihm auch nicht nehmen; ich will sie ihm nur zerreißen.

XXVIII. Die Furien

Suidas in Αειπαρθενος

Meine Furien, sagte Pluto zu dem Boten der Götter, werden alt und stumpf. Ich brauche frische. Geh also, Merkur, und suche mir auf der Oberwelt drei tüchtige Weibspersonen dazu aus. Merkur ging. –

Kurz hierauf sagte Juno zu ihrer Dienerin: Glaubtest du wohl, Iris, unter den Sterblichen zwei oder drei vollkommen strenge, züchtige Mädchen zu finden? Aber vollkommen strenge! Verstehst du mich? Um Cytheren Hohn zu sprechen, die sich das ganze weibliche Geschlecht unterworfen zu haben, rühmet. Geh immer, und sieh, wo du sie auftreibest. Iris ging. –

In welchem Winkel der Erde suchte nicht die gute Iris! Und dennoch umsonst! Sie kam ganz allein wieder, und Juno rief ihr entgegen: Ist es möglich? O Keuschheit! O Tugend!

Göttin, sagte Iris; ich hätte dir wohl drei Mädchen bringen können, die alle drei vollkommen streng und züchtig gewesen; die alle drei nie einer Mannsperson gelächelt; die alle drei den geringsten Funken der Liebe in ihren Herzen erstickt: aber ich kam, leider, zu spät. –

Zu spät? sagte Juno. Wie so?

»Eben hatte sie Merkur für den Pluto abgeholt.«

Für den Pluto? Und wozu will Pluto diese Tugendhaften? –

»Zu Furien.«

XXIX. Tiresias

Antoninus Liberalis c. 17

Tiresias nahm seinen Stab, und ging über Feld. Sein Weg trug ihn durch einen heiligen Hain, und mitten in dem Haine, wo drei Wege einander durchkreuzten, ward er ein Paar Schlangen gewahr, die sich begatteten. Da hub Tiresias seinen Stab auf, und schlug unter die verliebten Schlangen. — Aber, o Wunder! Indem der Stab auf die Schlangen herabsank, ward Tiresias zum Weibe.

Nach neun Monden ging das Weib Tiresias wieder durch den heiligen Hain; und an eben dem Orte, wo die drei Wege einander durchkreuzten, ward sie ein Paar Schlangen gewahr, die mit einander kämpften. Da hub Tiresias abermals ihren Stab auf, und schlug unter die ergrimmten Schlangen, und — O Wunder! Indem der Stab die kämpfenden Schlangen schied, ward das Weib Tiresias wieder zum Manne.

XXX. *Minerva*

Laß sie doch, Freund, laß sie, die kleinen hämischen Neider deines wachsenden Ruhmes! Warum will dein Witz ihre der Vergessenheit bestimmte Namen verewigen?

In dem unsinnigen Kriege, welchen die Riesen wider die Götter führten, stellten die Riesen der Minerva einen schrecklichen Drachen entgegen. Minerva aber ergriff den Drachen, und schleuderte ihn mit gewaltiger Hand an das Firmament. Da glänzt er noch; und was so oft großer Taten Belohnung war, ward des Drachen beneidenswürdige Strafe.

DRITTES BUCH

I. Der Besitzer des Bogens

Ein Mann hatte einen trefflichen Bogen von Ebenholz, mit dem er sehr weit und sehr sicher schoß, und den er ungemein wert hielt. Einst aber, als er ihn aufmerksam betrachtete, sprach er: Ein wenig zu plump bist du doch! Alle deine Zierde ist die Glätte. Schade! – Doch dem ist abzuhelfen; fiel ihm ein. Ich will hingehen und den besten Künstler Bilder in den Bogen schnitzen lassen. – Er ging hin; und der Künstler schnitzte eine ganze Jagd auf den Bogen; und was hätte sich besser auf einen Bogen geschickt, als eine Jagd?

Der Mann war voller Freuden. »Du verdienest diese Zieraten, mein lieber Bogen!« – Indem will er ihn versuchen; er spannt, und der Bogen – zerbricht.

II. Die Nachtigall und die Lerche

Was soll man zu den Dichtern sagen, die so gern ihren Flug weit über alle Fassung des größten Teiles ihrer Leser nehmen? Was sonst, als was die Nachtigall einst zu der Lerche sagte: Schwingst du dich, Freundin, nur darum so hoch, um nicht gehört zu werden?

III. Der Geist des Salomo

Ein ehrlicher Greis trug des Tages Last und Hitze, sein Feld mit eigner Hand zu pflügen, und mit eigner Hand den reinen Samen in den lockern Schoß der willigen Erde zu streuen.

Auf einmal stand unter dem breiten Schatten einer Linde, eine göttliche Erscheinung vor ihm da! Der Greis stutzte.

Ich bin Salomo: sagte mit vertraulicher Stimme das Phantom. Was machst du hier, Alter?

Wenn du Salomo bist, versetzte der Alte, wie kannst du fragen? Du schicktest mich in meiner Jugend zu der Ameise; ich sahe ihren Wandel, und lernte von ihr fleißig sein, und sammeln. Was ich da lernte, das tue ich noch.

Du hast deine Lektion nur halb gelernet: versetzte der Geist. Geh noch einmal hin zur Ameise, und lerne nun auch von ihr in dem Winter deiner Jahre ruhen, und des Gesammelten genießen.

IV. Das Geschenk der Feien

Zu der Wiege eines jungen Prinzen, der in der Folge einer der größten Regenten seines Landes ward, traten zwei wohltätige Feien.

Ich schenke diesem meinem Lieblinge, sagte die eine, den scharfsichtigen Blick des Adlers, dem in seinem weiten Reiche auch die kleinste Mücke nicht entgeht.

Das Geschenk ist schön: unterbrach sie die zweite Feie. Der Prinz wird ein einsichtsvoller Monarch werden. Aber der Adler besitzt nicht allein Scharfsichtigkeit, die kleinsten Mücken zu bemerken; er besitzt auch eine edle Verachtung, ihnen nicht nachzujagen. Und diese nehme der Prinz von mir zum Geschenk!

Ich danke dir, Schwester, für diese weise Einschränkung: versetzte die erste Feie. Es ist wahr; viele würden weit größere Könige gewesen sein, wenn sie sich weniger mit ihrem durchdringenden Verstande bis zu den kleinsten Angelegenheiten hätten erniedrigen wollen.

V. Das Schaf und die Schwalbe

Η χελιδων – επι τα νωτα των προβατων ιζανει, και αποσπα· του μαλλου, και εντευθεν τοις εαυτης βρεφεσι το λεχος μαλακον εστρωσεν. Aelianus lib. III. c. 24

Eine Schwalbe flog auf ein Schaf, ihm ein wenig Wolle, für ihr Nest, auszurupfen. Das Schaf sprang unwillig hin und wider. Wie bist du denn nur gegen mich so karg? sagte die Schwalbe. Dem Hirten erlaubst du, daß er dich deiner Wolle über und über entblößen darf; und mir verweigerst du eine kleine Flocke. Woher kömmt das?

Das kömmt daher, antwortete das Schaf, weil du mir meine Wolle nicht mit eben so guter Art zu nehmen weißt, als der Hirte.

VI. Der Rabe

Der Rabe bemerkte, daß der Adler ganze dreißig Tage über seinen Eiern brütete. Und daher kömmt es, ohne Zweifel, sprach er, daß die Jungen des Adlers so allsehend und stark werden. Gut! das will ich auch tun.

Und seitdem brütet der Rabe wirklich ganze dreißig Tage über seinen Eiern; aber noch hat er nichts, als elende Raben ausgebrütet.

VII. Der Rangstreit der Tiere

in vier Fabeln

(1)

Es entstand ein hitziger Rangstreit unter den Tieren. Ihn zu schlichten, sprach das Pferd, lasset uns den Menschen zu Rate ziehen; er ist keiner von den streitenden Teilen, und kann desto unparteiischer sein.

Aber hat er auch den Verstand dazu? ließ sich ein Maulwurf hören. Er braucht wirklich den allerfeinsten, unsere oft tief versteckte Vollkommenheiten zu erkennen.

Das war sehr weislich erinnert! sprach der Hamster.

Ja wohl! rief auch der Igel. Ich glaube es nimmermehr, daß der Mensch Scharfsichtigkeit genug besitzet.

Schweigt ihr! befahl das Pferd. Wir wissen es schon: Wer

sich auf die Güte seiner Sache am wenigsten zu verlassen hat, ist immer am fertigsten, die Einsicht seines Richters in Zweifel zu ziehen.

VIII. (2)

Der Mensch ward Richter. – Noch ein Wort, rief ihm der majestätische Löwe zu, bevor du den Ausspruch tust! Nach welcher Regel, Mensch, willst du unsern Wert bestimmen?

Nach welcher Regel? Nach dem Grade, ohne Zweifel, antwortete der Mensch, in welchem ihr mir mehr oder weniger nützlich seid. –

Vortrefflich! versetzte der beleidigte Löwe. Wie weit würde ich alsdenn unter dem Esel zu stehen kommen! Du kannst unser Richter nicht sein, Mensch! Verlaß die Versammlung!

IX. (3)

Der Mensch entfernte sich. – Nun, sprach der höhnische Maulwurf, – (und ihm stimmte der Hamster und der Igel wieder bei) – siehst du, Pferd? der Löwe meint es auch, daß der Mensch unser Richter nicht sein kann. Der Löwe denkt, wie wir.

Aber aus bessern Gründen, als ihr! sagte der Löwe, und warf ihnen einen verächtlichen Blick zu.

X. (4)

Der Löwe fuhr weiter fort: Der Rangstreit, wenn ich es recht überlege, ist ein nichtswürdiger Streit! Haltet mich für den Vornehmsten oder für den Geringsten; es gilt mir gleich viel. Genug ich kenne mich! – Und so ging er aus der Versammlung.

Ihm folgte der weise Elefant, der kühne Tiger, der ernsthafte Bär, der kluge Fuchs, das edle Pferd; kurz, alle, die ihren Wert fühlten, oder zu fühlen glaubten.

Die sich am letzten wegbegaben, und über die zerrissene Versammlung am meisten murreten, waren – der Affe und der Esel.

XI. *Der Bär und der Elefant*

Aelianus de nat. animal. lib. II. cap. 11

Die unverständigen Menschen! sagte der Bär zu dem Elefanten. Was fordern sie nicht alles von uns bessern Tieren! Ich muß nach der Musik tanzen; ich, der ernsthafte Bär! Und sie wissen es doch nur allzuwohl, daß sich solche Possen zu meinem ehrwürdigen Wesen nicht schicken; denn warum lachten sie sonst, wenn ich tanze?

Ich tanze auch nach der Musik: versetzte der gelehrige Elefant; und glaube eben so ernsthaft und ehrwürdig zu sein, als du. Gleichwohl haben die Zuschauer nie über mich gelacht; freudige Bewunderung bloß war auf ihren Gesichtern zu lesen. Glaube mir also, Bär; die Menschen lachen nicht darüber, daß du tanzest, sondern darüber, daß du dich so albern dazu anschickst.

XII. *Der Strauß*

Das pfeilschnelle Renntier sahe den Strauß, und sprach: Das Laufen des Straußes ist so außerordentlich eben nicht; aber ohne Zweifel fliegt er desto besser.

Ein andermal sahe der Adler den Strauß und sprach: Fliegen kann der Strauß nun wohl nicht; aber ich glaube, er muß gut laufen können.

XIII. XIV. Die Wohltaten,

in zwei Fabeln

(1)

Hast du wohl einen größern Wohltäter unter den Tieren, als uns? fragte die Biene den Menschen.

Ja wohl! erwiderte dieser.

»Und wen?«

Das Schaf! Denn seine Wolle ist mir notwendig, und dein Honig ist mir nur angenehm.

(2)

Und willst du noch einen Grund wissen, warum ich das Schaf für meinen größern Wohltäter halte, als dich Biene? Das Schaf schenket mir seine Wolle ohne die geringste Schwierigkeit; aber wenn du mir deinen Honig schenkest, muß ich mich noch immer vor deinem Stachel fürchten.

XV. Die Eiche

Der rasende Nordwind hatte seine Stärke in einer stürmischen Nacht an einer erhabenen Eiche bewiesen. Nun lag sie gestreckt, und eine Menge niedriger Sträuche lagen unter ihr zerschmettert. Ein Fuchs, der seine Grube nicht weit davon hatte, sahe sie des Morgens darauf. Was für ein Baum! rief er. Hätte ich doch nimmermehr gedacht, daß er so groß gewesen wäre.

XVI. *Die Geschichte des alten Wolfs,*

in sieben Fabeln

Aelianus libr. IV. cap. 15

(1)

Der böse Wolf war zu Jahren gekommen, und faßte den gleißenden Entschluß, mit den Schäfern auf einem gütlichen Fuß zu leben. Er machte sich also auf, und kam zu dem Schäfer, dessen Horden seiner Höhle die nächsten waren.

Schäfer, sprach er, du nennest mich den blutgierigen Räuber, der ich doch wirklich nicht bin. Freilich muß ich mich an deine Schafe halten, wenn mich hungert; denn Hunger tut weh. Schütze mich nur vor dem Hunger; mache mich nur satt, und du sollst mit mir recht wohl zufrieden sein. Denn ich bin wirklich das zahmste, sanftmütigste Tier, wenn ich satt bin.

Wenn du satt bist? Das kann wohl sein: versetzte der Schäfer. Aber wenn bist du denn satt? Du und der Geiz werden es nie. Geh deinen Weg!

XVII. *(2)*

Der abgewiesene Wolf kam zu einem zweiten Schäfer.

Du weißt Schäfer, war seine Anrede, daß ich dir, das Jahr durch, manches Schaf würgen könnte. Willst du mir überhaupt jedes Jahr sechs Schafe geben; so bin ich zufrieden. Du kannst alsdenn sicher schlafen, und die Hunde ohne Bedenken abschaffen.

Sechs Schafe? sprach der Schäfer. Das ist ja eine ganze Herde! –

Nun, weil du es bist, so will ich mich mit fünfen begnügen: sagte der Wolf.

»Du scherzest; fünf Schafe! Mehr als fünf Schafe opfre ich kaum im ganzen Jahre dem Pan.«

Auch nicht viere? fragte der Wolf weiter; und der Schäfer schüttelte spöttisch den Kopf.

»Drei? – Zwei? – –«

Nicht ein einziges; fiel endlich der Bescheid. Denn es wäre ja wohl töricht, wenn ich mich einem Feinde zinsbar machte, vor welchem ich mich durch meine Wachsamkeit sichern kann.

XVIII. (3)

Aller guten Dinge sind drei; dachte der Wolf und kam zu einem dritten Schäfer.

Es geht mir recht nahe, sprach er, daß ich unter euch Schäfern als das grausamste, gewissenloseste Tier verschrieen bin. Dir, Montan, will ich itzt beweisen, wie unrecht man mir tut. Gib mir jährlich ein Schaf, so soll deine Herde in jenem Walde, den niemand unsicher macht, als ich, frei und unbeschädiget weiden dürfen. Ein Schaf! Welche Kleinigkeit! Könnte ich großmütiger, könnte ich uneigennütziger handeln? – Du lachst, Schäfer? Worüber lachst du denn?

O über nichts! Aber wie alt bist du, guter Freund? sprach der Schäfer.

»Was geht dich mein Alter an? Immer noch alt genug, dir deine liebsten Lämmer zu würgen.«

Erzürne dich nicht, alter Isegrim! Es tut mir Leid, daß du mit deinem Vorschlage einige Jahre zu späte kömmst. Deine ausgebissenen Zähne verraten dich. Du spielst den Uneigennützigen, bloß um dich desto gemächlicher, mit desto weniger Gefahr nähren zu können.

XIX. (4)

Der Wolf ward ärgerlich, faßte sich aber doch, und ging auch zu dem vierten Schäfer. Diesem war eben sein treuer Hund gestorben, und der Wolf machte sich den Umstand zu Nutze.

Schäfer, sprach er, ich habe mich mit meinen Brüdern in

dem Walde veruneiniget, und so, daß ich mich in Ewigkeit nicht wieder mit ihnen aussöhnen werde. Du weißt, wie viel du von ihnen zu fürchten hast! Wenn du mich aber, anstatt deines verstorbenen Hundes, in Dienste nehmen willst, so stehe ich dir dafür, daß sie keines deiner Schafe auch nur scheel ansehen sollen.

Du willst sie also, versetzte der Schäfer, gegen deine Brüder im Walde beschützen? –

»Was meine ich denn sonst? Freilich.«

Das wäre nicht übel! Aber, wenn ich dich nun in meine Horden einnähme, sage mir doch, wer sollte alsdenn meine armen Schafe gegen dich beschützen? Einen Dieb ins Haus nehmen, um vor den Dieben außer dem Hause sicher zu sein, das halten wir Menschen – –

Ich höre schon: sagte der Wolf; du fängst an zu moralisieren. Lebe wohl!

XX. (5)

Wäre ich nicht so alt! knirschte der Wolf. Aber ich muß mich, leider, in die Zeit schicken. Und so kam er zu dem fünften Schäfer.

Kennst du mich, Schäfer? fragte der Wolf.

Deines gleichen wenigstens kenne ich: versetzte der Schäfer.

»Meines gleichen? Daran zweifle ich sehr. Ich bin ein so sonderbarer Wolf, daß ich deiner, und aller Schäfer Freundschaft wohl wert bin.«

Und wie sonderbar bist du denn?

»Ich könnte kein lebendiges Schaf würgen und fressen, und wenn es mir das Leben kosten sollte. Ich nähre mich bloß mit toten Schafen. Ist das nicht löblich? Erlaube mir also immer, daß ich mich dann und wann bei deiner Herde einfinden, und nachfragen darf, ob dir nicht – «

Spare der Worte! sagte der Schäfer. Du müßtest gar keine Schafe fressen, auch nicht einmal tote, wenn ich dein Feind nicht sein sollte. Ein Tier, das mir schon tote Schafe frißt, lernt leicht aus Hunger kranke Schafe für tot, und gesunde für krank ansehen. Mache auf meine Freundschaft also keine Rechnung, und geh!

XXI. (6)

Ich muß nun schon mein Liebstes daran wenden, um zu meinem Zwecke zu gelangen! dachte der Wolf, und kam zu dem sechsten Schäfer.

Schäfer, wie gefällt dir mein Belz? fragte der Wolf.

Dein Belz? sagte der Schäfer. Laß sehen! Er ist schön; die Hunde müssen dich nicht oft unter gehabt haben.

»Nun so höre, Schäfer; ich bin alt, und werde es so lange nicht mehr treiben. Füttere mich zu Tode; und ich vermache dir meinen Belz.«

Ei sieh doch! sagte der Schäfer. Kömmst du auch hinter die Schliche der alten Geizhälse? Nein, nein; dein Belz würde mich am Ende siebenmal mehr kosten, als er wert wäre. Ist es dir aber ein Ernst, mir ein Geschenk zu machen, so gib mir ihn gleich itzt. – Hiermit griff der Schäfer nach der Keule, und der Wolf flohe.

XXII. (7)

O die Unbarmherzigen! schrie der Wolf, und geriet in die äußerste Wut. So will ich auch als ihr Feind sterben, ehe mich der Hunger tötet; denn sie wollen es nicht besser!

Er lief, brach in die Wohnungen der Schäfer ein, riß ihre Kinder nieder, und ward nicht ohne große Mühe von den Schäfern erschlagen.

Da sprach der Weiseste von ihnen: Wir taten doch wohl Unrecht, daß wir den alten Räuber auf das Äußerste brachten, und ihm alle Mittel zur Besserung, so spät und erzwungen sie auch war, benahmen!

XXIII. Die Maus

Eine philosophische Maus pries die gütige Natur, daß sie die Mäuse zu einem so vorzüglichen Gegenstande ihrer Erhaltung gemacht habe. Denn eine Hälfte von uns, sprach sie, erhielt von ihr Flügel, daß, wenn wir hier unten auch alle von den Katzen ausgerottet würden, sie doch mit leichter Mühe aus den Fledermäusen unser ausgerottetes Geschlecht wieder herstellen könnte.

Die gute Maus wußte nicht, daß es auch geflügelte Katzen gibt. Und so beruhet unser Stolz meistens auf unsrer Unwissenheit!

XXIV. Die Schwalbe

Glaubet mir, Freunde; die große Welt ist nicht für den Weisen, ist nicht für den Dichter! Man kennet da ihren wahren Wert nicht, und ach! sie sind oft schwach genug, ihn mit einem nichtigen zu vertauschen.

In den ersten Zeiten war die Schwalbe ein eben so tonreicher, melodischer Vogel, als die Nachtigall. Sie ward es aber bald müde, in den einsamen Büschen zu wohnen, und da von niemand, als dem fleißigen Landmanne und der unschuldigen Schäferin gehöret und bewundert zu werden. Sie verließ ihre demütigere Freundin, und zog in die Stadt. – Was geschah? Weil man in der Stadt nicht Zeit hatte, ihr göttliches Lied zu hören, so verlernte sie es nach und nach, und lernte dafür – bauen.

XXV. Der Adler

Man fragte den Adler: warum erziehest du deine Jungen so hoch in der Luft?

Der Adler antwortete: Würden sie sich, erwachsen, so nahe zur Sonne wagen, wenn ich sie tief an der Erde erzöge?

XXVI. Der junge und der alte Hirsch

Ein Hirsch, den die gütige Natur Jahrhunderte leben lassen, sagte einst zu einem seiner Enkel: Ich kann mich der Zeit noch sehr wohl erinnern, da der Mensch das donnernde Feuerrohr noch nicht erfunden hatte.

Welche glückliche Zeit muß das für unser Geschlecht gewesen sein! seufzete der Enkel.

Du schließest zu geschwind! sagte der alte Hirsch. Die Zeit war anders, aber nicht besser. Der Mensch hatte da, anstatt des Feuerrohres, Pfeile und Bogen; und wir waren eben so schlimm daran, als itzt.

XXVII. Der Pfau und der Hahn

Einst sprach der Pfau zu der Henne: Sieh einmal, wie hochmütig und trotzig dein Hahn einher tritt! Und doch sagen die Menschen nicht: der stolze Hahn; sondern nur immer: der stolze Pfau.

Das macht, sagte die Henne, weil der Mensch einen gegründeten Stolz übersiehet. Der Hahn ist auf seine Wachsamkeit, auf seine Mannheit stolz; aber worauf du? – Auf Farben und Federn.

XXVIII. Der Hirsch

Die Natur hatte einen Hirsch von mehr als gewöhnlicher Größe gebildet, und an dem Halse hingen ihm lange Haare herab. Da dachte der Hirsch bei sich selbst: Du könntest dich ja wohl für ein Elend ansehen lassen. Und was tat der Eitele, ein Elend zu scheinen? Er hing den Kopf traurig zur Erde, und stellte sich, sehr oft das böse Wesen zu haben.

So glaubt nicht selten ein witziger Geck, daß man ihn für keinen schönen Geist halten werde, wenn er nicht über Kopfweh und Hypochonder klage.

XXIX. Der Adler und der Fuchs

Sei auf deinen Flug nicht so stolz! sagte der Fuchs zu dem Adler. Du steigst doch nur deswegen so hoch in die Luft, um dich desto weiter nach einem Aase umsehen zu können.

So kenne ich Männer, die tiefsinnige Weltweise geworden sind, nicht aus Liebe zur Wahrheit, sondern aus Begierde zu einem einträglichen Lehramte.

XXX. Der Schäfer und die Nachtigall

Du zürnest, Liebling der Musen, über die laute Menge des parnassischen Geschmeißes? – O höre von mir, was einst die Nachtigall hören mußte.

Singe doch, liebe Nachtigall! rief ein Schäfer der schweigenden Sängerin, an einem lieblichen Frühlingsabende, zu.

Ach! sagte die Nachtigall; die Frösche machen sich so laut, daß ich alle Lust zum Singen verliere. Hörest du sie nicht?

Ich höre sie freilich: versetzte der Schäfer. Aber nur dein Schweigen ist Schuld, daß ich sie höre.

[Ausgabe von 1759]
Gotthold Ephraim Lessings
Fabeln

Drei Bücher

Nebst Abhandlungen
mit dieser Dichtungsart verwandten Inhalts

VORREDE

Ich warf, vor Jahr und Tag, einen kritischen Blick auf meine Schriften. Ich hatte ihrer lange genug vergessen, um sie völlig als fremde Geburten betrachten zu können. Ich fand, daß man noch lange nicht so viel Böses davon gesagt habe, als man wohl sagen könnte, und beschloß, in dem ersten Unwillen, sie ganz zu verwerfen.

Viel Überwindung hätte mich die Ausführung dieses Entschlusses gewiß nicht gekostet. Ich hatte meine Schriften nie der Mühe wert geachtet, sie gegen irgend jemanden zu verteidigen; so ein leichtes und gutes Spiel mir auch oft der allzuelende Angriff dieser und jener würde gemacht haben. Dazu kam noch das Gefühl, daß ich itzt meine jugendlichen Vergehungen durch bessere Dinge gut machen, und endlich wohl gar in Vergessenheit bringen könnte.

Doch indem fielen mir so viel freundschaftliche Leser ein. – Soll ich selbst Gelegenheit geben, daß man ihnen vorwerfen kann, ihren Beifall an etwas *ganz* Unwürdiges verschwendet zu haben? Ihre nachsichtsvolle Aufmunterung erwartet von mir ein anderes Betragen. Sie erwartet, und sie verdienet, daß ich mich bestrebe, sie, wenigstens nach der Hand, Recht haben zu lassen; daß ich so viel Gutes nunmehr wirklich in meine Schriften so glücklich hineinlege, daß sie es in voraus darin bemerkt zu haben scheinen können. – Und so nahm ich mir vor, was ich erst *verwerfen* wollte, lieber so viel als möglich zu *verbessern*. – Welche Arbeit! –

Ich hatte mich bei keiner Gattung von Gedichten länger verweilet, als bei der *Fabel*. Es gefiel mir auf diesem gemeinschaftlichen Raine der Poesie und Moral. Ich hatte die alten und neuen Fabulisten so ziemlich alle, und die besten von ihnen mehr als einmal gelesen. Ich hatte über die Theorie der Fabel nachgedacht. Ich hatte mich oft gewundert, daß die gerade auf die Wahrheit führende Bahn des Aesopus, von den Neuern, für die blumenreichern Abwege der schwatzhaften Gabe zu erzählen, so sehr verlassen werde. Ich hatte eine Menge Versuche in der einfältigen Art des alten Phrygiers gemacht. – Kurz, ich glaubte mich in diesem Fache so reich, daß ich, vors erste meinen Fabeln, mit leichter Mühe, eine neue Gestalt geben könnte.

Ich griff zum Werke. – Wie sehr ich mich aber wegen der leichten Mühe geirret hatte, das weiß ich selbst am besten. Anmerkungen, die man während dem Studieren macht, und nur aus Mißtrauen in sein Gedächtnis auf das Papier wirft; Gedanken, die man sich nur zu *haben* begnügt, ohne ihnen durch den Ausdruck die nötige Präzision zu geben; Versuchen, die man nur zu seiner Übung waget, – – fehlt noch sehr viel zu einem *Buche*. Was nun endlich für eines daraus geworden; – hier ist es!

Man wird nicht mehr als sechse von meinen alten Fabeln darin finden; die sechs prosaischen nämlich, die mir der Erhaltung am wenigsten unwert schienen. Die übrigen gereimten mögen auf eine andere Stelle warten. Wenn es nicht gar zu sonderbar gelassen hätte, so würde ich sie in Prosa aufgelöset haben.

Ohne übrigens eigentlich den Gesichtspunkt, aus welchem ich am liebsten betrachtet zu sein wünschte, vorzuschreiben, ersuche ich bloß meinen Leser, die *Fabeln* nicht ohne die *Abhandlungen* zu beurteilen. Denn ob ich gleich weder diese jenen, noch jene diesen zum besten geschrieben habe; so entlehnen doch beide, als Dinge, die zu *einer* Zeit in *einem* Kopfe entsprungen, allzuviel von einander, als daß sie einzeln und abgesondert noch eben dieselben bleiben könnten. Sollte er auch schon dabei entdecken, daß meine Regeln mit meiner Ausübung nicht allezeit übereinstimmen: was ist es mehr? Er weiß von selbst, daß das Genie seinen Eigensinn hat; daß es den Regeln selten mit Vorsatz folget; und daß diese seine wollüstigen Auswüchse zwar *beschneiden,* aber nicht *hemmen* sollen. Er prüfe also in den Fabeln *seinen* Geschmack, und in den Abhandlungen *meine* Gründe. –

Ich wäre Willens, mit allen übrigen Abteilungen meiner Schriften, nach und nach, auf gleiche Weise zu verfahren. An Vorrat würde es mir auch nicht fehlen, den unnützen Abgang dabei zu ersetzen. Aber an Zeit, an Ruhe – – Nichts weiter! Dieses *Aber* gehöret in keine Vorrede; und das Publikum danket es selten einem Schriftsteller, wenn er es auch in solchen Dingen zu seinem Vertrauten zu machen gedenkt. – So lange der Virtuose Anschläge fasset, Ideen sammlet, wählet, ordnet, in Plane verteilet: so lange genießt er die sich selbst belohnenden Wollüste der Empfängnis. Aber so bald er einen Schritt weiter gehet, und Hand anleget, seine Schöpfung auch außer sich darzustellen: sogleich fangen die Schmerzen der Geburt an, welchen er sich selten ohne alle Aufmunterung unterziehet. –

Eine Vorrede sollte nichts enthalten, als die Geschichte des Buchs. Die Geschichte des meinigen war bald erzählt, und ich müßte hier schließen. Allein, da ich die Gelegenheit mit meinen Lesern zu sprechen, so selten ergreife, so erlaube man mir, sie einmal zu mißbrauchen. – Ich bin gezwungen mich über einen bekannten Skribenten zu beklagen. Herr Dusch hat mich durch seine bevollmächtigten Freunde, seit geraumer Zeit, auf eine sehr nichtswürdige Art mißhandeln lassen. Ich meine mich, den Menschen; denn daß es seiner siegreichen Kritik gefallen hat, mich, den Schriftsteller, in die Pfanne zu hauen, das würde ich mit keinem Worte rügen. Die Ursache seiner Erbitterung sind verschiedene Kritiken, die man in der »Bibliothek der schönen Wissenschaften«, und in den »Briefen die neueste Literatur betreffend«, über seine Werke gemacht hat, und *er* auf meine Rechnung schreibet. Ich habe ihn schon öffentlich von dem Gegenteile versichern lassen; die Verfasser der Bibliothek sind auch nunmehr genugsam bekannt; und wenn diese, wie er selbst behauptet, zugleich die Verfasser der Briefe sind: so kann ich gar nicht begreifen, warum er seinen Zorn an *mir* ausläßt. Vielleicht aber *muß* ein ehrlicher Mann, wie *er,* wenn es ihn nicht töten soll, sich seiner Galle gegen einen Unschuldigen entladen; und in diesem Falle stehe ich seiner Kunstrichterei, und dem Aberwitze seiner Freunde und seiner Freundinnen, gar gern noch ferner zu Diensten, und widerrufe meine Klage.

ABHANDLUNGEN

I.

VON DEM WESEN DER FABEL

Jede Erdichtung, womit der Poet eine gewisse Absicht verbindet, heißt seine Fabel. So heißt die Erdichtung, welche er durch die Epopee, durch das Drama herrschen läßt, die Fabel seiner Epopee, die Fabel seines Drama.

Von diesen Fabeln ist hier die Rede nicht. Mein Gegenstand ist die sogenannte *Äsopische* Fabel. Auch diese ist eine Erdichtung; eine Erdichtung, die auf einen gewissen Zweck abzielet.

Man erlaube mir, gleich Anfangs einen Sprung in die Mitte meiner Materie zu tun, um eine Anmerkung daraus herzuholen, auf die sich eine gewisse Einteilung der Äsopischen Fabel gründet, deren ich in der Folge zu oft gedenken werde, und die mir so bekannt nicht scheinet, daß ich sie, auf gut Glück, bei meinen Lesern voraussetzen dürfte.

Aesopus machte die meisten seiner Fabeln bei wirklichen Vorfällen. Seine Nachfolger haben sich dergleichen Vorfälle meistens erdichtet, oder auch wohl an ganz und gar keinen Vorfall, sondern bloß an diese oder jene allgemeine Wahrheit, bei Verfertigung der ihrigen, gedacht. Diese begnügten sich folglich, die allgemeine Wahrheit, durch die erdichtete Geschichte ihrer Fabel, erläutert zu haben; wenn jener noch über dieses, die Ähnlichkeit seiner erdichteten Geschichte mit dem gegenwärtigen wirklichen Vorfalle faßlich machen, und zeigen mußte, daß aus beiden, so wohl aus der erdichteten Geschichte als dem wirklichen Vorfalle, sich eben dieselbe Wahrheit bereits ergebe, oder gewiß ergeben werde.

Und hieraus entspringt die Einteilung in *einfache* und *zusammengesetzte* Fabeln.

Einfach ist die Fabel, wenn ich aus der erdichteten Begebenheit derselben, bloß irgend eine allgemeine Wahrheit folgern lasse. – »Man machte der Löwin den Vorwurf, daß sie nur ein Junges zur Welt brächte. Ja, sprach sie, nur eines; aber einen Löwen*.« – Die Wahrheit, welche in dieser Fabel liegt, ὅτι τὸ καλὸν οὐκ ἐν πλήθει, ἀλλ' ἀρετῇ, leuchtet sogleich in die Augen; und die Fabel ist *einfach,* wenn ich es bei dem Ausdrucke dieses allgemeinen Satzes bewenden lasse.

Zusammengesetzt hingegen ist die Fabel, wenn die Wahrheit, die sie uns anschauend zu erkennen gibt, auf einen wirklich geschehenen, oder doch, als wirklich geschehen, angenommenen Fall, weiter angewendet wird. – »Ich mache, sprach ein höhnischer Reimer zu dem Dichter, in einem Jahre sieben Trauerspiele; aber du? In sieben Jahren eines! Recht; nur eines! versetzte der Dichter; aber eine *Athalie!*« – Man mache dieses zur Anwendung der vorigen Fabel, und die Fabel wird *zusammengesetzt*. Denn sie besteht nunmehr gleichsam aus *zwei* Fabeln, aus *zwei* einzeln Fällen, in welchen beiden ich die Wahrheit eben desselben Lehrsatzes bestätiget finde.

Diese Einteilung aber – kaum brauche ich es zu erinnern – beruhet nicht auf einer wesentlichen Verschiedenheit der Fabeln selbst; sondern bloß auf der verschiedenen Bearbeitung derselben. Und aus dem Exempel schon hat man es ersehen, daß eben dieselbe Fabel bald *einfach,* bald *zusammengesetzt* sein kann. Bei dem Phädrus ist die Fabel *von dem kreißenden Berge*, eine *einfache* Fabel.

– – – Hoc scriptum est tibi,
Qui magna cum minaris, extricas nihil.

---

* Fabul. Aesop. 216. Edit. Hauptmannianae.

Ein jeder, ohne Unterschied, der große und fürchterliche Anstalten einer Nichtswürdigkeit wegen macht; der sehr weit ausholt, um einen sehr kleinen Sprung zu tun; jeder Prahler, jeder vielversprechende Tor, von allen möglichen Arten, siehet hier sein Bild! Bei unserm Hagedorn aber, wird eben dieselbe Fabel zu einer *zusammengesetzten* Fabel, indem er einen gebärenden schlechten Poeten zu dem besondern Gegenbilde des kreißenden Berges macht.

> Ihr Götter rettet! Menschen flieht!
> Ein schwangrer Berg beginnt zu kreißen,
> Und wird itzt, eh man sichs versieht,
> Mit Sand und Schollen um sich schmeißen etc.
> ------
> Suffenus schwitzt und lärmt und schäumt:
> Nichts kann den hohen Eifer zähmen;
> Er stampft, er knirscht; warum? er reimt,
> Und will itzt den Homer beschämen etc.
> ------
> Allein gebt Acht, was kömmt heraus?
> Hier ein Sonett, dort eine Maus.

Diese Einteilung also, von welcher die Lehrbücher der Dichtkunst ein tiefes Stillschweigen beobachten, ohngeachtet ihres mannichfaltigen Nutzens in der richtigern Bestimmung verschiedener Regeln: diese Einteilung, sage ich, vorausgesetzt, will ich mich auf den Weg machen. Es ist kein unbetretener Weg. Ich sehe eine Menge Fußtapfen vor mir, die ich zum Teil untersuchen muß, wenn ich überall sichere Tritte zu tun gedenke. Und in dieser Absicht will ich sogleich die vornehmsten Erklärungen prüfen, welche meine Vorgänger von der Fabel gegeben haben.

De la Motte

Dieser Mann, welcher nicht sowohl ein großes poetisches Genie, als ein guter, aufgeklärter Kopf war, der sich an mancherlei wagen, und überall erträglich zu bleiben hoffen durfte, erklärt die *Fabel* durch *eine unter die Allegorie einer Handlung versteckte Lehre**.

Als sich der Sohn des stolzen Tarquinius bei den Gabiern nunmehr fest gesetzt hatte, schickte er heimlich einen Boten an seinen Vater, und ließ ihn fragen, was er weiter tun solle? Der König, als der Bote zu ihm kam, befand sich eben auf dem Felde, hub seinen Stab auf, schlug den höchsten Mahnstängeln die Häupter ab, und sprach zu dem Boten: Geh, und erzähle meinem Sohne, was ich itzt getan habe! Der Sohn verstand den stummen Befehl des Vaters, und ließ die Vornehmsten der Gabier hinrichten**. – Hier ist eine allegorische Handlung; – hier ist eine unter die Allegorie dieser Handlung versteckte Lehre: aber ist hier eine *Fabel*? Kann man sagen, daß Tarquinius seine Meinung dem Sohne durch eine *Fabel* habe wissen lassen? Gewiß nicht!

Jener Vater, der seinen uneinigen Söhnen die Vorteile der Eintracht an einem Bündel Ruten zeigte, das sich nicht anders als stückweise zerbrechen lasse, machte der eine Fabel***?

Aber wenn eben derselbe Vater seinen uneinigen Söhnen erzählt hätte, wie glücklich drei Stiere, so lange sie einig waren, den Löwen von sich abhielten, und wie bald sie des Löwen Raub wurden, als Zwietracht unter sie kam, und jeder sich seine eigene Weide suchte†: alsdenn hätte doch der Vater seinen Söhnen ihr Bestes in einer *Fabel* gezeigt? Die Sache ist klar.

Folglich ist es eben so klar, daß die Fabel nicht bloß eine allegorische Handlung, sondern die *Erzählung* einer solchen Handlung sein kann. Und dieses ist das erste, was ich wider die Erklärung des de la Motte zu erinnern habe.

Aber was will er mit seiner *Allegorie?* – Ein so fremdes Wort, womit nur wenige einen bestimmten Begriff verbinden, sollte überhaupt aus einer guten Erklärung verbannt sein. – Und wie, wenn es hier gar nicht einmal an seiner

---

* La Fable est une instruction deguisée sous l'allegorie d'une action. *Discours sur la fable.*
** Florus. lib. I. cap. 7.   *** Fabul. Aesop. 171.
† Fab. Aesop. 297.

Stelle stünde? Wenn es nicht wahr wäre, daß die Handlung der Fabel an sich selbst allegorisch sei? Und wenn sie es höchstens unter gewissen Umständen nur werden könnte?

Quintilian lehrt: Αλληγορια, quam Inversionem interpretamur, aliud verbis, aliud sensu ostendit, ac etiam interim contrarium*. Die *Allegorie* sagt das nicht, was sie nach den Worten zu sagen scheinet, sondern etwas anders. Die neuern Lehrer der Rhetorik erinnern, daß dieses *etwas andere* auf etwas *anderes ähnliches* einzuschränken sei, weil sonst auch jede *Ironie* eine *Allegorie* sein würde**. Die letztern Worte des Quintilians, ac etiam interim contrarium, sind ihnen hierin zwar offenbar zuwider: aber es mag sein.

Die *Allegorie* sagt also nicht, was sie den Worten nach zu sagen scheinet, sondern etwas *ähnliches*. Und die Handlung der Fabel, wenn sie allegorisch sein soll, muß das auch nicht sagen, was sie zu sagen scheinet, sondern nur etwas *ähnliches*?

Wir wollen sehen! – »*Der Schwächere wird gemeiniglich ein Raub des Mächtigern.*« Das ist ein allgemeiner Satz, bei welchem ich mir eine Reihe von Dingen gedenke, deren eines immer stärker ist als das andere; die sich also, nach der Folge ihrer verschiednen Stärke, unter einander aufreiben können. Eine Reihe von *Dingen*! Wer wird lange und gern den öden Begriff eines *Dinges* denken, ohne auf dieses oder jenes *besondere Ding* zu fallen, dessen Eigenschaften ihm ein deutliches Bild gewähren? Ich will also auch hier, anstatt dieser Reihe von *unbestimmten* Dingen, eine Reihe *bestimmter, wirklicher* Dinge annehmen. Ich könnte mir in der Geschichte eine Reihe von Staaten oder Königen suchen; aber wie viele sind in der Geschichte so bewandert, daß sie, so bald ich meine Staaten oder Könige nur nenne, sich der Verhältnisse, in welchen sie gegen einander an Größe und Macht gestanden, erinnern könnten? Ich würde meinen Satz

---

* Quinctilianus lib. VIII. cap. 6.
** Allegoria dicitur, quia ἄλλο μεν ἀγορευει, ἄλλο δε νοει. Et istud ἄλλο restringi debet ad aliud simile, alias etiam omnis Ironia Allegoria esset. *Vossius Inst. Orat. lib. IV.*

nur wenigen faßlicher gemacht haben; und ich möchte ihn gern allen so faßlich, als möglich, machen. Ich falle auf die Tiere; und warum sollte ich nicht eine Reihe von Tieren wählen dürfen; besonders wenn es allgemein bekannte Tiere wären? Ein Auerhahn – ein Marder – ein Fuchs – ein Wolf – Wir kennen diese Tiere; wir dürfen sie nur nennen hören, um sogleich zu wissen, welches das stärkere oder das schwächere ist. Nunmehr heißt mein Satz: der Marder frißt den Auerhahn; der Fuchs den Marder; den Fuchs der Wolf. *Er frißt?* Er frißt vielleicht auch nicht. Das ist mir noch nicht gewiß genug. Ich sage also: *er fraß*. Und siehe, mein Satz ist zur Fabel geworden!

Ein Marder fraß den Auerhahn;
Den Marder würgt ein Fuchs; den Fuchs des Wolfes Zahn*.

Was kann ich nun sagen, daß in dieser Fabel für eine Allegorie liege? Der Auerhahn, der Schwächste; der Marder, der Schwache; der Fuchs, der Starke; der Wolf der Stärkste. Was hat der Auerhahn mit dem Schwächsten, der Marder mit dem Schwachen, u.s.w. hier *ähnliches? Ähnliches! Gleichet* hier bloß der Fuchs dem Starken, und der Wolf dem Stärksten; oder *ist* jener hier der Starke, so wie dieser der Stärkste? Er *ist* es. – Kurz; es heißt die Worte auf eine kindische Art mißbrauchen, wenn man sagt, daß das *Besondere* mit seinem *Allgemeinen,* das *Einzelne* mit seiner *Art,* die *Art* mit ihrem *Geschlechte* eine *Ähnlichkeit* habe. Ist *dieser* Windhund, einem Windhunde *überhaupt,* und ein *Windhund* überhaupt, einem *Hunde ähnlich*? Eine lächerliche Frage! – Findet sich nun aber unter den *bestimmten* Subjekten der Fabel, und den *allgemeinen* Subjekten ihres Satzes keine *Ähnlichkeit,* so kann auch keine *Allegorie* unter ihnen Statt haben. Und das Nämliche läßt sich auf die nämliche Art von den beiderseitigen Prädikaten erweisen.

Vielleicht aber meinet jemand, daß die Allegorie hier nicht auf der Ähnlichkeit zwischen den *bestimmten* Subjekten oder

---

* von Hagedorn; Fabeln und Erzählungen, erstes Buch. S. 77.

Prädikaten der Fabel und den *allgemeinen* Subjekten oder Prädikaten des Satzes, sondern auf der Ähnlichkeit der Arten, wie ich ebendieselbe Wahrheit, itzt durch die Bilder der Fabel, und itzt vermittelst der Worte des Satzes erkenne, beruhe. Doch das ist so viel, als nichts. Denn käme hier die Art der Erkenntnis in Betrachtung, und wollte man bloß wegen der anschauenden Erkenntnis, die ich vermittelst der Handlung der Fabel von dieser oder jener Wahrheit erhalte, die Handlung allegorisch nennen: so würde in allen Fabeln ebendieselbe Allegorie sein, welches doch niemand sagen will, der mit diesem Worte nur einigen Begriff verbindet.

Ich befürchte, daß ich von einer so klaren Sache viel zu viel Worte mache. Ich fasse daher alles zusammen und sage: die Fabel, als eine *einfache* Fabel, kann unmöglich allegorisch sein.

Man erinnere sich aber meiner obigen Anmerkung, nach welcher eine jede *einfache* Fabel auch eine *zusammengesetzte* werden *kann*. Wie wann sie alsdenn allegorisch *würde*? Und so ist es. Denn in der zusammengesetzten Fabel wird ein Besonderes gegen das andre gehalten; zwischen zwei oder mehr Besondern, die unter eben demselben Allgemeinen begriffen sind, ist die *Ähnlichkeit* unwidersprechlich, und die Allegorie kann folglich Statt finden. Nur muß man nicht sagen, daß die Allegorie zwischen der Fabel und dem moralischen Satze sich befinde. Sie befindet sich zwischen der Fabel und dem wirklichen Falle, der zu der Fabel Gelegenheit gegeben hat, in so fern sich aus beiden ebendieselbe Wahrheit ergibt. – Die bekannte Fabel vom *Pferde,* das sich von dem *Manne* den Zaum anlegen ließ, und ihn auf seinen Rücken nahm, damit er ihm nur in seiner Rache, die es an dem Hirsche nehmen wollte, behülflich wäre: diese Fabel sage ich, ist so fern nicht allegorisch, als ich mit dem Phädrus* bloß die allgemeine Wahrheit daraus ziehe:

Impune potius laedi, quam dedi alteri.

Bei der Gelegenheit nur, bei welcher sie ihr Erfinder Stesichorus erzählte, *ward* sie es. Er erzählte sie nämlich, als die

* Lib. IV. fab. 3.

Himerenser den Phalaris zum obersten Befehlshaber ihrer Kriegsvölker gemacht hatten, und ihm noch dazu eine Leibwache geben wollten. »O ihr Himerenser, rief er, die ihr so fest entschlossen seid, euch an euren Feinden zu rächen; nehmet euch wohl in Acht, oder es wird euch wie diesem Pferde ergehen! Den Zaum habt ihr euch bereits anlegen lassen, indem ihr den Phalaris zu eurem Heerführer mit unumschränkter Gewalt, ernannt. Wollt ihr ihm nun gar eine Leibwache geben, wollt ihr ihn aufsitzen lassen, so ist es vollends um eure Freiheit getan.«* – Alles wird hier allegorisch! Aber einzig und allein dadurch, daß das Pferd, hier nicht auf jeden Beleidigten, sondern auf die beleidigten *Himerenser;* der Hirsch nicht auf jeden Beleidiger, sondern auf die Feinde der *Himerenser;* der Mann nicht auf jeden listigen Unterdrücker, sondern auf den *Phalaris*; die Anlegung des Zaums nicht auf jeden ersten Eingriff in die Rechte der Freiheit, sondern auf die Ernennung des *Phalaris* zum unumschränkten Heerführer; und das Aufsitzen endlich, nicht auf jeden letzten tödlichen Stoß, welcher der Freiheit beigebracht wird, sondern auf die dem *Phalaris* zu bewilligende Leibwache, gezogen und angewandt wird.

Was folgt nun aus alle dem? Dieses: da die Fabel nur alsdenn allegorisch wird, wenn ich dem erdichteten einzeln Falle, den sie enthält, einen andern ähnlichen Fall, der sich wirklich zugetragen hat, entgegen stelle; da sie es nicht an und für sich selbst ist, in so fern sie eine allgemeine moralische Lehre enthält: so gehöret das Wort *Allegorie* gar nicht in die Erklärung derselben. – Dieses ist das zweite, was ich gegen die Erklärung des de la Motte zu erinnern habe.

Und man glaube ja nicht, daß ich es bloß als ein müßiges, überflüssiges Wort daraus verdrängen will. Es ist hier, wo es steht, ein höchst schädliches Wort, dem wir vielleicht eine Menge schlechter Fabeln zu danken haben. Man begnüge sich nur, die Fabel, in Ansehung des allgemeinen Lehrsatzes, *bloß allegorisch* zu machen; und man kann sicher glauben, eine *schlechte* Fabel gemacht zu haben. Ist aber eine schlechte

---

* Aristoteles Rhetor. lib. II. cap. 20.

Fabel eine Fabel? – Ein Exempel wird die Sache in ihr völliges Licht setzen. Ich wähle ein altes, um ohne Mißgunst Recht haben zu können. Die Fabel nämlich von dem *Mann* und dem *Satyr*. »Der *Mann* bläset in seine kalte Hand, um seine Hand zu wärmen; und bläset in seinen heißen Brei, um seinen Brei zu kühlen. Was? sagt der *Satyr;* du bläsest aus einem Munde Warm und Kalt? Geh, mit dir mag ich nichts zu tun haben!«* – Diese Fabel soll lehren, ὅτι δει φευγειν ἡμας τας φιλιας, ὡν ἀμφιβολος ἐςιν ἡ διαθεσις; die Freundschaft aller Zweizüngler, aller Doppelleute, aller Falschen zu fliehen. Lehrt sie das? Ich bin nicht der erste der es leugnet, und die Fabel für schlecht ausgibt. Richer** sagt, sie sündige wider die Richtigkeit der Allegorie; ihre Moral sei weiter nichts als eine Anspielung, und gründe sich auf eine bloße Zweideutigkeit. Richer hat richtig empfunden, aber seine Empfindung falsch ausgedrückt. Der Fehler liegt nicht sowohl darin, daß die Allegorie nicht richtig genug ist, sondern darin, daß es weiter nichts als eine Allegorie ist. Anstatt daß die Handlung des *Mannes,* die dem *Satyr* so anstößig scheinet, unter dem allgemeinen Subjekte des Lehrsatzes wirklich *begriffen* sein sollte, ist sie ihm bloß *ähnlich.* Der *Mann* sollte sich eines *wirklichen* Widerspruchs schuldig machen; und der Widerspruch ist nur *anscheinend.* Die Lehre warnet uns vor Leuten, die von *ebenderselben* Sache *ja* und *nein* sagen, die *ebendasselbe* Ding loben und tadeln: und die Fabel zeiget uns einen *Mann,* der seinen Atem gegen *verschiedene* Dinge *verschieden* braucht; der auf ganz etwas anders itzt seinen Atem warm haucht, und auf ganz etwas anders ihn itzt kalt bläset.

Endlich, was läßt sich nicht alles *allegorisieren!* Man nenne mir das abgeschmackte Märchen, in welches ich durch die Allegorie nicht einen moralischen Sinn sollte legen können! – »Die Mitknechte des Aesopus gelüstet nach den trefflichen Feigen ihres Herrn. Sie essen sie auf, und als es zur

* Fab. Aesop. 126.
** – – contre la justesse de l'allegorie. – – Sa morale n'est qu'une allusion, et n'est fondée que sur un jeu de mots équivoque. *Fables nouvelles, Preface, p. 10.*

Nachfrage kömmt, soll es der gute Äsop getan haben. Sich zu rechtfertigen, trinket Äsop in großer Menge laues Wasser; und seine Mitknechte müssen ein gleiches tun. Das laue Wasser hat seine Wirkung, und die Näscher sind entdeckt.«
– – Was lehrt uns dieses Histörchen? Eigentlich wohl weiter nichts, als daß laues Wasser, in großer Menge getrunken, zu einem Brechmittel werde? Und doch machte jener persische Dichter* einen weit edlern Gebrauch davon. »Wenn man euch,« spricht er, »an jenem großen Tage des Gerichts, von diesem warmen und siedenden Wasser wird zu trinken geben: alsdenn wird alles an den Tag kommen, was ihr mit so vieler Sorgfalt vor den Augen der Welt verborgen gehalten; und der Heuchler, den hier seine Verstellung zu einem ehrwürdigen Manne gemacht hatte, wird mit Schande und Verwirrung überhäuft dastehen!« – Vortrefflich!

Ich habe nun noch eine Kleinigkeit an der Erklärung des de la Motte auszusetzen. Das Wort *Lehre* (instruction) ist zu unbestimmt und allgemein. Ist jeder Zug aus der Mythologie, der auf eine physische Wahrheit anspielet, oder in den ein tiefsinniger Baco wohl gar eine *transzendentalische* Lehre zu legen weiß, eine Fabel? Oder wenn der seltsame Holberg erzählet: »Die Mutter des Teufels übergab ihm einsmals vier Ziegen, um sie in ihrer Abwesenheit zu bewachen. Aber diese machten ihm so viel zu tun, daß er sie mit aller seiner Kunst und Geschicklichkeit nicht in der Zucht halten konnte. Diesfalls sagte er zu seiner Mutter nach ihrer Zurückkunft: Liebe Mutter, hier sind Eure Ziegen! Ich will lieber eine ganze Compagnie Reuter bewachen, als eine einzige Ziege.« – Hat Holberg eine Fabel erzählet? Wenigstens ist eine Lehre in diesem Dinge. Denn er setzet selbst mit ausdrücklichen Worten dazu: »Diese Fabel zeiget, daß keine Kreatur weniger in der

---

* *Herbelot Bibl. Orient. p. 516.* Lorsque l'on vous donnera à boire de cette eau chaude et brulante, dans la question du Jugement dernier, tout ce que vous avez caché avec tant de soin, paroitra aux yeux de tout le monde, et celui qui aura acquis de l'estime par son hypocrisie et par son deguisement, sera pour lors couvert de honte et de confusion.

Zucht zu halten ist, als eine Ziege.*« – Eine wichtige Wahrheit! Niemand hat die Fabel schändlicher gemißhandelt, als dieser Holberg! – Und es mißhandelt sie jeder, der eine andere als *moralische Lehre* darin vorzutragen, sich einfallen läßt.

Richer

Richer ist ein andrer französischer Fabulist, der ein wenig besser erzählt als de la Motte, in Ansehung der Erfindung aber, weit unter ihm stehet. Auch dieser hat uns seine Gedanken über diese Dichtungsart nicht vorenthalten wollen, und erklärt die Fabel durch ein *kleines Gedicht, das irgend eine unter einem allegorischen Bilde versteckte Regel enthalte***.

Richer hat die Erklärung des de la Motte offenbar vor Augen gehabt. Und vielleicht hat er sie gar verbessern wollen. Aber das ist ihm sehr schlecht gelungen.

Ein kleines Gedicht? (Poeme) – Wenn Richer das Wesen eines Gedichts in die *bloße* Fiktion setzt: so bin ich es zufrieden, daß er die Fabel ein Gedicht nennet. Wenn er aber auch die poetische Sprache und ein gewisses Sylbenmaß, als notwendige Eigenschaften eines Gedichtes betrachtet: so kann ich seiner Meinung nicht sein. – Ich werde mich weiter unten hierüber ausführlicher erklären.

Eine Regel? (Precepte) – Dieses Wort ist nichts bestimmter, als das Wort *Lehre* des de la Motte. Alle Künste, alle Wissenschaften haben Regeln, haben Vorschriften. Die Fabel aber stehet einzig und allein der *Moral* zu. Von einer andern Seite hingegen betrachtet, ist *Regel* oder *Vorschrift* hier so gar noch schlechter als *Lehre;* weil man unter Regel und Vorschrift eigentlich nur solche Sätze verstehet, die *unmittelbar* auf die Bestimmung unsers Tuns und Lassens ge-

---

* Moralische Fabeln des Baron von Holbergs S. 103.
** La Fable est un petit Poeme qui contient un precepte caché sous une image allegorique. *Fables nouvelles Preface p.* 9.

hen. Von dieser Art aber sind nicht alle moralische Lehrsätze der Fabel. Ein großer Teil derselben sind Erfahrungssätze, die uns nicht sowohl von dem, was geschehen sollte, als vielmehr von dem, was wirklich geschiehet, unterrichten. Ist die Sentenz:

> In principatu commutando civium
> Nil praeter domini nomen mutant pauperes;

eine Regel, eine Vorschrift? Und gleichwohl ist sie das Resultat einer von den schönsten Fabeln des Phädrus*. Es ist zwar wahr, aus jedem solchen Erfahrungssatze können leicht eigentliche Vorschriften und Regeln *gezogen* werden. Aber was in dem fruchtbaren Satze liegt, das liegt nicht darum auch in der Fabel. Und was müßte das für eine Fabel sein, in welcher ich den Satz mit allen seinen Folgerungen auf einmal, anschauend erkennen sollte?

Unter einem allegorischen Bilde? – Über das Allegorische habe ich mich bereits erkläret. Aber *Bild!* (Image) Unmöglich kann Richer dieses Wort mit Bedacht gewählt haben. Hat er es vielleicht nur ergriffen, um von de la Motte lieber auf Geratewohl abzugehen, als *nach* ihm Recht zu haben? – Ein Bild heißt überhaupt jede sinnliche Vorstellung eines Dinges nach einer einzigen ihm zukommenden Veränderung. Es zeigt mir nicht mehrere, oder gar alle mögliche Veränderungen, deren das Ding fähig ist, sondern allein die, in der es sich in einem und ebendemselben Augenblicke befindet. In einem Bilde kann ich zwar also wohl eine moralische Wahrheit erkennen, aber es ist darum noch keine Fabel. Der mitten im Wasser dürstende Tantalus ist ein Bild, und ein Bild, das mir die Möglichkeit zeigt, man könne auch bei dem größten Überflusse darben. Aber ist dieses Bild deswegen eine Fabel? So auch folgendes kleine Gedicht:

> Cursu veloci pendens in novacula,
> Calvus, comosa fronte, nudo corpore,
> Quem si occuparis, teneas; elapsum semel
> Non ipse possit Jupiter reprehendere;

---

* Libri I. Fab. 15.

Occasionem rerum significat brevem.
Effectus impediret ne segnis mora,
Finxere antiqui talem effigiem temporis.

Wer wird diese Zeilen für eine Fabel erkennen, ob sie schon Phädrus als eine solche unter seinen Fabeln mit unterlaufen läßt?* Ein jedes *Gleichnis,* ein jedes *Emblema* würde eine Fabel sein, wenn sie nicht eine Mannigfaltigkeit von Bildern, und zwar zu *Einem* Zwecke übereinstimmenden Bildern; wenn sie, mit einem Worte, nicht das *notwendig* erforderte, was wir durch das Wort *Handlung* ausdrücken.

Eine *Handlung* nenne ich, *eine Folge von Veränderungen, die zusammen Ein Ganzes ausmachen.*

Diese *Einheit des Ganzen* beruhet auf der *Übereinstimmung aller Teile zu einem Endzwecke.*

Der Endzweck der Fabel, das, wofür die Fabel erfunden wird, ist der moralische Lehrsatz.

Folglich hat die Fabel eine *Handlung,* wenn das, was sie erzählt, eine Folge von Veränderungen ist, und jede dieser Veränderungen etwas dazu beiträgt, die einzeln Begriffe, aus welchen der moralische Lehrsatz bestehet, anschauend erkennen zu lassen.

Was die Fabel erzählt, muß eine *Folge von Veränderungen* sein. *Eine* Veränderung, oder auch mehrere Veränderungen, die nur *neben einander* bestehen, und nicht *auf einander* folgen, wollen zur Fabel nicht zureichen. Und ich kann es für eine untriegliche Probe ausgeben, daß eine Fabel schlecht ist, daß sie den Namen der Fabel gar nicht verdienet, wenn ihre vermeinte Handlung *sich ganz malen läßt.* Sie enthält alsdenn ein bloßes Bild, und der Maler hat keine Fabel, sondern ein *Emblema* gemalt. – »Ein Fischer, indem er sein Netz aus dem Meere zog, blieb der größern Fische, die sich darin gefangen hatten, zwar habhaft, die kleinsten aber schlupften durch das Netz durch, und gelangten glücklich wieder ins Wasser.« – Diese Erzählung befindet sich unter den Äsopischen Fabeln**, aber sie ist keine Fabel; wenigstens eine sehr

---

* Lib. V. Fab. 8.
** Fab. Aesop. 154.

mittelmäßige. Sie hat keine Handlung, sie enthält ein bloßes einzelnes Faktum, das sich ganz malen läßt; und wenn ich dieses einzelne Faktum, dieses Zurückbleiben der größern und dieses Durchschlupfen der kleinen Fische, auch mit noch so viel andern Umständen erweiterte, so würde doch in ihm *allein,* und nicht in den andern Umständen zugleich mit, der moralische Lehrsatz liegen.

Doch nicht genug, daß das, was die Fabel erzählt, eine Folge von Veränderungen ist; alle diese Veränderungen müssen zusammen nur einen *einzigen* anschauenden Begriff in mir erwecken. Erwecken sie deren mehrere, liegt mehr als ein moralischer Lehrsatz in der vermeinten Fabel, so fehlt der Handlung ihre Einheit, so fehlt ihr das, was sie eigentlich zur Handlung macht, und kann, richtig zu sprechen, keine *Handlung,* sondern muß eine *Begebenheit* heißen. — Ein Exempel:

> Lucernam fur accendit ex ara Jovis,
> Ipsumque compilavit ad lumen suum;
> Onustus qui sacrilegio cum discederet,
> Repente vocem sancta misit Religio:
> Malorum quamvis ista fuerint munera,
> Mihique invisa, ut non offendar subripi;
> Tamen, sceleste, spiritu culpam lues,
> Olim cum adscriptus venerit poenae dies.
> Sed ne ignis noster facinori praeluceat,
> Per quem verendos excolit pietas Deos,
> Veto esse tale luminis commercium.
> Ita hodie, nec lucernam de flamma Deûm
> Nec de lucerna fas est accendi sacrum.

Was hat man hier gelesen? Ein Histörchen; aber keine Fabel. Ein Histörchen trägt sich zu; eine Fabel wird erdichtet. Von der Fabel also muß sich ein Grund angeben lassen, warum sie erdichtet worden; da ich den Grund, warum sich jenes zugetragen, weder zu wissen noch anzugeben gehalten bin. Was wäre nun der Grund, warum diese Fabel erdichtet worden, wenn es anders eine Fabel wäre? Recht billig zu urteilen, könnte es kein andrer als dieser sein: der Dichter habe einen wahrscheinlichen Anlaß zu dem doppelten Verbote, *weder von dem heiligen Feuer ein gemeines Licht, noch von einem gemeinen Lichte das heilige Feuer anzuzünden,* erzählen wollen. Aber wäre das eine *moralische* Absicht, dergleichen der Fabulist doch notwendig haben soll? Zur Not könnte zwar dieses einzelne Verbot zu einem Bilde des allgemeinen Verbots dienen, *daß das Heilige mit dem Unheiligen, das Gute mit dem Bösen in keiner Gemeinschaft stehen soll.* Aber was tragen alsdenn die übrigen Teile der Erzählung zu diesem Bilde bei? Zu diesem gar nichts; sondern ein jeder ist vielmehr das Bild, der einzelne Fall einer ganz andern allgemeinen Wahrheit. Der Dichter hat es selbst empfunden, und hat sich aus der Verlegenheit, welche Lehre er *allein* daraus ziehen solle, nicht besser zu reißen gewußt, als wenn er deren so viele daraus zöge, als sich nur immer ziehen ließen. Denn er schließt:

> Quot res contineat hoc argumentum utiles,
> Non explicabit alius, quam qui repperit.
> Significat primo, saepe, quos ipse alueris,
> Tibi inveniri maxime contrarios.
> Secundo ostendit, scelera non ira Deûm,
> Fatorum dicto sed puniri tempore.
> Novissime interdicit, ne cum malefico
> Usum bonus consociet ullius rei.

Eine elende Fabel, wenn niemand anders als ihr Erfinder es erklären kann, *wie viel* nützliche Dinge sie enthalte! Wir hätten an einem genug! – Kaum sollte man es glauben, daß einer von den Alten, einer von diesen großen Meistern in der Einfalt ihrer Plane, uns dieses Histörchen für eine Fabel* verkaufen können.

Breitinger

Ich würde von diesem großen Kunstrichter nur wenig gelernt haben, wenn er in meinen Gedanken *noch* überall Recht

---

* Phaedrus libr. IV. Fab. 10.

hätte. – Er gibt uns aber eine doppelte Erklärung von der Fabel*. Die eine hat er von dem de la Motte entlehnet; und die andere ist ihm ganz eigen.

Nach jener versteht er unter der Fabel *eine unter der wohlgeratenen Allegorie einer ähnlichen Handlung verkleidete Lehre und Unterweisung.* – Der klare, übersetzte de la Motte! Und der ein wenig gewässerte: könnte man noch dazusetzen. Denn was sollen die Beiwörter: *wohlgeratene* Allegorie; *ähnliche* Handlung? Sie sind höchst überflüssig.

Doch ich habe eine andere wichtigere Anmerkung auf ihn versparet. Richer sagt: die Lehre solle unter dem allegorischen Bilde *versteckt* (caché) sein. Versteckt! welch ein unschickliches Wort! In manchem *Rätsel* sind Wahrheiten, in den Pythagorischen Denksprüchen sind moralische Lehren *versteckt;* aber in keiner Fabel. Die Klarheit, die Lebhaftigkeit, mit welcher die Lehre aus allen Teilen einer guten Fabel auf einmal hervor strahlt, hätte durch ein ander Wort, als durch das ganz widersprechende *versteckt,* ausgedrückt zu werden verdienet. Sein Vorgänger de la Motte hatte sich um ein gut Teil feiner erklärt; er sagt doch nur, *verkleidet* (deguisé). Aber auch *verkleidet* ist noch viel zu unrichtig, weil auch *verkleidet* den Nebenbegriff einer mühsamen Erkennung mit sich führet. Und es muß gar keine Mühe kosten, die Lehre in der Fabel zu erkennen; es müßte vielmehr, wenn ich so reden darf, Mühe und Zwang kosten, sie darin nicht zu erkennen. Aufs höchste würde sich dieses *verkleidet* nur in Ansehung der *zusammengesetzten* Fabel entschuldigen lassen. In Ansehung der *einfachen* ist es durchaus nicht zu dulden. Von zwei ähnlichen einzeln Fällen kann zwar einer durch den andern ausgedrückt, einer in den andern *verkleidet* werden: aber wie man das Allgemeine in das Besondere *verkleiden* könne, das begreife ich ganz und gar nicht. Wollte man mit aller Gewalt ein ähnliches Wort hier brauchen, so müßte es anstatt *verkleiden* wenigstens *einkleiden* heißen.

Von einem deutschen Kunstrichter hätte ich überhaupt

---

* Der Kritischen Dichtkunst, ersten Bandes siebender Abschnitt, S. 194.

dergleichen figürliche Wörter in einer Erklärung nicht erwartet. Ein Breitinger hätte es den schön vernünftelnden Franzosen überlassen sollen, sich damit aus dem Handel zu wickeln; und ihm würde es sehr wohl angestanden haben, wenn er uns mit den trocknen Worten der Schule belehrt hätte, daß die moralische Lehre in die Handlung weder *versteckt* noch *verkleidet,* sondern durch sie der *anschauenden Erkenntnis* fähig gemacht werde. Ihm würde es erlaubt gewesen sein, uns von der Natur dieser auch der rohesten Seele zukommenden Erkenntnis, von der mit ihr verknüpften schnellen Überzeugung, von ihrem daraus entspringenden mächtigen Einflusse auf den Willen, das Nötige zu lehren. Eine Materie, die durch den ganzen spekulativischen Teil der Dichtkunst von dem größten Nutzen ist, und von *unserm Weltweisen* schon gnugsam erläutert war*! – Was Breitinger aber damals unterlassen, das ist mir, itzt nachzuholen, nicht mehr erlaubt. Die philosophische Sprache ist seit dem unter uns so bekannt geworden, daß ich mich der Wörter *anschauen, anschauender Erkenntnis,* gleich von Anfange als solcher Wörter ohne Bedenken habe bedienen dürfen, mit welchen nur wenige nicht einerlei Begriff verbinden.

Ich käme zu der zweiten Erklärung, die uns Breitinger von der Fabel gibt. Doch ich bedenke, daß ich diese bequemer an einem andern Orte werde untersuchen können. – Ich verlasse ihn also.

Batteux

Batteux erkläret die Fabel kurz weg durch die *Erzählung einer allegorischen Handlung***. Weil er es zum Wesen der

---

* Ich kann meine Verwunderung nicht bergen, daß Herr Breitinger das, was Wolf schon damals von der Fabel gelehret hatte, auch nicht im geringsten gekannt zu haben scheinet. Wolfii Philosophiae practicae universalis Pars posterior § 302–323. Dieser Teil erschien 1739, und die Breitingersche Dichtkunst erst das Jahr darauf.

** Principes de Litterature, Tome II. I. Partie p. V. L'Apologue est le recit d'une action allegorique etc.

Allegorie macht, daß sie eine Lehre oder Wahrheit *verberge,* so hat er ohne Zweifel geglaubt, des moralischen Satzes, der in der Fabel zum Grunde liegt, in ihrer Erklärung gar nicht erwähnen zu dürfen. Man siehet sogleich, was von meinen bisherigen Anmerkungen, auch wider diese Erklärung anzuwenden ist. Ich will mich daher nicht wiederholen, sondern bloß die fernere Erklärung, welche Batteux von der Handlung gibt, untersuchen.

»Eine Handlung, sagt Batteux, ist eine Unternehmung, die mit Wahl und Absicht geschiehet. – Die Handlung setzet, außer dem Leben und der Wirksamkeit, auch Wahl und Endzweck voraus, und kömmt nur vernünftigen Wesen zu.«

Wenn diese Erklärung ihre Richtigkeit hat, so mögen wir nur neun Zehnteile von allen existierenden Fabeln ausstreichen. Aesopus selbst wird alsdann, deren kaum zwei oder drei gemacht haben, welche die Probe halten. – »Zwei Hähne kämpfen mit einander. Der Besiegte verkriecht sich. Der Sieger fliegt auf das Dach, schlägt stolz mit den Flügeln und krähet. Plötzlich schießt ein Adler auf den Sieger herab, und zerfleischt ihn*.« – Ich habe das allezeit für eine sehr glückliche Fabel gehalten; und doch fehlt ihr, nach dem Batteux, die Handlung. Denn wo ist hier eine Unternehmung, die mit Wahl und Absicht geschähe? – »Der Hirsch betrachtet sich in einer spiegelnden Quelle; er schämt sich seiner dürren Läufte; und freuet sich seines stolzen Geweihes. Aber nicht lange! Hinter ihm ertönet die Jagd; seine dürren Läufte bringen ihn glücklich ins Gehölze; da verstrickt ihn sein stolzes Geweih; er wird erreicht**.« – Auch hier sehe ich keine Unternehmung, keine Absicht. Die Jagd ist zwar eine Unternehmung, und der fliehende Hirsch hat die Absicht sich zu retten; aber beide Umstände gehören eigentlich nicht zur Fabel, weil man sie, ohne Nachteil derselben, weglassen und verändern kann. Und dennoch fehlt es ihr nicht an Handlung. Denn die Handlung liegt in dem *falsch befundenen Urteile* des Hirsches. Der Hirsch urteilet falsch; und lernet

---

* Aesop. Fab. 145.   ** Fab. Aesop. 181.

gleich darauf aus der Erfahrung, daß er falsch geurteilet habe. Hier ist also eine Folge von Veränderungen, die einen einzigen anschauenden Begriff in mir erwecken. – Und das ist meine obige Erklärung der Handlung, von der ich glaube, daß sie auf alle gute Fabeln passen wird.

Gibt es aber doch wohl Kunstrichter, welche einen noch engern, und zwar so materiellen Begriff mit dem Worte *Handlung* verbinden, daß sie nirgends Handlung sehen, als wo die Körper so tätig sind, daß sie eine gewisse Veränderung des Raumes erfordern. Sie finden in keinem Trauerspiele Handlung, als wo der Liebhaber zu Füßen fällt, die Prinzessin ohnmächtig wird, die Helden sich balgen; und in keiner Fabel, als wo der Fuchs *springt,* der Wolf *zerreißet,* und der Frosch die Maus sich an das Bein *bindet.* Es hat ihnen nie beifallen wollen, daß auch jeder innere Kampf von Leidenschaften, jede Folge von verschiedenen Gedanken, wo eine die andere aufhebt, eine Handlung sei; vielleicht weil sie viel zu mechanisch denken und fühlen, als daß sie sich irgend einer Tätigkeit dabei bewußt wären. – Ernsthafter sie zu widerlegen, würde eine unnütze Mühe sein. Es ist aber nur Schade, daß sie sich einigermaßen mit dem Batteux schützen, wenigstens behaupten können, ihre Erklärung mit ihm aus einerlei Fabeln abstrahiert zu haben. Denn wirklich, auf welche Fabel die Erklärung des Batteux passet, passet auch ihre, so abgeschmackt sie immer ist.

Batteux, wie ich wohl darauf wetten wollte, hat bei seiner Erklärung nur die *erste* Fabel des Phädrus vor Augen gehabt; die er, mehr als einmal, une des plus belles et des plus celebres de l'antiquité nennet. Es ist wahr, in dieser ist die Handlung ein Unternehmen, das mit Wahl und Absicht geschiehet. Der Wolf nimmt sich vor, das Schaf zu zerreißen, fauce improba incitatus; er will es aber nicht so plump zu, er will es mit einem Scheine des Rechts tun, und also jurgii causam intulit. – Ich spreche dieser Fabel ihr Lob nicht ab; sie ist so vollkommen, als sie nur sein kann. Allein sie ist nicht deswegen vollkommen, weil ihre Handlung ein Unternehmen ist, das mit Wahl und Absicht geschiehet; sondern weil sie ihrer Moral, die von einem solchen Unternehmen spricht, ein völliges Genüge tut. Die Moral ist*: ὅις προθεσις ἀδικειν, παρ' αὑτοις ὁυ δικαιολογια ἰσχυει. Wer den *Vorsatz* hat, einen Unschuldigen zu unterdrücken, der wird es zwar μετ' ἐυλογου ἀιτιας zu tun suchen; er wird einen scheinbaren Vorwand *wählen;* aber sich im geringsten nicht von sei-; nem einmal gefaßten Entschlusse abbringen lassen, wenn sein Vorwand gleich völlig zu Schanden gemacht wird. Diese Moral redet von einem *Vorsatze* (dessein); sie redet von gewissen, vor andern vorzüglich *gewählten* Mitteln, diesen Vorsatz zu vollführen (choix): und folglich muß auch in der Fabel etwas sein, was diesem Vorsatze, diesen gewählten Mitteln entspricht; es muß in der Fabel sich ein Unternehmen finden, das mit Wahl und Absicht geschiehet. Bloß dadurch wird sie zu einer *vollkommenen* Fabel; welches sie nicht sein würde, wenn sie den geringsten Zug mehr oder weniger enthielte, als den Lehrsatz anschauend zu machen nötig ist. Batteux bemerkt alle ihre kleinen Schönheiten des Ausdrucks und stellet sie von dieser Seite in ein sehr vorteilhaftes Licht; nur ihre wesentliche Vortrefflichkeit läßt er unerörtert, und verleitet seine Leser sogar, sie zu verkennen. Er sagt nämlich, die Moral die aus dieser Fabel fließe, sei: que le plus foible est souvent opprimé par le plus fort. Wie seicht! Wie falsch! Wenn sie weiter nichts als dieses lehren sollte, so hätte wahrlich der Dichter die fictae causae des Wolfs sehr vergebens, sehr für die lange Weile erfunden; seine Fabel sagte mehr, als er damit hätte sagen wollen, und wäre, mit einem Worte, schlecht.

Ich will mich nicht in mehrere Exempel zerstreuen. Man untersuche es nur selbst, und man wird durchgängig finden, daß es bloß von der Beschaffenheit des Lehrsatzes abhängt, ob die Fabel eine solche Handlung, wie sie Batteux ohne Ausnahme fodert, haben muß oder entbehren kann. Der Lehrsatz der itzt erwähnten Fabel des Phädrus, machte sie, wie wir gesehen, notwendig; aber tun es deswegen alle Lehrsätze? Sind alle Lehrsätze von dieser Art? Oder haben allein die, welche es sind, das Recht, in eine Fabel eingekleidet zu werdern? Ist z. E. der Erfahrungssatz:

---

* Fab. Aesop. 230.

Laudatis utiliora quae contemseris
Saepe inveniri

nicht wert, in einem einzeln Falle, welcher die Stelle einer Demonstration vertreten kann, erkannt zu werden? Und wenn er es ist, was für ein Unternehmen, was für eine Absicht, was für eine Wahl liegt darin, welche der Dichter auch in der Fabel auszudrücken gehalten wäre?

So viel ist wahr: wenn aus einem Erfahrungssatze *unmittelbar* eine Pflicht, etwas zu tun oder zu lassen, folget; so tut der Dichter besser, wenn er die Pflicht, als wenn er den bloßen Erfahrungssatz in seiner Fabel ausdrückt. – »Groß sein, ist nicht immer ein Glück« – Diesen Erfahrungssatz in eine *schöne* Fabel zu bringen, möchte kaum möglich sein. Die obige Fabel von dem Fischer, welcher nur der größten Fische habhaft bleibet, indem die kleinern glücklich durch das Netz durchschlupfen, ist, in mehr als einer Betrachtung, ein sehr mißlungener Versuch. Aber wer heißt auch dem Dichter, die Wahrheit von dieser schielenden und unfruchtbaren Seite nehmen? Wenn groß sein nicht immer ein Glück ist, so ist es oft ein Unglück; und wehe dem, der wider seinen Willen groß ward, den das Glück ohne sein Zutun erhob, um ihn ohne sein Verschulden desto elender zu machen! Die großen Fische mußten groß werden; es stand nicht bei ihnen, klein zu bleiben. Ich danke dem Dichter für kein Bild, in welchem eben so viele ihr Unglück, als ihr Glück erkennen. Er soll niemanden mit seinen Umständen unzufrieden machen; und hier macht er doch, daß es die Großen mit den ihrigen sein müssen. Nicht das Groß Sein, sondern die eitele Begierde groß zu werden (κενοδοξιαν), sollte er uns als eine Quelle des Unglücks zeigen. Und das tat jener Alte*, der die Fabel von den Mäusen und Wieseln erzählte. »Die Mäuse glaubten, daß sie nur deswegen in ihrem Kriege mit den Wieseln so unglücklich wären, weil sie keine Heerführer hätten, und beschlossen dergleichen zu wählen. Wie rang nicht diese und jene ehrgeizige Maus, es zu werden! Und wie teuer kam ihr am Ende dieser Vorzug zu stehen! Die Eiteln banden sich Hörner auf,

---

* Fab. Aesop. 243. Phaedrus libr. IV. Fab. 5.

– – – ut conspicuum in praelio
Haberent signum, quod sequerentur milites,

und diese Hörner, als ihr Heer dennoch wieder geschlagen ward, hinderten sie, sich in ihre engen Löcher zu retten,

Haesere in portis, suntque capti ab hostibus
Quos immolatos victor avidis dentibus
Capacis alvi mersit tartareo specu.

Diese Fabel ist ungleich schöner. Wodurch ist sie es aber anders geworden, als dadurch, daß der Dichter die Moral bestimmter und fruchtbarer angenommen hat? Er hat das *Bestreben* nach einer *eiteln* Größe, und nicht die Größe überhaupt, zu seinem Gegenstande gewählet; und nur durch dieses *Bestreben*, durch diese *eitle* Größe, ist natürlicher Weise auch in seine Fabel das Leben gekommen, das uns so sehr in ihr gefällt.

Überhaupt hat Batteux die Handlung der Äsopischen Fabel, mit der Handlung der Epopee und des Drama viel zu sehr verwirrt. Die Handlung der beiden letztern muß außer der Absicht, welche der Dichter damit verbindet, auch eine innere, ihr selbst zukommende Absicht haben. Die Handlung der erstern braucht diese innere Absicht nicht, und sie ist vollkommen genug, wenn nur der Dichter seine Absicht damit erreichet. Der heroische und dramatische Dichter machen die Erregung der Leidenschaften zu ihrem vornehmsten Endzwecke. Er kann sie aber nicht anders erregen, als durch nachgeahmte Leidenschaften; und nachahmen kann er die Leidenschaften nicht anders, als wenn er ihnen gewisse Ziele setzet, welchen sie sich zu nähern, oder von welchen sie sich zu entfernen streben. Er muß also in die Handlung selbst Absichten legen, und diese Absichten unter eine Hauptabsicht so zu bringen wissen, daß verschiedene Leidenschaften neben einander bestehen können. Der Fabuliste hingegen hat mit unsern Leidenschaften nichts zu tun, sondern allein mit unserer Erkenntnis. Er will uns von irgend einer einzeln moralischen Wahrheit lebendig überzeugen. Das ist seine Absicht, und diese sucht er, nach Maßgebung der Wahrheit, durch die sinnliche Vorstellung einer Handlung bald mit, bald ohne Absichten, zu erhalten. So bald er sie erhalten hat, ist es ihm gleich viel, ob die von ihm erdichtete Handlung ihre innere Endschaft erreicht hat, oder nicht. Er läßt seine Personen oft mitten auf dem Wege stehen, und denket im geringsten nicht daran, unserer Neugierde ihretwegen ein Genüge zu tun. »Der Wolf beschuldiget den Fuchs eines Diebstahls. Der Fuchs leugnet die Tat. Der Affe soll Richter sein. Kläger und Beklagter bringen ihre Gründe und Gegengründe vor. Endlich schreitet der Affe zum Urteil*:

>Tu non videris perdidisse, quod petis;
>Te credo surripuisse, quod pulchre negas.

Die Fabel ist aus; denn in dem Urteil des Affen liegt die Moral, die der Fabulist zum Augenmerke gehabt hat. Ist aber das Unternehmen aus, das uns der Anfang derselben verspricht? Man bringe diese Geschichte in Gedanken auf die komische Bühne, und man wird sogleich sehen, daß sie durch einen sinnreichen Einfall *abgeschnitten,* aber nicht *geendigt* ist. Der Zuschauer ist nicht zufrieden, wenn er voraus siehet, daß die Streitigkeit hinter der Szene wieder von vorne angehen muß. – »Ein armer geplagter Greis ward unwillig, warf seine Last von dem Rücken, und rief den Tod. Der Tod erscheinet. Der Greis erschrickt und fühlt betroffen, daß elend leben doch besser als gar nicht leben ist. Nun, was soll ich? fragt der Tod. Ach, lieber Tod, mir meine Last wieder aufhelfen**.« – Der Fabulist ist glücklich, und zu unserm Vergnügen an seinem Ziele. Aber auch die Geschichte? Wie ging es dem Greise? Ließ ihn der Tod leben, oder nahm er ihn mit? Um alle solche Fragen bekümmert sich der Fabulist nicht; der dramatische Dichter aber muß ihnen vorbauen.

Und so wird man hundert Beispiele finden, daß wir uns zu einer Handlung für die Fabel mit weit wenigerm begnügen, als zu einer Handlung für das Heldengedichte oder das Drama. Will man daher eine allgemeine Erklärung von der *Handlung* geben, so kann man unmöglich die Erklärung

---

* Phaedrus libr. I. Fab. 10.   ** Fab. Aesop. 20.

des Batteux dafür brauchen, sondern muß sie notwendig so weitläuftig machen, als ich es oben getan habe. – Aber der Sprachgebrauch? wird man einwerfen. Ich gestehe es; dem Sprachgebrauche nach, heißt *gemeiniglich* das eine Handlung, was einem gewissen Vorsatze zu Folge unternommen wird; dem Sprachgebrauche nach, muß dieser Vorsatz ganz erreicht sein, wenn man soll sagen können, daß die Handlung zu Ende sei. Allein was folgt hieraus? Dieses: wem der Sprachgebrauch so gar heilig ist, daß er ihn auf keine Weise zu verletzen wagt, der enthalte sich des Wortes *Handlung,* insofern es eine *wesentliche* Eigenschaft der Fabel ausdrücken soll, ganz und gar. –

Und, alles wohl überlegt, dem Rate werde ich selbst folgen. Ich will nicht sagen, die moralische Lehre werde in der Fabel durch eine Handlung ausgedrückt; sondern ich will lieber ein Wort von einem weitern Umfange suchen und sagen, der allgemeine Satz werde durch die Fabel *auf einen einzeln Fall zurückgeführet.* Dieser einzelne Fall wird *allezeit* das sein, was ich oben unter dem Worte Handlung verstanden habe; das aber, was Batteux darunter verstehet, wird er nur *dann und wann* sein. Er wird allezeit eine Folge von Veränderungen sein, die durch die Absicht, die der Fabulist damit verbindet, zu einem Ganzen werden. Sind sie es auch außer dieser Absicht; desto besser! Eine Folge von Veränderungen – daß es aber Veränderungen *freier, moralischer* Wesen sein müssen, verstehet sich von selbst. Denn sie sollen einen Fall ausmachen, der unter einem Allgemeinen, das sich nur von *moralischen* Wesen sagen läßt, mit begriffen ist. Und darin hat Batteux freilich Recht, daß das, was er die Handlung der Fabel nennet, bloß vernünftigen Wesen zukomme. Nur kömmt es ihnen nicht deswegen zu, weil es ein Unternehmen mit Absicht ist, sondern weil es Freiheit voraussetzt. Denn die Freiheit handelt zwar allezeit aus Gründen, aber nicht allezeit aus Absichten. – –

Sind es meine Leser nun bald müde, mich nichts als widerlegen zu hören? Ich wenigstens bin es. De la Motte, Richer, Breitinger, Batteux, sind Kunstrichter von allerlei Art; mittelmäßige, gute, vortreffliche. Man ist in Gefahr sich auf dem

Wege zur Wahrheit zu verirren, wenn man sich um gar keine Vorgänger bekümmert; und man versäumet sich ohne Not, wenn man sich um alle bekümmern will.

Wie weit bin ich? Hui, daß mir meine Leser alles, was ich mir so mühsam erstritten habe, von selbst geschenkt hätten! – In der Fabel wird *nicht eine jede Wahrheit,* sondern ein allgemeiner moralischer Satz, *nicht unter die Allegorie einer Handlung,* sondern auf einen einzeln Fall, *nicht versteckt oder verkleidet,* sondern so zurückgeführet, daß ich, *nicht bloß einige Ähnlichkeiten mit dem moralischen Satze in ihm entdecke,* sondern diesen ganz anschauend darin erkenne.

Und das ist das Wesen der Fabel? Das ist es, ganz erschöpft? – Ich wollte es gern meine Leser bereden, wenn ich es nur erst selbst glaubte. – Ich lese bei dem *Aristoteles**: »Eine obrigkeitliche Person durch das Los ernennen, ist eben als wenn ein Schiffsherr, der einen Steuermann braucht, es auf das Los ankommen ließe, welcher von seinen Matrosen es sein sollte, anstatt daß er den allergeschicktesten dazu unter ihnen mit Fleiß aussuchte.« – Hier sind zwei besondere Fälle, die unter eine allgemeine moralische Wahrheit gehören. Der eine ist der sich eben itzt äußernde; der andere ist der erdichtete. Ist dieser erdichtete, eine Fabel? Niemand wird ihn dafür gelten lassen. – Aber wenn es bei dem *Aristoteles* so hieße: »Ihr wollt euren Magistrat durch das Los ernennen? Ich sorge, es wird euch gehen wie jenem Schiffsherrn, der, als es ihm an einem Steuermanne fehlte etc.« Das verspricht doch eine Fabel? Und warum? Welche Veränderung ist damit vorgegangen? Man betrachte alles genau, und man wird keine finden als diese: Dort ward der Schiffsherr durch ein *als wenn* eingeführt, er ward bloß als *möglich* betrachtet; und hier hat er die *Wirklichkeit* erhalten; es ist hier ein gewisser, es ist *jener* Schiffsherr.

Das trifft den Punkt! Der *einzelne Fall,* aus welchem die Fabel bestehet, muß als wirklich vorgestellet werden. Begnüge ich mich an der Möglichkeit desselben, so ist es ein *Beispiel,* eine *Parabel.* – Es verlohnt sich der Mühe diesen wich-

---

* Aristoteles Rhetor. libr. II. cap. 20.

tigen Unterschied, aus welchem man allein so viel zweideutigen Fabeln das Urteil sprechen muß, an einigen Exempeln zu zeigen. – Unter den Äsopischen Fabeln des Planudes lieset man auch folgendes: »Der Biber ist ein vierfüßiges Tier, das meistens im Wasser wohnet, und dessen Geilen in der Medizin von großem Nutzen sind. Wenn nun dieses Tier von den Menschen verfolgt wird, und ihnen nicht mehr entkommen kann; was tut es? Es beißt sich selbst die Geilen ab, und wirft sie seinen Verfolgern zu. Denn es weiß gar wohl, daß man ihm nur dieserwegen nachstellet, und es sein Leben und seine Freiheit wohlfeiler nicht erkaufen kann*.« – Ist das eine Fabel? Es liegt wenigstens eine vortreffliche Moral darin. Und dennoch wird sich niemand bedenken, ihr den Namen einer Fabel abzusprechen. Nur über die Ursache, warum er ihr abzusprechen sei, werden sich vielleicht die meisten bedenken, und uns doch endlich eine falsche angeben. Es ist nichts als eine Naturgeschichte: würde man vielleicht mit dem Verfasser der »Kritischen Briefe«** sagen. Aber gleichwohl, würde ich mit eben diesem Verfasser antworten, handelt hier der Biber nicht aus bloßem Instinkt, er handelt aus freier Wahl und nach reifer Überlegung; denn er weiß es, warum er verfolgt wird (γινωσκων ὀυ χαριν διωκεται). Diese Erhebung des Instinkts zur Vernunft, wenn ich ihm glauben soll, macht es ja eben, daß eine Begegnis aus dem Reiche der Tiere zu einer Fabel wird. Warum wird sie es denn hier nicht? Ich sage: sie wird es deswegen nicht, weil ihr die *Wirklichkeit* fehlt. Die Wirklichkeit kömmt nur dem Einzeln, dem Individuo zu; und es läßt sich keine Wirklichkeit ohne die Individualität gedenken. Was also hier von dem ganzen Geschlechte der Biber gesagt wird, hätte müssen nur von einem einzigen Biber gesagt werden; und alsdenn wäre es eine Fabel geworden. – Ein ander Exempel: »Die Affen, sagt man, bringen zwei Junge zur Welt, wovon sie das eine sehr heftig lieben und mit aller möglichen Sorgfalt pflegen, das andere hingegen hassen und versäumen. Durch ein sonderbares Geschick aber geschieht es, daß die Mutter das Geliebte unter häufigen Lieb-

---

* Fabul. Aesop. 33.   ** Kritische Briefe. Zürich 1746. S. 168.

kosungen erdrückt, indem das Verachtete glücklich aufwächset*.« Auch dieses ist aus eben der Ursache, weil das, was nur von einem Individuo gesagt werden sollte, von einer ganzen Art gesagt wird, keine Fabel. Als daher Lestrange eine Fabel daraus machen wollte, mußte er ihm diese Allgemeinheit nehmen, und die Individualität dafür erteilen**. »Eine Äffin, erzählt er, hatte zwei Junge; in das eine war sie närrisch verliebt, an dem andern aber war ihr sehr wenig gelegen. Einsmals überfiel sie ein plötzlicher Schrecken. Geschwind rafft sie ihren Liebling auf, nimmt ihn in die Arme, eilt davon, stürzt aber, und schlägt mit ihm gegen einen Stein, daß ihm das Gehirn aus dem zerschmetterten Schädel springt. Das andere Junge, um das sie sich im geringsten nicht bekümmert hatte, war ihr von selbst auf den Rücken gesprungen, hatte sich an ihre Schultern angeklammert, und kam glücklich davon.« – Hier ist alles bestimmt; und war dort nur eine *Parabel* war, ist hier zur *Fabel* geworden. – Das schon mehr als einmal angeführte Beispiel von dem Fischer, hat den nämlichen Fehler; denn selten hat eine schlechte Fabel einen Fehler allein. Der Fall ereignet sich allezeit, so oft das Netz gezogen wird, daß die Fische welche kleiner sind, als die Gitter des Netzes, durchschlupfen und die größern hangen bleiben. Vor sich selbst ist dieser Fall also kein individueller Fall, sondern hätte es durch andere mit ihm verbundene Nebenumstände erst werden müssen.

Die Sache hat also ihre Richtigkeit: der besondere Fall, aus welchem die Fabel bestehet, muß als wirklich vorgestellt werden; er muß das sein, was wir in dem strengsten Verstande einen *einzeln* Fall nennen. Aber warum? Wie steht es um die philosophische Ursache? Warum begnügt sich das Exempel der praktischen Sittenlehre, wie man die Fabel nennen kann, nicht mit der bloßen Möglichkeit, mit der sich die Exempel andrer Wissenschaften begnügen? – Wie viel ließe sich hiervon plaudern, wenn ich bei meinen Lesern gar keine richtige psychologische Begriffe voraussetzen wollte. Ich habe mich

---

* Fab. Aesop. 268.

** In seinen Fabeln, so wie sie Richardson adoptiert hat, die 187te.

oben schon geweigert, die Lehre von der anschauenden Erkenntnis aus unserm Weltweisen abzuschreiben. Und ich will auch hier nicht mehr davon beibringen, als unumgänglich nötig ist, die Folge meiner Gedanken zu zeigen.

Die anschauende Erkenntnis ist vor sich selbst klar. Die symbolische entlehnet ihre Klarheit von der anschauenden.

Das Allgemeine existieret nur in dem Besondern, und kann nur in dem Besondern anschauend erkannt werden.

Einem allgemeinen symbolischen Schlusse folglich alle die Klarheit zu geben, deren er fähig ist, das ist, ihn so viel als möglich zu erläutern; müssen wir ihn auf das Besondere reduzieren, um ihn in diesem anschauend zu erkennen.

Ein Besonderes, in so fern wir das Allgemeine in ihm anschauend erkennen, heißt ein Exempel.

Die allgemeinen symbolischen Schlüsse werden also durch Exempel erläutert. Alle Wissenschaften bestehen aus dergleichen symbolischen Schlüssen; alle Wissenschaften bedürfen daher der Exempel.

Doch die Sittenlehre muß mehr tun, als ihre allgemeinen Schlüsse bloß erläutern; und die Klarheit ist nicht der einzige Vorzug der anschauenden Erkenntnis.

Weil wir durch diese einen Satz geschwinder übersehen, und so in einer kürzern Zeit mehr Bewegungsgründe in ihm entdecken können, als wenn er symbolisch ausgedrückt ist: so hat die anschauende Erkenntnis auch einen weit größern Einfluß in den Willen, als die symbolische.

Die Grade dieses Einflusses richten sich nach den Graden ihrer Lebhaftigkeit; und die Grade ihrer Lebhaftigkeit, nach den Graden der nähern und mehrern Bestimmungen, in die das Besondere gesetzt wird. Je näher das Besondere bestimmt wird, je mehr sich darin unterscheiden läßt, desto größer ist die Lebhaftigkeit der anschauenden Erkenntnis.

Die Möglichkeit ist eine Art des Allgemeinen; denn alles was möglich ist, ist auf verschiedene Art möglich.

Ein Besonderes also, bloß als möglich betrachtet, ist gewissermaßen noch etwas Allgemeines, und hindert, als dieses, die Lebhaftigkeit der anschauenden Erkenntnis.

Folglich muß es als wirklich betrachtet werden und die Individualität erhalten, unter der es allein wirklich sein kann, wenn die anschauende Erkenntnis den höchsten Grad ihrer Lebhaftigkeit erreichen, und so mächtig, als möglich, auf den Willen wirken soll.

Das Mehrere aber, das die Sittenlehre, außer der Erläuterung, ihren allgemeinen Schlüssen schuldig ist, bestehet eben in dieser ihnen zu erteilenden Fähigkeit auf den Willen zu wirken, die sie durch die anschauende Erkenntnis in dem Wirklichen erhalten, da andere Wissenschaften, denen es um die bloße Erläuterung zu tun ist, sich mit einer geringern Lebhaftigkeit der anschauenden Erkenntnis, deren das Besondere, als bloß möglich betrachtet, fähig ist, begnügen.

Hier bin ich also! Die Fabel erfordert deswegen einen wirklichen Fall, weil man in einem wirklichen Falle mehr Bewegungsgründe und deutlicher unterscheiden kann, als in einem möglichen; weil das Wirkliche eine lebhaftere Überzeugung mit sich führet, als das bloß Mögliche.

Aristoteles scheinet diese Kraft des Wirklichen zwar gekannt zu haben; weil er sie aber aus einer unrechten Quelle herleitet, so konnte es nicht fehlen, er mußte eine falsche Anwendung davon machen. Es wird nicht undienlich sein, seine ganze Lehre von dem Exempel (περι παραδειγματος) hier zu übersehen*. Erst von seiner Einteilung des Exempels: Παραδειγματων δ' ειδη δυο εςιν, sagt er, εν μεν γαρ εςι παραδειγματος ειδος, το λεγειν πραγματα προγεγενημενα, εν δε, το αυτα ποιειν. Τουτου δ' εν μεν παραβολη: εν δε λογοι: οιον οι αισωπειοι και λιβυκοι. Die Einteilung überhaupt ist richtig; von einem Kommentator aber würde ich verlangen, daß er uns den Grund von der Unterabteilung der *erdichteten Exempel* beibrächte, und uns lehrte, warum es deren nur zweierlei Arten gäbe, und mehrere nicht geben könne. Er würde diesen Grund, wie ich es oben getan habe, leicht aus den Beispielen selbst abstrahieren können, die Aristoteles davon gibt. Die *Parabel* nämlich führt er durch ein ὠσπερ ἐι τις ein; und die Fabeln erzählt er als etwas wirklich Geschehenes. Der Kommentator müßte also

---

* Aristoteles Rhetor. lib. II. cap. 20.

diese Stelle so umschreiben: Die Exempel werden entweder aus der Geschichte genommen, oder in Ermangelung derselben erdichtet. Bei jedem geschehenen Dinge läßt sich die innere Möglichkeit von seiner Wirklichkeit unterscheiden, obgleich nicht trennen, wenn es ein geschehenes Ding bleiben soll. Die Kraft, die es als ein Exempel haben soll, liegt also entweder in seiner bloßen Möglichkeit, oder zugleich in seiner Wirklichkeit. Soll sie bloß in jener liegen, so brauchen wir, in seiner Ermangelung, auch nur ein bloß mögliches Ding zu erdichten; soll sie aber in dieser liegen, so müssen wir auch unsere Erdichtung von der Möglichkeit zur Wirklichkeit erheben. In dem ersten Falle erdichten wir eine *Parabel,* und in dem andern eine *Fabel.* – (Was für eine weitere Einteilung der *Fabel* hieraus folge, wird sich in der dritten Abhandlung zeigen).

Und so weit ist wider die Lehre des Griechen eigentlich nichts zu erinnern. Aber nunmehr kömmt er auf den Wert dieser verschiedenen Arten von Exempeln, und sagt: Εισι δ' οι λογοι δημηγορικοι: και εχουσιν αγαθον τουτο, ότι πραγματα μεν ευρειν όμοια γεγενημενα, χαλεπον, λογους δε ραον. Ποιησαι γαρ δει ώσπερ και παραβολας, άν τις δυνηται το όμοιον όραν, όπερ ραον έςιν εκ φιλοσοφιας. Ραω μεν ουν πορισασθαι τα δια των λογων: χρησιμωτερα δε προς το βουλευσασθαι, τα δια των πραγματων: όμοια γαρ, ως έπι το πολυ, τα μελλοντα τοις γεγονοσι. Ich will mich itzt nur an den letzten Ausspruch dieser Stelle halten. Aristoteles sagt, die historischen Exempel hätten deswegen eine größere Kraft zu überzeugen, als die Fabeln, weil das Vergangene gemeiniglich dem Zukünftigen ähnlich sei. Und hierin, glaube ich, hat sich Aristoteles geirret. Von der Wirklichkeit eines Falles, den ich nicht selbst erfahren habe, kann ich nicht anders als aus Gründen der Wahrscheinlichkeit überzeugt werden. Ich glaube bloß deswegen, daß ein Ding geschehen, und daß es so und so geschehen ist, weil es höchst wahrscheinlich ist, und höchst unwahrscheinlich sein würde, wenn es nicht, oder wenn es anders geschehen wäre. Da also einzig und allein die innere Wahrscheinlichkeit mich die ehemalige Wirklichkeit eines Falles glauben macht, und diese innere Wahrscheinlichkeit sich eben so wohl in einem erdichteten Falle finden kann: was kann die Wirklichkeit des erstern für eine größere Kraft auf meine Überzeugung haben, als die Wirklichkeit des andern? Ja noch mehr. Da das historische Wahre nicht immer auch wahrscheinlich ist; da Aristoteles selbst die Sentenz des Agatho billiget:

Ταχ' ἀν τις ἐικος ἀυτο τουτ' ἐιναι λεγοι:
Βροτοισι πολλα τυγχανειν ὀυκ ἐικοτα:

da er hier selbst sagt, daß das Vergangene nur *gemeiniglich* (ἐπι το πολυ) dem Zukünftigen ähnlich sei; der Dichter aber die freie Gewalt hat, hierin von der Natur abzugehen, und alles, was er für wahr ausgibt, auch wahrscheinlich zu machen: so sollte ich meinen, wäre es wohl klar, daß den Fabeln, überhaupt zu reden, in Ansehung der Überzeugungskraft, der Vorzug vor den historischen Exempeln gebühre etc.

Und nunmehr glaube ich meine Meinung von dem Wesen der Fabel genugsam verbreitet zu haben. Ich fasse daher alles zusammen und sage: *Wenn wir einen allgemeinen moralischen Satz auf einen besonderen Fall zurückführen, diesem besondern Falle die Wirklichkeit erteilen, und eine Geschichte daraus dichten, in welcher man den allgemeinen Satz anschauend erkennt: so heißt diese Erdichtung eine Fabel.*

Das ist meine Erklärung, und ich hoffe, daß man sie, bei der Anwendung, eben so richtig als fruchtbar finden wird.

II.

VON DEM GEBRAUCHE DER TIERE IN DER FABEL

Der größte Teil der Fabeln hat Tiere, und wohl noch geringere Geschöpfe, zu handelnden Personen. – Was ist hiervon zu halten? Ist es eine wesentliche Eigenschaft der Fabel, daß die Tiere darin zu moralischen Wesen erhoben werden? Ist es ein Handgriff, der dem Dichter die Erreichung seiner Absicht verkürzt und erleichtert? Ist es ein Gebrauch, der eigentlich keinen ernstlichen Nutzen hat, den man aber, zu Ehren des ersten Erfinders, beibehält, weil er wenigstens *schnakisch* ist – quod risum movet? Oder was ist es?

Batteux hat diese Fragen entweder gar nicht vorausgesehen oder er war listig genug, daß er ihnen damit zu entkommen glaubte, wenn er den Gebrauch der Tiere seiner Erklärung sogleich mit *anflickte.* Die Fabel, sagt er, ist die Erzählung einer allegorischen Handlung, *die gemeiniglich den Tieren beigelegt wird.* – Vollkommen à la Françoise! Oder, wie der Hahn über die Kohlen! – Warum, möchten wir gerne wissen, warum wird sie gemeiniglich den Tieren beigelegt? O, was ein langsamer Deutscher nicht alles fragt!

Überhaupt ist unter allen Kunstrichtern Breitinger der einzige, der diesen Punkt berührt hat. Er verdient es also um so viel mehr, daß wir ihn hören. »Weil Aesopus, sagt er, die Fabel zum Unterrichte des gemeinen bürgerlichen Lebens angewendet, so waren seine Lehren meistens ganz bekannte Sätze und Lebensregeln, und also mußte er auch zu den allegorischen Vorstellungen derselben ganz gewohnte Handlungen und Beispiele aus dem gemeinen Leben der Menschen entlehnen: Da nun aber die täglichen Geschäfte und Handlungen der Menschen nichts ungemeines oder merkwürdig reizendes an sich haben, so mußte man notwendig auf ein neues Mittel bedacht sein, auch der allegorischen Erzählung eine anzügliche Kraft und ein reizendes Ansehen mitzuteilen, um ihr also dadurch einen sichern Eingang in das menschliche Herz aufzuschließen. Nachdem man nun wahrgenommen, daß allein das Seltene, Neue und Wunderbare, eine solche erweckende und angenehm entzückende Kraft auf das menschliche Gemüt mit sich führet, so war man bedacht, die Erzählung durch die Neuheit und Seltsamkeit der Vorstellungen wunderbar zu machen, und also dem Körper der Fabel eine ungemeine und reizende Schönheit beizulegen. Die Erzählung bestehet aus zween wesentlichen Hauptumständen, dem Umstande der Person, und der Sache oder Handlung; ohne diese kann keine Erzählung Platz haben. Also muß das Wunderbare, welches in der Erzählung herrschen soll, sich entweder auf die Handlung selbst, oder auf die Personen, denen selbige zugeschrieben wird, beziehen. Das Wunderbare, das in den täglichen Geschäften und Handlungen der Menschen vorkömmt, bestehet vornehmlich in dem Unvermuteten, sowohl in Absicht auf die Vermessenheit im Unterfangen, als die Bosheit oder Torheit im Ausführen, zuweilen auch in einem ganz unerwarteten Ausgange einer Sache: weil aber dergleichen wunderbare Handlungen in dem gemeinen Leben der Menschen etwas ungewohntes und seltenes sind; da hingegen die meisten gewöhnlichen Handlungen gar nichts ungemeines oder merkwürdiges an sich haben; so sah man sich gemüßiget, damit die Erzählung als der Körper der Fabel, nicht verächtlich würde, derselben durch die Veränderung und Verwandlung der Personen, einen angenehmen Schein des Wunderbaren mitzuteilen. Da nun die Menschen, bei aller ihrer Verschiedenheit, dennoch überhaupt betrachtet in einer wesentlichen Gleichheit und Verwandtschaft stehen, so besann man sich, Wesen von einer höhern Natur, die man wirklich zu sein glaubte, als Götter und Genios, oder solche die man durch die Freiheit der Dichter zu Wesen erschuf, als die Tugenden, die Kräfte der Seele, das Glück, die Gelegenheit etc. in die Erzählung einzuführen; vornehmlich aber nahm man sich die Freiheit heraus, die Tiere, die Pflanzen, und noch geringere Wesen, nämlich die leblosen Geschöpfe, zu der höhern Natur der vernünftigen Wesen zu erheben, indem man ihnen menschliche Vernunft und Rede mitteilte, damit sie also fähig würden, uns ihren Zustand und ihre Begegnisse in einer uns vernehmlichen Sprache zu erklären, und durch ihr Exempel von ähnlichen moralischen Handlungen unsre Lehrer abzugeben etc.« –

Breitinger also behauptet, daß die Erreichung des Wunderbaren die Ursache sei, warum man in der Fabel die Tiere, und andere niedrigere Geschöpfe, reden und vernunftmäßig handeln lasse. Und eben weil er dieses für die Ursache hält, glaubt er, daß die Fabel überhaupt, in ihrem Wesen und Ursprunge betrachtet, nichts anders, als ein lehrreiches Wunderbare sei. Diese seine *zweite* Erklärung ist es, welche ich hier, versprochnermaßen, untersuchen muß.

Es wird aber bei dieser Untersuchung vornehmlich darauf ankommen, ob die Einführung der Tiere in der Fabel wirklich wunderbar ist. Ist sie es, so hat Breitinger viel gewonnen; ist sie es aber nicht, so liegt auch sein ganzes Fabelsystem, mit einmal, über dem Haufen.

Wunderbar soll diese Einführung sein? Das Wunderbare, sagt eben dieser Kunstrichter, legt den Schein der Wahrheit und Möglichkeit ab. Diese anscheinende Unmöglichkeit also gehöret zu dem Wesen des Wunderbaren; und wie soll ich nunmehr jenen Gebrauch der Alten, den sie selbst schon zu einer Regel gemacht hatten, damit vergleichen? Die Alten nämlich fingen ihre Fabeln am liebsten mit dem Φασι, und dem darauf folgenden Klagefalle an. Die griechischen Rhetores nennen dieses kurz, die Fabel in dem Klagefalle (ταις αιτιατικαις) vortragen; und Theon, wenn er in seinen *Vorübungen** hierauf kömmt, führt eine Stelle des Aristoteles an, wo der Philosoph diesen Gebrauch billiget, und es zwar deswegen für ratsamer erkläret, sich bei Einführung einer Fabel lieber auf das Altertum zu berufen, als in der eigenen Person zu sprechen, *damit man den Anschein, als erzähle man etwas unmögliches, vermindere.* (ἱνα παραμυθησωνται το δοκειν ἀδυνατα λεγειν). War also das der Alten ihre Denkungsart, wollten sie den Schein der Unmöglichkeit in der Fabel so viel als möglich vermindert wissen: so mußten sie notwendig weit davon entfernt sein, in der Fabel etwas Wunderbares zu suchen, oder zur Absicht zu haben; denn das Wunderbare muß sich auf diesen Schein der Unmöglichkeit gründen.

Weiter! Das Wunderbare, sagt Breitinger an mehr als einem Orte, sei der höchste Grad des Neuen. Diese Neuheit aber muß das Wunderbare, wenn es seine gehörige Wirkung auf uns tun soll, nicht allein bloß in Ansehung seiner selbst, sondern auch in Ansehung unsrer Vorstellungen haben. Nur *das* ist wunderbar, was sich sehr selten in der Reihe der natürlichen Dinge eräugnet. Und nur *das* Wunderbare behält seinen Eindruck auf uns, dessen Vorstellung in der Reihe unsrer Vorstellungen eben so selten vorkömmt. Auf einen fleißigen Bibelleser wird das größte Wunder, das in der Schrift aufgezeichnet ist, den Eindruck bei weitem nicht mehr ma-

---

* Nach der Ausgabe des Camerarius S. 28.

chen, den es das erstemal auf ihn gemacht hat. Er lieset es endlich mit eben so wenigem Erstaunen, daß die Sonne einmal stille gestanden, als er sie täglich auf und niedergehen sieht. Das Wunder bleibt immer dasselbe; aber nicht unsere Gemütsverfassung, wenn wir es zu oft denken. – Folglich würde auch die Einführung der Tiere uns höchstens nur in den ersten Fabeln wunderbar vorkommen; fänden wir aber, daß die Tiere fast in allen Fabeln sprächen und urteilten, so würde diese Sonderbarkeit, so groß sie auch an und vor sich selbst wäre, doch gar bald nichts Sonderbares mehr für uns haben.

Aber wozu alle diese Umschweife? Was sich auf einmal umreißen läßt, braucht man das erst zu erschüttern? – Darum kurz: daß die Tiere, und andere niedrigere Geschöpfe, Sprache und Vernunft haben, wird in der Fabel vorausgesetzt; es wird angenommen; und soll nichts weniger als wunderbar sein. – Wenn ich in der Schrift lese*: »Da tat der Herr der Eselin den Mund auf und sie sprach zu Bileam etc.« so lese ich etwas wunderbares. Aber wenn ich bei dem Aesopus lese**: Φασιν, ὁτε φωνηεντα ἠν τα ζωα, την ὀϊν προς τον δεσποτην ἐιπειν: »Damals, als die Tiere noch redeten, soll das Schaf zu seinem Hirten gesagt haben:« so ist es ja wohl offenbar, daß mir der Fabulist nichts wunderbares erzählen will; sondern vielmehr etwas, das zu der Zeit, die er mit Erlaubnis seines Lesern annimmt, dem gemeinen Laufe der Natur vollkommen gemäß war.

Und das ist so begreiflich, sollte ich meinen, daß ich mich schämen muß, noch ein Wort hinzuzutun. Ich komme vielmehr sogleich auf die wahre Ursache, – die ich wenigstens für die wahre halte, – warum der Fabulist die Tiere oft zu seiner Absicht bequemer findet, als die Menschen. – Ich setze sie in die *allgemein bekannte Bestandheit der Charaktere.* – Gesetzt auch, es wäre noch so leicht, in der Geschichte ein Exempel zu finden, in welchem sich diese oder jene moralische Wahrheit anschauend erkennen ließe. Wird sie sich deswegen von jedem, ohne Ausnahme, darin erkennen lassen?

---

* 4. B. Mos. XXII. 28.   ** Fab. Aesop. 316.

Auch von dem, der mit den Charakteren der dabei interessierten Personen nicht vertraut ist? Unmöglich! Und wie viel Personen sind wohl in der Geschichte so allgemein bekannt, daß man sie nur nennen dürfte, um sogleich bei einem jeden den Begriff von der ihnen zukommenden Denkungsart und andern Eigenschaften zu erwecken? Die umständliche Charakterisierung daher zu vermeiden, bei welcher es doch noch immer zweifelhaft ist, ob sie bei allen die nämlichen Ideen hervorbringt, war man gezwungen, sich lieber in die kleine Sphäre derjenigen Wesen einzuschränken, von denen man es zuverlässig weiß, daß auch bei den Unwissendsten ihren Benennungen diese und keine andere Idee entspricht. Und weil von diesen Wesen die wenigsten, ihrer Natur nach geschickt waren, die Rollen freier Wesen über sich zu nehmen, so erweiterte man lieber die Schranken ihrer Natur, und machte sie, unter gewissen wahrscheinlichen Voraussetzungen, dazu geschickt.

Man hört: *Britannicus und Nero.* Wie viele wissen, was sie hören? Wer war dieser? Wer jener? In welchem Verhältnisse stehen sie gegen einander? – Aber man hört: *der Wolf und das Lamm;* sogleich weiß jeder, was er höret, und weiß, wie sich das eine zu dem andern verhält. Diese Wörter, welche stracks ihre gewissen Bilder in uns erwecken, befördern die anschauende Erkenntnis, die durch jene Namen, bei welchen auch die, denen sie nicht unbekannt sind, gewiß nicht alle vollkommen eben dasselbe denken, verhindert wird. Wenn daher der Fabulist keine vernünftigen Individua auftreiben kann, die sich durch ihre bloße Benennungen in unsere Einbildungskraft schildern, so ist es ihm erlaubt, und er hat Fug und Recht, dergleichen unter den Tieren oder unter noch geringern Geschöpfen zu suchen. Man setze, in der Fabel von dem Wolfe und dem Lamme, anstatt des Wolfes den *Nero,* anstatt des Lammes den *Britannicus,* und die Fabel hat auf einmal alles verloren, was sie zu einer Fabel für das ganze menschliche Geschlecht macht. Aber man setze anstatt des Lammes und des Wolfes, den *Riesen* und den *Zwerg,* und sie verlieret schon weniger; denn auch der *Riese* und der *Zwerg* sind Individua, deren Charakter, ohne weitere Hinzutuung, ziemlich aus der Benennung erhellet. Oder man verwandle sie lieber gar in folgende menschliche Fabel: »Ein Priester kam zu dem armen Manne des Propheten* und sagte: Bringe dein weißes Lamm vor den Altar, denn die Götter fordern ein Opfer. Der Arme erwiderte: mein Nachbar hat eine zahlreiche Herde, und ich habe nur das einzige Lamm. Du hast aber den Göttern ein Gelübde getan, versetzte dieser, weil sie deine Felder gesegnet. – Ich habe kein Feld; war die Antwort. – Nun so war es damals, als sie deinen Sohn von seiner Krankheit genesen ließen – O, sagte der Arme, die Götter haben ihn selbst zum Opfer hingenommen. Gottloser! zürnte der Priester; du lästerst! und riß das Lamm aus seinem Schoße etc.« – – Und wenn in dieser Verwandlung die Fabel noch weniger verloren hat, so kömmt es bloß daher, weil man mit dem Worte *Priester* den Charakter der Habsüchtigkeit, leider, noch weit geschwinder verbindet, als den Charakter der Blutdürstigkeit mit dem Worte *Riese;* und durch den *armen Mann des Propheten* die Idee der unterdrückten Unschuld noch leichter erregt wird, als durch den *Zwerg*. – Der beste Abdruck dieser Fabel, in welchem sie ohne Zweifel am allerwenigsten verloren hat, ist die Fabel von der *Katze* und dem *Hahne***. Doch weil man auch hier sich das Verhältnis der *Katze* gegen den *Hahn* nicht so geschwind denkt, als dort das Verhältnis des *Wolfes* zum *Lamme,* so sind diese noch immer die allerbequemsten Wesen, die der Fabulist zu seiner Absicht hat wählen können.

Der Verfasser der oben angeführten »Kritischen Briefe« ist mit Breitingern einerlei Meinung, und sagt unter andern, in der erdichteten Person des Hermann Axels***: »Die Fabel bekömmt durch diese sonderbare Personen ein wunderliches Ansehen. Es wäre keine ungeschickte Fabel, wenn man dichtete: Ein Mensch sah auf einem hohen Baume die schönsten Birnen hangen, die seine Lust davon zu essen, mächtig reizeten. Er bemühte sich lange, auf denselben hinauf zu klimmen, aber es war umsonst, er mußte es endlich aufgeben. Indem er wegging, sagte er: Es ist mir gesunder, daß ich sie

---

* 2. B. Samuelis XII.   ** Fab. Aesop. 6.   *** Seite 166.

noch länger stehen lasse, sie sind doch noch nicht zeitig genug. Aber dieses Geschichtchen reizet nicht stark genug; es ist zu platt etc.« – Ich gestehe es Hermann Axeln zu; das Geschichtchen ist sehr platt, und verdienet nichts weniger, als den Namen einer guten Fabel. Aber ist es bloß deswegen so platt geworden, weil kein *Tier* darin redet und handelt? Gewiß nicht; sondern es ist es dadurch geworden, weil er das Individuum, den Fuchs, mit dessen bloßem Namen wir einen gewissen Charakter verbinden, aus welchem sich der Grund von der ihm zugeschriebenen Handlung angeben läßt, in ein anders Individuum verwandelt hat, dessen Name keine Idee eines bestimmten Charakters in uns erwecket. »Ein Mensch!« Das ist ein viel zu allgemeiner Begriff für die Fabel. An was für eine Art von Menschen soll ich dabei denken? Es gibt deren so viele! Aber »ein Fuchs!« Der Fabulist weiß nur von *einem* Fuchse, und sobald er mir das Wort nennt, fallen auch meine Gedanken sogleich nur auf *einen* Charakter. Anstatt des Menschen überhaupt hätte Hermann Axel also wenigstens einen *Gasconier* setzen müssen. Und alsdenn würde er wohl gefunden haben, daß die Fabel, durch die *bloße* Weglassung des *Tieres,* so viel eben nicht verlöre, besonders wenn er in dem nämlichen Verhältnisse auch die übrigen Umstände geändert, und den *Gasconier* nach etwas mehr, als nach Birnen, lüstern gemacht hätte.

Da also die allgemein bekannten und unveränderlichen Charaktere der Tiere die eigentliche Ursache sind, warum sie der Fabulist zu moralischen Wesen erhebt, so kömmt mir es sehr sonderbar vor, wenn man es *einem* zum besondern Ruhme machen will, »daß der Schwan in seinen Fabeln nicht singe, noch der Pelikan sein Blut für seine Jungen vergieße.*« – Als ob man in den Fabelbüchern die Naturgeschichte studieren sollte! Wenn dergleichen Eigenschaften allgemein bekannt sind, so sind sie wert gebraucht zu werden, der Naturalist mag sie bekräftigen oder nicht. Und derjenige, der sie uns, es sei durch seine Exempel oder durch seine Lehre, aus den Händen spielen will, der nenne uns erst

---

* Man sehe die kritische Vorrede zu M. v. K. neuen Fabeln.

andere Individua, von denen es bekannt ist, daß ihnen die nämlichen Eigenschaften in der Tat zukommen.

Je tiefer wir auf der Leiter der Wesen herabsteigen, desto seltner kommen uns dergleichen allgemein bekannte Charaktere vor. Dieses ist denn auch die Ursache, warum sich der Fabulist so selten in dem Pflanzenreiche, noch seltener in dem Steinreiche und am allerseltensten vielleicht unter den Werken der Kunst finden läßt. Denn daß es deswegen geschehen sollte, weil es stufenweise immer unwahrscheinlicher werde, daß diese geringern Werke der Natur und Kunst empfinden, denken und sprechen könnten; will mir nicht ein. Die Fabel von dem ehernen und dem irdenen Topfe ist nicht um ein Haar schlechter oder unwahrscheinlicher als die beste Fabel, z. E. von einem Affen, so nahe auch dieser dem Menschen verwandt ist, und so unendlich weit jene von ihm abstehen.

Indem ich aber die Charaktere der Tiere zur eigentlichen Ursache ihres vorzüglichen Gebrauchs in der Fabel mache, will ich nicht sagen, daß die Tiere dem Fabulisten sonst zu weiter gar nichts nützten. Ich weiß es sehr wohl, daß sie unter andern in der *zusammengesetzten Fabel* das Vergnügen der Vergleichung um ein großes vermehren, welches alsdenn kaum merklich ist, wenn sowohl der wahre als der erdichtete einzelne Fall beide aus handelnden Personen von einerlei Art, aus Menschen, bestehen. Da aber dieser Nutzen, wie gesagt, nur in der *zusammengesetzten Fabel* Statt findet, so kann er die Ursache nicht sein, warum die Tiere auch in der *einfachen Fabel,* und also in der Fabel überhaupt, dem Dichter sich gemeiniglich mehr empfehlen, als die Menschen.

Ja, ich will es wagen, den Tieren, und andern geringern Geschöpfen in der Fabel noch einen Nutzen zuzuschreiben, auf welchen ich vielleicht durch Schlüsse nie gekommen wäre, wenn mich nicht mein Gefühl darauf gebracht hätte. Die Fabel hat unsere klare und lebendige Erkenntnis eines moralischen Satzes zur Absicht. Nichts verdunkelt unsere Erkenntnis mehr als die Leidenschaften. Folglich muß der Fabulist die Erregung der Leidenschaften so viel als möglich vermeiden. Wie kann er aber anders, z. B. die Erregung des Mitleids vermeiden, als wenn er die Gegenstände desselben unvollkommener macht, und anstatt der Menschen Tiere oder noch geringere Geschöpfe annimmt? Man erinnere sich noch einmal der Fabel von dem *Wolfe und Lamme*, wie sie oben in die Fabel von dem *Priester und dem armen Manne des Propheten* verwandelt worden. Wir haben Mitleiden mit dem Lamme; aber dieses Mitleiden ist so schwach, daß es unserer anschauenden Erkenntnis des moralischen Satzes keinen merklichen Eintrag tut. Hingegen wie ist es mit dem armen Manne? Kömmt es mir nur so vor, oder ist es wirklich wahr, daß wir mit diesem viel zu viel Mitleiden haben, und gegen den Priester viel zu viel Unwillen empfinden, als daß die anschauende Erkenntnis des moralischen Satzes hier eben so klar sein könnte, als sie dort ist?

III.

VON DER EINTEILUNG DER FABELN

Die Fabeln sind verschiedener Einteilungen fähig. Von einer, die sich aus der verschiednen Anwendung derselben ergibt, habe ich gleich Anfangs geredet. Die Fabeln nämlich werden entweder bloß auf einen allgemeinen moralischen Satz angewendet, und heißen *einfache* Fabeln; oder sie werden auf einen wirklichen Fall angewendet, der mit der Fabel unter einem und eben demselben moralischen Satze enthalten ist, und heißen *zusammengesetzte* Fabeln. Der Nutzen dieser Einteilung hat sich bereits an mehr als einer Stelle gezeigt.

Eine andere Einteilung würde sich aus der verschiednen Beschaffenheit des moralischen Satzes herholen lassen. Es gibt nämlich moralische Sätze, die sich besser in einem einzeln Falle ihres Gegenteils, als in einem einzeln Falle, der unmittelbar unter ihnen begriffen ist, anschauend erkennen lassen. Fabeln also, welche den moralischen Satz in einem einzeln Falle des Gegenteils zur Intuition bringen, würde man vielleicht *indirekte* Fabeln, so wie die andern *direkte* Fabeln nennen können.

Doch von diesen Einteilungen ist hier nicht die Frage; noch vielweniger von jener unphilosophischen Einteilung nach den verschiedenen Erfindern oder Dichtern, die sich einen vorzüglichen Namen damit gemacht haben. Es hat den Kunstrichtern gefallen, ihre gewöhnliche Einteilung der Fabel von einer Verschiedenheit herzunehmen, die mehr in die Augen fällt; von der Verschiedenheit nämlich der darin handelnden Personen. Und diese Einteilung ist es, die ich hier näher betrachten will.

Aphthonius ist ohne Zweifel der älteste Skribent, der ihrer erwähnet. Του δε μυθου, sagt er in seinen Vorübungen, το μεν ἐςι λογικον, το δε ἠθικον, το δε μικτον. Και λογικον μεν ἐν ᾧ τι ποιων ἀνθρωπος πεπλαςαι: ἠθικον δε το των ἀλογων ἠθος ἀπομιμουμενον: μικτον δε το ἐξ ἀμφοτερων ἀλογου και λογικου. Es gibt drei Gattungen von Fabeln; die *vernünftige,* in welcher der Mensch die handelnde Person ist; die *sittliche,* in welcher unvernünftige Wesen aufgeführt werden; die *vermischte,* in welcher so wohl unvernünftige als vernünftige Wesen vorkommen. – Der Hauptfehler dieser Einteilung, welcher sogleich einem jeden in die Augen leuchtet, ist der, daß sie das nicht erschöpft, was sie erschöpfen sollte. Denn wo bleiben diejenigen Fabeln, die aus Gottheiten und allegorischen Personen bestehen? Aphthonius hat die *vernünftige* Gattung ausdrücklich auf den einzigen Menschen eingeschränkt. Doch wenn diesem Fehler auch abzuhelfen wäre; was kann dem ohngeachtet roher und mehr von der obersten Fläche abgeschöpft sein, als diese Einteilung? Öffnet sie uns nur auch die geringste freiere Einsicht in das Wesen der Fabel?

Batteux würde daher ohne Zweifel eben so wohl getan haben, wenn er von der Einteilung der Fabel gar geschwiegen hätte, als daß er uns mit jener kahlen aphthonianischen abspeisen will. Aber was wird man vollends von ihm sagen, wenn ich zeige, daß er sich hier auf einer kleinen Tücke treffen läßt? Kurz zuvor sagt er unter andern von den Personen der Fabel: »Man hat hier nicht allein den Wolf und das Lamm, die Eiche und das Schilf, sondern auch den eisernen und den irdenen Topf ihre Rollen spielen sehen. Nur der *Herr Verstand* und das *Fräulein Einbildungskraft,* und alles, was ihnen ähnlich siehet, sind von diesem Theater ausgeschlossen worden; weil es ohne Zweifel schwerer ist, diesen bloß geistigen Wesen einen charaktermäßigen Körper zu geben; als Körpern, die einige Analogie mit unsern Organen haben, Geist und Seele zu geben*.« – Merkt man wider wen dieses geht? Wider den de la Motte, der sich in seinen Fabeln der allegorischen Wesen sehr häufig bedienet. Da dieses nun nicht nach dem Geschmacke unsers oft mehr ekeln als feinen Kunstrichters war, so konnte ihm die aphthonianische mangelhafte Einteilung der Fabel nicht anders als willkommen sein, indem es durch sie stillschweigend gleichsam zur Regel gemacht wird, daß die Gottheiten und allegorischen Wesen gar nicht in die Äsopische Fabel gehören. Und diese Regel eben möchte Batteux gar zu gern festsetzen, ob er sich gleich nicht getrauet, mit ausdrücklichen Worten darauf zu dringen. Sein System von der Fabel kann auch nicht wohl ohne sie bestehen. »Die äsopische Fabel, sagt er, ist eigentlich zu reden, das Schauspiel der Kinder; sie unterscheidet sich von den übrigen nur durch die Geringfügigkeit und Naivität ihrer spielenden Personen. Man sieht auf diesem Theater keinen Cäsar, keinen Alexander: aber wohl die Fliege und die Ameise etc.« – Freilich; diese Geringfügigkeit der spielenden Personen vorausgesetzt, konnte Batteux mit den höhern poetischen Wesen des de la Motte unmöglich zufrieden sein. Er verwarf sie also, ob er schon einen guten Teil der besten Fabeln des Altertums zugleich mit verwerfen mußte; und zog sich, um den kritischen Anfällen deswegen weniger ausgesetzt zu sein, unter den Schutz der mangelhaften Einteilung des Aphthonius. Gleich als ob Aphthonius der Mann wäre, der alle Gattungen von Fabeln, die in seiner Einteilung nicht Platz haben, eben dadurch verdammen könnte! Und diesen Mißbrauch einer erschlichenen Autorität, nenne ich eben die kleine Tücke, deren sich Batteux in Ansehung des de la Motte hier schuldig gemacht hat.

Wolf** hat die Einteilung des Aphthonius gleichfalls beibehalten, aber einen weit edlern Gebrauch davon gemacht. Diese Einteilung in *vernünftige* und *sittliche* Fabeln, meinet

---

* Nach der Ramlerschen Übersetzung, S. 244.
** Philosoph. practicae universalis Pars post. § 303.

er, klinge zwar ein wenig sonderbar; denn man könnte sagen, daß eine jede Fabel sowohl eine vernünftige als eine sittliche Fabel wäre. *Sittlich* nämlich sei eine jede Fabel in so fern, als sie einer sittlichen Wahrheit zum Besten erfunden worden; und *vernünftig* in so fern, als diese sittliche Wahrheit der Vernunft gemäß ist. Doch da es einmal gewöhnlich sei, diesen Worten hier eine andere Bedeutung zu geben, so wolle er keine Neuerung machen. Aphthonius habe übrigens bei seiner Einteilung die Absicht gehabt, die Verschiedenheit der Fabeln ganz zu erschöpfen, und mehr nach dieser Absicht, als nach den Worten, deren er sich dabei bedient habe, müsse sie beurteilt werden. Absit enim, sagt er – und o, wenn alle Liebhaber der Wahrheit so billig dächten! – absit, ut negemus accurate cogitasse, qui non satis accurate loquuntur. Puerile est, erroris redarguere eum, qui ab errore immunem possedit animum, propterea quod parum apta succurrerint verba, quibus mentem suam exprimere poterat. Er behält daher die Benennungen der aphthonianischen Einteilung bei, und weiß die Wahrheit, die er nicht darin gefunden, so scharfsinnig hinein zu legen, daß sie das vollkommene Ansehen einer richtigen philosophischen Einteilung bekömmt. »Wenn wir Begebenheiten erdichten, sagt er, so legen wir entweder den Subjekten solche Handlungen und Leidenschaften, überhaupt solche Prädikate bei, als ihnen zukommen; oder wir legen ihnen solche bei, die ihnen nicht zukommen. In dem ersten Falle heißen es *vernünftige* Fabeln; in dem andern *sittliche* Fabeln; und *vermischte* Fabeln heißen es, wenn sie etwas so wohl von der Eigenschaft der sittlichen als vernünftigen Fabel haben.«

Nach dieser Wolfischen Verbesserung also, beruhet die Verschiedenheit der Fabel nicht mehr auf der bloßen Verschiedenheit der Subjekte, sondern auf der Verschiedenheit der Prädikate, die von diesen Subjekten gesagt werden. Ihr zu Folge kann eine Fabel Menschen zu handelnden Personen haben, und dennoch keine *vernünftige* Fabel sein; so wie sie eben nicht notwendig eine *sittliche* Fabel sein muß, weil Tiere in ihr aufgeführet werden. Die oben angeführte Fabel von den *zwei kämpfenden Hähnen,* würde nach den *Wor-*

ten des Aphthonius eine *sittliche* Fabel sein, weil sie die Eigenschaften und das Betragen gewisser Tiere nachahmet; wie hingegen Wolf den *Sinn* des Aphthonius genauer bestimmt hat, ist sie eine *vernünftige* Fabel, weil nicht das geringste von den Hähnen darin gesagt wird, was ihnen nicht eigentlich zukäme. So ist es mit mehrern: Z. E. der Vogelsteller und die Schlange*; der Hund und der Koch**; der Hund und der Gärtner***; der Schäfer und der Wolf†: lauter Fabeln, die nach der gemeinen Einteilung unter die *sittlichen* und *vermischten,* nach der verbesserten aber unter die *vernünftigen* gehören.

Und nun? Werde ich es bei dieser Einteilung unsers Weltweisen können bewenden lassen? Ich weiß nicht. Wider ihre logikalische Richtigkeit habe ich nichts zu erinnern; sie erschöpft alles, was sie erschöpfen soll. Aber man kann ein guter Dialektiker sein, ohne ein Mann von Geschmack zu sein; und das letzte war Wolf, leider, wohl nicht. Wie, wenn es auch ihm hier so gegangen wäre, als er es von dem Aphthonius vermutet, daß er zwar richtig gedacht, aber sich nicht so vollkommen gut ausgedruckt hätte, als es besonders die Kunstrichter wohl verlangen dürften? Er redet von Fabeln, in welchen den Subjekten Leidenschaften und Handlungen, überhaupt Prädikate, beigelegt werden, deren sie nicht fähig sind, die ihnen nicht zukommen. Dieses *nicht zukommen,* kann einen übeln Verstand machen. Der Dichter, kann man daraus schließen, ist also nicht gehalten, auf die Naturen der Geschöpfe zu sehen, die er in seinen Fabeln aufführt? Er kann das Schaf verwegen, den Wolf sanftmütig, den Esel feurig vorstellen; er kann die Tauben als Falken brauchen und die Hunde von den Hasen jagen lassen. Alles dieses kömmt ihnen nicht zu; aber der Dichter macht eine *sittliche* Fabel, und er darf es ihnen beilegen. – Wie nötig ist es, dieser gefährlichen Auslegung, diesen mit einer Überschwemmung der abgeschmacktesten Märchen drohenden Folgerungen, vorzubauen!

Man erlaube mir also, mich auf meinen eigenen Weg wie-

---

* Fab. Aesop. 32. ** Fabul. Aesop. 34.
*** Fab. Aesop. 67. † Fab. Aesop. 71.

der zurückzuwenden. Ich will den Weltweisen so wenig als möglich aus dem Gesichte verlieren; und vielleicht kommen wir, am Ende der Bahn, zusammen. – Ich habe gesagt, und glaube es erwiesen zu haben, daß auf der Erhebung des einzeln Falles zur Wirklichkeit, der wesentliche Unterschied der *Parabel,* oder des Exempels überhaupt, und der *Fabel* beruhet. Diese Wirklichkeit ist der Fabel so unentbehrlich, daß sie sich eher von ihrer Möglichkeit, als von jener etwas abbrechen läßt. Es streitet minder mit ihrem Wesen, daß ihr einzelner Fall nicht schlechterdings *möglich* ist, daß er nur nach gewissen Voraussetzungen, unter gewissen Bedingungen *möglich* ist, als daß er nicht als *wirklich* vorgestellt werde. In Ansehung dieser Wirklichkeit folglich, ist die Fabel keiner Verschiedenheit fähig; wohl aber in Ansehung ihrer Möglichkeit, welche sie veränderlich zu sein erlaubt. Nun ist, wie gesagt, diese Möglichkeit entweder eine unbedingte oder bedingte Möglichkeit; der einzelne Fall der Fabel ist entweder schlechterdings möglich, oder er ist es nur nach gewissen Voraussetzungen, unter gewissen Bedingungen. Die Fabeln also, deren einzelner Fall schlechterdings möglich ist, will ich (um gleichfalls bei den alten Benennungen zu bleiben) *vernünftige* Fabeln nennen; Fabeln hingegen, wo er es nur nach gewissen Voraussetzungen ist, mögen *sittliche* heißen. Die *vernünftigen* Fabeln leiden keine fernere Unterabteilung; die *sittlichen* aber leiden sie. Denn die Voraussetzungen betreffen entweder die Subjekte der Fabel, oder die Prädikate dieser Subjekte: der Fall der Fabel ist entweder möglich, vorausgesetzt, daß diese und jene Wesen existieren; oder er ist es, vorausgesetzt, daß diese und jene wirklich existierende Wesen (nicht *andere* Eigenschaften, als ihnen zukommen; denn sonst würden sie zu anderen Wesen werden, sondern) die ihnen wirklich zukommenden Eigenschaften in einem *höhern Grade*, in einem weitern Umfange besitzen. Jene Fabeln, worin die Subjekte vorausgesetzt werden, wollte ich *mythische* Fabeln nennen; und diese, worin nur *erhöhtere* Eigenschaften wirklicher Subjekte angenommen werden, würde ich, wenn ich das Wort anders wagen darf, *hyperphysische* Fabeln nennen. –

Ich will diese meine Einteilung noch durch einige Beispiele erläutern. Die Fabeln, der Blinde und der Lahme; die zwei kämpfenden Hähne; der Vogelsteller und die Schlange; der Hund und der Gärtner, sind lauter *vernünftige* Fabeln, ob schon bald lauter Tiere, bald Menschen und Tiere darin vorkommen; denn der darin enthaltene Fall ist schlechterdings möglich, oder mit Wolfen zu reden, es wird den Subjekten nichts darin beigelegt, was ihnen nicht zukomme. – Die Fabeln, Apollo und Jupiter[*]; Herkules und Plutus[**]; die verschiedene Bäume in ihren besondern Schutz nehmende Götter[***]; kurz alle Fabeln, die aus Gottheiten, aus allegorischen Personen, aus Geistern und Gespenstern, aus andern erdichteten Wesen, dem Phoenix z. E. bestehen, sind *sittliche* Fabeln, und zwar *mythisch sittliche;* denn es wird darin vorausgesetzt, daß alle diese Wesen existieren oder existieret haben, und der Fall, den sie enthalten, ist nur unter dieser Voraussetzung möglich. – Der Wolf und das Lamm[†]; der Fuchs und der Storch[††]; die Natter und die Feile[†††]; die Bäume und der Dornstrauch[x]; der Ölbaum und das Rohr etc.[xx] sind gleichfalls *sittliche,* aber *hyperphysisch sittliche* Fabeln; denn die Natur dieser wirklichen Wesen wird erhöhet, die Schranken ihrer Fähigkeiten werden erweitert. Eines muß ich hierbei erinnern! Man bilde sich nicht ein, daß diese Gattung von Fabeln sich bloß auf die Tiere, und andere geringere Geschöpfe einschränke: der Dichter kann auch die Natur des *Menschen* erhöhen, und die Schranken seiner Fähigkeiten erweitern. Eine Fabel z. E. von einem *Propheten* würde eine *hyperphysisch sittliche* Fabel sein; denn die Gabe zu prophezeien, kann dem Menschen bloß nach einer erhöhtern Natur zukommen. Oder wenn man die Erzählung von den himmelstürmenden Riesen, als eine äsopische Fabel behandeln und sie dahin verändern wollte, daß ihr unsinniger Bau von Bergen auf Bergen, endlich von selbst zusammen

---

[*] Fab. Aesop. 187.　　[**] Phaedrus libr. IV. Fab. 11.
[***] Phaedrus libr. III. Fab. 15.　　[†] Phaedrus libr. I. Fab. 1.
[††] Phaedrus libr. I. Fab. 25.　　[†††] Phaedrus libr. IV. Fab. 7.
[x] Fab. Aesop. 313.　　[xx] Fabul. Aesop. 143.

stürzte und sie unter den Ruinen begrübe: so würde keine andere als eine *hyperphysisch sittliche* Fabel daraus werden können.

Aus den zwei Hauptgattungen, der *vernünftigen* und *sittlichen* Fabel, entstehet auch bei mir eine *vermischte* Gattung, wo nämlich der Fall zum Teil schlechterdings, zum Teil nur unter gewissen Voraussetzungen möglich ist. Und zwar können dieser *vermischten* Fabeln dreierlei sein; die *vernünftig mythische* Fabel, als Herkules und der Kärner*, der arme Mann und der Tod**; die *vernünftig hyperphysische* Fabel, als der Holzschläger und der Fuchs***, der Jäger und der Löwe†; und endlich die *hyperphysisch mythische* Fabel, als Jupiter und das Kamel††, Jupiter und die Schlange etc.†††.

Und diese Einteilung erschöpft die Mannigfaltigkeit der Fabeln ganz gewiß, ja man wird, hoffe ich, keine anführen können, deren Stelle, ihr zu Folge, zweifelhaft bleibe, welches bei allen andern Einteilungen geschehen muß, die sich bloß auf die Verschiedenheit der handelnden Personen beziehen. Die Breitingersche Einteilung ist davon nicht ausgeschlossen, ob *er* schon dabei die Grade des Wunderbaren zum Grunde gelegt hat. Denn da bei ihm die Grade des Wunderbaren, wie wir gesehen haben, größten Teils, auf die Beschaffenheit der handelnden Personen ankommen, so klingen seine Worte nur gründlicher, und er ist in der Tat in die Sache nichts tiefer eingedrungen. »Das Wunderbare der Fabel, sagt er, hat seine verschiedene Grade – Der niedrigste Grad des Wunderbaren findet sich in derjenigen Gattung der Fabeln, in welchen ordentliche Menschen aufgeführt werden – Weil in denselben das Wahrscheinliche über das Wunderbare weit die Oberhand hat, so können sie mit Fug *wahrscheinliche*, oder in Absicht auf die Personen *menschliche* Fabeln benennet werden. Ein mehrerer Grad des Wunderbaren äußert sich in derjenigen Klasse der Fabeln, in

---

* Fabul. Aesop. 336. ** Fabul. Aesop. 20.
*** Fabul. Aesop. 127. † Fabul. Aesop. 280.
†† Fabul. Aesop. 197. ††† Fabul. Aesop. 189.

welchen ganz andere als menschliche Personen aufgeführet werden. – Diese sind entweder von einer vortrefflichern und höhern Natur, als die menschliche ist, z. B. die heidnischen Gottheiten; – oder sie sind in Ansehung ihres Ursprungs und ihrer natürlichen Geschicklichkeit von einem geringern Rang als die Menschen, als z. E. die Tiere, Pflanzen etc. – Weil in diesen Fabeln das Wunderbare über das Wahrscheinliche nach verschiedenen Graden herrschet, werden sie deswegen nicht unfüglich *wunderbare,* und in Absicht auf die Personen entweder *göttliche* oder *tierische* Fabeln genennt –« Und die Fabel von den zwei Töpfen; die Fabel von den Bäumen und dem Dornstrauche? Sollen die auch *tierische* Fabeln heißen? Oder sollen sie, und ihres gleichen, eigne Benennungen erhalten? Wie sehr wird diese Namenrolle anwachsen, besonders wenn man auch alle Arten der vermischten Gattung benennen sollte! Aber ein Exempel zu geben, daß man, nach dieser Breitingerschen Einteilung, oft zweifelhaft sein kann, zu welcher Klasse man diese oder jene Fabel rechnen soll, so betrachte man die schon angeführte Fabel, von dem Gärtner und seinem Hunde, oder die noch bekanntere, von dem Ackersmanne und der Schlange; aber nicht so wie sie Phädrus erzählet, sondern wie sie unter den griechischen Fabeln vorkömmt. Beide haben einen so geringen Grad des Wunderbaren, daß man sie notwendig zu den wahrscheinlichen, das ist *menschlichen* Fabeln, rechnen müßte. In beiden aber kommen auch Tiere vor; und in Betrachtung dieser würden sie zu den *vermischten* Fabeln gehören, in welchen das Wunderbare weit mehr über das Wahrscheinliche herrscht, als in jenen. Folglich würde man erst ausmachen müssen, ob die Schlange und der Hund hier als handelnde Personen der Fabel anzusehen wären oder nicht, ehe man der Fabel selbst ihre Klasse anweisen könnte.

Ich will mich bei diesen Kleinigkeiten nicht länger aufhalten, sondern mit einer Anmerkung schließen, die sich überhaupt auf die *hyperphysischen* Fabeln beziehet, und die ich, zur richtigern Beurteilung einiger von meinen eigenen Versuchen, nicht gern anzubringen vergessen möchte. – Es ist bei dieser Gattung von Fabeln die Frage, *wie weit* der Fabulist die Natur der Tiere und andrer niedrigern Geschöpfe erhöhen, und *wie nahe* er sie der menschlichen Natur bringen dürfe? Ich antworte kurz: so weit, und so nahe er immer will. Nur mit der einzigen Bedingung, daß aus allem, was er sie denken, reden, und handeln läßt, der Charakter hervorscheine, um dessen willen er sie seiner Absicht bequemer fand, als alle andere Individua. Ist dieses; denken, reden und tun sie durchaus nichts, was ein ander Individuum von einem andern, oder gar ohne Charakter, eben so gut denken, reden und tun könnte: so wird uns ihr Betragen im geringsten nicht befremden, wenn es auch noch so viel Witz, Scharfsinnigkeit und Vernunft voraussetzt. Und wie könnte es auch? Haben wir ihnen einmal Freiheit und Sprache zugestanden, so müssen wir ihnen zugleich alle Modifikationen des Willens und alle Erkenntnisse zugestehen, die aus jenen Eigenschaften folgen können, auf welchen unser Vorzug vor ihnen einzig und allein beruhet. Nur ihren Charakter, wie gesagt, müssen wir durch die ganze Fabel finden; und finden wir diesen, so erfolgt die Illusion, daß es wirkliche Tiere sind, ob wir sie gleich reden hören, und ob sie gleich noch so feine Anmerkungen, noch so scharfsinnige Schlüsse machen. Es ist unbeschreiblich, wie viel Sophismata non causae ut causae die Kunstrichter in dieser Materie gemacht haben. Unter andern der Verfasser der »Kritischen Briefe«, wenn er von seinem Hermann Axel sagt: »Daher schreibt er auch den unvernünftigen Tieren, die er aufführt, niemals eine Reihe von Anschlägen zu, die in einem System, in einer Verknüpfung stehen, und zu einem Endzwecke von weitem her angeordnet sind. Denn dazu gehöret eine Stärke der Vernunft, welche über den Instinkt ist. Ihr Instinkt gibt nur flüchtige und dunkle Strahlen einer Vernunft von sich, die sich nicht lange empor halten kann. Aus dieser Ursache werden diese Fabeln mit Tierpersonen ganz kurz, und bestehen nur aus einem sehr einfachen Anschlage, oder Anliegen. Sie reichen nicht zu, einen menschlichen Charakter in mehr als einem Lichte vorzustellen; ja der Fabulist muß zufrieden sein, wenn er nur einen Zug eines Charakters vorstellen kann. Es ist eine ausschweifende Idee des Pater Bossue, daß die äsopische Fabel sich in dieselbe Länge, wie die epische Fabel ausdehnen lasse. Denn das kann nicht geschehen, es sei denn, daß man die Tiere nichts von den Tieren behalten lasse, sondern sie in Menschen verwandle, welches nur in possierlichen Gedichten angehet, wo man die Tiere mit gewissem Vorsatz in Masken aufführet, und die Verrichtungen der Menschen nachäffen läßt etc.« — Wie sonderbar ist hier das aus dem Wesen der Tiere hergeleitet, was der Kunstrichter aus dem Wesen der anschauenden Erkenntnis, und aus der Einheit des moralischen Lehrsatzes in der Fabel, hätte herleiten sollen! Ich gebe es zu, daß der Einfall des Pater Bossue nichts taugt. Die äsopische Fabel, in die Länge einer epischen Fabel ausgedehnet, höret auf eine äsopische Fabel zu sein; aber nicht deswegen, weil man den Tieren, nachdem man ihnen Freiheit und Sprache erteilt hat, nicht auch eine Folge von Gedanken, dergleichen die Folge von Handlungen in der Epopee erfordern würde, erteilen dürfte; nicht deswegen, weil die Tiere alsdenn zu viel menschliches haben würden: sondern deswegen, weil die Einheit des moralischen Lehrsatzes verloren gehen würde; weil man diesen Lehrsatz in der Fabel, deren Teile so gewaltsam auseinander gedehnet und mit fremden Teilen vermischt worden, nicht länger anschauend erkennen würde. Denn die anschauende Erkenntnis erfordert unumgänglich, daß wir den einzeln Fall auf einmal übersehen können; können wir es nicht, weil er entweder allzuviel Teile hat, oder seine Teile allzuweit auseinander liegen, so kann auch die Intuition des Allgemeinen nicht erfolgen. Und nur dieses, wenn ich nicht sehr irre, ist der wahre Grund, warum man es dem dramatischen Dichter, noch williger aber dem Epopeendichter, erlassen hat, in ihre Werke eine einzige Hauptlehre zu legen. Denn was hilft es, wenn sie auch eine hineinlegen? Wir können sie doch nicht darin erkennen, weil ihre Werke viel zu weitläuftig sind, als daß wir sie auf einmal zu übersehen vermöchten. In dem Squelette derselben müßte sie sich wohl endlich zeigen; aber das Squelett gehöret für den kalten Kunstrichter, und wenn dieser einmal glaubt, daß eine solche Hauptlehre darin liegen müsse, so wird er sie gewiß herausgrübeln, wenn sie der

Dichter auch gleich nicht hinein gelegt hat. Daß übrigens das eingeschränkte Wesen der Tiere von dieser nicht zu erlaubenden Ausdehnung der äsopischen Fabel, die wahre Ursach nicht sei, hätte der *kritische Briefsteller* gleich daher abnehmen können, weil nicht bloß die *tierische Fabel*, sondern auch jede andere äsopische Fabel, wenn sie schon aus vernünftigen Wesen bestehet, derselben unfähig ist. Die Fabel von dem Lahmen und Blinden, oder von dem armen Mann und dem Tode, läßt sich eben so wenig zur Länge des epischen Gedichts erstrecken, als die Fabel von dem Lamme und dem Wolfe, oder von dem Fuchse und dem Raben. Kann es also an der Natur der Tiere liegen? Und wenn man mit Beispielen streiten wollte, wie viel *sehr gute* Fabeln ließen sich ihm nicht entgegen setzen, in welchen den Tieren weit mehr, als *flüchtige und dunkle Strahlen einer Vernunft* beigelegt wird, und man sie ihre Anschläge ziemlich *von weitem her* zu einem Endzwecke anwenden siehet. Z. E. der Adler und der Käfer*; der Adler, die Katze und das Schwein etc.**

Unterdessen, dachte ich einsmals bei mir selbst, wenn man dem ohngeachtet eine äsopische Fabel von einer ungewöhnlichen Länge machen wollte, wie müßte man es anfangen, daß die itztberührten Unbequemlichkeiten dieser Länge wegfielen? Wie müßte unser »Reinicke Fuchs« aussehen, wenn ihm der Name eines äsopischen Heldengedichts zukommen sollte? Mein Einfall war dieser: *Vors erste* müßte nur ein einziger moralischer Satz in dem Ganzen zum Grunde liegen; *vors zweite* müßten die vielen und mannigfaltigen Teile dieses Ganzen, unter gewisse Hauptteile gebracht werden, damit man sie wenigstens in diesen Hauptteilen auf einmal übersehen könnte; *vors dritte* müßte jeder dieser Hauptteile ein besonders Ganze, eine für sich bestehende Fabel sein können, damit das große Ganze aus gleichartigen Teilen bestünde. Es müßte, um alles zusammenzunehmen, der allgemeine moralische Satz in seine einzelne Begriffe aufgelöset werden; jeder von diesen einzelnen Begriffen müßte in einer

---

* Fab. Aesop. 2.   ** Phaedrus libr. II. Fab. 4.

besondern Fabel zur Intuition gebracht werden, und alle diese besondern Fabeln müßten zusammen nur eine einzige Fabel ausmachen. Wie wenig hat der »Reinicke Fuchs« von diesen Requisitis! Am besten also, ich mache selbst die Probe, ob sich mein Einfall auch wirklich ausführen läßt. – Und nun urteile man, wie diese Probe ausgefallen ist! Es ist die *sechzehnte* Fabel meines *dritten* Buchs, und heißt die *Geschichte des alten Wolfs, in sieben Fabeln*. Die Lehre welche in allen sieben Fabeln zusammengenommen liegt, ist diese: »Man muß einen alten Bösewicht nicht auf das äußerste bringen, und ihm alle Mittel zur Besserung, so spät und erzwungen sie auch sein mag, benehmen.« Dieses *Äußerste*, diese Benehmung *aller Mittel* zerstückte ich; machte verschiedene mißlungene Versuche des Wolfs daraus, des gefährlichen Raubens künftig müßig gehen zu können; und bearbeitete jeden dieser Versuche als eine besondere Fabel, die ihre eigene und mit der Hauptmoral in keiner Verbindung stehende Lehre hat. – Was ich hier bis auf sieben, und mit dem *Rangstreite der Tiere* auf vier Fabeln, gebracht habe, wird ein andrer mit einer andern noch fruchtbarern Moral leicht auf mehrere bringen können. Ich begnüge mich, die Möglichkeit gezeigt zu haben.

IV.

VON DEM VORTRAGE DER FABELN

Wie soll die Fabel vorgetragen werden? Ist hierin Aesopus, oder ist Phädrus, oder ist la Fontaine das wahre Muster?

Es ist nicht ausgemacht, ob Aesopus seine Fabeln selbst aufgeschrieben, und in ein Buch zusammengetragen hat. Aber das ist so gut als ausgemacht, daß, wenn er es auch getan hat, doch keine einzige davon durchaus mit seinen eigenen Worten auf uns gekommen ist. Ich verstehe also hier die allerschönsten Fabeln in den verschiedenen griechischen Sammlungen, welchen man seinen Namen vorgesetzt hat. Nach diesen zu urteilen, war sein Vortrag von der äußersten Präzision; er hielt sich nirgends bei Beschreibungen auf; er kam sogleich zur Sache und eilte mit jedem Worte näher zum Ende; er kannte kein Mittel zwischen dem Notwendigen und Unnützen. So charakterisiert ihn de la Motte; und richtig. Diese Präzision und Kürze, worin er ein so großes Muster war, fanden die Alten der Natur der Fabel auch so angemessen, daß sie eine allgemeine Regel daraus machten. Theon unter andern dringet mit den ausdrücklichsten Worten darauf.

Auch Phädrus, der sich vornahm die Erfindungen des Aesopus in Versen auszubilden, hat offenbar den festen Vorsatz gehabt, sich an diese Regel zu halten; und wo er davon abgekommen ist, scheinet ihn das Sylbenmaß und der poetischere Stil, in welchen uns auch das allersimpelste Sylbenmaß wie unvermeidlich verstrickt, gleichsam wider seinen Willen davon abgebracht zu haben.

Aber la Fontaine? Dieses sonderbare Genie! La Fontaine! Nein wider ihn selbst habe ich nichts; aber wider seine Nachahmer; wider seine blinden Verehrer! La Fontaine kannte die Alten zu gut, als daß er nicht hätte wissen sollen, was ihre Muster und die Natur zu einer vollkommenen Fabel erforderten. Er wußte es, daß die Kürze die Seele der Fabel sei; er gestand es zu, daß es ihr vornehmster Schmuck sei, ganz und gar keinen Schmuck zu haben. Er bekannte* mit der liebenswürdigsten Aufrichtigkeit, »daß man die zierliche Präzision und die außerordentliche Kürze, durch die sich Phädrus so sehr empfehle, in seinen Fabeln nicht finden werde. Es wären dieses Eigenschaften, die zu erreichen, ihn seine Sprache zum Teil verhindert hätte; und bloß deswegen, weil er den Phädrus darin nicht nachahmen können, habe er geglaubt, qu'il falloit en recompense egayer l'ouvrage plus qu'il n'a fait.« Alle die Lustigkeit, sagt er, durch die ich meine Fabeln aufgestützt habe, soll weiter nichts als eine etwanige Schadloshaltung für wesentlichere Schönheiten sein, die ich ihnen zu erteilen zu unvermögend gewesen bin. – Welch Bekenntnis! In meinen Augen macht ihm dieses Bekenntnis mehr Ehre, als ihm alle seine Fabeln machen! Aber

---

* In der Vorrede zu seinen Fabeln.

wie wunderbar ward es von dem französischen Publico aufgenommen! Es glaubte, la Fontaine wolle ein bloßes Kompliment machen, und hielt die Schadloshaltung unendlich höher, als das, wofür sie geleistet war. Kaum konnte es auch anders sein; denn die Schadloshaltung hatte allzuviel reizendes für Franzosen, bei welchen nichts über die Lustigkeit gehet. Ein witziger Kopf unter ihnen, der hernach das Unglück hatte, hundert Jahr witzig zu bleiben*, meinte so gar, la Fontaine habe sich aus bloßer *Albernheit* (par betise) dem Phädrus nachgesetzt; und de la Motte schrie über diesen Einfall: mot plaisant, mais solide!

Unterdessen, da la Fontaine seine lustige Schwatzhaftigkeit, durch ein so großes Muster, als ihm Phädrus schien, verdammt glaubte, wollte er doch nicht ganz ohne Bedeckung von Seiten des Altertums bleiben. Er setzte also hinzu: »Und meinen Fabeln diese Lustigkeit zu erteilen, habe ich um so viel eher wagen dürfen, da Quintilian lehret, man könne die Erzählungen nicht lustig genug machen (egayer). Ich brauche keine Ursache hiervon anzugeben; genug, daß es *Quintilian* sagt.« – Ich habe wider diese Autorität zweierlei zu erinnern. Es ist wahr, Quintilian sagt: Ego vero narrationem, ut si ullam partem orationis, omni, qua potest, gratia et venere exornandam puto**; und dieses muß die Stelle sein, worauf sich la Fontaine stützet. Aber ist diese *Grazie,* diese *Venus,* die er der Erzählung so viel als möglich, obgleich nach Maßgebung der Sache***, zu erteilen befiehlet, ist dieses *Lustigkeit?* Ich sollte meinen, daß gerade die Lustigkeit dadurch ausgeschlossen werde. Doch der Hauptpunkt ist hier dieser: Quintilian redet von der Erzählung des Facti in einer gerichtlichen Rede, und was er von dieser sagt, ziehet la Fontaine, wider die ausdrückliche Regel der Alten, auf die Fabel. Er hätte diese Regel unter andern bei dem Theon finden können. Der Grieche redet von dem Vortrage der Erzählung in der Chrie, – wie plan, wie kurz muß die Erzählung in einer Chrie

---
* Fontenelle.
** Quinctilianus Inst. Orat. lib. IV. cap. 2.
*** Sed plurimum refert, quae sit natura ejus rei, quam exponimus. *Idem, ibidem.*

sein! − und setzt hinzu: ἐν δε τοις μυθοις ἁπλουςεραν την ἑρμηνειαν ἐιναι δει και προσφυη· και ὡς δυνατον, ἀκατασκευον τε και σαφη: Die Erzählung der Fabel soll noch planer sein, sie soll zusammengepreßt, so viel als möglich ohne alle Zieraten und Figuren, mit der einzigen Deutlichkeit zufrieden sein.

Dem la Fontaine vergebe ich den Mißbrauch dieser Autorität des Quintilians gar gern. Man weiß ja, wie die Franzosen überhaupt die Alten lesen! Lesen sie doch ihre eigene Autores mit der unverzeihlichsten Flatterhaftigkeit. Hier ist gleich ein Exempel! De la Motte sagt von dem la Fontaine: Tout Original qu'il est dans les manieres, il etoit Admirateur des Anciens jusqu'a la prevention, comme s'ils eussent été ses modeles. *La brieveté, dit-il, est l'ame de la Fable, et il est inutile d'en apporter des raisons, c'est assez que Quintilien l'ait dit**. Man kann nicht verstümmelter anführen, als de la Motte hier den la Fontaine anführet! La Fontaine legt es einem ganz anderen Kunstrichter in den Mund, daß die Kürze die Seele der Fabel sei, oder spricht es vielmehr in seiner eigenen Person; er beruft sich nicht wegen der Kürze, sondern wegen der Munterkeit, die in den Erzählungen herrschen solle, auf das Zeugnis des Quintilians, und würde sich wegen jener sehr schlecht auf ihn berufen haben, weil man jenen Ausspruch nirgend bei ihm findet.

Ich komme auf die Sache selbst zurück. Der allgemeine Beifall, den la Fontaine mit seiner muntern Art zu erzählen erhielt, machte, daß man nach und nach die äsopische Fabel von einer ganz andern Seite betrachtete, als sie die Alten betrachtet hatten. Bei den Alten gehörte die Fabel zu dem Gebiete der Philosophie, und aus diesem holten sie die Lehrer der Redekunst in das ihrige herüber. Aristoteles hat nicht in seiner Dichtkunst, sondern in seiner Rhetorik davon gehandelt; und was Aphthonius und Theon davon sagen, das sagen sie gleichfalls in Vorübungen der *Rhetorik*. Auch bei den Neuern muß man das, was man von der äsopischen Fabel wissen will, durchaus in Rhetoriken suchen; bis auf die Zeiten des la Fontaine. Ihm gelang es die Fabel zu einem anmu-

---

* Discours sur la Fable p. 17.

tigen poetischen Spielwerke zu machen; er bezauberte; er bekam eine Menge Nachahmer, die den Namen eines Dichters nicht wohlfeiler erhalten zu können glaubten, als durch solche in lustigen Versen ausgedehnte und gewässerte Fabeln; die Lehrer der Dichtkunst griffen zu; die Lehrer der Redekunst ließen den Eingriff geschehen; diese hörten auf, die Fabel als ein sicheres Mittel zur lebendigen Überzeugung anzupreisen; und jene fingen dafür an, sie als ein Kinderspiel zu betrachten, das sie so viel als möglich auszuputzen, uns lehren müßten. – So stehen wir noch! –

Ein Mann, der aus der Schule der Alten kömmt, wo ihm jene ἑρμηνεια ἀκατασκευος der Fabel so oft empfohlen worden, kann der wissen, woran er ist, wenn er z. E. bei dem Batteux ein langes Verzeichnis von Zieraten lieset, deren die Erzählung der Fabel fähig sein soll? Er muß voller Verwunderung fragen: so hat sich denn bei den Neuern ganz das Wesen der Dinge verändert? Denn alle diese Zieraten streiten mit dem wirklichen Wesen der Fabel. Ich will es beweisen.

Wenn ich mir einer moralischen Wahrheit durch die Fabel bewußt werden soll, so muß ich die Fabel auf einmal übersehen können; und um sie auf einmal übersehen zu können, muß sie so kurz sein, als möglich. Alle Zieraten aber sind dieser Kürze entgegen; denn ohne sie würde sie noch kürzer sein können: folglich streiten alle Zieraten, in so fern sie leere Verlängerungen sind, mit der Absicht der Fabel.

Z. E. Eben mit zur Erreichung dieser Kürze, braucht die Fabel gern die allerbekanntesten Tiere; damit sie weiter nichts als ihren einzigen Namen nennen darf, um einen ganzen Charakter zu schildern, um Eigenschaften zu bemerken, die ihr ohne diese Namen allzuviel Worte kosten würden. Nun höre man den Batteux: »Diese Zieraten bestehen *Erstlich* in Gemälden, Beschreibungen, Zeichnungen der Örter, der Personen, der Stellungen.« – Das heißt: Man muß nicht schlechtweg z. E. *ein Fuchs* sagen, sondern man muß fein sagen:

Un vieux Renard, mais des plus fins,
Grand croqueur de poulets, grand preneur de lapins,
Sentant son Renard d'un lieue etc.

Der *Fabulist* brauchet *Fuchs,* um mit einer einzigen Sylbe ein individuelles Bild eines witzigen Schalks zu entwerfen; und der *Poet* will lieber von dieser Bequemlichkeit nichts wissen, will ihr entsagen, ehe man ihm die Gelegenheit nehmen soll, eine lustige Beschreibung von einem Dinge zu machen, dessen ganzer Vorzug hier eben dieser ist, daß es keine Beschreibung bedarf.

Der Fabulist will in *einer* Fabel nur *eine* Moral zur Intuition bringen. Er wird es also sorgfältig vermeiden, die Teile derselben so einzurichten, daß sie uns Anlaß geben, irgend eine andere Wahrheit in ihnen zu erkennen, als wir in allen Teilen zusammen genommen erkennen sollen. Vielweniger wird er eine solche fremde Wahrheit mit ausdrücklichen Worten einfließen lassen, damit er unsere Aufmerksamkeit nicht von seinem Zwecke abbringe, oder wenigstens schwäche, indem er sie unter mehrere allgemeine moralische Sätze teilet. – Aber Batteux, was sagt der? »Die zweite Zierat, sagt er, bestehet in den Gedanken; nämlich in solchen Gedanken, die hervorstechen, und sich von den übrigen auf eine besondere Art unterscheiden.«

Nicht minder widersinnig ist seine *dritte* Zierat, die Allusion – Doch wer streitet denn mit mir? Batteux selbst gesteht es ja mit ausdrücklichen Worten, »daß dieses nur Zieraten solcher Erzählungen sind, die vornehmlich zur Belustigung gemacht werden.« Und für eine solche Erzählung hält er die Fabel? Warum bin ich so eigensinnig, sie auch nicht dafür zu halten? Warum habe ich nur ihren Nutzen im Sinne? Warum glaube ich, daß dieser Nutzen seinem Wesen nach schon anmutig genug ist, um aller fremden Annehmlichkeiten entbehren zu können? Freilich geht es dem la Fontaine, und allen seinen Nachahmern, wie meinem *Manne mit dem Bogen**; der Mann wollte, daß sein Bogen mehr als glatt sei; er ließ Zieraten darauf schnitzen; und der Künstler verstand sehr wohl, was für Zieraten auf einen Bogen gehörten; er schnitzte eine Jagd darauf: nun will der Mann den Bogen versuchen, und er zerbricht. Aber war das die Schuld

---

* S. die erste Fabel des dritten Buchs.

des Künstlers? Wer hieß den Mann, so wie zuvor, damit zu schießen? Er hätte den geschnitzten Bogen nunmehr fein in seiner Rüstkammer aufhängen, und seine Augen daran weiden sollen! Mit einem solchen Bogen schießen zu wollen! – Freilich würde nun auch Plato, der die Dichter alle mit samt ihrem Homer, aus seiner Republik verbannte, dem Aesopus aber einen rühmlichen Platz darin vergönnte, freilich würde auch *er* nunmehr zu dem Aesopus, so wie ihn la Fontaine verkleidet hat, sagen: Freund, wir kennen einander nicht mehr! Geh auch du deinen Gang! Aber, was geht es uns an, was so ein alter Grillenfänger, wie Plato, sagen würde? –

Vollkommen richtig! Unterdessen, da ich so sehr billig bin, hoffe ich, daß man es auch einigermaßen gegen mich sein wird. Ich habe die erhabene Absicht, die Welt mit meinen Fabeln zu *belustigen,* leider nicht gehabt; ich hatte mein Augenmerk nur immer auf diese oder jene Sittenlehre, die ich, meistens zu meiner eigenen Erbauung, gern in besondern Fällen übersehen wollte; und zu diesem Gebrauche glaubte ich meine Erdichtungen nicht kurz, nicht trocken genug aufschreiben zu können. Wenn ich aber itzt die Welt gleich nicht belustige; so könnte sie doch mit der Zeit vielleicht durch mich belustiget werden. Man erzählt ja die neuen Fabeln des Abstemius, eben sowohl als die alten Fabeln des Aesopus in Versen; wer weiß was meinen Fabeln aufbehalten ist, und ob man auch sie nicht einmal mit aller möglichen Lustigkeit erzählet, wenn sie sich anders durch ihren innern Wert eine Zeitlang in dem Andenken der Welt erhalten? In dieser Betrachtung also, bitte ich voritzo mit meiner Prosa –

Aber ich bilde mir ein, daß man mich meine Bitte nicht einmal aussagen läßt. Wenn ich mit der allzumuntern, und leicht auf Umwege führenden Erzählungsart des la Fontaine nicht zufrieden war, mußte ich darum auf das andere Extremum verfallen? Warum wandte ich mich nicht auf die Mittelstraße des Phädrus, und erzählte in der zierlichen Kürze des Römers, aber doch in Versen? Denn prosaische Fabeln; wer wird die lesen wollen! – Diesen Vorwurf werde ich ohnfehlbar zu hören bekommen. Was will ich im voraus darauf antworten? Zweierlei. *Erstlich;* was man mir am leichtesten glauben wird: ich fühlte mich zu unfähig, jene zierliche Kürze in Versen zu erreichen. La Fontaine der eben das bei sich fühlte, schob die Schuld auf seine Sprache. Ich habe von der meinigen eine zu gute Meinung, und glaube überhaupt, daß ein Genie seiner angebornen Sprache, sie mag sein welche es will, eine Form erteilen kann, welche er will. Für ein Genie sind die Sprachen alle von einer Natur; und die Schuld ist also einzig und allein meine. Ich habe die Versifikation nie so in meiner Gewalt gehabt, daß ich auf keine Weise besorgen dürfen, das Sylbenmaß und der Reim werde hier und da den Meister über mich spielen. Geschähe das, so wäre es ja um die Kürze getan, und vielleicht noch um mehr wesentliche Eigenschaften der guten Fabel. Denn *zweitens* – Ich muß es nur gestehen; ich bin mit dem Phädrus nicht so recht zu frieden. De la Motte hatte ihm weiter nichts vorzuwerfen, als »daß er seine Moral oft zu Anfange der Fabeln setze, und daß er uns manchmal eine allzu unbestimmte Moral gebe, die nicht deutlich genug aus der Allegorie entspringe.« Der erste Vorwurf betrifft eine wahre Kleinigkeit; der zweite ist unendlich wichtiger, und leider gegründet. Doch ich will nicht fremde Beschuldigungen rechtfertigen; sondern meine eigne vorbringen. Sie läuft dahin aus, daß Phädrus so oft er sich von der Einfalt der griechischen Fabeln auch nur einen Schritt entfernt, einen plumpen Fehler begehet. Wie viel Beweise will man? z. E.

Fab. 4. Libri I.
Canis per flumen, carnem dum ferret natans,
Lympharum in speculo vidit simulacrum suum etc.

Es ist unmöglich; wenn der Hund durch den Fluß *geschwommen* ist, so hat er das Wasser um sich her notwendig so getrübt, daß er sein Bildnis unmöglich darin sehen können. Die griechischen Fabeln sagen: Κυων κρεας ἐχουσα ποταμον διεβαινε; das braucht weiter nichts zu heißen, als: *er ging über den Fluß;* auf einem niedrigen Steige, muß man sich vorstellen. Aphthonius bestimmt diesen Umstand noch behutsamer: Κρεας ἁρπασασα τις κυων παρ' ἀυτην διῃει την ὀχθην; der Hund ging an dem Ufer des Flusses.

Fab. 5. Lib. I.
Vacca et capella, et patiens ovis injuriae,
Socii fuere cum leone in saltibus.

Welch eine Gesellschaft! Wie war es möglich, daß sich diese viere zu einem Zwecke vereinigen konnten? Und zwar zur Jagd! Diese Ungereimtheit haben die Kunstrichter schon öfters angemerkt; aber noch keiner hat zugleich anmerken wollen, daß sie von des Phädrus eigener Erfindung ist. Im Griechischen ist diese Fabel zwischen dem *Löwen* und dem wilden *Esel* (Οναγρος). Von dem wilden Esel ist es bekannt, daß er ludert; und folglich konnte er an der Beute Teil nehmen. Wie elend ist ferner die Teilung bei dem Phädrus:

> Ego primam tollo, nominor quia leo;
> Secundam, quia sum fortis, tribuetis mihi;
> Tum quia plus valeo, me sequetur tertia;
> Male afficietur, si quis quartam tetigerit.

Wie vortrefflich hingegen ist sie im Griechischen! Der Löwe macht so gleich drei Teile; denn von jeder Beute ward bei den Alten ein Teil für den König oder für die Schatzkammer des Staats, bei Seite gelegt. Und dieses Teil, sagt der Löwe, gehöret mir, βασιλευς γαρ ειμι; das zweite Teil gehört mir auch, ὡς ἐξ ἰσου κοινωνων, nach dem Rechte der gleichen Teilung; und das dritte Teil κακον μεγα σοι ποιησει, ἐι μη ἐθελης φυγειν.

Fab. 11. Lib. I.
Venari asello comite cum vellet leo,
Contexit illum frutice, et admonuit simul,
Ut insueta voce terreret feras etc.

— — — —

Quae dum paventes exitus notos petunt,
Leonis affliguntur horrendo impetu.

Der Löwe verbirgt den Esel in das Gesträuche; der Esel schreiet; die Tiere erschrecken in ihren Lagern, und da sie durch die *bekannten Ausgänge* davon fliehen wollen, fallen sie dem Löwen in die Klauen. Wie ging das zu? Konnte jedes nur durch *einen* Ausgang davon kommen? Warum mußte es gleich den wählen, an welchem der Löwe lauerte? Oder konnte der Löwe überall sein? – Wie vortrefflich fallen in der griechischen Fabel alle diese Schwierigkeiten weg! Der Löwe und der Esel kommen da vor eine Höhle, in der sich wilde Ziegen aufhalten. Der Löwe schickt den Esel hinein; der Esel scheucht mit seiner fürchterlichen Stimme die wilden Ziegen heraus, und so können sie dem Löwen, der ihrer an dem Eingange wartet, nicht entgehen.

Fab. 9. Libr. IV.
Peras imposuit Jupiter nobis duas,
Propriis repletam vitiis post tergum dedit,
Alienis ante pectus suspendit gravem.

Jupiter hat uns diese zwei Säcke aufgelegt? Er ist also selbst Schuld, daß wir unsere eigene Fehler nicht sehen, und nur scharfsichtige Tadler der Fehler unsers Nächsten sind? Wie viel fehlt dieser Ungereimtheit zu einer förmlichen Gotteslästerung? Die bessern Griechen lassen durchgängig den Jupiter hier aus dem Spiele; sie sagen schlecht weg: Ανθρωπος δυο πηρας ἑκαςος φερει; oder: δυο πηρας ἐξημμεθα του τραχηλου u.s.w.

Genug für eine Probe! Ich behalte mir vor, meine Beschuldigung an einem andern Orte umständlicher zu erweisen; und vielleicht durch eine eigene Ausgabe des Phädrus.

V.

VON EINEM BESONDERN NUTZEN DER FABELN IN DEN SCHULEN

Ich will hier nicht von dem moralischen Nutzen der Fabeln reden; er gehörte in die allgemeine praktische Philosophie: und würde ich mehr davon sagen können, als Wolf gesagt hat? Noch weniger will ich von dem geringern Nutzen itzt sprechen, den die alten Rhetores in ihren Vorübungen von den Fabeln zogen; indem sie ihren Schülern aufgaben, bald eine Fabel durch alle casus obliquos zu verändern, bald sie zu erweitern, bald sie kürzer zusammenzuziehen etc. Diese

Übung kann nicht anders als zum Nachteil der Fabel selbst vorgenommen werden; und da jede kleine Geschichte eben so geschickt dazu ist, so weiß ich nicht, warum man eben die Fabel dazu mißbrauchen muß, die sich, als Fabel, ganz gewiß nur auf eine einzige Art *gut* erzählen läßt.

Den Nutzen, den ich itzt mehr berühren als umständlich erörtern will, würde man den *heuristischen* Nutzen der Fabeln nennen können. — Warum fehlt es in allen Wissenschaften und Künsten so sehr an Erfindern und selbstdenkenden Köpfen? Diese Frage wird am besten durch eine andre Frage beantwortet: Warum werden wir nicht besser erzogen? Gott gibt uns die Seele; aber das *Genie* müssen wir durch die Erziehung bekommen. Ein Knabe, dessen gesamte Seelenkräfte man, so viel als möglich, beständig in einerlei Verhältnissen ausbildet und erweitert; den man angewöhnt, alles, was er täglich zu seinem kleinen Wissen hinzulernt, mit dem, was er gestern bereits wußte, in der Geschwindigkeit zu vergleichen, und Acht zu haben, ob er durch diese Vergleichung nicht von selbst auf Dinge kömmt, die ihm noch nicht gesagt worden; den man beständig aus einer Scienz in die andere hinüber sehen läßt; den man lehret sich eben so leicht von dem Besondern zu dem Allgemeinen zu erheben, als von dem Allgemeinen zu dem Besondern sich wieder herab zu lassen: Der Knabe wird ein Genie *werden,* oder man kann nichts in der Welt *werden.*

Unter den Übungen nun, die diesem allgemeinen Plane zu Folge angestellt werden müßten, glaube ich, würde die Erfindung äsopischer Fabeln eine von denen sein, die dem Alter eines Schülers am aller angemessensten wären: nicht, daß ich damit suchte, alle Schüler zu Dichtern zu machen; sondern weil es unleugbar ist, daß das Mittel, wodurch die Fabeln erfunden worden, gleich dasjenige ist, das allen Erfindern überhaupt das allergeläufigste sein muß. Dieses Mittel ist das *Principium der Reduktion,* und es ist am besten, den Philosophen selbst davon zu hören: Videmus adeo, quo artificio utantur fabularum inventores, *principio* nimirum *reductionis:* quod quemadmodum ad inveniendum in genere utilissimum, ita ad fabulas inveniendas absolute necessarium est. Quoniam in arte inveniendi principium reductionis amplissimum sibi locum vindicat, absque hoc principio autem nulla effingitur fabula; nemo in dubium revocare poterit, fabularum inventores inter inventores locum habere. Neque est quod inventores abjecte de fabularum inventoribus sentiant: quod si enim fabula nomen suum tueri, nec quicquam in eadem desiderari debet, haud exiguae saepe artis est eam invenire, ita ut in aliis veritatibus inveniendis excellentes hic vires suas deficere agnoscant, ubi in rem praesentem veniunt. Fabulae aniles nugae sunt, quae nihil veritatis continent, et earum autores in nugatorum non inventorum veritatis numero sunt. Absit autem ut hisce aequipares inventores fabularum vel fabellarum, cum quibus in praesente nobis negotium est, et quas vel inviti in Philosophiam practicam admittere tenemur, nisi praxi officere velimus*.

Doch dieses Principium der Reduktion hat seine großen Schwierigkeiten. Es erfordert eine weitläuftige Kenntnis des Besondern und aller individuellen Dingen, auf welche die Reduktion geschehen kann. Wie ist diese von jungen Leuten zu verlangen? Man müßte dem Rate eines neuern Schriftstellers folgen, den ersten Anfang ihres Unterrichts mit der Geschichte der Natur zu machen, und diese in der niedrigsten Klasse allen Vorlesungen zum Grunde zu legen**. Sie enthält, sagt er, den Samen aller übrigen Wissenschaften, sogar die moralischen nicht ausgenommen. Und es ist kein Zweifel, er wird mit diesem Samen der Moral, den er in der Geschichte der Natur gefunden zu haben glaubet, nicht auf die bloßen Eigenschaften der Tiere, und anderer geringern Geschöpfe, sondern auf die Äsopischen Fabeln, welche auf diese Eigenschaften gebauet werden, gesehen haben.

Aber auch alsdenn noch, wenn es dem Schüler an dieser weitläuftigen Kenntnis nicht mehr fehlte, würde man ihn die Fabeln Anfangs müssen mehr *finden,* als *erfinden* lassen; und die allmähligen Stufen von diesem *Finden* zum *Erfinden,* die sind es eigentlich, was ich durch verschiedene Versuche mei-

---

* Philosophiae practicae universalis pars posterior § 310.
** Briefe die neueste Literatur betreffend 1. Teil S. 58.

nes *zweiten* Buchs habe zeigen wollen. Ein gewisser Kunstrichter sagt: »Man darf nur im Holz und im Feld, insonderheit aber auf der Jagd, auf alles Betragen der zahmen und der wilden Tiere aufmerksam sein, und so oft etwas sonderbares und merkwürdiges zum Vorschein kömmt, sich selber in den Gedanken fragen, ob es nicht eine Ähnlichkeit mit einem gewissen Charakter der menschlichen Sitten habe, und in diesem Falle in eine symbolische Fabel ausgebildet werden könne*.« Die Mühe mit seinem Schüler auf die Jagd zu gehen, kann sich der Lehrer ersparen, wenn er in die alten Fabeln selbst eine Art von Jagd zu legen weiß; indem er die Geschichte derselben bald eher abbricht, bald weiter fortführt, bald diesen oder jenen Umstand derselben so verändert, daß sich eine andere Moral darin erkennen läßt.

Z. E. Die bekannte Fabel von dem Löwen und Esel fängt sich an: Λεων και ονος, κοινωνιαν θεμενοι, ἐξηλθον ἐπι θηραν – Hier bleibt der Lehrer stehen. Der Esel in Gesellschaft des Löwen? Wie stolz wird der Esel auf diese Gesellschaft gewesen sein! *(Man sehe die achte Fabel meines zweiten Buchs)* Der Löwe in Gesellschaft des Esels? Und hatte sich denn der Löwe dieser Gesellschaft nicht zu schämen? *(Man sehe die siebende)* Und so sind zwei Fabeln entstanden, indem man mit der Geschichte der alten Fabel einen kleinen Ausweg genommen, der auch zu einem Ziele, aber zu einem andern Ziele führet, als Aesopus sich dabei gesteckt hatte.

Oder man verfolgt die Geschichte einen Schritt weiter: Die Fabel von der Krähe, die sich mit den ausgefallenen Federn andrer Vögel geschmückt hatte, schließt sich: και ὁ κολοιος ἠν παλιν κολοιος. Vielleicht war sie nun auch etwas schlechters, als sie vorher gewesen war. Vielleicht hatte man ihr auch ihre eigene glänzenden Schwingfedern mit ausgerissen, weil man sie gleichfalls für fremde Federn gehalten? So geht es dem Plagiarius. Man ertappt ihn hier, man ertappt ihn da; und endlich glaubt man, daß er auch das, was wirklich sein eigen ist, gestohlen habe. *(S. die sechste Fabel meines zweiten Buchs)*

---

* Kritische Vorrede zu M. v. K. neuen Fabeln.

Oder man verändert einzelne Umstände in der Fabel. Wie wenn das Stücke Fleisch, welches der Fuchs dem Raben aus dem Schnabel schmeichelte, vergiftet gewesen wäre? *(S. die fünfzehnte)* Wie wenn der Mann die erfrorne Schlange nicht aus Barmherzigkeit, sondern aus Begierde ihre schöne Haut zu haben, aufgehoben und in den Busen gesteckt hätte? Hätte sich der Mann auch alsdenn noch über den Undank der Schlange beklagen können? *(S. die dritte Fabel)*

Oder man nimmt auch den merkwürdigsten Umstand aus der Fabel heraus, und bauet auf denselben eine ganz neue Fabel. Dem Wolfe ist ein Bein in dem Schlunde stecken geblieben. In der kurzen Zeit, da er sich daran würgte, hatten die Schafe also vor ihm Friede. Aber durfte sich der Wolf die gezwungene Enthaltung als eine gute Tat anrechnen? *(S. die vierte Fabel)* Herkules wird in den Himmel aufgenommen, und unterläßt dem Plutus seine Verehrung zu bezeigen. Sollte er sie wohl auch seiner Todfeindin, der Juno, zu bezeigen unterlassen haben? Oder würde es dem Herkules anständiger gewesen sein, ihr für ihre Verfolgungen zu danken? *(S. die zweite Fabel)*

Oder man sucht eine edlere Moral in die Fabel zu legen; denn es gibt unter den griechischen Fabeln verschiedene, die eine sehr nichtswürdige haben. Die Esel bitten den Jupiter, ihr Leben minder elend sein zu lassen. Jupiter antwortet: τοτε αὐτους ἀπαλλαγησεσθαι της κακοπαθειας, ὁταν οὐρουντες ποιησωσι ποταμον. Welch eine unanständige Antwort für eine Gottheit! Ich schmeichle mir, daß ich den Jupiter würdiger antworten lassen, und überhaupt eine schönere Fabel daraus gemacht habe. *(S. die zehnte Fabel)*

– Ich breche ab! Denn ich kann mich unmöglich zwingen, einen Kommentar über meine eigene Versuche zu schreiben.

GEDICHTE

LIEDER

An die Leier

Töne, frohe Leier,
Töne Lust und Wein!
Töne, sanfte Leier,
Töne Liebe drein!

Wilde Krieger singen,
Haß und Rach' und Blut
In die Laute singen,
Ist nicht Lust, ist Wut.

Zwar der Heldensänger
Sammelt Lorbeern ein;
Ihn verehrt man länger.
Lebt er länger? Nein.

Er vergräbt im Leben
Sich in Tiefsinn ein:
Um erst dann zu leben,
Wann er Staub wird sein.

Lobt sein göttlich Feuer,
Zeit und Afterzeit!
Und an meiner Leier
Lobt die Fröhlichkeit.

Die Küsse

Ein Küßchen, das ein Kind mir schenket,
Das mit den Küssen nur noch spielt,
Und bei dem Küssen noch nichts denket,
Das ist ein Kuß, den man nicht fühlt.

Ein Kuß, den mir ein Freund verehret,
Das ist ein Gruß, der eigentlich
Zum wahren Küssen nicht gehöret:
Aus kalter Mode küßt er mich.

Ein Kuß, den mir mein Vater gibet,
Ein wohlgemeinter Segenskuß,
Wenn er sein Söhnchen lobt und liebet,
Ist etwas, das ich ehren muß.

Ein Kuß von meiner Schwester Liebe
Steht mir als Kuß nur so weit an,
Als ich dabei mit heißerm Triebe
An andre Mädchen denken kann.

Ein Kuß, den Lesbia mir reichet,
Den kein Verräter sehen muß,
Und der dem Kuß der Tauben gleichet:
Ja, so ein Kuß, das ist ein Kuß.

Der Sonderling

So bald der Mensch sich kennt,
Sieht er, er sei ein Narr;
Und gleichwohl zürnt der Narr,
Wenn man ihn also nennt.

So bald der Mensch sich kennt,
Sieht er, er sei nicht klug;
Doch ists ihm lieb genug,
Wenn man ihn weise nennt.

Ein jeder, der mich kennt,
Spricht: welcher Sonderling!
Nur diesem ists Ein Ding,
Wie ihn die Welt auch nennt.

Nach der 15. Ode Anakreons

Was frag' ich nach dem Großsultan,
Und Mahomets Gesetzen?
Was geht der Perser Schach mich an,
Mit allen seinen Schätzen?

Was sorg' ich ihrer Kriegesart,
Und ihrer Treffen halben?
Kann ich nur meinen lieben Bart
Mit Spezereien salben.

Kann ich nur mein gesalbtes Haupt
Mit Rosen stolz umschließen,
Und, wenn mir sie ein Mädchen raubt,
Das Mädchen strafend küssen.

Ein Tor sorgt für die künft'ge Zeit.
Für heute will ich sorgen.
Wer kennt, mit weiser Gründlichkeit,
Den ungewissen Morgen?

Was soll ich hier, so lang' ich bin,
Mich um die Zukunft kränken?
Ich will mit kummerlosem Sinn
Auf Wein und Liebe denken.

Denn plötzlich steht er da, und spricht,
Der grimme Tod: »Von dannen!
Du trinkst, du küssest länger nicht!
Trink' aus! küß' aus! Von dannen!«

Phyllis an Damon

Lehre mich, o Damon, singen,
Singen, wie du trunken singst.
Laß auch mich dir Lieder bringen,
Wie du mir begeistert bringst.
Wie du mich willst ewig singen,
Möcht' auch ich dich ewig singen.

Durch des Weines Feuerkräfte,
Nur durch sie singst du so schön.
Aber diese Göttersäfte
Darf ich schmachtend nur besehn.
Dir riet Venus Wein zu trinken,
Mir riet sie, ihn nicht zu trinken.

Was wird nun mein Lied beleben,
Kann es dieser Trank nicht sein? –
Wie? Du willst mir Küsse geben?
Küsse, feuriger, als Wein? –
Damon, ach! nach deinen Küssen
Werd' ich wohl verstummen müssen.

Für wen ich singe

Ich singe nicht für kleine Knaben,
Die voller Stolz zur Schule gehn,
Und den Ovid in Händen haben,
Den ihre Lehrer nicht verstehn.

Ich singe nicht für euch, ihr Richter,
Die ihr voll spitz'ger Gründlichkeit
Ein unerträglich Joch dem Dichter,
Und euch die Muster selber seid.

Ich singe nicht den kühnen Geistern,
Die nur Homer und Milton reizt;

Weil man den unerschöpften Meistern
Die Lorbeern nur umsonst begeizt.

Ich singe nicht, durch Stolz gedrungen,
Für dich, mein deutsches Vaterland.
Ich fürchte jene Lästerzungen,
Die dich bis an den Pol verbannt.

Ich singe nicht für fremde Reiche.
Wie käm' mir solch ein Ehrgeiz ein?
Das sind verwegne Autorstreiche.
Ich mag nicht übersetzet sein.

Ich singe nicht für fromme Schwestern,
Die nie der Liebe Reiz gewinnt,
Die, wenn wir munter singen, lästern,
Daß wir nicht alle Schmolcken sind.

Ich singe nur für euch, ihr Brüder,
Die ihr den Wein erhebt, wie ich.
Für euch, für euch sind meine Lieder.
Singt ihr sie nach: o Glück für mich!

Ich singe nur für meine Schöne,
O muntre Phyllis, nur für dich.
Für dich, für dich sind meine Töne.
Stehn sie dir an, so küsse mich.

Die schlafende Laura

Nachlässig hingestreckt,
Die Brust mit Flor bedeckt,
Der jedem Lüftchen wich,
Das säuselnd ihn durchstrich,
Ließ unter jenen Linden
Mein Glück mich Lauren finden.
Sie schlief, und weit und breit

Schlug jede Blum' ihr Haupt zur Erden,
Aus mißvergnügter Traurigkeit,
Von Lauren nicht gesehn zu werden.
Sie schlief, und weit und breit
Erschallten keine Nachtigallen,
Aus weiser Furchtsamkeit,
Ihr minder zu gefallen,
Als ihr der Schlaf gefiel,
Als ihr der Traum gefiel,
Den sie vielleicht jetzt träumte,
Von dem, ich hoff' es, träumte,
Der staunend bei ihr stand,
Und viel zu viel empfand,
Um deutlich zu empfinden,
Um noch es zu empfinden,
Wie viel er da empfand.
Ich ließ mich sanfte nieder,
Ich segnete, ich küßte sie,
Ich segnete, und küßte wieder:
Und schnell erwachte sie.
Schnell taten sich die Augen auf.
Die Augen? – nein, der Himmel tat sich auf.

Der Tod

Gestern, Brüder, könnt ihrs glauben?
Gestern bei dem Saft der Trauben,
(Bildet euch mein Schrecken ein!)
Kam der Tod zu mir herein.

Drohend schwang er seine Hippe,
Drohend sprach das Furchtgerippe:
Fort, du teurer Bacchusknecht!
Fort, du hast genug gezecht!

Lieber Tod, sprach ich mit Tränen,
Solltest du nach mir dich sehnen?

Sieh, da stehet Wein für dich!
Lieber Tod verschone mich!

Lächelnd greift er nach dem Glase;
Lächelnd macht ers auf der Base,
Auf der Pest, Gesundheit leer;
Lächelnd setzt ers wieder her.

Fröhlich glaub' ich mich befreiet,
Als er schnell sein Drohn erneuet.
Narre, für dein Gläschen Wein
Denkst du, spricht er, los zu sein?

Tod, bat ich, ich möcht' auf Erden
Gern ein Mediziner werden.
Laß mich: ich verspreche dir
Meine Kranken halb dafür.

Gut, wenn das ist, magst du leben:
Ruft er. Nur sei mir ergeben.
Lebe, bis du satt geküßt,
Und des Trinkens müde bist.

O! wie schön klingt dies den Ohren!
Tod, du hast mich neu geboren.
Dieses Glas voll Rebensaft,
Tod, auf gute Brüderschaft!

Ewig muß ich also leben,
Ewig! denn, beim Gott der Reben!
Ewig soll mich Lieb' und Wein,
Ewig Wein und Lieb' erfreun!

Die drei Reiche der Natur

Ich trink', und trinkend fällt mir bei,
Warum Naturreich dreifach sei.

Die Tier' und Menschen trinken, lieben,
Ein jegliches nach seinen Trieben:
Delphin und Adler, Floh und Hund
Empfindet Lieb', und netzt den Mund.
Was also trinkt und lieben kann,
Wird in das erste Reich getan.

Die Pflanze macht das zweite Reich,
Dem ersten nicht an Güte gleich:
Sie liebet nicht, doch kann sie trinken;
Wenn Wolken träufelnd niedersinken,
So trinkt die Zeder und der Klee,
Der Weinstock und die Aloe.
Drum, was nicht liebt, doch trinken kann,
Wird in das zweite Reich getan.

Das Steinreich macht das dritte Reich;
Und hier sind Sand und Demant gleich:
Kein Stein fühlt Durst und zarte Triebe,
Er wächset ohne Trunk und Liebe.
Drum, was nicht liebt noch trinken kann,
Wird in das letzte Reich getan.
Denn ohne Lieb' und ohne Wein,
Sprich, Mensch, was bleibst du noch? – – Ein Stein.

Der philosophische Trinker

Mein Freund, der Narr vom philosophschen Orden,
Hat sich bekehrt, und ist ein Trinker worden.
Er zecht mit mir und meinen Brüdern,
Und fühlet schon in unsern Liedern
Mehr Weisheit, Witz und Kraft,
Als Jacob Böhm und Newton schafft.
Doch bringt er seine spitzgen Fragen,
Die minder als sie sagen, sagen,
Noch dann und wann hervor,
Und plagt mit Schlüssen unser Ohr.

Jüngst fragt er mich am vollen Tische,
Warum wohl in der Welt der Fische,
In Flüssen und im Meer,
Nicht Wein statt Wassers wär?
Ohn Ursach, sprach er, kann nichts sein.
Die Antwort fiel mir schwer;
Ich dachte hin und her,
Doch endlich fiel mirs ein.
»Die Ursach ist leicht zu erdenken«,
Sprach ich mit aufgestemmten Arm.
Und welche? schrie der ganze Schwarm.
»Damit, wenn Esel davon tränken,
Die Esel, nur verdammt zu Bürden,
Nicht klüger als die Menschen würden.«
Die Antwort, schrie man, läßt sich hören.
Drum trinket eins der Weltweisheit zu Ehren!

Wem ich zu gefallen suche, und nicht suche

Alten, alt zu unsrer Pein,
Denen von der Lust im Lieben,
Von der Jugend, von dem Wein
Das Erinnern kaum geblieben;
Weibern, die der Taufschein drückt,
Wenn ihr Reiz, der sonst entzückt,
Sonst gestritten, sonst gesiegt,
Unter Schichten Runzeln liegt;
Dichtern, die den Wein nicht loben,
Die die Liebe nicht erhoben;
Mägdchen, die nicht Gleimen kennen,
Rosten nicht vortrefflich nennen;
Weisen, die mit leeren Grillen
Leere Köpfe strotzend füllen;
Männern, die die Sitten lehren,
Und dich, Molier, nicht ehren,
Stolz auf ihr Systema sehn,
Und dich muntern Schauplatz schmähn;

Handelsleuten, die das Geld
Und ihr Stolz zu Fürsten stellt;
Falschen Priestern, die die Tugend,
Mir nicht munter wie die Jugend,
Mir nicht schmackhaft, mir nicht süße,
Wie den Wein, und wie die Küsse,
Mir nicht reizend, wie die Strahlen,
Aus der Phyllis Augen malen;
Stutzern, deren weißer Scheitel,
Deren reich und witzge Tracht,
Dummgelobte Schönen eitel,
Und zu ihres gleichen macht;
Unversuchten stolzen Kriegern;
Aufgeblasnen Federsiegern;
Ältlichklugen jungen Leuten;
Seufzenden nach bessern Zeiten;
Schwermutsvollen Gallenchristen;
Allen Narren, die sich isten;
Zum Exempel, Pietisten;
Zum Exempel, Atheisten;
Zum Exempel, Rabulisten;
Operisten und Chymisten;
Quietisten und Sophisten;
Und nicht wenigen Juristen;
Publizisten und Statisten;
Und nicht wenigen Linguisten;
Und nicht wenigen Stilisten;
Und nicht wenig Komponisten – – –
O der Atem will mir fehlen
Alle Narren zu erzählen – – –
Allen, die mich tadelnd hassen,
Die mein Leben voller Freude
Mich nicht, aus verstelltem Neide,
Ungestört genießen lassen;
Diesen Toren, diesen allen
Mag ich ** nicht gefallen,
Mag ich, sag ich, nicht gefallen.

Alten, die der Wein verjüngt,
Die mit zitternd schwachen Tönen,
Wenn die Jugend munter singt,
Ihr noch gleich zu sein sich sehnen;
Weibern, die, was an sich zieht,
Reiz und Jugend noch nicht flieht,
Die des Schicksals harte Hand
Weibschen Männern zugewandt;
Jungen Witwen, die sich grämen
Flor und Trauer um zu nehmen,
Und mit schwergereizten Zähren
Nur den andern Mann begehren;
Dichtern, die wie Dichter küssen,
Nichts als sich zu freuen wissen;
Dichtern, die wie Dichter zechen,
Nie versagten Beifall rächen;
Dichtern, die bei Kuß und Wein
Miltons lassen Miltons sein;
Dichtern, die im Scherze stark,
Mit Geschichten voller Mark,
Muntern Mägdchen munter lehren,
Was die Mütter ihnen wehren;
Dichtern, die mich spottend bessern,
Kleine Fehlerchen vergrößern,
Daß ich sie in ihrem Spiele
Desto lächerlicher fühle;
Rednern, die stark im Verstellen
Uns vergnügend hintergehn,
Wenn wir sie in zwanzig Fällen
Zwanzigmal nicht selber sehn,
Bald als Unglückshelden sprechen,
Bald die Tugend spottend rächen,
Bald als Könige befehlen,
Bald als alte Männer schmälen;
Künstlern, die auf Zaubersaiten
Sorg und Harm durchs Ohr bestreiten,
Und mit heilsam falschen Leide
Dämpfen übermäßge Freude;

Federbüschen, die nicht prahlen;
Reichen, welche reich bezahlen;
Kriegern, die ihr Leben wagen;
Armen, welche nicht verzagen;
Allen liebenswürdgen Mägdchen,
Liebenswürdgen weißen Mägdchen,
Liebenswürdgen braunen Mägdchen,
Liebenswürdgen stillen Mägdchen,
Liebenswürdgen muntern Mägdchen,
Wären es gleich Bürgermägdchen,
Wären es gleich Kaufmannsmägdchen,
Wären es gleich Priestermägdchen,
Wären es gleich Kammermägdchen,
Wären es gleich Bauermägdchen,
Wenn sie nur die Liebe fühlen,
Lachen, scherzen, küssen, spielen;
Diesen, Freunde, diesen allen
Wünsch ich ** zu gefallen,
Wünsch ich, sag ich, zu gefallen.

Die Einwohner des Mondes

Die Mägdchen, die in sechzehn Jahren,
Noch nicht das leckre Glück erfahren,
Wozu sie ihre Mütter sparen;
Das Stutzerchen, das was gelernt;
Das Weib, das nie sich aus den Schranken
Der ehelichen Pflicht entfernt,
Und um den Mann die Welt vergißt;
Der Bettler, der bei dem Bedanken
So höflich wie beim Bitten ist;
Der Dichter, welcher nie gelogen,
Dem stets der Reim, und niemals er,
Dem lieben Reime nachgezogen;
Der Pfaffe, der stolz auf sein Amt,
Um Kleinigkeiten nicht verdammt,
Und weiß durch Taten zu ermahnen;

Der Edle, der von seinen Ahnen,
In unzertrennter Ordnung stammt,
Ohn daß ein wackrer Bauerknecht
Nicht oft das Heldenblut geschwächt;
Ein Arzt, der keinen tod gemacht;
Der Krieger, der mehr kämpft als fluchet;
Der Hagestolz, der in der Nacht,
Was er am Tage flieht, nicht suchet;
Das fromme Weib, das nie geschmält;
Der reiche Greis, dem nichts gefehlt;
Und hundert andre schöne Sachen,
Die unsern Zeiten Ehre machen:
Wo trifft man die? – – Vielleicht im Mond,
Wo jedes Hirngespinste wohnt.

FABELN UND ERZÄHLUNGEN IN VERSEN

I. *Der Sperling und die Feldmaus*

Zur Feldmaus sprach ein Spatz: Sieh dort den Adler sitzen!
Sieh, weil du ihn noch siehst! er wiegt den Körper schon;
Bereit zum kühnen Flug, bekannt mit Sonn' und Blitzen,
Zielt er nach Jovis Thron.
Doch wette, – seh' ich schon nicht adlermäßig aus –
Ich flieg' ihm gleich. – Fleug, Prahler! rief die Maus.
Indes flog jener auf, kühn auf geprüfte Schwingen;
Und dieser wagts, ihm nachzudringen.
Doch kaum, daß ihr ungleicher Flug
Sie beide bis zur Höh' gemeiner Bäume trug,
Als beide sich dem Blick der blöden Maus entzogen,
Und beide, wie sie schloß, gleich unermeßlich flogen.

*

Ein unbiegsamer F* will kühn wie Milton singen.
Nach dem er Richter wählt, nach dem wirds ihm gelingen.

II. *Der Adler und die Eule*

Der Adler Jupiters und Pallas Eule stritten.
»*Abscheulich Nachtgespenst!*« – »Bescheidner, darf ich bitten.
Der Himmel heget mich und dich;
Was bist du also mehr, als ich?«
Der Adler sprach: Wahr ists, im Himmel sind wir beide;
Doch mit dem Unterscheide:
Ich kam durch eignen Flug,
Wohin dich deine Göttin trug.

III. Der Tanzbär

Ein Tanzbär war der Kett' entrissen,
Kam wieder in den Wald zurück,
Und tanzte seiner Schar ein Meisterstück
Auf den gewohnten Hinterfüßen.
»Seht, schrie er, das ist Kunst; das lernt man in der Welt.
Tut mir es nach, wenns euch gefällt,
Und wenn ihr könnt!« Geh, brummt ein alter Bär,
Dergleichen Kunst, sie sei so schwer,
Sie sei so rar sie sei,
Zeigt deinen niedern Geist und deine Sklaverei.

*

Ein großer Hofmann sein,
Ein Mann, dem Schmeichelei und List
Statt Witz und Tugend ist;
Der durch Kabalen steigt, des Fürsten Gunst erstiehlt,
Mit Wort und Schwur als Komplimenten spielt,
Ein solcher Mann, ein großer Hofmann sein,
Schließt das Lob oder Tadel ein?

IV. Der Hirsch und der Fuchs

»Hirsch, wahrlich, das begreif' ich nicht,
Hört' ich den Fuchs zum Hirsche sagen,
Wie dir der Mut so sehr gebricht?
Der kleinste Windhund kann dich jagen.
Besieh dich doch, wie groß du bist!
Und sollt' es dir an Stärke fehlen?
Den größten Hund, so stark er ist,
Kann dein Geweih mit Einem Stoß' entseelen.
Uns Füchsen muß man wohl die Schwachheit übersehn;
Wir sind zu schwach zum Widerstehn.
Doch daß ein Hirsch nicht weichen muß,
Ist sonnenklar. Hör' meinen Schluß.
Ist jemand stärker, als sein Feind,
Der braucht sich nicht vor ihm zurück zu ziehen;

Du bist den Hunden nun weit überlegen, Freund:
Und folglich darfst du niemals fliehen.«

Gewiß, ich hab' es nie so reiflich überlegt.
Von nun an, sprach der Hirsch, sieht man mich unbewegt,
Wenn Hund' und Jäger auf mich fallen;
Nun widersteh' ich allen.

Zum Unglück, daß Dianens Schar
So nah mit ihren Hunden war.
Sie bellen, und sobald der Wald
Von ihrem Bellen widerschallt,
Fliehn schnell der schwache Fuchs und starke Hirsch davon.

*

Natur tut allzeit mehr, als Demonstration.

V. *Die Sonne*

Der Stern, durch den es bei uns tagt –
»Ach! Dichter, lern', wie unser einer sprechen!
Muß man, wenn du erzählst,
Und uns mit albern Fabeln quälst,
Sich denkend noch den Kopf zerbrechen?«
Nun gut! die Sonne ward gefragt:
Ob sie es nicht verdrösse,
Daß ihre unermeßne Größe
Die durch den Schein betrogne Welt
Im Durchschnitt' größer kaum, als eine Spanne, hält?

Mich, spricht sie, sollte dieses kränken?
Wer ist die Welt? wer sind sie, die so denken?
Ein blind Gewürm! Genug, wenn jene Geister nur,
Die auf der Wahrheit dunkeln Spur,
Das Wesen von dem Scheine trennen,
Wenn diese mich nur besser kennen!

*

Ihr Dichter, welche Feur und Geist
Des Pöbels blödem Blick entreißt,
Lernt, will euch mißgeschätzt des Lesers Kaltsinn kränken,
Zufrieden mit euch selbst, stolz wie die Sonne denken!

VI. *Das Muster der Ehen*

Ein rares Beispiel will ich singen,
Wobei die Welt erstaunen wird.
Daß alle Ehen Zwietracht bringen,
Glaubt jeder, aber jeder irrt.

Ich sah das Muster aller Ehen,
Still, wie die stillste Sommernacht.
O! daß sie keiner möge sehen,
Der mich zum frechen Lügner macht!

Und gleichwohl war die Frau kein Engel,
Und der Gemahl kein Heiliger;
Es hatte jedes seine Mängel.
Denn niemand ist von allen leer.

Doch sollte mich ein Spötter fragen,
Wie diese Wunder möglich sind?
Der lasse sich zur Antwort sagen:
Der Mann war taub, die Frau war blind.

VII. *Faustin*

Faustin, der ganze funfzehn Jahr
Entfernt von Haus und Hof und Weib und Kindern war,
Ward, von dem Wucher reich gemacht,
Auf seinem Schiffe heimgebracht.
»Gott, seufzt der redliche Faustin,
Als ihm die Vaterstadt in dunkler Fern erschien,
Gott, strafe mich nicht meiner Sünden,
Und gib mir nicht verdienten Lohn!

Laß, weil du gnädig bist, mich Tochter, Weib und Sohn
Gesund und fröhlich wieder finden.«
So seufzt Faustin, und Gott erhört den Sünder.
Er kam, und fand sein Haus in Überfluß und Ruh.
Er fand sein Weib und seine beiden Kinder,
Und – Segen Gottes! – zwei dazu.

SINNGEDICHTE

Die Sinngedichte an den Leser

Wer wird nicht einen *Klopstock* loben?
Doch wird ihn jeder lesen? – Nein.
Wir wollen weniger erhoben,
Und fleißiger gelesen sein.

Merkur und Amor

Merkur und Amor zogen
Auf Abenteuer durch das Land.
Einst wünscht sich jener Pfeil und Bogen;
Und gibt für Amors Pfeil und Bogen
Ihm seinen vollen Beutel Pfand.

Mit so vertauschten Waffen zogen,
Und ziehn noch, beide durch das Land.
Wenn jener Wucher sucht mit Pfeil und Bogen,
Entzündet dieser Herzen durch das Pfand.

Der geizige Dichter

Du fragst, warum Semir ein reicher Geizhals ist?
Semir, der Dichter? er, den Welt und Nachwelt liest?
Weil, nach des Schicksals ew'gem Schluß,
Ein jeder Dichter darben muß.

An eine würdige Privatperson

Gibt einst der Leichenstein von dem, was du gewesen,
Dem Enkel, der dich schätzt, so viel er braucht, zu lesen,
So sei die Summe dies: »Er lebte schlecht und recht,
Ohn' Amt und Gnadengeld, und niemands Herr noch Knecht.«

Auf einen gewissen Dichter

Ihn singen so viel mäß'ge Dichter,
Ihn preisen so viel dunkle Richter,
Ihn ahmt so mancher Stümper nach,
Ihm nicht zum Ruhm, und sich zur Schmach.
Freund, dir die Wahrheit zu gestehen,
Ich bin zu dumm es einzusehen,
Wie sich für wahr Verdienst ein solcher Beifall schicket.
Doch so viel seh' ich ein,
Das Singen, das den Frosch im tiefen Schlamm entzücket,
Das Singen muß ein Quaken sein.

Das schlimmste Tier

Wie heißt das schlimmste Tier mit Namen?
So fragt' ein König einen weisen Mann.
Der Weise sprach: von wilden heißts Tyrann,
Und Schmeichler von den zahmen.

An einen Autor

Mit so bescheiden stolzem Wesen
Trägst du dein neustes Buch – welch ein Geschenk! – mir an.
Doch, wenn ichs nehme, grundgelehrter Mann,
Mit Gunst: muß ich es dann auch lesen?

Unter das Bildnis des Königs von Preußen

Wer kennt ihn nicht?
Die hohe Miene spricht
Den Denkenden. Der Denkende allein
Kann Philosoph, kann Held, kann beides sein.

Auf ein Karussell

Freund, gestern war ich – wo? – Wo alle Menschen waren.
Da sah ich für mein bares Geld
So manchen Prinz, so manchen Held,
Nach Opernart geputzt, als Führer fremder Scharen,
Da sah ich manche flinke Speere
Auf mancher zugerittnen Mähre
Durch eben nicht den kleinsten Ring,
Der unter tausend Sonnen hing,
(O Schade, daß es Lampen waren!)
Oft, sag ich, durch den Ring
Und öfter noch darneben fahren.
Da sah ich – ach was sah ich nicht,
Da sah ich, daß beim Licht
Kristalle Diamanten waren;
Da sah ich, ach du glaubst es nicht,
Wie viele Wunder ich gesehen.
Was war nicht prächtig, groß und königlich?
Kurz dir die Wahrheit zu gestehen,
Mein halber Taler dauert mich.

Der Blinde

Niemanden kann ich sehn, auch mich sieht niemand an:
Wie viele Blinde seh' ich armer, blinder Mann.

In eines Schauspielers Stammbuch

Kunst und Natur
Sei auf der Bühne Eines nur;
Wenn Kunst sich in Natur verwandelt,
Dann hat Natur mit Kunst gehandelt.

Sittenspruch 1779

Man würze, wie man will, mit Widerspruch die Rede:
Wird Würze nur nicht Kost, und Widerspruch nicht Fehde.

Grabschrift auf Voltairen 1779

Hier liegt – wenn man euch glauben wollte,
Ihr frommen Herr'n! – der längst hier liegen sollte.
Der liebe Gott verzeih aus Gnade
Ihm seine Henriade,
Und seine Trauerspiele,
Und seiner Verschen viele:
Denn was er sonst ans Licht gebracht,
Das hat er ziemlich gut gemacht.

[Grabschrift auf Kleist]

O Kleist! dein Denkmal dieser Stein? –
Du wirst des Steines Denkmal sein.

ENTWÜRFE FÜR ODEN

[An Mäcen]

Du, durch den einst Horaz lebte, dem Leben ohne Ruhe, ohne Bequemlichkeit, ohne Wein, ohne den Genuß einer Geliebten, kein Leben gewesen wäre; du der du jetzt durch den Horaz lebst; denn ohne Ruhm in dem Gedächtnisse der Nachwelt leben, ist schlimmer als ihr gar unbekannt zu sein;

Du, o Mäcen, hast uns deinen Namen hinterlassen, den die Reichen und Mächtigen an sich reißen, und die hungrigen Skribenten verschenken; aber hast du uns auch von dir etwas mehr als den Namen gelassen?

Wer ists in unsern eisern Tagen, hier in einem Lande, dessen Einwohner von innen noch immer die alten Barbaren sind, wer ist es der einen Funken von deiner Menschenliebe, von deinem tugendhaften Ehrgeize, die Lieblinge der Musen zu schützen, in sich hege?

Wie habe ich mich nicht nach einem nur schwachen Abdrucke von dir umgesehen? Mit den Augen eines Bedürftigen umgesehen! Was für scharfsichtige Augen!

Endlich bin ich des Suchens müde geworden, und will über deine Afterkopien ein bitteres Lachen ausschütten.

Dort, der Regent, ernährt eine Menge schöner Geister, und braucht sie des Abends, wenn er sich von den Sorgen des Staats durch Schwänke erholen will, zu seinen lustigen Räten. Wieviel fehlt ihm, ein Mäcen zu sein!

Nimmermehr werde ich mich fähig fühlen, eine so niedrige Rolle zu spielen; und wenn auch Ordensbänder zu gewinnen stünden.

Ein König mag immerhin über mich herrschen; er sei mächtiger, aber besser dünke er sich nicht. Er kann mir keine so starken Gnadengelder geben, daß ich sie für wert halten sollte, Niederträchtigkeiten darum zu begehen.

Corner der Wollüstling hat sich in meine Lieder verliebt. Er hält mich für seines gleichen. Er sucht meine Gesellschaft. Ich könnte täglich bei ihm schmausen, mich mit ihm umsonst betrinken, und umsonst auch die teuerste Dirne umfangen; wenn ich nur mein Leben nicht achtete; und ihn als einen zweiten Anakreon preisen wollte. Ein Anakreon, daß es den Himmel erbarme! welcher das Podagra und die Gicht hat, und noch eine andre Krankheit von der man zweifelt ob sie Columbus aus Amerika gebracht hat.

Ode

auf den Tod des Marschalls von Schwerin, an den H. von Kleist

Zu früh wär es, viel zu früh, wenn schon jetzt den güldnen Faden Deines Lebens zu trennen, der blutige Mars, oder die donnernde Bellona, der freundlich saumseligen Klotho vorgriff!

Der nur falle so jung, der in eine traurige, öde Wüste hinaussieht, in künftige Tage, leer an Freundschaft und Tugend, leer an großen Entwürfen zur Unsterblichkeit:

Nicht Du, o Kleist; der Du so manchen noch froh und glücklich zu machen wünschest – – Zwar schon solche Wünsche sind nicht die kleinsten edler Taten – –

Nicht Du, dem die vertrauliche Muse ins Stille winkt – – Wie zürnt sie auf mich, die Eifersüchtige, daß ich die waffenlosen Stunden Deiner Erholung mit ihr teile!

Dir zu gefallen, hatte sie dem Lenze seinen schönsten Schmuck von Blumen und Perlen des Taues entlehnet; gleich der listigen Juno den Gürtel der Venus.

Und nun lockt sie Dich mit neuen Bestechungen. Sieh! In ihrer Rechte blitzt das tragische Szepter; die Linke bedeckt das weinende Auge, und hinter dem festlichen Schritte wallt der königliche Purper.

Wo bin ich? Welche Bezaubrung! – – Letzte Zierde des ausgearteten Roms! – Dein Schüler; Dein Mörder! – Wie stirbt der Weise so ruhig! so gern! – Ein williger Tod macht den Weisen zum Helden, und den Helden zum Weisen.

Wie still ist die fromme Versammlung! – Dort rollen die Kinder des Mitleids die schönen Wangen herab; hier wischt sie die männliche Hand aus dem weggewandten Auge.

Weinet, ihr Zärtlichen! Die Weisheit sieht die Menschen gern weinen! – – Aber nun rauscht der Vorhang herab! Klatschendes Lob betäubt mich, und überall murmelt die Bewunderung: Seneca und Kleist!

Und dann erst, o Kleist, wenn Dich auch diese Lorbeern, mit der weißen Feder, nur uns Dichtern sichtbar durchflochten, wenn beide Deinen Scheitel beschatten – – Wenn die liebsten Deiner Freunde nicht mehr sind – –

Ich weiß es, keiner von ihnen wird Dich gern überleben – – Wenn Dein Gleim nicht mehr ist – – Außer noch in den Händen des lehrbegierigen Knabens, und in dem Busen des spröden Mädchens, das mit seinem Liede zu Winkel eilet – –

Wenn der redliche Sulzer ohne Körper nun denkt – – Hier nur noch der Vertraute eines künftigen Grüblers, begieriger die Lust nach Regeln zu meistern, als sie zu schmecken.

Wenn unser lächelnder Ramler sich tot kritisieret – – Wenn der harmonische Krause nun nicht mehr, weder die Zwiste der Töne, noch des Eigennutzes schlichtet – –

Wenn auch ich nicht mehr bin – Ich, Deiner Freunde spätester, der ich, mit dieser Welt weit besser zufrieden, als sie mit mir, noch lange sehr lange zu leben denke – –

Dann erst, o Kleist, dann erst geschehe mit Dir, was mit uns allen geschah! Dann stirbst Du; aber eines edlern Todes; für Deinen König, für Dein Vaterland, und wie Schwerin!

O des beneidenswürdigen Helden! – – Als die Menschheit in den Kriegern stutzte, ergriff er mit gewaltiger Hand das Panier. – – Folgt mir! rief er, und ihm folgten die Preußen.

Und alle folgten ihm zum Ziele des Siegs! Ihn aber trieb allzuviel Mut bis jenseit der Grenzen des Sieges, zum Tode! Er fiel, und da floß das breite Panier zum leichten Grabmal über ihn her.

So stürzte der entsäulte Palast, ein schreckliches Monument von Ruinen, und zerschmetterten Feinden, über Dich, Simson, zusammen! So ward Dein Tod der herrlichste Deiner Siege!

DRAMEN

DER JUNGE GELEHRTE

Ein Lustspiel in drei Aufzügen

Verfertiget im Jahre 1747

PERSONEN

CHRYSANDER, ein alter Kaufmann
DAMIS, der junge Gelehrte, Chrysanders Sohn
VALER
JULIANE
ANTON, Bedienter des Damis
LISETTE

Der Schauplatz ist die Studierstube des Damis

ERSTER AUFZUG

ERSTER AUFTRITT

Damis (am Tische unter Büchern). Anton

DAMIS. Die Post also ist noch nicht da?
ANTON. Nein.
DAMIS. Noch nicht? Hast du auch nach der rechten gefragt? Die Post von Berlin –
ANTON. Nun ja doch; die Post von Berlin; sie ist noch nicht da! Wenn sie aber nicht bald kömmt, so habe ich mir die Beine abgelaufen. Tun Sie doch, als ob sie Ihnen, wer weiß was, mitbringen würde! Und ich wette, wenns hoch kömmt, so ist es eine neue Scharteke, oder eine Zeitung, oder sonst ein Wisch. – –
DAMIS. Nein, mein guter Anton; dasmal möchte es etwas mehr sein. Ah! wann du es wüßtest – –
ANTON. Will ichs denn wissen? Es würde mir weiter doch nichts helfen, als daß ich einmal wieder über Sie lachen könnte. Das ist mir gewiß etwas Seltnes? – – Haben Sie mich sonst noch wohin zu schicken? Ich habe ohnedem auf dem Ratskeller eine kleine Verrichtung; vielleicht ists ein Gang? Nu?
DAMIS *(erzürnt)*. Nein, Schurke!
ANTON. Da haben wirs! Er hat alles gelesen, nur kein Komplimentierbuch. – – Aber besinnen Sie sich. Etwa in den Buchladen?
DAMIS. Nein, Schurke!
ANTON. Ich muß das Schurke so oft hören, daß ich endlich selbst glauben werde, es sei mein Taufname. – – Aber zum Buchbinder?
DAMIS. Schweig, oder – –
ANTON. Oder zum Buchdrucker? Zu diesen dreien, Gott sei Dank! weiß ich mich, wie das Färberpferd um die Rolle.

DAMIS. Sieht denn der Schlingel nicht, daß ich lese? Will er mich noch länger stören?

ANTON *(bei Seite)*. St! er ist im Ernste böse geworden. Lenk ein, Anton. – – Aber, sagen Sie mir nur, was lesen Sie denn da für ein Buch? Potz Stern, was das für Zeug ist! Das verstehen Sie? Solche Krakelfüße, solche fürchterliche Zickzacke, die kann ein Mensch lesen? Wann das nicht wenigstens Fausts Höllenzwang ist – – Ach, man weiß es ja wohl, wies den Leuten geht, die alles lernen wollen. Endlich verführt sie der böse Geist, daß sie auch hexen lernen. – –

DAMIS *(nimmt sein muntres Wesen wieder an)*. Du guter Anton! das ist ein Buch in hebräischer Sprache. – Des *Ben Maimon Jad chasaka.*

ANTON. Ja doch; wers nur glauben wollte! Was Hebräisch ist, weiß ich endlich auch. Ist es nicht mit der Grundsprache, mit der Textsprache, mit der heiligen Sprache einerlei? Die warf unser Pfarr, als ich noch in die Schule ging, mehr als einmal von der Kanzel. Aber so ein Buch, wahrhaftig! hatte er nicht; ich habe alle seine Bücher beguckt; ich mußte sie ihm einmal von einem Boden auf den andern räumen helfen.

DAMIS. Ha! ha! ha! das kann wohl sein. Es ist Wunders genug, wenn ein Geistlicher auf dem Lande nur den Namen davon weiß. Zwar, im Vertrauen, mein lieber Anton, die Geistlichen überhaupt sind schlechte Helden in der Gelehrsamkeit.

ANTON. Nu, nu, bei allen trifft das wohl nicht ein. Der Magister in meinem Dorfe wenigstens gehört unter die Ausnahme. Versichert! der Schulmeister selber hat mir es, mehr als einmal gesagt, daß er ein sehr gelehrter Mann wäre. Und dem Schulmeister muß ich das glauben; denn wie mir der Herr Pfarr oft gesagt hat, so ist er keiner von den schlechten Schulmeistern; er versteht ein Wort Latein, und kann davon urteilen.

DAMIS. Das ist lustig! Der Schulmeister also lobt den Pfarr, und der Pfarr nicht unerkenntlich zu sein, lobt den Schulmeister. Wenn mein Vater zugegen wäre, so würde er gewiß sagen: Manus manum lavat. Hast du ihm die alberne Gewohnheit nicht angemerkt, daß er bei aller Gelegenheit ein lateinisches Sprüchelchen mit einflickt? Der alte Idiote denkt, weil er so einen gelehrten Sohn hat, müsse er doch auch zeigen, daß er einmal durch die Schule gelaufen sei.

ANTON. Hab ichs doch gedacht, daß es etwas Albernes sein müsse; denn manchmal mitten in der Rede murmelt er etwas her, wovon ich kein Wort verstehe.

DAMIS. Doch schließe nur nicht daraus, daß alles albern sei, was du nicht verstehst. Ich würde sonst viel albernes Zeug wissen. – – Aber, o himmlische Gelehrsamkeit, wie viel ist dir ein Sterblicher schuldig, der dich besitzt! Und wie bejammernswürdig ist es, daß dich die wenigsten in deinem Umfange kennen! Der Theolog glaubt dich bei einer Menge heiliger Sprüche, fürchterlicher Erzählungen und und einiger übel angebrachten Figuren zu besitzen. Der Rechtsgelehrte, bei einer unseligen Geschicklichkeit unbrauchbare Gesetze abgestorbner Staaten, zum Nachteile der Billigkeit und Vernunft, zu verdrehen, und die fürchterlichsten Urtel in einer noch fürchterlichern Sprache vorzutragen. Der Arzt endlich glaubt sich wirklich deiner bemächtiget zu haben, wann er durch eine Legion barbarischer Wörter die Gesunden krank, und die Kranken noch kränker machen kann. Aber, o betrogene Toren! die Wahrheit läßt euch nicht lange in diesem sie schimpfenden Irrtume. Es kommen Gelegenheiten, wo ihr selbst erkennet, wie mangelhaft euer Wissen sei; voll tollen Hochmuts beurteilet ihr alsdann alle menschliche Erkenntnis nach der eurigen, und ruft wohl gar in einem Tone, welcher alle Sterbliche zu bejammern scheinet, aus: Unser Wissen ist Stückwerk! Nein, glaube mir, mein lieber Anton: der Mensch ist allerdings einer allgemeinen Erkenntnis fähig. Es leugnen, heißt ein Bekenntnis seiner Faulheit, oder seines mäßigen Genies ablegen. Wenn ich erwäge, wie viel ich schon nach meinen wenigen Jahren verstehe, so werde ich von dieser Wahrheit noch mehr überzeugt. Lateinisch, Griechisch, Hebräisch, Französisch,

Italienisch, Englisch – – das sind sechs Sprachen, die ich alle vollkommen besitze: und bin erst zwanzig Jahr alt!

ANTON. Sachte! Sie haben eine vergessen; die deutsche – –

DAMIS. Es ist wahr, mein lieber Anton; das sind also sieben Sprachen: und ich bin erst zwanzig Jahr alt!

ANTON. Pfui doch, Herr! Sie haben mich, oder sich selbst zum besten. Sie werden doch das, daß Sie Deutsch können, nicht zu Ihrer Gelehrsamkeit rechnen? Es war ja mein Ernst nicht. – –

DAMIS. Und also denkst du wohl selber Deutsch zu können?

ANTON. Ich? ich? nicht Deutsch! Es wäre ein verdammter Streich, wenn ich Kalmuckisch redete, und wüßte es nicht.

DAMIS. Unter können und können, ist ein Unterschied. Du kannst Deutsch, das ist: du kannst deine Gedanken mit Tönen ausdrücken, die einem Deutschen verständlich sind; das ist, die eben die Gedanken in ihm erwecken, die du bei dir hast. Du kannst aber nicht Deutsch, das ist: du weißt nicht, was in dieser Sprache gemein oder niedrig, rauh oder annehmlich, undeutlich oder verständlich, alt oder gebräuchlich ist; du weißt ihre Regeln nicht; du hast keine gelehrte Kenntnis von ihr.

ANTON. Was einem die Gelehrten nicht weis machen wollen! Wenn es nur auf Ihr *das ist* ankäme, ich glaube, Sie stritten mir wohl gar noch ab, daß ich essen könnte.

DAMIS. Essen? Je nun wahrhaftig, wenn ich es genau nehmen will, so kannst du es auch nicht.

ANTON. Ich? ich nicht essen? Und trinken wohl auch nicht?

DAMIS. Du kannst essen, das ist: du kannst die Speisen zerschneiden, in Mund stecken, kauen, herunter schlucken, und so weiter. Du kannst nicht essen, das ist: du weißt die mechanischen Gesetze nicht, nach welchen es geschiehet; du weißt nicht, welches das Amt einer jeden dabei tätigen Muskel ist, ob der Digastricus oder der Masseter, ob der Pterygoideus internus oder externus, ob der Zygomaticus oder der Platysmamyodes, ob – –

ANTON. Ach ob, ob! Das einzige Ob, worauf ich sehe, ist das, ob mein Magen etwas davon erhält, und ob mirs bekömmt. – – Aber wieder auf die Sprache zu kommen.

Glauben Sie wohl, daß ich eine verstehe, die Sie nicht verstehen?

DAMIS. Du, eine Sprache, die ich nicht verstünde?

ANTON. Ja; raten Sie einmal.

DAMIS. Kannst du etwa Koptisch?

ANTON. Foptisch? Nein, das kann ich nicht.

DAMIS. Chinesisch? Malabarisch? Ich wüßte nicht woher.

ANTON. Wie Sie herumraten. Haben Sie meinen Vetter nicht gesehn? Er besuchte mich vor vierzehn Tagen. Der redte nichts, als diese Sprache.

DAMIS. Der Rabbi, der vor kurzen zu mir kam, war doch wohl nicht dein Vetter?

ANTON. Daß ich nicht gar ein Jude wäre! Mein Vetter war ein Wende; ich kann Wendisch; und das können Sie nicht.

DAMIS *(nachsinnend)*. Er hat Recht. – Mein Bedienter soll eine Sprache verstehen, die ich nicht verstehe? Und noch dazu eine Hauptsprache? Ich erinnere mich, daß ihre Verwandtschaft mit der hebräischen sehr groß sein soll. Wer weiß, wie viel Stammwörter, die in dieser verloren sind, ich in jener entdecken könnte! – – Das Ding fängt mir an, im Kopfe herum zu gehen!

ANTON. Sehen Sie! – Doch wissen Sie was? Wenn Sie mir meinen Lohn verdoppeln, so sollen Sie bald so viel davon verstehen, als ich selbst. Wir wollen fleißig mit einander wendisch parlieren, und – – Kurz, überlegen Sie es. Ich vergesse über dem verdammten Plaudern meinen Gang auf den Ratskeller ganz und gar. Ich bin gleich wieder zu Ihren Diensten.

DAMIS. Bleib itzt hier; bleib hier.

ANTON. Aber Ihr Herr Vater kömmt. Hören Sie? Wir könnten doch nicht weiter reden. *(Geht ab)*.

DAMIS. Wenn mich doch mein Vater ungestört lassen wollte. Glaubt er denn, daß ich so ein Müßiggänger bin, wie er?

Zweiter Auftritt

Damis. Chrysander

CHRYSANDER. Immer über den verdammten Büchern! Mein Sohn, zu viel ist zu viel. Das Vergnügen ist so nötig, als die Arbeit.

DAMIS. O Herr Vater, das Studieren ist mir Vergnügens genug. Wer neben den Wissenschaften noch andere Ergötzungen sucht, muß die wahre Süßigkeit derselben noch nicht geschmeckt haben.

CHRYSANDER. Das sage nicht! Ich habe in meiner Jugend auch studiert; ich bin bis auf das Mark der Gelehrsamkeit gekommen. Aber daß ich beständig über den Büchern gelegen hätte, das ist nicht wahr. Ich ging spazieren; ich spielte; ich besuchte Gesellschaften; ich machte Bekanntschaft mit Frauenzimmern. Was der Vater in der Jugend getan hat, kann der Sohn auch tun; soll der Sohn auch tun. A bove majori discat arare minor! wie wir Lateiner reden. Besonders das Frauenzimmer laß dir, wie wir Lateiner reden, de meliori empfohlen sein! Das sind Narren, die einen jungen Menschen vor das Frauenzimmer ärger als vor Skorpionen warnen; die es ihm, wie wir Lateiner reden, cautius sanguine viperino zu fliehen befehlen. –

DAMIS. Cautius sanguine viperino? Ja, das ist noch Latein! Aber wie heißt die ganze Stelle?

> Cur timet flavum Tiberim tangere? cur olivum
>   Sanguine viperino
> Cautius vitat? – –

O ich höre schon, Herr Vater, Sie haben auch nicht aus der Quelle geschöpft! Denn sonst würden Sie wissen, daß Horaz in eben der Ode die Liebe als eine sehr nachteilige Leidenschaft beschreibt, und das Frauenzimmer – –

CHRYSANDER. Horaz! Horaz! Horaz war ein Italiener, und meinet das italienische Frauenzimmer. Ja vor dem italienischen warne ich dich auch! das ist gefährlich! Ich habe einen guten Freund, der in seiner Jugend – – Doch still! man muß kein Ärgernis geben. – Das deutsche Frauenzimmer hingegen, o das deutsche! mit dem ist es ganz anders beschaffen. – – Ich würde der Mann nicht geworden sein, der ich doch bin, wenn mich das Frauenzimmer nicht vollends zugestutzt hätte. Ich dächte, man sähe mirs an. Du hast tote Bücher genug gelesen; guck einmal in ein lebendiges!

DAMIS. Ich erstaune – –

CHRYSANDER. O du wirst noch mehr erstaunen, wenn du erst tiefer hinein sehen wirst. Das Frauenzimmer, mußt du wissen, ist für einen jungen Menschen eine neue Welt, wo man so viel anzugaffen, so viel zu bewundern findet – –

DAMIS. Hören Sie mich doch! Ich erstaune, will ich sagen, Sie eine Sprache führen zu hören, in der wahrhaftig diejenigen Vorschriften nicht ausgedrückt waren, die Sie mir mit auf die hohe Schule gaben.

CHRYSANDER. Quae, qualis, quanta! Jetzt und damals! Tempora mutantur, wie wir Lateiner sagen.

DAMIS. Tempora mutantur? Ich bitte Sie, legen Sie doch die Vorurteile des Pöbels ab. Die Zeiten ändern sich nicht. Denn lassen Sie uns einmal sehen: was ist die Zeit? – –

CHRYSANDER. Schweig! die Zeit ist ein Ding, das ich mir mit deinem unnützen Geplaudre nicht will verderben lassen. Meine damaligen Vorschriften waren nach dem damaligen Maße deiner Erfahrung und deines Verstandes eingerichtet. Nun aber traue ich dir von beiden so viel zu, daß du Ergötzlichkeiten nicht zu Beschäftigungen machen wirst. Aus diesem Grunde rate ich dir also – –

DAMIS. Ihre Reden haben einigen Schein der Wahrheit. Allein ich dringe tiefer. Sie werden es gleich sehen. Der Status Controversiä ist – –

CHRYSANDER. Ei, der Status Controversiä mag meinetwegen in *Barbara* oder in *Celarent* sein. Ich bin nicht hergekommen mit dir zu disputieren, sondern – –

DAMIS. Die Kunstwörter des Disputierens zu lernen? Wohl! Sie müssen also wissen, daß weder *Barbara* noch *Celarent* den Statum – –

CHRYSANDER. Ich möchte toll werden! Bleib Er mir, Herr Informator, mit den Possen weg, oder – –

DAMIS. Possen? diese seltsamen Benennungen sind zwar Überbleibsel der scholastischen Philosophie, das ist wahr; aber doch solche Überbleibsel – –

CHRYSANDER. Über die ich die Geduld verlieren werde, wann du mich nicht bald anhörst. Ich komme in der ernsthaftesten Sache von der Welt zu dir, – – denn was ist ernsthafter als heiraten? – – und du – –

DAMIS. Heiraten? Des Heiratens wegen zu mir? zu mir?

CHRYSANDER. Ha! ha! macht dich das aufmerksam? Also ausculta et perpende!

DAMIS. Ausculta et perpende? ausculta et perpende? Ein glücklicher Einfall –

CHRYSANDER. O, ich habe Einfälle –

DAMIS. Den ich da bekomme!

CHRYSANDER. Du?

DAMIS. Ja, ich. Wissen Sie, wo sich dieses ausculta et perpende herschreibt? Eben mache ich die Entdeckung: aus dem *Homer*. O was finde ich nicht alles in meinem *Homer!*

CHRYSANDER. Du und dein *Homer,* ihr seid ein Paar Narren!

DAMIS. Ich und *Homer? Homer* und ich? wir beide? Hi! hi! hi! Gewiß, Herr Vater? O ich danke, ich danke. Ich und *Homer! Homer* und ich! – Aber hören Sie nur: so oft *Homer* – er war wirklich kein Narr, so wenig wie ich – so oft er, sag ich, seine Helden den Soldaten zur Tapferkeit ermuntern, oder in dem Kriegsrate eine Beratschlagung anheben läßt; so oft ist auch der Anfang ihrer Rede: höret, was ich vortragen werde, und überlegt es! Zum Exempel in der Odyssee:

Κεκλυτε δη νυν μευ, Ιθακησιοι, ὁττι κεν ἐιπω.

Und darauf folgt denn auch oft:

Ὡς ἐφαθ᾿· ὁι δ᾿ ἀρα του μαλα μεν κλυον, ἠδ᾿ ἐπιθοντο.

das ist: so sprach er, und sie gehorchten dem, was sie gehöret hatten.

CHRYSANDER. Gehorchten sie ihm? Nu, das ist vernünftig! *Homer* mag doch wohl kein Narr sein. Sieh zu, daß ich von dir auch widerrufen kann. Denn wieder zur Sache: ich kenne, mein Sohn –

DAMIS. Einen kleinen Augenblick Geduld, Herr Vater! Ich

will mich nur hinsetzen, und diese Anmerkung aufschreiben.
CHRYSANDER. Aufschreiben? was ist hier aufzuschreiben? Wem liegt daran, ob das Sprüchelchen aus dem *Homer*, oder aus dem Gesangbuche ist?
DAMIS. Der gelehrten Welt liegt daran; meiner und *Homers* Ehre lieget daran! Denn ein halb Hundert solche Anmerkungen machen einen Philologen. Und sie ist neu, muß ich Ihnen sagen, sie ist ganz neu.
CHRYSANDER. So schreib sie ein andermal auf.
DAMIS. Wenn sie mir aber wieder entfiele? Ich würde untröstlich sein. Haben Sie wenigstens die Gütigkeit, mich wieder daran zu erinnern.
CHRYSANDER. Gut, das will ich tun; höre mir nur jetzt zu. Ich kenne, mein Sohn, ein recht allerliebstes Frauenzimmer; und ich weiß, du kennst es auch. Hättest du wohl Lust – –
DAMIS. Ich soll ein Frauenzimmer, ein liebenswürdiges Frauenzimmer kennen? O, Herr Vater, wenn das jemand hörte, was würde er von meiner Gelehrsamkeit denken? – – Ich ein liebenswürdiges Frauenzimmer? – –
CHRYSANDER. Nun wahrhaftig; ich glaube nicht, daß ein Gastwirt so erschrecken kann, wenn man ihm Schuld gibt, er kenne den oder jenen Spitzbuben, als du erschrickst, weil du ein Frauenzimmer kennen sollst. Ist denn das ein Schimpf?
DAMIS. Wenigstens ist es keine Ehre, besonders für einen Gelehrten. Mit wem man umgeht, dessen Sitten nimmt man nach und nach an. Jedes Frauenzimmer ist eitel, hoffärtig, geschwätzig, zänkisch und Zeitlebens kindisch, es mag so alt werden, als es will. Jedes Frauenzimmer weiß kaum, daß es eine Seele hat, um die es unendlich mehr besorgt sein sollte, als um den Körper. Sich ankleiden, auskleiden, und wieder anders ankleiden; vor dem Spiegel sitzen, seinen eignen Reiz bewundern; auf ausgekünstelte Mienen sinnen; mit neugierigen Augen müßig an dem Fenster liegen: unsinnige Romane lesen, und aufs höchste zum Zeitvertreibe die Nadel zur Hand nehmen: das sind seine Beschäftigungen; das ist sein Leben. Und Sie glau-

ben, daß ein Gelehrter, ohne Nachteil seines guten Namens, solche närrische Geschöpfe weiter, als ihrer äußerlichen Gestalt nach, kennen dürfe?

CHRYSANDER. Mensch, Mensch! deine Mutter kehret sich im Grabe um. Bedenke doch, daß sie auch ein Frauenzimmer war! Bedenke doch, daß die Dinger von Natur nun einmal nicht anders sind! Ob schon, wie wir Lateiner zu reden pflegen, nulla regula sine exceptione. Und so eine Exzeption ist sicherlich das Mädchen, das ich jetzt im Kopfe habe, und das du kennst. – –

DAMIS. Nein, nein! ich schwöre es Ihnen zu: unsere Muhmen ausgenommen, und Julianen –

CHRYSANDER. Und Julianen? bene! –

DAMIS. Und ihr Mädchen ausgenommen, kenn ich kein einziges Weibsbild. Ja, der Himmel soll mich strafen, wenn ich mir jemals in den Sinn kommen lasse, mehrere kennen zu lernen!

CHRYSANDER. Je nun, auch das! wie du willst! Genug, Julianen die kennst du.

DAMIS. Leider!

CHRYSANDER. Und eben Juliane ist es, über die ich deine Gedanken vernehmen möchte. – –

DAMIS. Über Julianen? meine Gedanken über Julianen? O Herr Vater, wenn Sie noch meine Gedanken über Erinnen, oder Corinnen, über Telesillen oder Praxillen verlangten – –

CHRYSANDER. Schock tausend! was sind das für Illen? Den Augenblick schwur er, er kenne kein Frauenzimmer, und nun nennt er ein halb Dutzend Menscher. –

DAMIS. Menscher? Herr Vater.

CHRYSANDER. Ja, Herr Sohn, Menscher! Die Endung gibts gewiß nicht? Netrix, Lotrix, Meretrix. –

DAMIS. Himmel, Menscher! griechische berühmte Dichterinnen Menscher zu nennen! – –

CHRYSANDER. Ja, ja, Dichterinnen! das sind mir eben die rechten. Lotrix, Meretrix, Poetrix – –

DAMIS. Poetrix! O wehe, meine Ohren! Poetria müßten Sie sagen; oder Poetris –

CHRYSANDER. Is oder ix, Herr Buchstabenkrämer!

Dritter Auftritt

Chrysander. Damis. Lisette

LISETTE. Hurtig herunter in die Wohnstube, Herr Chrysander! Man will Sie sprechen.
CHRYSANDER. Nun, was für ein Narr muß mich jetzo stören? Wer ist es denn?
LISETTE. Soll ich alle Narren kennen?
CHRYSANDER. Was sagst du? Du hast ein unglückliches Maul, Lisette. Einen ehrlichen Mann einen Narren zu schimpfen? Denn ein ehrlicher Mann muß es doch sein; was wollte er sonst bei mir?
LISETTE. Nu, nu; verzeihen Sie immer meinem Maule den Fehler des Ihrigen.
CHRYSANDER. Den Fehler des meinigen?
LISETTE. O gehen Sie doch! der ehrliche Mann wartet.
CHRYSANDER. Laß ihn warten. Habe ich doch den Narren nicht kommen heißen. – – Ich werde gleich wieder da sein, mein Sohn.
LISETTE *(bei Seite)*. Ich muß doch sehen, ob ich aus dem wunderlichen Einfall meiner Jungfer etwas machen kann.

Vierter Auftritt

Lisette. Damis

DAMIS. Nun? geht Lisette nicht mit?
LISETTE. Ich bin Ihre gehorsamste Dienerin. Wenn Sie befehlen, so werde ich gehorchen. Aber nur eines möchte ich erst wissen. Sagen Sie mir, um des Himmels willen, wie können Sie beständig so allein sein? Was machen Sie denn den ganzen Tag auf Ihrer Studierstube? Werden Ihnen denn nicht alle Augenblicke zu Stunden?
DAMIS. Ach, was nutzen die Fragen? Fort! fort!
LISETTE. Über den Büchern können Sie doch unmöglich die ganze Zeit liegen. Die Bücher, die toten Gesellschafter!

Nein, ich lobe mir das Lebendige; und das ist auch Mamsell Julianens Geschmack. Zwar dann und wann lesen wir auch; einen irrenden Ritter, eine Banise, und so etwas Gutes; aber länger als eine Stunde halten wir es hintereinander nicht aus. Ganze Tage damit zuzubringen, wie Sie, hilf Himmel! in den ersten dreien wären wir tod. Und vollends nicht ein Wort dabei zu reden, wie Sie; das wäre unsre Hölle. Ein Vorzug des ganzen männlichen Geschlechts kann es nicht sein, weil ich Mannspersonen kenne, die so flüchtig und noch flüchtiger sind, als wir. Es müssen nur sehr wenig große Geister diese besondere Gaben besitzen. – –

DAMIS. Lisette spricht so albern eben nicht. Es ist Schade, daß ein so guter Mutterwitz nicht durch die Wissenschaften ausgebessert wird.

LISETTE. Sie machen mich schamrot. Bald dürfte ich mich dafür rächen, und Ihnen die Lobeserhebungen nach einander erzählen, die Ihnen von der gestrigen Gartengesellschaft gemacht wurden. Doch ich will Ihre Bescheidenheit nicht beleidigen. Ich weiß, die Gelehrten halten auf diese Tugend allzuviel.

DAMIS. Meine Lobeserhebungen? meine?

LISETTE. Ja, ja, die Ihrigen.

DAMIS. O besorge Sie nichts, meine liebe Lisette. Ich will sie als die Lobeserhebungen eines andern betrachten, und so kann meine Bescheidenheit zufrieden sein. Erzähle Sie mir sie nur. Bloß wegen Ihrer lebhaften und ungekünstelten Art sich auszudrücken, wünsche ich sie zu hören.

LISETTE. O meine Art ist wohl keine von den besten. Es hat mir ein Lehrmeister, wie Sie, gefehlt. Doch ich will Ihrem Befehle gehorchen. Sie wissen doch wohl, wer die Herren waren, die gestern bei Ihrem Herrn Vater im Garten schmauseten?

DAMIS. Nein, wahrhaftig nicht. Weil ich nicht dabei sein wollte, so habe ich mich auch nicht darum bekümmert. Hoffentlich aber werden es Leute gewesen sein, die selbst lobenswürdig sind, daß man sich also auf ihr Lob etwas einbilden kann.

LISETTE. Das sind sie so ziemlich. Was würde es Ihnen aber verschlagen, wenn sie es auch nicht wären? Sie wollen ja Ihre Lobeserhebungen aus Bescheidenheit als fremde betrachten. Und hängt denn die Wahrheit von dem Munde desjenigen ab, der sie vorträgt? Hören Sie nur –

DAMIS. Himmel! ich höre meinen Vater wieder kommen. Um Gottes willen, liebe Lisette, daß er nicht merkt, daß Sie sich so lange bei mir aufgehalten hat. Geh Sie hurtig unterdessen in das Kabinett.

Fünfter Auftritt

Damis. Chrysander

CHRYSANDER. Der verzweifelte Valer! er hätte mir zu keiner ungelegnern Zeit kommen können. Muß ihn denn der Henker eben heute von Berlin zurück führen? Und muß er sich denn eben gleich bei Mir anmelden lassen? Hui daß – – Nein, Herr Valer, damit kommen Sie zu spät. – – Nun mein Sohn – *(Damis steht zerstreut, als in tiefen Gedanken)* Hörst du, mein Sohn?

DAMIS. Ich höre; ich höre alles.

CHRYSANDER. Kurz, du merkst doch, wo ich vorhin hinaus wollte? Einem Klugen sind drei Worte genug. Sapienti sat; sagen wir Lateiner. – Antworte doch –

DAMIS *(noch immer als in Gedanken)*. Was ist da zu antworten? – –

CHRYSANDER. Was da zu antworten ist? – Das will ich dir sagen. – Antworte, daß du mich verstanden; daß dir mein Antrag lieb ist; daß dir Juliane gefällt; daß du mir in allem gehorchen willst. – Nun, antwortest du das? –

DAMIS. Ich will gleich sehn – *(indem er in der angenommenen Zerstreuung nach einem Buche greift)*

CHRYSANDER. Was kann in dem Buche davon stehen? – Antworte aus dem Herzen, und nicht aus dem Buche. – – Ex libro doctus quilibet esse potest; sagen wir Lateiner. – –

DAMIS *(als ob er in dem Buche läse)*. Vollkommen recht! Aber nun wie weiter? –

CHRYSANDER. Das Weitere gibt sich, wies Griechische. Du sagst Ja; Sie sagt Ja; damit wird Verlöbnis; und bald drauf wird Hochzeit; und alsdenn – – Du wirst schon sehen, wies alsdenn weiter geht. – –

DAMIS. Wenn nun aber diese Voraussetzung – *(immer noch als ob er läse)*

CHRYSANDER. Ei, ich setze nichts voraus, was im geringsten zweifelhaft wäre. Juliane ist eine Waise; ich bin ihr Vormund; ich bin dein Vater; was muß mir angelegner sein, als euch beide glücklich zu machen? Ihr Vater war mein Freund, und war ein ehrlicher Mann, obgleich ein Narr. Er hätte einen honetten Banquerot machen können; seine Gläubiger würden aufs Drittel mit sich haben akkordieren lassen; und er war so einfältig und bezahlte bis auf den letzten Heller. Wie ist mir denn? hast du ihn nicht gekannt?

DAMIS. Von Person nicht. Aber seine Lebensumstände sind mir ganz wohl bewußt. Ich habe sie, ich weiß nicht in welcher Biographie, gelesen.

CHRYSANDER. Gelesen? gedruckt gelesen?

DAMIS. Ja, ja; gelesen. Er ward gegen die Mitte des vorigen Jahrhunderts geboren, und ist, etwa vor zwanzig Jahren, als Generalsuperintendent in Pommern gestorben. In orientalischen Sprachen war seine vornehmste Stärke. Allein seine Bücher sind nicht alle gleich gut. Dieses ist noch eines von den besten. Eine besondere Gewohnheit soll der Mann an sich gehabt haben – –

CHRYSANDER. Von wem sprichst denn du?

DAMIS. Sie fragen mich ja, ob mir der Verfasser dieses Buchs bekannt wäre?

CHRYSANDER. Ich glaube du träumest; oder es geht gar noch etwas Ärgers in deinem Gehirne vor. Ich frage dich, ob du Julianens Vater noch gekannt hast?

DAMIS. Verzeihen Sie mir, wann ich ein wenig zerstreut geantwortet habe! Ich dachte eben nach, – – warum wohl die Rabbinen – – das Schurek M'lo Pum heißen?

CHRYSANDER. Mit dem verdammten Schurek! Gib doch auf das Acht, was der Vater mit dir spricht! – – *(Er nimmt ihm das Buch aus der Hand)* Du hast ihn also nicht gekannt? Ich besinne mich; es ist auch nicht wohl möglich. Als er starb, war Juliane noch sehr jung. Ich nahm sie gleich nach seinem Tode in mein Haus, und Gott sei Dank! sie hat viel Wohltaten hier genossen. Sie ist schön, sie ist tugendhaft; wem sollte ich sie also lieber gönnen, als dir? Was meinst du? – – Antworte doch! Stehst du nicht da, als wenn du schliefest! – –

DAMIS. Ja, ja, Herr Vater. Nur eins ist noch dabei zu erwägen. – –

CHRYSANDER. Du hast recht; freilich ist noch eins dabei zu erwägen: ob du dich nämlich geschickt befindest, bald ein öffentliches Amt anzunehmen, weil doch – –

DAMIS. Wie? geschickt? geschickt? Sie zweifeln also an meiner Geschicklichkeit? – Wie unglücklich bin ich, daß ich Ihnen nicht sogleich die unwidersprechlichsten Beweise geben kann! Doch es soll noch diesen Abend geschehen. Glauben Sie mir, noch diesen Abend. – – Die verdammte Post! Ich weiß auch nicht, wo sie bleibt.

CHRYSANDER. Beruhige dich nur, mein Sohn. Die Frage geschahe eben aus keinem Mißtrauen, sondern bloß weil ich glaube, es schicke sich nicht, eher zu heiraten, als bis man ein Amt hat; so wie es sich, sollte ich meinen, auch nicht wohl schickt, eher ein Amt anzunehmen, als bis man weiß, woher man die Frau bekommen will.

DAMIS. Ach, was heiraten? was Frau? Erlauben Sie mir, daß ich Sie allein lasse. Ich muß ihn gleich wieder auf die Post schicken. Anton! Anton! Doch es ist mit dem Schlingel nichts anzufangen; ich muß nur selbst gehen.

SECHSTER AUFTRITT

Anton. Chrysander

ANTON. Rufte mich nicht Herr Damis? Wo ist er? was soll ich?

CHRYSANDER. Ich weiß nicht, was ihm im Kopfe steckt. Er ruft dich; er will dich auf die Post schicken; er besinnt sich, daß mit dir Schlingel nichts anzufangen ist, und geht selber. Sage mir nur; willst du Zeitlebens ein Esel bleiben?

ANTON. Gemach, Herr Chrysander! ich nehme an den Torheiten Ihres Sohnes keinen Teil. Mehr als zwölfmal habe ich ihm heute schon auf die Post laufen müssen. Er verlangt Briefe von Berlin. Ist es meine Schuld, daß sie nicht kommen?

CHRYSANDER. Der wunderliche Heilige! Du bist aber nun schon so lange um ihn; solltest du nicht sein Gemüt, seine Art zu denken ein wenig kennen?

ANTON. Ha! ha! das kömmt darauf hinaus, was wir Gelehrten die Kenntnis der Gemüter nennen? Darin bin ich Meister; bei meiner Ehre! Ich darf nur ein Wort mit einem reden; ich darf ihn nur ansehen: husch habe ich den ganzen Menschen weg! Ich weiß sogleich, ob er vernünftig, oder eigensinnig, ob er freigebig, oder ein Knicker – –

CHRYSANDER. Ich glaube gar, du zeigst auf mich?

ANTON. O kehren Sie sich an meine Hände nicht! – – Ob er – –

CHRYSANDER. Du sollst deine Kunst gleich zeigen! Ich habe meinem Sohne eine Heirat vorgeschlagen: nun sage einmal, wenn du ihn kennst, was wird er tun?

ANTON. Ihr Herr Sohn? Herr Damis? Verzeihen Sie mir, bei dem geht meine Kunst, meine sonst so wohl versuchte Kunst, betteln.

CHRYSANDER. Nu, Schurke, so geh mit, und prahle nicht!

ANTON. Die Gemütsart eines jungen Gelehrten kennen wollen, und etwas daraus schließen wollen, ist unmöglich; und was unmöglich ist, Herr Chrysander – – das ist unmöglich.

CHRYSANDER. Und wie so?

ANTON. Weil er gar keine hat.

CHRYSANDER. Gar keine?

ANTON. Nein, nicht gar keine; sondern alle Augenblicke eine andre. Die Bücher, und die Exempel, die er liest, sind die Winde, nach welchen sich der Wetterhahn seiner Gedanken richtet. Nur bei dem Kapitel von Heiraten stehen zu bleiben, weil das einmal auf dem Tapete ist, so besinne ich mich, daß – – Denn vor allen Dingen müssen Sie wissen, daß Herr Damis nie etwas vor mir verborgen hat. Ich bin von je her sein Vertrauter gewesen, und von je her der, mit dem er sich immer am liebsten abgegeben hat. Ganze Tage, ganze Nächte haben wir manchmal auf der Universität mit einander disputiert. Und ich weiß nicht, er muß doch so etwas an mir finden: etwa eine Eigenschaft, die er an andern nicht findet –

CHRYSANDER. Ich will dir sagen, was das für eine Eigenschaft ist: deine Dummheit! Es ergötzt ihn, wenn er sieht, daß er gelehrter ist als du. Bist du nun vollends ein Schalk, und widersprichst ihm nicht, und lobst ihn ins Gesicht, und bewunderst ihn – –

ANTON. Je verflucht! da verraten Sie mir ja meine ganze Politik! Wie schlau ein alter Kaufmann nicht ist!

CHRYSANDER. Aber vergiß das Hauptwerk nicht! Vom Heiraten – –

ANTON. Ja darüber hat er schon Teufelsgrillen im Kopfe gehabt. Zum Exempel; ich weiß die Zeit, da er gar nicht heiraten wollte.

CHRYSANDER. Gar nicht? so muß ich noch heiraten. Ich werde doch meinen Namen nicht untergehen lassen? Der Bösewicht! Aber warum denn nicht?

ANTON. Darum; weil es einmal Gelehrte gegeben hat, die geglaubt haben, der ehelose Stand sei für einen Gelehrten der schicklichste. Gott weiß, ob diese Herren allzugeistlich oder allzufleischlich sind gesinnt gewesen! Als ein künftiger Hagestolz, hatte er sich auch schon auf verschiedene sinnreiche Entschuldigungen gefaßt gemacht. –

CHRYSANDER. Auf Entschuldigungen? kann sich so ein ruchloser Mensch, der dieses heilige Sakrament – – Denn im Vorbeigehen zu sagen, ich bin mit unsern Theologen gar nicht zufrieden, daß sie den Ehestand für kein Sakrament wollen gelten lassen – – der, sage ich, dieses heilige Sakrament verachtet, kann sich der noch unterstehen, seine Gottlosigkeit zu entschuldigen? Aber, Kerl, ich glaube, du machst mir etwas weis, denn nur vorhin, schien er ja meinen Vorschlag zu billigen.

ANTON. Das ist unmöglich richtig zugegangen. Wie stellte er

sich dabei an? Lassen Sie sehen: stand er etwa da, als wenn er vor den Kopf geschlagen wäre? sahe er etwa steif auf die Erde? legte er etwa die Hand an die Stirne? griff er etwa nach einem Buche, als wenn er darin lesen wollte? ließ er Sie etwa ungestört fort reden?

CHRYSANDER. Getroffen! du malst ihn, als ob du ihn gesehen hättest.

ANTON. O da sieht es windig aus! Wann er es so macht, will er haben, daß man ihn für zerstreut halten soll. Ich kenne seine Mucken. Er hört alsdenn alles, was man ihm sagt; allein die Leute sollen glauben, er habe es vor vielem Nachsinnen nicht gehört. Er antwortet zuweilen auch; wenn man ihm aber seine Antwort wieder vorlegt, so wird er nimmermehr zugestehen, daß sie auf das gegangen sei, was man von ihm hat wissen wollen.

CHRYSANDER. Nun, wer noch nicht gestehen will, daß zu viel Gelehrsamkeit den Kopf verwirre, der verdient es selber zu erfahren. Gott sei Dank, daß ich in meiner Jugend gleich das rechte Maß zu treffen wußte! Omne nimium vertitur in vitulum: sagen wir Lateiner sehr spaßhaft. – – Aber Gott sei dem Bösewichte gnädig, wann er auf dem Vorsatze verharret! Wann er behauptet, es sei nicht nötig zu heiraten und Kinder zu zeugen, will er mir damit nicht zu verstehn geben, es sei auch nicht nötig gewesen, daß ich ihn gezeugt habe? Der undankbare Sohn!

ANTON. Es ist wahr, kein größrer Undank kann unter der Sonne sein, als wenn ein Sohn die viele Mühe nicht erkennen will, die sein Vater hat über sich nehmen müssen, um ihn in die Welt zu setzen.

CHRYSANDER. Nein; gewiß, an mir soll der heilige Ehestand seinen Verteidiger finden!

ANTON. Der Wille ist gut; aber lauter solche Verteidiger würden die Konsumtionsakzise ziemlich geringe machen.

CHRYSANDER. Wie so?

ANTON. Bedenken Sie es selbst! drei Weiber, und von der dritten kaum einen Sohn.

CHRYSANDER. Kaum? was willst du mit dem kaum sagen, Schlingel?

ANTON. Hui, daß Sie etwas Schlimmers darunter verstehn, als ich.

CHRYSANDER. Zwar im Vertrauen, Anton; wenn die Weiber vor zwanzig Jahren so gewesen wären, wie die Weiber jetzo sind, ich würde auf wunderbare Gedanken geraten. Er hat gar zu wenig von mir! Doch die Weiber vor zwanzig Jahren waren so frech noch nicht, wie die jetzigen; so treulos noch nicht, wie sie heut zu Tage sind; so lüstern noch nicht – –

ANTON. Ist das gewiß? Nun wahrhaftig, so hat man meiner Mutter Unrecht getan, die vor 33 Jahren von ihrem Manne, der mein Vater nicht sein wollte, geschieden wurde! Doch das ist ein Punkt, woran ich nicht gern denke. Die Grillen Ihres Herrn Sohns sind lustiger.

CHRYSANDER. Ärgerlicher, sprich! Aber sage mir, was waren denn seine Entschuldigungen?

ANTON. Seine Entschuldigungen waren Einfälle, die auf seinem Miste nicht gewachsen waren. Er sagte zum Exempel, so lange er unter vierzig Jahren sei, und ihn jemand um die Ursache fragen würde, warum er nicht heirate, wolle er antworten: er sei zum Heiraten noch zu jung. Wäre er aber über vierzig Jahr, so wolle er sprechen: nunmehr sei er zum Heiraten zu alt. Ich weiß nicht, wie der Gelehrte hieß, der auch so soll gesagt haben. – – Ein anderer Vorwand war der: er heiratete deswegen nicht, weil er alle Tage Willens wäre, ein Mönch zu werden; und würde deswegen kein Mönch, weil er alle Tage gedächte zu heiraten.

CHRYSANDER. Was? nun will er auch gar ein Mönch werden? Da sieht man, wohin so ein böses Gemüt, das keine Ehrfurcht für den heiligen Ehestand hat, verfallen kann! Das hätte ich nimmermehr in meinem Sohne gesucht!

ANTON. Sorgen Sie nicht! bei Ihrem Sohne ist alles nur ein Übergang. Er hatte den Einfall in der Lebensbeschreibung eines Gelehrten gelesen; er hatte Geschmack daran gefunden, und sogleich beschlossen, ihn bei Gelegenheit als den seinen anzubringen. Bald aber ward die Grille von einer andern verjagt, so wie etwan, so wie etwan – – Schade, daß ich kein Gleichnis dazu finden kann! Kurz, sie ward verjagt. Er wollte nunmehr heiraten, und zwar einen rechten Teufel von einer Frau.

CHRYSANDER. Wenn doch den Einfall mehr Narren haben wollten, damit andre ehrliche Männer mit bösen Weibern verschont blieben.

ANTON. Ja, meinte er; es würde doch hübsch klingen, wenn es einmal von ihm heißen könnte: unter die Zahl der Gelehrten, welche der Himmel mit bösen Weibern gestraft hat, gehöret auch der berühmte Damis; gleichwohl kann sich die gelehrte Welt nicht über ihn beklagen, daß ihn dieses Hauskreuz nur im geringsten abgehalten hätte, ihr mit unzählbaren gelehrten Schriften zu dienen.

CHRYSANDER. Mit Schriften! ja, die mir am teuersten zu stehen kommen. Was für Rechnungen habe ich nicht schon an die Buchdrucker bezahlen müssen! Der Bösewicht!

ANTON. Geduld! er hat auch erst angefangen zu schreiben! Es wird schon besser kommen.

CHRYSANDER. Besser? vielleicht damit man ihn endlich einmal auch unter die zählen kann, die ihren Vater arm geschrieben haben!

ANTON. Warum nicht? wenn es ihm Ehre brächte – –

CHRYSANDER. Die verdammte Ehre!

ANTON. Um die tut ein junger Gelehrter alles! Wann es auch nach seinem Tode heißen sollte: unter diejenigen Gelehrten die zum Teufel gefahren sind, gehört auch der berühmte Damis! was schadet das? Genug, er heißt gelehrt; er heißt berühmt – –

CHRYSANDER. Kerl, du erschreckst mich! Aber du, der du weit älter bist als er, kannst du ihn nicht dann und wann zurechte weisen? – –

ANTON. O, Herr Chrysander! Sie wissen wohl, daß ich keinen Gehalt, als Hofmeister bekomme. Und dazu meine Dummheit – –

CHRYSANDER. Ja, die du annimmst, um ihn desto dümmer zu machen.

ANTON *(bei Seite)*. St! der kennt mich. – Aber glauben Sie, daß es ihm mit der bösen Frau ein Ernst war? nichtsweniger!

Eine Stunde darauf wollte er sich eine gelehrte Frau aussuchen.

CHRYSANDER. Nun, das wäre doch noch etwas Kluges!

ANTON. Etwas Kluges? Nach meiner unvorgreiflichen Meinung ist es gleich der dümmste Einfall, den er hat haben können. Eine gelehrte Frau! bedenken Sie doch! eine gelehrte Frau; eine Frau wie Ihr Herr Sohn! Zittern und Entsetzen möchte einem ehrlichen Kerl ankommen. Wahrhaftig! ehe ich mir eine Gelehrte aufhängen ließ – –

CHRYSANDER. Narre, Narre! sie gehen unter andern Leuten, als du bist, reißend weg. Wann ihrer nur viel wären, wer weiß, ob ich mir nicht selbst eine wählte.

ANTON. Kennen Sie Karlinen?

CHRYSANDER. Karlinen? Nein.

ANTON. Meinen ehemaligen Kameraden? meinen guten Freund? kennen Sie den nicht?

CHRYSANDER. Nein doch, nein.

ANTON. Er trug ein hechtgraues Kleid, mit roten Aufschlägen, und auf seiner Sonntags Montur rote und blaue Achselbänder. Sie müssen ihn bei mir gesehen haben. Er hatte eine etwas lange Nase. Sie war ein Erbstück; denn er wollte aus der Geschichte wissen, daß schon sein Ururältervater, der ehedem einem gewissen Turnier, als Stallknecht beigewohnt, eine eben so lange gehabt habe. Sein einziger Fehler war, daß er etwas krumme Beine hatte. Besinnen Sie sich nun?

CHRYSANDER. Soll ich denn alle das Lumpengesindel kennen, das du kennst? Und was willst du denn mit ihm?

ANTON. Sie kennen ihn also im Ernste nicht? O! da kennen Sie einen sehr großen Geist weniger. Ich will Sie zu seiner Bekanntschaft verhelfen; ich gelte etwas bei ihm.

CHRYSANDER. Ich glaube, du schwärmst manchmal so gut, als mein Sohn. Wie kömmst du denn auf die Possen?

ANTON. Eben der Karlin, will ich sagen – – O! es ist ärgerlich, daß Sie ihn nicht kennen. – – Eben der Karlin, sage ich, hat einmal bei einem Herrn gedient, der eine gelehrte Frau hatte. Der verzweifelte Vogel – – er sah gut aus, und wie nun der Appetit sich nach dem Stande nicht richtet – –

kurz, er mußte sie näher gekannt haben. Wo hätte er sonst so viel Verstand her? Endlich merkte es auch sein Herr, daß er bei der Frau in die Schule ging. Er bekam seinen Abschied, ehe er sichs versah. Die arme Frau!

CHRYSANDER. Ach schweig! ich mag weder deine noch meines Sohnes Grillen länger mit anhören.

ANTON. Noch eine hören Sie; und zwar die, welche zuletzt seine Leibgrille ward: er wollte mehr als eine Frau heiraten.

CHRYSANDER. Aber eine nach der andern.

ANTON. Nein, wenigstens ein halb Dutzend auf einmal. Der Bibel, der Obrigkeit und dem Gebrauche zum Trutze! Er las damals gleich ein Buch – –

CHRYSANDER. Die verdammten Bücher! Kurz, ich will nicht weiter hören. Es soll ihm schon vergehen, mehr als eine zu nehmen, wenn er nur erst die genommen hat, die ich jetzt für ihn im Kopfe habe. Und was meinest du wohl, Anton? quid putas? wie wir Lateiner reden; wird ers tun?

ANTON. Vielleicht; vielleicht nicht. Wenn ich wüßte was er für ein Buch zuletzt gelesen hätte, und wenn ich dieses Buch selbst lesen könnte, und wenn – –

CHRYSANDER. Ich sehe schon, ich werde deine Hülfe nötig haben. Du bist zwar ein Gauner, aber ich weiß auch, man kömmt jetzt mit Betriegern weiter, als mit ehrlichen Leuten.

ANTON. Ei, Herr Chrysander, für was halten Sie mich?

CHRYSANDER. Ohne Komplimente, Herr Anton! Ich verspreche dir eine Belohnung, die deinen Verdiensten gemäß sein soll, wenn du meinen Sohn quovis modo, wie wir Lateiner reden, durch Wahrheiten oder durch Lügen, durch Ernst oder Schraubereien, vel sic, vel aliter, wie wir Lateiner reden, Julianen zu heiraten bereden kannst.

ANTON. Wen? Julianen?

CHRYSANDER. Julianen; illam ipsam.

ANTON. Unsere Mamsell Juliane? Ihr Mündel? Ihre Pflegetochter?

CHRYSANDER. Kennst du eine andre?

ANTON. Das ist unmöglich, oder das, was ich von ihr gehört habe, muß nicht wahr sein.

CHRYSANDER. Gehört? so? hast du etwas von ihr gehört? doch wohl nicht Böses?

ANTON. Nichts Gutes war es freilich nicht.

CHRYSANDER. Ei! ich habe auf das Mädchen so große Stükken gehalten. Sie wird doch nicht etwa mit einem jungen Kerl – – he?

ANTON. Wann es nichts mehr wäre! so ein klein Fehlerchen entschuldigt die Mode. Aber, es ist noch etwas weit Ärgers für eine gute Jungfer, die gerne nicht länger Jungfer sein möchte.

CHRYSANDER. Noch etwas weit Ärgers? ich versteh dich nicht.

ANTON. Und Sie sind gleichwohl ein Kaufmann?

CHRYSANDER. Noch etwas weit Ärgers? Ich habe immer geglaubt, Eingezogenheit und gute Sitten wären das Vornehmste – –

ANTON. Nicht mehr! nicht mehr! vor zwanzig Jahren wohl, wie Sie vorher selbst weislich erinnerten.

CHRYSANDER. Nun so erkläre dich deutlicher. Ich habe nicht Lust deine närrischen Gedanken zu erraten.

ANTON. Und nichts ist doch leichter. Mit einem Worte: sie soll kein Geld haben. Man hat mir gesagt, in Ansehung ihres Vaters, der Ihr guter Freund gewesen wäre, hätten Sie Julianen, von ihrem neunten Jahre an, zu sich genommen, und aus Barmherzigkeit erzogen.

CHRYSANDER. Da hat man dir nun wohl keine Lügen gesagt; gleichwohl aber soll sie doch kein andrer haben, als mein Sohn, wann nur er – – Denn sieh, Anton, ich muß dir das ganze Rätsel erklären. – Es liegt nur an mir, Julianen in kurzer Zeit reich zu machen.

ANTON. Ja, durch Ihr eigen Geld; und auf diese Art könnten Sie auch mich wohl reich machen. Wollen Sie so gut sein?

CHRYSANDER. Nein, nicht durch mein eigen Geld. – Kannst du schweigen?

ANTON. Versuchen Sie es.

CHRYSANDER. Höre also; mit Julianens Vermögen steht es so: ihr Vater kam durch einen Prozeß, den er endlich doch mußte liegen lassen, kurz vor seinem Tode, um alle das Seine. Jetzt nun ist mir ein gewisses Dokument in die

Hände gefallen, das er lange vergebens suchte, und das dem ganzen Handel ein ander Ansehen gibt. Es kömmt nur darauf an, daß ich so viel Geld hergebe, den Prozeß wieder anzufangen. Das Dokument selbst habe ich bereits an meinen Advokaten nach Dresden geschickt. – –

ANTON. Gott sei Dank! daß Sie wieder zum Kaufmanne werden! Vorhin hätte ich bald nicht gewußt, was ich aus Ihnen machen sollte. – – Aber Julianens Einwilligung haben Sie doch schon?

CHRYSANDER. O! das gute Kind will mir, wie es spricht, in allen gehorchen. Unterdessen hat sich doch schon Valer auf sie gespitzt. Er hat mir vor einiger Zeit auch seine Gedanken deshalb eröffnet. Ehe ich das Dokument bekam – –

ANTON. Ja, da war uns an Julianen so viel nicht gelegen. Sie machten ihm also Hoffnung?

CHRYSANDER. Freilich! Er ist heute von Berlin wieder zurück gekommen, und hat sich auch schon bei mir melden lassen. Ich besorge, ich besorge – – Doch wenn mein Sohn nur will – – Und diesen, Anton, du verstehest mich – – Ein Narr ist auf viel Seiten zu fassen; und ein Mann, wie du, kann auf viel Seiten fassen. – Du wirst sehen, daß ich erkenntlich bin.

ANTON. Und Sie, daß ich ganz zu Ihren Diensten bin, zumal wenn mich die Erkenntlichkeit zuerst heraus fordert, und –

SIEBENTER AUFTRITT

Anton. Chrysander. Juliane

JULIANE. Kommen Sie doch, Herr Chrysander, kommen Sie doch hurtig herunter. Herr Valer ist schon da, Ihnen seine Aufwartung zu machen.

CHRYSANDER. Tut Sie doch ganz fröhlich, mein Jungferchen!

ANTON *(sachte zu Chrysandern)*. Hui! daß Valer schon den Vogel gefangen hat.

CHRYSANDER. Das wäre mir gelegen.

(Anton und Chrysander gehen ab)

Achter Auftritt

Juliane. Lisette

LISETTE *(guckt aus dem Kabinett)*. Bst! bst! bst!
JULIANE. Nun, wem gilt das? Lisette? bist dus? Was machst du denn hier?
LISETTE. Ja, das werden Sie wohl nimmermehr glauben, daß ich und Damis schon so weit mit einander gekommen sind, daß er mich verstecken muß. Schon kann ich ihn um einen Finger wickeln! Noch eine Unterredung, wie vorhin, so habe ich ihn im Sacke.
JULIANE. Und also hätte ich wohl, in allem Scherze, einen recht guten Einfall gehabt? Wollte doch der Himmel, daß die Verbindung, die sein Vater zwischen uns – –
LISETTE. Ach, sein Vater! der Schalk, der Geizhals! Jetzt habe ich ihn kennen lernen.
JULIANE. Was gibst du ihm für Titel? Seine Gütigkeit ist nur gar zu groß. Seine Wohltaten vollkommen zu machen, trägt er mir die Hand seines Sohnes, und mit ihr sein ganzes Vermögen an. Aber wie unglücklich bin ich dabei! – Dankbarkeit und Liebe, Liebe gegen den Valer, und Dankbarkeit – –
LISETTE. Noch vor einer Minute, war ich in eben dem Irrtume. Aber glauben Sie mir nur, ich weiß es nunmehr aus seinem Munde: nicht aus Freundschaft für Sie, sondern aus Freundschaft für Ihr Vermögen, will er diese Verbindung treffen.
JULIANE. Für mein Vermögen? du schwärmst. Was habe ich denn, das ich nicht von ihm hätte?
LISETTE. Kommen Sie, kommen Sie. Hier ist der Ort nicht, viel zu schwatzen. Ich will Ihnen alles erzählen, was ich gehört habe.

Ende des ersten Aufzuges

ZWEITER AUFZUG

Erster Auftritt

Lisette. Valer. Juliane

LISETTE *(noch innerhalb der Szene).* Nur hier herein; Herr Damis ist ausgegangen. Sie können hier schon ein Wörtchen miteinander im Vertrauen reden.

JULIANE. Ja, Valer, mein Entschluß ist gefaßt. Ich bin ihm zu viel schuldig; er hat durch seine Wohltaten das größte Recht über mich erhalten. Es koste mir was es wolle; ich muß die Heirat eingehen, weil es Chrysander verlangt. Oder soll ich etwa die Dankbarkeit der Liebe aufopfern? Sie sind selbst tugendhaft, Valer, und Ihr Umgang hat mich edler denken gelehrt. Mich Ihrer wert zu zeigen, muß ich meine Pflicht, auch mit dem Verluste meines Glückes, erfüllen.

LISETTE. Eine wunderbare Moral! wahrhaftig!

VALER. Aber wo bleiben Versprechung, Schwur, Treue? Ist es erlaubt, um eine eingebildete Pflicht zu erfüllen, einer andern, die uns wirklich verbindet, entgegen zu handeln?

JULIANE. Ach Valer, Sie wissen es besser, was zu solchen Versprechungen gehört. Mißbrauchen Sie meine Schwäche nicht. Die Einwilligung meines Vaters war nicht dabei.

VALER. Was für eines Vaters? – –

JULIANE. Desjenigen, dem ich für seine Wohltaten diese Benennung schuldig bin. Oder halten Sie es für keine Wohltaten, der Armut und allen ihren unseligen Folgen entrissen zu werden? Ach Valer, ich würde Ihr Herz nicht besitzen, hätte nicht Chrysanders Sorgfalt mich zur Tugend und Anständigkeit bilden lassen.

VALER. Wohltaten hören auf Wohltaten zu sein, wenn man sucht, sich für sie bezahlt zu machen. Und was tut Chrysander anders, da er Sie, allzugewissenhafte Juliane, nur deswegen mit seinem Sohne verbinden will, weil er ein

Mittel sieht, Ihnen wieder zu dem größten Teile Ihres väterlichen Vermögens zu verhelfen?

JULIANE. Fußen Sie doch auf eine so wunderbare Nachricht nicht. Wer weiß, was Lisette gehört hat?

LISETTE. Nichts, als was sich vollkommen mit seiner übrigen Aufführung reimt. Ein Mann, der seine Wohltaten schon ausposaunet, der sie einem jeden auf den Fingern vorzurechnen weiß, sucht etwas mehr, als das bloße Gotteslohn. Und wäre es etwa die erste Träne, die Ihnen aus Verdruß, von einem so eigennützig freigebigen Manne abzuhangen, entfahren ist?

VALER. Lisette hat Recht! – – Aber ich empfinde es leider; Juliane liebt mich nicht mehr.

JULIANE. Sie liebt Sie nicht mehr? Dieser Verdacht fehlte noch, ihren Kummer vollkommen zu machen. Wann Sie wüßten, wie viel es ihr, gegen die Ratschläge der Liebe taub zu sein, koste; wann Sie wüßten, Valer – – ach, die mißtrauischen Mannspersonen!

VALER. Legen Sie die Furcht eines Liebhabers, dessen ganzes Glück auf dem Spiele steht, nicht falsch aus. Sie lieben mich also noch? und wollen sich einem andern überlassen?

JULIANE. Ich will? Könnten Sie mich empfindlicher martern? Ich will? – – Sagen Sie: ich muß.

VALER. Sie müssen? – – Noch ist nie ein Herz gezwungen worden, als dasjenige, dem es lieb ist, den Zwang zu seiner Entschuldigung machen zu können – –

JULIANE. Ihre Vorwürfe sind so fein, so fein! daß ich Sie vor Verdruß verlassen werde.

VALER. Bleiben Sie, Juliane; und sagen Sie mir wenigstens, was ich dabei tun soll?

JULIANE. Was ich tue; dem Schicksale nachgeben.

VALER. Ach, lassen Sie das unschuldige Schicksal aus dem Spiele!

JULIANE. Das unschuldige? und ich werde also wohl die Schuldige sein? Halten Sie mich nicht länger – –

LISETTE. Wann ich mich nun nicht bald darzwischen lege, so werden sie sich vor lauter Liebe zanken. – Was Sie tun sollen, Herr Valer? eine große Frage! Himmel und Hölle rege machen, damit die gute Jungfer nicht muß! Den Vater auf andre Gedanken bringen; den Sohn auf Ihre Seite ziehen. – – Mit dem Sohne zwar, hat es gute Wege; den überlassen Sie nur mir. Der gute Damis! Ich bin ohne Zweifel, das erste Mädchen, das ihm schmeichelt, und hoffe dadurch auch das erste zu werden, das von ihm geschmeichelt wird. Wahrhaftig; er ist so eitel, und ich bin so geschickt, daß ich mich wohl noch zu seiner Frau an ihm loben wollte, wenn der verzweifelte Vater nicht wäre! – – Sehen Sie, Herr Valer, der Einfall ist von Mamsell Julianen! Erfinden Sie nun eine Schlinge für den Vater – –

JULIANE. Was sagst du, Lisette? von mir? O Valer, glauben Sie solch rasendes Zeug nicht! Habe ich dir etwas anders befohlen, als ihm einen schlechten Begriff von mir beizubringen?

LISETTE. Ja, recht; einen schlechten von Ihnen – und wenn es möglich wäre, einen desto bessern von mir.

JULIANE. Nein, es ist mit euch nicht auszuhalten – –

VALER. Erklären Sie wenigstens, liebste Juliane – –

JULIANE. Erklären? und was? Vielleicht, daß ich Ihnen in die Arme rennen will, und wann ich auch alle Tugenden beleidigen sollte? daß ich mich mit einer Begierde, mit einem Eifer die Ihrige zu werden bemühen will, die mich in Ihren Augen notwendig einmal verächtlich machen müssen? Nein, Valer – –

LISETTE. Hören Sie denn nicht, daß sie uns gern freie Hand lassen will? Sie macht es, wie die schöne Aspasia – – oder wie hieß die Prinzessin in dem dicken Romane? Zwei Ritter machten auf sie Anspruch. Schlagt euch mit einander, sagte die schöne Aspasia; wer den andern überwindet, soll mich haben. Gleichwohl aber war sie dem Ritter in der blauen Rüstung günstiger, als dem andern – –

JULIANE. Ach, die Närrin, mit ihrem blauen Ritter – – *(Reißt sich los und geht ab)*

Zweiter Auftritt

Lisette. Valer

LISETTE. Ha! ha! ha!

VALER. Mir ist nicht lächerlich, Lisette.

LISETTE. Nicht? Ha! ha! ha!

VALER. Ich glaube, du lachst mich aus?

LISETTE. O so lachen Sie mit! Oder ich muß noch einmal darüber lachen, daß Sie nicht lachen wollen. Ha! ha! ha!

VALER. Ich möchte verzweifeln! In der Ungewißheit, ob sie mich noch liebt –

LISETTE. Ungewißheit? Sind denn alle Mannspersonen so schwer zu überreden? Werden sie denn alle zu solchen ängstlichen Zweiflern, sobald sie die Liebe ein wenig erhitzt? Lassen Sie Ihre Grillen fahren, Herr Valer, oder ich lache aufs neue. Spannen Sie vielmehr Ihren Verstand an, etwas auszusinnen, um den alten Chrysander – –

VALER. Chrysander traut mir nicht, und kann mir nicht trauen. Er kennt meine Neigung zu Julianen. Alle mein Zureden würde umsonst sein; er würde den Eigennutz, die Quelle davon, gar bald entdecken. Und wenn ich auch eine völlige Anwerbung tun wollte; was würde es helfen? Er ist deutsch genug, mir gerade ins Gesicht zu sagen, daß ich seinem Sohne hier nachstehen müsse, welcher wegen der Wohltaten des Vaters das größte Recht auf Julianen habe. – – Was soll ich also anfangen?

LISETTE. Mit den wunderlichen Leuten, die nur überall den ebenen Weg gehen wollen! Hören Sie was mir eingefallen ist. Das Dokument, oder wie der Quark heißt, ist das einzige was Chrysandern zu dieser Heirat Lust macht, so daß er es schon an seinen Advokaten geschickt hat. Wie wenn man von diesem Advokaten einen Brief unterschieben könnte, in welchem – – in welchem – –

VALER. In welchem er ihm die Gültigkeit des Dokuments verdächtig macht; willst du sagen? Der Einfall ist so unrecht nicht! Aber – wenn ihm nun einmal der Advokate ganz das Gegenteil schreibt, so ist ja unser Betrug am Tage.

LISETTE. Was für ein Einwurf! Freilich müssen Sie ihn stimmen. Es ist von je her gebräuchlich gewesen, daß es sich ein Liebhaber etwas muß kosten lassen.
VALER. Wenn nun aber der Advokat ehrlich ist?
LISETTE. Tun Sie doch, als ob Sie seit vier Wochen erst in der Welt wären. Wie die Geschenke, so ist der Advokat. Kommen gar keine, so ist der niederträchtigste Betrieger der redlichste Mann. Kommen welche, aber nur kleine, so hält das Gewissen noch so ziemlich das Gleichgewicht. Es steigen alsdenn wohl Versuchungen bei ihm auf; allein die kleinste Betrachtung schlägt sie wieder nieder. Kommen aber nur recht ansehnliche, so ist gar bald der ehrlichste Advokat nicht mehr der ehrlichste. Er legt die Ehrlichkeit mit den geschenkten Goldstücken in den Schatz, wo jene eher zu rosten anfängt, als diese. Ich kenne die Herren!
VALER. Dein Urteil ist zu allgemein. Nicht alle Personen von einerlei Stande sind auf einerlei Art gesinnet. Ich kenne verschiedene alte rechtschaffene Sachwalter – –
LISETTE. Was wollen Sie mit Ihren alten? Es ist eben, als wenn Sie sagten, die großen runden Aufschläge, die kleinen spitzen Knöpfe, die erschrecklichen Halskrausen, aus welchen man Schiffssegel machen könnte, die viereckigten breiten Schuhe, die tiefen Taschen, kurz die ganze Tracht, wie sich etwa Ihre Paten an Ehrentagen mögen ausstaffiert haben, wären noch jetzt Mode, weil man noch manchmal hier und da einige gebückte zitternde Männerchen über die Gassen so schleichen sieht. Lassen Sie nur noch die, und Ihr Paar alte rechtschaffene Advokaten sterben; die Mode und die Redlichkeit werden einen Weg nehmen.
VALER. Man hört doch gleich, wenn das Frauenzimmer am beredtesten ist!
LISETTE. Sie meinen etwa, wenn es ans Lästern geht? O wahrhaftig! des bloßen Lästerns wegen, habe ich so viel nicht geplaudert. Meine vornehmste Absicht war, Ihnen beizubringen, wie viel überall das Geld tun könne, und was für ein vortreffliches Spiel ein Liebhaber in den Händen hat, wenn er gegen alle freigebig ist, gegen die Gebiete-

rin, gegen den Advokaten und – – Dero Dienerin. *(Sie macht eine Verbeugung)*

VALER. Verlaß dich auf meine Erkenntlichkeit. Ich verspreche dir eine rechte ansehnliche Ausstattung, wenn wir glücklich sind – –

LISETTE. Ei, wie fein! eine Ausstattung? Sie hoffen doch wohl nicht, daß ich übrig bleiben werde?

VALER. Wann du das befürchtest, so verspreche ich dir den Mann darzu. – – Doch komm nur; Juliane wird ohne Zweifel auf uns warten. Wir wollen gemeinschaftlich unsre Sachen weiter überlegen.

LISETTE. Gehen Sie nur voran; ich muß noch hier verziehen, um meinem jungen Gelehrten –

VALER. Er wird vielleicht schon unten bei dem Vater sein.

LISETTE. Wir müssen uns alleine sprechen. Gehen Sie nur! Sie haben ihn doch wohl noch nicht gesprochen?

VALER. Was wollte ich nicht darum geben, wenn ich es ganz und gar überhoben sein könnte! Seinetwegen würde ich dieses Haus fliehen, ärger als ein Tollhaus, wenn nicht ein angenehmerer Gegenstand – –

LISETTE. So gehen Sie doch, und lassen Sie den angenehmern Gegenstand nicht länger auf sich warten. *(Valer geht ab)*

DRITTER AUFTRITT

Anton. Lisette

ANTON. Nu? was will die! in meines Herrn Studierstube? Jetzt ging Valer heraus; vor einer Weile Juliane; und du bist noch da? Ich glaube gar, ihr habt eure Zusammenkünfte hier. Warte, Lisette! das will ich meinem Herrn sagen. Ich will mich schon rächen; noch für das Gestrige; besinnst du dich?

LISETTE. Ich glaube, du keufst? Was willst du mit deinem Gestrigen?

ANTON. Eine Maulschelle vergißt sich wohl bei dem leicht, der sie gibt, aber der, dem die Zähne davon gewackelt haben, der denkt eine Zeit lang daran. Warte nur! warte!

LISETTE. Wer heißt dich, mich küssen?

ANTON. Potz Stern, wie gemein würden die Maulschellen sein, wenn alle die welche bekommen sollten, die euch küssen wollen. – – Jetzt soll dich mein Herr dafür wacker –

LISETTE. Dein Herr? der wird mir nicht viel tun.

ANTON. Nicht? Wie vielmal hat er es nicht gesagt, daß so ein heiliger Ort, als eine Studierstube ist, von euch, unreinen Geschöpfen, nicht müsse entheiliget werden? Der Gott der Gelehrsamkeit – – warte, wie nennt er ihn? – – Apollo – könne kein Weibsbild leiden. Schon der Geruch davon wäre ihm zuwider. Er fliehe davor, wie der Stößer vor den Tauben. – Und du denkst, mein Herr würde es so mit ansehen, daß du ihm den lieben Gott von der Stube treibest?

LISETTE. Ich glaube gar, du Narre denkst, der liebe Gott sei nur bei euch Mannspersonen? Schweig, oder – –

ANTON. Ja, so eine, wie gestern vielleicht?

LISETTE. Noch eine beßre! der Pinsel hätte gestern mehr, als eine verdient. Er kömmt zu mir; es ist finster; er will mich küssen; ich stoße ihn zurück, er kömmt wieder; ich schlage ihn aufs Maul, es tut ihm weh; er läßt nach; er schimpft; er geht fort – – Ich möchte dir gleich noch eine geben, wenn ich daran gedenke.

ANTON. Ich hätte es also wohl abwarten sollen, wie oft du deine Karesse hättest wiederholen wollen?

LISETTE. Gesetzt, es wären noch einige gefolgt, so würden sie doch immer schwächer und schwächer geworden sein. Vielleicht hätten sich die letztern gar – – doch so ein dummer Teufel verdient nichts.

ANTON. Was hör ich? ist das dein Ernst, Lisette? Bald hätte ich Lust, die Maulschelle zu vergessen, und mich wieder mit dir zu vertragen.

LISETTE. Halte es, wie du willst. Was ist mir jetzt an deiner Gunst gelegen? Ich habe ganz ein ander Wildpret auf der Spur.

ANTON. Ein anders? au weh, Lisette! Das war wieder eine Ohrfeige, die ich so bald nicht vergessen werde! Ein anders? Ich dächte, du hättest an einem genug, das dir selbst ins Netz gelaufen ist.

LISETTE. Und drum eben ist nichts dran. – Aber sage mir, wo bleibt dein Herr?

ANTON. Danke du Gott, daß er so lange bleibt; und mache, daß du hier fort kömmst. Wann er dich trifft, so bist du in Gefahr herausgeprügelt zu werden.

LISETTE. Dafür laß mich sorgen! Wo ist er denn? ist er von der Post noch nicht wieder zurück?

ANTON. Woher weißt du denn, daß er auf die Post gegangen ist?

LISETTE. Genug, ich weiß es. Er wollte dich erst schicken. Aber wie kam es denn, daß er selbst ging? Ha! ha! ha! »Es ist mit dem Schlingel nichts anzufangen.« Wahrhaftig, das Lob macht mich ganz verliebt in dich.

ANTON. Wer Henker muß dir das gesagt haben?

LISETTE. O niemand; sage mir nur, ist er wieder da?

ANTON. Schon längst; unten ist er bei seinem Vater.

LISETTE. Und was machen sie mit einander?

ANTON. Was sie machen? sie zanken sich.

LISETTE. Der Sohn will gewiß den Vater von seiner Geschicklichkeit überführen?

ANTON. Ohne Zweifel muß es so etwas sein. Damis ist ganz außer sich: er läßt den Alten kein Wort aufbringen; er rechnet ihm tausend Bücher her, die er gesehen; tausend, die er gelesen hat; andere tausend, die er schreiben will, und hundert kleine Bücherchen, die er schon geschrieben hat. Bald nennt er ein Dutzend Professores, die ihm sein Lob schriftlich, mit untergedrucktem Siegel, nicht umsonst, gegeben hätten; bald ein Dutzend Zeitungsschreiber, die eine vortreffliche Posaune für einen jungen Gelehrten sind, wenn man ein silbernes Mundstück darauf steckt; bald ein Dutzend Journalisten, die ihn alle zu ihrem Mitarbeiter flehentlich erbeten haben. Der Vater sieht ganz erstaunt; er ist um die Gesundheit seines Sohnes besorgt; er ruft einmal über das andre: Sohn, erhitze dich doch nicht so! schone deine Lunge! ja doch, ich glaub es! gib dich zufrieden! es war so nicht gemeint!

LISETTE. Und Damis? – –
ANTON. Und Damis läßt nicht nach. Endlich greift sich der Vater an; er überschreit ihn mit Gewalt, und besänftiget ihn mit einer Menge solcher Lobsprüche, die in der Welt niemand verdient hat, verdient, noch verdienen wird. Nun wird der Sohn wieder vernünftig, und nun – – ja nun schreiten sie zu einem andern Punkte, zu einer andern Sache, – – zu – –
LISETTE. Wozu denn?
ANTON. Gott sei Dank, mein Maul kann schweigen!
LISETTE. Du willst mir es nicht sagen?
ANTON. Nimmermehr! ich bin zwar sonst ein schlechter Kerl; aber wenn es auf die Verschwiegenheit ankömmt – –
LISETTE. Lerne ich dich so kennen?
ANTON. Ich dächte, das sollte dir lieb sein, daß ich schweigen kann; und besonders von Heiratssachen, oder was dem anhängig ist – –
LISETTE. Weißt du nichts mehr? O das habe ich längst gewußt.
ANTON. Wie schön sie mich über den Tölpel stoßen will. Also wäre es ja nicht nötig, daß ich dir es sagte? – –
LISETTE. Freilich nicht! aber mich für dein schelmisches Mißtrauen zu rächen, weiß ich schon, was ich tun will. Du sollst es gewiß nicht mehr wagen, gegen ein Mädchen von meiner Profession verschwiegen zu sein! Besinnst du dich, wie du von deinem Herrn vor kurzen gesprochen hast?
ANTON. Besinnen? ein Mann, der in Geschäften sitzt, der einen Tag lang so viel zu reden hat, wie ich, soll sich der auf allen Bettel besinnen?
LISETTE. Seinen Herrn verleumden ist etwas mehr, sollte ich meinen.
ANTON. Was? verleumden?
LISETTE. Ha, ha! Herr Mann, der in Geschäften sitzt, besinnen Sie sich nun? Was haben Sie vorhin gegen seinen Vater von ihm geredet?
ANTON. Das Mädel muß den Teufel haben, oder der verzweifelte Alte hat geplaudert. Aber höre, Lisette, weißt du es gewiß, was ich gesagt habe? Was war es denn? Laß einmal hören.

LISETTE. Du sollst alles hören, wenn ich es deinem Herrn erzählen werde.
ANTON. O wahrhaftig, ich glaube du machst Ernst daraus. Du wirst mir doch meinen Kredit bei meinem Herrn nicht verderben wollen? Wenn du wirklich etwas weißt, so sei keine Närrin! – Daß ihr Weibsvolk doch niemals Spaß versteht! Ich habe dir eine Ohrfeige vergeben, und du willst dich, einer kleinen Neckerei wegen, rächen? Ich will dir ja alles sagen.
LISETTE. Nun so sage – –
ANTON. Aber du sagst doch nichts? – –
LISETTE. Je mehr du sagen wirst; je weniger werde ich sagen.
ANTON. Was wird es sonst viel sein, als daß der Vater dem Sohne nochmals die Heirat mit Julianen vorschlug? Damis schien ganz aufmerksam zu sein, und – – und weiter kann ich dir nichts sagen.
LISETTE. Weiter nichts? Gut, gut, dein Herr soll alles erfahren.
ANTON. Um des Himmels willen, Lisette; ich will dir es nur gestehn.
LISETTE. Nun so gesteh!
ANTON. Ich will dir es nur gestehen, daß ich wahrhaftig nichts mehr gehört habe. Ich wurde eben weggeschickt. Nun weißt du wohl, wenn man nicht zugegen ist, so kann man nicht viel hören – –.
LISETTE. Das versteht sich. Aber was meinst du, wird Damis sich dazu entschlossen haben?
ANTON. Wenn er sich noch nicht dazu entschlossen hat, so will ich mein Äußerstes anwenden, daß er es noch tut. Ich soll für meine Mühe bezahlt werden, Lisette; und du weißt wohl, wenn ich bezahlt werde, daß alsdenn auch du – –
LISETTE. Ja, ja, auch ich verspreche dirs: du sollst redlich bezahlt werden! – Unterstehe dich! –
ANTON. Wie?
LISETTE. Habe einmal das Herz!
ANTON. Was?
LISETTE. Dummkopf! meine Jungfer will deinen Damis nicht haben –

ANTON. Was tut das? –

LISETTE. Folglich ist mein Wille, daß er sie auch nicht bekommen soll.

ANTON. Folglich, wenn sie mein Herr wird haben wollen, so wird mein Wille sein müssen, daß er sie bekommen soll.

LISETTE. Höre doch! du willst mein Mann werden, und einen Willen für dich haben? Bürschchen, das laß dir nicht einkommen! Dein Wille muß mein Wille sein, oder –

ANTON. St! potz Element! er kömmt; hörst du? er kömmt! Nun sieh ja, wo der Zimmermann das Loch gelassen hat. Verstecke dich wenigstens; verstecke dich! Er bringt sonst mich und dich um.

LISETTE *(bei Seite)*. Halt, ich will beide betriegen! – – Wo denn aber hin? wo hin? in das Kabinett?

ANTON. Ja, ja, nur unterdessen hinein. Vielleicht geht er bald wieder fort. – – Und ich, ich will mich geschwind hieher setzen – –

(Er setzt sich an den Tisch, nimmt ein Buch in die Hand, und tut, als ob er den Damis nicht gewahr würde)

VIERTER AUFTRITT

Anton. Damis

ANTON *(vor sich)*. Ja, die Gelehrten – wie glücklich sind die Leute nicht! – – Ist mein Vater nicht ein Esel gewesen, daß er mich nicht auch auf ihre Profession getan hat! Zum Henker, was muß es für eine Lust sein, wenn man alles in der Welt weiß, so wie mein Herr! – – Potz Stern, die Bücher alle zu verstehn! – – Wenn man nur darunter sitzt, man mag darin lesen, oder nicht, so ist man schon ein ganz andrer Mensch! – – Ich fühls, wahrhaftig ich fühls, der Verstand duftet mir recht daraus entgegen. – Gewiß, er hat Recht; ohne die Gelehrsamkeit ist man nichts, als eine Bestie. – – Ich dumme Bestie! – – *(Bei Seite)* Nun, wie lange wird er mich noch schimpfen lassen? – – Wir sind doch närrisch gepaaret, ich und mein Herr! – – Er gibt dem

Gelehrtesten, und ich dem Ungelehrtesten nichts nach. – –
Ich will auch noch heute anfangen zu lesen. – – Wenn ich
ein Loch von achtzig Jahren in die Welt lebe, so kann ich
schon noch ein ganzer Kerl werden. – – Nur frisch angefangen! Da sind Bücher genug! – – Ich will mir das
kleinste aussuchen; denn Anfangs muß man sich nicht
übernehmen. – – Ha! da finde ich ein allerliebstes Büchelchen. – – In so einem muß es sich mit Lust studieren lassen. – – Nur frisch angefangen, Anton! – – Es wird doch
gleichviel sein, ob hinten oder vorne? – – Wahrhaftig, es
wäre eine Schande für meinen so erstaunlich, so erschrecklich, so abscheulich gelehrten Herrn, wenn er länger einen
so dummen Bedienten haben sollte –

DAMIS *(indem er sich ihm vollends nähert).* Ja freilich wäre es
eine Schande für ihn.

ANTON. Hilf Himmel! mein Herr – –

DAMIS. Erschrick nur nicht! Ich habe alles gehört – –

ANTON. Sie haben alles gehört? – – Ich bitte tausendmal um
Verzeihung, wenn ich etwas Unrechtes gesprochen habe.
– – Ich war so eingenommen, so eingenommen von der
Schönheit der Gelehrsamkeit – – verzeihen Sie mir meinen
dummen Streich – – daß ich selbst noch gelehrt werden
wollte.

DAMIS. Schimpfe doch nicht selbst den klügsten Einfall, den
du Zeitlebens gehabt hast.

ANTON. Vor zwanzig Jahren möchte er klug genug gewesen
sein.

DAMIS. Glaube mir; noch bist du zu den Wissenschaften nicht
zu alt. Wir können in unsrer Republik schon mehrere aufweisen, die sich gleichfalls den Musen nicht eher in die
Arme geworfen haben.

ANTON. Nicht in die Arme allein, ich will mich ihnen in den
Schoß werfen. – Aber in welcher Stadt sind die Leute?

DAMIS. In welcher Stadt?

ANTON. Ja; ich muß hin, sie kennen zu lernen. Sie müssen
mir sagen, wie sie es angefangen haben. – –

DAMIS. Was willst du mit der Stadt?

ANTON. Sie denken etwa, ich weiß nicht, was eine Republik

ist? – – Sachsen, zum Exempel – – Und eine Republik hat ja mehr wie eine Stadt? nicht?

DAMIS. Was für ein Idiote! Ich rede von der Republik der Gelehrten. Was geht uns Gelehrten, Sachsen, was Deutschland, was Europa an? Ein Gelehrter, wie ich bin, ist für die ganze Welt: er ist ein Kosmopolit: er ist eine Sonne, die den ganzen Erdball erleuchten muß – –

ANTON. Aber sie muß doch wo liegen, die Republik der Gelehrten.

DAMIS. Wo liegen? dummer Teufel! die gelehrte Republik ist überall.

ANTON. Überall? und also ist sie mit der Republik der Narren an einem Orte? Die, hat man mir gesagt, ist auch überall.

DAMIS. Ja freilich sind die Narren und die Klugen, die Gelehrten und die Ungelehrten überall untermengt, und zwar so, daß die letztern immer den größten Teil ausmachen. Du kannst es an unserm Hause sehen. Mit wie viel Toren und Unwissenden findest du mich nicht hier umgeben? Einige davon wissen nichts, und wissen es, daß sie nichts wissen. Unter diese gehörst du. Sie wollten aber doch gern etwas lernen, und deswegen sind sie noch die erträglichsten. Andre wissen nichts, und wollen auch nichts wissen; sie halten sich bei ihrer Unwissenheit für glücklich; sie scheuen das Licht der Gelehrsamkeit – –

ANTON. Das Eulengeschlecht!

DAMIS. Noch andre aber wissen nichts, und glauben doch etwas zu wissen; sie haben nichts, gar nichts gelernt, und wollen doch den Schein haben, als hätten sie etwas gelernt. Und diese sind die allerunerträglichsten Narren, worunter, die Wahrheit zu bekennen, auch mein Vater gehört.

ANTON. Sie werden doch Ihren Vater, bedenken Sie doch, Ihren Vater, nicht zu einem Erznarren machen?

DAMIS. Lerne distinguieren! Ich schimpfe meinen Vater nicht, in so fern er mein Vater ist, sondern in so fern ich ihn, als einen betrachten kann, der den Schein der Gelehrsamkeit unverdienter Weise an sich reißen will. In so fern verdient er meinen Unwillen. Ich habe es ihm schon oft zu verstehen gegeben, wie ärgerlich er mir ist, wenn er, als ein Kaufmann, als ein Mann, der nichts mehr, als gute und schlechte Waren, gutes und falsches Geld kennen darf, und höchstens das letzte für das erste wegzugeben wissen soll; wenn der, sage ich, mit seinen Schulbrocken, bei welchen ich doch noch immer etwas erinnern muß, so prahlen will. In dieser Absicht ist er ein Narr, er mag mein Vater sein, oder nicht.

ANTON. Schade! ewig Schade! daß ich das *in so fern* und *in Absicht* nicht als ein Junge gewußt habe. Mein Vater hätte mir gewiß nicht so viel Prügel umsonst geben sollen. Er hätte sie alle richtig wiederbekommen; nicht in so fern als mein Vater, sondern in so fern als einer, der mich zuerst geschlagen hätte. Es lebe die Gelehrsamkeit! – –

DAMIS. Halt! ich besinne mich auf einen Grundsatz des natürlichen Rechts, der diesem Gedanken vortrefflich zu statten kömmt. Ich muß doch den Hobbes nachsehen! – – Geduld! daraus will ich gewiß eine schöne Schrift machen!

ANTON. Um zu beweisen, daß man seinen Vater wieder prügeln dürfe? – –

DAMIS. Certo respectu allerdings. Nur muß man sich wohl in Acht nehmen, daß man, wenn man ihn schlägt, nicht den Vater, sondern den Aggressor zu schlagen sich einbildet; denn sonst – –

ANTON. Aggressor? Was ist das für ein Ding?

DAMIS. So heißt der, welcher ausschlägt – –

ANTON. Ha, ha! nun versteh ichs. Zum Exempel; Ihnen mein Herr stüße wieder einmal eine kleine gelehrte Raserei zu, die sich meinem Buckel durch eine Tracht Schläge empfindlich machte; so wären Sie – – wie heißt es? – – der Aggressor; und ich, ich würde berechtiget sein, mich über den Aggressor zu erbarmen, und ihm – –

DAMIS. Kerl, du bist toll! – –

ANTON. Sorgen Sie nicht; ich wollte meine Gedanken schon so zu richten wissen, daß der Herr unterdessen bei Seite geschafft würde – –

DAMIS. Nun wahrhaftig; das wäre ein merkwürdiges Exempel, in was für verderbliche Irrtümer man verfallen kann, wenn man nicht weiß, aus welcher Disziplin diese oder jene Wahrheit zu entscheiden ist. Die Prügel, die ein Bedienter von seinem Herrn bekömmt, gehören nicht in das Recht der Natur, sondern in das bürgerliche Recht. Wenn sich ein Bedienter vermietet, so vermietet er auch seinen Buckel mit. Diesen Grundsatz merke dir.

ANTON. Aus dem bürgerlichen Rechte ist er? O das muß ein garstiges Recht sein. Aber ich sehe es nun schon! die verzweifelte Gelehrsamkeit, sie kann eben so leicht zu Prügeln verhelfen, als dafür schützen. Was wollte ich nicht darum geben, wenn ich mich auf alle ihre wächserne Nasen, so gut verstünde, als Sie – – O Herr Damis, erbarmen Sie sich meiner Dummheit!

DAMIS. Nun wohl, wenn es dein Ernst ist, so greife das Werk an. Es erfreut mich, der Gelehrsamkeit durch mein Exempel einen Proselyten gemacht zu haben. Ich will dich redlich mit meinem Rate und meinen Lehren unterstützen. Bringst du es zu etwas, so verspreche ich dir, dich in die gelehrte Welt selbst einzuführen, und mit einem besondern Werke dich ihr anzukündigen. Vielleicht ergreife ich die Gelegenheit, etwas de Eruditis sero ad literas admissis, oder de Opsimathia, oder auch de studio senili zu schreiben, und so wirst du auf einmal berühmt. – – Doch laß einmal sehen, ob ich mir von deiner Lehrbegierde viel zu versprechen habe? Welch Buch hattest du vorhin in Händen?

ANTON. Es war ein ganz kleines – –

DAMIS. Welches denn? – –

ANTON. Es war so allerliebst eingebunden, mit Golde auf dem Rücken und auf dem Schnitte. Wo legte ichs doch hin? Da! da!

DAMIS. Das hattest du? das?

ANTON. Ja, das!

DAMIS. Das?

ANTON. Bin ich an das unrechte gekommen? weil es so hübsch klein war –

DAMIS. Ich hätte dir selbst kein beßres vorschlagen können.

ANTON. Das dacht ich wohl, daß es ein schön Buch sein müsse. Würde es wohl sonst einen so schönen Rock haben?

DAMIS. Es ist ein Buch, das seines gleichen nicht hat. Ich habe es selbst geschrieben. Siehst du? – – Auctore Damide!

ANTON. Sie selbst? Nu, nu, habe ichs doch immer gehört, daß man die leiblichen Kinder besser in Kleidung hält, als die Stiefkinder. Das zeigt von der väterlichen Liebe.

DAMIS. Ich habe mich in diesem Buche, so zu reden, selbst übertroffen. So oft ich es wieder lese, so oft lerne ich auch etwas Neues daraus.

ANTON. Aus Ihrem eignen Buche?

DAMIS. Wundert dich das? – – Ach verdammt! nun erinnere ich mich erst: mein Gott, das arme Mädchen! Sie wird doch nicht noch in dem Kabinette stecken? *(Er geht darauf los).*

ANTON. Um Gottes Willen, wo wollen Sie hin?

DAMIS. Was fehlt dir? ins Kabinett. Hast du Lisetten gesehen?

ANTON. Nun bin ich verloren! – Nein, Herr Damis, nein; so wahr ich lebe, sie ist nicht drinne.

DAMIS. Du hast sie also sehen heraus gehen? Ist sie schon lange fort?

ANTON. Ich habe sie, so wahr ich ehrlich bin, nicht sehen herein gehen. Sie ist nicht drinne; glauben Sie mir nur, sie ist nicht drinne – –

FÜNFTER AUFTRITT

Lisette. Damis. Anton

LISETTE. Allerdings ist sie noch drinne –
ANTON. O das Rabenaas!
DAMIS. So lange hat Sie sich hier versteckt gehalten? Arme Lisette! das war mein Wille gar nicht. So bald mein Vater aus der Stube gewesen wäre, hätte Sie immer wieder heraus gehen können.
LISETTE. Ich wußte doch nicht, ob ich recht täte. Ich wollte

also lieber warten, bis mich der, der mich versteckt hatte, selbst wieder hervorkommen hieß – –

ANTON. Zum Henker, von was für einem Verstecken reden die? *(Sachte zu Lisetten)* So, du feines Tierchen? hat dich mein Herr selbst schon einmal versteckt? Nun weiß ich doch, wie ich die gestrige Ohrfeige auslegen soll. Du Falsche!

LISETTE. Schweig; sage nicht ein Wort, daß ich zuvor bei dir gewesen bin, oder – du weißt schon – –

DAMIS. Was schwatzt ihr denn beide da zusammen? Darf ich es nicht hören?

LISETTE. Es war nichts; ich sagte ihm bloß, er solle herunter gehen, daß wenn meine Jungfer nach mir fragte, er unterdessen sagen könnte, ich sei ausgegangen. Juliane ist mißtrauisch; sie suchte mich doch wohl hier, wenn sie mich brauchte.

DAMIS. Das ist vernünftig. Gleich, Anton, geh!

ANTON. Das verlangst du im Ernste, Lisette?

LISETTE. Freilich; fort, laß uns allein.

DAMIS. Wirst du bald gehen?

ANTON. Bedenken Sie doch selbst, Herr Damis; wann Sie nun ihr Geplaudre werden überdrüssig sein, und das wird gar bald geschehen, wer soll sie Ihnen denn aus der Stube jagen helfen, wenn ich nicht dabei bin?

LISETTE. Warte, ich will dein Lästermaul – –

DAMIS. Laß dich unbekümmert! Wann sie mir beschwerlich fällt, wird sie schon selbst so vernünftig sein, und gehen.

ANTON. Aber betrachten Sie nur: ein Weibsbild in Ihrer Studierstube! Was wird Ihr Gott sagen? Er kann ja das Ungeziefer nicht leiden.

LISETTE. Endlich werde ich dich wohl zur Stube hinaus schmeißen müssen?

ANTON. Das wäre mir gelegen. – – Die verdammten Mädel! auch bei dem Teufel können sie sich einschmeicheln. *(Geht ab)*

Sechster Auftritt

Lisette. Damis

DAMIS. Und wo blieben wir denn vorhin?

LISETTE. Wo blieben wir? bei dem, was ich allezeit am liebsten höre, und wovon ich allezeit am liebsten rede, bei Ihrem Lobe. Wenn es nur nicht eine so gar kützliche Sache wäre, einen ins Gesicht zu loben! – – Ich kann Ihnen unmöglich die Marter antun.

DAMIS. Aber ich beteure Ihr nochmals, Lisette; es ist mir nicht um mein Lob zu tun! Ich möchte nur gern hören, auf was für verschiedene Art verschiedene Personen einerlei Gegenstand betrachtet haben.

LISETTE. Jeder lobte dasjenige an Ihnen, was er an sich Lobenswürdiges zu finden glaubte. Zum Exempel, der kleine dicke Mann, mit der ernsthaften Miene, der so selten lacht, der aber, wenn er einmal zu lachen anfängt, mit dem erschütterten Bauche den ganzen Tisch über den Haufen wirft – –

DAMIS. Und wer ist das? Aus Ihrer Beschreibung, Lisette, kann ich es nicht erraten – O es ist mit den Beschreibungen eine kützliche Sache! Es gehört nicht wenig dazu, sie so einzurichten, daß man, gleich bei dem ersten Anblicke, das Beschriebene erkennen kann. Über nichts aber muß ich mehr lachen, als wenn ich bei diesem und jenem großen Philosophen, wahrhaftig bei Männern, die schon einer ganzen Sekte ihren Namen gegeben haben, öfters Beschreibungen anstatt Erklärungen antreffe. Das macht, die guten Herren haben mehr Einbildungskraft, als Beurteilung. Bei der Erklärung muß der Verstand in das Innere der Dinge eindringen; bei der Beschreibung aber darf man bloß auf die äußerlichen Merkmale, auf das – –

LISETTE. Wir kommen von unsrer Sache, Herr Damis. Ihr Lob – –

DAMIS. Ja wohl; fahr Sie nur fort, Lisette. Von wem wollte Sie vorhin reden?

LISETTE. Je, sollten Sie denn den kleinen Mann nicht kennen? Er bläset immer die Backen auf –

DAMIS. Sie meint vielleicht den alten Ratsherrn?
LISETTE. Ganz recht, aber seinen Namen –
DAMIS. Was liegt an dem? – –
LISETTE. Ja, Herr Chrysander, sagte also der Ratsherr, an dessen Namen nichts gelegen ist, Ihr Herr Sohn kann einmal der beste Ratsherr von der Welt werden, wenn er sich nur darauf applizieren will. Es gehört ein aufgeweckter Geist dazu; den hat er: eine fixe Zunge; die hat er: eine tiefe Einsicht in die Staatskunst; die hat er: eine Geschicklichkeit, seine Gedanken zierlich auf das Papier zu bringen; die hat er: eine verschlagne Aufmerksamkeit auf die geringsten Bewegungen unruhiger Bürger; die hat er: und wenn er sie nicht hat – o die Übung – die Übung! Ich weiß ja wie mir es Anfangs ging. Freilich kann man die Geschicklichkeit zu einem so schweren Amte, nicht gleich mit auf die Welt bringen –
DAMIS. Der Narr! es ist zwar wahr, daß ich alle diese Geschicklichkeiten besitze; allein mit der Hälfte derselben könnte ich Geheimter Rat werden, und nicht bloß – –

SIEBENDER AUFTRITT

Anton. Lisette. Damis

DAMIS. Nun, was willst du schon wieder?
ANTON. Mamsell Juliane weiß es nun, daß Lisette ausgegangen ist. Fürchten Sie sich nur nicht; sie wird uns nicht überraschen – –
DAMIS. Wer hieß dich denn wiederkommen?
ANTON. Sollte ich wohl meinen Herrn allein lassen? Und dazu, es überfiel mich auf einmal so eine Angst, so eine Bangigkeit; die Ohren fingen mir an zu klingen, und besonders das linke – – Lisette! Lisette!
LISETTE. Was willst du denn?
ANTON *(sachte zu Lisetten)*. Was habt ihr denn beide allein gemacht? Was gilts, es ging auf meine Unkosten!
LISETTE. O pack dich – Ich weiß nicht was der Narre will.

DAMIS. Fort, Anton! es ist die höchste Zeit; du mußt wieder auf die Post sehen. Ich weiß auch gar nicht, wo sie so lange bleibt. – – Wirds bald?
ANTON. Lisette, komm mit!
DAMIS. Was soll denn Lisette mit?
ANTON. Und was soll sie denn bei Ihnen?
DAMIS. Unwissender!
ANTON. Ja freilich ist es mein Unglück, daß ich es nicht weiß. *(Sachte zu Lisetten)* Rede nur wenigstens ein wenig laut, damit ich höre, was unter euch vorgeht – Ich werde horchen – *(Gehet ab)*

ACHTER AUFTRITT

Lisette. Damis

LISETTE. Lassen Sie uns ein wenig sachte reden. Sie wissen wohl, man ist vor dem Horcher nicht sicher.
DAMIS. Ja wohl; fahr Sie also nur sachte fort.
LISETTE. Sie kennen doch wohl des Herrn Chrysanders Beichtvater?
DAMIS. Beichtvater? soll ich denn alle solche Handwerksgelehrte kennen?
LISETTE. Wenigstens schien er Sie sehr wohl zu kennen. Ein guter Prediger, fiel er der dicken Rechtsgelehrsamkeit ins Wort, sollte Herr Damis gewiß auch werden. Eine schöne Statur; eine starke deutliche Stimme; ein gutes Gedächtnis; ein feiner Vortrag; eine anständige Dreustigkeit; ein reifer Verstand, der über seine Meinungen Türkenmäßig zu halten weiß: alle diese Eigenschaften glaube ich, in einem ziemlich hohen Grade, bei ihm bemerkt zu haben. Nur um einen Punkt ist mir bange. Ich fürchte, ich fürchte; er ist auch ein wenig von der Freigeisterei angesteckt. – – Ei, was Freigeisterei? schrie der schon halb trunkene Medikus. Die Freigeister sind brave Leute! Wird er deswegen keinen Kranken kurieren können? Wenn es nach mir geht, so muß er ein Medikus werden. Griechisch kann er, und Griechisch

ist die halbe Medizin. *(Indem sie allmählich wieder lauter spricht)* Freilich das Herz, das dazu gehört, kann sich niemand geben. Doch das kömmt von sich selbst, wenn man erst eine Weile praktiziert hat. – – Nu, fiel ihm ein alter Kaufmann in die Rede, so muß es mit den Herrn Medizinern wohl sein, wie mit den Scharfrichtern. Wenn die zum erstenmale köpfen, so zittern und beben sie; je öfter sie aber den Versuch wiederholen, desto frischer geht es. – – Und auf diesen Einfall ward eine ganze Viertelstunde gelacht; in einem fort, in einem fort; so gar das Trinken ward darüber vergessen.

Neunter Auftritt

Lisette. Damis. Anton

ANTON. Herr, die Post wird heute vor neun Uhr nicht kommen. Ich habe gefragt; Sie können sich darauf verlassen.
DAMIS. Mußt du uns aber denn schon wieder stören, Idiote?
ANTON. Es soll mir recht lieb sein, wann ich Sie nur noch zur rechten Zeit gestört habe.
DAMIS. Was willst du mit deiner rechten Zeit?
ANTON. Ich will mich gegen Lisetten schon deutlicher erklären. Darf ich ihr etwas ins Ohr sagen?
LISETTE. Was wirst du mir ins Ohr zu sagen haben?
ANTON. Nur ein Wort. *(Sachte)* Du denkst ich habe nicht gehorcht? Sagtest du nicht: du hättest nicht Herz genug dazu? doch wenn du nur erst das Ding eine Weile würdest praktizieret haben – – O ich habe alles gehört – – Kurz, wir sind geschiedne Leute! Du Unverschämte, Garstige – –
LISETTE. Sage nur, was du willst?
DAMIS. Gleich, geh mir wieder aus den Augen! Und komme mir nicht wieder vors Gesicht, bis ich dich rufen werde, oder bis du mir Briefe von Berlin bringst! – Ich kann sie kaum erwarten. So macht es die übermäßige Freude! Zwar sollte ich Hoffnung sagen, weil jene nur auf das Gegenwärtige, und diese auf das Zukünftige geht. Doch hier ist

das Zukünftige schon so gewiß, als das Gegenwärtige. Ich brauche die Sprache der Propheten, die ihrer Sachen doch unmöglich so gewiß sein konnten. – – Die ganze Akademie müßte blind sein. – – Nun, was stehst du noch da? Wirst du gehen?

ZEHNTER AUFTRITT

Lisette. Damis

LISETTE. Da sehen Sie! so lobten Sie die Leute.
DAMIS. Ah, wann die Leute nicht besser loben können, so möchten sie es nur gar bleiben lassen. Ich will mich nicht rühmen, aber doch so viel kann ich mir ohne Hochmut zutrauen: ich will meiner Braut die Wahl lassen, ob sie lieber einen Doktor der Gottesgelahrheit, oder der Rechte, oder der Arzneikunst, zu ihrem Manne haben will. In allen drei Fakultäten habe ich disputiert; in allen dreien habe ich – –
LISETTE. Sie sprechen von einer Braut? heiraten Sie denn wirklich?
DAMIS. Hat Sie auch schon davon gehört, Lisette?
LISETTE. Kömmt denn wohl ohn unser einer irgend in einem Hause eine Heirat zu Stande? Aber eingebildet hätte ich mir es nimmermehr, daß Sie sich für Julianen entschließen würden! für Julianen!
DAMIS. Größten Teils tue ich es dem Vater zugefallen, der auf die außerordentlichste Weise deswegen in mich dringt. Ich weiß wohl, daß Juliane meiner nicht wert ist. Allein soll ich einer solchen Kleinigkeit wegen, als eine Heirat ist, den Vater vor den Kopf stoßen? Und dazu habe ich sonst einen Einfall, der mir ganz wohl lassen wird.
LISETTE. Freilich ist Juliane Ihrer nicht wert; und wenn nur alle Leute die gute Mamsell so kennten, als ich – –

Eilfter Auftritt

Anton. Damis. Lisette

ANTON *(vor sich)*. Ich kann die Leute unmöglich so alleine lassen. – – Herr Valer fragt, ob Sie in Ihrer Stube sind? Sind Sie noch da, Herr Damis?

DAMIS. Sage mir nur, Unwissender, hast du dir es denn heute recht vorgesetzt, mir beschwerlich zu fallen?

LISETTE. So lassen Sie ihn nur da, Herr Damis. Er bleibt doch nicht weg –

ANTON. Ja, jetzt soll ich da bleiben; jetzt, da es schon vielleicht vorbei ist, was ich nicht hören und sehen sollte.

DAMIS. Was soll denn vorbei sein?

ANTON. Das werden Sie wohl wissen.

LISETTE *(sachte)*. Jetzt, Anton, hilf mir, Julianen bei deinem Herrn recht schwarz machen. Willst du?

ANTON. Ei ja doch! zum Danke vielleicht –

LISETTE. So schweig wenigstens. – – Notwendig, Herr Damis, müssen Sie mit Julianen übel fahren. Ich betaure Sie im voraus. Der ganze Erdboden trägt kein ärgeres Frauenzimmer – –

ANTON. Glauben Sie es nicht, Herr Damis; Juliane ist ein recht gut Kind. Sie können mit keiner in der Welt besser fahren. Ich wünsche Ihnen im voraus Glück.

LISETTE. Wahrhaftig! du mußt gegen deinen Herrn sehr redlich gesinnt sein, daß du ihm eine so unerträgliche Plage an den Hals schwatzen willst.

ANTON. Noch weit redlicher mußt du gegen deine Mamsell sein, daß du ihr einen so guten Ehemann, als Herr Damis werden wird, mißgönnest.

LISETTE. Einen guten Ehemann? Nun wahrhaftig, ein guter Ehemann, das ist auch alles, was sie sich wünscht. Ein Mann, der alles gut sein läßt – –

ANTON. Ho! ho! alles? Hören Sie, Herr Damis, für was Sie Lisette ansieht? Aus der Ursache möchtest du wohl selbst gern seine Frau sein? Alles? ei! unter das alles, gehört wohl auch? – – du verstehst mich doch? –

DAMIS. Aber im Ernste, Lisette; glaubt Sie wirklich, daß Ihre Jungfer eine rechte böse Frau werden wird? Hat sie in der Tat viel schlimme Eigenschaften?
LISETTE. Viel? Sie hat sie alle, die man haben kann; auch nicht die ausgenommen, die einander widersprechen.
DAMIS. Will Sie mir nicht ein Verzeichnis davon geben?
LISETTE. Wo soll ich anfangen? – Sie ist albern – –
DAMIS. Kleinigkeit!
ANTON. Und ich sage: Lügen!
LISETTE. Sie ist zänkisch – –
DAMIS. Kleinigkeit!
ANTON. Und ich sage: Lügen!
LISETTE. Sie ist eitel – –
DAMIS. Kleinigkeit!
ANTON. Lügen! sag ich.
LISETTE. Sie ist keine Wirtin – –
DAMIS. Kleinigkeit!
ANTON. Lügen!
LISETTE. Sie wird Sie durch übertriebenen Staat, durch beständige Ergötzlichkeiten und Schmausereien, um alle das Ihrige bringen –
DAMIS. Kleinigkeit!
ANTON. Lügen!
LISETTE. Sie wird Ihnen die Sorge um eine Herde Kinder auf den Hals laden –
DAMIS. Kleinigkeit!
ANTON. Das tun die besten Weiber am ersten.
LISETTE. Aber um Kinder, die aus der rechten Quelle nicht geholt sind.
DAMIS. Kleinigkeit!
ANTON. Und zwar Kleinigkeit nach der Mode!
LISETTE. Kleinigkeit? aber was denken Sie denn Herr Damis?
DAMIS. Ich denke, daß Juliane nicht arg genug sein kann. Ist sie albern? ich bin desto klüger; ist sie zänkisch? ich bin desto gelassener; ist sie eitel? ich bin desto philosophischer gesinnt; vertut sie? sie wird aufhören wenn sie nichts mehr hat; ist sie fruchtbar? so mag sie sehen, was sie vermag,

wann sie es mit mir um die Wette sein will. Ein jedes mache sich ewig, womit es kann; das Weib durch Kinder, der Mann durch Bücher.

ANTON. Aber merken Sie denn nicht, daß Lisette ihre Ursachen haben muß, Julianen so zu verleumden?

DAMIS. Ach freilich merk ich es. Sie gönnt mich ihr, und beschreibt sie mir also vollkommen nach meinem Geschmacke. Sie hat es ohne Zweifel geschlossen, daß ich ihre Mamsell nur eben deswegen, weil sie das unerträglichste Frauenzimmer ist, heiraten will.

LISETTE. Nur deswegen? nur deswegen? und das hätte ich geschlossen? Ich müßte Sie für irre im Kopfe gehalten haben. Überlegen Sie doch nur – –

DAMIS. Das geht zu weit, Lisette! Traut Sie mir keine Überlegung zu? Was ich gesagt habe, ist die Frucht einer nur allzuscharfen Überlegung. Ja, es ist beschlossen: ich will die Zahl der unglücklich scheinenden Gelehrten, die sich mit bösen Weibern vermählt haben, vermehren. Dieser Vorsatz ist nicht von heute.

ANTON. Nein, wahrhaftig! – Was aber der Teufel nicht tun kann! Wer hätte es sich jetzt sollen träumen lassen, jetzt da es Ernst werden soll? Ich muß lachen; Lisette wollte ihn von der Heirat abziehen, und hat ihn nur mehr dazu beredt; und ich, ich wollte ihn dazu bereden, und hätte ihn bald davon abgezogen.

DAMIS. Einmal soll geheiratet sein. Auf eine recht gute Frau darf ich mir nicht Rechnung machen; also wähle ich mir eine recht schlimme. Eine Frau von der gemeinen Art, die weder kalt, noch warm, weder recht gut, noch recht schlimm ist, taugt für einen Gelehrten nichts, ganz und gar nichts! Wer wird sich nach seinem Tode um sie bekümmern? Gleichwohl verdient er es doch, daß sein ganzes Haus mit ihm unsterblich bleibe. Kann ich keine Frau haben, die einmal ihren Platz in einer Abhandlung de bonis Eruditorum uxoribus findet, so will ich wenigstens eine haben, mit welcher ein fleißiger Mann seine Sammlung de malis Eruditorum uxoribus vermehren kann. Ja, ja; ich bin es ohnehin meinem Vater, als der einzige Sohn, schuldig, auf die Erhaltung seines Namens mit der äußersten Sorgfalt bedacht zu sein.

LISETTE. Kaum kann ich mich von meinem Erstaunen erholen – – Ich habe Sie, Herr Damis, für einen so großen Geist gehalten – –

DAMIS. Und das nicht mit Unrecht. Doch eben hierdurch, glaube ich, den stärksten Beweis davon zu geben.

LISETTE. Ich möchte platzen! – – Ja, ja, den stärksten Beweis, daß niemand schwerer zu fangen ist, als ein junger Gelehrter; nicht sowohl wegen seiner Einsicht und Verschlagenheit, als wegen seiner Narrheit.

DAMIS. Wie so naseweis, Lisette? Ein junger Gelehrter? – – ein junger Gelehrter? – –

LISETTE. Ich will Ihnen die Verweise ersparen. Valer soll gleich von allem Nachricht bekommen. Ich bin Ihre Dienerin.

Zwölfter Auftritt

Anton. Damis

ANTON. Da sehen Sie! nun läuft sie fort, da Sie nach ihrer Pfeife nicht tanzen wollen. –

DAMIS. Mulier non Homo! bald werde ich auch dieses Paradoxon für wahr halten. Wodurch zeigt man, daß man ein Mensch ist? Durch den Verstand. Wodurch zeigt man, daß man Verstand hat? Wann man die Gelehrten und die Gelehrsamkeit gehörig zu schätzen weiß. Dieses kann kein Weibsbild, und also hat es keinen Verstand, und also ist es kein Mensch. Ja, wahrhaftig ja; in diesem Paradoxo liegt mehr Wahrheit, als in zwanzig Lehrbüchern.

ANTON. Wie ist mir denn? ich habe Ihnen doch gesagt, daß Sie Herr Valer gesucht hat? Wollen Sie nicht gehen und ihn sprechen?

DAMIS. Valer? ich will ihn erwarten. Die Zeiten sind vorbei, da ich ihn hochschätzte. Er hat seit einigen Jahren die Bücher bei Seite gelegt; er hat sich das Vorurteil in den Kopf setzen lassen, daß man sich vollends durch den Umgang, und durch die Kenntnis der Welt, geschickt machen müsse, dem Staate nützliche Dienste zu leisten. Was kann ich mehr tun, als ihn betauern? Doch ja, endlich werde ich mich auch seiner schämen müssen. Ich werde mich schämen müssen, daß ich ihn ehemals meiner Freundschaft wert geschätzt habe. O wie ekel muß man in der Freundschaft sein! Doch was hat es geholfen, daß ich es bis auf den höchsten Grad gewesen bin? Umsonst habe ich mich vor der Bekanntschaft aller mittelmäßigen Köpfe gehütet; umsonst habe ich mich bestrebt, nur mit Genies, nur mit originellen Geistern umzugehen: dennoch mußte mich Valer, unter der Larve eines solchen, hintergehen. O Valer! Valer!

ANTON. Laut genug, wenn er es hören soll.

DAMIS. Ich hätte über sein kaltsinniges Kompliment bersten mögen! Von was unterhielt er mich? von nichtswürdigen Kleinigkeiten. Und gleichwohl kam er von Berlin, und gleichwohl hätte er mir die allerangenehmste Neuigkeit zuerst berichten können. O Valer! Valer!

ANTON. St! wahrhaftig er kömmt. Sehen Sie, daß er sich nicht dreimal rufen läßt?

Dreizehnter Auftritt

Damis. Valer. Anton

VALER. Verzeihen Sie, liebster Freund, daß ich Sie in Ihrer gelehrten Ruhe störe – –

ANTON. Wenn er doch gleich sagte, Faulheit.

DAMIS. Stören? ich sollte glauben, daß Sie mich zu stören kämen? Nein, Valer, ich kenne Sie zu wohl; Sie kommen, mir die angenehmsten Neuigkeiten zu hinterbringen, die der Aufmerksamkeit eines Gelehrten, der seine Belohnung erwartet, würdig sind. – – Einen Stuhl, Anton! – – Setzen Sie sich.

VALER. Sie irren sich, liebster Freund. Ich komme Ihnen die Unbeständigkeit Ihres Vaters zu klagen; ich komme, eine

Erklärung von Ihnen zu verlangen, von welcher mein ganzes Glück abhängen wird. – –

DAMIS. O! ich konnte es Ihnen gleich ansehen, daß Sie vorhin die Gegenwart meines Vaters abhielt, sich mit mir vertraulicher zu besprechen, und mir Ihre Freude über die Ehre zu bezeigen, die mir der billige Ausspruch der Akademie – –

VALER. Nein, allzugelehrter Freund; lassen Sie uns einen Augenblick von etwas minder Gleichgültigem reden.

DAMIS. Von etwas minder Gleichgültigem? Also ist Ihnen meine Ehre gleichgültig? Falscher Freund! – –

VALER. Ihnen wird diese Benennung zukommen, wann Sie mich länger von dem, was für ein zärtliches Herz das Wichtigste ist, abbringen werden. Ist es wahr, daß Sie Julianen heiraten wollen? daß Ihr Vater dieses allzuzärtliche Frauenzimmer durch Bande der Dankbarkeit binden will, in seiner Wahl minder frei zu handeln? Habe ich Ihnen jemals aus meiner Neigung gegen Julianen ein Geheimnis gemacht? Haben Sie mir nicht von je her versprochen, meiner Liebe behülflich zu sein?

DAMIS. Sie ereifern sich, Valer; und vergessen, daß ein Weibsbild die Ursache ist. Schlagen Sie sich diese Kleinigkeit aus dem Sinne – Sie müssen in Berlin gewesen sein, da die Akademie den Preis auf dieses Jahr ausgeteilet hat. Die Monaden sind die Aufgabe gewesen. Sollten Sie nicht etwa gehört haben, daß die Devise –

VALER. Wie grausam sind Sie, Damis! So antworten Sie mir doch!

DAMIS. Und Sie wollen mir nicht antworten? Besinnen Sie sich; sollte nicht die Devise: Unum est necessarium, sein gekrönt worden? Ich schmeichle mir wenigstens – –

VALER. Bald schmeichle ich mir nun mit nichts mehr, da ich Sie so ausschweifend sehe. Bald werde ich nun auch glauben müssen, daß die Nachricht, die ich für eine Spötterei von Lisetten gehalten habe, gegründet sei. Sie halten Julianen für Ihrer unwert, Sie halten sie für die Schande ihres Geschlechts; und eben deswegen wollen Sie sie heiraten? Was für ein ungeheurer Einfall!

DAMIS. Ha! ha! ha!
VALER. Ja lachen Sie nur, Damis, lachen Sie nur! Ich bin ein Tor, daß ich einen Augenblick solchen Unsinn von Ihnen habe glauben können. Sie haben Lisetten zum besten gehabt, oder Lisette mich. Nein, nur in ein zerrüttetes Gehirn kann ein solcher Entschluß kommen! Ihn zu verabscheuen, braucht man nur vernünftig zu denken, und lange nicht edel, wie Sie doch zu denken gewohnt sind. Aber lösen Sie mir, ich bitte Sie, dieses marternde Rätsel!
DAMIS. Bald werden Sie mich, Valer, auf Ihr Geschwätze aufmerksam gemacht haben. So verlangen Sie doch in der Tat, daß ich meinen Ruhm Ihrer törichten Neigung nachsetzen soll? Meinen Ruhm! – – Doch wahrhaftig, ich will vielmehr glauben, daß Sie scherzen. Sie wollen versuchen, ob ich in meinen Entschließungen auch wankelhaft bin.
VALER. Ich scherzen? der Scherz sei verflucht, der mir hier in den Sinn kommt! – –
DAMIS. Desto lieber ist mir es, wann Sie endlich ernsthaft reden wollen. Was ich Ihnen sage: die Schrift mit der Devise Unum est necessarium – –

VIERZEHNTER AUFTRITT

Chrysander. Damis. Valer. Anton

CHRYSANDER *(mit einem Zeitungsblatte in der Hand).* Nun, nicht wahr, Herr Valer? mein Sohn ist nicht von der Heirat abzubringen? Sehen Sie, daß nicht sowohl ich, als er auf diese Heirat dringt?
DAMIS. Ich? ich auf die Heirat dringen?
CHRYSANDER. St! st! st!
DAMIS. Ei was st, st? Meine Ehre leidet hierunter. Könnte man nicht auf die Gedanken kommen, wer weiß was mir an einer Frau gelegen sei?
CHRYSANDER. St! st! st!
VALER. O brauchen Sie doch keine Umstände. Ich sehe es ja wohl; Sie sind mir beide entgegen. Was für ein Unglück hat mich in dieses Haus führen müssen! Ich muß eine lie-

benswürdige Person antreffen; ich muß ihr gefallen, und muß doch endlich, nach vieler Hoffnung, alle Hoffnung verlieren. Damis, wenn ich jemals einiges Recht auf Ihre Freundschaft gehabt habe – –

DAMIS. Aber, nicht wahr, Valer? einer Sache wegen, muß man auf die Berlinische Akademie recht böse sein? Bedenken Sie doch, sie will künftig die Aufgaben zu dem Preise, zwei Jahr vorher, bekannt machen. Warum denn zwei Jahr? war es nicht an einem genug? Hält sie denn die Deutschen für so langsame Köpfe? Seit ihrer Erneuerung habe ich jedes Jahr meine Abhandlung mit eingeschickt; aber, ohne mich zu rühmen, länger als acht Tage habe ich über keine zugebracht.

CHRYSANDER. Wißt ihr denn aber auch, ihr lieben Leute, was in den Niederlanden vorgegangen ist? Ich habe hier eben die neuste Zeitung. Sie haben sich die Köpfe wacker gewaschen. Doch die Alliierten, ich bin in der Tat recht böse auf sie. Haben sie nicht wieder einen wunderbaren Streich gemacht! –

ANTON. Nun, da reden alle drei etwas anders! Der spricht von der Liebe; der von seinen Abhandlungen; der vom Kriege. Wenn ich auch etwas Besonders reden soll, so werde ich vom Abendessen reden. Vom Mittage an, bis auf den Abend um sechs Uhr, zu fasten, sind keine Narrenspossen.

VALER. Unglückliche Liebe!

DAMIS. Die unbesonnene Akademie!

CHRYSANDER. Die dummen Alliierten!

ANTON. Die vierte Stimme fehlt noch: die langsamen Bratenwender!

FUNFZEHNTER AUFTRITT

Lisette. Damis. Valer. Chrysander. Anton

LISETTE. Nun Herr Chrysander? ich glaubte, Sie hätten die Herren zu Tische rufen wollen? Ich sehe aber, Sie wollen selbst gerufen sein. Es ist schon aufgetragen.

ANTON. Das war die höchste Zeit! dem Himmel sei Dank!
CHRYSANDER. Es ist wahr; es ist wahr; ich hätte es bald vergessen. Der Zeitungsmann hielt mich auf der Treppe auf. Kommen Sie, Herr Valer; wir wollen die jetzigen Staatsgeschäfte ein wenig mit einander bei einem Gläschen überlegen. Schlagen Sie sich Julianen aus dem Kopfe. Und du, mein Sohn, du magst mit deiner Braut schwatzen. Du wirst gewiß eine wackre Frau an ihr haben; nicht so eine Xantippe, wie – –
DAMIS. Xantippe? wie verstehen Sie das? Sind Sie etwa auch noch in dem pöbelhaften Vorurteile, daß Xantippe eine böse Frau gewesen sei?
CHRYSANDER. Willst du sie etwa für eine gute halten? Du wirst doch nicht die Xantippe verteidigen? Pfui! das heißt einen ABCschnitzer machen. Ich glaube, ihr Gelehrten, je mehr ihr lernt, je mehr vergeßt ihr.
DAMIS. Ich behaupte aber, daß man kein einzig tüchtiges Zeugnis für Ihre Meinung anführen kann. Das ist das erste, was die ganze Sache verdächtig macht; und zum andern – –
LISETTE. Das ewige Geplaudre!
CHRYSANDER. Lisette hat Recht! Mein Sohn, contra principia negantem, non est disputandum. Kommt! Kommt!

(Chrysander, Damis und Anton gehen ab)

VALER. Nun ist alles für mich verloren, Lisette. Was soll ich anfangen?
LISETTE. Ich weiß keinen Rat; wann nicht der Brief – –
VALER. Dieser Betrug wäre zu arg, und Juliane will ihn nicht zugeben.
LISETTE. Ei, was Betrug? Wenn der Betrug nützlich ist, so ist er auch erlaubt. Ich sehe es wohl, ich werde es selbst tun müssen. Kommen Sie nur fort, und fassen Sie wieder Mut.

Ende des zweiten Aufzuges

DRITTER AUFZUG

Erster Auftritt

Lisette. Anton

LISETTE. So warte doch, Anton.
ANTON. Ei, laß mich zufrieden. Ich mag mit dir nichts zu tun haben.
LISETTE. Wollen wir uns also nicht wieder versöhnen? Willst du nicht tun, was ich dich gebeten habe?
ANTON. Dir sollte ich etwas zu gefallen tun?
LISETTE. Anton, lieber Anton, goldner Anton, tu es immer. Wie leicht kannst du nicht dem Alten den Brief geben, und ihm sagen, der Postträger habe ihn gebracht?
ANTON. Geh! du Schlange! Wie sie nun schmeicheln kann! – – Halte mich nicht auf. Ich soll meinem Herrn ein Buch bringen. Laß mich gehen.
LISETTE. Deinem Herrn ein Buch? Was will er denn mit dem Buche bei Tische?
ANTON. Die Zeit wird ihm lang; und will er nicht müßige Weile haben, so muß er sich doch wohl etwas zu tun machen.
LISETTE. Die Zeit wird ihm lang? bei Tische? Wenn es noch in der Kirche wäre. Reden sie denn nichts?
ANTON. Nicht ein Wort. Ich bin ein Schelm, wenn es auf einem Todenmahle so stille zugehen kann.
LISETTE. Wenigstens wird der Alte reden.
ANTON. Der redt, ohne zu reden. Er ißt, und redt zugleich; und ich glaube, er gäbe wer weiß was darum, wenn er noch dazu trinken könnte, und das alles dreies auf einmal. Das Zeitungsblatt liegt neben dem Teller; das eine Auge sieht auf den, und das andre auf jenes. Mit dem einen Backen kaut er, und mit dem andern redt er. Da kann es freilich nun nicht anders sein, die Worte müssen auf dem Gekau-

ten sitzen bleiben, so daß man ihn mit genauer Not noch murmeln hört.

LISETTE. Was machen aber die übrigen?

ANTON. Die übrigen? Valer und Juliane sind wie halb tod. Sie essen nicht, und reden nicht; sie sehen einander an; sie seufzen; sie schlagen die Augen nieder; sie schielen bald nach dem Vater, bald nach dem Sohne; sie werden weiß; sie werden rot. Der Zorn und die Verzweiflung sieht beiden aus den Augen. – Aber juchhe! so recht! Siehst du, daß es nicht nach deinem Kopfe gehen muß? Mein Herr soll Julianen haben, und wenn – –

LISETTE. Ja, dein Herr! Was macht aber der?

ANTON. Lauter dumme Streiche. Er krützelt mit der Gabel auf dem Teller; hängt den Kopf; bewegt das Maul, als ob er mit sich selbst redte; wackelt mit dem Stuhle; stößt einmal ein Weinglas um; läßt es liegen; tut, als wenn er nichts merkte, bis ihm der Wein auf die Kleider laufen will; nun fährt er auf, und spricht wohl gar, ich hätte es umgegossen – Doch genug geplaudert; er wird auf mich fluchen, wo ich ihm das Buch nicht bald bringe. Ich muß es doch suchen. Auf dem Tische, zur rechten Hand, soll es liegen. Ja zur rechten Hand; welche rechte Hand meint er denn? Trete ich so, so ist das die rechte Hand; trete ich so, so ist sie das; trete ich so, so ist sie das; und das wird sie, wenn ich so trete. *(Tritt an alle vier Seiten des Tisches)* Sage mir doch, Lisette, welches ist denn die rechte rechte Hand?

LISETTE. Das weiß ich so wenig, als du. Schade auf das Buch; er mag es selbst holen. Aber, Anton, wir vergessen das Wichtigste; den Brief –

ANTON. Kömmst du mir schon wieder mit deinem Briefe? Denkt doch; deinetwegen soll ich meinen Herrn betriegen?

LISETTE. Es soll aber dein Schade nicht sein.

ANTON. So? ist es mein Schade nicht, wann ich das, was mir Chrysander versprochen hat, muß sitzen lassen?

LISETTE. Dafür aber verspricht dich Valer schadlos zu halten.

ANTON. Wo verspricht er mir es denn?

LISETTE. Wunderliche Haut! ich verspreche es dir an seiner Statt.

ANTON. Und wenn du es auch an seiner Statt halten sollst, so werde ich viel bekommen. Nein, nein; ein Sperling in der Hand ist besser, als eine Taube auf dem Dache.

LISETTE. Wann du die Taube gewiß fangen kannst, so wird sie doch besser sein, als der Sperling?

ANTON. Gewiß fangen! als wenn sich alles fangen ließe? Nicht wahr, wann ich die Taube haschen will, so muß ich den Sperling aus der Hand fliegen lassen?

LISETTE. So laß ihn fliegen.

ANTON. Gut! und wann sich nun die Taube auch davon macht? Nein, nein, Jungfer, so dumm ist Anton nicht.

LISETTE. Was du für kindische Umstände machst! Bedenke doch, wie glücklich du sein kannst.

ANTON. Wie denn? laß doch hören.

LISETTE. Valer hat versprochen, mich auszustatten. Was sind so einem Kapitalisten tausend Taler?

ANTON. Auf die machst du dir Rechnung?

LISETTE. Wenigstens. Dich würde er auch nicht leer ausgehen lassen, wann du mir behülflich wärest. Ich hätte alsdenn Geld; du hättest auch Geld: könnten wir nicht ein allerliebstes Paar werden?

ANTON. Wir? ein Paar? Wenn dich mein Herr nicht versteckt hätte.

LISETTE. Tust du nicht recht albern! Ich habe dir ja alles erzählt, was unter uns vorgegangen ist. Dein Herr, das Bücherwürmchen!

ANTON. Ja, auch das sind verdammte Tiere, die Bücherwürmer. Es ist schon wahr, ein Mädel, wie du, mit tausend Taler, die ist wenigstens tausend Taler wert; aber nur das Kabinett – – das Kabinett – –

LISETTE. Höre doch einmal auf, Anton, und laß dich nicht so lange bitten.

ANTON. Warum willst du aber dem Alten den Brief nicht selbst geben?

LISETTE. Ich habe dir ja gesagt, was darin steht. Wie leicht könnte Chrysander nicht argwöhnen – –

ANTON. Ja, ja, mein Äffchen, ich merk es schon; du willst die Kastanien aus der Asche haben, und brauchst Katzenpfoten dazu.

LISETTE. Je nun, mein liebes Katerchen, tu es immer!
ANTON. Wie sie es einem ans Herze legen kann! Liebes Katerchen! Gib nur her, den Brief; gib nur!
LISETTE. Da, mein unvergleichlicher Anton –
ANTON. Aber es hat doch mit der Ausstattung seine Richtigkeit? – –
LISETTE. Verlaß dich drauf – –
ANTON. Und mit meiner Belohnung oben drein? – –
LISETTE. Desgleichen.
ANTON. Nun wohl, der Brief ist übergeben!
LISETTE. Aber so bald, als möglich –
ANTON. Wenn du willst, jetzt gleich. Komm! – Potz Stern! wer kömmt? – – Zum Henker, es ist Damis.

ZWEITER AUFTRITT

Damis. Anton. Lisette

DAMIS. Wo bleibt denn der Schlingel mit dem Buche?
ANTON. Ich wollte gleich, ich wollte – Lisette und – – Kurz, ich kann es nicht finden, Herr Damis.
DAMIS. Nicht finden? Ich habe dir ja gesagt, auf welcher Hand es liegt.
ANTON. Auf der rechten, haben Sie wohl gesagt; aber nicht auf welcher rechten? Und das wollte ich Sie gleich fragen kommen.
DAMIS. Dummkopf, kannst du nicht so viel erraten, daß ich von der Seite rede, an welcher ich sitze?
ANTON. Es ist auch wahr, Lisette; und darüber haben wir uns den Kopf zerbrochen! Herr Damis ist doch immer klüger, als wir! *(indem er ihm hinterwärts einen Mönch sticht)* Nun will ich es wohl finden. Weiß eingebunden, roten Schnitt, nicht? Gehen Sie nur, ich will es gleich bringen.
DAMIS. Ja, nun ist es Zeit, da wir schon vom Tische aufgestanden sind.
ANTON. Schon aufgestanden? Zum Henker, ich bin noch nicht satt. Sind sie schon alle, alle aufgestanden?

DAMIS. Mein Vater wird noch sitzen, und die Zeitung auswendig lernen, damit er Morgen in seinem Kränzchen, den Staatsmann spielen kann. Geh geschwind, wenn du glaubst, von seinen politischen Brocken satt zu werden. Was will aber Lisette hier?

LISETTE. Bin ich jetzt nicht eben sowohl zu leiden, als vorhin?

DAMIS. Nein, wahrhaftig nein. Vorhin glaubte ich, Lisette hätte wenigstens so viel Verstand, daß ihr Plaudern auf eine Viertelstunde erträglich sein könnte; aber ich habe mich geirrt. Sie ist so dumm, wie alle übrige im Hause.

LISETTE. Ich habe die Ehre, mich im Namen aller übrigen zu bedanken.

ANTON. Verzweifelt! das geht ja jetzt aus einem ganz andern Tone! Gott gebe, daß sie sich recht zanken! Aber zuhören mag ich nicht – – Lisette, ich will immer gehen.

LISETTE *(sachte)*. Den Brief vergiß nicht; geschwind!

DAMIS. So! hast du Lisetten um Urlaub zu bitten? Ich befehle dir: bleib da. Ich wüßte nicht, wohin du zu gehen hättest.

ANTON. Auf die Post, Herr Damis; auf die Post!

DAMIS. Doch, es ist wahr; nun so geh! geh!

Dritter Auftritt

Damis. Lisette

DAMIS. Lisette kann sich nur auch gleich mit fortmachen. Will denn meine Stube heute gar nicht leer werden? Bald ist der da, bald jener; bald die, bald jene. Soll ich denn nicht einen Augenblick allein sein? *(Setzt sich an seinen Tisch)* Die Musen verlangen Einsamkeit, und nichts verjagt sie eher, als der Tumult. Ich habe so viele und wichtige Verrichtungen, daß ich nicht weiß, wo ich zuerst anfangen soll; und gleichwohl stört man mich. Mit der Heirat, mit einer so nichtswürdigen Sache, ist der größte Teil des Nachmittags darauf gegangen; soll mir denn auch der Abend durch das ewige Hin- und Widerlaufen entrissen

werden? Ich glaube, daß in keinem Hause der Müßiggang so herrschen kann, als in diesem.
LISETTE. Und besonders auf dieser Stube.
DAMIS. Auf dieser Stube? Ungelehrte! Unwissende!
LISETTE. Ist das geschimpft, oder gelobt?
DAMIS. Was für eine niederträchtige Seele! die Unwissenheit, die Ungelehrsamkeit für keinen Schimpf zu halten! für keinen Schimpf? So möchte ich doch die Begriffe wissen, die eine so unsinnige Schwätzerin von Ehre und Schande hat. Vielleicht, daß bei ihr die Gelehrsamkeit ein Schimpf ist?
LISETTE. Wahrhaftig, wann sie durchgängig von dem Schlage ist, wie bei Ihnen – –
DAMIS. Nein, das ist sie nicht. Die wenigsten haben es so weit gebracht – –
LISETTE. Daß man nicht unterscheiden kann, ob sie närrisch, oder gelehrt sind? – –
DAMIS. Ich möchte aus der Haut fahren –
LISETTE. Tun Sie das, und fahren Sie in eine klügere.
DAMIS. Wie lange soll ich noch den Beleidigungen der nichtswürdigsten Kreatur ausgesetzt sein? – – Tausend würden sich glücklich preisen, wenn sie nur den zehnten Teil meiner Verdienste hätten. Ich bin erst zwanzig Jahr alt; und wie viele wollte ich finden, die dieses Alter beinahe dreimal auf sich haben, und gleichwohl mit mir – – Doch ich rede umsonst. Was kann es mir für Ehre bringen, eine Unsinnige von meiner Geschicklichkeit zu überführen? Ich verstehe sieben Sprachen vollkommen, und bin erst zwanzig Jahr alt. In dem ganzen Umfange der Geschichte, und in allen mit ihr verwandten Wissenschaften, bin ich ohne gleichen – –
LISETTE. Und Sie sind erst zwanzig Jahr alt!
DAMIS. Wie stark ich in der Weltweisheit bin, bezeugt die höchste Würde, die ich schon vor drei Jahren darin erhalten habe. Noch unwidersprechlicher wird es die Welt jetzt aus meiner Abhandlung von den Monaden erkennen. – – Ach, die verwünschte Post! – –
LISETTE. Und Sie sind erst zwanzig Jahr alt!

DAMIS. Von meiner mehr als demosthenischen Beredsamkeit, kann meine satirische Lobrede auf den Nix der Nachwelt eine ewige Probe geben.
LISETTE. Und Sie sind erst zwanzig Jahr alt!
DAMIS. Freilich! Auch in der Poesie darf ich meine Hand nach dem unvergänglichsten Lorbeer ausstrecken. Gegen mich kriecht Milton, und Haller ist gegen mich ein Schwätzer. Meine Freunde, welchen ich sonst zum öftern meine Versuche, wie ich sie zu nennen beliebe, vorgelesen habe, wollen jetzt gar nichts mehr davon hören, und versichern mich allezeit auf das aufrichtigste, daß sie schon genugsam von meiner mehr als göttlichen Ader überzeugt wären.
LISETTE. Und Sie sind erst zwanzig Jahr alt!
DAMIS. Kurz, ich bin ein Philolog, ein Geschichtskundiger, ein Weltweiser, ein Redner, ein Dichter – –
LISETTE. Und Sie sind erst zwanzig Jahr alt! Ein Weltweiser ohne Bart, und ein Redner, der noch nicht mündig ist! schöne Raritäten!
DAMIS. Fort! den Augenblick aus meiner Stube!
LISETTE. Den Augenblick? Ich möchte gar zu gern die schöne Ausrufung: und Sie sind erst zwanzig Jahr alt! noch einmal anbringen. Haben Sie nichts mehr an sich zu rühmen? O noch etwas! Wollen Sie nicht? Nun so will ich es selbst tun. Hören Sie recht zu, Herr Damis: Sie sind noch nicht klug, und sind schon zwanzig Jahr alt!
DAMIS. Was? wie? *(Steht zornig auf)*
LISETTE. Leben Sie wohl! Leben Sie wohl!
DAMIS. Himmel! was muß man von den ungelehrten Bestien erdulden! Ist es möglich von einem unwissenden Weibsbilde – –

VIERTER AUFTRITT

Chrysander. Anton. Damis

CHRYSANDER. Das ist ein verfluchter Brief, Anton! Ei! ei! mein Sohn, mein Sohn, post coenam stabis, vel passus mille meabis. Du wirst doch nicht schon wieder sitzen?

DAMIS. Ein andrer, der nichts zu tun hat, mag sich um dergleichen barbarische Gesundheitsregeln bekümmern. Wichtige Beschäftigungen –

CHRYSANDER. Was willst du von wichtigen Beschäftigungen reden?

DAMIS. Ich nicht, Herr Vater? Die meisten von den Büchern, die Sie hier auf dem Tische sehen, warten Teils auf meine Noten, Teils auf meine Übersetzung, Teils auf meine Widerlegung, Teils auf meine Verteidigung, Teils auch auf mein bloßes Urteil.

CHRYSANDER. Laß sie warten! Jetzt – –

DAMIS. Jetzt kann ich freilich nicht alles auf einmal verrichten. Wann ich nur erst mit dem Wichtigsten werde zu Stande sein. Sie glauben nicht, was mir hier eine gewisse Untersuchung für Nachschlagen und Kopfbrechen kostet. Noch eine einzige Kleinigkeit fehlt mir, so habe ich es bewiesen, daß sich Kleopatra die Schlangen an den Arm, und nicht an die Brust, gesetzt hat – –

CHRYSANDER. Die Schlangen taugen nirgends viel. Mir wäre beinahe jetzt auch eine in Busen gekrochen; aber noch ist es Zeit. Höre einmal, mein Sohn; hier habe ich einen Brief bekommen, der mich – –

DAMIS. Wie? einen Brief? einen Brief? Ach lieber Anton! einen Brief? Liebster Herr Vater, einen Brief? von Berlin? Lassen Sie mich nicht länger warten; wo ist er? Nicht wahr, nunmehr werden Sie aufhören an meiner Geschicklichkeit zu zweifeln? Wie glücklich bin ich! Anton, weißt du es auch schon, was darin steht?

CHRYSANDER. Was schwärmst du wieder? Der Brief ist nicht von Berlin; er ist von meinem Advokaten aus Dresden, und nach dem, was er schreibt, kann aus deiner Heirat mit Julianen nichts werden.

DAMIS. Nichtswürdiger Kerl! so bist du noch nicht wieder auf der Post gewesen?

ANTON. Ich habe es Ihnen ja gesagt, daß vor neun Uhr für mich auf der Post nichts zu tun ist.

DAMIS. Ah, verberabilissime, non fur, sed trifur! Himmel! daß ich vor Zorn so gar des Plautus Schimpfwörter brauchen muß. Wird dir denn ein vergebner Gang gleich den Hals kosten?

ANTON. Schimpften Sie mich? Weil ich es nicht verstanden habe, so mag es hingehen.

CHRYSANDER. Aber sage mir nur, Damis; nicht wahr, du hast doch einen kleinen Widerwillen gegen Julianen? Wenn das ist, so will ich dich nicht zwingen. Du mußt wissen, daß ich keiner von den Vätern bin – –

DAMIS. Ist die Heirat schon wieder auf dem Tapete? Wann Sie doch, wegen meines Widerwillens unbesorgt sein wollten. Genug, ich heirate sie – –

CHRYSANDER. Das heißt so viel, du volltest dich meinetwegen zwingen? Das will ich durchaus nicht. Wenn du gleich mein Sohn bist, so bist du doch ein Mensch; und jeder Mensch wird frei geboren, er muß machen können, was er will; und – Kurz, – ich gebe dir dein Wort wieder zurück.

DAMIS. Wieder zurück? und vor einigen Stunden konnte ich mich nicht hurtig genug entschließen? Wie soll ich das verstehen?

CHRYSANDER. Das sollst du so verstehen, daß ich es überlegt habe, und daß, weil dir Juliane nicht gefällt, sie mir auch nicht ansteht; daß ich ihre wahren Umstände in diesem Briefe wieder gefunden habe, und daß – – Du siehst es ja, daß ich den Brief nur jetzt gleich bekommen habe. Ich weiß zwar wahrhaftig nicht, was ich davon denken soll? Die Hand meines Advokaten ist es nicht –

(Damis setzt sich wieder an den Tisch)

ANTON. Nicht? o! die Leutchen müssen mehr als eine Hand zu schreiben wissen.

CHRYSANDER. Zu geschwind ist es beinahe auch. Kaum sind es acht Tage, daß ich ihm geschrieben habe. Sollte er das Ding in der kurzen Zeit schon haben untersuchen können? Von wem hast du denn den Brief bekommen, Anton?

ANTON. Von Lisetten.

CHRYSANDER. Und Lisette?

ANTON. Von dem Briefträger, ohne Zweifel.

CHRYSANDER. Aber warum bringt denn der Kerl die Briefe nicht mir selbst?

ANTON. Sie werden sich doch in den Händen, wodurch sie gehen, nicht verändern können?

CHRYSANDER. Man weiß nicht – – Gleichwohl aber lassen sich die Gründe, die er anführt, hören. Ich muß also wohl den sichersten Weg nehmen, und dir, mein Sohn – – Aber, ich glaube gar, du hast dich wieder an den Tisch gesetzt, und studierst?

DAMIS. Mein Gott! ich habe zu tun, ich habe so gar viel zu tun.

CHRYSANDER. Drum mit einem Worte, damit ich dich nicht um die Zeit bringe; die Heirat mit Julianen war nichts, als ein Gedanke, den du wieder vergessen kannst. Wann ich es recht überlege, so hat doch Valer das größte Recht auf sie.

DAMIS. Sie betriegen sich, wenn Sie glauben, daß ich nunmehr davon abgehen werde. Ich habe alles wohl überlegt, und ich muß es Ihnen nur mit ganz trocknen Worten sagen, daß eine böse Frau mir helfen soll, meinen Ruhm unsterblich zu machen; oder vielmehr, daß ich eine böse Frau, an die man nicht denken würde, wann sie keinen Gelehrten gehabt hätte, mit mir zugleich unsterblich machen will. Der Charakter eines solchen Eheteufels, wird auf den meinigen ein gewisses Licht werfen – –

CHRYSANDER. Nun wohl, wohl; so nimm dir eine böse Frau; nur aber eine mit Gelde, weil an einer solchen die Bosheit noch erträglich ist. Von der Gattung war meine erste selige Frau. Um die zwanzigtausend Taler, die ich mit ihr bekam, hätte ich des bösen Feindes Schwester heiraten wollen – – Du mußt mich nur recht verstehen: ich meine es nicht nach den Worten. – Wann sie aber böse sein soll, deine Frau, was willst du mit Julianen? – – Höre, ich kenne eine alte Witwe, die schon vier Männer ins Grab gezankt hat; sie hat ihr feines Auskommen: ich dächte, das wäre deine Sache; nimm die! Ich habe dir das Maul einmal wäßrig gemacht, ich muß dir also doch etwas darein geben. Wann es einmal eine Xantippe sein soll, so kannst du keine beßre finden.

DAMIS. Mit Ihrer Xantippe! ich habe es Ihnen ja schon mehr

als einmal gesagt, daß Xantippe keine böse Frau gewesen ist. Haben Sie meine Beweisgründe schon wieder vergessen?

CHRYSANDER. Ei was? mein Beweis ist das ABCbuch. Wer so ein Buch hat schreiben können, das so allgemein geworden ist, der muß es gewiß besser verstanden haben, als du. Und kurz, mir liegt daran, daß Xantippe eine böse Frau gewesen ist. Ich könnte mich nicht zufrieden geben, wenn ich meine erste Frau so oft sollte gelobt haben. Schweig also mit deinen Narrenspossen; ich mag von dir nicht besser unterrichtet sein.

DAMIS. So wird uns gedankt, wenn wir die Leute aus ihren Irrtümern helfen wollen.

CHRYSANDER. Seit wenn ist denn das Ei klüger, als die Henne? he? Herr Doktor, vergeß Er nicht, daß ich Vater bin, und daß es auf den Vater ankömmt, wenn der Sohn heiraten soll. Ich will an Julianen nicht mehr gedacht wissen – –

DAMIS. Und warum nicht?

CHRYSANDER. Soll ich meinem einzigen Sohne ein armes Mädchen aufhängen? Du bist nicht wert, daß ich für dich so besorgt bin. Du weißt ja, daß sie nichts im Vermögen hat.

DAMIS. Hatte sie vorhin, da ich sie heiraten sollte, mehr als jetzt?

CHRYSANDER. Das verstehst du nicht. Ich wußte wohl, was ich vorhin tat: aber ich weiß auch, was ich jetzt tue.

DAMIS. Gut, desto besser ist es, wann sie kein Geld hat. Man wird mir also nicht nachreden können, die böse Frau des Geldes wegen genommen zu haben; man wird es zugestehen müssen, daß ich keine andere Absicht gehabt, als die, mich in den Tugenden zu üben, die bei Erduldung eines solchen Weibes nötig sind.

CHRYSANDER. Eines solchen Weibes! wer hat dir denn gesagt, daß Juliane eine böse Frau werden wird?

DAMIS. Wenn ich nicht, wie wir Gelehrten zu reden pflegen, a priori davon überführt wäre, so würde ich es schon daraus schließen können, weil Sie daran zweifeln.

CHRYSANDER. Fein naseweis, mein Sohn! fein naseweis! Ich habe Julianen auferzogen; sie hat viel Wohltaten bei mir genossen; ich habe ihr alles Gute beigebracht: wer von ihr Übels spricht, der spricht es zugleich von mir. Was? ich sollte nicht ein Frauenzimmer zu ziehen wissen? Ich sollte ein Mädchen, das unter meiner Aufsicht groß geworden ist, nicht so weit gebracht haben, daß es einmal eine rechtschaffne wackre Frau würde? Reich habe ich sie freilich nicht machen können; ich bin der Wohltat selbst noch benötigt. Aber daß ich sie nicht tugendhaft, nicht verständig gemacht hätte, das kann mir nur einer nachreden, der so dumm ist, als du, mein Sohn. Nimm mir es nicht übel, daß ich mit der Sprache herausrücke. Du bist so ein eingemachter Narre, so ein Stockfisch – – nimm mirs nicht übel, mein Sohn – – so ein überstudierter Pickelhering – – aber nimm mirs nicht übel – –

DAMIS *(bei Seite).* Bald sollte ich glauben, daß sein erster Handel mit eingesalznen Fischen gewesen sei. – – Schon gut, Herr Vater; von Julianens Tugend will ich nichts sagen; die Tugend ist oft eine Art von Dummheit. Aber was ihren Verstand anbelangt, von dem werden Sie mir erlauben, daß ich ihn noch immer in Zweifel ziehe. Ich bin nun schon eine ziemliche Zeit wieder hier; ich habe mir auch manchmal die Mühe genommen, ein Paar Worte mit ihr zu sprechen: hat sie aber wohl jemals an meine Gelehrsamkeit gedacht? Ich mag nicht gelobt sein; so eitel bin ich nicht; nur muß man den Leuten ihr Recht widerfahren lassen – –

FÜNFTER AUFTRITT

Chrysander. Damis. Valer

CHRYSANDER. Gut, gut, Herr Valer, Sie kommen gleich zur rechten Stunde.
DAMIS. Was will der unerträgliche Mensch wieder?
VALER. Ich komme Abschied von Ihnen beiden zu nehmen – –

CHRYSANDER. Abschied? so zeitig? warum denn?

VALER. Ich glaube nicht, daß Sie im Ernste fragen.

CHRYSANDER. Gott weiß es, Herr Valer; in dem allerernstlichstem Ernste. Ich lasse Sie wahrhaftig nicht.

VALER. Um mich noch empfindlicher zu martern? Sie wissen, wie lieb mir die Person allezeit gewesen ist, die Sie mir heute entreißen. Doch das Unglück wäre klein, wenn es mich nur allein träfe. Sie wollen noch dazu diese geliebte Person mit einem verbinden, der sie eben so sehr haßt, als ich sie verehre? Meine ganze Seele ist voller Verzweiflung, und von nun an werde ich, weder hier, noch irgendswo in der Welt wieder ruhig werden. Ich gehe, um mich – –

CHRYSANDER. Nicht gehen, Herr Valer, nicht gehen! Dem Übel ist vielleicht noch abzuhelfen.

VALER. Abzuhelfen? Sie beschimpfen mich, wenn Sie glauben, daß ich jemals diesen Streich überwinden werde. Er würde für ein minder zärtliches Herz, als das meinige ist, tödlich sein.

DAMIS. Was für ein Gewäsche! *(Setzt sich an seinen Tisch)*

VALER. Wie glücklich sind Sie, Damis! Lernen Sie wenigstens Ihr Glück erkennen; es ist der geringste Dank, den Sie dem Himmel schuldig sind. Juliane wird die Ihrige – –

CHRYSANDER. Ei, wer sagt denn das? Sie soll noch zeitig genug die Ihrige werden. Herr Valer, nur Geduld!

VALER. Halten Sie inne mit Ihren kalten Verspottungen – –

CHRYSANDER. Verspottungen? Sie müssen mich schlecht kennen. Was ich sage, das sag ich. Ich habe die Sache nun besser überlegt; ich sehe, Juliane schickt sich für meinen Sohn nicht, und er sich noch vielweniger für Julianen. Sie lieben sie; Sie haben längst bei mir um sie angehalten; wer am ersten kömmt, der muß am ersten mahlen. Ich habe eben mit meinem Sohne davon geredet – – Sie kennen ihn ja – –

VALER. Himmel, was hör ich? Ist es möglich? welche glückliche Veränderung! Erlauben Sie, daß ich Sie tausendmal umfange. Soll ich also doch noch glücklich sein? O Chrysander! o Damis!

CHRYSANDER. Reden Sie mit ihm, und setzen Sie ihm den Kopf ein wenig zurechte. Ich will zu Julianen gehen, und

ihr meinen veränderten Entschluß hinterbringen. Sie wird mir es doch nicht übel nehmen?
VALER. Übel? Sie werden ihr das Leben wieder geben, so wie Sie es mir wieder gegeben haben.
CHRYSANDER. Ei! kann ich das? *(Geht ab)*

Sechster Auftritt

Damis. Valer. Anton

VALER. Und in welchem Tone soll ich nun mit Ihnen reden, liebster Freund? Das erneuerte Versprechen Ihres Vaters berechtigte mich, Sie ganz und gar zu übergehen. Ich habe gewonnen, so bald Chrysander Julianen zu zwingen aufhört. Doch wie angenehm soll es mir sein, wann ich ihren Besitz zum Teil auch Ihnen werde verdanken können.
DAMIS. Anton!
ANTON *(kömmt)*. Was soll der? ist Ihnen die Post wieder eingefallen?
DAMIS. Gleich geh! sie muß notwendig da sein.
ANTON. Aber ich sage Ihnen, daß sie bei so übeln Wetter vor zehn Uhr nicht kommen kann.
DAMIS. Gibst du abermals eine Stunde zu? Kurz, geh! und kömmst du leer wieder, so sieh dich vor!
ANTON. Wenn ich diese Nacht nicht sanft schlafe, so glaube ich Zeitlebens nicht mehr, daß die Müdigkeit etwas dazu helfen kann. *(Gehet ab)*

Siebenter Auftritt

Damis. Valer

VALER. So? anstatt zu antworten, reden Sie mit dem Bedienten?
DAMIS. Verzeihen Sie, Valer; Sie haben also mit mir gesprochen? Ich habe den Kopf so voll; es ist mir unmöglich, auf alles zu hören.

VALER. Und Sie wollen sich auch bei mir verstellen? Ich weiß die Zeit noch sehr wohl, da ich in eben dem wunderbaren Wahne stand, es ließe gelehrt, so zerstreut, als möglich, und auf nichts, als auf sein Buch aufmerksam zu tun. Doch glauben Sie nur, der muß sehr einfältig sein, den Sie mit diesen Gaukeleien hintergehen wollen.

DAMIS. Und Sie müssen noch einfältiger sein, daß Sie glauben können, ein jeder Kopf sei so gedankenleer, als der Ihrige. Und verdient denn Ihr Geschwätz, daß ich darauf höre? Sie haben ja gewonnen, sobald Chrysander Julianen zu zwingen aufhört; Sie sind ja berechtiget, mich zu übergehen – –

VALER. Das muß doch eine besondere Art der Zerstreuung sein, in welcher man des andern Reden gleichwohl so genau hört, daß man sie von Wort zu Wort wiederholen kann.

DAMIS. Ihre Spötterei ist sehr trocken. *(Sieht wieder auf sein Buch)*

VALER. Doch aber zu empfinden? – – Was für eine Marter ist es, mit einem Menschen von Ihrer Art zu tun zu haben? Es gibt deren wenige – –

DAMIS. Das sollte ich selbst glauben.

VALER. Es würden sich aber mehrere finden, wenn selbst – –

DAMIS. Ganz recht; wenn die wahre Gelehrsamkeit nicht so schwer zu erlangen, die natürliche Fähigkeit dazu gemeiner, und ein unermüdeter Fleiß nicht so etwas Beschwerliches wären – –

VALER. Ha! ha! ha!

DAMIS. Das Lachen eines wahren Idioten!

VALER. Sie reden von Ihrer Gelehrsamkeit, und ich, mit Vergebung, wollte von Ihrer Torheit reden. Hierin, meinte ich, würden Sie mehrere Ihres gleichen finden, wenn selbst diese Torheit ihren Sklaven nicht zur Last werden müßte.

DAMIS. Verdienen Sie also, daß ich Ihnen antworte? *(Sieht wieder in sein Buch)*

VALER. Und verdienen Sie wohl, daß ich noch Freundes genug bin, mit Ihnen ohne Verstellung zu reden? Glauben Sie mir, Sie werden Ihre Torheiten bei mehrerm Verstande bereuen – –

DAMIS. Bei mehrerm Verstande? *(Spöttisch)*
VALER. Werden Sie darüber ungehalten? Das ist wunderbar! Ihr Körper kann, Ihren Jahren nach, noch nicht ausgewachsen haben, und Sie glauben, daß Ihre Seele gleichwohl schon zu ihrer möglichen Vollkommenheit gelanget sei? Ich würde den für meinen Feind halten, welcher mir den Vorzug, täglich zu mehrerm Verstande zu kommen, streitig machen wollte.
DAMIS. Sie!
VALER. Sie werden so spöttisch, mein Herr Nebenbuhler – Doch da ist sie selbst! *(Läuft ihr entgegen)* Ah, Juliane – –

ACHTER AUFTRITT

Juliane. Damis. Valer

JULIANE. Ach, Valer, welche glückliche Veränderung! – –
DAMIS *(indem er sich auf dem Stuhle umwendet)*. Die Ehre, Sie hier zu sehen, Mademoisell, habe ich ohne Zweifel einem Irrtume zu danken? Sie glauben vielleicht in Ihr Schlafzimmer zu kommen – –
JULIANE. Dieser Irrtum wäre unvergeblich! Nein! mein Herr, es geschieht auf Befehl Ihres Herrn Vaters, daß ich diesen heiligen Ort betrete. Ich komme, Ihnen einen Kauf aufzusagen, und mich bei Ihrer Muse zu entschuldigen, daß ich beinahe in die Gefahr gekommen wäre, ihr einen so liebenswürdigen Geist abspenstig zu machen.
VALER. O wie entzückt bin ich, schönste Juliane, Sie auf einmal wieder in Ihrer Heiterkeit zu sehen.
DAMIS. Wenn ich das Gewäsche eines Frauenzimmers recht verstehe, so kommen Sie, ein Paktum aufzuheben, welches doch alle Requisita hat, die zu einem unumstößlichen Pakto erfordert werden.
JULIANE. Und wann ich das Galimathias eines jungen Gelehrten verstehen darf, so haben Sie es getroffen.
DAMIS. Mein Vater ist ein Idiote. Kömmt es denn nur auf ihn, oder auf Sie, Mademoisell, an, einen Vertrag, der an

meinem Teil fest bestehet, ungültig zu machen? – – Es wird sich alles zeigen; nur wollte ich bitten, mich jetzt ungestört zu lassen – – *(Wendet sich wieder an den Tisch)*

VALER. Was für ein Bezeigen! hat man jemals einem Frauenzimmer, auf dessen Besitz man Anspruch macht, so begegnet?

DAMIS. Und ist man jemals einem beschäftigten Gelehrten so überlästig gewesen? Diese verdrüßliche Gesellschaft los zu werden, muß ich nur selbst meine vier Wände verlassen. *(Geht ab)*

Neunter Auftritt

Valer. Juliane

JULIANE. Und wir lachen ihm nicht nach?

VALER. Nein, Juliane; eine bessere Freude mag uns jetzt erfüllen; und beinahe gehört eine Art von Grausamkeit dazu, sich über einen so kläglichen Toren lustig zu machen. Wie soll ich Ihnen die Regungen meines Herzens beschreiben, jetzt, da man ihm alle seine Glückseligkeit wieder gegeben hat? Ich beschwöre Sie, Juliane, wann Sie mich lieben, so verlassen Sie noch heute mit mir dieses gefährliche Haus. Setzen Sie sich nicht länger der Ungestümigkeit eines veränderlichen Alten, der Raserei eines jungen Pedanten, und der Schwäche Ihrer eignen allzuzärtlichen Denkungsart aus. Sie sind mir in einem Tage genommen, und wieder gegeben worden; lassen Sie ihn den ersten und den letzten sein, der so grausam mit uns spielen darf!

JULIANE. Fassen Sie sich, Valer. Wir wollen lieber nichts tun, was uns einige Vorwürfe von Chrysandern zuziehen könnte. Sie sehen, er ist auf dem besten Wege, und ich liebe ihn eben so sehr, als ich den Damis verachte. Durch das Mißtrauen, wodurch ich mich auf einmal seiner Vorsorge entzöge, würde ich ihm für seine Wohltaten schlecht danken – –

VALER. Noch immer reden Sie von Wohltaten? Ich werde

nicht eher ruhig, als bis ich Sie von diesen gefährlichen
Banden befreiet habe. Erlauben Sie mir, daß ich sie sogleich gänzlich vernichte, und dem alten Eigennützigen – –
JULIANE. Nennen Sie ihn anders, Valer; er ist das nicht: und
schon seine Veränderung zeigt es, daß Lisette falsch gehört, oder uns hintergangen hat. Zwar weiß ich nicht,
wem ich diese Veränderung zuschreiben soll – – *(Nachsinnend)*
VALER. Warum auf einmal so in Gedanken? Die Ursache, die
ihn bewogen hat, mag sein, welche es will; ich weiß doch
gewiß, daß es eine Fügung des Himmels ist.
JULIANE. Des Himmels, oder Lisettens. Auf einmal fällt mir
ein, was Sie mir von einem Briefe gesagt haben. Sollte
wohl Lisettens allzugroße Dienstfertigkeit – –
VALER. Welche Einbildung, liebste Juliane! Sie weiß es ja,
daß Ihre Tugend in diesen kleinen Betrug nicht willigen
wollen.
JULIANE. Gleichwohl, je mehr ich nachdenke –
VALER. Wenn es nun auch wäre, wollten Sie denn deswegen – –
JULIANE. Wann es nun auch wäre? wie?

ZEHNTER AUFTRITT

Lisette. Valer. Juliane

JULIANE. Du kömmst als gerufen, Lisette.
LISETTE. Nun, gehen meine Sachen nicht vortrefflich? Wollen
Sie es nicht unten mit anhören, wie sich Damis und Chrysander zanken? »Du sollst sie nicht bekommen; ich muß
sie bekommen: ich bin Vater; Sie haben mir sie versprochen: ich habe mich anders besonnen; ich aber nicht: so
muß es noch geschehen; das ist unmöglich: unmöglich oder
nicht; kurz ich geh nicht ab: ich will es Ihnen aus Büchern
beweisen, daß Sie mir Wort halten müssen: du kannst mit
deinen Büchern an den Galgen gehen.« – – Was wiederhole ich viel ihre närrische Reden? Der Vater hat Recht;

er handelt klug: er würde aber gewiß nicht so klug handeln, wenn ich nicht vorher so klug gewesen wäre.
JULIANE. Wie verstehst du das, Lisette?
LISETTE. Ich lobe mich nicht gerne selbst. Kurz, meine liebe Mamsell, Ihr Schutzengel, der bin ich!
JULIANE. Der bist du? und wie denn?
LISETTE. Dadurch, daß ich einen Betrieger mit seiner Münze bezahlt habe. Der alte häßliche –
JULIANE. Und also hast du Chrysandern betrogen?
LISETTE. Ei, sagen Sie doch das nicht; einen Betrieger, betriegt man nicht, sondern den hintergeht man nur. Hintergangen hab ich ihn.
VALER. Und wie?
LISETTE. Schlecht genug, daß Sie es schon wieder vergessen haben. Ich sollte meinen, erkenntlich zu sein, brauche man ein besser Gedächtnis.
JULIANE. Du hast ihm also wohl gar den falschen Brief untergeschoben?
LISETTE. Behüte Gott! ich habe ihn bloß durch einen erdichteten Brief auf andere Gedanken zu bringen gesucht; und das ist mir gelungen.
JULIANE. Das hast du getan? und ich sollte mein Glück einer Betriegerin zu danken haben? Es mag mir gehen, wie es will; Chrysander soll es den Augenblick erfahren – –
LISETTE. Was soll denn das heißen? Ist das mein Dank?
VALER. Besinnen Sie sich, Juliane; verziehen Sie!
JULIANE. Unmöglich, Valer; lassen Sie mich. *(Juliane geht ab)*

Eilfter Auftritt

Valer. Lisette

VALER. Himmel, nun ist alles wieder aus!
LISETTE. So mag sie es haben! Gift und Galle möchte ich speien, so toll bin ich! Für meinen guten Willen mich eine Betriegerin zu heißen? Ich hoffte, sie würde mir vor Freuden um den Hals fallen. – – Wie wird der Alte auf mich

losziehen! Er jagt mich und Sie zum Hause heraus. Was wollen Sie nun anfangen?

VALER. Ja was soll ich nun anfangen, Lisette?

LISETTE. Ich glaube, Sie antworten mir mit meiner eignen Frage? Das ist bequem. Mein guter Rat hat ein Ende. Ich will mich bald wieder in so etwas mengen!

VALER. Zu was für einer ungelegnen Zeit kamst du aber auch, Lisette? Ich hatte dir es gesagt, daß Juliane in diesen Streich nicht willigen wollte. Hättest du nicht noch einige Zeit schweigen können?

LISETTE. Konnte ich denn vermuten, daß sie so übertrieben eigensinnig sein würde? Sie können sich leicht einbilden, wie es mit unser einer ist: ich hätte nicht wie viel nehmen, und es gegen sie länger verbergen wollen, wem sie ihr Glück zu danken habe. Die Freude ist schwatzhaft, und – Ach, ich möchte gleich – –

ZWÖLFTER AUFTRITT

Anton. Valer. Lisette

ANTON *(mit Briefen in der Hand).* Ha! ha! haltet ihr wieder Konferenz! Wenn es mein Herr wüßte, daß in seiner eignen Stube die schlimmsten Anschläge wider ihn geschmiedet werden, er würde dich, Lisette – – Aber, wie steht ihr denn da beisammen? Herr Valer scheint betrübt: du bist erhitzt, erhitzt, wie ein Zinshahn. Habt ihr euch geschlagen, oder habt ihr euch sonst eine Motion gemacht? Ei, ei, Lisette! höre – – *(Sachte zu Lisetten)* du hast dich doch der Ausstattung wegen mit ihm nicht überworfen? Hat er sein Wort etwa zurück gezogen? Das wäre ein verfluchter Streich. *(Laut)* Nein, nein, Herr Valer, was man verspricht, das muß man halten. Sie hat Ihnen redlich gedienet, und ich auch. Zum Henker! glauben Sie denn, daß es einmal einer ehrlichen Seele keine Gewissensbisse verursachen muß, wenn sie ihre Herrschaft für Null und Nichts betrogen hat? Ich lasse mich nicht vexieren; und meine Forde-

rung wenigstens – – Hol mich dieser und jener! ich nehm einen Advokaten an, einen rechten Bullenbeißer von einem Advokaten, der Ihnen gewiß so viel soll zu schaffen machen –
LISETTE. Ach Narre, schweig!
VALER. Was will er denn? mit wem sprichst du denn?
ANTON. Potz Stern! mit unserm Schuldmanne sprech ich. Das können Sie ja wohl am Tone hören.
VALER. Wer ist denn dein Schuldmann?
ANTON. Kommt es nun da heraus, daß Sie die Schuld leugnen wollen? Hören Sie: mein Advokat bringt Sie zum Schwur – –
VALER. Lisette, weißt denn du, was er will?
LISETTE. Der Schwärmer! ich brauchte ihn vorhin zu Überbringung des Briefes, und versprach ihm, wenn die Sache gut ausfallen sollte, eine Belohnung von Ihnen.
VALER. Weiter ist es nichts?
ANTON. Ich dächte noch, das wäre genug. Und wie hält es denn mit Lisettens Ausstattung? Ich muß mich um ihr Vermögen so gut als um das meinige bekümmern, weil es doch meine werden soll.
VALER. Seid unbesorgt; wenn ich mein Glück mache, so will ich das eurige gewiß nicht vergessen.
ANTON. Gesetzt aber, Sie machten es nicht? Und was versprochen ist, ist doch versprochen.
VALER. Auch alsdenn will ich euern Eifer nicht unbelohnt lassen.
ANTON. Ach, das sind Komplimente, Komplimente!
LISETTE. So hör einmal auf!
ANTON. Bist du nicht eine Närrin; ich rede ja für dich mit.
LISETTE. Es ist aber ganz unnötig.
ANTON. Unnötig? habt ihr euch denn nicht gezankt?
LISETTE. Warum nicht gar?
ANTON. Hat er sein Versprechen nicht zurückgezogen?
LISETTE. Nein doch.
ANTON. O so verzeihen Sie mir, Herr Valer. Die Galle kann einem ehrlichen Manne leicht überlaufen. Ich bin ein wenig hitzig, zumal in Geldsachen. Fürchten Sie sich für den Advokaten nur nicht – –

VALER. Und ich kann in einer so marternden Ungewißheit hier noch verziehen? Ich muß sie sprechen; vielleicht hat sie es noch nicht getan – –

LISETTE. Hat sie es aber getan, so kommen Sie dem Alten ja nicht zu nahe!

VALER. Ich habe von dem ganzen Handel nichts gewußt.

LISETTE. Desto schlimmer alsdenn für mich. Gehen Sie nur.

DREIZEHNTER AUFTRITT

Anton. Lisette

ANTON. Desto schlimmer für dich? Was ist denn desto schlimmer für dich? Warum soll er denn dem Alten nicht zu nahe kommen? Was habt ihr denn wieder?

LISETTE. Je, der verfluchte Brief!

ANTON. Was für ein Brief?

LISETTE. Den ich dir vorhin gab.

ANTON. Was ist denn mit dem?

LISETTE. Es ist alles umsonst; meine Mühe ist vergebens.

ANTON. Wie denn so? so wahr ich lebe, ich habe ihn richtig bestellt. Mache keine Possen, und schiebe die Schuld etwa auf mich!

LISETTE. Richtig übergeben ist er wohl; er tat auch schon seine Wirkung. Aber Juliane hat uns selbst einen Strich durch die Rechnung gemacht. Sie will es durchaus entdecken, daß es ein falscher Brief gewesen sei, und hat es vielleicht auch schon getan.

ANTON. Was zum Henker, sie selbst? Da werden wir ankommen! Siehst du; nun ist der Sperling und die Taube weg. Und was das Schlimmste ist; da ich die Taube habe fangen wollen, so bin ich darüber mit der Nase ins Weiche gefallen. Oder deutlicher, und ohne Gleichnis mit dir zu reden: die versprochene Belohnung bei dem Alten hab ich verloren, die eingebildete bei Valeren entgeht mir auch, und aller Profit, den ich dabei machen werde, ist, nebst einem gnädigen Rübbenstoße, ein Pack dich zum Teufel! – – Will

Sie mich alsdenn noch, Jungfer Lisette? – – O, Sie muß mich. Ich will Sie die Leute lehren unglücklich machen – –
LISETTE. Es wird mir gewiß besser gehen? Wir wandern mit einander, und wenn wir nur einmal ein Paar sind, so magst du sehen, wie du mich ernährest.
ANTON. Ich dich ernähren? bei der teuren Zeit? Wenn ich noch könnte mit dir herum ziehen, wie der mit dem großen Tiere, das ein Horn auf der Nase hat.
LISETTE. Sorge nicht, in ein Tier mit einem Horne will ich dich bald verwandeln. Es wird alsdenn doch wohl einerlei sein, ob du mit mir, oder ich mit dir herum ziehe.
ANTON. Nu wahrhaftig, mit dir weiß man doch noch, woran man ist. – – Aber, damit wir nicht eins ins andre reden, wo ist denn nun mein Herr? Da sind endlich seine verdammten Briefe!
LISETTE. Siehst du ihn?
ANTON. Nein; aber wo mir recht ist; jetzt hör ich ihn.
LISETTE. Laß ihn nur kommen; toll will ich ihn noch machen, zu guter Letzt.

Vierzehnter Auftritt

Anton. Lisette. Damis

(kömmt ganz tiefsinnig; Lisette schleicht hinter ihm her, und macht seine Grimassen nach)

ANTON. Halt! ich will ihn noch ein wenig zappeln lassen, und ihm die Briefe nicht gleich geben. *(Steckt sie ein)* Wie so tiefsinnig, Herr Damis? was steckt Ihnen wieder im Kopfe?
DAMIS. Halt dein Maul!
ANTON. Kurz geantwortet! Aber soll sich denn ein Bedienter nicht um seinen Herrn bekümmern? Es wäre doch ganz billig, wann ich auch wüßte, worauf Sie dächten. Eine blinde Henne findet auch manchmal ein Körnchen, und vielleicht könnte ich Ihnen – –
DAMIS. Schweig!

ANTON. Die Antwort war noch kürzer. Wenn sie Stufenweise so abnimmt, so will ich einmal sehen, was übrig bleiben wird. – Was zählen Sie denn an den Fingern? Was hat Ihnen denn der arme Nagel getan, daß Sie ihn so zerbeißen? *(Er wird Lisetten gewahr)* – – Und, zum Henker, was ist denn das für ein Affe? Kömmst du von Sinnen?
LISETTE. Halt dein Maul!
ANTON. Um des Himmels willen geh! Wann mein Herr aus seinem Schlafe erwacht, und dich sieht – –
LISETTE. Schweig!
ANTON. Willst du mich oder meinen Herrn zum besten haben? So sehen Sie doch einmal hinter sich, Herr Damis!
DAMIS *(geht einigemal tiefsinnig auf und nieder; Lisette in gleichen Stellungen hinter ihm her: und wann er sich umwendet, schleicht sie sich hurtig herum, daß er sie nicht gewahr wird).*
    Meiner Hochzeitsfackel Brand
    Sei von mir jetzt selbst gesungen!
ANTON. Ho! ho! Sie machen Verse? Komm Lisette, nun müssen wir ihn allein lassen. Bei solcher Gelegenheit hat er mich selbst schon, mehr als einmal, aus der Stube gestoßen. Komm nur; er ruft uns gewiß selbst wieder, sobald er fertig ist, und vielleicht das ganze Haus dazu.
LISETTE *(indem sich Damis umwendet, bleibt sie starr vor ihm stehen, und nimmt seinen Ton an).*
    Meiner Hochzeitsfackel Brand
    Sei von mir jetzt selbst gesungen!
    (Damis tut als ob er sie nicht gewahr würde,
    und stößt auf sie)
DAMIS. Was ist das?
LISETTE. Was ist das? *(beide als ob sie zu sich selbst kämen)*
DAMIS. Unwissender, niederträchtiger Kerl! habe ich dir nicht oft genug gesagt, keine Seele in meine Stube zu lassen, als aufs höchste meinen Vater? Was will denn die hier?
LISETTE. Unwissender, niederträchtiger Kerl! hast du mir es nicht oft genug gesagt, daß ich mich aus der Stube fortmachen soll? Kannst du dir denn aber nicht einbilden, daß die, welche im Kabinette hat sein dürfen, auch Erlaubnis

haben werde, in der Stube zu sein? Unwissender, niederträchtiger Kerl!
ANTON. Wem soll ich nun antworten?
DAMIS. Gleich stoße sie zur Stube hinaus!
ANTON. Stoßen? mit Gewalt?
DAMIS. Wenn sie nicht in gutem gehen will –
ANTON. Lisette, geh immer in gutem – –
LISETTE. Sobald es mir gelegen sein wird.
DAMIS. Stoß sie heraus, sag ich!
ANTON. Komm Lisette, gib mir die Hand; ich will dich ganz ehrbar heraus führen.
LISETTE. Grobian, wer wird denn ein Frauenzimmer mit der bloßen Hand führen wollen?
ANTON. O ich weiß auch zu leben! – In Ermanglung eines Handschuhs also – *(er nimmt den Zipfel von der Weste)* – werde ich die Ehre haben – –
DAMIS. Ich seh wohl, ich soll mich selbst über sie machen – – *(Geht auf sie los)*
LISETTE. Ha! ha! ha! so weit wollte ich Sie nur gern bringen. Adjeu!

Funfzehnter Auftritt

Anton. Damis

DAMIS. Nun sind alle Gedanken wieder fort! Das Feuer ist verraucht; die Einbildungskraft ist zerstreut. Der Gott, der uns begeistern muß, hat mich verlassen – Verdammte Kreatur! was für Verdruß hat sie mir heute nicht schon gemacht! wie spöttisch ist sie mit mir umgegangen! Himmel! in meiner Tiefsinnigkeit mir alles so lächerlich nachzuäffen.
ANTON. Sie sahen es ja aber nicht.
DAMIS. Ich sah es nicht?
ANTON. Ja? ists möglich? und Sie stellten sich nur so.
DAMIS. Schweig, Idiote! – – Ich will sehen, ob ich mich wieder in die Entzückung setzen kann – –

ANTON. Tun Sie das lieber nicht; die Verse können unmöglich geraten, wobei man so finster aussieht – Darf man aber nicht wissen, was es werden wird? ein Abendlied, oder ein Morgenlied?
DAMIS. Dummkopf!
ANTON. Ein Bußlied?
DAMIS. Einfaltspinsel!
ANTON. Ein Tischlied? auch nicht? – – Ein Sterbelied werden Sie doch nicht machen? So wahr ich ehrlich bin, wenn ich auch noch so ein großer Poet wäre, das bliebe von mir ungemacht. Sterben ist der abgeschmackteste Streich, den man sich selbst spielt. Er verdient nicht einen Vers, geschweige ein Lied.
DAMIS. Ich muß Mitleiden mit deiner Unwissenheit haben. Du kennst keine andre Arten von Gedichten, als die du im Gesangbuche gefunden hast.
ANTON. Es wird gewiß noch andre geben? So lassen Sie doch hören, was Sie machen.
DAMIS. Ich mache – – ein Epithalamium – –
ANTON. Ein Epithalamium? Potz Stern, das ist ein schwer Ding! Damit können Sie wirklich zu rechte kommen? Da gehört Kunst dazu – – Aber, Herr Damis, im Vertrauen, was ist denn das ein Epith – pitha – thlamium?
DAMIS. Wie kannst du es denn schwer nennen, wenn du noch nicht weißt, was es ist?
ANTON. Ei nun, das Wort ist ja schon schwer genug. Sagen Sie mir nur ein wenig mit einem andern Namen, was es ist.
DAMIS. Ein Epithalamium ist ein Thalassio.
ANTON. So, so! nun versteh ichs: ein Epithalamium ist ein – – wie hieß es? –
DAMIS. Thalassio.
ANTON. Ein Thalassio; und das können Sie machen? Wenigstens werden Sie viel Zeit dazu brauchen – – Aber, hören Sie doch, wenn mich nun jemand fragt, was ein Thalassio ist, was muß ich ihm wohl antworten?
DAMIS. Auch das weißt du nicht, was ein Thalassio ist?
ANTON. Ich für mein Teil weiß es wohl. Ein Thalassio ist ein – – wie hieß das vorige Wort?

DAMIS. Epithalamium.

ANTON. Ist ein Epithalamium. Und ein Epithalamium ist ein Thalassio. Nicht wahr, ich habe es gut behalten? Aber das möchte nur andern Leuten nicht deutlich sein, welche beide Worte nicht verstehen.

DAMIS. Je nun, so sage ihnen, Thalassio sei ein Hymenaeus.

ANTON. Zum Henker! das heißt Leute vexieren. Ein Epithalamium ist ein Thalassio, und ein Thalassio ist ein Hymenaeus. Und so umgekehrt, ein Hym – – Hym – – Die Namen mag sonst einer merken!

DAMIS. Recht! recht! ich sehe doch, daß du anfängst einen Begriff von Sachen zu bekommen.

ANTON. Ich einen Begriff hiervon? so wahr ich ehrlich bin! Sie irren sich. Der Kobold müßte mirs eingeblasen haben, wenn ich wüßte, was die kauderwelschen Worte heißen sollen. Sagen Sie mir doch ihren deutschen Namen; oder haben sie keinen?

DAMIS. Sie haben zwar einen, allein er ist lange nicht von der Annehmlichkeit und dem Nachdrucke der griechischen oder lateinischen. Sage einmal selbst, ob ein *Hochzeitgedichte* nicht viel kahler klingt, als ein Epithalamium, ein Hymenaeus, ein Thalassio.

ANTON. Mir nicht; wahrhaftig mir nicht! denn jenes versteh ich, und dieses nicht. Ein Hochzeitgedichte haben Sie also machen wollen? Warum sagten Sie das nicht gleich? – – O! in Hochzeitgedichten habe ich eine Belesenheit, die erstaunend ist. Ich muß Ihnen nur sagen, wie ich dazu gekommen bin. Mein weiland seliger Vater hatte einen Vetter – und gewissermaßen war es also auch mein Vetter – –

DAMIS. Was wird das für ein Gewäsche werden?

ANTON. Sie wollen es nicht abwarten? Gut! Der Schade ist Ihre. – – Weiter also: Verse auf eine Hochzeit wollten Sie machen? aber auf was denn für eine?

DAMIS. Welche Frage! auf meine eigne.

ANTON. Sie heiraten also Julianen noch? Der Alte will es ja nicht? – –

DAMIS. Ah der!

ANTON. Es ist schon wahr; was hat sich ein Sohn um den

Vater zu bekümmern? Aber sagen Sie mir doch: schickt es sich denn, daß man auf seine eigne Hochzeit Verse macht?
DAMIS. Gewöhnlich ist es freilich nicht; aber desto besser! Geister, wie ich, lieben das Besondre.
ANTON *(bei Seite).* St! jetzt will ich ihm einen Streich spielen! – *(Laut)* Hören Sie nur, Herr Damis, ich werde es selbst gern sehen, wenn Sie Julianen heiraten.
DAMIS. Wie so?
ANTON. Ich weiß nicht, ob ich mich unterstehen darf, es Ihnen zu sagen. Ich habe – – ich habe selbst – –
DAMIS. Nur heraus mit der Sprache!
ANTON. Ich habe selbst versucht, Verse auf Ihre Hochzeit zu machen, und deswegen wollte ich nun nicht gern, daß meine Mühe verloren wäre.
DAMIS. Das wird etwas Schönes sein!
ANTON. Freilich! denn das ist mein Fehler; ich mache entweder etwas Rechtes, oder gar nichts.
DAMIS. Gib doch her! vielleicht kann ich deine Reime verbessern, daß sie alsdenn mir und dir Ehre machen.
ANTON. Hören Sie nur, ich will sie Ihnen vorlesen. *(Er sucht einen Zettel aus der Tasche)* Ganz bin ich noch nicht fertig, muß ich Ihnen sagen. Der Anfang aber, aus dem auch allenfalls das Ende werden kann, klingt so – – Rücken Sie mir doch das Licht ein wenig näher! – –
   Du, o edle Fertigkeit,
   Zu den vorgesetzten Zwecken
   Tüchtge Mittel – –
DAMIS. Halt! du bist ein elender Stümper! Ha! ha! ha! Das *du o* steht ganz vergebens. *Edle Fertigkeit* sagt nichts weniger, und *Du, o edle Fertigkeit* nichts mehr. Deleatur ergo *du o!* Damit aber nicht zwei Silben fehlen, so verstärke das Beiwort *edel,* nach Art der Griechen, und sage *überedel.* Ich weiß zwar wohl, *überedel* ist ein neues Wort; aber ich weiß auch, daß neue Wörter dasjenige sind, was die Poesie am meisten von der Prose unterscheiden muß. Solche Vorteilchen merke dir! Du mußt dich durchaus bestreben, etwas Unerhörtes, etwas Ungesagtes zu sagen. Verstehst du mich, dummer Teufel?

ANTON. Ich will es hoffen.
DAMIS. Also heißt dein erster Vers
    Überedle Fertigkeit etc.
  Nun lies weiter!
ANTON. *Zu den vorgesetzten Zwecken*
    Tüchtge Mittel zu entdecken,
    Und sich dann zur rechten Zeit,
    Ihrer Kräfte zu bedienen,
    Wirst, so lange bis die Welt
    In ihr erstes Cha- Cha- Chaos fällt,
    Wie die Pappelbäume grünen.
  Aber, Herr Damis, können Sie mir nicht sagen, was ich hier muß gedacht haben? Verflucht! das ist schön; ich verstehe mich selbst nicht mehr. Das erste Cha – Chaos; – ich dächte ich hätte das Wort noch nie in meinen Mund genommen, so fürchterlich klingt es mir.
DAMIS. Zeige doch – –
ANTON. Warten Sie, warten Sie! ich will es Ihnen noch einmal vorlesen.
DAMIS. Nein, nein; weise mir nur den Zettel her.
ANTON. Sie können es unmöglich lesen. Ich habe gar zu schlecht geschrieben; kein Buchstabe steht gerade; sie hocken einer auf den andern, als ob sie Junge hecken wollten.
DAMIS. O so gib her!
ANTON *(gibt ihm den Zettel mit Zittern).* Zum Henker, es ist seine eigne Hand!
DAMIS *(betrachtet ihn einige Zeit).* Was soll das heißen? *(Steht zornig auf)* Verfluchter Verräter, wo hast du dieses Blatt her?
ANTON. Nicht so zornig; nicht so zornig!
DAMIS. Wo hast du es her?
ANTON. Wollen Sie mich denn erwürgen?
DAMIS. Wo hast du das Blatt her, frag ich?
ANTON. Lassen Sie nur erst nach.
DAMIS. Gesteh!
ANTON. Aus – – aus Ihrer – Westentasche.
DAMIS. Ungelehrte Bestie! ist das deine Treue? Das ist ein Diebstahl; ein Plagium.

ANTON. Zum Henker! des Quarks wegen mich zu einem Diebe zu machen?

DAMIS. Des Quarks wegen? was? den Anfang eines philosophischen Lehrgedichts einen Quark zu nennen?

ANTON. Sie sagten ja selbst, es tauge nichts.

DAMIS. Ja, in so fern es ein Hochzeitcarmen vorstellen sollte, und du der Verfasser davon wärest. Gleich schaffe die andern Manuskripte, die du mir sonst entwandt hast, auch herbei! Soll ich meine Arbeit in fremden Händen sehen? Soll ich zugeben, daß sich eine häßliche Dohle mit meinen prächtigen Pfauenfedern ausschmücke? Mach bald! oder ich werde andre Maßregeln ergreifen.

ANTON. Was wollen Sie denn? Ich habe nicht einen Buchstaben mehr von Ihnen.

DAMIS. Gleich wende alle Taschen um!

ANTON. Warum auch nicht? Wenn ich sie umwende, so fällt ja alles heraus, was ich darin habe.

DAMIS. Mach, und erzürne mich nicht!

ANTON. Ich will ein Schelm sein, wenn Sie nur ein Stäubchen Papier bei mir finden. Damit Sie aber doch Ihren Willen haben; – hier ist die eine; da ist die andre – – Was sehen Sie? – Da ist die dritte; die ist auch leer – Nun kömmt die vierte – *(Indem er sie umwendet fallen die Briefe heraus)* – – Zum Henker, die verfluchten Briefe! die hatte ich ganz vergessen – *(Er will sie geschwind wieder aufheben)*

DAMIS. Gib her, gib her! was fiel da heraus? Ganz gewiß wird es wieder etwas von mir sein.

ANTON. So wahr ich lebe, es ist nichts von Ihnen. An Sie könnte es eher noch etwas sein.

DAMIS. Halte mich nicht auf; ich habe mehr zu tun.

ANTON. Halten Sie mich nur nicht auf. Sie wissen ja, daß ich nun bald wieder auf die Post gehen muß. Ich weiß, es sind Briefe da.

DAMIS. Nun so geh, so geh! Aber durchaus zeige mir erst, was du so eilfertig aufhobst. Ich muß es sehen.

ANTON. Zum Henker! wenn das ist, so brauche ich nicht auf die Post zu gehen.

DAMIS. Wie so?

ANTON. Nu, nu! da haben Sie es. Ich will hurtig gehen. *(Er gibt ihm den Brief, und will fortlaufen)*
DAMIS *(indem er ihn besieht)*. Je, Anton, Anton, das ist ja eben der Brief aus Berlin, welchen ich erwarte. Ich kenn ihn an der Aufschrift.
ANTON. Es kann wohl sein, daß er es ist. Aber, Herr Damis, werden Sie nur – – nur nicht ungehalten. Ich hatte es, bei meiner armen Seele! ganz vergessen –
DAMIS. Was hast du denn vergessen?
ANTON. Daß ich den Brief, beinahe schon eine halbe Stunde, in der Tasche trage. Mit dem verdammten Plaudern! –
DAMIS. Weil er nun da ist, so will ich dir den dummen Streich verzeihen – Aber, allerliebster Anton, was müssen hierin für unvergleichliche, für unschätzbare Nachrichten stehen! Wie wird sich mein Vater freuen! Was für Ehre, was für Lobsprüche! – – O Anton! – – ich will dir ihn gleich vorlesen – – *(Bricht ihn hastig auf)*.
ANTON. Nur sachte, sonst zerreißen Sie ihn gar. Nun da! sagte ichs nicht?
DAMIS. Es schadet nichts; er wird doch noch zu lesen sein. – – Vor allen Dingen muß ich dir sagen, was er betrifft. Du weißt, oder vielmehr du weißt nicht, daß die Preußische Akademie auf die beste Untersuchung der Lehre von den Monaden, einen Preis gesetzt hat. Es kam mir noch ganz spät ein, unsern Philosophen diesen Preis vor dem Maule wegzufangen. Ich machte mich also geschwind darüber, und schrieb eine Abhandlung, die noch gleich zur rechten Zeit muß gekommen sein. – Eine Abhandlung, Anton, – – ich weiß selbst nicht, wo ich sie hergenommen habe, so gelehrt ist sie. Nun hat die Akademie, vor acht Tagen, ihr Urteil über die eingeschickten Schriften bekannt gemacht, welches notwendig zu meiner Ehre muß ausgefallen sein. Ich, ich muß den Preis haben, und kein andrer. Ich habe es einem von meinen Freunden daselbst heilig eingebunden, mir sogleich Nachricht davon zu geben. Hier ist sie; nun höre zu.

»Mein Herr,
Wie nahe können Sie einem Freunde das Antworten legen! Sie drohen mir mit dem Verluste Ihrer Liebe, wenn Sie nicht von mir die erste Nachricht erhielten, ob Sie, oder ein anderer den akademischen Preis davon getragen hätten. Ich muß Ihnen also in aller Eil melden, daß Sie ihn nicht – – *(stotternd)* bekommen haben, und auch – – *(immer furchtsamer)* nicht haben – – bekommen können. – –«

Was? ich nicht? und wer denn? und warum denn nicht? –

»Erlauben Sie mir aber, daß ich, als ein Freund, mit Ihnen reden darf.«

So rede, Verräter!

»Ich habe Ihnen unmöglich den schlimmen Dienst erweisen können, Ihre Abhandlung zu übergeben. – –«

Du hast sie also nicht übergeben, Treuloser? Himmel, was für ein Donnerschlag! So soll mich deine Nachlässigkeit, unwürdiger Freund, um die verdienteste Belohnung bringen? – Wie wird er sich entschuldigen, der Nichtswürdige?

»Wenn ich es frei gestehen soll, so scheinen Sie etwas ganz anders getan zu haben, als die Akademie verlangt hat. Sie wollte nicht untersucht wissen, was das Wort Monas grammatikalisch bedeute? wer es zuerst gebraucht habe? was es bei dem Xenokrates anzeige? ob die Monaden des Pythagoras die Atomi des Moschus gewesen? etc. Was ist ihr an diesen kritischen Kleinigkeiten gelegen, und besonders alsdann, wann die Hauptsache dabei aus den Augen gesetzt wird? Wie leicht hätte man Ihren Namen mutmaßen können, und Sie würden vielleicht Spöttereien sein ausgesetzt worden, dergleichen ich nur vor wenig Tagen in einer gelehrten Zeitung über Sie gefunden habe. –«

Was lese ich? kann ich meinen Augen trauen? Ah verfluchtes Papier! verfluchte Hand, die dich schrieb! *(Wirft den Brief auf die Erde, und tritt mit den Füßen darauf)*

ANTON. Der arme Brief! man muß ihn doch vollends auslesen! *(Hebt ihn auf)* Das Beste kömmt vielleicht noch, Herr Damis. Wo blieben Sie? Da, da! hören Sie nur!

»gelehrten Zeitung gefunden habe. – – Man nennt Sie ein junges Gelehrtchen, welches überall gern glänzen möchte, und dessen Schreibesucht –«

DAMIS *(reißt ihm den Brief aus der Hand).* Verdammter Korrespondent! – Das ist der Lohn, den dein Brief verdient! *(Er zerreißt ihn)* Du zerreißest mein Herz, und ich zerreiße deine unverschämte Neuigkeiten. Wollte Gott, daß ich ein Gleiches mit deinem Eingeweide tun könnte! Aber – *(zu Anton)* du nichtswürdige, unwissende Bestie! An alle dem bist du Schuld!

ANTON. Ich, Herr Damis?

DAMIS. Ja du! wie lange hast du nicht den Brief in der Tasche behalten?

ANTON. Herr, meine Tasche kann weder schreiben noch lesen; wenn Sie etwa denken, daß ihn die anders gemacht hat –

DAMIS. Schweig! – Und solche Beschimpfungen kann ich überleben? – – O ihr dummen Deutschen! ja freilich, solche Werke, als die meinigen sind, gehörig zu schätzen, dazu werden andre Genies erfordert! Ihr werdet ewig in eurer barbarischen Finsternis bleiben, und ein Spott eurer witzigen Nachbarn sein! – Ich aber will mich an euch rächen, und von nun an aufhören, ein Deutscher zu heißen. Ich will mein undankbares Vaterland verlassen. Vater, Anverwandte und Freunde, alle, alle verdienen es nicht, daß ich sie länger kenne, weil sie Deutsche sind; weil sie aus dem Volke sind, das ihre größten Geister mit Gewalt von sich ausstößt. Ich weiß gewiß, Frankreich und Engeland werden meine Verdienste erkennen –

ANTON. Herr Damis, Herr Damis, Sie fangen an zu rasen. Ich bin nicht sicher bei Ihnen; ich werde jemand rufen müssen.

DAMIS. Sie werden es schon empfinden, die dummen Deutschen, was sie an mir verloren haben! Morgen will ich Anstalt machen, dieses unselige Land zu verlassen – –

Sechzehnter Auftritt

Chrysander. Damis. Anton

ANTON. Gott sei Dank, daß jemand kömmt!
CHRYSANDER. Das verzweifelte Mädel, die Lisette! Und *(zu Anton)* du, du Spitzbube! du sollst dein Briefträgerlohn auch bekommen. Mich so zu hintergehen? schon gut! – – Mein Sohn, ich habe mich besonnen; du hast Recht; ich kann dir Julianen nun nicht wiedernehmen. Du sollst sie behalten.
DAMIS. Schon wieder Juliane? Jetzt da ich ganz andre Dinge zu beschließen habe – – Hören Sie nur auf damit; ich mag sie nicht.
CHRYSANDER. Es würde unrecht sein, wenn ich dir länger widerstehen wollte. Ich lasse jedem seine Freiheit; und ich sehe wohl, Juliane gefällt dir –
DAMIS. Mir? eine dumme Deutsche?
CHRYSANDER. Sie ist ein hübsches, tugendhaftes, aufrichtiges Mädchen; sie wird dir tausend Vergnügen machen.
DAMIS. Sie mögen sie loben oder schelten; mir gilt alles gleich. Ich weiß mich nach Ihren Willen zu richten, und dieser ist, nicht an sie zu gedenken.
CHRYSANDER. Nein, nein; du sollst dich über meine Härte nicht beklagen dürfen.
DAMIS. Und Sie sich noch weniger über meinen Ungehorsam.
CHRYSANDER. Ich will dir zeigen, daß du einen gütigen Vater hast, der sich mehr nach deinem, als nach seinem eignen Willen richtet.
DAMIS. Und ich will Ihnen zeigen, daß Sie einen Sohn haben, der Ihnen in allen die schuldige Untertänigkeit leistet.
CHRYSANDER. Ja, ja; nimm Julianen! Ich gebe dir meinen Segen.
DAMIS. Nein, nein; ich werde Sie nicht so erzürnen – –
CHRYSANDER. Aber was soll denn das Widersprechen? Dadurch erzürnst du mich!
DAMIS. Ich will doch nicht glauben, daß Sie sich im Ernste schon zum drittenmal anders besonnen haben?

CHRYSANDER. Und warum das nicht?

DAMIS. O, dem sei nun, wie ihm wolle! Ich habe mich gleichfalls geändert, und fest entschlossen, ganz und gar nicht zu heiraten. Ich muß auf Reisen gehen, und ich werde mich, je eher je lieber, davon machen.

CHRYSANDER. Was? du willst ohne meine Erlaubnis in die Welt laufen?

ANTON. Das geht lustig! Der dritte Mann fehlt noch, und den will ich gleich holen. Damis will Julianen nicht, vielleicht fischt sie Valer. *(Gehet ab)*

SIEBZEHNTER AUFTRITT

Chrysander. Damis

DAMIS. Ja, ja; in zweimal vier und zwanzig Stunden, muß ich schon unter Wegens sein.

CHRYSANDER. Aber was ist dir denn in den Kopf gekommen?

DAMIS. Ich bin es längst überdrüssig gewesen, länger in Deutschland zu bleiben; in diesem nordischen Sitze der Grobheit und Dummheit; wo es alle Elemente verwehren, klug zu sein; wo kaum alle hundert Jahr ein Geist meines gleichen geboren wird – –

CHRYSANDER. Hast du vergessen, daß Deutschland dein Vaterland ist?

DAMIS. Was Vaterland!

CHRYSANDER. Du Bösewicht, sprich doch lieber gar: was Vater! Aber ich will es dir zeigen: du mußt Julianen nehmen; du hast ihr dein Wort gegeben, und sie dir das ihrige.

DAMIS. Sie hat das ihrige zurückgenommen, wie ich jetzt das meinige; also –

CHRYSANDER. Also! – also! – Kurz von der Sache zu reden, glaubst du, daß ich vermögend bin, dich zu enterben, wann du mir nicht folgest?

DAMIS. Tun Sie, was Sie wollen. Nur wann ich bitten darf, lassen Sie mich jetzt allein. Ich muß vor meiner Abreise noch zwei Schriften zu Stande bringen, die ich meinen

Landsleuten, aus Barmherzigkeit, noch zurücklassen will. Ich bitte nochmals, lassen Sie mich – –
CHRYSANDER. Willst du mich nicht lieber gar zur Tür hinausstoßen?

ACHTZEHNTER AUFTRITT

Valer. Anton. Chrysander. Damis

VALER. Wie, Damis? ist es wahr, daß Sie wieder zu sich selbst gekommen sind? – daß Sie von Julianen abstehen?
CHRYSANDER. Ach, Herr Valer, Sie könnten mir nicht ungelegener kommen. Bestärken Sie ihn fein in seinem Trotze. So? Sie verdienten es wohl, daß ich mich nach Ihrem Wunsche bequemte? Mich auf eine so gottlose Art hintergehen zu wollen? – Mein Sohn, widersprich mir nicht länger, oder – –
DAMIS. Ihre Drohungen sind umsonst. Ich muß mich fremden Ländern zeigen, die sowohl ein Recht auf mich haben, als das Vaterland. Und Sie verlangen doch nicht, daß ich eine Frau mit herumführen soll?
VALER. Damis hat Recht, daß er auf das Reisen dringt. Nichts kann ihm, in seinen Umständen, nützlicher sein. Lassen Sie ihm seinen Willen, und mir lassen Sie Julianen, die Sie mir so heilig versprochen haben.
CHRYSANDER. Was versprochen? Betriegern braucht man sein Wort nicht zu halten.
VALER. Ich habe es Ihnen schon beschworen, daß einzig und allein Lisette diesen Betrug hat spielen wollen, ohne die wir von dem Dokumente gar nichts wissen würden – – Wie glücklich, wann es nie zum Vorschein gekommen wäre! Es ist das grausamste Glück, das Julianen hat treffen können. Wie gern würde sie es aufopfern, wenn sie dadurch die Freiheit über ihr Herz erhalten könnte.
CHRYSANDER. Aufopfern? Herr Valer, bedenken Sie, was das sagen will. Wir Handelsleute fassen einander gern bei dem Worte.

VALER. O, tun Sie es auch hier! Mit Freuden tritt Ihnen Juliane das Dokument ab. Fangen Sie den Prozeß an, wenn Sie wollen; der Vorteil davon soll ganz Ihnen gehören. Juliane hält dieses für das kleinste Zeichen ihrer Dankbarkeit. Sie glaubt Ihnen noch weit mehr schuldig zu sein. –

CHRYSANDER. Nu, nu, sie ist mir immer ganz erkenntlich vorgekommen – – Aber was würden Sie denn, Valer, als ihr künftger Mann, zu dieser Dankbarkeit sagen?

VALER. Denken Sie besser von mir. Ich habe Julianen geliebt, da sie zu nichts Hoffnung hatte. Ich liebe sie auch noch, ohne die geringste eigennützige Absicht. Und ich bitte Sie: was schenkt man denn einem ehrlichen Manne, wenn man ihm einen schweren Prozeß schenkt?

CHRYSANDER. Valer, ist das Ihr Ernst?

VALER. Fordern Sie noch mehr, als das Dokument; mein halbes Vermögen ist Ihre.

CHRYSANDER. Da sei Gott vor, daß ich Ihrem Vermögen einen Heller haben wollte! Sie müssen mich nicht für so eigennützig ansehen. – Wir sind gute Freunde, und es bleibt bei dem alten: Juliane ist Ihre! Und wenn das Dokument meine soll; so ist sie um so vielmehr Ihre.

VALER. Kommen Sie, Herr Chrysander, bekräftigen Sie ihr dieses selbst! Wie angenehm wird es ihr sein, uns beide vergnügt machen zu können.

CHRYSANDER. Wenn das ist, Damis; so kannst du meinetwegen noch heute die Nacht fortreisen. Ich will Gott danken, wenn ich dich Narren wieder aus dem Hause los bin.

DAMIS. Gehen Sie doch nur, und lassen Sie mich allein.

VALER. Damis, und endlich muß ich Ihnen doch noch mein Glück verdanken? Ich tue es mit der aufrichtigsten Zärtlichkeit, ob ich schon weiß, daß ich die Ursache Ihrer Veränderung nicht bin.

DAMIS. Aber die wahre Ursache? – *(Zu Anton)* Verfluchter Kerl, hast du dein Maul nicht halten können? Gehen Sie nur, Valer –

(Indem Chrysander und Valer abgehen wollen, hält Anton Valeren zurück)

ANTON *(sachte).* Nicht so geschwind! Wie steht es mit Lisettens Ausstattung, Herr Valer? und mit – –
VALER. Seid ohne Sorgen; ich werde mehr halten, als ich versprochen habe.
ANTON. Juchhe! nun war die Taube gefangen.

Letzter Auftritt

Damis (an seinem Tische). Anton

ANTON. Noch ein Wort, Herr Damis, habe ich mit Ihnen zu reden.
DAMIS. Und? – –
ANTON. Sie wollen auf Reisen gehen? –
DAMIS. Zur Sache! es ist schon mehr, als ein Wort.
ANTON. Je nun! meinen Abschied.
DAMIS. Deinen Abschied? Du denkst vielleicht, daß ich dich, ungelehrten Esel, mit nehmen würde?
ANTON. Nicht? und ich habe also meinen Abschied? Gott sei Dank! empfangen Sie nun auch den Ihrigen, welcher in einer kleinen Lehre bestehen soll. Ich habe ihre Torheiten nun, länger als drei Jahr, angesehen, und selber alber genug dabei getan, weil ich weiß, daß ein Bedienter, wenn sein Herr auch noch so närrisch ist – –
DAMIS. Unverschämter Idiote, wirst du mir aus den Augen gehen?
ANTON. Je nun! wem nicht zu raten steht, dem steht auch nicht zu helfen. Bleiben Sie Zeitlebens der gelehrte Herr Damis! *(Gehet ab)*
DAMIS. Geh, sag ich, oder! – –
(Er wirft ihm sein Buch nach, und das Theater fällt zu)

Ende des jungen Gelehrten

DIE JUDEN

Ein Lustspiel in einem Aufzuge

Verfertiget im Jahre 1749

PERSONEN

MICHEL STICH
MARTIN KRUMM
EIN REISENDER
CHRISTOPH, dessen Bedienter
DER BARON
EIN JUNGES FRÄULEIN, dessen Tochter
LISETTE

Erster Auftritt

Michel Stich. Martin Krumm

MARTIN KRUMM. Du dummer Michel Stich!
MICHEL STICH. Du dummer Martin Krumm!
MARTIN KRUMM. Wir wollens nur gestehen, wir sind beide erzdumm gewesen. Es wäre ja auf einen nicht angekommen, den wir mehr tot geschlagen hätten!
MICHEL STICH. Wie hätten wir es aber klüger können anfangen? Waren wir nicht gut vermummt? war nicht der Kutscher auf unsrer Seite? konnten wir was dafür, daß uns das Glück so einen Querstrich machte? Habe ich doch viel hundertmal gesagt: das verdammte Glücke! ohne das kann man nicht einmal ein guter Spitzbube sein.
MARTIN KRUMM. Je nu, wenn ichs beim Lichte besehe, so sind wir kaum dadurch auf ein Paar Tage länger dem Stricke entgangen.
MICHEL STICH. Ah, es hat sich was mit dem Stricke! Wenn alle Diebe gehangen würden, die Galgen müßten dichter stehn. Man sieht ja kaum aller zwei Meilen einen; und wo auch einer steht, steht er meist leer. Ich glaube, die Herren Richter werden, aus Höflichkeit, die Dinger gar eingehen lassen. Zu was sind sie auch nütze? Zu nichts, als aufs höchste, daß unser einer, wenn er vorbei geht, die Augen zublinzt.
MARTIN KRUMM. O! das tu ich nicht einmal. Mein Vater und mein Großvater sind daran gestorben, was will ichs besser verlangen? Ich schäme mich meiner Eltern nicht.
MICHEL STICH. Aber die ehrlichen Leute werden sich deiner schämen. Du hast noch lange nicht so viel getan, daß man dich für ihren rechten und echten Sohn halten kann.
MARTIN KRUMM. O! denkst du denn, daß es deswegen unserm Herrn soll geschenkt sein? Und an dem verzweifelten Fremden, der uns so einen fetten Bissen aus dem Munde gerissen hat, will ich mich gewiß auch rächen. Seine Uhr

soll er so richtig müssen da lassen – – Ha! sieh, da kömmt er gleich. Hurtig geh fort! ich will mein Meisterstück machen.

MICHEL STICH. Aber halbpart! halbpart!

Zweiter Auftritt

Martin Krumm. Der Reisende

MARTIN KRUMM. Ich will mich dumm stellen. – Ganz dienstwilliger Diener, mein Herr, – – ich werde Martin Krumm heißen, und werde, auf diesem Gute hier, wohlbestallter Vogt sein.

DER REISENDE. Das glaube ich Euch, mein Freund. Aber habt Ihr nicht meinen Bedienten gesehen?

MARTIN KRUMM. Ihnen zu dienen, nein; aber ich habe wohl von Dero preiswürdigen Person sehr viel Gutes zu hören, die Ehre gehabt. Und es erfreut mich also, daß ich die Ehre habe, die Ehre Ihrer Bekanntschaft zu genießen. Man sagt, daß Sie unsern Herrn gestern Abends, auf der Reise, aus einer sehr gefährlichen Gefahr sollen gerissen haben. Wie ich nun nicht anders kann, als mich des Glücks meines Herrn zu erfreuen, so erfreu ich mich – –

DER REISENDE. Ich errate, was Ihr wollt; Ihr wollt Euch bei mir bedanken, daß ich Eurem Herrn beigestanden habe – –

MARTIN KRUMM. Ja, ganz recht; eben das!

DER REISENDE. Ihr seid ein ehrlicher Mann –

MARTIN KRUMM. Das bin ich! Und mit der Ehrlichkeit kömmt man immer auch am weitesten.

DER REISENDE. Es ist mir kein geringes Vergnügen, daß ich mir, durch eine so kleine Gefälligkeit, so viel rechtschaffne Leute verbindlich gemacht habe. Ihre Erkenntlichkeit ist eine überflüssige Belohnung dessen, was ich getan habe. Die allgemeine Menschenliebe verband mich darzu. Es war meine Schuldigkeit; und ich müßte zufrieden sein, wenn man es auch für nichts anders, als dafür, angesehen hätte. Ihr seid allzugütig, ihr lieben Leute, daß ihr euch dafür bei mir bedanket, was ihr mir, ohne Zweifel, mit eben so vielem Eifer würdet erwiesen haben, wenn ich mich in ähnlicher Gefahr befunden hätte. Kann ich Euch sonst worin dienen, mein Freund?

MARTIN KRUMM. O! mit dem Dienen, mein Herr, will ich Sie nicht beschweren. Ich habe meinen Knecht, der mich bedienen muß, wanns nötig ist. Aber – – wissen möcht ich wohl gern, wie es doch dabei zugegangen wäre? Wo wars denn? Warens viel Spitzbuben? Wollten sie unsern guten Herrn gar ums Leben bringen, oder wollten sie ihm nur sein Geld abnehmen? Es wäre doch wohl eins besser gewesen, als das andre.

DER REISENDE. Ich will Euch mit wenigem den ganzen Verlauf erzählen. Es mag ohngefähr eine Stunde von hier sein, wo die Räuber Euren Herrn, in einem hohlen Wege, angefallen hatten. Ich reisete eben diesen Weg, und sein ängstliches Schreien um Hülfe bewog mich, daß ich nebst meinem Bedienten eilends herzu ritt.

MARTIN KRUMM. Ei! ei!

DER REISENDE. Ich fand ihn in einem offnen Wagen – –

MARTIN KRUMM. Ei! ei!

DER REISENDE. Zwei vermummte Kerle – –

MARTIN KRUMM. Vermummte? ei! ei!

DER REISENDE. Ja! machten sich schon über ihn her.

MARTIN KRUMM. Ei! ei!

DER REISENDE. Ob sie ihn umbringen, oder ob sie ihn nur binden wollten, ihn alsdann desto sichrer zu plündern, weiß ich nicht.

MARTIN KRUMM. Ei! ei! Ach freilich werden sie ihn wohl haben umbringen wollen: die gottlosen Leute!

DER REISENDE. Das will ich eben nicht behaupten, aus Furcht, ihnen zuviel zu tun.

MARTIN KRUMM. Ja, ja, glauben Sie mir nur, sie haben ihn umbringen wollen. Ich weiß, ich weiß ganz gewiß – –

DER REISENDE. Woher könnt Ihr das wissen? Doch es sei. So bald mich die Räuber ansichtig wurden, verließen sie ihre Beute, und liefen über Macht dem nahen Gebüsche zu. Ich lösete das Pistol auf einen. Doch es war schon zu dunkel, und er schon zu weit entfernt, daß ich also zweifeln muß, ob ich ihn getroffen habe.

MARTIN KRUMM. Nein, getroffen haben Sie ihn nicht; – –

DER REISENDE. Wißt Ihr es?

MARTIN KRUMM. Ich meine nur so, weils doch schon finster gewesen ist: und im Finstern soll man, hör ich, nicht gut zielen könnnen.

DER REISENDE. Ich kann Euch nicht beschreiben, wie erkenntlich sich Euer Herr gegen mich bezeugte. Er nannte mich hundertmal seinen Erretter, und nötigte mich, mit ihm auf sein Gut zurück zu kehren. Ich wollte wünschen, daß es meine Umstände zuließen, länger um diesen angenehmen Mann zu sein; so aber muß ich mich noch heute wieder auf den Weg machen – Und eben deswegen suche ich meinen Bedienten.

MARTIN KRUMM. O! lassen Sie sich doch die Zeit bei mir nicht so lang werden. Verziehen Sie noch ein wenig – Ja! was wollte ich denn noch fragen? Die Räuber, – sagen Sie mir doch – wie sahen sie denn aus? wie gingen sie denn? Sie hatten sich verkleidet; aber wie?

DER REISENDE. Euer Herr will durchaus behaupten, es wären Juden gewesen. Bärte hatten sie, das ist wahr; aber ihre Sprache war die ordentliche hiesige Baurensprache. Wenn sie vermummt waren, wie ich gewiß glaube, so ist ihnen die Dämmerung sehr wohl zu statten gekommen. Denn ich begreife nicht, wie Juden die Straßen sollten können unsicher machen, da doch in diesem Lande so wenige geduldet werden.

MARTIN KRUMM. Ja, ja, das glaub ich ganz gewiß auch, daß es Juden gewesen sind. Sie mögen das gottlose Gesindel noch nicht so kennen. So viel als ihrer sind, keinen ausgenommen, sind Betrieger, Diebe und Straßenräuber. Darum ist es auch ein Volk, das der liebe Gott verflucht hat. Ich dürfte nicht König sein: ich ließ keinen, keinen einzigen am Leben. Ach! Gott behüte alle rechtschaffne Christen vor diesen Leuten! Wenn sie der liebe Gott nicht selber haßte, weswegen wären denn nur vor kurzem, bei dem Unglücke in Breslau, ihrer bald noch einmal so viel als

Christen geblieben? Unser Herr Pfarr erinnerte das sehr weislich, in der letzten Predigt. Es ist, als wenn sie zugehört hätten, daß sie sich gleich deswegen an unserm guten Herrn haben rächen wollen. Ach! mein lieber Herr, wenn Sie wollen Glück und Segen in der Welt haben, so hüten Sie sich vor den Juden, ärger, als vor der Pest.

DER REISENDE. Wollte Gott, daß das nur die Sprache des Pöbels wäre!

MARTIN KRUMM. Mein Herr, zum Exempel: ich bin einmal auf der Messe gewesen – ja! wenn ich an die Messe gedenke, so möchte ich gleich die verdammten Juden alle auf einmal mit Gift vergeben, wenn ich nur könnte. Dem einen hatten sie im Gedränge das Schnupftuch, dem andern die Tobaksdose, dem dritten die Uhr, und ich weiß nicht was sonst mehr, wegstipitzt. Geschwind sind sie, ochsenmäßig geschwind, wenn es aufs Stehlen ankömmt. So behende, als unser Schulmeister nimmermehr auf der Orgel ist. Zum Exempel, mein Herr: erstlich drängen sie sich an einen heran, so wie ich mich ungefähr jetzt an Sie – –

DER REISENDE. Nur ein wenig höflicher, mein Freund! – –

MARTIN KRUMM. O! lassen Sie sichs doch nur weisen. Wenn sie nun so stehen, – – sehen Sie – – wie der Blitz sind sie mit der Hand nach der Uhrtasche. *(Er fährt mit der Hand, anstatt nach der Uhr, in die Rocktasche, und nimmt ihm seine Tobaksdose heraus)* Das können sie nun aber alles so geschickt machen, daß man schwören sollte, sie führen mit der Hand dahin, wenn sie dorthin fahren. Wenn sie von der Tobaksdose reden, so zielen sie gewiß nach der Uhr, und wenn sie von der Uhr reden, so haben sie gewiß die Tobaksdose zu stehlen im Sinne. *(Er will ganz sauber nach der Uhr greifen, wird aber ertappt)*

DER REISENDE. Sachte! sachte! was hat Eure Hand hier zu suchen?

MARTIN KRUMM. Da können sie sehn, mein Herr, was ich für ein ungeschickter Spitzbube sein würde. Wenn ein Jude schon so einen Griff getan hätte, so wäre es gewiß um die gute Uhr geschehn gewesen – – Doch weil ich sehe, daß ich Ihnen beschwerlich falle, so nehme ich mir die Freiheit

mich Ihnen bestens zu empfehlen, und verbleibe Zeitlebens für Dero erwiesene Wohltaten, meines hochzuehrenden Herrn gehorsamster Diener, Martin Krumm, wohlbestallter Vogt auf diesem hochadelichen Rittergute.
DER REISENDE. Geht nur, geht!
MARTIN KRUMM. Erinnern Sie sich ja, was ich Ihnen von den Juden gesagt habe. Es ist lauter gottloses diebisches Volk.

DRITTER AUFTRITT

DER REISENDE

Vielleicht ist dieser Kerl, so dumm er ist, oder sich stellt, ein boshafter Schelm, als je einer unter den Juden gewesen ist. Wenn ein Jude betriegt, so hat ihn, unter neunmalen, der Christ vielleicht siebenmal dazu genötiget. Ich zweifle, ob viel Christen sich rühmen können, mit einem Juden aufrichtig verfahren zu sein: und sie wundern sich, wenn er ihnen Gleiches mit Gleichem zu vergelten sucht? Sollen Treu und Redlichkeit unter zwei Völkerschaften herrschen, so müssen beide gleich viel dazu beitragen. Wie aber, wenn es bei der einen ein Religionspunkt, und beinahe ein verdienstliches Werk wäre, die andre zu verfolgen? Doch –

VIERTER AUFTRITT

Der Reisende. Christoph

DER REISENDE. Daß man Euch doch allezeit eine Stunde suchen muß, wenn man Euch haben will.
CHRISTOPH. Sie scherzen, mein Herr. Nicht wahr, ich kann nicht mehr, als an einem Orte zugleich sein? Ist es also meine Schuld, daß Sie sich nicht an diesen Ort begeben? Gewiß Sie finden mich allezeit da, wo ich bin.

DER REISENDE. So? und Ihr taumelt gar? Nun begreif ich, warum Ihr so sinnreich seid. Müßt Ihr Euch denn schon frühmorgens besaufen?

CHRISTOPH. Sie reden von Besaufen, und ich habe kaum zu trinken angefangen. Ein Paar Flaschen guten Landwein, ein Paar Gläser Brandwein, und eine Mundsemmel ausgenommen, habe ich, so wahr ich ein ehrlicher Mann bin, nicht das geringste zu mir genommen. Ich bin noch ganz nüchtern.

DER REISENDE. O! das sieht man Euch an. Und ich rate Euch, als ein Freund, die Portion zu verdoppeln.

CHRISTOPH. Vortrefflicher Rat! Ich werde nicht unterlassen, ihn, nach meiner Schuldigkeit, als einen Befehl anzusehen. Ich gehe, und Sie sollen sehen, wie gehorsam ich zu sein weiß.

DER REISENDE. Seid klug! Ihr könnt dafür gehn, und die Pferde satteln und aufpacken. Ich will noch diesen Vormittag fort.

CHRISTOPH. Wenn Sie mir im Scherze geraten haben, ein doppeltes Frühstück zu nehmen, wie kann ich mir einbilden, daß Sie jetzt im Ernste reden? Sie scheinen sich heute mit mir erlustigen zu wollen. Macht Sie etwa das junge Fräulein so aufgeräumt? O! es ist ein allerliebstes Kind. – Nur noch ein wenig älter, ein klein wenig älter sollte sie sein. Nicht wahr, mein Herr? wenn das Frauenzimmer nicht zu einer gewissen Reife gelangt ist, – –

DER REISENDE. Geht, und tut, was ich Euch befohlen habe.

CHRISTOPH. Sie werden ernsthaft. Nichts destoweniger werde ich warten, bis Sie mir es das drittemal befehlen. Der Punkt ist zu wichtig! Sie könnten sich übereilt haben. Und ich bin allezeit gewohnt gewesen, meinen Herren Bedenkzeit zu gönnen. Überlegen Sie es wohl, einen Ort, wo wir fast auf den Händen getragen werden, so zeitig wieder zu verlassen? Gestern sind wir erst gekommen. Wir haben uns um den Herrn unendlich verdient gemacht, und gleichwohl bei ihm kaum eine Abendmahlzeit und ein Frühstück genossen.

DER REISENDE. Eure Grobheit ist unerträglich. Wenn man

sich zu dienen entschließt, sollte man sich gewöhnen, weniger Umstände zu machen.

CHRISTOPH. Gut, mein Herr! Sie fangen an zu moralisieren, das ist: Sie werden zornig. Mäßigen Sie sich; ich gehe schon – –

DER REISENDE. Ihr müßt wenig Überlegungen zu machen gewohnt sein. Das, was wir diesem Herrn erwiesen haben, verlieret den Namen einer Wohltat, so bald wir die geringste Erkenntlichkeit dafür zu erwarten scheinen. Ich hätte mich nicht einmal sollen mit hieher nötigen lassen. Das Vergnügen, einem Unbekannten ohne Absicht beigestanden zu haben, ist schon vor sich so groß! Und er selbst würde uns mehr Segen nachgewünscht haben, als er uns jetzt übertriebene Danksagung hält. Wen man in die Verbindlichkeit setzt, sich weitläuftig, und mit dabei verknüpften Kosten zu bedanken, der erweiset uns einen Gegendienst, der ihm vielleicht saurer wird, als uns unsere Wohltat geworden. Die meisten Menschen sind zu verderbt, als daß ihnen die Anwesenheit eines Wohltäters nicht höchst beschwerlich sein sollte. Sie scheint ihren Stolz zu erniedrigen; – –

CHRISTOPH. Ihre Philosophie, mein Herr, bringt Sie um den Atem. Gut! Sie sollen sehen, daß ich eben so großmütig bin, als Sie. Ich gehe; in einer Viertelstunde sollen Sie sich aufsetzen können.

Fünfter Auftritt

Der Reisende. Das Fräulein

DER REISENDE. So wenig ich mich mit diesem Menschen gemein gemacht habe, so gemein macht er sich mit mir.

DAS FRÄULEIN. Warum verlassen Sie uns, mein Herr? Warum sind Sie hier so allein? Ist Ihnen unser Umgang schon die wenigen Stunden, die Sie bei uns sind, zuwider geworden? Es sollte mir leid tun. Ich suche aller Welt zu gefallen; und Ihnen möchte ich, vor allen andern, nicht gern mißfallen.

DER REISENDE. Verzeihen Sie mir, Fräulein. Ich habe nur meinem Bedienten befehlen wollen, alles zur Abreise fertig zu halten.
DAS FRÄULEIN. Wovon reden Sie? von Ihrer Abreise? Wenn war denn Ihre Ankunft? Es sei noch, wenn Sie über Jahr und Tag eine melancholische Stunde auf diesen Einfall brächte. Aber wie, nicht einmal einen völligen Tag aushalten wollen? das ist zu arg. Ich sage es Ihnen, ich werde böse, wenn Sie noch einmal daran gedenken.
DER REISENDE. Sie könnten mir nichts Empfindlichers drohen.
DAS FRÄULEIN. Nein? im Ernst? ist es wahr, würden Sie empfindlich sein, wenn ich böse auf Sie würde?
DER REISENDE. Wem sollte der Zorn eines liebenswürdigen Frauenzimmers gleichgültig sein können?
DAS FRÄULEIN. Was Sie sagen, klingt zwar beinahe, als wenn Sie spotten wollten: doch ich will es für Ernst aufnehmen; gesetzt, ich irrte mich auch. Also, mein Herr, – – ich bin ein wenig liebenswürdig, wie man mir gesagt hat, – und ich sage Ihnen noch einmal, ich werde entsetzlich, entsetzlich zornig werden, wenn Sie, binnen hier und dem neuen Jahr, wieder an Ihre Abreise gedenken.
DER REISENDE. Der Termin ist sehr liebreich bestimmt. Alsdann wollten Sie mir, mitten im Winter, die Türe weisen; und bei dem unbequemsten Wetter – –
DAS FRÄULEIN. Ei! wer sagt das? Ich sage nur, daß Sie alsdann, des Wohlstands halber, etwa einmal an die Abreise denken können. Wir werden Sie deswegen nicht fort lassen; wir wollen Sie schon bitten – –
DER REISENDE. Vielleicht auch des Wohlstands halber?
DAS FRÄULEIN. Ei! seht, man sollte nicht glauben, daß ein so ehrliches Gesicht auch spotten könnte. – – Ah! da kömmt der Papa. Ich muß fort! Sagen Sie ja nicht, daß ich bei Ihnen gewesen bin. Er wirft mir so oft genug vor, daß ich gern um Mannspersonen wäre.

Sechster Auftritt

Der Baron. Der Reisende

DER BARON. War nicht meine Tochter bei Ihnen? Warum läuft denn das wilde Ding?

DER REISENDE. Das Glück ist unschätzbar, eine so angenehme und muntre Tochter zu haben. Sie bezaubert durch ihre Reden, in welchen die liebenswürdigste Unschuld, der ungekünsteltste Witz herrschet.

DER BARON. Sie urteilen zu gütig von ihr. Sie ist wenig unter ihres gleichen gewesen, und besitzt die Kunst zu gefallen, die man schwerlich auf dem Lande erlernen kann, und die doch oft mehr, als die Schönheit selbst vermag, in einem sehr geringen Grade. Es ist alles bei ihr noch die sich selbst gelaßne Natur.

DER REISENDE. Und diese ist desto einnehmender, je weniger man sie in den Städten antrifft. Alles ist da verstellt, gezwungen und erlernt. Ja, man ist schon so weit darin gekommen, daß man Dummheit, Grobheit und Natur für gleichviel bedeutende Wörter hält.

DER BARON. Was könnte mir angenehmer sein, als daß ich sehe, wie unsre Gedanken und Urteile so sehr übereinstimmen? O! daß ich nicht längst einen Freund Ihres gleichen gehabt habe!

DER REISENDE. Sie werden ungerecht gegen Ihre übrigen Freunde.

DER BARON. Gegen meine übrigen Freunde, sagen Sie? Ich bin funfzig Jahr alt: – – Bekannte habe ich gehabt, aber noch keinen Freund. Und niemals ist mir die Freundschaft so reizend vorgekommen, als seit den wenigen Stunden, da ich nach der Ihrigen strebe. Wodurch kann ich sie verdienen?

DER REISENDE. Meine Freundschaft bedeutet so wenig, daß das bloße Verlangen darnach ein genugsames Verdienst ist, sie zu erhalten. Ihre Bitte ist weit mehr wert, als das, was Sie bitten.

DER BARON. O, mein Herr, die Freundschaft eines Wohltäters – –

DER REISENDE. Erlauben Sie, – – ist keine Freundschaft. Wenn Sie mich unter dieser falschen Gestalt betrachten, so kann ich Ihr Freund nicht sein. Gesetzt einen Augenblick, ich wäre Ihr Wohltäter: würde ich nicht zu befürchten haben, daß Ihre Freundschaft nichts, als eine wirksame Dankbarkeit wäre?
DER BARON. Sollte sich beides nicht verbinden lassen?
DER REISENDE. Sehr schwer! Diese hält ein edles Gemüt für seine Pflicht; jene erfodert lauter willkürliche Bewegungen der Seele.
DER BARON. Aber wie sollte ich – – Ihr allzuzärtlicher Geschmack macht mich ganz verwirrt. – –
DER REISENDE. Schätzen Sie mich nur nicht höher, als ich es verdiene. Aufs höchste bin ich ein Mensch, der seine Schuldigkeit mit Vergnügen getan hat. Die Schuldigkeit an sich selbst ist keiner Dankbarkeit wert. Daß ich sie aber mit Vergnügen getan habe, dafür bin ich genugsam durch Ihre Freundschaft belohnt.
DER BARON. Diese Großmut verwirrt mich nur noch mehr. – – Aber ich bin vielleicht zu verwegen. – – Ich habe mich noch nicht unterstehen wollen, nach Ihrem Namen, nach Ihrem Stande zu fragen. – Vielleicht biete ich meine Freundschaft einem an, der – – der sie zu verachten – –
DER REISENDE. Verzeihen Sie, mein Herr! – Sie – Sie machen sich – – Sie haben allzugroße Gedanken von mir.
DER BARON *(bei Seite)*. Soll ich ihn wohl fragen? Er kann meine Neugierde übel nehmen.
DER REISENDE *(bei Seite)*. Wenn er mich fragt, was werde ich ihm antworten?
DER BARON *(bei Seite)*. Frage ich ihn nicht; so kann er es als eine Grobheit auslegen.
DER REISENDE *(bei Seite)*. Soll ich ihm die Wahrheit sagen?
DER BARON *(bei Seite)*. Doch ich will den sichersten Weg gehen. Ich will erst seinen Bedienten ausfragen lassen.
DER REISENDE *(bei Seite)*. Könnte ich doch dieser Verwirrung überhoben sein! – –
DER BARON. Warum so nachdenkend?
DER REISENDE. Ich war gleich bereit, diese Frage an Sie zu tun, mein Herr – –

DER BARON. Ich weiß es, man vergißt sich dann und wann. Lassen Sie uns von etwas andern reden – – Sehen Sie, daß es wirkliche Juden gewesen sind, die mich angefallen haben? Nur jetzt hat mir mein Schulze gesagt, daß er vor einigen Tagen ihrer drei auf der Landstraße angetroffen. Wie er sie mir beschreibt, haben sie Spitzbuben ähnlicher, als ehrlichen Leuten, gesehen. Und warum sollte ich auch daran zweifeln? Ein Volk, das auf den Gewinst so erpicht ist, fragt wenig darnach, ob es ihn mit Recht oder Unrecht, mit List oder Gewaltsamkeit erhält – – Es scheinet auch zur Handelschaft, oder deutsch zu reden, zur Betrügerei gemacht zu sein. Höflich, frei, unternehmend, verschwiegen, sind Eigenschaften die es schätzbar machen würden, wenn es sie nicht allzusehr zu unserm Unglück anwendete. – *(Er hält etwas inne)* – – Die Juden haben mir sonst schon nicht wenig Schaden und Verdruß gemacht. Als ich noch in Kriegsdiensten war, ließ ich mich bereden, einen Wechsel für einen meiner Bekannten mit zu unterschreiben; und der Jude, an den er ausgestellet war, brachte mich nicht allein dahin, daß ich ihn bezahlen, sondern, daß ich ihn so gar zweimal bezahlen mußte – – O! es sind die allerboshaftesten, niederträchtigsten Leute – Was sagen Sie dazu? Sie scheinen ganz niedergeschlagen.

DER REISENDE. Was soll ich sagen? Ich muß sagen, daß ich diese Klage sehr oft gehört habe – –

DER BARON. Und ist es nicht wahr, ihre Gesichtsbildung hat gleich etwas, das uns wider sie einnimmt? Das Tückische, das Ungewissenhafte, das Eigennützige, Betrug und Meineid, sollte man sehr deutlich aus ihren Augen zu lesen glauben – Aber, warum kehren Sie sich von mir?

DER REISENDE. Wie ich höre, mein Herr, so sind Sie ein großer Kenner der Physiognomie; und ich besorge, daß die meinige – –

DER BARON. O! Sie kränken mich. Wie können Sie auf dergleichen Verdacht kommen? Ohne ein Kenner der Physiognomie zu sein, muß ich Ihnen sagen, daß ich nie eine so aufrichtige, großmütige und gefällige Miene gefunden habe, als die Ihrige.

DER REISENDE. Ihnen die Wahrheit zu gestehn: ich bin kein Freund allgemeiner Urteile über ganze Völker – – Sie werden meine Freiheit nicht übel nehmen. – Ich sollte glauben, daß es unter allen Nationen gute und böse Seelen geben könne. Und unter den Juden – –

Siebenter Auftritt

Das Fräulein. Der Reisende. Der Baron

DAS FRÄULEIN. Ach! Papa – –
DER BARON. Nu, nu! fein wild, fein wild! Vorhin liefst du vor mir: was sollte das bedeuten? – –
DAS FRÄULEIN. Vor Ihnen bin ich nicht gelaufen, Papa; sondern nur vor Ihrem Verweise.
DER BARON. Der Unterschied ist sehr subtil. Aber was war es denn, das meinen Verweis verdiente?
DAS FRÄULEIN. O! Sie werden es schon wissen. Sie sahen es ja! Ich war bei dem Herrn –
DER BARON. Nun? und –
DAS FRÄULEIN. Und der Herr ist eine Mannsperson, und mit den Mannspersonen, haben Sie befohlen, mir nicht allzuviel zu tun zu machen. –
DER BARON. Daß dieser Herr eine Ausnahme sei, hättest du wohl merken sollen. Ich wollte wünschen, daß er dich leiden könnte – – Ich werde es mit Vergnügen sehen, wenn du auch beständig um ihn bist.
DAS FRÄULEIN. Ach! – es wird wohl das erste und letztemal gewesen sein. Sein Diener packt schon auf – – Und das wollte ich Ihnen eben sagen.
DER BARON. Was? wer? sein Diener?
DER REISENDE. Ja, mein Herr, ich hab es ihm befohlen. Meine Verrichtungen und die Besorgnis, Ihnen beschwerlich zu fallen – –
DER BARON. Was soll ich ewig davon denken? Soll ich das Glück nicht haben, Ihnen näher zu zeigen, daß Sie sich ein erkenntliches Herz verbindlich gemacht haben? O! ich

bitte Sie, fügen Sie zu Ihrer Wohltat noch die andre hinzu, die mir eben so schätzbar, als die Erhaltung meines Lebens sein wird; bleiben Sie einige Zeit – wenigstens einige Tage bei mir; ich würde mir es ewig vorzuwerfen haben, daß ich einen Mann, wie Sie, ungekannt, ungeehrt, unbelohnt, wenn es anders in meinem Vermögen steht, von mir gelassen hätte. Ich habe einige meiner Anverwandten auf heute einladen lassen, mein Vergnügen mit ihnen zu teilen, und ihnen das Glück zu verschaffen, meinen Schutzengel kennen zu lernen.
DER REISENDE. Mein Herr, ich muß notwendig –
DAS FRÄULEIN. Da bleiben, mein Herr, da bleiben! Ich laufe, Ihrem Bedienten zu sagen, daß er wieder abpacken soll. Doch da ist er schon.

ACHTER AUFTRITT

Christoph (in Stiefeln und Sporen, und zwei Mantelsäcke unter den Armen). Die Vorigen

CHRISTOPH. Nun! mein Herr, es ist alles fertig. Fort! kürzen Sie Ihre Abschiedsformeln ein wenig ab. Was soll das viele Reden, wenn wir nicht da bleiben können?
DER BARON. Was hindert Euch denn, hier zu bleiben?
CHRISTOPH. Gewisse Betrachtungen, mein Herr Baron, die den Eigensinn meines Herrn zum Grunde, und seine Großmut zum Vorwande haben.
DER REISENDE. Mein Diener ist öfters nicht klug: verzeihen Sie ihm. Ich sehe, daß Ihre Bitten in der Tat mehr als Komplimente sind. Ich ergebe mich; damit ich nicht aus Furcht grob zu sein, eine Grobheit begehen möge.
DER BARON. O! was für Dank bin ich Ihnen schuldig!
DER REISENDE. Ihr könnt nur gehen, und wieder abpacken! Wir wollen erst morgen fort.
DAS FRÄULEIN. Nu! hört Er nicht? Was steht Er denn da? Er soll gehn, und wieder abpacken.
CHRISTOPH. Von Rechts wegen sollte ich böse werden. Es ist

mir auch beinahe, als ob mein Zorn erwachen wollte; doch weil nichts Schlimmers daraus erfolgt, als daß wir hier bleiben, und zu essen und zu trinken bekommen, und wohl gepflegt werden, so mag es sein! Sonst laß ich mir nicht gern unnötige Mühe machen: wissen Sie das?

DER REISENDE. Schweigt! Ihr seid zu unverschämt.

CHRISTOPH. Denn ich sage die Wahrheit.

DAS FRÄULEIN. O! das ist vortrefflich, daß Sie bei uns bleiben. Nun bin ich Ihnen noch einmal so gut. Kommen Sie, ich will Ihnen unsern Garten zeigen; er wird Ihnen gefallen.

DER REISENDE. Wenn er Ihnen gefällt, Fräulein, so ist es schon so gut, als gewiß.

DAS FRÄULEIN. Kommen Sie nur; – – unterdessen wird es Essenszeit. Papa, Sie erlauben es doch?

DER BARON. Ich werde euch so gar begleiten.

DAS FRÄULEIN. Nein, nein, das wollen wir Ihnen nicht zumuten. Sie werden zu tun haben.

DER BARON. Ich habe jetzt nichts Wichtigers zu tun, als meinen Gast zu vergnügen.

DAS FRÄULEIN. Er wird es Ihnen nicht übel nehmen: nicht wahr mein Herr? *(Sachte zu ihm)* Sprechen Sie doch Nein. Ich möchte gern mit Ihnen allein gehen.

DER REISENDE. Es wird mich gereuen, daß ich mich so leicht habe bewegen lassen, hier zu bleiben, so bald ich sehe, daß ich Ihnen im geringsten verhinderlich bin. Ich bitte also – –

DER BARON. O! warum kehren Sie sich an des Kindes Rede?

DAS FRÄULEIN. Kind? – – Papa! – – beschämen Sie mich doch nicht so! – Der Herr wird denken, wie jung ich bin! – – Lassen Sie es gut sein; ich bin alt genug, mit Ihnen spazieren zu gehen – Kommen Sie! – – Aber sehen Sie einmal: Ihr Diener steht noch da, und hat die Mantelsäcke unter den Armen.

CHRISTOPH. Ich dächte, das ginge nur den an, dem es sauer wird?

DER REISENDE. Schweigt! Man erzeigt Euch zu viel Ehre – –

Neunter Auftritt

Lisette. Die Vorigen

DER BARON *(indem er Lisetten kommen sieht)*. Mein Herr, ich werde Ihnen gleich nachfolgen, wann es Ihnen gefällig ist, meine Tochter in den Garten zu begleiten.

DAS FRÄULEIN. O! bleiben Sie so lange, als es Ihnen gefällt. Wir wollen uns schon die Zeit vertreiben. Kommen Sie! *(Das Fräulein und der Reisende gehen ab)*

DER BARON. Lisette, dir habe ich etwas zu sagen! – –

LISETTE. Nu?

DER BARON *(sachte zu ihr)*. Ich weiß noch nicht, wer unser Gast ist. Gewisser Ursachen wegen, mag ich ihn auch nicht fragen. Könntest du nicht von seinem Diener – –

LISETTE. Ich weiß, was Sie wollen. Dazu trieb mich meine Neugierigkeit von selbst, und deswegen kam ich hieher. –

DER BARON. Bemühe dich also, – – und gib mir Nachricht davon. Du wirst Dank bei mir verdienen.

LISETTE. Gehen Sie nur.

CHRISTOPH. Sie werden es also nicht übel nehmen, mein Herr, daß wir es uns bei Ihnen gefallen lassen. Aber ich bitte, machen Sie sich meinetwegen keine Ungelegenheit; ich bin mit allem zufrieden, was da ist.

DER BARON. Lisette, ich übergebe ihn deiner Aufsicht. Laß ihn an nichts Mangel leiden. *(Geht ab)*

CHRISTOPH. Ich empfehle mich also, Mademoisell, Dero gütigen Aufsicht, die mich an nichts wird Mangel leiden lassen. *(Will abgehen)*

Zehnter Auftritt

Lisette. Christoph

LISETTE *(hält ihn auf)*. Nein, mein Herr, ich kann es unmöglich über mein Herz bringen, Sie so unhöflich sein zu lassen – Bin ich denn nicht Frauenzimmers genug, um einer kurzen Unterhaltung wert zu sein?

CHRISTOPH. Der Geier! Sie nehmen die Sache genau, Mamsell. Ob Sie Frauenzimmers genug oder zu viel sind, kann ich nicht sagen. Wenn ich zwar aus Ihrem gesprächigen Munde schließen sollte, so dürfte ich beinahe das letzte behaupten. Doch dem sei, wie ihm wolle; jetzt werden Sie mich beurlauben; – – Sie sehen, ich habe Hände und Arme voll. – – Sobald mich hungert oder dürstet, werde ich bei Ihnen sein.

LISETTE. So machts unser *Schirrmeister* auch.

CHRISTOPH. Der Henker! das muß ein gescheuter Mann sein: er machts wie ich!

LISETTE. Wenn Sie ihn wollen kennen lernen: er liegt vor dem Hinterhause an der Kette.

CHRISTOPH. Verdammt! ich glaube gar, Sie meinen den Hund. Ich merke also wohl, Sie werden den leiblichen Hunger und Durst verstanden haben. Den aber habe ich nicht verstanden; sondern den Hunger und Durst der Liebe. Den, Mamsell, den! Sind Sie nun mit meiner Erklärung zufrieden?

LISETTE. Besser als mit dem Erklärten.

CHRISTOPH. Ei! im Vertrauen: – – Sagen Sie etwa zugleich auch damit so viel, daß Ihnen ein Liebesantrag von mir nicht zuwider sein würde?

LISETTE. Vielleicht! Wollen Sie mir einen tun? im Ernst?

CHRISTOPH. Vielleicht!

LISETTE. Pfui! was das für eine Antwort ist! vielleicht!

CHRISTOPH. Und sie war doch nicht ein Haar anders, als die Ihrige.

LISETTE. In meinem Munde will sie aber ganz etwas anders sagen. Vielleicht, ist eines Frauenzimmers größte Versicherung. Denn so schlecht unser Spiel auch ist, so müssen wir uns doch niemals in die Karte sehen lassen.

CHRISTOPH. Ja, wenn das ist! – Ich dächte, wir kämen also zur Sache. – – *(Er schmeißt beide Mantelsäcke auf die Erde)* Ich weiß nicht, warum ich mirs so sauer mache? Da liegt! – – Ich liebe Sie, Mamsell.

LISETTE. Das heiß ich, mit wenigen viel sagen. Wir wollens zergliedern – –

CHRISTOPH. Nein, wir wollens lieber ganz lassen. Doch, – damit wir in Ruhe einander unsre Gedanken eröffnen können; – – belieben Sie sich nieder zu lassen! – – Das Stehn ermüdet mich. – – Ohne Umstände! – *(Er nötiget sie auf den Mantelsack zu sitzen)* – – Ich liebe Sie, Mamsell. – –
LISETTE. Aber, – – ich sitze verzweifelt hart. – – Ich glaube gar, es sind Bücher darin – –
CHRISTOPH. Darzu recht zärtliche und witzige; – und gleichwohl sitzen Sie hart darauf? Es ist meines Herrn Reisebibliothek. Sie besteht aus Lustspielen, die zum Weinen, und aus Trauerspielen, die zum Lachen bewegen; aus zärtlichen Heldengedichten; aus tiefsinnigen Trinkliedern, und was dergleichen neue Siebensachen mehr sind. – – Doch wir wollen umwechseln. Setzen Sie sich auf meinen; – ohne Umstände! – – meiner ist der weichste.
LISETTE. Verzeihen Sie! – – So grob werde ich nicht sein – –
CHRISTOPH. Ohne Umstände, – ohne Komplimente! – Wollen Sie nicht? – So werde ich Sie hintragen. – –
LISETTE. Weil Sie es denn befehlen – *(Sie steht auf und will sich auf den andern setzen)*
CHRISTOPH. Befehlen? behüte Gott! – Nein! befehlen, will viel sagen. – – Wenn Sie es so nehmen wollen, so bleiben Sie lieber sitzen. – *(Er setzt sich wieder auf seinen Mantelsack)*
LISETTE *(bei Seite)*. Der Grobian! Doch ich muß es gut sein lassen – –
CHRISTOPH. Wo blieben wir denn? – Ja, – bei der Liebe – – Ich liebe Sie also, Mamsell. Je vous aime, würde ich sagen, wenn Sie eine französische Marquisin wären.
LISETTE. Der Geier! Sie sind wohl gar ein Franzose?
CHRISTOPH. Nein, ich muß meine Schande gestehn: ich bin nur ein Deutscher. – Aber ich habe das Glück gehabt, mit verschiedenen Franzosen umgehen zu können, und da habe ich dann so ziemlich gelernt, was zu einem rechtschaffnen Kerl gehört. Ich glaube, man sieht mir es auch gleich an.
LISETTE. Sie kommen also vielleicht mit Ihrem Herrn aus Frankreich?

CHRISTOPH. Ach nein! – –
LISETTE. Wo sonst her? freilich wohl! –
CHRISTOPH. Es liegt noch einige Meilen hinter Frankreich, wo wir herkommen.
LISETTE. Aus Italien doch wohl nicht?
CHRISTOPH. Nicht weit davon.
LISETTE. Aus Engeland also?
CHRISTOPH. Beinahe; Engeland ist eine Provinz davon. Wir sind über funfzig Meilen von hier zu Hause – – Aber, daß Gott! – meine Pferde, – die armen Tiere stehen noch gesattelt. Verzeihen Sie, Mamsell! – – Hurtig! stehen Sie auf! – – *(Er nimmt die Mantelsäcke wieder untern Arm)* – – Trotz meiner inbrünstigen Liebe, muß ich doch gehn, und erst das Nötige verrichten – – Wir haben noch den ganzen Tag, und, was das meiste ist, noch die ganze Nacht vor uns. Wir wollen schon noch eins werden. – Ich werde Sie wohl wieder zu finden wissen.

EILFTER AUFTRITT

Martin Krumm. Lisette

LISETTE. Von dem werde ich wenig erfahren können. Entweder, er ist zu dumm, oder zu fein. Und beides macht unergründlich.
MARTIN KRUMM. So, Jungfer Lisette? Das ist auch der Kerl darnach, daß er mich ausstechen sollte!
LISETTE. Das hat er nicht nötig gehabt.
MARTIN KRUMM. Nicht nötig gehabt? Und ich denke, wer weiß wie fest ich in Ihrem Herzen sitze.
LISETTE. Das macht, Herr Vogt, Er denkts. Leute von Seiner Art haben das Recht, abgeschmackt zu denken. Drum ärgre ich mich auch nicht darüber, daß Ers gedacht hat; sondern, daß Er mirs gesagt hat. Ich möchte wissen, was Ihn mein Herz angeht? Mit was für Gefälligkeiten, mit was für Geschenken, hat Er sich denn ein Recht darauf erworben? – Man gibt die Herzen jetzt nicht mehr, so in

den Tag hinein, weg. Und glaubt Er etwa, daß ich so verlegen mit dem meinigen bin? Ich werde schon noch einen ehrlichen Mann dazu finden, ehe ichs vor die Säue werfe.

MARTIN KRUMM. Der Teufel, das verschnupft! Ich muß eine Prise Tabak darauf nehmen. – – Vielleicht geht es wieder mit dem Niesen fort. – *(Er zieht die entwandte Dose hervor, spielt einige Zeit in den Händen damit, und nimmt endlich, auf eine lächerlich hochmütige Art, eine Prise)*

LISETTE *(schielt ihn von der Seite an).* Verzweifelt! wo bekömmt der Kerl die Dose her?

MARTIN KRUMM. Belieben Sie ein Prischen?

LISETTE. O, Ihre untertänige Magd, mein Herr Vogt! *(Sie nimmt)*

MARTIN KRUMM. Was eine silberne Dose nicht kann! – – Könnte ein Ohrwürmchen geschmeidiger sein?

LISETTE. Ist es eine silberne Dose?

MARTIN KRUMM. Wanns keine silberne wäre, so würde sie Martin Krumm nicht haben.

LISETTE. Ist es nicht erlaubt, sie zu besehn?

MARTIN KRUMM. Ja, aber nur in meinen Händen.

LISETTE. Die Fasson ist vortrefflich.

MARTIN KRUMM. Ja, sie wiegt ganzer fünf Lot. –

LISETTE. Nur der Fasson wegen, möchte ich so ein Döschen haben.

MARTIN KRUMM. Wenn ich sie zusammen schmelzen lasse, steht Ihnen die Fasson davon zu Dienste.

LISETTE. Sie sind allzugütig! – Es ist ohne Zweifel ein Geschenk?

MARTIN KRUMM. Ja, – – sie kostet mir nicht einen Heller.

LISETTE. Wahrhaftig, so ein Geschenk könnte ein Frauenzimmer recht verblenden! Sie können Ihr Glück damit machen, Herr Vogt. Ich wenigstens würde mich, wenn man mich mit silbernen Dosen anfiele, sehr schlecht verteidigen können. Mit so einer Dose hätte ein Liebhaber gegen mich gewonnen Spiel.

MARTIN KRUMM. Ich verstehs, ich verstehs! –

LISETTE. Da sie Ihnen so nichts kostet, wollte ich Ihnen raten, Herr Vogt, sich eine gute Freundin damit zu machen – –

MARTIN KRUMM. Ich verstehs, ich verstehs! –
LISETTE *(schmeichelnd)*. Wollten Sie mir sie wohl schenken? – –
MARTIN KRUMM. O um Verzeihung! – – Man gibt die silbernen Dosen jetzt nicht mehr, so in den Tag hinein, weg. Und glaubt Sie denn, Jungfer Lisette, daß ich so verlegen mit der meinigen bin? Ich werde schon noch einen ehrlichen Mann dazu finden, ehe ich sie vor die Säue werfe.
LISETTE. Hat man jemals eine dümmre Grobheit gefunden! – – Ein Herz einer Schnupftabaksdose gleich zu schätzen?
MARTIN KRUMM. Ja, ein steinern Herz einer silbern Schnupftabaksdose – –
LISETTE. Vielleicht würde es aufhören, steinern zu sein, wenn – – Doch alle meine Reden sind vergebens – – Er ist meiner Liebe nicht wert – – Was ich für eine gutherzige Närrin bin! – *(Will weinen)* beinahe hätte ich geglaubt, der Vogt wäre noch einer von den ehrlichen Leuten, die es meinen, wie sie es reden –
MARTIN KRUMM. Und was ich für ein gutherziger Narre bin, daß ich glaube, ein Frauenzimmer meine es, wie sie es redt! – Da, mein Lisettchen, weine Sie nicht! – *(Er gibt ihr die Dose)* – Aber nun bin ich doch wohl Ihrer Liebe wert? – Zum Anfange verlange ich nichts, als nur ein Küßchen auf Ihre schöne Hand! – – *(Er küßt sie)* Ah, wie schmeckt das! –

Zwölfter Auftritt

Das Fräulein. Lisette. Martin Krumm

DAS FRÄULEIN *(sie kömmt dazu geschlichen, und stößt ihn mit dem Kopfe auf die Hand)*. Ei! Herr Vogt, – küß Er mir doch meine Hand auch!
LISETTE. Daß doch! – –
MARTIN KRUMM. Ganz gern, gnädiges Fräulein – *(Er will ihr die Hand küssen)*
DAS FRÄULEIN *(gibt ihm eine Ohrfeige)*. Ihr Flegel, versteht Ihr denn keinen Spaß?

MARTIN KRUMM. Den Teufel mag das Spaß sein!
LISETTE. Ha! ha! ha! *(Lacht ihn aus)* O ich betaure Ihn, mein lieber Vogt – Ha! ha! ha!
MARTIN KRUMM. So? und Sie lacht noch dazu? Ist das mein Dank? Schon gut, schon gut! *(Gehet ab)*
LISETTE. Ha! ha! ha!

Dreizehnter Auftritt

Lisette. Das Fräulein

DAS FRÄULEIN. Hätte ichs doch nicht geglaubt, wenn ichs nicht selbst gesehen hätte. Du läßt dich küssen? und noch dazu vom Vogt?
LISETTE. Ich weiß auch gar nicht, was Sie für Recht haben, mich zu belauschen? Ich denke, Sie gehen im Garten mit dem Fremden spazieren.
DAS FRÄULEIN. Ja, und ich wäre noch bei ihm, wenn der Papa nicht nachgekommen wäre. Aber so kann ich ja kein kluges Wort mit ihm sprechen. Der Papa ist gar zu ernsthaft – –
LISETTE. Ei, was nennen Sie denn ein kluges Wort? Was haben Sie denn wohl mit ihm zu sprechen, das der Papa nicht hören dürfte?
DAS FRÄULEIN. Tausenderlei! – Aber du machst mich böse, wo du mich noch mehr fragst. Genug, ich bin dem fremden Herrn gut. Das darf ich doch wohl gestehn?
LISETTE. Sie würden wohl greulich mit dem Papa zanken, wenn er Ihnen einmal so einen Bräutigam verschaffte? Und im Ernst, wer weiß, was er tut. Schade nur, daß Sie nicht einige Jahre älter sind: es könnte vielleicht bald zu Stande kommen.
DAS FRÄULEIN. O, wenn es nur am Alter liegt, so kann mich ja der Papa einige Jahr älter machen. Ich werde ihm gewiß nicht widersprechen.
LISETTE. Nein, ich weiß noch einen bessern Rat. Ich will Ihnen einige Jahre von den meinigen geben, so ist uns

allen beiden geholfen. Ich bin alsdann nicht zu alt, und Sie nicht zu jung.

DAS FRÄULEIN. Das ist auch wahr; das geht ja an!

LISETTE. Da kömmt des Fremden Bedienter; ich muß mit ihm sprechen. Es ist alles zu Ihrem Besten – Lassen Sie mich mit ihm allein. – Gehen Sie.

DAS FRÄULEIN. Vergiß es aber nicht, wegen der Jahre – – Hörst du, Lisette?

Vierzehnter Auftritt

Lisette. Christoph

LISETTE. Mein Herr, Sie hungert oder durstet gewiß, daß Sie schon wiederkommen? nicht?

CHRISTOPH. Ja freilich! – – Aber wohl gemerkt, wie ich den Hunger und Durst erklärt habe. Ihr die Wahrheit zu gestehn, meine liebe Jungfer, so hatte ich schon, so bald ich gestern vom Pferde stieg, ein Auge auf Sie geworfen. Doch weil ich nur einige Stunden hier zu bleiben vermeinte, so glaubte ich, es verlohne sich nicht der Mühe, mich mit Ihr bekannt zu machen. Was hätten wir in so kurzer Zeit können ausrichten? Wir hätten unsern Roman von hinten müssen anfangen. Allein es ist auch nicht allzusicher, die Katze bei dem Schwanze aus dem Ofen zu ziehen.

LISETTE. Das ist wahr! nun aber können wir schon ordentlicher verfahren. Sie können mir Ihren Antrag tun; ich kann darauf antworten. Ich kann Ihnen meine Zweifel machen; Sie können mir sie auflösen. Wir können uns bei jedem Schritte, den wir tun, bedenken, und dürfen einander nicht den Affen im Sacke verkaufen. Hätten Sie mir gestern gleich Ihren Liebesantrag getan; es ist wahr, ich würde ihn angenommen haben. Aber überlegen Sie einmal, wie viel ich gewagt hätte, wenn ich mich nicht einmal nach Ihrem Stande, Vermögen, Vaterlande, Bedienungen, und dergleichen mehr, zu erkundigen, Zeit gehabt hätte?

CHRISTOPH. Der Geier! wäre das aber auch so nötig gewesen? So viel Umstände? Sie könnten ja bei dem Heiraten nicht mehrere machen? –

LISETTE. O! wenn es nur auf eine kahle Heirat angesehen wäre, so wär es lächerlich, wenn ich so gewissenhaft sein wollte. Allein mit einem Liebesverständnisse ist es ganz etwas anders! Hier wird die schlechteste Kleinigkeit zu einem wichtigen Punkte. Also glauben Sie nur nicht, daß Sie die geringste Gefälligkeit von mir erhalten werden, wenn Sie meiner Neugierde nicht in allen Stücken ein Gnüge tun.

CHRISTOPH. Nu? wie weit erstreckt sich denn die?

LISETTE. Weil man doch einen Diener am besten nach seinem Herrn beurteilen kann, so verlange ich vor allen Dingen zu wissen – –

CHRISTOPH. Wer mein Herr ist? Ha! ha! das ist lustig. Sie fragen mich etwas, das ich Sie gern selbst fragen möchte, wenn ich glaubte, daß Sie mehr wüßten, als ich.

LISETTE. Und mit dieser abgedroschnen Ausflucht denken Sie durchzukommen? Kurz, ich muß wissen, wer Ihr Herr ist, oder unsre ganze Freundschaft hat ein Ende.

CHRISTOPH. Ich kenne meinen Herrn nicht länger, als seit vier Wochen. So lange ist es, daß er mich in Hamburg in seine Dienste genommen hat. Von da aus habe ich ihn begleitet, niemals mir aber die Mühe genommen, nach seinem Stande oder Namen zu fragen. So viel ist gewiß, reich muß er sein; denn er hat weder mich, noch sich, auf der Reise Not leiden lassen. Um was brauch ich mich mehr zu bekümmern?

LISETTE. Was soll ich mir von Ihrer Liebe versprechen, da Sie meiner Verschwiegenheit nicht einmal eine solche Kleinigkeit anvertrauen wollen? Ich würde nimmermehr gegen Sie so sein. Zum Exempel, hier habe ich eine schöne silberne Schnupftabaksdose – –

CHRISTOPH. Ja? nu? – –

LISETTE. Sie dürften mich ein klein wenig bitten, so sagte ich Ihnen, von wem ich sie bekommen habe – –

CHRISTOPH. O! daran ist mir nun eben so viel nicht gelegen.

Lieber möchte ich wissen, wer sie von Ihnen bekommen sollte?

LISETTE. Über den Punkt habe ich eigentlich noch nichts beschlossen. Doch wenn Sie sie nicht sollten bekommen, so haben Sie es niemanden anders, als sich selbst zuzuschreiben. Ich würde Ihre Aufrichtigkeit gewiß nicht unbelohnt lassen.

CHRISTOPH. Oder vielmehr meine Schwatzhaftigkeit! Doch, so wahr ich ein ehrlicher Kerl bin, wann ich dasmal verschwiegen bin, so bin ichs aus Not. Denn ich weiß nichts, was ich ausplaudern könnte. Verdammt! wie gern wollte ich meine Geheimnisse ausschütten, wann ich nur welche hätte.

LISETTE. Adieu! ich will Ihre Tugend nicht länger bestürmen. Nur wünsch ich, daß sie Ihnen bald zu einer silbernen Dose und einer Liebsten verhelfen möge, so wie sie Sie jetzt um beides gebracht hat. *(Will gehen)*

CHRISTOPH. Wohin? wohin? Geduld! *(Bei Seite)* Ich sehe mich genötigt, zu lügen. Denn so ein Geschenk werde ich mir doch nicht sollen entgehn lassen? Was wirds auch viel schaden?

LISETTE. Nun, wollen Sie es näher geben? Aber, – – ich sehe schon, es wird Ihnen sauer. Nein, nein; ich mag nichts wissen –

CHRISTOPH. Ja, ja, Sie soll alles wissen! – – *(Bei Seite)* Wer doch recht viel lügen könnte! – Hören Sie nur! – Mein Herr ist – – ist einer von Adel. Er kömmt, – – wir kommen mit einander aus – – aus – – Holland. Er hat müssen – – gewisser Verdrüßlichkeiten wegen, – – einer Kleinigkeit – – eines Mords wegen – – entfliehen –

LISETTE. Was? eines Mords wegen?

CHRISTOPH. Ja, – – aber eines honetten Mords – – eines Duells wegen entfliehen, – Und jetzt eben – – ist er auf der Flucht – –

LISETTE. Und Sie, mein Freund? – –

CHRISTOPH. Ich, bin auch mit ihm auf der Flucht. Der Entleibte hat uns – – will ich sagen, die Freunde des Entleibten haben uns sehr verfolgen lassen; und dieser Verfolgung

wegen – – Nun können Sie leicht das übrige erraten. – –
Was Geier, soll man auch tun? Überlegen Sie es selbst; ein
junger naseweiser Laffe schimpft uns. Mein Herr stößt ihn
übern Haufen. Das kann nicht anders sein! – Schimpft
mich jemand, so tu ichs auch, – oder – oder schlage ihn
hinter die Ohren. Ein ehrlicher Kerl muß nichts auf sich
sitzen lassen.

LISETTE. Das ist brav! solchen Leuten bin ich gut; denn ich
bin auch ein wenig unleidlich. Aber sehen Sie einmal, da
kömmt Ihr Herr! sollte man es ihm wohl ansehn, daß er
so zornig, so grausam wäre?

CHRISTOPH. O kommen Sie! wir wollen ihm aus dem Wege
gehn. Er möchte mir es ansehn, daß ich ihn verraten habe.

LISETTE. Ich bins zufrieden – –

CHRISTOPH. Aber die silberne Dose –

LISETTE. Kommen Sie nur. *(Bei Seite)* Ich will erst sehen, was
mir von meinem Herrn für mein entdecktes Geheimnis
werden wird: lohnt sich das der Mühe, so soll er sie
haben.

FUNFZEHNTER AUFTRITT

DER REISENDE

Ich vermisse meine Dose. Es ist eine Kleinigkeit; gleichwohl ist mir der Verlust empfindlich. Sollte mir sie wohl der Vogt? – – Doch ich kann sie verloren haben, – ich kann sie aus Unvorsichtigkeit herausgerissen haben. – – Auch mit seinem Verdachte muß man niemand beleidigen. – Gleichwohl, – er drängte sich an mich heran; – er griff nach der Uhr: – ich ertappte ihn; könnte er auch nicht nach der Dose gegriffen haben, ohne daß ich ihn ertappt hätte?

Sechzehnter Auftritt

Martin Krumm. Der Reisende

MARTIN KRUMM *(als er den Reisenden gewahr wird, will er wieder umkehren)*. Hui!
DER REISENDE. Nu, nu, immer näher, mein Freund! – – *(Bei Seite)* Ist er doch so schüchtern, als ob er meine Gedanken wüßte! – – Nu? nur näher!
MARTIN KRUMM *(trotzig)*. Ach! ich habe nicht Zeit! Ich weiß schon, Sie wollen mit mir plaudern. Ich habe wichtigere Sachen zu tun. Ich mag Ihre Heldentaten nicht zehnmal hören. Erzählen Sie sie jemanden, der sie noch nicht weiß.
DER REISENDE. Was höre ich? vorhin war der Vogt einfältig und höflich, jetzt ist er unverschämt und grob. Welches ist denn Eure rechte Larve?
MARTIN KRUMM. Ei! das hat Sie der Geier gelernt, mein Gesicht eine Larve zu schimpfen. Ich mag mit Ihnen nicht zanken, – sonst – – *(Er will fort gehen)*
DER REISENDE. Sein unverschämtes Verfahren bestärkt mich in meinem Argwohne. – Nein, nein, Geduld! Ich habe Euch etwas Notwendiges zu fragen – –
MARTIN KRUMM. Und ich werde nichts drauf zu antworten haben, es mag so notwendig sein, als es will. Drum sparen Sie nur die Frage.
DER REISENDE. Ich will es wagen – Allein, wie leid würde mir es sein, wann ich ihm Unrecht täte. – – Mein Freund, habt Ihr nicht meine Dose gesehn? – Ich vermisse sie. – –
MARTIN KRUMM. Was ist das für eine Frage? Kann ich etwas dafür, daß man sie Ihnen gestohlen hat? – – Für was sehen Sie mich an? Für den Hehler? Oder für den Dieb?
DER REISENDE. Wer redt denn vom Stehlen? Ihr verratet Euch fast selbst – –
MARTIN KRUMM. Ich verrate mich selbst? Also meinen Sie, daß ich sie habe? Wissen Sie auch, was das zu bedeuten hat, wenn man einen ehrlichen Kerl dergleichen beschuldigt? Wissen Sies?

DER REISENDE. Warum müßt Ihr so schreien? Ich habe Euch noch nichts beschuldigt. Ihr seid Euer eigner Ankläger. Dazu weiß ich eben nicht, ob ich großes Unrecht haben würde? Wen ertappte ich denn vorhin, als er nach meiner Uhr greifen wollte?

MARTIN KRUMM. O! Sie sind ein Mann, der gar keinen Spaß versteht. Hören Sies! – – *(Bei Seite)* Wo er sie nur nicht bei Lisetten gesehen hat – Das Mädel wird doch nicht närrisch sein, und sich damit breit machen – –

DER REISENDE. O! ich verstehe den Spaß so wohl, daß ich glaube, Ihr wollt mit meiner Dose auch spaßen. Allein wenn man den Spaß zu weit treibt, verwandelt er sich endlich in Ernst. Es ist mir um Euren guten Namen leid. Gesetzt, ich wäre überzeugt, daß Ihr es nicht böse gemeint hättet, würden auch andre – –

MARTIN KRUMM. Ach, – andre! – andre! – andre wären es längst überdrüssig, sich so etwas vorwerfen zu lassen. Doch, wenn Sie denken, daß ich sie habe: befühlen Sie mich, – – visitieren Sie mich – –

DER REISENDE. Das ist meines Amts nicht. Dazu trägt man auch nicht alles bei sich in der Tasche.

MARTIN KRUMM. Nun gut! damit Sie sehen, daß ich ein ehrlicher Kerl bin, so will ich meine Schubsäcke selber umwenden. – Geben Sie Acht! – *(Bei Seite)* Es müßte mit dem Teufel zugehen, wenn sie herausfiele.

DER REISENDE. O macht Euch keine Mühe!

MARTIN KRUMM. Nein, nein: Sie sollens sehn, Sie sollens sehn. *(Er wendet die eine Tasche um)* Ist da eine Dose? Brodgrümel sind drinne: das liebe Gut! *(Er wendet die andere um)* Da ist auch nichts! Ja, – doch! ein Stückchen Kalender. – Ich hebe es der Verse wegen auf, die über den Monaten stehen. Sie sind recht schnurrig! – Nu, aber daß wir weiter kommen. Geben Sie Acht: da will ich den dritten umwenden. *(Bei dem Umwenden fallen zwei große Bärte heraus)* Der Henker! was laß ich da fallen? *(Er will sie hurtig aufheben, der Reisende aber ist hurtiger, und erwischt einen davon)*

DER REISENDE. Was soll das vorstellen?

MARTIN KRUMM *(bei Seite).* O verdammt! ich denke, ich habe den Quark lange von mir gelegt.

DER REISENDE. Das ist ja gar ein Bart. *(Er macht ihn vors Kinn)* Sehe ich bald einem Juden so ähnlich? — —

MARTIN KRUMM. Ach geben Sie her! geben Sie her! Wer weiß, was Sie wieder denken? Ich schrecke meinen kleinen Jungen manchmal damit. Dazu ist er.

DER REISENDE. Ihr werdet so gut sein, und mir ihn lassen. Ich will auch damit schrecken.

MARTIN KRUMM. Ach! vexieren Sie sich nicht mit mir. Ich muß ihn wieder haben. *(Er will ihn aus der Hand reißen)*

DER REISENDE. Geht, oder — —

MARTIN KRUMM *(bei Seite).* Der Geier! nun mag ich sehen, wo der Zimmermann das Loch gelassen hat. — — Es ist schon gut; es ist schon gut! Ich sehs, Sie sind zu meinem Unglücke hieher gekommen. Aber, hol mich alle Teufel, ich bin ein ehrlicher Kerl! und den will ich sehn, der mir etwas Schlimmes nachreden kann. Merken Sie sich das! Es mag kommen zu was es will, so kann ich es beschwören, daß ich den Bart zu nichts Bösem gebraucht habe. — *(Geht ab)*

SIEBZEHNTER AUFTRITT

DER REISENDE

Der Mensch bringt mich selbst auf einen Argwohn, der ihm höchst nachteilig ist. — — Könnte er nicht einer von den verkappten Räubern gewesen sein? — Doch ich will in meiner Vermutung behutsam gehen.

ACHTZEHNTER AUFTRITT

Der Baron. Der Reisende

DER REISENDE. Sollten Sie nicht glauben, ich wäre gestern mit den jüdischen Straßenräubern ins Handgemenge gekommen, daß ich einem davon den Bart ausgerissen hätte? *(Er zeigt ihm den Bart)*

DER BARON. Wie verstehn Sie das, mein Herr? – – Allein, warum haben Sie mich so geschwind im Garten verlassen?
DER REISENDE. Verzeihen Sie meine Unhöflichkeit. Ich wollte gleich wieder bei Ihnen sein. Ich ging nur meine Dose zu suchen, die ich hier herum muß verloren haben.
DER BARON. Das ist mir höchst empfindlich. Sie sollten noch bei mir zu Schaden kommen?
DER REISENDE. Der Schade würde so groß nicht sein – – Allein betrachten Sie doch einmal diesen ansehnlichen Bart!
DER BARON. Sie haben mir ihn schon einmal gezeigt. Warum?
DER REISENDE. Ich will mich Ihnen deutlicher erklären. Ich glaube – – Doch nein, ich will meine Vermutungen zurückhalten. – –
DER BARON. Ihre Vermutungen? Erklären Sie sich!
DER REISENDE. Nein; ich habe mich übereilt. Ich könnte mich irren – –
DER BARON. Sie machen mich unruhig.
DER REISENDE. Was halten Sie von Ihrem Vogt?
DER BARON. Nein, nein; wir wollen das Gespräch auf nichts anders lenken – – Ich beschwöre Sie bei der Wohltat, die Sie mir erzeigt haben, entdecken Sie mir, was Sie glauben, was Sie vermuten, worinne Sie sich könnten geirrt haben!
DER REISENDE. Nur die Beantwortung meiner Frage kann mich antreiben, es Ihnen zu entdecken.
DER BARON. Was ich von meinem Vogte halte? – – Ich halte ihn für einen ganz ehrlichen und rechtschaffnen Mann.
DER REISENDE. Vergessen Sie also, daß ich etwas habe sagen wollen.
DER BARON. Ein Bart, – Vermutungen, – der Vogt, – wie soll ich diese Dinge verbinden? – Vermögen meine Bitten nichts bei Ihnen? – Sie könnten sich geirrt haben? Gesetzt, Sie haben sich geirrt; was können Sie bei einem Freunde für Gefahr laufen?
DER REISENDE. Sie dringen zu stark in mich. Ich sage Ihnen also, daß der Vogt diesen Bart aus Unvorsichtigkeit hat fallen lassen; daß er noch einen hatte, den er aber in der Geschwindigkeit wieder zu sich steckte; daß seine Reden

einen Menschen verrieten, welcher glaubt, man denke von ihm eben so viel Übels, als er tut; daß ich ihn auch sonst über einem nicht allzugewissenhaften – – wenigstens nicht allzuklugen Griffe, ertappt habe.

DER BARON. Es ist als ob mir die Augen auf einmal aufgingen. Ich besorge, – Sie werden sich nicht geirrt haben. Und Sie trugen Bedenken, mir so etwas zu entdecken? – Den Augenblick will ich gehn, und alles anwenden, hinter die Wahrheit zu kommen. Sollte ich meinen Mörder in meinem eignen Hause haben?

DER REISENDE. Doch zürnen Sie nicht auf mich, wenn Sie, zum Glücke, meine Vermutungen falsch befinden sollten. Sie haben mir sie ausgepreßt, sonst würde ich sie gewiß verschwiegen haben.

DER BARON. Ich mag sie wahr oder falsch befinden, ich werde Ihnen allzeit dafür danken.

NEUNZEHNTER AUFTRITT

Der Reisende (und hernach) Christoph

DER REISENDE. Wo er nur nicht zu hastig mit ihm verfährt! Denn so groß auch der Verdacht ist, so könnte der Mann doch wohl noch unschuldig sein. – Ich bin ganz verlegen. – – In der Tat ist es nichts Geringes, einem Herrn seine Untergebnen so verdächtig zu machen. Wenn er sie auch unschuldig befindet, so verliert er doch auf immer das Vertrauen zu ihnen. – Gewiß, wenn ich es recht bedenke, ich hätte schweigen sollen – Wird man nicht Eigennutz und Rache für die Ursachen meines Argwohns halten, wenn man erfährt, daß ich ihm meinen Verlust zugeschrieben habe? – Ich wollte ein vieles darum schuldig sein, wenn ich die Untersuchung noch hintertreiben könnte –

CHRISTOPH *(kömmt gelacht).* Ha! ha! ha! wissen Sie, wer Sie sind, mein Herr?

DER REISENDE. Wißt Ihr, daß Ihr ein Narr seid? Was fragt Ihr?

CHRISTOPH. Gut! wenn Sie es denn nicht wissen, so will ich es Ihnen sagen. Sie sind einer von Adel. Sie kommen aus Holland. Allda haben Sie Verdrüßlichkeiten und ein Duell gehabt. Sie sind so glücklich gewesen, einen jungen Naseweis zu erstechen. Die Freunde des Entleibten haben Sie heftig verfolgt. Sie haben sich auf die Flucht begeben. Und ich habe die Ehre, Sie auf der Flucht zu begleiten.

DER REISENDE. Träumt Ihr, oder raset Ihr?

CHRISTOPH. Keines von beiden. Denn für einen Rasenden wäre meine Rede zu klug, und für einen Träumenden zu toll.

DER REISENDE. Wer hat Euch solch unsinniges Zeug weis gemacht?

CHRISTOPH. O dafür ist gebeten, daß man mirs weis macht. Allein finden Sie es nicht recht wohl ausgesonnen? In der kurzen Zeit, die man mir zum Lügen ließ, hätte ich gewiß auf nichts Bessers fallen können. So sind Sie doch wenigstens vor weitrer Neugierigkeit sicher!

DER REISENDE. Was soll ich mir aber aus alle dem nehmen?

CHRISTOPH. Nichts mehr, als was Ihnen gefällt; das übrige lassen Sie mir. Hören Sie nur, wie es zuging. Man fragte mich nach Ihrem Namen, Stande, Vaterlande, Verrichtungen; ich ließ mich nicht lange bitten, ich sagte alles, was ich davon wußte; das ist: ich sagte, ich wüßte nichts. Sie können leicht glauben, daß diese Nachricht sehr unzulänglich war, und daß man wenig Ursache hatte, damit zufrieden zu sein. Man drang also weiter in mich; allein umsonst! Ich blieb verschwiegen, weil ich nichts zu verschweigen hatte. Doch endlich brachte mich ein Geschenk, welches man mir anbot, dahin, daß ich mehr sagte, als ich wußte; das ist: ich log.

DER REISENDE. Schurke! ich befinde mich, wie ich sehe, bei Euch in feinen Händen.

CHRISTOPH. Ich will doch nimmermehr glauben, daß ich von ohngefähr die Wahrheit sollte gelogen haben?

DER REISENDE. Unverschämter Lügner, Ihr habt mich in eine Verwirrung gesetzt, aus der – –

CHRISTOPH. Aus der Sie sich gleich helfen können, sobald Sie das schöne Beiwort, das Sie mir jetzt zu geben beliebten, bekannter machen.

DER REISENDE. Werde ich aber alsdenn nicht genötiget sein, mich zu entdecken?

CHRISTOPH. Desto besser! so lerne ich Sie bei Gelegenheit auch kennen. – Allein, urteilen Sie einmal selbst, ob ich mir wohl, mit gutem Gewissen, dieser Lügen wegen ein Gewissen machen konnte? *(Er zieht die Dose heraus)* Betrachten Sie diese Dose! Hätte ich sie leichter verdienen können?

DER REISENDE. Zeigt mir sie doch! – *(Er nimmt sie in die Hand)* Was seh ich?

CHRISTOPH. Ha! ha! ha! Das dachte ich, daß Sie erstaunen würden. Nicht wahr, Sie lögen selber ein Gesetzchen, wenn Sie so eine Dose verdienen könnten.

DER REISENDE. Und also habt Ihr mir sie entwendet?

CHRISTOPH. Wie? was?

DER REISENDE. Eure Treulosigkeit ärgert mich nicht so sehr, als der übereilte Verdacht, den ich deswegen einem ehrlichen Mann zugezogen habe. Und Ihr könnt noch so rasend frech sein, mich überreden zu wollen, sie wäre ein, – – obgleich beinahe eben so schimpflich erlangtes, – Geschenk? Geht! kommt mir nicht wieder vor die Augen!

CHRISTOPH. Träumen Sie, oder – – aus Respekt will ich das andre noch verschweigen. Der Neid bringt Sie doch nicht auf solche Ausschweifungen? Die Dose soll Ihre sein? Ich soll sie Ihnen, salva venia, gestohlen haben? Wenn das wäre; ich müßte ein dummer Teufel sein, daß ich gegen Sie selbst damit prahlen sollte. – Gut, da kömmt Lisette! Hurtig komm Sie! Helf Sie mir doch meinen Herrn wieder zu Rechte bringen.

Zwanzigster Auftritt

Lisette. Der Reisende. Christoph

LISETTE. O mein Herr, was stiften Sie bei uns für Unruhe! Was hat Ihnen denn unser Vogt getan? Sie haben den Herrn ganz rasend auf ihn gemacht. Man redt von Bärten, von Dosen, von Plündern; der Vogt weint und flucht, daß er unschuldig wäre, daß Sie die Unwahrheit redten. Der Herr ist nicht zu besänftigen, und jetzt hat er so gar nach dem Schulzen und den Gerichten geschickt, ihn schließen zu lassen. Was soll denn das alles heißen?

CHRISTOPH. O! das ist alles noch nichts, hör Sie nur, hör Sie, was er jetzt gar mit mir vor hat – –

DER REISENDE. Ja freilich, meine liebe Lisette, ich habe mich übereilt. Der Vogt ist unschuldig. Nur mein gottloser Bedienter hat mich in diese Verdrüßlichkeiten gestürzt. Er ists, der mir meine Dose entwandt hat, derenwegen ich den Vogt im Verdacht hatte; und der Bart kann allerdings ein Kinderspiel gewesen sein, wie er sagte. Ich geh, ich will ihm Genugtuung geben, ich will meinen Irrtum gestehn, ich will ihm, was er nur verlangen kann – –

CHRISTOPH. Nein, nein, bleiben Sie! Sie müssen mir erst Genugtuung geben. Zum Henker, so rede Sie doch, Lisette, und sage Sie, wie die Sache ist. Ich wollte, daß Sie mit Ihrer Dose am Galgen wäre! Soll ich mich deswegen zum Diebe machen lassen? Hat Sie mir sie nicht geschenkt?

LISETTE. Ja freilich! und sie soll Ihm auch geschenkt bleiben.

DER REISENDE. So ist es doch wahr? Die Dose gehört aber mir.

LISETTE. Ihnen? das habe ich nicht gewußt.

DER REISENDE. Und also hat sie wohl Lisette gefunden? und meine Unachtsamkeit ist an allen den Verwirrungen Schuld? *(Zu Christophen)* Ich habe Euch auch zu viel getan! Verzeiht mir! Ich muß mich schämen, daß ich mich so übereilen können.

LISETTE *(bei Seite).* Der Geier! nun werde ich bald klug. O! er wird sich nicht übereilt haben.

DER REISENDE. Kommt, wir wollen – –

EIN UND ZWANZIGSTER AUFTRITT

Der Baron. Der Reisende. Lisette. Christoph

DER BARON *(kömmt hastig herzu).* Den Augenblick, Lisette, stelle dem Herrn seine Dose wieder zu! Es ist alles offenbar; er hat alles gestanden. Und du hast dich nicht geschämt, von so einem Menschen Geschenke anzunehmen? Nun? wo ist die Dose?

DER REISENDE. Es ist also doch wahr? – –

LISETTE. Der Herr hat sie lange wieder. Ich habe geglaubt, von wem Sie Dienste annehmen können, von dem könne ich auch Geschenke annehmen. Ich habe ihn so wenig gekannt, wie Sie.

CHRISTOPH. Also ist mein Geschenk zum Teufel? Wie gewonnen, so zerronnen!

DER BARON. Wie aber soll ich, teuerster Freund, mich gegen Sie erkenntlich erzeigen? Sie reißen mich zum zweitenmal aus einer gleich großen Gefahr. Ich bin Ihnen mein Leben schuldig. Nimmermehr würde ich, ohne Sie, mein so nahes Unglück entdeckt haben. Der Schulze, ein Mann, den ich für den ehrlichsten auf allen meinen Gütern hielt, ist sein gottloser Gehülfe gewesen. Bedenken Sie also, ob ich jemals dies hätte vermuten können? Wären Sie heute von mir gereiset – –

DER REISENDE. Es ist wahr – – so wäre die Hülfe, die ich Ihnen gestern zu erweisen glaubte, sehr unvollkommen geblieben. Ich schätze mich also höchst glücklich, daß mich der Himmel zu dieser unvermuteten Entdeckung ausersehen hat; und ich freue mich jetzt so sehr, als ich vorher aus Furcht zu irren, zitterte.

DER BARON. Ich bewundre Ihre Menschenliebe, wie Ihre Großmut. O möchte es wahr sein, was mir Lisette berichtet hat!

Zwei und zwanzigster Auftritt

Das Fräulein und die Vorigen

LISETTE. Nun, warum sollte es nicht wahr sein?
DER BARON. Komm, meine Tochter, komm! Verbinde deine Bitte mit der meinigen: ersuche meinen Erretter, deine Hand, und mit deiner Hand mein Vermögen anzunehmen. Was kann ihm meine Dankbarkeit Kostbarers schenken, als dich, die ich eben so sehr liebe, als ihn? Wundern Sie sich nur nicht, wie ich Ihnen so einen Antrag tun könne. Ihr Bedienter hat uns entdeckt, wer Sie sind. Gönnen Sie mir das unschätzbare Vergnügen, erkenntlich zu sein! Mein Vermögen ist meinem Stande, und dieser dem Ihrigen gleich. Hier sind Sie vor Ihren Feinden sicher, und kommen unter Freunde, die Sie anbeten werden. Allein Sie werden niedergeschlagen? Was soll ich denken?
DAS FRÄULEIN. Sind Sie etwa meinetwegen in Sorgen? Ich versichere Sie, ich werde dem Papa mit Vergnügen gehorchen.
DER REISENDE. Ihre Großmut setzt mich in Erstaunen. Aus der Größe der Vergeltung, die Sie mir anbieten, erkenne ich erst, wie klein meine Wohltat ist. Allein, was soll ich Ihnen antworten? Mein Bedienter hat die Unwahrheit geredet, und ich –
DER BARON. Wollte der Himmel, daß Sie das nicht einmal wären, wofür er Sie ausgibt! Wollte der Himmel, Ihr Stand wäre geringer, als der meinige! So würde doch meine Vergeltung etwas kostbarer, und Sie würden vielleicht weniger ungeneigt sein, meine Bitte Statt finden zu lassen.
DER REISENDE *(bei Seite).* Warum entdecke ich mich auch nicht? – Mein Herr, Ihre Edelmütigkeit durchdringet meine ganze Seele. Allein schreiben Sie es dem Schicksale, nicht mir zu, daß Ihr Anerbieten vergebens ist. Ich bin – –
DER BARON. Vielleicht schon verheiratet?
DER REISENDE. Nein – –
DER BARON. Nun? was?

DER REISENDE. Ich bin ein Jude.
DER BARON. Ein Jude? grausamer Zufall!
CHRISTOPH. Ein Jude?
LISETTE. Ein Jude?
DAS FRÄULEIN. Ei, was tut das?
LISETTE. St! Fräulein, st! ich will es Ihnen hernach sagen, was das tut.
DER BARON. So gibt es denn Fälle, wo uns der Himmel selbst verhindert, dankbar zu sein?
DER REISENDE. Sie sind es überflüssig dadurch, daß Sie es sein wollen.
DER BARON. So will ich wenigstens so viel tun, als mir das Schicksal zu tun erlaubt. Nehmen Sie mein ganzes Vermögen. Ich will lieber arm und dankbar, als reich und undankbar sein.
DER REISENDE. Auch dieses Anerbieten ist bei mir umsonst, da mir der Gott meiner Väter mehr gegeben hat, als ich brauche. Zu aller Vergeltung bitte ich nichts, als daß Sie künftig von meinem Volke etwas gelinder und weniger allgemein urteilen. Ich habe mich nicht vor Ihnen verborgen, weil ich mich meiner Religion schäme. Nein! ich sahe aber, daß Sie Neigung zu mir, und Abneigung gegen meine Nation hatten. Und die Freundschaft eines Menschen, er sei wer er wolle, ist mir allezeit unschätzbar gewesen.
DER BARON. Ich schäme mich meines Verfahrens.
CHRISTOPH. Nun komm ich erst von meinem Erstaunen wieder zu mir selber. Was? Sie sind ein Jude, und haben das Herz gehabt, einen ehrlichen Christen in Ihre Dienste zu nehmen? Sie hätten mir dienen sollen. So wär es nach der Bibel recht gewesen. Potz Stern! Sie haben in mir die ganze Christenheit beleidigt – Drum habe ich nicht gewußt, warum der Herr, auf der Reise, kein Schweinfleisch essen wollte, und sonst hundert Alfanzereien machte. – Glauben Sie nur nicht, daß ich Sie länger begleiten werde! Verklagen will ich Sie noch dazu.
DER REISENDE. Ich kann es Euch nicht zumuten, daß Ihr besser, als der andre christliche Pöbel, denken sollt. Ich will Euch nicht zu Gemüte führen, aus was für erbärmlichen

Umständen ich Euch in Hamburg riß. Ich will Euch auch nicht zwingen, länger bei mir zu bleiben. Doch weil ich mit Euren Diensten so ziemlich zufrieden bin, und ich Euch vorhin außerdem in einem ungegründeten Verdachte hatte, so behaltet zur Vergeltung, was diesen Verdacht verursachte. *(Gibt ihm die Dose)* Euren Lohn könnt Ihr auch haben. Sodann geht, wohin Ihr wollt!

CHRISTOPH. Nein, der Henker! es gibt doch wohl auch Juden, die keine Juden sind. Sie sind ein braver Mann. Topp, ich bleibe bei Ihnen! Ein Christ hätte mir einen Fuß in die Rippen gegeben, und keine Dose!

DER BARON. Alles was ich von Ihnen sehe, entzückt mich. Kommen Sie, wir wollen Anstalt machen, daß die Schuldigen in sichere Verwahrung gebracht werden. O wie achtungswürdig wären die Juden, wenn sie alle Ihnen glichen!

DER REISENDE. Und wie liebenswürdig die Christen, wenn sie alle Ihre Eigenschaften besäßen!

(Der Baron, das Fräulein und der Reisende gehen ab)

Letzter Auftritt

Lisette. Christoph

LISETTE. Also, mein Freund, hat Er mich vorhin belogen?

CHRISTOPH. Ja, und das aus zweierlei Ursachen. Erstlich, weil ich die Wahrheit nicht wußte; und anderns, weil man für eine Dose, die man wiedergeben muß, nicht viel Wahrheit sagen kann.

LISETTE. Und wanns dazu kömmt, ist Er wohl gar auch ein Jude, so sehr Er sich verstellt?

CHRISTOPH. Das ist zu neugierig für eine Jungfer gefragt! Komm Sie nur!

(Er nimmt sie untern Arm, und sie gehen ab)

Ende der Juden

ÜBER DAS LUSTSPIEL
DIE JUDEN

Unter den Beifall, welchen die zwei Lustspiele in dem vierten Teile meiner Schriften gefunden haben, rechne ich mit Recht die Anmerkungen, deren man das eine, *die Juden,* wert geschätzt hat. Ich bitte sehr, daß man es keiner Unleidlichkeit des Tadels zuschreibe, wenn ich mich eben jetzt gefaßt mache, etwas darauf zu antworten. Daß ich sie nicht mit Stillschweigen übergehe, ist vielmehr ein Zeichen, daß sie mir nicht zuwider gewesen sind, daß ich sie überlegt habe, und daß ich nichts mehr wünsche, als billige Urteile der Kunstrichter zu erfahren, die ich auch alsdenn, wenn sie mich unglücklicher Weise nicht überzeugen sollten, mit Dank erkennen werde.

Es sind diese Anmerkungen in dem 70ten Stücke der Göttingschen Anzeigen von gelehrten Sachen, dieses Jahres, gemacht worden, und in den Jenaischen gelehrten Zeitungen hat man ihnen beigepflichtet. Ich muß sie notwendig hersetzen, wenn ich denjenigen von meinen Lesern, welchen sie nicht zu Gesichte gekommen sind, nicht undeutlich sein will. »Der Endzweck dieses Lustspiels, hat mein Hr. Gegner die Gütigkeit zu sagen, ist eine sehr ernsthafte Sittenlehre, nämlich die Torheit und Unbilligkeit des Hasses und der Verachtung zu zeigen, womit wir den Juden meistenteils begegnen. Man kann daher dieses Lustspiel nicht lesen, ohne daß einem die mit gleichem Endzweck gedichtete Erzählung von einem ehrlichen Juden, die in Hrn. Gellerts Schwedischer Gräfin stehet, beifallen muß. Bei Lesung beider aber ist uns stets das Vergnügen, so wir reichlich empfunden haben, durch etwas unterbrochen worden, das wir entweder zu Hebung des Zweifels oder zu künftiger Verbesserung der Erdichtungen dieser Art bekannt machen wollen. Der unbekannte Reisende ist in allen Stücken so vollkommen gut, so edelmütig, so besorgt, ob er auch etwan seinem Nächsten Unrecht tun und ihn durch ungegründeten Verdacht beleidigen möchte, gebildet, daß es zwar nicht unmöglich, aber doch allzu unwahrscheinlich ist, daß unter einem Volke von den Grundsätzen, Lebensart und Erziehung, das wirklich die üble Begegnung der Christen auch zu sehr mit Feindschaft, oder wenigstens mit Kaltsinnigkeit gegen die Christen erfüllen muß, ein solches edles Gemüt sich gleichsam selbst bilden könne. Diese Unwahrscheinlichkeit stört unser Vergnügen desto mehr, jemehr wir dem edeln und schönen Bilde Wahrheit und Dasein wünscheten. Aber auch die mittelmäßige Tugend und Redlichkeit findet sich unter diesem Volke so selten, daß die wenigen Beispiele davon den Haß gegen dasselbe nicht so sehr mindern, als man wünschen möchte. Bei den Grundsätzen der Sittenlehre, welche zum wenigsten der größte Teil derselben angenommen hat, ist auch eine allgemeine Redlichkeit kaum möglich, sonderlich da fast das ganze Volk von der Handlung leben muß, die mehr Gelegenheit und Versuchung zum Betruge gibt, als andre Lebensarten.«

Man sieht leicht, daß es bei diesen Erinnerungen auf zwei Punkte ankömmt. Erstlich darauf, ob ein rechtschaffner und edler Jude an und vor sich selbst etwas Unwahrscheinliches sei; zweitens ob die Annehmung eines solchen Juden in meinem Lustspiele unwahrscheinlich sei. Es ist offenbar, daß der eine Punkt den andern hier nicht nach sich zieht; und es ist eben so offenbar, daß ich mich eigentlich nur des letztern wegen in Sicherheit setzen dürfte, wenn ich die Menschenliebe nicht meiner Ehre vorzöge, und nicht lieber eben bei diesem, als bei dem erstern verlieren wollte. Gleichwohl aber muß ich mich über den letztern zuerst erklären.

Habe ich in meinem Lustspiele einen rechtschaffnen und edeln Juden wider die Wahrscheinlichkeit angenommen? – – Noch muß ich dieses nur bloß nach den eignen Begriffen meines Gegners untersuchen. Er gibt zur Ursache der Unwahrscheinlichkeit eines solchen Juden die Verachtung und Unterdrückung, in welcher dieses Volk seufzet, und die Notwendigkeit an, in welcher es sich befindet, bloß und allein von der Handlung zu leben. Es sei; folgt aber also nicht notwendig, daß die Unwahrscheinlichkeit wegfalle, so bald diese Umstände sie zu verursachen aufhören? Wenn hören sie aber auf, dieses zu tun? Ohne Zweifel alsdann, wenn sie von andern Umständen vernichtet werden, das ist, wenn sich ein Jude im Stande befindet, die Verachtung und Unterdrückung der Christen weniger zu fühlen, und sich nicht gezwungen sieht, durch die Vorteile eines kleinen nichtswürdigen Handels ein elendes Leben zu unterhalten. Was aber wird mehr hierzu erfordert, als Reichtum? Doch ja, auch die richtige Anwendung dieses Reichtums wird dazu erfordert. Man sehe nunmehr, ob ich nicht beides bei dem Charakter meines Juden angebracht habe. Er ist reich; er sagt es selbst von sich, daß ihm der Gott seiner Väter mehr gegeben habe, als er brauche; ich lasse ihn auf Reisen sein; ja, ich setze ihn so gar aus derjenigen Unwissenheit, in welcher man ihn vermuten könnte; er lieset, und ist auch nicht einmal auf der Reise ohne Bücher. Man sage mir, ist es also nun noch wahr, daß sich mein Jude hätte selbst bilden müssen? Besteht man aber darauf, daß Reichtum, bessere Erfahrung, und ein aufgeklärterer Verstand nur bei einem Juden keine Wirkung haben könnten: so muß ich sagen, daß dieses eben das Vorurteil ist, welches ich durch mein Lustspiel zu schwächen gesucht habe; ein Vorurteil, das nur aus Stolz oder Haß fließen kann, und die Juden nicht bloß zu rohen Menschen macht, sondern sie in der Tat weit unter die Menschheit setzt. Ist dieses Vorurteil nun bei meinen Glaubensgenossen unüberwindlich, so darf ich mir nicht schmeicheln, daß man mein Stück jemals mit Vergnügen sehen werde. Will ich sie denn aber bereden, einen jeden Juden für rechtschaffen und großmütig zu halten, oder auch nur die meisten dafür gelten zu lassen? Ich sage es gerade heraus: noch alsdenn, wenn mein Reisender ein Christ wäre, würde sein Charakter sehr selten sein, und wenn das Seltene bloß das Unwahrscheinliche ausmacht, auch sehr unwahrscheinlich. – –

Ich bin schon allmählich auf den ersten Punkt gekommen. Ist denn ein Jude, wie ich ihn angenommen habe, vor sich selbst unwahrscheinlich? Und warum ist er es? Man wird sich wieder auf die obigen Ursachen berufen. Allein, können denn diese nicht wirklich im gemeinen Leben eben so wohl wegfallen, als sie in meinem Spiele wegfallen? Freilich muß man, dieses zu glauben, die Juden näher kennen, als aus dem lüderlichen Gesindel, welches auf den Jahrmärkten herumschweift. – – Doch ich will lieber hier einen andern reden lassen, dem dieser Umstand näher an das Herz gehen muß; einen aus dieser Nation selbst. Ich kenne ihn zu wohl, als daß ich ihm hier das Zeugnis eines eben so witzigen, als gelehrten und rechtschaffnen Mannes versagen könnte. Folgenden Brief hat er bei Gelegenheit der Göttingischen Erinnerung, an einen Freund in seinem Volke, der ihm an guten Eigenschaften völlig gleich ist, geschrieben. Ich sehe es voraus, daß man es schwerlich glauben, sondern vielmehr diesen Brief für eine Erdichtung von mir halten wird; allein ich erbiete mich, denjenigen, dem daran gelegen ist, unwidersprechlich von der Authentizität desselben zu überzeugen. Hier ist er.

»Mein Herr,

Ich überschicke Ihnen hier, das 70. Stück der Göttingschen gelehrten Anzeigen. Lesen Sie den Artikel von Berlin. Die Herren Anzeiger rezensieren den 4ten Teil der Lessingschen Schriften, die wir so oft mit Vergnügen gelesen haben. Was glauben Sie wohl, daß sie an dem Lustspiele, die *Juden,* aussetzen? Den Hauptcharakter, welcher, wie sie sich ausdrükken, viel zu edel und viel zu großmütig ist. Das Vergnügen, sagen sie, das wir über die Schönheit eines solchen Charakters empfinden, wird durch dessen Unwahrscheinlichkeit unterbrochen, und endlich bleibt in unsrer Seele nichts, als der bloße Wunsch für sein Dasein übrig. Diese Gedanken machten mich schamrot. Ich bin nicht im Stande alles auszudrücken, was sie mich haben empfinden lassen. Welche Erniedrung für unsere bedrängte Nation! Welche übertriebene Verachtung! Das gemeine Volk der Christen hat uns von je her als den Auswurf der Natur, als Geschwüre der menschlichen Gesellschaft angesehen. Allein von gelehrten Leuten erwartete ich jederzeit eine billigere Beurteilung; von diesen vermutete ich die uneingeschränkte Billigkeit, deren

Mangel uns insgemein vorgeworfen zu werden pflegt. Wie sehr habe ich mich geirrt, als ich einem jeden christlichen Schriftsteller so viel Aufrichtigkeit zutrauete, als er von andern fordert.

In Wahrheit! mit welcher Stirne kann ein Mensch, der noch ein Gefühl der Redlichkeit in sich hat, einer ganzen Nation die Wahrscheinlichkeit absprechen, einen einzigen ehrlichen Mann aufweisen zu können? Einer Nation, aus welcher, wie sich der Verfasser der Juden ausdrückt, alle Propheten und die größesten Könige aufstanden? Ist sein grausamer Richterspruch gegründet? Welche Schande für das menschliche Geschlecht! Ungegründet? Welche Schande für ihn!

Ist es nicht genug, daß wir den bittersten Haß der Christen auf so manche grausame Art empfinden müssen; sollen auch diese Ungerechtigkeiten wider uns durch Verleumdungen gerechtfertigt werden?

Man fahre fort uns zu unterdrücken, man lasse uns beständig mitten unter freien und glückseligen Bürgern eingeschränkt leben, ja man setze uns ferner dem Spotte und der Verachtung aller Welt aus; nur die Tugend, den einzigen Trost bedrängter Seelen, die einzige Zuflucht der Verlassenen, suche man uns nicht gänzlich abzusprechen.

Jedoch man spreche sie uns ab, was gewinnen die Herren Rezensenten dabei? Ihre Kritik bleibet dennoch unverantwortlich. Eigentlich soll der Charakter des reisenden Juden (ich schäme mich, wann ich ihn von dieser Seite betrachte) das Wunderbare, das Unerwartete in der Komödie sein. Soll nun der Charakter eines hochmütigen Bürgers der sich zum türkischen Fürsten machen läßt, so unwahrscheinlich nicht sein, als eines Juden, der großmütig ist? Laßt einen Menschen, dem von der Verachtung der jüdischen Nation nichts bekannt ist, der Aufführung dieses Stückes beiwohnen; er wird gewiß, während des ganzen Stückes für lange Weile gähnen, ob es gleich für uns sehr viele Schönheiten hat. Der Anfang wird ihn auf die traurige Betrachtung leiten, wie weit der Nationalhaß getrieben werden könne, und über das Ende wird er lachen müssen. Die guten Leute, wird er bei sich denken, haben doch endlich die große Entdeckung gemacht, daß Juden auch Menschen sind. So menschlich denkt ein Gemüt, das von Vorurteilen gereinigt ist.

Nicht daß ich durch diese Betrachtung dem Lessingschen Schauspiele seinen Wert entziehen wollte; keines weges! Man weiß daß sich der Dichter überhaupt, und ins besondere wenn er für die Schaubühne arbeitet, nur nach der unter dem Volke herrschenden Meinung zu richten habe. Nach dieser aber muß der unvermutete Charakter des Juden eine sehr rührende Wirkung auf die Zuschauer tun. Und in so weit ist ihm die ganze jüdische Nation viele Verbindlichkeit schuldig, daß er sich Mühe gibt, die Welt von einer Wahrheit zu überzeugen, die für sie von großer Wichtigkeit sein muß.

Sollte diese Rezension, diese grausame Seelenverdammung nicht aus der Feder eines Theologen geflossen sein? Diese Leute denken der christlichen Religion einen großen Vorschub zu tun, wenn sie alle Menschen, die keine Christen sind, für Meichelmörder und Straßenräuber erklären. Ich bin weit entfernt, von der christlichen Religion so schimpflich zu denken; das wäre ohnstreitig der stärkste Beweis wider ihre Wahrhaftigkeit, wenn man sie festzustellen alle Menschlichkeit aus den Augen setzen müßte.

Was können uns unsere strengen Beurteiler, die nicht selten ihre Urteile mit Blute versiegeln, Erhebliches vorrücken? Laufen nicht alle ihre Vorwürfe auf den unersättlichen Geiz hinaus, den sie vielleicht durch ihre eigene Schuld, bei dem gemeinen jüdischen Haufen zu finden, frohlocken? Man gebe ihnen diesen zu; wird es denn deswegen aufhören wahrscheinlich zu sein, daß ein Jude einem Christen der in räuberische Hände gefallen ist, das Leben gerettet haben sollte? Oder wenn er es getan, muß er sich notwendig das edle Vergnügen, seine Pflicht in einer so wichtigen Sache beobachtet zu haben, mit niederträchtigen Belohnungen versalzen lassen? Gewiß nicht! Zuvoraus wenn er in solchen Umständen ist, in welche der Jude im Schauspiele gesetzt worden.

Wie aber, soll dieses unglaublich sein, daß unter einem Volke von solchen Grundsätzen und Erziehung, ein so edles und erhabenes Gemüt sich gleichsam selbst bilden sollte? Welche Beleidigung! so ist alle unsere Sittlichkeit dahin! so regt sich in uns kein Trieb mehr für die Tugend! so ist die Natur stiefmütterlich gegen uns gewesen, als sie die edelste Gabe unter den Menschen ausgeteilt, die natürliche Liebe zum Guten! Wie weit bist du, gütiger Vater, über solche Grausamkeit erhaben!

Wer Sie näher kennt, teuerster Freund! und Ihre Talente zu schätzen weiß, dem kann es gewiß an keinem Exempel fehlen, wie leicht sich glückliche Geister, ohne Vorbild und Erziehung empor schwingen, ihre unschätzbaren Gaben ausarbeiten, Geist und Herz bessern, und sich in den Rang der größten Männer erheben können. Ich gebe einem jeden zu bedenken, ob Sie, großmütiger Freund! nicht die Rolle des Juden im Schauspiel übernommen hätten, wenn Sie auf Ihrer gelehrten Reise, in seine Umstände gesetzt worden wären. Ja ich würde unsere Nation erniedrigen, wenn ich fortfahren wollte, einzelne Exempel von edlen Gemütern anzuführen. Nur das Ihrige konnte ich nicht übergehen, weil es so sehr in die Augen leuchtet, und weil ich es allzuoft bewundere.

Überhaupt sind gewisse menschliche Tugenden den Juden gemeiner, als den meisten Christen. Man bedenke den gewaltigen Abscheu, den sie für eine Mordtat haben. Kein einziges Exempel wird man anführen können, daß ein Jude, (ich nehme die Diebe von Profession aus) einen Menschen ermordet haben sollte. Wie leicht wird es aber nicht manchem sonst redlichen Christen seinem Nebenmenschen für ein bloßes Schimpfwort das Leben zu rauben? Man sagt, es sei Niederträchtigkeit bei den Juden. Wohl! wenn Niederträchtigkeit Menschenblut verschont; so ist Niederträchtigkeit eine Tugend.

Wie mitleidig sind sie nicht gegen alle Menschen, wie milde gegen die Armen beider Nationen? Und wie hart verdient das Verfahren der meisten Christen gegen ihre Arme genennt zu werden? Es ist wahr, sie treiben diese beiden Tugenden fast zu weit. Ihr Mitleiden ist allzu empfindlich, und hindert beinah die Gerechtigkeit, und ihre Mildigkeit ist beinah Verschwendung. Allein, wenn doch alle, die ausschweifen, auf der guten Seite ausschweifeten.

Ich könnte noch vieles von ihrem Fleiße, von ihrer bewundernswürdigen Mäßigkeit, von ihrer Heiligkeit in den Ehen hinzusetzen. Doch schon ihre gesellschaftliche Tugenden sind hinreichend genug, die Göttingsche Anzeigen zu widerlegen; und ich betaure den, der eine so allgemeine Verurteilung ohne Schauern lesen kann. Ich bin etc.«

*

Ich habe auch die Antwort auf diesen Brief vor mir. Allein ich mache mir ein Bedenken, sie hier drucken zu lassen. Sie ist mit zuviel Hitze geschrieben, und die Retorsionen sind gegen die Christen ein wenig zu lebhaft gebraucht. Man kann es mir aber gewiß glauben, daß beide Korrespondenten, auch ohne Reichtum, Tugend und Gelehrsamkeit zu erlangen gewußt haben, und ich bin überzeugt, daß sie unter ihrem Volke mehr Nachfolger haben würden, wenn ihnen die Christen nur vergönnten, das Haupt ein wenig mehr zu erheben. – –

Der übrige Teil der Göttingschen Erinnerungen, worinne man mich zu einem andern ähnlichen Lustspiele aufmuntert, ist zu schmeichelhaft für mich, als daß ich ihn ohne Eitelkeit wiederholen könnte. Es ist gewiß, daß sich nach dem daselbst angegebnen Plane, ein sehr einnehmendes Stück machen ließe. Nur muß ich erinnern, daß die Juden alsdenn bloß als ein unterdrücktes Volk und nicht als Juden betrachtet werden, und die Absichten, die ich bei Verfertigung meines Stücks gehabt habe, größten Teils wegfallen würden.

MISS SARA SAMPSON

Ein Trauerspiel in fünf Aufzügen

PERSONEN

SIR WILLIAM SAMPSON
MISS SARA, dessen Tochter
MELLEFONT
MARWOOD, Mellefonts alte Geliebte
ARABELLA, ein junges Kind, der Marwood Tochter
WAITWELL, ein alter Diener des Sampson
NORTON, Bedienter des Mellefont
BETTY, Mädchen der Sara
HANNAH, Mädchen der Marwood
DER GASTWIRT und einige Nebenpersonen

ERSTER AUFZUG

ERSTER AUFTRITT

Der Schauplatz ist ein Saal im Gasthofe

*Sir William Sampson und Waitwell
treten in Reisekleidern herein*

SIR WILLIAM. Hier meine Tochter? Hier in diesem elenden Wirtshause?

WAITWELL. Ohne Zweifel hat Mellefont mit Fleiß das allerelendeste im ganzen Städtchen zu seinem Aufenthalte gewählt. Böse Leute suchen immer das Dunkle, weil sie böse Leute sind. Aber was hilft es ihnen, wenn sie sich auch vor der ganzen Welt verbergen könnten? Das Gewissen ist doch mehr, als eine ganze uns verklagende Welt. – Ach, Sie weinen schon wieder, schon wieder, Sir! – Sir!

SIR WILLIAM. Laß mich weinen, alter ehrlicher Diener. Oder verdient sie etwa meine Tränen nicht?

WAITWELL. Ach! sie verdient sie, und wenn es blutige Tränen wären.

SIR WILLIAM. Nun so laß mich.

WAITWELL. Das beste, schönste, unschuldigste Kind, das unter der Sonne gelebt hat, das muß so verführt werden! Ach Sarchen! Sarchen! Ich habe dich aufwachsen sehen; hundertmal habe ich dich als ein Kind auf diesen meinen Armen gehabt; auf diesen meinen Armen habe ich dein Lächeln, dein Lallen bewundert. Aus jeder kindischen Miene strahlte die Morgenröte eines Verstandes, einer Leutseligkeit, einer – –

SIR WILLIAM. O schweig! Zerfleischt nicht das Gegenwärtige mein Herz schon genug? Willst du meine Martern durch die Erinnerung an vergangne Glückseligkeiten noch höllischer machen? Ändre deine Sprache, wenn du mir einen Dienst tun willst. Tadle mich; mache mir aus meiner Zärtlichkeit ein Verbrechen; vergrößre das Vergehen meiner Tochter; erfülle mich, wenn du kannst, mit Abscheu gegen sie; entflamme aufs neue meine Rache gegen ihren verfluchten Verführer; sage, daß Sara nie tugendhaft gewesen, weil sie so leicht aufgehört hat es zu sein; sage, daß sie mich nie geliebt, weil sie mich heimlich verlassen hat.

WAITWELL. Sagte ich das, so würde ich eine Lüge sagen; eine unverschämte böse Lüge. Sie könnte mir auf dem Todbette wieder einfallen, und ich alter Bösewicht müßte in Verzweiflung sterben. – Nein, Sarchen hat ihren Vater geliebt, und gewiß! gewiß! sie liebt ihn noch. Wenn Sie nur davon überzeugt sein wollen, Sir, so sehe ich sie heute noch wieder in Ihren Armen.

SIR WILLIAM. Ja, Waitwell, nur davon verlange ich überzeugt zu sein. Ich kann sie länger nicht entbehren; sie ist die Stütze meines Alters, und wenn sie nicht den traurigen Rest meines Lebens versüßen hilft, wer soll es denn tun? Wenn sie mich noch liebt, so ist ihr Fehler vergessen. Es war der Fehler eines zärtlichen Mädchens, und ihre Flucht war die Wirkung ihrer Reue. Solche Vergehungen sind besser, als erzwungene Tugenden – Doch ich fühle es, Waitwell, ich fühle es; wenn diese Vergehungen auch wahre Verbrechen, wenn es auch vorsätzliche Laster wären: ach! ich würde ihr doch vergeben. Ich würde doch lieber von einer lasterhaften Tochter, als von keiner, geliebt sein wollen.

WAITWELL. Trocknen Sie Ihre Tränen ab, lieber Sir! Ich höre jemanden kommen. Es wird der Wirt sein, uns zu empfangen.

Zweiter Auftritt

Der Wirt. Sir William Sampson. Waitwell

DER WIRT. So früh, meine Herren, so früh? Willkommen! willkommen Waitwell! Ihr seid ohne Zweifel die Nacht gefahren? Ist das der Herr, von dem du gestern mit mir gesprochen hast?

WAITWELL. Ja, er ist es, und ich hoffe, daß du abgeredeter Maßen – –

DER WIRT. Gnädiger Herr, ich bin ganz zu Ihren Diensten. Was liegt mir daran, ob ich es weiß, oder nicht, was Sie für eine Ursache hierher führt, und warum Sie bei mir im Verborgnen sein wollen? Ein Wirt nimmt sein Geld, und läßt seine Gäste machen, was ihnen gut dünkt. Waitwell hat mir zwar gesagt, daß Sie den fremden Herrn, der sich seit einigen Wochen mit seinem jungen Weibchen bei mir aufhält, ein wenig beobachten wollen. Aber ich hoffe, daß Sie ihm keinen Verdruß verursachen werden. Sie würden mein Haus in einen übeln Ruf bringen, und gewisse Leute würden sich scheuen, bei mir abzutreten. Unser einer muß von allen Sorten Menschen leben. – –

SIR WILLIAM. Besorget nichts; führt mich nur in das Zimmer, das Waitwell für mich bestellt hat. Ich komme aus rechtschaffnen Absichten hierher.

DER WIRT. Ich mag Ihre Geheimnisse nicht wissen, gnädiger Herr! Die Neugierde ist mein Fehler gar nicht. Ich hätte es, zum Exempel, längst erfahren können, wer der fremde Herr ist, auf den Sie Acht geben wollen; aber ich mag nicht. So viel habe ich wohl herausgebracht, daß er mit dem Frauenzimmer muß durchgegangen sein. Das gute Weibchen, oder was sie ist! sie bleibt den ganzen Tag in ihrer Stube eingeschlossen und weint.

SIR WILLIAM. Und weint?

DER WIRT. Ja, und weint – – Aber, gnädiger Herr, warum weinen Sie? Das Frauenzimmer muß Ihnen sehr nahe gehen. Sie sind doch wohl nicht – –

WAITWELL. Halt ihn nicht länger auf.

DER WIRT. Kommen Sie. Nur eine Wand wird Sie von dem Frauenzimmer trennen, das Ihnen so nahe geht, und die vielleicht – –

WAITWELL. Du willst es also mit aller Gewalt wissen, wer – –

DER WIRT. Nein, Waitwell, ich mag nichts wissen.

WAITWELL. Nun so mache, und bringe uns an den gehörigen Ort, ehe noch das ganze Haus wach wird.

DER WIRT. Wollen Sie mir also folgen, gnädiger Herr? *(Geht ab)*

Dritter Auftritt

Der mittlere Vorhang wird aufgezogen.

Mellefonts Zimmer

Mellefont und hernach sein Bedienter

MELLEFONT *(unangekleidet in einem Lehnstuhle).* Wieder eine Nacht, die ich auf der Folter nicht grausamer hätte zubringen können! – Norton! – Ich muß nur machen, daß ich Gesichter zu sehen bekomme. Bliebe ich mit meinen Gedanken länger allein: sie möchten mich zu weit führen. – He, Norton! Er schläft noch. Aber bin ich nicht grausam, daß ich den armen Teufel nicht schlafen lasse? Wie glücklich ist er! – Doch ich will nicht, daß ein Mensch um mich glücklich sei. – Norton!
NORTON *(kommend).* Mein Herr!
MELLEFONT. Kleide mich an! – O mache mir keine sauern Gesichter! Wenn ich werde länger schlafen können, so erlaube ich dir, daß du auch länger schlafen darfst. Wenn du von deiner Schuldigkeit nichts wissen willst, so habe wenigstens Mitleiden mit mir.
NORTON. Mitleiden, mein Herr? Mitleiden mit Ihnen? Ich weiß besser, wo das Mitleiden hingehört.
MELLEFONT. Und wohin denn?
NORTON. Ah, lassen Sie sich ankleiden, und fragen Sie mich nichts.
MELLEFONT. Henker! So sollen auch deine Verweise mit meinem Gewissen aufwachen? Ich verstehe dich; ich weiß es, wer dein Mitleiden erschöpft. – Doch, ich lasse ihr und mir Gerechtigkeit widerfahren. Ganz recht; habe kein Mitleiden mit mir. Verfluche mich in deinem Herzen, aber – verfluche auch dich.
NORTON. Auch mich?
MELLEFONT. Ja; weil du einem Elenden dienest, den die Erde nicht tragen sollte, und weil du dich seiner Verbrechen mit teilhaft gemacht hast.
NORTON. Ich mich Ihrer Verbrechen teilhaft gemacht? durch was?
MELLEFONT. Dadurch, daß du dazu geschwiegen.

NORTON. Vortrefflich! in der Hitze Ihrer Leidenschaften, würde mir ein Wort den Hals gekostet haben. – Und dazu, als ich Sie kennen lernte, fand ich Sie nicht schon so arg, daß alle Hoffnung zur Beßrung vergebens war? Was für ein Leben habe ich Sie nicht, von dem ersten Augenblicke an, führen sehen! In der nichtswürdigsten Gesellschaft von Spielern und Landstreichern – ich nenne sie, was sie waren und kehre mich an ihre Titel, Ritter und dergleichen, nicht – in solcher Gesellschaft brachten Sie ein Vermögen durch, das Ihnen den Weg zu den größten Ehrenstellen hätte bahnen können. Und Ihr strafbarer Umgang mit allen Arten von Weibsbildern, besonders der bösen Marwood – –

MELLEFONT. Setze mich, setze mich wieder in diese Lebensart: sie war Tugend in Vergleich meiner itzigen. Ich vertat mein Vermögen; gut. Die Strafe kömmt nach, und ich werde alles, was der Mangel Hartes und Erniedrigendes hat, zeitig genug empfinden. Ich besuchte lasterhafte Weibsbilder; laß es sein. Ich ward öfter verführt, als ich verführte; und die ich selbst verführte, wollten verführt sein. – Aber – ich hatte noch keine verwahrlosete Tugend auf meiner Seele. Ich hatte noch keine Unschuld in ein unabsehliches Unglück gestürzt. Ich hatte noch keine Sara aus dem Hause eines geliebten Vaters entwendet, und sie gezwungen, einem Nichtswürdigen zu folgen, der auf keine Weise mehr sein eigen war. Ich hatte – Wer kömmt schon so früh zu mir?

Vierter Auftritt

Betty. Mellefont. Norton

NORTON. Es ist Betty.
MELLEFONT. Schon auf, Betty? Was macht dein Fräulein?
BETTY. Was macht sie? *(Schluchzend)* Es war schon lange nach Mitternacht, da ich sie endlich bewegte, zur Ruhe zu gehen. Sie schlief einige Augenblicke, aber Gott! Gott! was muß das für ein Schlaf gewesen sein! Plötzlich fuhr sie in die Höhe, sprang auf, und fiel mir als eine Unglückliche in die

Arme, die von einem Mörder verfolgt wird. Sie zitterte, und ein kalter Schweiß floß ihr über das erblaßte Gesicht. Ich wandte alles an, sie zu beruhigen, aber sie hat mir bis an den Morgen nur mit stummen Tränen geantwortet. Endlich hat sie mich einmal über das andre an Ihre Türe geschickt, zu hören, ob Sie schon aufwären. Sie will Sie sprechen. Sie allein können sie trösten. Tun Sie es doch, liebster gnädiger Herr, tun Sie es doch. Das Herz muß mir springen, wenn sie sich so zu ängstigen fortfährt.

MELLEFONT. Geh, Betty, sage ihr, daß ich den Augenblick bei ihr sein wolle – –

BETTY. Nein, sie will selbst zu Ihnen kommen.

MELLEFONT. Nun so sage ihr, daß ich sie erwarte – Ach! – –
(Betty geht ab)

FÜNFTER AUFTRITT

Mellefont. Norton

NORTON. Gott, die arme Miß!

MELLEFONT. Wessen Gefühl willst du durch deine Ausrufung rege machen? Sieh, da läuft die erste Träne, die ich seit meiner Kindheit geweinet, die Wange herunter! – Eine schlechte Vorbereitung, eine trostsuchende Betrübte zu empfangen. Warum sucht sie ihn auch bei mir? – Doch wo soll sie ihn sonst suchen? – Ich muß mich fassen. *(indem er sich die Augen abtrocknet)* Wo ist die alte Standhaftigkeit, mit der ich ein schönes Auge konnte weinen sehen? Wo ist die Gabe der Verstellung hin, durch die ich sein und sagen konnte, was ich wollte? – Nun wird sie kommen, und wird unwiderstehliche Tränen weinen. Verwirrt, beschämt werde ich vor ihr stehen; als ein verurteilter Sünder werde ich vor ihr stehen. Rate mir doch, was soll ich tun? was soll ich sagen?

NORTON. Sie sollen tun, was sie verlangen wird.

MELLEFONT. So werde ich eine neue Grausamkeit an ihr begehen. Mit Unrecht tadelt sie die Verzögerung einer Zeremonie, die itzt ohne unser äußerstes Verderben in dem Königreiche nicht vollzogen werden kann.

NORTON. So machen Sie denn, daß Sie es verlassen. Warum zaudern wir? Warum vergeht ein Tag, warum vergeht eine Woche nach der andern? Tragen Sie mir es doch auf. Sie sollen morgen sicher eingeschifft sein. Vielleicht, daß ihr der Kummer nicht ganz über das Meer folgt; daß sie einen Teil desselben zurückläßt, und in einem andern Lande – –
MELLEFONT. Alles das hoffe ich selbst – Still, sie kömmt. Wie schlägt mir das Herz – –

Sechster Auftritt

Sara. Mellefont. Norton

MELLEFONT *(indem er ihr entgegen geht)*. Sie haben eine unruhige Nacht gehabt, liebste Miß – –
SARA. Ach, Mellefont, wenn es nichts als eine unruhige Nacht wäre – –
MELLEFONT *(zum Bedienten)*. Verlaß uns!
NORTON *(im Abgehen)*. Ich wollte auch nicht da bleiben, und wenn mir gleich jeder Augenblick mit Golde bezahlt würde.

Siebenter Auftritt

Sara. Mellefont

MELLEFONT. Sie sind schwach, liebste Miß. Sie müssen sich setzen.
SARA *(sie setzt sich)*. Ich beunruhige Sie sehr früh; und werden Sie mir es vergeben, daß ich meine Klagen wieder mit dem Morgen anfange?
MELLEFONT. Teuerste Miß, Sie wollen sagen, daß Sie mir es nicht vergeben können, weil schon wieder ein Morgen erschienen ist, ohne daß ich Ihren Klagen ein Ende gemacht habe.
SARA. Was sollte ich Ihnen nicht vergeben? Sie wissen, was ich Ihnen bereits vergeben habe. Aber die neunte Woche, Mellefont, die neunte Woche fängt heut an, und dieses elende Haus

sieht mich noch immer auf eben dem Fuße, als den ersten Tag.
MELLEFONT. So zweifeln Sie an meiner Liebe?
SARA. Ich, an Ihrer Liebe zweifeln? Nein, ich fühle mein Unglück zu sehr, zu sehr, als daß ich mir selbst diese letzte einzige Versüßung desselben rauben sollte.
MELLEFONT. Wie kann also meine Miß über die Verschiebung einer Zeremonie unruhig sein?
SARA. Ach, Mellefont, warum muß ich einen andern Begriff von dieser Zeremonie haben? – Geben Sie doch immer der weiblichen Denkungsart etwas nach. Ich stelle mir vor, daß eine nähere Einwilligung des Himmels darin liegt. Umsonst habe ich es, nur wieder erst den gestrigen langen Abend, versucht, Ihre Begriffe anzunehmen, und die Zweifel aus meiner Brust zu verbannen, die Sie, itzt nicht das erstemal, für Früchte meines Mißtrauens angesehen haben. Ich stritt mit mir selbst; ich war sinnreich genug, meinen Verstand zu betäuben; aber mein Herz und ein inneres Gefühl warfen auf einmal das mühsame Gebäude von Schlüssen übern Haufen. Mitten aus dem Schlafe weckten mich strafende Stimmen, mit welchen sich meine Phantasie, mich zu quälen, verband. Was für Bilder, was für schreckliche Bilder schwärmten um mich herum! Ich wollte sie gern für Träume halten – –
MELLEFONT. Wie? meine vernünftige Sara sollte sie für etwas mehr halten? Träume, liebste Miß, Träume! – Wie unglücklich ist der Mensch! Fand sein Schöpfer in dem Reiche der Wirklichkeiten nicht Qualen für ihn genug? Mußte er, sie zu vermehren, auch ein noch weiteres Reich von Einbildungen in ihm schaffen?
SARA. Klagen Sie den Himmel nicht an! Er hat die Einbildungen in unserer Gewalt gelassen. Sie richten sich nach unsern Taten, und wenn diese unsern Pflichten und der Tugend gemäß sind, so dienen die sie begleitenden Einbildungen zur Vermehrung unserer Ruhe und unseres Vergnügens. Eine einzige Handlung, Mellefont, ein einziger Segen, der von einem Friedensboten im Namen der ewigen Güte auf uns gelegt wird, kann meine zerrüttete Phantasie wieder heilen Stehen Sie noch an, mir zu Liebe dasjenige einige Tage eher zu tun, was Sie doch einmal tun werden? Erbarmen Sie sich

meiner, und überlegen Sie, daß wenn Sie mich auch dadurch nur von Qualen der Einbildung befreien, diese eingebildete Qualen doch Qualen, und für die, die sie empfindet, wirkliche Qualen sind. – Ach, könnte ich Ihnen nur halb so lebhaft die Schrecken meiner vorigen Nacht erzählen, als ich sie gefühlt habe! – Von Weinen und Klagen, meinen einzigen Beschäftigungen, ermüdet, sank ich mit halb geschlossenen Augenlidern auf das Bett zurück. Die Natur wollte sich einen Augenblick erholen, neue Tränen zu sammeln. Aber noch schlief ich nicht ganz, als ich mich auf einmal an dem schroffsten Teile des schrecklichsten Felsen sahe. Sie gingen vor mir her, und ich folgte Ihnen mit schwankenden ängstlichen Schritten, die dann und wann ein Blick stärkte, welchen Sie auf mich zurückwarfen. Schnell hörte ich hinter mir ein freundliches Rufen, welches mir still zu stehen befahl. Es war der Ton meines Vaters – Ich Elende! kann ich denn nichts von ihm vergessen? Ach! wo ihm sein Gedächtnis eben so grausame Dienste leistet; wo er auch mich nicht vergessen kann! – Doch er hat mich vergessen. Trost! grausamer Trost für seine Sara! – Hören Sie nur, Mellefont; indem ich mich nach dieser bekannten Stimme umsehen wollte, gleitete mein Fuß; ich wankte und sollte eben in den Abgrund herab stürzen, als ich mich, noch zur rechten Zeit, von einer mir ähnlichen Person zurückgehalten fühlte. Schon wollte ich ihr den feurigsten Dank abstatten, als sie einen Dolch aus dem Busen zog. Ich rettete dich, schrie sie, um dich zu verderben! Sie holte mit der bewaffneten Hand aus – und ach! ich erwachte mit dem Stiche. Wachend fühlte ich noch alles, was ein tödlicher Stich Schmerzhaftes haben kann; ohne das zu empfinden, was er Angenehmes haben muß: das Ende der Pein in dem Ende des Lebens hoffen zu dürfen.

MELLEFONT. Ach! liebste Sara, ich verspreche Ihnen das Ende Ihrer Pein, ohne das Ende Ihres Lebens, welches gewiß auch das Ende des meinigen sein würde. Vergessen Sie das schreckliche Gewebe eines sinnlosen Traumes.

SARA. Die Kraft es vergessen zu können, erwarte ich von Ihnen. Es sei Liebe oder Verführung, es sei Glück oder Unglück, das mich Ihnen in die Arme geworfen hat; ich bin in meinem Herzen die Ihrige, und werde es ewig sein. Aber noch bin ich es nicht vor den Augen jenes Richters, der die geringsten Übertretungen seiner Ordnung zu strafen gedrohet hat – –

MELLEFONT. So falle denn alle Strafe auf mich allein!

SARA. Was kann auf Sie fallen, das mich nicht treffen sollte? – – Legen Sie aber mein dringendes Anhalten nicht falsch aus. Ein andres Frauenzimmer, das durch einen gleichen Fehltritt sich ihrer Ehre verlustig gemacht hätte, würde vielleicht durch ein gesetzmäßiges Band nichts als einen Teil derselben wieder zu erlangen suchen. Ich, Mellefont, denke darauf nicht, weil ich in der Welt weiter von keiner Ehre wissen will, als von der Ehre, Sie zu lieben. Ich will mit Ihnen, nicht um der Welt Willen, ich will mit Ihnen um meiner selbst Willen verbunden sein. Und wenn ich es bin, so will ich gern die Schmach auf mich nehmen, als ob ich es nicht wäre. Sie sollen mich, wenn Sie nicht wollen, für Ihre Gattin nicht erklären dürfen; Sie sollen mich erklären können, für was Sie wollen. Ich will Ihren Namen nicht führen; Sie sollen unsere Verbindung so geheim halten, als Sie es für gut befinden; und ich will derselben ewig unwert sein, wenn ich mir in den Sinn kommen lasse, einen andern Vorteil, als die Beruhigung meines Gewissens, daraus zu ziehen.

MELLEFONT. Halten Sie ein, Miß, oder ich muß vor Ihren Augen des Todes sein. Wie elend bin ich, daß ich nicht das Herz habe, Sie noch elender zu machen! – Bedenken Sie, daß Sie sich meiner Führung überlassen haben; bedenken Sie, daß ich schuldig bin, für uns weiter hinaus zu sehen, und daß ich itzt gegen Ihre Klagen taub sein muß, wenn ich Sie nicht, in der ganzen Folge Ihres Lebens, noch schmerzhaftere Klagen will führen hören. Haben Sie es denn vergessen, was ich Ihnen zu meiner Rechtfertigung schon oft vorgestellt?

SARA. Ich habe es nicht vergessen, Mellefont. Sie wollen vorher ein gewisses Vermächtnis retten. – Sie wollen vorher zeitliche Güter retten, und mich vielleicht ewige darüber verscherzen lassen.

MELLEFONT. Ach Sara, wenn Ihnen alle zeitliche Güter so gewiß wären, als Ihrer Tugend die ewigen sind – –

SARA. Meiner Tugend? Nennen Sie mir dieses Wort nicht! -

Sonst klang es mir süße, aber itzt schallt mir ein schrecklicher Donner darin!

MELLEFONT. Wie? muß der, welcher tugendhaft sein soll, keinen Fehler begangen haben? Hat ein einziger so unselige Wirkungen, daß er eine ganze Reihe unsträflicher Jahre vernichten kann: so ist kein Mensch tugendhaft; so ist die Tugend ein Gespenst, das in der Luft zerfließet, wenn man es am festesten umarmt zu haben glaubt; so hat kein weises Wesen unsere Pflichten nach unsern Kräften abgemessen; so ist die Lust, uns strafen zu können, der erste Zweck unsers Daseins; so ist – Ich erschrecke vor allen den gräßlichen Folgerungen, in welche Sie Ihre Kleinmut verwickeln muß! Nein, Miß, Sie sind noch die tugendhafte Sara, die Sie vor meiner unglücklichen Bekanntschaft waren. Wenn Sie sich selbst mit so grausamen Augen ansehen, mit was für Augen müssen Sie mich betrachten!

SARA. Mit den Augen der Liebe, Mellefont.

MELLEFONT. So bitte ich Sie denn um dieser Liebe, um dieser großmütigen, alle meine Unwürdigkeit übersehenden Liebe Willen, zu Ihren Füßen bitte ich Sie: beruhigen Sie sich. Haben Sie nur noch einige Tage Geduld.

SARA. Einige Tage! Wie ist Ein Tag schon so lang!

MELLEFONT. Verwünschtes Vermächtnis! Verdammter Unsinn eines sterbenden Vetters, der mir sein Vermögen nur mit der Bedingung lassen wollte, einer Anverwandtin die Hand zu geben, die mich eben so sehr haßt, als ich sie! Euch, unmenschliche Tyrannen unserer freien Neigungen, euch werde alle das Unglück, alle die Sünde zugerechnet, zu welchen uns euer Zwang bringet! – Und wenn ich ihrer nur entübriget sein könnte, dieser schimpflichen Erbschaft! So lange mein väterliches Vermögen zu meiner Unterhaltung hinreichte, habe ich sie allezeit verschmähet, und sie nicht einmal gewürdiget, mich darüber zu erklären. Aber itzt, itzt, da ich alle Schätze der Welt nur darum besitzen möchte, um sie zu den Füßen meiner Sara legen zu können, itzt da ich wenigstens darauf denken muß, sie ihrem Stande gemäß in der Welt erscheinen zu lassen, itzt muß ich meine Zuflucht dahin nehmen.

SARA. Mit der es Ihnen zuletzt doch wohl noch fehl schlägt.

MELLEFONT. Sie vermuten immer das Schlimmste. – Nein; das Frauenzimmer, die es mit betrifft, ist nicht ungeneigt, eine Art von Vergleich einzugehen. Das Vermögen soll geteilt werden; und da sie es nicht ganz mit mir genießen kann, so ist sie es zufrieden, daß ich mit der Hälfte meine Freiheit von ihr erkaufen darf. Ich erwarte alle Stunden die letzten Nachrichten in dieser Sache, deren Verzögerung allein unsern hiesigen Aufenthalt so langwierig gemacht hat. So bald ich sie bekommen habe, wollen wir keinen Augenblick länger hier verweilen. Wir wollen sogleich, liebste Miß, nach Frankreich übergehen, wo Sie neue Freunde finden sollen, die sich itzt schon auf das Vergnügen, Sie zu sehen und Sie zu lieben, freuen. Und diese neuen Freunde sollen die Zeugen unserer Verbindung sein – –

SARA. Diese sollen die Zeugen unserer Verbindung sein? – Grausamer! so soll diese Verbindung nicht in meinem Vaterlande geschehen? So soll ich mein Vaterland als eine Verbrecherin verlassen? Und als eine solche, glauben Sie, würde ich Mut genug haben, mich der See zu vertrauen? Dessen Herz muß ruhiger oder muß ruchloser sein, als meines, welcher nur einen Augenblick zwischen sich und dem Verderben mit Gleichgültigkeit nichts, als ein schwankendes Brett, sehen kann. In jeder Welle, die an unser Schiff schlüge, würde mir der Tod entgegenrauschen; jeder Wind würde mir von den väterlichen Küsten Verwünschungen nachbrausen, und der kleinste Sturm würde mich ein Blutgericht über mein Haupt zu sein, dünken. – Nein, Mellefont, so ein Barbar können Sie gegen mich nicht sein. Wenn ich noch das Ende Ihres Vergleichs erlebe, so muß es Ihnen auf einen Tag nicht ankommen, den wir hier länger zubringen. Es muß dieses der Tag sein, an dem Sie mich die Martern aller hier verweinten Tage vergessen lehren. Es muß dieses der heilige Tag sein – Ach! welcher wird es denn endlich sein?

MELLEFONT. Aber überlegen Sie denn nicht, Miß, daß unserer Verbindung hier diejenige Feier fehlen würde, die wir ihr zu geben schuldig sind?

SARA. Eine heilige Handlung wird durch das Feierliche nicht kräftiger.

MELLEFONT. Allein – –
SARA. Ich erstaune. Sie wollen doch wohl nicht auf einem so nichtigen Vorwande bestehen? O Mellefont, Mellefont! wenn ich mir es nicht zum unverbrüchlichsten Gesetze gemacht hätte, niemals an der Aufrichtigkeit Ihrer Liebe zu zweifeln, so würde mir dieser Umstand – – Doch schon zu viel; es möchte scheinen, als hätte ich eben itzt daran gezweifelt.
MELLEFONT. Der erste Augenblick Ihres Zweifels müsse der letzte meines Lebens sein! Ach, Sara, womit habe ich es verdient, daß Sie mir auch nur die Möglichkeit desselben voraus sehen lassen? Es ist wahr, die Geständnisse, die ich Ihnen von meinen ehemaligen Ausschweifungen abzulegen, kein Bedenken getragen habe, können mir keine Ehre machen: aber Vertrauen sollten sie mir doch erwecken. Eine buhlerische Marwood führte mich in ihren Stricken, weil ich das für sie empfand, was so oft für Liebe gehalten wird, und es doch so selten ist. Ich würde noch ihre schimpflichen Fesseln tragen, hätte sich nicht der Himmel meiner erbarmt, der vielleicht mein Herz nicht für ganz unwürdig erkannte, von bessern Flammen zu brennen. Sie, liebste Sara, sehen, und alle Marwoods vergessen, war eins. Aber wie teuer kam es Ihnen zu stehen, mich aus solchen Händen zu erhalten! Ich war mit dem Laster zu vertraut geworden, und Sie kannten es zu wenig – –
SARA. Lassen Sie uns nicht mehr daran gedenken – –

Achter Auftritt

Norton. Mellefont. Sara

MELLEFONT. Was willst du?
NORTON. Ich stand eben vor dem Hause, als mir ein Bedienter diesen Brief in die Hand gab. Die Aufschrift ist an Sie, mein Herr.
MELLEFONT. An mich? Wer weiß hier meinen Namen? – *(indem er den Brief betrachtet)* Himmel!
SARA. Sie erschrecken?

MELLEFONT. Aber ohne Ursache, Miß; wie ich nun wohl sehe. Ich irrte mich in der Hand.
SARA. Möchte doch der Inhalt Ihnen so angenehm sein, als Sie es wünschen können.
MELLEFONT. Ich vermute, daß er sehr gleichgültig sein wird.
SARA. Man braucht sich weniger Zwang anzutun, wenn man allein ist. Erlauben Sie, daß ich mich wieder in mein Zimmer begebe.
MELLEFONT. Sie machen sich also wohl Gedanken?
SARA. Ich mache mir keine, Mellefont.
MELLEFONT *(indem er sie bis an die Szene begleitet)*. Ich werde den Augenblick bei Ihnen sein, liebste Miß.

Neunter Auftritt

Mellefont. Norton

MELLEFONT *(der den Brief noch ansieht)*. Gerechter Gott!
NORTON. Weh Ihnen, wenn er nichts, als gerecht ist!
MELLEFONT. Kann es möglich sein? Ich sehe diese verruchte Hand wieder, und erstarre nicht vor Schrecken? Ist sies? Ist sie es nicht? Was zweifle ich noch? Sie ists! Ah, Freund, ein Brief von der Marwood! Welche Furie, welcher Satan hat ihr meinen Aufenthalt verraten? Was will sie noch von mir? – Geh, mache so gleich Anstalt, daß wir von hier wegkommen. – Doch verzieh! Vielleicht ist es nicht nötig; vielleicht haben meine verächtlichen Abschiedsbriefe die Marwood nur aufgebracht, mir mit gleicher Verachtung zu begegnen. Hier! erbrich den Brief; lies ihn. Ich zittere, es selbst zu tun.
NORTON *(er liest)*. »Es wird so gut sein, als ob ich Ihnen den längsten Brief geschrieben hätte, Mellefont, wenn Sie den Namen, den Sie am Ende der Seite finden werden, nur einer kleinen Betrachtung würdigen wollen – –«
MELLEFONT. Verflucht sei ihr Name! Daß ich ihn nie gehört hätte! Daß er aus dem Buche der Lebendigen vertilgt würde!
NORTON *(liest weiter)*. »Die Mühe Sie auszuforschen, hat mir die Liebe, welche mir forschen half, versüßt.«

MELLEFONT. Die Liebe? Frevlerin! Du entheiligest Namen, die nur der Tugend geweiht sind!
NORTON *(fährt fort)*. »Sie hat noch mehr getan; – –«
MELLEFONT. Ich bebe – –
NORTON. »Sie hat mich Ihnen nachgebracht. – –«
MELLEFONT. Verräter, was liest du? *(Er reißt ihm den Brief aus der Hand und liest selbst)* »Sie hat mich Ihnen – nachgebracht. – Ich bin hier; und es stehet bei Ihnen, – ob Sie meinen Besuch erwarten, – oder mir mit dem Ihrigen – zuvorkommen wollen. Marwood.« – Was für ein Donnerschlag! Sie ist hier? – Wo ist sie? Diese Frechheit soll sie mit dem Leben büßen.
NORTON. Mit dem Leben? Es wird ihr einen Blick kosten, und Sie liegen wieder zu ihren Füßen. Bedenken Sie was Sie tun! Sie müssen sie nicht sprechen, oder das Unglück Ihrer armen Miß ist vollkommen.
MELLEFONT. Ich Unglücklicher! – Nein, ich muß sie sprechen. Sie würde mich bis in das Zimmer der Sara suchen, und alle ihre Wut gegen diese Unschuldige auslassen.
NORTON. Aber, mein Herr – –
MELLEFONT. Sage nichts! – Laß sehen, *(indem er in den Brief sieht)* ob sie ihre Wohnung angezeigt hat. Hier ist sie Komm, führe mich. *(Sie gehen ab)*

Ende des ersten Aufzugs

ZWEITER AUFZUG

Erster Auftritt

Der Schauplatz stellt das Zimmer der Marwood vor, in einem andern Gasthofe

Marwood im Neglischee. Hannah

MARWOOD. Belford hat den Brief doch richtig eingehändiget, Hannah?
HANNAH. Richtig.
MARWOOD. Ihm selbst?
HANNAH. Seinem Bedienten.
MARWOOD. Kaum kann ich es erwarten, was er für Wirkung haben wird. – Scheine ich dir nicht ein wenig unruhig, Hannah? Ich bin es auch. – Der Verräter! Doch gemach! Zornig muß ich durchaus nicht werden. Nachsicht, Liebe, Bitten, sind die einzigen Waffen, die ich wider ihn brauchen darf, wo ich anders seine schwache Seite recht kenne.
HANNAH. Wenn er sich aber dagegen verhärten sollte? –
MARWOOD. Wenn er sich dagegen verhärten sollte? So werde ich nicht zürnen – ich werde rasen. Ich fühle es, Hannah; und wollte es lieber schon itzt.
HANNAH. Fassen Sie sich ja. Er kann vielleicht den Augenblick kommen.
MARWOOD. Wo er nur gar kömmt! Wo er sich nur nicht entschlossen hat, mich festes Fußes bei sich zu erwarten! – Aber weißt du, Hannah, worauf ich noch meine meiste Hoffnung gründe, den Ungetreuen von dem neuen Gegenstande seiner Liebe abzuziehen? Auf unsere Bella.
HANNAH. Es ist wahr; sie ist sein kleiner Abgott; und der Einfall, sie mit zu nehmen, hätte nicht glücklicher sein können.
MARWOOD. Wenn sein Herz auch gegen die Sprache einer alten Liebe taub ist; so wird ihm doch die Sprache des Bluts ver-

nehmlich sein. Er riß das Kind vor einiger Zeit aus meinen Armen, unter dem Vorwande, ihm eine Art von Erziehung geben zu lassen, die es bei mir nicht haben könne. Ich habe es von der Dame, die es unter ihrer Aufsicht hatte, itzt nicht anders als durch List wieder bekommen können; er hatte auf mehr als ein Jahr vorausbezahlt, und noch den Tag vor seiner Flucht ausdrücklich befohlen, eine gewisse Marwood, die vielleicht kommen und sich für die Mutter des Kindes ausgeben würde, durchaus nicht vorzulassen. Aus diesem Befehle erkenne ich den Unterschied, den er zwischen uns beiden macht. Arabellen sieht er als einen kostbaren Teil seiner selbst an, und mich als eine Elende, die ihn mit allen ihren Reizen, bis zum Überdrusse, gesättiget hat.

HANNAH. Welcher Undank!

MARWOOD. Ach Hannah, nichts zieht den Undank so unausbleiblich nach sich, als Gefälligkeiten, für die kein Dank zu groß wäre. Warum habe ich sie ihm erzeigt, diese unseligen Gefälligkeiten? Hätte ich es nicht voraus sehen sollen, daß sie ihren Wert nicht immer bei ihm behalten könnten? Daß ihr Wert auf der Schwierigkeit des Genusses beruhe, und daß er mit derjenigen Anmut verschwinden müsse, welche die Hand der Zeit unmerklich, aber gewiß, aus unsern Gesichtern verlöscht?

HANNAH. O, Madam, von dieser gefährlichen Hand haben Sie noch lange nichts zu befürchten. Ich finde, daß Ihre Schönheit den Punkt ihrer prächtigsten Blüte so wenig überschritten hat, daß sie vielmehr erst darauf losgeht, und Ihnen alle Tage neue Herzen fesseln würde, wenn Sie ihr nur Vollmacht dazu geben wollten.

MARWOOD. Schweig, Hannah! Du schmeichelst mir bei einer Gelegenheit, die mir alle Schmeichelei verdächtig macht. Es ist Unsinn von neuen Eroberungen zu sprechen, wenn man nicht einmal Kräfte genug hat, sich im Besitze der schon gemachten zu erhalten.

Zweiter Auftritt

Ein Bedienter. Marwood. Hannah

DER BEDIENTE. Madam, man will die Ehre haben, mit Ihnen zu sprechen.

MARWOOD. Wer?

DER BEDIENTE. Ich vermute, daß es eben der Herr ist, an welchen der vorige Brief überschrieben war. Wenigstens ist der Bediente bei ihm, der mir ihn abgenommen hat.

MARWOOD. Mellefont! – Geschwind, führe ihn herauf! *(Der Bediente geht ab)* Ach Hannah, nun ist er da! Wie soll ich ihn empfangen? Was soll ich sagen? Welche Miene soll ich annehmen? Ist diese ruhig genug? Sieh doch!

HANNAH. Nichts weniger als ruhig.

MARWOOD. Aber diese?

HANNAH. Geben Sie ihr noch mehr Anmut.

MARWOOD. Etwa so?

HANNAH. Zu traurig!

MARWOOD. Sollte mir dieses Lächeln lassen?

HANNAH. Vollkommen! Aber nur freier – Er kömmt.

Dritter Auftritt

Mellefont. Marwood. Hannah

MELLEFONT *(der mit einer wilden Stellung herein tritt)*. Ha! Marwood –

MARWOOD *(die ihm mit offnen Armen lächelnd entgegen rennt)*. Ach Mellefont –

MELLEFONT *(bei Seite)*. Die Mörderin, was für ein Blick!

MARWOOD. Ich muß Sie umarmen, treuloser, lieber Flüchtling! – Teilen Sie doch meine Freude! – Warum entreißen Sie sich meinen Liebkosungen?

MELLEFONT. Marwood, ich vermutete, daß Sie mich anders empfangen würden.

MARWOOD. Warum anders? Mit mehr Liebe vielleicht? mit mehr Entzücken? Ach ich Unglückliche, daß ich weniger ausdrücken kann, als ich fühle! – Sehen Sie, Mellefont, sehen Sie, daß auch die Freude ihre Tränen hat? Hier rollen sie, diese Kinder der süßesten Wollust! – Aber ach, verlorne Tränen! seine Hand trocknet euch nicht ab.

MELLEFONT. Marwood, die Zeit ist vorbei, da mich solche Reden bezaubert hätten. Sie müssen itzt in einem andern Tone mit mir sprechen. Ich komme her, Ihre letzten Vorwürfe anzuhören, und darauf zu antworten.

MARWOOD. Vorwürfe? Was hätte ich Ihnen für Vorwürfe zu machen, Mellefont? Keine.

MELLEFONT. So hätten Sie, sollt' ich meinen, Ihren Weg ersparen können.

MARWOOD. Liebste wunderliche Seele, warum wollen Sie mich nun mit Gewalt zwingen, einer Kleinigkeit zu gedenken, die ich Ihnen in eben dem Augenblicke vergab, in welchem ich sie erfuhr? Eine kurze Untreue, die mir Ihre Galanterie, aber nicht Ihr Herz spielet, verdient diese Vorwürfe? Kommen Sie, lassen Sie uns darüber scherzen.

MELLEFONT. Sie irren sich; mein Herz hat mehr Anteil daran, als es jemals an allen unsern Liebeshändeln gehabt hat, auf die ich itzt nicht ohne Abscheu zurück sehen kann.

MARWOOD. Ihr Herz, Mellefont, ist ein gutes Närrchen. Es läßt sich alles bereden, was Ihrer Einbildung ihm zu bereden einfällt. Glauben Sie mir doch, ich kenne es besser, als Sie. Wenn es nicht das beste, das getreuste Herz wäre, würde ich mir wohl so viel Mühe geben, es zu behalten?

MELLEFONT. Zu behalten? Sie haben es niemals besessen, sage ich Ihnen.

MARWOOD. Und ich sage Ihnen; ich besitze es im Grunde noch.

MELLEFONT. Marwood, wenn ich wüßte daß Sie auch nur noch einen Faser davon besäßen, so wollte ich es mir selbst, hier vor Ihren Augen, aus meinem Leibe reißen.

MARWOOD. Sie würden sehen, daß Sie meines zugleich herausrissen. Und dann, dann würden diese herausgerissenen Herzen endlich zu der Vereinigung gelangen, die sie so oft auf unsern Lippen gesucht haben.

MELLEFONT *(bei Seite).* Was für eine Schlange! Hier wird das beste sein, zu fliehen. – Sagen Sie mir es nur kurz, Marwood, warum Sie mir nachgekommen sind? Was Sie noch von mir verlangen? Aber sagen Sie es nur ohne dieses Lächeln, ohne diesen Blick, aus welchem mich eine ganze Hölle von Verführung schreckt.

MARWOOD *(vertraulich).* Höre nur, mein lieber Mellefont; ich merke wohl, wie es itzt mit dir steht. Deine Begierden und dein Geschmack sind itzt deine Tyrannen. Laß es gut sein; man muß sie austoben lassen. Sich ihnen widersetzen, ist Torheit. Sie werden am sichersten eingeschläfert, und endlich gar überwunden, wenn man ihnen freies Feld läßt. Sie reiben sich selbst auf. Kannst du mir nachsagen, kleiner Flattergeist, daß ich jemals eifersüchtig gewesen wäre, wenn stärkere Reize, als die meinigen, dich mir auf eine Zeitlang abspenstig machten? Ich gönnte dir ja allezeit diese Veränderung, bei der ich immer mehr gewann, als verlor. Du kehrtest mit neuem Feuer, mit neuer Inbrunst in meine Arme zurück, in die ich dich nur als in leichte Bande, und nie als in schwere Fesseln schloß. Bin ich nicht oft selbst deine Vertraute gewesen, wenn du mir auch schon nichts zu vertrauen hattest, als die Gunstbezeigungen, die du mir entwandtest, um sie gegen andre zu verschwenden? Warum glaubst du denn, daß ich itzt einen Eigensinn gegen dich zu zeigen anfangen würde, zu welchem ich nun eben berechtiget zu sein aufhöre, oder – vielleicht schon aufgehört habe? Wenn deine Hitze gegen das schöne Landmädchen noch nicht verraucht ist; wenn du noch in dem ersten Fieber deiner Liebe gegen sie bist; wenn du ihren Genuß noch nicht entbehren kannst: wer hindert dich denn, ihr so lange ergeben zu sein, als du es für gut befindest? Mußt du deswegen so unbesonnene Anschläge machen, und mit ihr aus dem Reiche fliehen wollen?

MELLEFONT. Marwood, Sie reden vollkommen Ihrem Charakter gemäß, dessen Häßlichkeit ich nie so gekannt habe, als seit dem ich, in dem Umgange mit einer tugendhaften Freundin, die Liebe von der Wollust unterscheiden gelernt.

MARWOOD. Ei sieh doch! Deine neue Gebieterin ist also wohl gar ein Mädchen von schönen sittlichen Empfindungen? Ihr Mannspersonen müßt doch selbst nicht wissen, was ihr wollt. Bald sind es die schlüpfrigsten Reden, die buhlerhaftesten Scherze, die euch an uns gefallen; und bald entzücken wir euch, wenn wir nichts als Tugend reden, und alle sieben Weisen auf unserer Zunge zu haben scheinen. Das schlimmste aber ist, daß ihr das eine so wohl als das andre überdrüssig werdet. Wir mögen närrisch oder vernünftig, weltlich oder geistlich gesinnet sein: wir verlieren unsere Mühe, euch beständig zu machen, einmal wie das andre. Du wirst an deine schöne Heilige die Reihe Zeit genug kommen lassen. Soll ich wohl einen kleinen Überschlag machen? Nun eben bist du im heftigsten Paroxysmo mit ihr: und diesem geb' ich noch zwei, aufs längste drei Tage. Hierauf wird eine ziemlich geruhige Liebe folgen: der geb' ich acht Tage. Die andern acht Tage wirst du nur gelegentlich an diese Liebe denken. Die dritten wirst du dich daran erinnern lassen: und wann du dieses Erinnern satt hast, so wirst du dich zu der äußersten Gleichgültigkeit so schnell gebracht sehen, daß ich kaum die vierten acht Tage auf diese letzte Veränderung rechnen darf – Das wäre nun ungefähr ein Monat. Und diesen Monat, Mellefont, will ich dir noch mit dem größten Vergnügen nachsehen; nur wirst du erlauben, daß ich dich nicht aus dem Gesichte verlieren darf.

MELLEFONT. Vergebens, Marwood, suchen Sie alle Waffen hervor, mit welchen Sie sich erinnern, gegen mich sonst glücklich gewesen zu sein. Ein tugendhafter Entschluß sichert mich gegen Ihre Zärtlichkeit und gegen Ihren Witz. Gleichwohl will ich mich beiden nicht länger aussetzen. Ich gehe, und habe Ihnen weiter nichts mehr zu sagen, als daß Sie mich in wenig Tagen auf eine Art sollen gebunden wissen, die Ihnen alle Hoffnung auf meine Rückkehr in Ihre lasterhafte Sklaverei vernichten wird. Meine Rechtfertigung werden Sie genugsam aus dem Briefe ersehen haben, den ich Ihnen vor meiner Abreise zustellen lassen.

MARWOOD. Gut, daß Sie dieses Briefes gedenken. Sagen Sie mir, von wem hatten Sie ihn schreiben lassen?

MELLEFONT. Hatte ich ihn nicht selbst geschrieben?

MARWOOD. Unmöglich! Den Anfang desselben, in welchem Sie mir, ich weiß nicht was für Summen vorrechneten, die Sie mit mir wollen verschwendet haben, mußte ein Gastwirt, so wie den übrigen theologischen Rest ein Quäker geschrieben haben. Dem ungeachtet will ich Ihnen itzt ernstlich darauf antworten. Was den vornehmsten Punkt anbelangt, so wissen Sie wohl, daß alle die Geschenke, welche Sie mir gemacht haben, noch da sind. Ich habe Ihre Bankozettel, Ihre Juwelen, nie als mein Eigentum angesehen, und itzt alles mitgebracht, um es wieder in diejenigen Hände zu liefern, die mir es anvertrauet hatten.

MELLEFONT. Behalten Sie alles, Marwood.

MARWOOD. Ich will nichts davon behalten. Was hätte ich ohne Ihre Person für ein Recht darauf? Wenn Sie mich auch nicht mehr lieben, so müssen Sie mir doch die Gerechtigkeit widerfahren lassen, und mich für keine von den feilen Buhlerinnen halten, denen es gleich viel ist, von wessen Beute sie sich bereichern. Kommen Sie nur, Mellefont, Sie sollen den Augenblick wieder so reich sein, als Sie vielleicht ohne meine Bekanntschaft geblieben wären; und vielleicht auch nicht.

MELLEFONT. Welcher Geist, der mein Verderben geschworen hat, redet itzt aus Ihnen? Eine wollüstige Marwood denkt so edel nicht.

MARWOOD. Nennen Sie das edel? Ich nenne es weiter nichts, als billig. Nein, mein Herr, nein; ich verlange nicht, daß Sie mir diese Wiedererstattung als etwas Besonders anrechnen sollen. Sie kostet mich nichts; und auch den geringsten Dank, den Sie mir dafür sagen wollten, würde ich für eine Beschimpfung halten, weil er doch keinen andern Sinn als diesen haben könnte: »Marwood, ich hielt Euch für eine niederträchtige Betriegerin; ich bedanke mich, daß Ihr es wenigstens gegen mich nicht sein wollt.«

MELLEFONT. Genug, Madame, genug! Ich fliehe, weil mich mein Unstern in einen Streit von Großmut zu verwickeln drohet, in welchem ich am ungernsten unterliegen möchte.

MARWOOD. Fliehen Sie nur; aber nehmen Sie auch alles mit, was Ihr Andenken bei mir erneuern könnte. Arm, verachtet, ohne Ehre und ohne Freunde, will ich es alsdann noch einmal wagen, Ihr Erbarmen rege zu machen. Ich will Ihnen in der unglücklichen Marwood nichts als eine Elende zeigen, die Geschlecht, Ansehen, Tugend und Gewissen für Sie aufgeopfert hat. Ich will Sie an den ersten Tag erinnern, da Sie mich sahen und liebten; an den ersten Tag, da auch ich Sie sahe und liebte; an das erste stammelnde, schamhafte Bekenntnis, das Sie mir zu meinen Füßen von Ihrer Liebe ablegten; an die erste Versicherung von Gegenliebe, die Sie mir auspreßten; an die zärtlichen Blicke, an die feurigen Umarmungen, die darauf folgten; an das beredte Stillschweigen, wenn wir mit beschäftigten Sinnen einer des andern geheimste Regungen errieten, und in den schmachtenden Augen die verborgensten Gedanken der Seele lasen; an das zitternde Erwarten der nahenden Wollust; an die Trunkenheit ihrer Freuden; an das süße Erstarren nach der Fülle des Genusses, in welchem sich die ermatteten Geister zu neuen Entzückungen erholten. An alles dieses will ich Sie erinnern, und dann Ihre Knie umfassen, und nicht aufhören um das einzige Geschenk zu bitten, das Sie mir nicht versagen können, und ich ohne zu erröten annehmen darf, – um den Tod von Ihren Händen.

MELLEFONT. Grausame! noch wollte ich selbst mein Leben für Sie hingeben. Fordern Sie es; fordern Sie es; nur auf meine Liebe machen Sie weiter keinen Anspruch. Ich muß Sie verlassen, Marwood, oder mich zu einem Abscheu der ganzen Natur machen. Ich bin schon strafbar, daß ich nur hier stehe, und Sie anhöre. Leben Sie wohl! leben Sie wohl!

MARWOOD *(die ihn zurück hält)*. Sie müssen mich verlassen? Und was wollen Sie denn, das aus mir werde? So wie ich itzt bin, bin ich Ihr Geschöpf; tun Sie also, was einem Schöpfer zukömmt; er darf die Hand von seinem Werke nicht eher abziehn, als bis er es gänzlich vernichten will. – Ach, Hannah, ich sehe wohl, meine Bitten allein sind zu schwach. Geh, bringe meinen Vorsprecher her, der mir vielleicht itzt auf einmal mehr wiedergeben wird, als er von mir erhalten hat. *(Hannah geht ab)*

MELLEFONT. Was für einen Vorsprecher, Marwood?

MARWOOD. Ach, einen Vorsprecher, dessen Sie mich nur allzugern beraubet hätten. Die Natur wird seine Klagen auf einem kürzern Wege zu Ihrem Herzen bringen – –

MELLEFONT. Ich erschrecke. Sie werden doch nicht – –

Vierter Auftritt

Arabella. Hannah. Mellefont. Marwood

MELLEFONT. Was seh ich? Sie ist es! – Marwood, wie haben Sie sich unterstehen können – –

MARWOOD. Soll ich umsonst Mutter sein? – Komm, meine Bella, komm; sieh hier deinen Beschützer wieder, deinen Freund, deinen – Ach! das Herz mag es ihm sagen, was er noch mehr, als dein Beschützer, als dein Freund sein kann.

MELLEFONT *(mit abgewandtem Gesichte)*. Gott! wie wird es mir hier ergehen?

ARABELLA *(indem sie ihm furchtsam näher tritt)*. Ach, mein Herr! Sind Sie es? Sind Sie unser Mellefont? – Nein doch, Madam, er ist es nicht. – Würde er mich nicht ansehen, wenn er es wäre? Würde er mich nicht in seine Arme schließen? Er hat es ja sonst getan. Ich unglückliches Kind! Womit hätte ich ihn denn erzürnt, diesen Mann, diesen liebsten Mann, der mir erlaubte, mich seine Tochter zu nennen?

MARWOOD. Sie schweigen, Mellefont? Sie gönnen der Unschuldigen keinen Blick?

MELLEFONT. Ach! – –

ARABELLA. Er seufzet ja, Madam. Was fehlt ihm? Können wir ihm nicht helfen? Ich nicht? Sie auch nicht? So lassen Sie uns doch mit ihm seufzen. – Ach, nun sieht er mich an! – Nein, er sieht wieder weg! Er sieht gen Himmmel! Was wünscht er? Was bittet er vom Himmel? Möchte er ihm doch alles gewähren, wenn er mir auch alles dafür versagte!

MARWOOD. Geh, mein Kind, geh; fall ihm zu Füßen. Er will uns verlassen; er will uns auf ewig verlassen.

ARABELLA *(die vor ihm niederfällt)*. Hier liege ich schon. Sie uns verlassen? Sie uns auf ewig verlassen? War es nicht schon eine kleine Ewigkeit, die wir Sie jetzt vermißt haben? Wir sollen Sie wieder vermissen? Sie haben ja so oft gesagt, daß Sie uns liebten. Verläßt man denn die, die man liebt? So muß ich Sie wohl nicht lieben: denn ich wünschte, Sie nie zu verlassen. Nie; und will Sie auch nie verlassen.

MARWOOD. Ich will dir bitten helfen, mein Kind; hilf nur auch

mir – Nun, Mellefont, sehen Sie auch mich zu Ihren Füßen – –
MELLEFONT *(hält sie zurück, indem sie sich niederwerfen will).* Marwood, gefährliche Marwood – Und auch du, meine liebste Bella, *(hebt sie auf)* auch du bist wider deinen Mellefont?
ARABELLA. Ich wider Sie?
MARWOOD. Was beschließen Sie, Mellefont?
MELLEFONT. Was ich nicht sollte, Marwood; was ich nicht sollte.
MARWOOD *(die ihn umarmt).* Ach, ich weiß es ja, daß die Redlichkeit Ihres Herzens allezeit über den Eigensinn Ihrer Begierden gesiegt hat.
MELLEFONT. Bestürmen Sie mich nicht weiter. Ich bin schon, was Sie aus mir machen wollen: ein Meineidiger, ein Verführer, ein Räuber, ein Mörder.
MARWOOD. Itzt werden Sie es einige Tage in Ihrer Einbildung sein, und hernach werden Sie erkennen, daß ich Sie abgehalten habe, es wirklich zu werden. Machen Sie nur, und kehren Sie wieder mit uns zurück.
ARABELLA *(schmeichelnd).* O ja! tun Sie dieses.
MELLEFONT. Mit euch zurückkehren? Kann ich denn?
MARWOOD. Nichts ist leichter, wenn Sie nur wollen.
MELLEFONT. Und meine Miß – –
MARWOOD. Und Ihre Miß mag sehen, wo sie bleibt! – –
MELLEFONT. Ha! barbarische Marwood, diese Rede ließ mich bis auf den Grund Ihres Herzens sehen – – Und ich Veruchter gehe doch nicht wieder in mich?
MARWOOD. Wenn Sie bis auf den Grund meines Herzens gesehen hätten, so würden Sie entdeckt haben, daß es mehr wahres Erbarmen gegen Ihre Miß fühlt, als Sie selbst. Ich sage, wahres Erbarmen: denn das Ihre ist ein eigennütziges, weichherziges Erbarmen. Sie haben überhaupt diesen Liebeshandel viel zu weit getrieben. Daß Sie, als ein Mann, der bei einem langen Umgange mit unserm Geschlechte, in der Kunst zu verführen ausgelernt hatte, gegen ein so junges Frauenzimmer sich Ihre Überlegenheit an Verstellung und Erfahrung zu Nutze machten und nicht eher ruhten, als bis Sie Ihren Zweck erreichten: das möchte noch hingehen; Sie

können sich mit der Heftigkeit Ihrer Leidenschaft entschuldigen. Allein, daß Sie einem alten Vater sein einziges Kind raubten; daß Sie einem rechtschaffnen Greise die wenigen Schritte zu seinem Grabe noch so schwer und bitter machten; daß Sie, Ihrer Lust wegen, die stärksten Banden der Natur trennten: das, Mellefont, das können Sie nicht verantworten. Machen Sie also Ihren Fehler wieder gut, so weit es möglich ist, ihn gut zu machen. Geben Sie dem weinenden Alter seine Stütze wieder, und schicken Sie eine leichtgläubige Tochter in ihr Haus zurück, das Sie deswegen, weil Sie es beschimpft haben, nicht auch öde machen müssen.

MELLEFONT. Das fehlte noch, daß Sie auch mein Gewissen wider mich zu Hülfe riefen! Aber gesetzt, es wäre billig, was Sie sagen; müßte ich nicht eine eiserne Stirne haben, wenn ich es der unglücklichen Miß selbst vorschlagen sollte?

MARWOOD. Nunmehr will ich es Ihnen gestehen, daß ich schon im voraus bedacht gewesen bin, Ihnen diese Verwirrung zu ersparen. So bald ich Ihren Aufenthalt erfuhr, habe ich auch dem alten Sampson unter der Hand Nachricht davon geben lassen. Er ist vor Freuden darüber ganz außer sich gewesen, und hat sich sogleich auf den Weg machen wollen. Ich wundre mich, daß er noch nicht hier ist.

MELLEFONT. Was sagen Sie?

MARWOOD. Erwarten Sie nur ruhig seine Ankunft; und lassen sich gegen die Miß nichts merken. Ich will Sie selbst jetzt nicht länger aufhalten. Gehen Sie wieder zu ihr; sie möchte Verdacht bekommen. Doch versprech' ich mir, Sie heute noch einmal zu sehen.

MELLEFONT. O Marwood, mit was für Gesinnungen kam ich zu Ihnen, und mit welchen muß ich Sie verlassen! Einen Kuß, meine liebe Bella – –

ARABELLA. Der war für Sie; aber nun einen für mich. Kommen Sie nur ja bald wieder; ich bitte. *(Mellefont geht ab)*

Fünfter Auftritt

Marwood. Arabella. Hannah

MARWOOD *(nachdem sie tief Atem geholt).* Sieg, Hannah! aber ein saurer Sieg! – Gib mir einen Stuhl; ich fühle mich ganz abgemattet – *(Sie setzt sich)* Eben war es die höchste Zeit, als er sich ergab; noch einen Augenblick hätte er anstehen dürfen, so würde ich ihm eine ganz andre Marwood gezeigt haben.

HANNAH. Ach, Madam, was sind Sie für eine Frau! Den möchte ich doch sehn, der Ihnen widerstehen könnte.

MARWOOD. Er hat mir schon zu lange widerstanden. Und gewiß, gewiß, ich will es ihm nicht vergeben, daß ich ihm fast zu Fuße gefallen wäre.

ARABELLA. O nein! Sie müssen ihm alles vergeben. Er ist ja so gut, so gut – –

MARWOOD. Schweig, kleine Närrin!

HANNAH. Auf welcher Seite wußten Sie ihn nicht zu fassen! Aber nichts, glaube ich, rührte ihn mehr, als die Uneigennützigkeit, mit welcher Sie sich erboten, alle von ihm erhaltenen Geschenke zurück zu geben.

MARWOOD. Ich glaube es auch. Ha! ha! *(verächtlich)*

HANNAH. Warum lachen Sie, Madam? Wenn es nicht Ihr Ernst war, so wagten Sie in der Tat sehr viel. Gesetzt, er hätte Sie bei Ihrem Worte gefaßt?

MARWOOD. O geh! man muß wissen, wen man vor sich hat.

HANNAH. Nun das gesteh ich! Aber auch Sie, meine schöne Bella, haben Ihre Sache vortrefflich gemacht; vortrefflich!

ARABELLA. Warum das? Konnte ich sie denn anders machen? Ich hatte ihn ja so lange nicht gesehen. Sie sind doch nicht böse, Madam, daß ich ihn so lieb habe? Ich habe Sie so lieb, wie ihn; eben so lieb.

MARWOOD. Schon gut; dasmal will ich dir verzeihen, daß du mich nicht lieber hast als ihn.

ARABELLA. Dasmal? *(schluchzend)*

MARWOOD. Du weinst ja wohl gar? Warum denn?

ARABELLA. Ach nein! ich weine nicht. Werden Sie nur nicht

ungehalten. Ich will Sie ja gern alle beide so lieb, so lieb haben, daß ich unmöglich, weder Sie noch ihn, lieber haben kann.
MARWOOD. Je nun ja!
ARABELLA. Ich bin recht unglücklich – –
MARWOOD. Sei doch nur stille – Aber was ist das?

Sechster Auftritt

Mellefont. Marwood. Arabella. Hannah

MARWOOD. Warum kommen Sie schon wieder, Mellefont? *(Sie steht auf)*
MELLEFONT *(hitzig)*. Weil ich mehr nicht, als einige Augenblicke nötig hatte, wieder zu mir selbst zu kommen.
MARWOOD. Nun?
MELLEFONT. Ich war betäubt, Marwood, aber nicht bewegt. Sie haben alle Ihre Mühe verloren; eine andre Luft, als diese ansteckende Luft Ihres Zimmers, gab mir Mut und Kräfte wieder, meinen Fuß aus dieser gefährlichen Schlinge noch zeitig genug zu ziehen. Waren mir Nichtswürdigem die Ränke einer Marwood noch nicht bekannt genug?
MARWOOD *(hastig)*. Was ist das wieder für eine Sprache?
MELLEFONT. Die Sprache der Wahrheit und des Unwillens.
MARWOOD. Nur gemach, Mellefont, oder auch ich werde diese Sprache sprechen.
MELLEFONT. Ich komme nur zurück, Sie keinen Augenblick länger in einem Irrtume von mir stecken zu lassen, der mich, selbst in Ihren Augen, verächtlich machen muß.
ARABELLA *(furchtsam)*. Ach! Hannah –
MELLEFONT. Sehen Sie mich nur so wütend an, als Sie wollen. Je wütender, je besser. War es möglich, daß ich zwischen einer Marwood und einer Sara nur einen Augenblick unentschlüssig bleiben konnte? Und daß ich mich fast für die erstere entschlossen hätte?
ARABELLA. Ach Mellefont! – –
MELLEFONT. Zittern Sie nicht, Bella. Auch für Sie bin ich mit

zurück gekommen. Geben Sie mir die Hand, und folgen Sie mir nur getrost.
MARWOOD *(die beide zurückhält)*. Wem soll sie folgen, Verräter?
MELLEFONT. Ihrem Vater.
MARWOOD. Geh, Elender; und lern' erst ihre Mutter kennen.
MELLEFONT. Ich kenne sie. Sie ist die Schande ihres Geschlechts – –
MARWOOD. Führe sie weg, Hannah!
MELLEFONT. Bleiben Sie, Bella. *(indem er sie zurück halten will)*
MARWOOD. Nur keine Gewalt, Mellefont, oder – – *(Hannah und Arabella gehen ab)*

Siebender Auftritt

Mellefont. Marwood

MARWOOD. Nun sind wir allein. Nun sagen Sie es noch einmal, ob Sie fest entschlossen sind, mich einer jungen Närrin aufzuopfern?
MELLEFONT *(bitter)*. Aufzuopfern? Sie machen, daß ich mich hier erinnere, daß den alten Göttern auch sehr unreine Tiere geopfert wurden.
MARWOOD *(spöttisch)*. Drücken Sie sich ohne so gelehrte Anspielungen aus.
MELLEFONT. So sage ich Ihnen, daß ich fest entschlossen bin, nie wieder ohne die schrecklichsten Verwünschungen an Sie zu denken. Wer sind Sie? und wer ist Sara? Sie sind eine wollüstige, eigennützige, schändliche Buhlerin, die sich itzt kaum mehr muß erinnern können, einmal unschuldig gewesen zu sein. Ich habe mir mit Ihnen nichts vorzuwerfen, als daß ich dasjenige genossen, was Sie ohne mich vielleicht die ganze Welt hätten genießen lassen. Sie haben mich gesucht, nicht ich Sie; und wenn ich nunmehr weiß, wer Marwood ist, so kömmt mir diese Kenntnis teuer genug zu stehen. Sie kostet mir mein Vermögen, meine Ehre, mein Glück – –
MARWOOD. Und so wollte ich, daß sie dir auch deine Seligkeit

kosten müßte! Ungeheuer! Ist der Teufel ärger als du, der schwache Menschen zu Verbrechen reizet, und sie, dieser Verbrechen wegen, die sein Werk sind, hernach selbst anklagt? Was geht dich meine Unschuld an, wann und wie ich sie verloren habe? Habe ich dir meine Tugend nicht Preis geben können, so habe ich doch meinen guten Namen für dich in die Schanze geschlagen. Jene ist nichts kostbarer, als dieser. Was sage ich? kostbarer? Sie ist ohne ihn ein albernes Hirngespinst, das weder ruhig noch glücklich macht. Er allein gibt ihr noch einigen Wert, und kann vollkommen ohne sie bestehen. Mochte ich doch sein, wer ich wollte, ehe ich dich, Scheusal, kennen lernte; genug, daß ich in den Augen der Welt für ein Frauenzimmer ohne Tadel galt. Durch dich nur hat sie es erfahren, daß ich es nicht sei; durch meine Bereitwilligkeit bloß, dein Herz, wie ich damals glaubte, ohne deine Hand anzunehmen.

MELLEFONT. Eben diese Bereitwilligkeit verdammt dich, Niederträchtige.

MARWOOD. Erinnerst du dich aber, welchen nichtswürdigen Kunstgriffen du sie zu verdanken hattest? Ward ich nicht von dir beredt, daß du dich in keine öffentliche Verbindung einlassen könntest, ohne einer Erbschaft verlustig zu werden, deren Genuß du mit niemand, als mit mir teilen wolltest? Ist es nun Zeit ihrer zu entsagen? Und ihrer für eine andre, als für mich zu entsagen?

MELLEFONT. Es ist mir eine wahre Wollust, Ihnen melden zu können, daß diese Schwierigkeit nunmehr bald wird gehoben sein. Begnügen Sie sich also nur, mich um mein väterliches Erbteil gebracht zu haben, und lassen mich, ein weit geringeres mit einer würdigern Gattin genießen.

MARWOOD. Ha! nun seh' ichs, was dich eigentlich so trotzig macht. Wohl, ich will kein Wort mehr verlieren. Es sei darum! Rechne darauf, daß ich alles anwenden will, dich zu vergessen. Und das erste, was ich in dieser Absicht tun werde, soll dieses sein – Du wirst mich verstehen! Zittre für deine Bella! Ihr Leben soll das Andenken meiner verachteten Liebe auf die Nachwelt nicht bringen; meine Grausamkeit soll es tun. Sieh in mir eine neue Medea!

MELLEFONT *(erschrocken).* Marwood – –
MARWOOD. Oder wenn du noch eine grausamere Mutter weißt, so sieh sie gedoppelt in mir! Gift und Dolch sollen mich rächen. Doch nein, Gift und Dolch sind zu barmherzige Werkzeuge! Sie würden dein und mein Kind zu bald töten. Ich will es nicht gestorben sehen; sterben will ich es sehen! Durch langsame Martern will ich in seinem Gesichte jeden ähnlichen Zug, den es von dir hat, sich verstellen, verzerren und verschwinden sehen. Ich will mit begieriger Hand Glied von Glied, Ader von Ader, Nerve von Nerve lösen, und das kleinste derselben auch da noch nicht aufhören zu schneiden und zu brennen, wenn es schon nichts mehr sein wird, als ein empfindungsloses Aas. Ich – ich werde wenigstens dabei empfinden, wie süß die Rache sei!
MELLEFONT. Sie rasen, Marwood – –
MARWOOD. Du erinnerst mich, daß ich nicht gegen den Rechten rase. Der Vater muß voran! Er muß schon in jener Welt sein, wenn der Geist seiner Tochter unter tausend Seufzern ihm nachzieht. *(Sie geht mit einem Dolche, den sie aus dem Busen reißt, auf ihn los)* Drum stirb, Verräter!
MELLEFONT *(der ihr in den Arm fällt, und den Dolch entreißt).* Unsinniges Weibsbild! – Was hindert mich nun, den Stahl wider dich zu kehren? Doch lebe, und deine Strafe müsse einer ehrlosen Hand aufgehoben sein!
MARWOOD *(mit gerungenen Händen).* Himmel, was hab' ich getan? Mellefont – –
MELLEFONT. Deine Reue soll mich nicht hintergehen! Ich weiß es doch wohl, was dich reuet; nicht daß du den Stoß tun wollen, sondern daß du ihn nicht tun können.
MARWOOD. Geben Sie mir ihn wieder, den verirrten Stahl! geben Sie mir ihn wieder! und Sie sollen es gleich sehen, für wen er geschliffen ward. Für diese Brust allein, die schon längst einem Herzen zu enge ist, das eher dem Leben als Ihrer Liebe entsagen will.
MELLEFONT. Hannah! – –
MARWOOD. Was wollen Sie tun, Mellefont?

ACHTER AUFTRITT

Hannah (erschrocken). Marwood. Mellefont

MELLEFONT. Hast du es gehört, Hannah, welche Furie deine Gebieterin ist? Wisse, daß ich Arabellen von deinen Händen fodern werde.
HANNAH. Ach Madam, wie sind Sie außer sich!
MELLEFONT. Ich will das unschuldige Kind bald in völlige Sicherheit bringen. Die Gerechtigkeit wird einer so grausamen Mutter die mördrischen Hände schon zu binden wissen. *(Er will gehen)*
MARWOOD. Wohin, Mellefont? Ist es zu verwundern, daß die Heftigkeit meines Schmerzes mich des Verstandes nicht mächtig ließ? Wer bringt mich zu so unnatürlichen Ausschweifungen? Sind Sie es nicht selbst? Wo kann Bella sicherer sein, als bei mir? Mein Mund tobet wider sie, und mein Herz bleibt doch immer das Herz einer Mutter. Ach, Mellefont! vergessen Sie meine Raserei, und denken, zu ihrer Entschuldigung, nur an die Ursache derselben.
MELLEFONT. Es ist nur Ein Mittel, welches mich bewegen kann, sie zu vergessen.
MARWOOD. Welches?
MELLEFONT. Wenn Sie den Augenblick nach London zurückkehren. Arabellen will ich in einer andern Begleitung wieder dahin bringen lassen. Sie müssen durchaus ferner mit ihr nichts zu tun haben.
MARWOOD. Gut, ich lasse mir alles gefallen; aber eine einzige Bitte gewähren Sie mir noch. Lassen Sie mich Ihre Sara wenigstens einmal sehen.
MELLEFONT. Und wozu?
MARWOOD. Um in ihren Blicken mein ganzes künftiges Schicksal zu lesen. Ich will selbst urteilen, ob sie einer Untreue, wie Sie an mir begehen, würdig ist; und ob ich Hoffnung haben kann, wenigstens einmal einen Anteil an Ihrer Liebe wieder zu bekommen.
MELLEFONT. Nichtige Hoffnung!
MARWOOD. Wer ist so grausam, daß er einer Elenden auch

nicht einmal die Hoffnung gönnen wollte? Ich will mich ihr nicht als Marwood, sondern als eine Anverwandte von Ihnen zeigen. Melden Sie mich bei ihr als eine solche; Sie sollen bei meinem Besuche zugegen sein, und ich verspreche Ihnen, bei allem was heilig ist, ihr nicht das geringste Anstößige zu sagen. Schlagen Sie mir meine Bitte nicht ab; denn sonst möchte ich vielleicht alles anwenden, in meiner wahren Gestalt vor ihr zu erscheinen.

MELLEFONT. Diese Bitte, Marwood, *(nachdem er einen Augenblick nachgedacht)* -- könnte ich Ihnen gewähren. Wollen Sie aber auch alsdann gewiß diesen Ort verlassen?

MARWOOD. Gewiß; ja, ich verspreche Ihnen noch mehr; ich will Sie, wo nur noch einige Möglichkeit ist, von dem Überfalle ihres Vaters befreien.

MELLEFONT. Dieses haben Sie nicht nötig. Ich hoffe, daß er auch mich in die Verzeihung mit einschließen wird, die er seiner Tochter widerfahren läßt. Will er aber dieser nicht verzeihen: so werde ich auch wissen, wie ich ihm begegnen soll. – Ich gehe, Sie bei meiner Miß zu melden. Nur halten Sie Wort, Marwood! *(Geht ab)*

MARWOOD. Ach Hannah! daß unsere Kräfte nicht so groß sind, als unsere Wut! Komm, hilf mich ankleiden. Ich gebe mein Vorhaben nicht auf. Wenn ich ihn nur erst sicher gemacht habe. Komm!

Ende des zweiten Aufzugs

DRITTER AUFZUG

Erster Auftritt

Ein Saal im ersten Gasthofe

Sir William Sampson. Waitwell

SIR WILLIAM. Hier, Waitwell, bring' ihr diesen Brief. Es ist der Brief eines zärtlichen Vaters, der sich über nichts, als über ihre Abwesenheit beklaget. Sag' ihr, daß ich dich damit vorweg geschickt, und daß ich nur noch ihre Antwort erwarten wolle, ehe ich selbst käme, sie wieder in meine Arme zu schließen.

WAITWELL. Ich glaube, Sie tun recht wohl, daß Sie Ihre Zusammenkunft auf diese Art vorbereiten.

SIR WILLIAM. Ich werde ihrer Gesinnungen dadurch gewiß, und mache ihr Gelegenheit, alles, was ihr die Reue Klägliches und Errötendes eingeben könnte, schon ausgeschüttet zu haben, ehe sie mündlich mit mir spricht. Es wird ihr in einem Briefe weniger Verwirrung, und mir vielleicht weniger Tränen kosten.

WAITWELL. Darf ich aber fragen, Sir, was Sie in Ansehung Mellefonts beschlossen haben?

SIR WILLIAM. Ach! Waitwell, wenn ich ihn von dem Geliebten meiner Tochter trennen könnte, so würde ich etwas sehr Hartes wider ihn beschließen. Aber da dieses nicht angeht, so siehst du wohl, daß er gegen meinen Unwillen gesichert ist. Ich habe selbst den größten Fehler bei diesem Unglücke begangen. Ohne mich würde Sara diesen gefährlichen Mann nicht haben kennen lernen. Ich verstattete ihm, wegen einer Verbindlichkeit, die ich gegen ihn zu haben glaubte, einen allzufreien Zutritt in meinem Hause. Es war natürlich, daß ihm die dankbare Aufmerksamkeit, die ich für ihn bezeigte, auch die Achtung meiner Tochter zuziehen mußte. Und es war eben so natürlich, daß sich ein Mensch von seiner Denkungsart durch diese Achtung verleiten ließ, sie zu etwas Höherm zu treiben. Er hatte Geschicklichkeit genug gehabt, sie in Liebe zu verwandeln, ehe ich noch das geringste merkte, und ehe ich noch Zeit hatte, mich nach seiner übrigen Lebensart zu erkundigen. Das Unglück war geschehen, und ich hätte wohl getan, wenn ich ihnen nur gleich alles vergeben hätte. Ich wollte unerbittlich gegen ihn sein, und überlegte nicht, daß ich es gegen ihn nicht allein sein könnte. Wenn ich meine zu späte Strenge erspart hätte, so würde ich wenigstens ihre Flucht verhindert haben. – Da bin ich nun, Waitwell! Ich muß sie selbst zurückholen, und mich noch glücklich schätzen, wenn ich aus dem Verführer nur meinen Sohn machen kann. Denn wer weiß, ob er seine Marwoods und seine übrigen Kreaturen eines Mädchens wegen wird aufgeben wollen, das seinen Begierden nichts mehr zu verlangen übrig gelassen hat, und die fesselnden Künste einer Buhlerin so wenig versteht?

WAITWELL. Nun, Sir, das ist wohl nicht möglich, daß ein Mensch so gar böse sein könnte. –

SIR WILLIAM. Der Zweifel, guter Waitwell, macht deiner Tugend Ehre. Aber warum ist es gleichwohl wahr, daß sich die Grenzen der menschlichen Bosheit noch viel weiter erstrekken? – Geh nur jetzt und tue was ich dir gesagt habe. Gib auf alle ihre Mienen Acht, wenn sie meinen Brief lesen wird. In der kurzen Entfernung von der Tugend, kann sie die Verstellung noch nicht gelernt haben, zu deren Larven nur das eingewurzelte Laster seine Zuflucht nimmt. Du wirst ihre ganze Seele in ihrem Gesichte lesen. Laß dir ja keinen Zug entgehen, der etwa eine Gleichgültigkeit gegen mich, eine Verschmähung ihres Vaters, anzeigen könnte. Denn wenn du diese unglückliche Entdeckung machen solltest, und wenn sie mich nicht mehr liebt: so hoffe ich, daß ich mich endlich werde überwinden können, sie ihrem Schicksale zu überlassen. Ich hoffe es, Waitwell – Ach! wenn nur hier kein Herz schlüge, das dieser Hoffnung widerspricht. *(Sie gehen beide auf verschiedenen Seiten ab)*

Zweiter Auftritt

Das Zimmer der Sara

Miß Sara. Mellefont

MELLEFONT. Ich habe Unrecht getan, liebste Miß, daß ich Sie wegen des vorigen Briefes in einer kleinen Unruhe ließ.

SARA. Nein doch, Mellefont; ich bin deswegen ganz und gar nicht unruhig gewesen. Könnten Sie mich denn nicht lieben, wenn Sie gleich noch Geheimnisse vor mir hätten?

MELLEFONT. Sie glauben also doch, daß es ein Geheimnis gewesen sei?

SARA. Aber keines, das mich angeht. Und das muß mir genug sein.

MELLEFONT. Sie sind allzu gefällig. Doch erlauben Sie mir, daß ich Ihnen dieses Geheimnis gleichwohl entdecke. Es waren einige Zeilen von einer Anverwandten, die meinen hiesigen Aufenthalt erfahren hat. Sie geht auf ihrer Reise nach London hier durch, und will mich sprechen. Sie hat zugleich um die Ehre ersucht, Ihnen ihre Aufwartung machen zu dürfen.

SARA. Es wird mir allezeit angenehm sein, Mellefont, die würdigen Personen Ihrer Familie kennen zu lernen. Aber, überlegen Sie es selbst, ob ich schon, ohne zu erröten, einer derselben unter die Augen sehen darf.

MELLEFONT. Ohne zu erröten? Und worüber? Darüber, daß Sie mich lieben? Es ist wahr, Miß, Sie hätten Ihre Liebe einem Edlern, einem Reichern schenken können. Sie müssen sich schämen, daß Sie Ihr Herz nur um ein Herz haben geben wollen, und daß Sie bei diesem Tausche Ihr Glück so weit aus den Augen gesetzt.

SARA. Sie werden es selbst wissen, wie falsch Sie meine Worte erklären.

MELLEFONT. Erlauben Sie, Miß; wenn ich sie falsch erkläre, so können sie gar keine Bedeutung haben.

SARA. Wie heißt Ihre Anverwandte?

MELLEFONT. Es ist – Lady Solmes. Sie werden den Namen von mir schon gehört haben.

SARA. Ich kann mich nicht erinnern.
MELLEFONT. Darf ich bitten, daß Sie ihren Besuch annehmen wollen?
SARA. Bitten, Mellefont? Sie können mir es ja befehlen.
MELLEFONT. Was für ein Wort! – Nein, Miß, sie soll das Glück nicht haben, Sie zu sehen. Sie wird es betauern; aber sie muß es sich gefallen lassen. Miß Sara hat ihre Ursachen, die ich auch, ohne sie zu wissen, verehre.
SARA. Mein Gott! wie schnell sind Sie, Mellefont! Ich werde die Lady erwarten; und mich der Ehre ihres Besuchs, so viel möglich, würdig zu erzeigen suchen. Sind Sie zufrieden?
MELLEFONT. Ach, Miß, lassen Sie mich meinen Ehrgeiz gestehen. Ich möchte gern gegen die ganze Welt mit Ihnen prahlen. Und wenn ich auf den Besitz einer solchen Person nicht eitel wäre, so würde ich mir selbst vorwerfen, daß ich den Wert derselben nicht zu schätzen wüßte. Ich gehe, und bringe die Lady sogleich zu Ihnen. *(Gehet ab)*
SARA *(allein)*. Wenn es nur keine von den stolzen Weibern ist, die voll von ihrer Tugend, über alle Schwachheiten erhaben zu sein glauben. Sie machen uns mit einem einzigen verächtlichen Blicke den Prozeß, und ein zweideutiges Achselzucken ist das ganze Mitleiden, das wir ihnen zu verdienen scheinen.

Dritter Auftritt

Waitwell. Sara

BETTY *(zwischen der Szene)*. Nur hier herein, wenn Er selbst mit ihr sprechen muß.
SARA *(die sich umsieht)*. Wer muß selbst mit mir sprechen? – Wen seh' ich? Ist es möglich? Waitwell, dich?
WAITWELL. Was für ein glücklicher Mann bin ich, daß ich endlich unsere Miß Sara wieder sehe!
SARA. Gott! was bringst du? Ich hör' es schon, ich hör' es schon, du bringst mir die Nachricht von dem Tode meines Vaters! Er ist hin, der vortrefflichste Mann, der beste Vater! Er ist hin, und ich, ich bin die Elende, die seinen Tod beschleuniget hat.

WAITWELL. Ach! Miß – –

SARA. Sage mir, geschwind sage mir, daß die letzten Augenblicke seines Lebens ihm durch mein Andenken nicht schwerer wurden; daß er mich vergessen hatte; daß er eben so ruhig starb als er sich sonst in meinen Armen zu sterben versprach; daß er sich meiner auch nicht einmal in seinem letzten Gebete erinnerte – –

WAITWELL. Hören Sie doch auf, sich mit so falschen Vorstellungen zu plagen! Er lebt ja noch, Ihr Vater; er lebt ja noch, der rechtschaffne Sir William.

SARA. Lebt er noch? Ist es wahr, lebt er noch? O! daß er noch lange leben, und glücklich leben möge! O! daß ihm Gott die Hälfte meiner Jahre zulegen wolle! Die Hälfte? – Ich Undankbare, wenn ich ihm nicht mit allen, so viel mir deren bestimmt sind, auch nur einige Augenblicke zu erkaufen bereit bin! Aber nun sage mir wenigstens, Waitwell, daß es ihm nicht hart fällt, ohne mich zu leben; daß es ihm leicht geworden ist, eine Tochter aufzugeben, die ihre Tugend so leicht aufgeben können; daß ihn meine Flucht erzürnet, aber nicht gekränkt hat, daß er mich verwünschet, aber nicht betauert.

WAITWELL. Ach, Sir William ist noch immer der zärtliche Vater, so wie sein Sarchen noch immer die zärtliche Tochter ist, die sie beide gewesen sind.

SARA. Was sagst du? Du bist ein Bote des Unglücks, des schrecklichsten Unglücks unter allen, die mir meine feindselige Einbildung jemals vorgestellet hat! Er ist noch der zärtliche Vater? So liebt er mich ja noch? So muß er mich ja beklagen? Nein, nein, das tut er nicht; das kann er nicht tun! Siehst du denn nicht, wie unendlich jeder Seufzer, den er um mich verlöre, meine Verbrechen vergrößern würde? Müßte mir nicht die Gerechtigkeit des Himmels jede seiner Tränen, die ich ihm auspreßte, so anrechnen, als ob ich bei jeder derselben mein Laster und meinen Undank wiederholte? Ich erstarre über diesen Gedanken. Tränen koste ich ihm? Tränen? Und es sind andre Tränen, als Tränen der Freude? – Widersprich mir doch, Waitwell! Aufs höchste hat er einige leichte Regungen des Bluts für mich gefühlet; einige von den geschwind überhin gehenden Regungen, welche die kleinste Anstrengung der Vernunft besänftiget. Zu Tränen hat er es nicht kommen lassen. Nicht wahr, Waitwell, zu Tränen hat er es nicht kommen lassen?

WAITWELL *(indem er sich die Augen wischt).* Nein, Miß, dazu hat er es nicht kommen lassen.

SARA. Ach! dein Mund sagt nein; und deine eignen Tränen sagen ja.

WAITWELL. Nehmen Sie diesen Brief, Miß; er ist von ihm selbst.

SARA. Von wem? von meinem Vater? an mich?

WAITWELL. Ja, nehmen Sie ihn nur; Sie werden mehr daraus sehen können, als ich zu sagen vermag. Er hätte einem andern, als mir, dieses Geschäfte auftragen sollen. Ich versprach mir Freude davon; aber Sie verwandeln mir diese Freude in Betrübnis.

SARA. Gib nur, ehrlicher Waitwell! – Doch nein, ich will ihn nicht eher nehmen, als bis du mir sagst, was ungefähr darin enthalten ist.

WAITWELL. Was kann darin enthalten sein? Liebe und Vergebung.

SARA. Liebe? Vergebung?

WAITWELL. Und vielleicht ein aufrichtiges Betauern, daß er die Rechte der väterlichen Gewalt gegen ein Kind brauchen wollen, für welches nur die Vorrechte der väterlichen Huld sind.

SARA. So behalte nur deinen grausamen Brief!

WAITWELL. Grausamen? fürchten Sie nichts; Sie erhalten völlige Freiheit über Ihr Herz und Ihre Hand.

SARA. Und das ist es eben, was ich fürchte. Einen Vater, wie ihn, zu betrüben: dazu habe ich noch den Mut gehabt. Allein ihn durch eben diese Betrübnis, ihn durch seine Liebe, der ich entsagt, dahin gebracht zu sehen, daß er sich alles gefallen läßt, wozu mich eine unglückliche Leidenschaft verleitet: das Waitwell, das würde ich nicht ausstehen. Wenn sein Brief alles enthielte, was ein aufgebrachter Vater, in solchem Falle Heftiges und Hartes vorbringen kann, so würde ich ihn zwar mit Schaudern lesen, aber ich würde ihn doch lesen können. Ich würde gegen seinen Zorn noch einen Schatten von Verteidigung aufzubringen wissen, um ihn durch diese Verteidigung, wo möglich, noch zorniger zu machen. Meine Beruhigung wäre alsdann diese, daß bei einem gewaltsamen Zorne kein wehmütiger Gram Raum haben könne, und daß sich jener endlich glücklich in eine bittere Verachtung gegen mich verwandeln werde. Wen man aber verachtet, um den bekümmert man sich nicht mehr. Mein Vater wäre wieder ruhig, und ich dürfte mir nicht vorwerfen, ihn auf immer unglücklich gemacht zu haben.

WAITWELL. Ach! Miß, Sie werden sich diesen Vorwurf noch weniger machen dürfen, wenn Sie jetzt seine Liebe wieder ergreifen, die ja alles vergessen will.

SARA. Du irrst dich, Waitwell. Sein sehnliches Verlangen nach mir, verführt ihn vielleicht, zu allem ja zu sagen. Kaum aber würde dieses Verlangen ein wenig beruhiget sein, so würde er sich, seiner Schwäche wegen, vor sich selbst schämen. Ein finsterer Unwille würde sich seiner bemeistern, und er würde mich nie ansehen können, ohne mich heimlich anzuklagen, wie viel ich ihm abzutrotzen mich unterstanden habe. Ja, wenn es in meinem Vermögen stünde, ihm bei der äußersten Gewalt, die er sich meinetwegen antut, das Bitterste zu ersparen; wenn in dem Augenblicke, da er mir alles erlauben wollte, ich ihm alles aufopfern könnte: so wäre es ganz etwas anders. Ich wollte den Brief mit Vergnügen von deinen Händen nehmen, die Stärke der väterlichen Liebe darin bewundern, und ohne sie zu mißbrauchen, mich als eine reuende und gehorsame Tochter zu seinen Füßen werfen. Aber kann ich das? Ich würde es tun müssen, was er mir erlaubte, ohne mich daran zu kehren, wie teuer ihm diese Erlaubnis zu stehen komme. Und wenn ich dann am vergnügtesten darüber sein wollte, würde es mir plötzlich einfallen, daß er mein Vergnügen äußerlich nur zu teilen scheine, und in sich selbst vielleicht seufze; kurz, daß er mich mit Entsagung seiner eignen Glückseligkeit glücklich gemacht habe – Und es auf diese Art zu sein wünschen, trauest du mir das wohl zu, Waitwell?

WAITWELL. Gewiß ich weiß nicht, was ich hierauf antworten soll.

SARA. Es ist nichts darauf zu antworten. Bringe deinen Brief also nur wieder zurück. Wenn mein Vater durch mich unglücklich sein muß; so will ich selbst auch unglücklich bleiben. Ganz allein ohne ihn unglücklich zu sein, das ist es, was ich jetzt stündlich von dem Himmel bitte; glücklich aber ohne ihn ganz allein zu sein, davon will ich durchaus nichts wissen.

WAITWELL *(etwas bei Seite).* Ich glaube wahrhaftig, ich werde das gute Kind hintergehen müssen, damit es den Brief doch nur lieset.

SARA. Was sprichst du da für dich?

WAITWELL. Ich sage mir selbst, daß ich einen sehr ungeschickten Einfall gehabt hätte, Sie, Miß, zur Lesung des Briefes desto geschwinder zu vermögen.

SARA. Wie so?

WAITWELL. Ich konnte so weit nicht denken. Sie überlegen freilich alles genauer, als es unser einer kann. Ich wollte Sie nicht erschrecken; der Brief ist vielleicht nur allzu hart; und wenn ich gesagt habe, daß nichts als Liebe und Vergebung darin enthalten sei, so hätte ich sagen sollen, daß ich nichts als dieses darin enthalten zu sein wünschte.

SARA. Ist das wahr? – Nun so gib mir ihn her. Ich will ihn lesen. Wenn man den Zorn eines Vaters unglücklicher Weise verdient hat, so muß man wenigstens gegen diesen väterlichen Zorn so viel Achtung haben, daß er ihn nach allen Gefallen gegen uns auslassen kann. Ihn zu vereiteln suchen, heißt Beleidigungen mit Geringschätzung häufen. Ich werde ihn nach aller seiner Stärke empfinden. Du siehst, ich zittre schon – Aber ich soll auch zittern; und ich will lieber zittern, als weinen. – *(Sie erbricht den Brief)* Nun ist er erbrochen! Ich bebe – Aber was seh ich? *(Sie lieset)* »Einzige, geliebteste Tochter!« – Ha! du alter Betrieger, ist das die Anrede eines zornigen Vaters? Geh, weiter werde ich nicht lesen – –

WAITWELL. Ach, Miß, verzeihen Sie doch einem alten Knechte. Ja gewiß, ich glaube es ist in meinem Leben das erstemal, daß ich mit Vorsatz betrogen habe. Wer einmal betriegt, Miß, und aus einer so guten Absicht betriegt, der ist ja deswegen noch kein alter Betrieger. Das geht mir nahe, Miß. Ich weiß wohl, die gute Absicht entschuldigt nicht immer; aber was

konnte ich denn tun? Einem so guten Vater seinen Brief ungelesen wieder zu bringen? Das kann ich nimmermehr. Eher will ich gehen, so weit mich meine alten Beine tragen, und ihm nie wieder vor die Augen kommen.
SARA. Wie? auch du willst ihn verlassen?
WAITWELL. Werde ich denn nicht müssen, wenn Sie den Brief nicht lesen? Lesen Sie ihn doch immer. Lassen Sie doch immer den ersten vorsätzlichen Betrug, den ich mir vorzuwerfen habe, nicht ohne gute Wirkung bleiben. Sie werden ihn desto eher vergessen, und ich werde mir ihn desto eher vergeben können. Ich bin ein gemeiner einfältiger Mann, der Ihnen Ihre Ursachen, warum Sie den Brief nicht lesen können, oder wollen, freilich so muß gelten lassen. Ob sie wahr sind, weiß ich nicht; aber so recht natürlich scheinen sie mir wenigstens nicht. Ich dächte nun so, Miß: ein Vater, dächte ich, ist doch immer ein Vater; und ein Kind kann wohl einmal fehlen, es bleibt deswegen doch ein gutes Kind. Wenn der Vater den Fehler verzeiht, so kann ja das Kind sich wohl wieder so aufführen, daß er auch gar nicht mehr daran denken darf. Und wer erinnert sich denn gern an etwas, wovon er lieber wünscht, es wäre gar nicht geschehen? Es ist, Miß, als ob Sie nur immer an Ihren Fehler dächten, und glaubten, es wäre genug, wenn Sie den in Ihrer Einbildung vergrößerten, und sich selbst mit solchen vergrößerten Vorstellungen marterten. Aber ich sollte meinen, Sie müßten auch daran denken, wie Sie das, was geschehen ist, wieder gut machten. Und wie wollen Sie es denn wieder gut machen, wenn Sie sich selbst alle Gelegenheit dazu benehmen? Kann es Ihnen denn sauer werden, den andern Schritt zu tun, wenn so ein lieber Vater schon den ersten getan hat?
SARA. Was für Schwerter gehen aus deinem einfältigen Munde in mein Herz! – Eben das kann ich nicht aushalten, daß er den ersten Schritt tun muß. Und was willst du denn? Tut er denn nur den ersten Schritt? Er muß sie alle tun: ich kann ihm keinen entgegen tun. So weit ich mich von ihm entfernet, so weit muß er sich zu mir herablassen. Wenn er mir vergibt, so muß er mein ganzes Verbrechen vergeben, und sich noch dazu gefallen lassen, die Folgen desselben vor seinen Au-

gen fortdauern zu sehen. Ist das von einem Vater zu verlangen?

WAITWELL. Ich weiß nicht, Miß, ob ich dieses so recht verstehe. Aber mich deucht, Sie wollen sagen, er müsse Ihnen gar zu viel vergeben, und weil ihm das nicht anders, als sehr sauer werden könne, so machten Sie sich ein Gewissen, seine Vergebung anzunehmen. Wenn Sie das meinen, so sagen Sie mir doch, ist denn nicht das Vergeben für ein gutes Herz ein Vergnügen? Ich bin in meinem Leben so glücklich nicht gewesen, daß ich dieses Vergnügen oft empfunden hätte. Aber der wenigen Male, die ich es empfunden habe, erinnere ich mich noch immer gern. Ich fühlte so etwas Sanftes, so etwas Beruhigendes, so etwas Himmlisches dabei, daß ich mich nicht entbrechen konnte, an die große unüberschwengliche Seligkeit Gottes zu denken, dessen ganze Erhaltungen der elenden Menschen ein immerwährendes Vergeben ist. Ich wünschte mir, alle Augenblicke verzeihen zu können, und schämte mich, daß ich nur solche Kleinigkeiten zu verzeihen hatte. Recht schmerzhafte Beleidigungen, recht tödliche Kränkungen zu vergeben, sagt' ich zu mir selbst, muß eine Wollust sein, in der die ganze Seele zerfließt – Und nun, Miß, wollen Sie denn so eine große Wollust Ihrem Vater nicht gönnen?

SARA. Ach! – Rede weiter, Waitwell, rede weiter!

WAITWELL. Ich weiß wohl, es gibt eine Art von Leuten, die nichts ungerner, als Vergebung annehmen, und zwar, weil sie keine zu erzeigen gelernt haben. Es sind stolze unbiegsame Leute, die durchaus nicht gestehen wollen, daß sie unrecht getan. Aber von der Art, Miß, sind Sie nicht. Sie haben das liebreichste und zärtlichste Herz, das die Beste Ihres Geschlechts nur haben kann. Ihren Fehler bekennen Sie auch. Woran liegt es denn nun also noch? – Doch verzeihen Sie mir nur, Miß, ich bin ein alter Plauderer, und hätte es gleich merken sollen, daß Ihr Weigern nur eine rühmliche Besorgnis, nur eine tugendhafte Schüchternheit sei. Leute, die eine große Wohltat gleich, ohne Bedenken, annehmen können, sind der Wohltat selten würdig. Die sie am meisten verdienen, haben auch immer das meiste Mißtrauen gegen sich

selbst. Doch muß das Mißtrauen nicht über sein Ziel getrieben werden.
SARA. Lieber alter Vater, ich glaube du hast mich überredet.
WAITWELL. Ach Gott! wenn ich so glücklich gewesen bin, so muß mir ein guter Geist haben reden helfen. Aber nein, Miß, meine Reden haben dabei nichts getan, als daß sie Ihnen Zeit gelassen, selbst nachzudenken, und sich von einer so fröhlichen Bestürzung zu erholen. – Nicht wahr, nun werden Sie den Brief lesen? O! lesen Sie ihn doch gleich!
SARA. Ich will es tun, Waitwell. – Welche Bisse, welche Schmerzen werde ich fühlen!
WAITWELL. Schmerzen, Miß, aber angenehme Schmerzen.
SARA. Sei still! *(Sie fängt an für sich zu lesen)*
WAITWELL *(bei Seite)*. O! wenn er sie selbst sehen sollte!
SARA *(nachdem sie einige Augenblicke gelesen)*. Ach Waitwell, was für ein Vater! Er nennt meine Flucht eine Abwesenheit. Wie viel sträflicher wird sie durch dieses gelinde Wort! *(Sie lieset weiter und unterbricht sich wieder)* Höre doch! er schmeichelt sich, ich würde ihn noch lieben. Er schmeichelt sich! *(Lieset und unterbricht sich)* Er bittet mich – Er bittet mich? Ein Vater seine Tochter? seine strafbare Tochter? Und was bittet er mich denn? – *(Lieset für sich)* Er bittet mich, seine übereilte Strenge zu vergessen, und ihn mit meiner Entfernung nicht länger zu strafen. Übereilte Strenge! – Zu strafen! – *(Lieset wieder und unterbricht sich)* Noch mehr! Nun dankt er mir gar, und dankt mir, daß ich ihm Gelegenheit gegeben, den ganzen Umfang der väterlichen Liebe kennen zu lernen. Unselige Gelegenheit! Wenn er doch nur auch sagte, daß sie ihm zugleich den ganzen Umfang des kindlichen Ungehorsams habe kennen lernen! *(Sie lieset wieder)* Nein, er sagt es nicht! Er gedenkt meines Verbrechens nicht mit einem Buchstaben. *(Sie fährt weiter fort für sich zu lesen)* Er will kommen, und seine Kinder selbst zurückholen. Seine Kinder, Waitwell! Das geht über alles! – Hab' ich auch recht gelesen? *(Sie lieset wieder für sich)* – Ich möchte vergehen! Er sagt, derjenige verdiene nur allzu wohl sein Sohn zu sein, ohne welchen er keine Tochter haben könne. – O! hätte er sie nie gehabt, diese unglückliche

Tochter! – Geh, Waitwell, laß mich allein. Er verlangt eine Antwort, und ich will sie sogleich machen. Frag' in einer Stunde wieder nach. Ich danke dir unterdessen für deine Mühe. Du bist ein rechtschaffner Mann. Es sind wenig Diener die Freunde ihrer Herren!

WAITWELL. Beschämen Sie mich nicht, Miß. Wenn alle Herren Sir Williams wären, so müßten die Diener Unmenschen sein, wenn sie nicht ihr Leben für sie lassen wollten. *(Geht ab)*

Vierter Auftritt

SARA

(Sie setzet sich zum Schreiben nieder) Wenn man mir es vor Jahr und Tag gesagt hätte, daß ich auf einen solchen Brief würde antworten müssen! Und unter solchen Umständen! – Ja, die Feder hab' ich in der Hand. – Weiß ich aber auch schon, was ich schreiben soll? Was ich denke; was ich empfinde. – Und was denkt man denn, wenn sich in einem Augenblicke tausend Gedanken durchkreuzen? Und was empfindet man denn, wenn das Herz, vor lauter Empfinden, in einer tiefen Betäubung liegt? – Ich muß doch schreiben – Ich führe ja die Feder nicht das erste Mal. Nachdem sie mir schon so manche kleine Dienste der Höflichkeit und Freundschaft abstatten helfen: sollte mir ihre Hülfe wohl bei dem wichtigsten Dienste entstehen? – *(Sie denkt ein wenig nach, und schreibt darauf einige Zeilen)* Das soll der Anfang sein? Ein sehr frostiger Anfang. Und werde ich denn bei seiner Liebe anfangen wollen? Ich muß bei meinem Verbrechen anfangen. *(Sie streicht aus und schreibt anders)* Daß ich mich ja nicht zu oben hin davon ausdrücke! – Das Schämen kann überall an seiner rechten Stelle sein, nur bei dem Bekenntnisse unserer Fehler nicht. Ich darf mich nicht fürchten, in Übertreibungen zu geraten, wenn ich auch schon die gräßlichsten Züge anwende. – Ach! warum muß ich nun gestört werden?

FÜNFTER AUFTRITT

Marwood. Mellefont. Sara

MELLEFONT. Liebste Miß, ich habe die Ehre, Ihnen Lady Solmes vorzustellen, welche eine von denen Personen in meiner Familie ist, welchen ich mich am meisten verpflichtet erkenne.

MARWOOD. Ich muß um Vergebung bitten, Miß, daß ich so frei bin, mich mit meinen eignen Augen von dem Glücke eines Vetters zu überführen, dem ich das vollkommenste Frauenzimmer wünschen würde, wenn mich nicht gleich der erste Anblick überzeugt hätte, daß er es in Ihnen bereits gefunden habe.

SARA. Sie erzeigen mir allzuviel Ehre, Lady. Eine Schmeichelei, wie diese, würde mich zu allen Zeiten beschämt haben: itzt aber, sollte ich sie fast für einen versteckten Vorwurf annehmen, wenn ich Lady Solmes nicht für viel zu großmütig hielte, ihre Überlegenheit an Tugend und Klugheit eine Unglückliche fühlen zu lassen.

MARWOOD *(kalt)*. Ich würde untröstlich sein, Miß, wenn Sie mir andre, als die freundschaftlichsten Gesinnungen, zutrauten. – *(Bei Seite)* Sie ist schön!

MELLEFONT. Und wäre es denn auch möglich, Lady, gegen so viel Schönheit, gegen so viel Bescheidenheit gleichgültig zu bleiben? Man sagt zwar, daß einem reizenden Frauenzimmer selten von einem andern Gerechtigkeit erwiesen werde: allein dieses ist auf der einen Seite nur von denen, die auf ihre Vorzüge allzu eitel sind, und auf der andern nur von solchen zu verstehen, welche sich selbst keiner Vorzüge bewußt sind. Wie weit sind Sie beide von diesem Falle entfernt! – *(Zur Marwood, welche in Gedanken steht)* Ist es nicht wahr, Lady, daß meine Liebe nichts weniger, als parteiisch, gewesen ist? Ist es nicht wahr, daß ich Ihnen zum Lobe meiner Miß viel, aber noch lange nicht so viel gesagt habe, als Sie selbst finden? – Aber warum so in Gedanken? – *(Sachte zu ihr)* Sie vergessen, wer Sie sein wollen.

MARWOOD. Darf ich es sagen? – Die Bewunderung Ihrer liebsten Miß führte mich auf die Betrachtung ihres Schicksals. Es ging mir nahe, daß sie die Früchte ihrer Liebe nicht in ihrem Vaterlande genießen soll. Ich erinnerte mich, daß sie einen Vater, und wie man mir gesagt hat, einen sehr zärtlichen Vater verlassen müßte, um die Ihrige sein zu können; und ich konnte mich nicht enthalten, ihre Aussöhnung mit ihm zu wünschen.

SARA. Ach! Lady, wie sehr bin ich Ihnen für diesen Wunsch verbunden. Er verdient es, daß ich meine ganze Freude mit Ihnen teile. Sie können es noch nicht wissen, Mellefont, daß er erfüllt wurde, ehe Lady die Liebe für uns hatte, ihn zu tun.

MELLEFONT. Wie verstehen Sie dieses, Miß?

MARWOOD *(bei Seite)*. Was will das sagen?

SARA. Eben itzt habe ich einen Brief von meinem Vater erhalten. Waitwell brachte mir ihn. Ach, Mellefont, welch ein Brief.

MELLEFONT. Geschwind reißen Sie mich aus meiner Ungewißheit. Was hab' ich zu fürchten? Was habe ich zu hoffen? Ist er noch der Vater, den wir flohen? Und wenn er es noch ist, wird Sara die Tochter sein, die mich zärtlich genug liebt, um ihn noch weiter zu fliehen? Ach! hätte ich Ihnen gefolgt, liebste Miß, so wären wir jetzt durch ein Band verknüpft, das man aus eigensinnigen Absichten zu trennen wohl unterlassen müßte. In diesem Augenblick empfinde ich alles das Unglück, das unser entdeckter Aufenthalt für mich nach sich ziehen kann. – Er wird kommen, und Sie aus meinen Armen reißen. – Wie hasse ich den Nichtswürdigen, der uns ihm verraten hat! *(mit einem zornigen Blick gegen die Marwood)*

SARA. Liebster Mellefont, wie schmeichelhaft ist diese Ihre Unruhe für mich! Und wie glücklich sind wir beide, daß sie vergebens ist! Lesen Sie hier seinen Brief. – *(Gegen die Marwood, indem Mellefont den Brief für sich lieset)* Lady, er wird über die Liebe meines Vaters erstaunen. Meines Vaters? Ach! er ist nun auch der seinige.

MARWOOD *(betroffen)*. Ist es möglich?

SARA. Ja wohl, Lady, haben Sie Ursache, diese Veränderung zu bewundern. Er vergibt uns alles; wir werden uns nun vor seinen Augen lieben; er erlaubt es uns; er befiehlt es uns. – Wie hat diese Gütigkeit meine ganze Seele durchdrungen! – Nun, Mellefont? *(der ihr den Brief wieder gibt)* Sie schweigen? O nein, diese Träne, die sich aus Ihrem Auge schleicht, sagt weit mehr, als Ihr Mund ausdrücken könnte.

MARWOOD *(bei Seite).* Wie sehr habe ich mir selbst geschadet! Ich Unvorsichtige!

SARA. O! lassen Sie mich diese Träne von Ihrer Wange küssen!

MELLEFONT. Ach Miß, warum haben wir so einen göttlichen Mann betrüben müssen? Ja wohl einen göttlichen Mann: denn was ist göttlicher, als vergeben? – Hätten wir uns diesen glücklichen Ausgang nur als möglich vorstellen können: gewiß, so wollten wir ihn jetzt so gewaltsamen Mitteln nicht zu verdanken haben; wir wollten ihn allein unsern Bitten zu verdanken haben. Welche Glückseligkeit wartet auf mich! Wie schmerzlich wird mir aber auch die eigne Überzeugung sein, daß ich dieser Glückseligkeit so unwert bin!

MARWOOD *(bei Seite).* Und das muß ich mit anhören!

SARA. Wie vollkommen rechtfertigen Sie, durch solche Gesinnungen, meine Liebe gegen Sie.

MARWOOD *(bei Seite).* Was für Zwang muß ich mir antun!

SARA. Auch Sie, vortreffliche Lady, müssen den Brief meines Vaters lesen. Sie scheinen allzu viel Anteil an unserm Schicksale zu nehmen, als daß Ihnen sein Inhalt gleichgültig sein könnte.

MARWOOD. Mir gleichgültig, Miß? *(Sie nimmt den Brief)*

SARA. Aber, Lady, Sie scheinen noch immer sehr nachdenkend, sehr traurig. – –

MARWOOD. Nachdenkend, Miß, aber nicht traurig.

MELLEFONT *(bei Seite).* Himmel! wo sie sich verrät!

SARA. Und warum denn?

MARWOOD. Ich zittere für Sie beide. Könnte diese unvermutete Güte Ihres Vaters nicht eine Verstellung sein? eine List?

SARA. Gewiß nicht, Lady, gewiß nicht. Lesen Sie nur, und Sie werden es selbst gestehen. Die Verstellung bleibt immer kalt, und eine so zärtliche Sprache ist in ihrem Vermögen nicht. *(Marwood lieset für sich)* Werden Sie nicht argwöhnisch, Mellefont; ich bitte Sie. Ich stehe Ihnen dafür, daß mein Vater sich zu keiner List herablassen kann. Er sagt nichts, was er nicht denkt, und Falschheit ist ihm ein unbekanntes Laster.

MELLEFONT. O! davon bin ich vollkommen überzeugt, liebste Miß. – Man muß der Lady den Verdacht vergeben, weil sie den Mann noch nicht kennt, den er trifft.
SARA *(indem ihr Marwood den Brief zurück gibt)*. Was seh' ich, Lady? Sie haben sich entfärbt? Sie zittern? Was fehlt Ihnen?
MELLEFONT *(bei Seite)*. In welcher Angst bin ich! Warum habe ich sie auch hergebracht?
MARWOOD. Es ist nichts, Miß, als ein kleiner Schwindel, welcher vorübergehn wird. Die Nachtluft muß mir auf der Reise nicht bekommen sein.
MELLEFONT. Sie erschrecken mich, Lady – Ist es Ihnen nicht gefällig, frische Luft zu schöpfen? Man erholt sich in einem verschloßnen Zimmer nicht so leicht.
MARWOOD. Wann Sie meinen, so reichen Sie mir Ihren Arm.
SARA. Ich werde Sie begleiten, Lady.
MARWOOD. Ich verbitte diese Höflichkeit, Miß. Meine Schwachheit wird ohne Folgen sein.
SARA. So hoffe ich denn, Lady bald wieder zu sehen.
MARWOOD. Wenn Sie erlauben, Miß – *(Mellefont führt sie ab)*
SARA *(allein)*. Die arme Lady! – Sie scheinet die freundschaftlichste Person zwar nicht zu sein; aber mürrisch und stolz scheinet sie doch auch nicht. – Ich bin wieder allein. Kann ich die wenigen Augenblicke, die ich es vielleicht sein werde, zu etwas Besserm, als zur Vollendung meiner Antwort anwenden? *(Sie will sich niedersetzen zu schreiben)*

Sechster Auftritt

Betty. Sara

BETTY. Das war ja wohl ein sehr kurzer Besuch.
SARA. Ja, Betty. Es ist Lady Solmes; eine Anverwandte meines Mellefont. Es wandelte ihr gähling eine kleine Schwachheit an. Wo ist sie jetzt?
BETTY. Mellefont hat sie bis an die Türe begleitet.

SARA. So ist sie ja wohl wieder fort?
BETTY. Ich vermute es. – Aber je mehr ich Sie ansehe, Miß – Sie müssen mir meine Freiheit verzeihen – je mehr finde ich Sie verändert. Es ist etwas Ruhiges, etwas Zufriednes in Ihren Blicken. Lady muß ein sehr angenehmer Besuch, oder der alte Mann ein sehr angenehmer Bote gewesen sein.
SARA. Das letzte, Betty, das letzte. Er kam von meinem Vater. Was für einen zärtlichen Brief will ich dich lesen lassen! Dein gutes Herz hat so oft mit mir geweint, nun soll es sich auch mit mir freuen. Ich werde wieder glücklich sein, und dich für deine guten Dienste belohnen können.
BETTY. Was habe ich Ihnen in kurzen neun Wochen für Dienste leisten können?
SARA. Du hättest mir ihrer in meinem ganzen andern Leben nicht mehrere leisten können, als in diesen neun Wochen. – Sie sind vorüber! – Komm nur itzt, Betty; weil Mellefont vielleicht wieder allein ist, so muß ich ihn noch sprechen. Ich bekomme eben den Einfall, daß es sehr gut sein würde, wenn er zugleich mit mir an meinen Vater schriebe, dem seine Danksagung schwerlich unerwartet sein dürfte. Komm!
(Sie gehen ab)

SIEBENTER AUFTRITT

Der Saal

Sir William Sampson. Waitwell

SIR WILLIAM. Was für Balsam, Waitwell, hast du mir durch deine Erzählung in mein verwundetes Herz gegossen! Ich lebe wieder neu auf; und ihre herannahende Rückkehr scheint mich eben so weit zu meiner Jugend wieder zurück zu bringen, als mich ihre Flucht näher zu dem Grabe gebracht hatte. Sie liebt mich noch! Was will ich mehr? – Geh ja bald wieder zu ihr, Waitwell. Ich kann den Augenblick nicht erwarten, da ich sie aufs neue in diese Arme schließen soll, die ich so sehnlich gegen den Tod ausgestreckt hatte.

Wie erwünscht wäre er mir in den Augenblicken meines Kummers gewesen! Und wie fürchterlich wird er mir in meinem neuen Glücke sein! Ein Alter ist ohne Zweifel zu tadeln, wenn er die Bande, die ihn noch mit der Welt verbinden, so fest wieder zuziehet. Die endliche Trennung wird desto schmerzlicher. – Doch der Gott, der sich jetzt so gnädig gegen mich erzeigt, wird mir auch diese überstehen helfen. Sollte er mir wohl eine Wohltat erweisen, um sie mir zuletzt zu meinem Verderben gereichen zu lassen? Sollte er mir eine Tochter wiedergeben, damit ich über seine Abfoderung aus diesem Leben murren müsse? Nein, nein; er schenkt mir sie wieder, um in der letzten Stunde nur um mich selbst besorgt sein zu dürfen. Dank sei dir, ewige Güte! Wie schwach ist der Dank eines sterblichen Mundes! Doch bald, bald werde ich, in einer ihm geweihten Ewigkeit, ihm würdiger danken können.

WAITWELL. Wie herzlich vergnügt es mich, Sir, Sie vor meinem Ende wieder zufrieden zu wissen! Glauben Sie mir es nur, ich habe fast so viel bei Ihrem Jammer ausgestanden, als Sie selbst. Fast so viel; gar so viel nicht: denn der Schmerz eines Vaters mag wohl bei solchen Gelegenheiten unaussprechlich sein.

SIR WILLIAM. Betrachte dich von nun an, mein guter Waitwell, nicht mehr als meinen Diener. Du hast es schon längst um mich verdient, ein anständiger Alter zu genießen. Ich will dir es auch schaffen, und du sollst es nicht schlechter haben, als ich es noch in der Welt haben werde. Ich will allen Unterschied zwischen uns aufheben; in jener Welt, weißt du wohl, ist er ohnedies aufgehoben. – Nur dasmal sei noch der alte Diener, auf den ich mich nie umsonst verlassen habe. Geh, und gib Acht, daß du mir ihre Antwort sogleich bringen kannst, als sie fertig ist.

WAITWELL. Ich gehe, Sir. Aber so ein Gang ist kein Dienst, den ich Ihnen tue. Er ist eine Belohnung, die Sie mir für meine Dienste gönnen. Ja gewiß, das ist er. *(Sie gehen auf verschiedenen Seiten ab)*

Ende des dritten Aufzuges

VIERTER AUFZUG

Erster Auftritt

Mellefonts Zimmer

Mellefont. Sara

MELLEFONT. Ja, liebste Miß, ja; das will ich tun; das muß ich tun.
SARA. Wie vergnügt machen Sie mich!
MELLEFONT. Ich bin es allein, der das ganze Verbrechen auf sich nehmen muß. Ich allein bin schuldig; ich allein muß um Vergebung bitten.
SARA. Nein, Mellefont, nehmen Sie mir den größern Anteil, den ich an unserm Vergehen habe, nicht. Er ist mir teuer, so strafbar er auch ist: denn er muß Sie überzeugt haben, daß ich meinen Mellefont über alles in der Welt liebe. – Aber ist es denn gewiß wahr, daß ich nunmehr diese Liebe mit der Liebe gegen meinen Vater verbinden darf? Oder befinde ich mich in einem angenehmen Traume? Wie fürchte ich mich, ihn zu verlieren, und in meinem alten Jammer zu erwachen! – Doch nein, ich bin nicht bloß in einem Traume, ich bin wirklich glücklicher, als ich jemals zu werden hoffen durfte; glücklicher, als es vielleicht dieses kurze Leben zuläßt. Vielleicht erscheint mir dieser Strahl von Glückseligkeit nur darum von ferne, und scheinet mir nur darum so schmeichelhaft näher zu kommen, damit er auf einmal wieder in die dickste Finsternis zerfließe, und mich auf einmal in einer Nacht lasse, deren Schrecklichkeit mir durch diese kurze Erleuchtung erst recht fühlbar geworden. – Was für Ahnungen quälen mich! – Sind es wirklich Ahnungen, Mellefont, oder sind es gewöhnliche Empfindungen, die von der Erwartung eines unverdienten Glücks, und von der Furcht es zu verlieren, unzertrennlich sind? – Wie schlägt mir das Herz, und wie un-

ordentlich schlägt es! Wie stark itzt, wie geschwind! – Und nun, wie matt, wie bange, wie zitternd! – Itzt eilt es wieder, als ob es die letzten Schläge wären, die es gern recht schnell hinter einander tun wolle. Armes Herz!

MELLEFONT. Die Wallungen des Gebluts, welche plötzliche Überraschungen nicht anders als verursachen können, werden sich legen, Miß, und das Herz wird seine Verrichtungen ruhiger fortsetzen. Keiner seiner Schläge zielet auf das Zukünftige; und wir sind zu tadeln, – verzeihen Sie, liebste Sara, – wenn wir des Bluts mechanische Drückungen zu fürchterlichen Propheten machen. – Deswegen aber will ich nichts unterlassen, was Sie selbst zur Besänftigung dieses kleinen innerlichen Sturms für dienlich halten. Ich will sogleich schreiben, und Sir William, hoffe ich, soll mit den Beteurungen meiner Reue, mit den Ausdrückungen meines gerührten Herzens, und mit den Angelobungen des zärtlichsten Gehorsams zufrieden sein.

SARA. Sir William? Ach Mellefont, fangen Sie doch nun an, sich an einen weit zärtlichern Namen zu gewöhnen. Mein Vater, Ihr Vater, Mellefont – –

MELLEFONT. Nun ja, Miß, unser gütiger, unser bester Vater! – Ich mußte sehr jung aufhören, diesen süßen Namen zu nennen; sehr jung mußte ich den eben so süßen Namen, Mutter, verlernen – –

SARA. Sie haben ihn verlernt, und mir – mir ward es so gut nicht, ihn nur einmal sprechen zu können. Mein Leben war ihr Tod. – Gott! ich ward eine Muttermörderin wider mein Verschulden. Und wie viel fehlte – wie wenig, wie nichts fehlte – so wäre ich auch eine Vatermörderin geworden! Aber nicht ohne mein Verschulden; eine vorsätzliche Vatermörderin! – Und wer weiß, ob ich es nicht schon bin? Die Jahre, die Tage, die Augenblicke, die er geschwinder zu seinem Ziele kömmt, als er ohne die Betrübnis, die ich ihm verursacht, gekommen wäre – diese hab' ich ihm, – ich habe sie ihm geraubt. Wenn ihn sein Schicksal auch noch so alt und Lebenssatt sterben läßt, so wird mein Gewissen doch nichts gegen den Vorwurf sichern können, daß er ohne mich vielleicht noch später gestorben wäre. Trauriger Vorwurf, den ich mir ohne Zweifel nicht machen dürfte, wenn eine zärtliche Mutter die Führerin meiner Jugend gewesen wäre! Ihre Lehren, ihr Exempel würden mein Herz – So zärtlich blicken Sie mich an, Mellefont? Sie haben Recht; eine Mutter würde mich vielleicht mit lauter Liebe tyrannisiert haben, und ich würde Mellefonts nicht sein. Warum wünsche ich mir denn also das, was mir das weisere Schicksal nur aus Güte versagte? Seine Fügungen sind immer die besten. Lassen Sie uns nur das recht brauchen, was es uns schenkt: einen Vater, der mich noch nie nach einer Mutter seufzen lassen; einen Vater, der auch Sie ungenossene Eltern will vergessen lehren. Welche schmeichelhafte Vorstellung! Ich verliebe mich selbst darein, und vergesse es fast, daß in dem Innersten sich noch etwas regt, das ihm keinen Glauben beimessen will. – Was ist es, dieses rebellische Etwas?

MELLEFONT. Dieses Etwas, liebste Sara, wie Sie schon selbst gesagt haben, ist die natürliche furchtsame Schwierigkeit, sich in ein großes Glück zu finden. – Ach, Ihr Herz machte weniger Bedenken, sich unglücklich zu glauben, als es jetzt, zu seiner eignen Pein macht, sich für glücklich zu halten! – Aber wie dem, der in einer schnellen Kreisbewegung drehend geworden, auch da noch, wenn er schon wieder still sitzt, die äußern Gegenstände mit ihm herum zu gehen scheinen: so wird auch das Herz, das zu heftig erschüttert worden, nicht auf einmal wieder ruhig. Es bleibt eine zitternde Bebung oft noch lange zurück, die wir ihrer eignen Abschwächung überlassen müssen.

SARA. Ich glaube es, Mellefont, ich glaube es: weil Sie es sagen; weil ich es wünsche. – Aber lassen Sie uns einer den andern nicht länger aufhalten. Ich will gehen, und meinen Brief vollenden. Ich darf doch auch den Ihrigen lesen, wenn ich Ihnen den meinigen werde gezeigt haben?

MELLEFONT. Jedes Wort soll Ihrer Beurteilung unterworfen sein; nur das nicht, was ich zu Ihrer Rettung sagen muß: denn ich weiß es, Sie halten sich nicht für so unschuldig, als Sie sind. *(indem er die Sara bis an die Szene begleitet)*

Zweiter Auftritt

MELLEFONT

(Nachdem er einigemal tiefsinnig auf und nieder gegangen)
Was für ein Rätsel bin ich mir selbst! Wofür soll ich mich halten? Für einen Toren? oder für einen Bösewicht? – oder für beides? – Herz, was für ein Schalk bist du! – Ich liebe den Engel, so ein Teufel ich auch sein mag. – Ich lieb' ihn? Ja, gewiß, gewiß ich lieb' ihn. Ich weiß, ich wollte tausend Leben für sie aufopfern, für sie, die mir ihre Tugend aufgeopfert hat! Ich wollt' es; jetzt gleich ohne Anstand wollt' ich es – Und doch, doch – Ich erschrecke, mir es selbst zu sagen – Und doch – Wie soll ich es begreifen? – Und doch fürchte ich mich vor dem Augenblicke, der sie auf ewig, vor dem Angesichte der Welt, zu der Meinigen machen wird. – Er ist nun nicht zu vermeiden; denn der Vater ist versöhnt. Auch weit hinaus werde ich ihn nicht schieben können. Die Verzögerung desselben hat mir schon schmerzhafte Vorwürfe genug zugezogen. So schmerzhaft sie aber waren, so waren sie mir doch erträglicher, als der melancholische Gedanke, auf Zeit Lebens gefesselt zu sein. – Aber bin ich es denn nicht schon? – Ich bin es freilich, und bin es mit Vergnügen. – Freilich bin ich schon ihr Gefangener. – Was will ich also? – Das! – Itzt bin ich ein Gefangener, den man auf sein Wort frei herum gehen läßt: das schmeichelt! Warum kann es dabei nicht sein Bewenden haben? Warum muß ich eingeschmiedet werden, und auch so gar den elenden Schatten der Freiheit entbehren? – Eingeschmiedet? Nichts anders! – Sara Sampson, meine Geliebte! Wie viel Seligkeiten liegen in diesen Worten! Sara Sampson, meine Ehegattin! – Die Hälfte dieser Seligkeiten ist verschwunden! und die andre Hälfte – wird verschwinden. – Ich Ungeheuer! – Und bei diesen Gesinnungen soll ich an ihren Vater schreiben? – Doch es sind keine Gesinnungen; es sind Einbildungen! Vermaledeite Einbildungen, die mir durch ein zügelloses Leben so natürlich geworden! Ich will ihrer los werden, oder – nicht leben.

Dritter Auftritt

Norton. Mellefont

MELLEFONT. Du störest mich, Norton!
NORTON. Verzeihen Sie also mein Herr – *(indem er wieder zurück gehen will)*
MELLEFONT. Nein, nein, bleib da. Es ist eben so gut, daß du mich störest. Was willst du?
NORTON. Ich habe von Betty eine sehr freudige Neuigkeit gehört, und ich komme Ihnen dazu Glück zu wünschen.
MELLEFONT. Zur Versöhnung des Vaters doch wohl? Ich danke dir.
NORTON. Der Himmel will Sie also noch glücklich machen.
MELLEFONT. Wenn er es will – du siehst, Norton, ich lasse mir Gerechtigkeit widerfahren – so will er es meinetwegen gewiß nicht.
NORTON. Nein, wenn Sie dieses erkennen, so will er es auch Ihretwegen.
MELLEFONT. Meiner Sara wegen, einzig und allein meiner Sara wegen. Wollte seine schon gerüstete Rache eine ganze sündige Stadt, weniger Gerechten wegen, verschonen: so kann er ja wohl auch Einen Verbrecher dulden, wenn eine ihm gefällige Seele an dem Schicksale desselben Anteil nimmt.
NORTON. Sie sprechen sehr ernsthaft und rührend. Aber drückt sich die Freude nicht etwas anders aus?
MELLEFONT. Die Freude, Norton? Sie ist nun für mich dahin.
NORTON. Darf ich frei reden? *(indem er ihn scharf ansieht)*
MELLEFONT. Du darfst.
NORTON. Der Vorwurf, den ich an dem heutigen Morgen von Ihnen hören mußte, daß ich mich Ihrer Verbrechen teilhaftig gemacht, weil ich dazu geschwiegen, mag mich bei Ihnen entschuldigen, wenn ich von nun an seltner schweige.
MELLEFONT. Nur vergiß nicht, wer du bist.
NORTON. Ich will es nicht vergessen, daß ich ein Bedienter bin: ein Bedienter, der auch etwas Bessers sein könnte, wenn er, leider! darnach gelebt hätte. Ich bin Ihr Bedienter, ja; aber

nicht auf dem Fuße, daß ich mich gern mit Ihnen möchte verdammen lassen.

MELLEFONT. Mit mir? Und warum sagst du das itzt?

NORTON. Weil ich nicht wenig erstaune, Sie anders zu finden, als ich mir vorstellte.

MELLEFONT. Willst du mich nicht wissen lassen, was du dir vorstelltest.

NORTON. Sie in lauter Entzückung zu finden.

MELLEFONT. Nur der Pöbel wird gleich außer sich gebracht, wenn ihn das Glück einmal anlächelt.

NORTON. Vielleicht, weil der Pöbel noch sein Gefühl hat, das bei Vornehmern durch tausend unnatürliche Vorstellungen verderbt und geschwächt wird. Allein in Ihrem Gesichte ist noch etwas anders als Mäßigung zu lesen. Kaltsinn, Unentschlossenheit, Widerwille – –

MELLEFONT. Und wenn auch? Hast du es vergessen, wer noch außer der Sara hier ist? Die Gegenwart der Marwood – –

NORTON. Könnte Sie wohl besorgt, aber nicht niedergeschlagen machen. – Sie beunruhiget etwas anders. Und ich will mich gern geirret haben, wenn Sie es nicht lieber gesehen hätten, der Vater wäre noch nicht versöhnt. Die Aussicht in einen Stand, der sich so wenig zu Ihrer Denkungsart schickt – –

MELLEFONT. Norton! Norton! du mußt ein erschrecklicher Bösewicht, entweder gewesen sein, oder noch sein, daß du mich so erraten kannst. Weil du es getroffen hast, so will ich es nicht leugnen. Es ist wahr; so gewiß es ist, daß ich meine Sara ewig lieben werde: so wenig will es mir ein, daß ich sie ewig lieben soll, – Soll! – Aber besorge nichts; ich will über diese närrische Grille siegen. Oder meinst du nicht, daß es eine Grille ist? Wer heißt mich, die Ehe als einen Zwang ansehen? Ich wünsche es mir ja nicht, freier zu sein, als sie mich lassen wird.

NORTON. Diese Betrachtungen sind sehr gut. Aber Marwood, Marwood wird Ihren alten Vorurteilen zu Hülfe kommen, und ich fürchte, ich fürchte, – –

MELLEFONT. Was nie geschehen wird. Du sollst sie noch heute nach London zurückreisen sehen. Da ich dir meine geheimste

– Narrheit will ich es nur unterdessen nennen – gestanden habe, so darf ich dir auch nicht verbergen, daß ich die Marwood in solche Furcht gejagt habe, daß sie sich durchaus nach meinem geringsten Winke bequemen muß.

NORTON. Sie sagen mir etwas Unglaubliches.

MELLEFONT. Sieh, dieses Mördereisen riß ich ihr aus der Hand, *(er zeigt ihm den Dolch, den er der Marwood genommen)* als sie mir in der schrecklichsten Wut das Herz damit durchstoßen wollte. Glaubst du es nun bald, daß ich ihr festen Obstand gehalten habe? Anfangs zwar fehlte es nicht viel, sie hätte mir ihre Schlinge wieder um den Hals geworfen. Die Verräterin hat Arabellen bei sich.

NORTON. Arabellen?

MELLEFONT. Ich habe es noch nicht untersuchen können, durch welche List sie das Kind wieder in ihre Hände bekommen. Genug, der Erfolg fiel für sie nicht so aus, als sie es ohne Zweifel gehofft hatte.

NORTON. Erlauben Sie, daß ich mich über Ihre Standhaftigkeit freuen, und Ihre Besserung schon für halb geborgen halten darf. Allein – da Sie mich doch alles wollen wissen lassen – was hat sie unter dem Namen der Lady Solmes hier gesollt?

MELLEFONT. Sie wollte ihre Nebenbuhlerin mit aller Gewalt sehen. Ich willigte in ihr Verlangen, teils aus Nachsicht, teils aus Übereilung, teils aus Begierde, sie durch den Anblick der Besten ihres Geschlechts zu demütigen. – Du schüttelst den Kopf, Norton? – –

NORTON. Das hätte ich nicht gewagt.

MELLEFONT. Gewagt? Eigentlich wagte ich nichts mehr dabei, als ich im Falle der Weigerung gewagt hätte. Sie würde als Marwood vorzukommen gesucht haben; und das Schlimmste, was bei ihrem unbekannten Besuche zu besorgen steht, ist nichts Schlimmers.

NORTON. Danken Sie dem Himmel, daß es so ruhig abgelaufen.

MELLEFONT. Es ist noch nicht ganz vorbei, Norton. Es stieß ihr eine kleine Unbäßlichkeit zu, daß sie sich, ohne Abschied zu nehmen, wegbegeben mußte. Sie will wiederkommen. – Mag sie doch! Die Wespe, die den Stachel verloren hat, *(indem er auf den Dolch weiset, den er wieder in den Busen steckt)* kann doch weiter nichts, als summen. Aber auch das Summen soll ihr teuer werden, wenn sie zu überlästig damit wird. – Hör' ich nicht jemand kommen? Verlaß mich, wenn sie es ist. – Sie ist es. Geh! *(Norton geht ab)*

Vierter Auftritt

Mellefont. Marwood

MARWOOD. Sie sehen mich ohne Zweifel sehr ungern wiederkommen.
MELLEFONT. Ich sehe es sehr gern, Marwood, daß Ihre Unbäßlichkeit ohne Folgen gewesen ist. Sie befinden sich doch besser?
MARWOOD. So, so!
MELLEFONT. Sie haben also nicht wohl getan, sich wieder hieher zu bemühen.
MARWOOD. Ich danke Ihnen, Mellefont, wenn Sie dieses aus Vorsorge für mich sagen. Und ich nehme es Ihnen nicht übel, wenn Sie etwas anders damit meinen.
MELLEFONT. Es ist mir angenehm, Sie so ruhig zu sehen.
MARWOOD. Der Sturm ist vorüber. Vergessen Sie ihn, bitte ich nochmals.
MELLEFONT. Vergessen Sie nur Ihr Versprechen nicht, Marwood, und ich will gern alles vergessen. – Aber, wenn ich wüßte, daß Sie es für keine Beleidigung annehmen wollten, so möchte ich wohl fragen – –
MARWOOD. Fragen Sie nur, Mellefont. Sie können mich nicht mehr beleidigen. – Was wollten Sie fragen?
MELLEFONT. Wie Ihnen meine Miß gefallen habe?
MARWOOD. Die Frage ist natürlich. Meine Antwort wird so natürlich nicht scheinen, aber sie ist gleichwohl nichts weniger wahr. – Sie hat mir sehr wohl gefallen.
MELLEFONT. Diese Unparteilichkeit entzückt mich. Aber wär' es auch möglich, daß der, welcher die Reize einer Marwood zu schätzen wußte, eine schlechte Wahl treffen könnte?
MARWOOD. Mit dieser Schmeichelei, Mellefont, wenn es anders

eine ist, hätten Sie mich verschonen sollen. Sie will sich mit meinem Vorsatze, Sie zu vergessen, nicht vertragen.
MELLEFONT. Sie wollen doch nicht, daß ich Ihnen diesen Vorsatz durch Grobheiten erleichtern soll? Lassen Sie unsere Trennung nicht von der gemeinen Art sein. Lassen Sie uns mit einander brechen, wie Leute von Vernunft, die der Notwendigkeit weichen. Ohne Bitterkeit, ohne Groll und mit Beibehaltung eines Grades von Hochachtung, wie er sich zu unserer ehmaligen Vertraulichkeit schickt.
MARWOOD. Ehmaligen Vertraulichkeit? – Ich will nicht daran erinnert sein. Nichts mehr davon! Was geschehen muß, muß geschehen; und es kömmt wenig auf die Art an, mit welcher es geschieht. – Aber ein Wort noch von Arabellen. Sie wollen mir sie nicht lassen?
MELLEFONT. Nein, Marwood.
MARWOOD. Es ist grausam, da Sie ihr Vater nicht bleiben können, daß Sie ihr auch die Mutter nehmen wollen.
MELLEFONT. Ich kann ihr Vater bleiben; und will es auch bleiben.
MARWOOD. So beweisen Sie es gleich itzt.
MELLEFONT. Wie?
MARWOOD. Erlauben Sie, daß Arabella die Reichtümer, welche ich von Ihnen in Verwahrung habe, als ihr Vaterteil besitzen darf. Was ihr Mutterteil anbelangt, so wollte ich wohl wünschen, daß ich ihr ein beßres lassen könnte, als die Schande, von mir geboren zu sein.
MELLEFONT. Reden Sie nicht so. – Ich will für Arabellen sorgen, ohne ihre Mutter wegen eines anständigen Auskommens in Verlegenheit zu setzen. Wenn sie mich vergessen will, so muß sie damit anfangen, daß sie etwas von mir zu besitzen vergißt. Ich habe Verbindlichkeiten gegen sie, und werde es nie aus der Acht lassen, daß sie mein wahres Glück, obschon wider ihren Willen, befördert hat. Ja, Marwood, ich danke Ihnen in allem Ernste, daß Sie unsern Aufenthalt einem Vater verrieten, den bloß die Unwissenheit desselben verhinderte, uns nicht eher wieder anzunehmen.
MARWOOD. Martern Sie mich nicht mit einem Danke, den ich niemals habe verdienen wollen. Sir William ist ein zu guter

alter Narr: er muß anders denken, als ich an seiner Stelle
würde gedacht haben. Ich hätte der Tochter vergeben, und
ihrem Verführer hätt' ich – –

MELLEFONT. Marwood! – –

MARWOOD. Es ist wahr; Sie sind es selbst. Ich schweige. – Werde
ich der Miß mein Abschiedskompliment bald machen dürfen?

MELLEFONT. Miß Sara würde es Ihnen nicht übel nehmen können, wenn Sie auch wegreiseten, ohne sie wieder zu sprechen.

MARWOOD. Mellefont, ich spiele meine Rollen nicht gern halb,
und ich will, auch unter keinem fremden Namen, für ein
Frauenzimmer ohne Lebensart gehalten werden.

MELLEFONT. Wenn Ihnen Ihre eigne Ruhe lieb ist, so sollten
Sie sich selbst hüten, eine Person nochmals zu sehen, die gewisse Vorstellungen bei Ihnen rege machen muß – –

MARWOOD (*spöttisch lächelnd*). Sie haben eine bessere Meinung
von sich selbst, als von mir. Wenn sie es aber auch glaubten,
daß ich Ihrentwegen untröstlich sein müßte, so sollten Sie es
doch wenigstens ganz in der Stille glauben. – Miß Sara soll
gewisse Vorstellungen bei mir rege machen? Gewisse? O
ja – aber keine gewisser, als diese, daß das beste Mädchen
oft den nichtswürdigsten Mann lieben kann.

MELLEFONT. Allerliebst, Marwood, allerliebst! Nun sind Sie
gleich in der Verfassung, in der ich Sie längst gern gewünscht
hätte: ob es mir gleich, wie ich schon gesagt, fast lieber gewesen wäre, wenn wir einige gemeinschaftliche Hochachtung
für einander hätten behalten können. Doch vielleicht findet
sich diese noch, wenn nur das gährende Herz erst ausgebrauset hat. – Erlauben Sie, daß ich Sie einige Augenblicke allein
lasse. Ich will Miß Sampson zu Ihnen holen.

FÜNFTER AUFTRITT

MARWOOD

(*Indem sie um sich herum sieht*) Bin ich allein? – Kann ich
unbemerkt einmal Atem schöpfen, und die Muskeln des Gesichts in ihre natürliche Lage fahren lassen? – Ich muß ge-

schwind einmal in allen Mienen die wahre Marwood sein, um den Zwang der Verstellung wieder aushalten zu können. – Wie hasse ich dich, niedrige Verstellung! Nicht, weil ich die Aufrichtigkeit liebe, sondern weil du die armseligste Zuflucht der ohnmächtigen Rachsucht bist. Gewiß würde ich mich zu dir nicht herablassen, wenn mir ein Tyrann seine Gewalt, oder der Himmel seinen Blitz anvertrauen wollte. – Doch wann du mich nur zu meinem Zwecke bringst! – Der Anfang verspricht es; und Mellefont scheinet noch sichrer werden zu wollen. Wenn mir meine List gelingt, daß ich mit seiner Sara allein sprechen kann: so – Ja, so ist es doch noch sehr ungewiß, ob es mir etwas helfen wird. Die Wahrheiten von dem Mellefont werden ihr vielleicht nichts Neues sein; die Verleumdungen wird sie vielleicht nicht glauben; und die Drohungen vielleicht verachten. Aber doch soll sie Wahrheit, Verleumdung und Drohungen von mir hören. Es wäre schlecht, wenn sie in ihrem Gemüte ganz und gar keinen Stachel zurück ließen. – Still! sie kommen. Ich bin nun nicht mehr Marwood; ich bin eine nichtswürdige Verstoßene, die durch kleine Kunstgriffe die Schande von sich abzuwehren sucht; ein getretner Wurm, der sich krümmet und dem, der ihn getreten hat, wenigstens die Ferse gern verwunden möchte.

Sechster Auftritt

Sara. Mellefont. Marwood

SARA. Ich freue mich, Lady, daß meine Unruhe vergebens gewesen ist.
MARWOOD. Ich danke Ihnen, Miß. Der Zufall war zu klein, als daß er Sie hätte beunruhigen sollen.
MELLEFONT. Lady will sich Ihnen empfehlen, liebste Sara.
SARA. So eilig, Lady?
MARWOOD. Ich kann es für die, denen an meiner Gegenwart in London gelegen ist, nicht genug sein.
SARA. Sie werden doch heute nicht wieder aufbrechen?

MARWOOD. Morgen mit dem frühsten.
MELLEFONT. Morgen mit dem frühsten, Lady? Ich glaubte, noch heute.
SARA. Unsere Bekanntschaft, Lady, fängt sich sehr im Vorbeigehn an. Ich schmeichle mir, in Zukunft eines nähern Umgangs mit Ihnen gewürdiget zu werden.
MARWOOD. Ich bitte um Ihre Freundschaft, Miß.
MELLEFONT. Ich stehe Ihnen dafür, liebste Sara, daß diese Bitte der Lady aufrichtig ist: ob ich Ihnen gleich voraussagen muß, daß Sie einander ohne Zweifel lange nicht wiedersehen werden. Lady, wird sich mit uns sehr selten an einem Orte aufhalten können – –
MARWOOD *(bei Seite)*. Wie fein!
SARA. Mellefont, das heißt mir eine sehr angenehme Hoffnung rauben.
MARWOOD. Ich werde am meisten dabei verlieren, glückliche Miß.
MELLEFONT. Aber in der Tat, Lady, wollen Sie erst morgen früh wieder fort?
MARWOOD. Vielleicht auch eher. *(Bei Seite)* Es will noch niemand kommen!
MELLEFONT. Auch wir wollen uns nicht lange mehr hier aufhalten. Nicht wahr, liebste Miß, es wird gut sein, wenn wir unserer Antwort ungesäumt nachfolgen? Sir William kann unsere Eilfertigkeit nicht übel nehmen.

Siebenter Auftritt

Betty. Mellefont. Sara. Marwood

MELLEFONT. Was willst du, Betty?
BETTY. Man verlangt Sie unverzüglich zu sprechen.
MARWOOD *(bei Seite)*. Ha! Nun kömmt es drauf an – –
MELLEFONT. Mich? unverzüglich? Ich werde gleich kommen. – Lady, ist es Ihnen gefällig, Ihren Besuch abzukürzen?
SARA. Warum das, Mellefont? – Lady wird so gütig sein, und bis zu Ihrer Zurückkunft warten.

MARWOOD. Verzeihen Sie, Miß; ich kenne meinen Vetter Mellefont, und will mich lieber mit ihm wegbegeben.
BETTY. Der Fremde, mein Herr – Er will Sie nur auf ein Wort sprechen. Er sagt, er habe keinen Augenblick zu versäumen – –
MELLEFONT. Geh nur; ich will gleich bei ihm sein – Ich vermute, Miß, daß es eine endliche Nachricht von dem Vergleiche sein wird, dessen ich gegen Sie gedacht habe. *(Betty gehet ab)*
MARWOOD *(bei Seite)*. Gute Vermutung!
MELLEFONT. Aber doch, Lady – –
MARWOOD. Wenn Sie es denn befehlen – Miß, so muß ich mich Ihnen – –
SARA. Nein doch, Mellefont: Sie werden mir ja das Vergnügen nicht mißgönnen, Lady Solmes so lange unterhalten zu dürfen?
MELLEFONT. Sie wollen es, Miß? – –
SARA. Halten Sie sich nicht auf, liebster Mellefont, und kommen Sie nur bald wieder. Aber mit einem freudigern Gesichte, will ich wünschen! Sie vermuten ohne Zweifel eine unangenehme Nachricht. Lassen Sie sich nichts anfechten; ich bin begieriger, zu sehen, ob Sie allen Falls auf eine gute Art mich einer Erbschaft vorziehen können, als ich begierig bin, Sie in dem Besitze derselben zu wissen. – –
MELLEFONT. Ich gehorche. *(Warnend)* Lady, ich bin ganz gewiß den Augenblick wieder hier! *(Geht ab)*
MARWOOD *(bei Seite)*. Glücklich!

ACHTER AUFTRITT

Sara. Marwood

SARA. Mein guter Mellefont sagt seine Höflichkeiten manchmal mit einem ganz falschen Tone. Finden Sie es nicht auch Lady? – –
MARWOOD. Ohne Zweifel bin ich seiner Art schon allzugewohnt, als daß ich so etwas bemerken könnte.
SARA. Wollen sich Lady nicht setzen?
MARWOOD. Wenn Sie befehlen Miß – *(Bei Seite, indem sie sich*

setzen) Ich muß diesen Augenblick nicht ungebraucht vorbeistreichen lassen.

SARA. Sagen Sie mir, Lady, werde ich nicht das glücklichste Frauenzimmer mit meinem Mellefont werden?

MARWOOD. Wenn sich Mellefont in sein Glück zu finden weiß, so wird ihn Miß Sara zu der beneidenswürdigsten Mannsperson machen. Aber – –

SARA. Ein Aber, und eine so nachdenkliche Pause, Lady – –

MARWOOD. Ich bin offenherzig, Miß – –

SARA. Und dadurch unendlich schätzbarer –

MARWOOD. Offenherzig – nicht selten bis zur Unbedachtsamkeit. Mein *Aber* ist der Beweis davon. Ein sehr unbedächtiges Aber!

SARA. Ich glaube nicht, daß mich Lady durch diese Ausweichung noch unruhiger machen wollen. Es mag wohl eine grausame Barmherzigkeit sein, ein Übel, das man zeigen könnte, nur argwohnen zu lassen.

MARWOOD. Nicht doch, Miß; Sie denken bei meinem Aber viel zu viel. Mellefont ist mein Anverwandter – – –

SARA. Desto wichtiger wird die geringste Einwendung, die Sie wider ihn zu machen haben.

MARWOOD. Aber wenn Mellefont auch mein Bruder wäre, so muß ich Ihnen doch sagen, daß ich mich ohne Bedenken einer Person meines Geschlechts gegen ihn annehmen würde, wenn ich bemerkte, daß er nicht rechtschaffen genug an ihr handle. Wir Frauenzimmer sollten billig jede Beleidigung, die einer einzigen von uns erwiesen wird, zu Beleidigungen des ganzen Geschlechts und zu einer allgemeinen Sache machen, an der auch die Schwester und Mutter des Schuldigen, Anteil zu nehmen, sich nicht bedenken müßten.

SARA. Diese Anmerkung – – –

MARWOOD. Ist schon dann und wann in zweifelhaften Fällen meine Richtschnur gewesen.

SARA. Und verspricht mir – Ich zittere –

MARWOOD. Nein, Miß; wenn Sie zittern wollen – Lassen Sie uns von etwas anderm sprechen – –

SARA. Grausame Lady!

MARWOOD. Es tut mir leid, daß ich verkannt werde. Ich wenigstens, wenn ich mich in Gedanken an Miß Sampsons Stelle setze, würde jede nähere Nachricht, die man mir von demjenigen geben wollte, mit dessen Schicksale ich das meinige auf ewig zu verbinden bereit wäre, als eine Wohltat ansehen.

SARA. Was wollen Sie, Lady? Kenne ich meinen Mellefont nicht schon? Glauben Sie mir, ich kenne ihn, wie meine eigne Seele. Ich weiß, daß er mich liebt – –

MARWOOD. Und andre – –

SARA. Geliebt hat. Auch das weiß ich. Hat er mich lieben sollen, ehe er von mir etwas wußte? Kann ich die einzige zu sein verlangen, die für ihn Reize genug gehabt hat? Muß ich mir es nicht selbst gestehen, daß ich mich, ihm zu gefallen, bestrebt habe? Ist er nicht liebenswürdig genug, daß er bei mehrern dieses Bestreben hat erwecken müssen? Und ist es nicht natürlich, wenn mancher dieses Bestreben gelungen ist?

MARWOOD. Sie verteidigen ihn mit eben der Hitze und fast mit eben den Gründen, mit welchen ich ihn schon oft verteidiget habe. Es ist kein Verbrechen, geliebet haben; noch viel weniger ist es eines, geliebet worden sein. Aber die Flatterhaftigkeit ist ein Verbrechen.

SARA. Nicht immer; denn oft, glaube ich, wird sie durch die Gegenstände der Liebe entschuldiget, die es immer zu bleiben, selten verdienen.

MARWOOD. Miß Sampsons Sittenlehre scheinet nicht die strengste zu sein.

SARA. Es ist wahr; die, nach der ich diejenigen zu richten pflege, welche es selbst gestehen, daß sie auf Irrwegen gegangen sind, ist die strengste nicht. Sie muß es auch nicht sein. Denn hier kömmt es nicht darauf an, die Schranken zu bestimmen, die uns die Tugend bei der Liebe setzt; sondern bloß darauf, die menschliche Schwachheit zu entschuldigen, wenn sie in diesen Schranken nicht geblieben ist, und die daraus entstehenden Folgen nach den Regeln der Klugheit zu beurteilen. Wenn zum Exempel, ein Mellefont eine Marwood liebt, und sie endlich verläßt: so ist dieses Verlassen, in Vergleichung mit der Liebe selbst, etwas sehr Gutes. Es wäre ein Unglück, wenn er eine Lasterhafte deswegen, weil er sie einmal geliebt hat, ewig lieben müßte.

MARWOOD. Aber, Miß, kennen Sie denn diese Marwood, welche Sie so gestrost eine Lasterhafte nennen?
SARA. Ich kenne sie aus der Beschreibung des Mellefont.
MARWOOD. Des Mellefont? Ist es Ihnen denn nie beigefallen, daß Mellefont in seiner eigenen Sache nichts anders, als ein sehr ungültiger Zeuge sein könne?
SARA. – Nun merke ich es erst, Lady, daß Sie mich auf die Probe stellen wollen. Mellefont wird lächeln, wenn Sie es ihm wieder sagen werden, wie ernsthaft ich mich seiner angenommen.
MARWOOD. Verzeihen Sie, Miß; von dieser Unterredung muß Mellefont nichts wieder erfahren. Sie denken zu edel, als daß Sie, zum Danke für eine wohlgemeinte Warnung, eine Anverwandte mit ihm entzweien wollten, die sich nur deswegen wider ihn erklärt, weil sie sein unwürdiges Verfahren gegen mehr als eine der liebenswürdigsten Personen unsers Geschlechts so ansieht, als ob sie selbst darunter gelitten hätte.
SARA. Ich will niemand entzweien, Lady; und ich wünschte, daß es andre eben so wenig wollten.
MARWOOD. Soll ich Ihnen die Geschichte der Marwood in wenig Worten erzählen?
SARA. Ich weiß nicht – Aber doch ja, Lady; nur mit dem Beding, daß Sie davon aufhören, sobald Mellefont zurück kömmt. Er möchte denken, ich hätte mich aus eignem Triebe darnach erkundiget; und ich wollte nicht gern, daß er mir eine ihm so nachteilige Neubegierde zutrauen könnte.
MARWOOD. Ich würde Miß Sampson um gleiche Vorsicht gebeten haben, wenn sie mir nicht zuvorgekommen wäre. Er muß es auch nicht argwohnen können, daß Marwood unser Gespräch gewesen ist; und Sie werden so behutsam sein, Ihre Maßregeln ganz in der Stille darnach zu nehmen. – Hören Sie nunmehr! – Marwood ist aus einem guten Geschlechte. Sie war eine junge Witwe, als sie Mellefont bei einer ihrer Freundinnen kennen lernte. Man sagt, es habe ihr weder an Schönheit noch an derjenigen Anmut gemangelt, ohne welche die Schönheit tod sein würde. Ihr guter Name war ohne Flecken. Ein einziges fehlte ihr: – Vermögen. Alles was sie besessen hatte, – und es sollen ansehnliche Reichtümer gewesen sein, – hatte sie für die Befreiung eines Mannes auf-

geopfert, dem sie nichts in der Welt vorenthalten zu dürfen glaubte, nachdem sie ihm einmal ihr Herz und ihre Hand schenken wollen.

SARA. Wahrlich ein edler Zug, Lady, von dem ich wollte, daß er in einem bessern Gemälde prangte!

MARWOOD. Des Mangels an Vermögen ungeachtet, ward sie von Personen gesucht, die nichts eifriger wünschten, als sie glücklich zu machen. Unter diesen reichen und vornehmen Anbetern trat Mellefont auf. Sein Antrag war ernstlich, und der Überfluß, in welchen er die Marwood zu setzen versprach, war das Geringste, worauf er sich stützte. Er hatte es bei der ersten Unterredung weg, daß er mit keiner Eigennützigen zu tun habe, sondern mit einem Frauenzimmer, voll des zärtlichsten Gefühls, welches eine Hütte einem Palaste würde vorgezogen haben, wenn sie in jener mit einer geliebten, und in diesem mit einer gleichgültigen Person hätte leben sollen.

SARA. Wieder ein Zug, den ich der Marwood nicht gönne. Schmeicheln Sie ihr ja nicht mehr, Lady; oder ich möchte sie am Ende betauern müssen.

MARWOOD. Mellefont war eben im Begriffe, sich auf die feierlichste Art mit ihr zu verbinden, als er Nachricht von dem Tode eines Vetters bekam, welcher ihm sein ganzes Vermögen mit der Bedingung hinterließ, eine weitläuftige Anverwandte zu heiraten. Hatte Marwood seinetwegen reichere Verbindungen ausgeschlagen, so wollte er ihr nunmehr an Großmut nichts nachgeben. Er war Willens, ihr von dieser Erbschaft eher nichts zu sagen, als bis er sich derselben durch sie würde verlustig gemacht haben. – Nicht wahr, Miß, das war groß gedacht?

SARA. O Lady, wer weiß es besser, als ich, daß Mellefont das edelste Herz besitzt?

MARWOOD. Was aber tat Marwood? Sie erfuhr es unter der Hand, noch spät an einem Abende, wozu sich Mellefont ihrentwegen entschlossen hätte. Mellefont kam des Morgens, sie zu besuchen, und Marwood war fort.

SARA. Wohin? Warum?

MARWOOD. Er fand nichts als einen Brief von ihr, worin sie ihm entdeckte, daß er sich keine Rechnung machen dürfe, sie jemals wieder zu sehen. Sie leugne es zwar nicht, daß sie ihn liebe; aber eben deswegen könne sie sich nicht überwinden, die Ursache einer Tat zu sein, die er notwendig einmal bereuen müsse. Sie erlasse ihn seines Versprechens, und ersuche ihn, ohne weiteres Bedenken, durch die Vollziehung der in dem Testamente vorgeschriebnen Verbindung, in den Besitz eines Vermögens zu treten, welches ein Mann von Ehre zu etwas Wichtigerm brauchen könne, als einem Frauenzimmer eine unüberlegte Schmeichelei damit zu machen.

SARA. Aber Lady, warum leihen Sie der Marwood so vortreffliche Gesinnungen? Lady Solmes kann derselben wohl fähig sein, aber nicht Marwood. Gewiß Marwood nicht.

MARWOOD. Es ist nicht zu verwundern, Miß, daß Sie wider sie eingenommen sind. – Mellefont wollte über den Entschluß der Marwood von Sinnen kommen. Er schickte überall Leute aus, sie wieder aufzusuchen; und endlich fand er sie.

SARA. Weil sie sich finden lassen wollte, ohne Zweifel.

MARWOOD. Keine bittere Glossen, Miß! Sie geziemen einem Frauenzimmer, von einer sonst so sanften Denkungsart, nicht. – Er fand sie, sag' ich; und fand sie unbeweglich. Sie wollte seine Hand durchaus nicht annehmen; und alles, was er von ihr erhalten konnte war dieses, daß sie nach London zurückzukommen versprach. Sie wurden eins, ihre Vermählung so lange auszusetzen, bis die Anverwandte, des langen Verzögerns überdrüssig, einen Vergleich vorzuschlagen gezwungen sei. Unterdessen konnte sich Marwood nicht wohl der täglichen Besuche des Mellefont entbrechen, die eine lange Zeit nichts, als ehrfurchtsvolle Besuche eines Liebhabers waren, den man in die Grenzen der Freundschaft zurückgewiesen hat. Aber wie unmöglich ist es, daß ein hitziges Temperament diese engen Grenzen nicht überschreiten sollte! Mellefont besitzt alles, was uns eine Mannsperson gefährlich machen kann. Niemand kann hiervon überzeugter sein, als Miß Sampson selbst.

SARA. Ach!

MARWOOD. Sie seufzen? Auch Marwood hat über ihre Schwachheit mehr als einmal geseufzet, und seufzet noch.

SARA. Genug, Lady, genug; diese Wendung, sollte ich meinen, war mehr, als eine bittere Glosse, die Sie mir zu untersagen beliebten.

MARWOOD. Ihre Absicht war nicht, zu beleidigen, sondern bloß die unglückliche Marwood Ihnen in einem Lichte zu zeigen, in welchem Sie am richtigsten von ihr urteilen könnten. – Kurz, die Liebe gab dem Mellefont die Rechte eines Gemahls; und Mellefont hielt es länger nicht für nötig, sie durch die Gesetze gültig machen zu lassen. Wie glücklich wäre Marwood, wenn sie, Mellefont und der Himmel, nur allein von ihrer Schande wüßten! Wie glücklich, wenn nicht eine jammernde Tochter dasjenige der ganzen Welt entdeckte, was sie vor sich selbst verbergen zu können wünschte!

SARA. Was sagen Sie, Lady? Eine Tochter – –

MARWOOD. Ja, Miß, eine unglückliche Tochter verlieret durch die Darzwischenkunft der Sara Sampson alle Hoffnung, ihre Eltern jemals ohne Abscheu nennen zu können.

SARA. Schreckliche Nachricht! Und dieses hat mir Mellefont verschwiegen? – – Darf ich es auch glauben, Lady?

MARWOOD. Sie dürfen sicher glauben, Miß, daß Ihnen Mellefont vielleicht noch mehr verschwiegen hat.

SARA. Noch mehr? Was könnte er mir noch mehr verschwiegen haben?

MARWOOD. Dieses, daß er die Marwood noch liebt.

SARA. Sie töten mich, Lady!

MARWOOD. Es ist unglaublich, daß sich eine Liebe, welche länger als zehn Jahr gedauert hat, so geschwind verlieren könne. Sie kann zwar eine kurze Verfinsterung leiden; weiter aber auch nichts, als eine kurze Verfinsterung, aus welcher sie hernach mit neuem Glanze wieder hervor bricht. Ich könnte Ihnen eine Miß Oklaff, eine Miß Dorkas, eine Miß Moor und mehrere nennen, welche, eine nach der andern, der Marwood einen Mann abspenstig zu machen drohten, von welchem sie sich am Ende auf das grausamste hintergangen sahen. Er hat einen gewissen Punkt, über welchen er sich nicht bringen läßt, und sobald er diesen scharf in das Gesicht bekömmt, springt er ab. Gesetzt aber, Miß, Sie wären die einzige Glückliche, bei welcher sich alle Umstände wider

ihn erklärten; gesetzt Sie brächten ihn dahin, daß er seinen nunmehr zur Natur gewordenen Abscheu gegen ein förmliches Joch überwinden müßte: glaubten Sie wohl dadurch seines Herzens versichert zu sein?
SARA. Ich Unglückliche! Was muß ich hören!
MARWOOD. Nichts weniger. Alsdann würde er eben am allerersten in die Arme derjenigen zurückeilen, die auf seine Freiheit so eifersüchtig nicht gewesen. Sie würden seine Gemahlin heißen, und jene würde es sein.
SARA. Martern Sie mich nicht länger mit so schrecklichen Vorstellungen! Raten Sie mir vielmehr, Lady, ich bitte Sie, raten Sie mir, was ich tun soll. Sie müssen ihn kennen. Sie müssen es wissen, durch was es noch etwa möglich ist, ihm ein Band angenehm zu machen, ohne welches auch die aufrichtigste Liebe eine unheilige Leidenschaft bleibet.
MARWOOD. Daß man einen Vogel fangen kann, Miß, das weiß ich wohl. Aber daß man ihm seinen Käfig angenehmer, als das freie Feld machen könne, das weiß ich nicht. Mein Rat wäre also, ihn lieber nicht zu fangen, und sich den Verdruß über die vergebne Mühe zu ersparen. Begnügen Sie sich, Miß, an dem Vergnügen, ihn sehr nahe an Ihrer Schlinge gesehn zu haben, und weil Sie voraussehen können, daß er die Schlinge ganz gewiß zerreißen werde, wenn Sie ihn vollends hinein lockten; so schonen Sie Ihre Schlinge, und locken ihn nicht herein.
SARA. Ich weiß nicht, ob ich dieses tändelnde Gleichnis recht verstehe, Lady –
MARWOOD. Wenn Sie verdrießlich darüber geworden sind, so haben Sie es verstanden. – Mit einem Worte, Ihr eigner Vorteil so wohl, als der Vorteil einer andern, die Klugheit so wohl als die Billigkeit, können und sollen Miß Sampson bewegen, ihre Ansprüche auf einen Mann aufzugeben, auf den Marwood die ersten und stärksten hat. Noch stehen Sie, Miß, mit ihm so, daß Sie, ich will nicht sagen mit vieler Ehre, aber doch ohne öffentliche Schande von ihm ablassen können. Eine kurze Verschwindung mit einem Liebhaber ist zwar ein Fleck; aber doch ein Fleck, den die Zeit ausbleichet. In einigen Jahren ist alles vergessen, und es finden sich für eine

reiche Erbin noch immer Mannspersonen, die es so genau nicht nehmen. Wenn Marwood in diesen Umständen wäre, und sie brauchte, weder für ihre im Abzuge begriffene Reize einen Gemahl, noch für ihre hülflose Tochter einen Vater, so weiß ich gewiß, Marwood würde gegen Miß Sampson großmütiger handeln, als Miß Sampson gegen die Marwood zu handeln, schimpfliche Schwierigkeiten macht.

SARA *(indem sie unwillig aufsteht)*. Das geht zu weit! Ist dieses die Sprache einer Anverwandten des Mellefont? – Wie unwürdig verrät man Sie, Mellefont! – Nun merke ich es, Lady, warum er Sie so ungern bei mir allein lassen wollte. Er mag es schon wissen, wie viel man von Ihrer Zunge zu fürchten habe. Eine giftige Zunge! – Ich rede dreist! Denn Lady haben lange genug unanständig geredet. Wodurch hat Marwood sich eine solche Vorsprecherin erwerben können, die alle ihre Erfindungskraft aufbietet, mir einen blendenden Roman von ihr aufzudringen; und alle Ränke anwendet, mich gegen die Redlichkeit eines Mannes argwöhnisch zu machen, der ein Mensch, aber kein Ungeheuer ist? Ward es mir nur deswegen gesagt, daß sich Marwood einer Tochter von ihm rühme; ward mir nur deswegen diese und jene betrogene Miß genannt, damit man mir am Ende auf die empfindlichste Art zu verstehen geben könne, ich würde wohl tun, wenn ich mich selbst einer verhärteten Buhlerin nachsetzte?

MARWOOD. Nur nicht so hitzig, mein junges Frauenzimmer. Eine verhärtete Buhlerin? – Sie brauchen, wahrscheinlicher Weise, Worte, deren Kraft Sie nicht überleget haben.

SARA. Erscheint sie nicht als eine solche, selbst in der Schilderung der Lady Solmes? – Gut, Lady; Sie sind ihre Freundin, ihre vertrauteste Freundin vielleicht. Ich sage dieses nicht als einen Vorwurf; denn es kann leicht in der Welt nicht wohl möglich sein, nur lauter tugendhafte Freunde zu haben. Allein wie komme ich dazu, dieser Ihrer Freundschaft wegen, so tief herabgestoßen zu werden? Wenn ich der Marwood Erfahrung gehabt hätte, so würde ich den Fehltritt gewiß nicht getan haben, der mich mit ihr in eine so erniedrigende Parallel setzt. Hätte ich ihn aber doch getan, so würde ich wenigstens nicht zehn Jahr darin verharret sein. Es ist ganz etwas anders, aus Unwissenheit auf das Laster treffen; und ganz etwas anders, es kennen und dem ungeachtet mit ihm vertraulich werden. – Ach, Lady, wenn Sie es wüßten, was für Reue, was für Gewissensbisse, was für Angst mich mein Irrtum gekostet! Mein Irrtum, sag' ich; denn warum soll ich länger so grausam gegen mich sein, und ihn als ein Verbrechen betrachten? Der Himmel selbst hört auf, ihn als ein solches anzusehen; er nimmt die Strafe von mir, und schenkt mir einen Vater wieder – Ich erschrecke, Lady; wie verändern sich auf einmal die Züge Ihres Gesichts? Sie glühen; aus dem starren Auge schreckt Wut, und des Mundes knirschende Bewegung – Ach! wo ich Sie erzürnt habe, Lady; so bitte ich um Verzeihung. Ich bin eine empfindliche Närrin; was Sie gesagt haben, war ohne Zweifel so böse nicht gemeint. Vergessen Sie meine Übereilung. Wodurch kann ich Sie besänftigen? Wodurch kann auch ich mir eine Freundin an Ihnen erwerben, so wie sie Marwood an Ihnen gefunden hat? Lassen Sie mich, Lady, lassen Sie mich fußfällig darum bitten – *(indem sie nieder fällt)* Um Ihre Freundschaft, Lady – Und wo ich diese nicht erhalten kann, um die Gerechtigkeit wenigstens, mich und Marwood nicht in einen Rang zu setzen.

MARWOOD *(die einige Schritte stolz zurück tritt und die Sara liegen läßt).* Diese Stellung der Sara Sampson ist für Marwood viel zu reizend, als daß sie nur unerkannt darüber frohlocken sollte – Erkennen Sie, Miß, in mir die Marwood, mit der Sie nicht verglichen zu werden, die Marwood selbst fußfällig bitten.

SARA *(die voller Erschrecken aufspringt, und sich zitternd zurückzieht).* Sie, Marwood? – Ha! Nun erkenn' ich sie – nun erkenn' ich sie, die mördrische Retterin, deren Dolche mich ein warnender Traum Preis gab. Sie ist es! Flieh' unglückliche Sara! Retten Sie mich, Mellefont; retten Sie Ihre Geliebte! Und du, süße Stimme meines geliebten Vaters, erschalle! Wo schallt sie? wo soll ich auf sie zueilen? – hier? – da? – Hülfe, Mellefont! Hülfe, Betty! – Itzt dringt sie mit tötender Faust auf mich ein! Hülfe! *(Eilt ab)*

Neunter Auftritt

MARWOOD

Was will die Schwärmerin? – O daß sie wahr redte, und ich mit tötender Faust auf sie eindränge! Bis hieher hätte ich den Stahl sparen sollen, ich Törichte! Welche Wollust, eine Nebenbuhlerin in der freiwilligen Erniedrigung zu unsern Füßen durchbohren zu können! – Was nun? – Ich bin entdeckt. Mellefont kann den Augenblick hier sein. Soll ich ihn fliehen? Soll ich ihn erwarten? Ich will ihn erwarten, aber nicht müßig. Vielleicht, daß ihn die glückliche List meines Bedienten noch lange genug aufhält! – Ich sehe, ich werde gefürchtet. Warum folge ich ihr also nicht? Warum versuche ich nicht noch das letzte, das ich wider sie brauchen kann? Drohungen sind armselige Waffen: doch die Verzweiflung verschmäht keine, so armselig sie sind. Ein schreckhaftes Mädchen, das betäubt und mit zerrütteten Sinnen schon vor meinem Namen flieht, kann leicht fürchterliche Worte für fürchterliche Taten halten. Aber Mellefont? – Mellefont wird ihr wieder Mut machen, und sie über meine Drohungen spotten lehren. Er wird? Vielleicht wird er auch nicht. Es wäre wenig in der Welt unternommen worden, wenn man nur immer auf den Ausgang gesehen hätte. Und bin ich auf den unglücklichsten nicht schon vorbereitet? – Der Dolch war für andre, das Gift ist für mich! – Das Gift für mich! Schon längst mit mir herumgetragen, wartet es hier, dem Herzen bereits nahe, auf den traurigen Dienst; hier, wo ich in bessern Zeiten, die geschriebenen Schmeicheleien der Anbeter verbarg; für uns ein eben so gewisses, aber nur langsamres Gift. – Wenn es doch nur bestimmt wäre, in meinen Adern nicht allein zu toben! Wenn es doch einem Ungetreuen – Was halte ich mich mit Wünschen auf? – Fort! Ich muß weder mich, noch sie zu sich selbst kommen lassen. Der will sich nichts wagen, der sich mit kaltem Blute wagen will. *(Gehet ab)*

Ende des vierten Aufzuges

FÜNFTER AUFZUG

Erster Auftritt

Das Zimmer der Sara

Sara (schwach in einem Lehnstuhle). Betty

BETTY. Fühlen Sie nicht, Miß, daß Ihnen ein wenig besser wird?
SARA. Besser, Betty? – Wenn nur Mellefont wieder kommen wollte. Du hast doch nach ihm ausgeschickt?
BETTY. Norton und der Wirt suchen ihn.
SARA. Norton ist ein guter Mensch, aber er ist hastig. Ich will durchaus nicht, daß er seinem Herrn meinetwegen Grobheiten sagen soll. Wie er es selbst erzählte, so ist Mellefont ja an allem unschuldig. – Nicht wahr, Betty, du hältst ihn auch für unschuldig? – Sie kömmt ihm nach; was kann er dafür? Sie tobt, sie raset, sie will ihn ermorden. Siehst du, Betty? dieser Gefahr habe ich ihn ausgesetzt. Wer sonst als ich? – Und endlich will die böse Marwood mich sehen, oder nicht eher nach London zurückkehren. Konnte er ihr diese Kleinigkeit abschlagen? Bin ich doch auch oft begierig gewesen, die Marwood zu sehen. Mellefont weiß wohl, daß wir neugierige Geschöpfe sind. Und wenn ich nicht selbst darauf gedrungen hätte, daß sie bis zu seiner Zurückkunft bei mir verziehen sollte, so würde er sie wieder mit weggenommen haben. Ich würde sie unter einem falschen Namen gesehen haben, ohne zu wissen, daß ich sie gesehen hätte. Und vielleicht würde mir dieser kleine Betrug einmal angenehm gewesen sein. Kurz, alle Schuld ist mein. – Je nun, ich bin erschrocken; weiter bin ich ja nichts? Die kleine Ohnmacht wollte nicht viel sagen. Du weißt wohl, Betty, ich bin dazu geneigt.

BETTY. Aber in so tiefer hatte ich Miß noch nie gesehen.
SARA. Sage es mir nur nicht. Ich werde dir gutherzigen Mädchen freilich zu schaffen gemacht haben.
BETTY. Marwood selbst schien durch die Gefahr, in der Sie sich befanden, gerühret zu sein. So stark ich ihr auch anlag, daß sie sich nur fortbegeben möchte, so wollte sie doch das Zimmer nicht eher verlassen, als bis Sie die Augen ein wenig wieder aufschlugen, und ich Ihnen die Arzenei einflößen konnte.
SARA. Ich muß es wohl gar für ein Glück halten, daß ich in Ohnmacht gefallen bin. Denn wer weiß, was ich noch von ihr hätte hören müssen. Umsonst mochte sie mir gewiß nicht in mein Zimmer gefolgt sein. Du glaubst nicht, wie außer mir ich war. Auf einmal fiel mir der schreckliche Traum von voriger Nacht ein, und ich flohe als eine Unsinnige, die nicht weiß warum, und wohin sie flieht. – Aber Mellefont kömmt noch nicht. – Ach! –
BETTY. Was für ein Ach, Miß? Was für Zuckungen? –
SARA. Gott! was für eine Empfindung war dieses – –
BETTY. Was stößt Ihnen wieder zu?
SARA. Nichts, Betty. – Ein Stich! nicht Ein Stich, tausend feurige Stiche in einem! – Sei nur ruhig; es ist vorbei.

Zweiter Auftritt

Norton. Sara. Betty

NORTON. Mellefont wird den Augenblick hier sein.
SARA. Nun das ist gut, Norton. Aber wo hast du ihn noch gefunden?
NORTON. Ein Unbekannter hat ihn bis vor das Tor mit sich gelockt, wo ein Herr auf ihn warte, der in Sachen von der größten Wichtigkeit mit ihm sprechen müsse. Nach langem Herumführen hat sich der Betrieger ihm von der Seite geschlichen. Es ist sein Unglück, wo er sich ertappen läßt; so wütend ist Mellefont.
SARA. Hast du ihm gesagt, was vorgegangen?
NORTON. Alles.

SARA. Aber mit einer Art – –
NORTON. Ich habe auf die Art nicht denken können. Genug er weiß es, was für Angst Ihnen seine Unvorsichtigkeit wieder verursacht hat.
SARA. Nicht doch, Norton; ich habe mir sie selbst verursacht. – –
NORTON. Warum soll Mellefont niemals Unrecht haben? – Kommen Sie nur, mein Herr; die Liebe hat Sie bereits entschuldiget.

Dritter Auftritt

Mellefont. Norton. Sara. Betty

MELLEFONT. Ach, Miß, wenn auch diese Ihre Liebe nicht wäre –
SARA. So wäre ich von uns beiden gewiß die Unglücklichste. Ist Ihnen in Ihrer Abwesenheit nur nichts Verdrießlichers zugestoßen, als mir, so bin ich vergnügt.
MELLEFONT. So gütig empfangen zu werden, habe ich nicht verdient.
SARA. Verzeihen Sie es meiner Schwachheit, daß ich Sie nicht zärtlicher empfangen kann. Bloß Ihrer Zufriedenheit wegen wünschte ich, mich weniger krank zu fühlen.
MELLEFONT. Ha, Marwood, diese Verräterei war noch übrig! Der Nichtswürdige, der mich mit der geheimnisvollsten Miene aus einer Straße in die andre, aus einem Winkel in den andern führte, war gewiß nichts anders, als ein Abgeschickter von ihr. Sehen Sie, liebste Miß, diese List wandte sie an, mich von Ihnen zu entfernen. Eine plumpe List, ohne Zweifel; aber eben weil sie plump war, war ich weit davon entfernt, sie dafür zu halten. Umsonst muß sie so treulos nicht gewesen sein! Geschwind, Norton, geh in ihre Wohnung; laß sie nicht aus den Augen, und halte sie so lange auf, bis ich nachkomme.
SARA. Wozu dieses, Mellefont? Ich bitte für Marwood.
MELLEFONT. Geh! *(Norton geht ab)*

Vierter Auftritt

Sara. Mellefont. Betty

SARA. Lassen Sie doch einen abgematteten Feind, der den letzten fruchtlosen Sturm gewagt hat, ruhig abziehen. Ich würde ohne Marwood vieles nicht wissen – –

MELLEFONT. Vieles? Was ist das viele?

SARA. Was Sie mir selbst nicht gesagt hätten, Mellefont. – Sie werden stutzig? – Nun wohl, ich will es wieder vergessen; weil Sie doch nicht wollen, daß ich es wissen soll.

MELLEFONT. Ich will nicht hoffen, daß Sie etwas zu meinem Nachteile glauben werden, was keinen andern Grund hat, als die Eifersucht einer aufgebrachten Verleumderin.

SARA. Auf ein andermal hiervon! – Warum aber lassen Sie es nicht das erste sein, mir von der Gefahr zu sagen, in der sich Ihr kostbares Leben befunden hat? Ich, Mellefont, ich würde den Stahl geschliffen haben, mit dem Sie Marwood durchstoßen hätte – –

MELLEFONT. Diese Gefahr war so groß nicht. Marwood ward von einer blinden Wut getrieben, und ich war bei kaltem Blute. Ihr Angriff also mußte mißlingen – Wenn ihr ein andrer, auf der Miß Sara gute Meinung von ihrem Mellefont, nur nicht besser gelungen ist! Fast muß ich es fürchten – Nein, liebste Miß, verschweigen Sie mir es nicht länger, was Sie von ihr wollen erfahren haben.

SARA. Nun wohl. – Wenn ich noch den geringsten Zweifel an Ihrer Liebe gehabt hätte, Mellefont, so würde mir ihn die tobende Marwood benommen haben. Sie muß es gewiß wissen, daß sie durch mich um das Kostbarste gekommen sei; denn ein ungewisser Verlust würde sie bedächtiger haben gehen lassen.

MELLEFONT. Bald werde ich also auf ihre blutdürstige Eifersucht, auf ihre ungestüme Frechheit, auf ihre treulose List einigen Wert legen müssen! – Aber, Miß, Sie wollen mir wieder ausweichen, und mir dasjenige nicht entdecken – – –

SARA. Ich will es; und was ich sagte war schon ein näherer Schritt dazu. Daß mich Mellefont also liebt, ist unwidersprechlich gewiß. Wenn ich nur nicht entdeckt hätte, daß seiner Liebe ein gewisses Vertrauen fehle, welches mir eben so schmeichelhaft sein würde, als die Liebe selbst. Kurz, liebster Mellefont – Warum muß mir eine plötzliche Beklemmung das Reden so schwer machen? Ich werde es schon sagen müssen, ohne viel die behutsamste Wendung zu suchen, mit der ich es Ihnen sagen sollte. – Marwood erwähnte eines Pfandes, und der schwatzhafte Norton – Vergeben Sie es ihm nur – nannte mir einen Namen; einen Namen, Mellefont, welcher eine andre Zärtlichkeit bei Ihnen rege machen muß, als Sie gegen mich empfinden –

MELLEFONT. Ist es möglich? Hat die Unverschämte ihre eigne Schande bekannt? – Ach, Miß, haben Sie Mitleiden mit meiner Verwirrung. – Da Sie schon alles wissen, warum wollen Sie es auch noch aus meinem Munde hören? Sie soll nie vor Ihre Augen kommen die kleine Unglückliche, der man nichts vorwerfen kann, als ihre Mutter.

SARA. Sie lieben sie also doch? –

MELLEFONT. Zu sehr, Miß, zu sehr, als daß ich es leugnen sollte.

SARA. Wohl! Mellefont. – Wie sehr liebe ich Sie, auch um dieser Liebe willen. Sie würden mich empfindlich beleidiget haben, wenn Sie die Sympathie Ihres Bluts, aus mir nachteiligen Bedenklichkeiten, verleugnet hätten. Schon haben Sie mich dadurch beleidiget, daß Sie mir drohen, sie nicht vor meine Augen kommen zu lassen. Nein, Mellefont; es muß eine von den Versprechungen sein, die Sie mir vor den Augen des Höchsten angeloben, daß Sie Arabellen nicht von sich lassen wollen. Sie läuft Gefahr, in den Händen ihrer Mutter, ihres Vaters unwürdig zu werden. Brauchen Sie Ihre Rechte über beide, und lassen mich an die Stelle der Marwood treten. Gönnen Sie mir das Glück, mir eine Freundin zu erziehen, die Ihnen ihr Leben zu danken hat; einen Mellefont meines Geschlechts. Glückliche Tage, wenn mein Vater, wenn Sie, wenn Arabella, meine kindliche Ehrfurcht, meine vertrauliche Liebe, meine sorgsame Freundschaft um die Wette beschäftigen werden! Glückliche Tage! Aber ach! – sie sind noch fern in der Zukunft. – Doch vielleicht weiß auch die Zukunft nichts von ihnen, und sie sind bloß in meiner Begierde nach Glück! – Empfindungen, Mellefont, nie gefühlte Empfindungen wenden meine Augen in eine andre Aussicht! Eine dunkle Aussicht in ehrfurchtsvolle Schatten! – Wie wird mir? – *(indem sie die Hand vors Gesicht hält)*

MELLEFONT. Welcher plötzliche Übergang von Bewundrung zum Schrecken! – Eile doch, Betty! Schaffe doch Hülfe! – Was fehlt Ihnen, großmütige Miß! Himmlische Seele! Warum verbirgt mir diese neidische Hand *(indem er sie wegnimmt)* so holde Blicke? – Ach es sind Mienen, die den grausamsten Schmerz, aber ungern, verraten! – Und doch ist die Hand neidisch, die mir diese Mienen verbergen will. Soll ich Ihre Schmerzen nicht mit fühlen, Miß? Ich Unglücklicher, daß ich sie nur mit fühlen kann! – Daß ich sie nicht allein fühlen soll! – So eile doch, Betty – –

BETTY. Wohin soll ich eilen? –

MELLEFONT. Du siehst und fragst? – nach Hülfe!

SARA. Bleib nur! – Es geht vorüber. Ich will Sie nicht wieder erschrecken, Mellefont.

MELLEFONT. Betty, was ist ihr geschehen? – Das sind nicht bloße Folgen einer Ohnmacht.

Fünfter Auftritt

Norton. Mellefont. Sara. Betty

MELLEFONT. Du kömmst schon wieder, Norton? Recht gut! Du wirst hier nötiger sein.

NORTON. Marwood ist fort – –

MELLEFONT. Und meine Flüche eilen ihr nach! – Sie ist fort? – Wohin? – Unglück und Tod, und wo möglich, die ganze Hölle möge sich auf ihrem Wege finden! Verzehrend Feuer donnre der Himmel auf sie herab, und unter ihr breche die Erde ein, der weiblichen Ungeheuer größtes zu verschlingen! – –

NORTON. So bald sie in ihre Wohnung zurück gekommen, hat sie sich mit Arabellen und ihrem Mädchen in den Wagen geworfen, und die Pferde mit verhängtem Zügel davon eilen lassen. Dieser versiegelte Zettel ist von ihr an Sie zurück geblieben.

MELLEFONT *(indem er den Zettel nimmt)*. Er ist an mich. – – Soll ich ihn lesen, Miß?
SARA. Wenn Sie ruhiger sein werden, Mellefont.
MELLEFONT. Ruhiger? Kann ich es werden, ehe ich mich an Marwood gerächet, und Sie, teuerste Miß, außer Gefahr weiß?
SARA. Lassen Sie mich nichts von Rache hören. Die Rache ist nicht unser! – Sie erbrechen ihn doch? – Ach, Mellefont, warum sind wir zu gewissen Tugenden bei einem gesunden und seine Kräfte fühlenden Körper weniger, als bei einem siechen und abgematteten aufgelegt? Wie sauer werden Ihnen Gelassenheit und Sanftmut, und wie unnatürlich scheint mir des Affekts ungeduldige Hitze! – – Behalten Sie den Inhalt nur für sich.
MELLEFONT. Was ist es für ein Geist, der mich Ihnen ungehorsam zu sein zwinget? Ich erbrach ihn wider Willen, – wider Willen muß ich ihn lesen.
SARA *(indem Mellefont für sich lieset)*. Wie schlau weiß sich der Mensch zu trennen, und aus seinen Leidenschaften ein von sich unterschiedenes Wesen zu machen, dem er alles zur Last legen könne, was er bei kaltem Blute selbst nicht billiget – Mein Salz, Betty! Ich besorge einen neuen Schreck, und werde es nötig haben. – Siehst du, was der unglückliche Zettel für einen Eindruck auf ihn macht! – Mellefont! – Sie geraten außer sich! – Mellefont! – Gott! er erstarrt! – Hier, Betty! Reiche ihm das Salz! – Er hat es nötiger, als ich.
MELLEFONT *(der die Betty damit zurück stößt)*. Nicht näher, Unglückliche! – Deine Arzeneien sind Gift! –
SARA. Was sagen Sie? – Besinnen Sie sich! – Sie verkennen sie!
BETTY. Ich bin Betty, nehmen Sie doch.
MELLEFONT. Wünsche dir, Elende, daß du es nicht wärest! – Eile! fliehe! ehe du in Ermanglung des schuldigern, das schuldige Opfer meiner Wut wirst!
SARA. Was für Reden! – Mellefont, liebster Mellefont – –
MELLEFONT. Das letzte liebster Mellefont aus diesem göttlichen Munde, und dann ewig nicht mehr! – Zu Ihren Füßen, Sara – – *(indem er sich niederwirft)* – – Aber was will ich zu Ihren Füßen? *(und wieder aufspringt)* Entdecken? Ich

Ihnen entdecken? – Ja, ich will Ihnen entdecken, Miß, daß Sie mich hassen werden, daß Sie mich hassen müssen. – Sie sollen den Inhalt nicht erfahren; nein von mir nicht! – Aber Sie werden ihn erfahren. – Sie werden – Was steht ihr noch hier, müßig und angeheftet? Lauf Norton, bring' alle Ärzte zusammen! Suche Hülfe, Betty! Laß die Hülfe so wirksam sein, als deinen Irrtum! – Nein! bleibt hier! Ich gehe selbst. –

SARA. Wohin, Mellefont? Nach was für Hülfe? Von welchem Irrtume reden Sie?

MELLEFONT. Göttliche Hülfe, Sara; oder unmenschliche Rache! – Sie sind verloren, liebste Miß! Auch ich bin verloren! – Daß die Welt mit uns verloren wäre! –

Sechster Auftritt

Sara. Norton. Betty

SARA. Er ist weg? – Ich bin verloren? Was will er damit? Verstehest du ihn, Norton? – Ich bin krank, sehr krank; aber setze das Äußerste, daß ich sterben müsse: bin ich darum verloren? Und was will er denn mit dir, arme Betty? – Du ringst die Hände? Betrübe dich nicht; du hast ihn gewiß nicht beleidiget; er wird sich wieder besinnen. – Hätte er mir doch gefolgt, und den Zettel nicht gelesen! Er konnte es ja wohl denken, daß er das letzte Gift der Marwood enthalten müsse. –

BETTY. Welche schreckliche Vermutung! – Nein; es kann nicht sein; ich glaube es nicht. –

NORTON *(welcher nach der Szene zugegangen)*. Der alte Bediente Ihres Vaters, Miß –

SARA. Laß ihn herein kommen, Norton!

Siebenter Auftritt

Waitwell. Sara. Betty. Norton

SARA. Es wird dich nach meiner Antwort verlangen, guter Waitwell. Sie ist fertig, bis auf einige Zeilen. – Aber warum so bestürzt? Man hat es dir gewiß gesagt, daß ich krank bin.
WAITWELL. Und noch mehr!
SARA. Gefährlich krank? – Ich schließe es mehr aus der ungestümen Angst des Mellefont, als daß ich es fühle. – Wenn du mit dem unvollendeten Briefe der unglücklichen Sara an den unglücklichern Vater abreisen müßtest, Waitwell? – Laß uns das Beste hoffen! Willst du wohl bis morgen warten? Vielleicht finde ich einige gute Augenblicke, dich abzufertigen. Itzo möchte ich es nicht im Stande sein. Diese Hand hängt wie tot an der betäubten Seite. – Wenn der ganze Körper so leicht dahin stirbt, wie diese Glieder – Du bist ein alter Mann, Waitwell, und kannst von deinem letzten Auftritte nicht weit mehr entfernt sein – Glaube mir, wenn das, was ich empfinde, Annäherungen des Todes sind, – so sind die Annäherungen des Todes so bitter nicht. – Ach! – Kehre dich nicht an dieses Ach! Ohne alle unangenehme Empfindung kann es freilich nicht abgehen. Unempfindlich konnte der Mensch nicht sein; unleidlich muß er nicht sein – Aber, Betty, warum hörst du noch nicht auf, dich so untröstlich zu bezeigen?
BETTY. Erlauben Sie mir, Miß, erlauben Sie mir, daß ich mich aus Ihren Augen entfernen darf.
SARA. Geh nur; ich weiß wohl, es ist nicht eines jeden Sache, um Sterbende zu sein. Waitwell soll bei mir bleiben. Auch du Norton, wirst mir einen Gefallen erweisen, wenn du dich nach deinem Herrn umsiehst. Ich sehne mich nach seiner Gegenwart.
BETTY *(im Abgehn).* Ach! Norton, ich nahm die Arzenei aus den Händen der Marwood! – –

Achter Auftritt

Waitwell. Sara

SARA. Waitwell, wenn du mir die Liebe erzeigen und bei mir bleiben willst, so laß mich kein so wehmütiges Gesicht sehen. Du verstummst? – Sprich doch! Und wenn ich bitten darf, sprich von meinem Vater. Wiederhole mir alles, was du mir vor einigen Stunden Tröstliches sagtest. Wiederhole mir, daß mein Vater versöhnt ist, und mir vergeben hat. Wiederhole es mir, und füge hinzu, daß der ewige himmlische Vater nicht grausamer sein könne. – Nicht wahr, ich kann hierauf sterben? Wenn ich vor deiner Ankunft in diese Umstände gekommen wäre, wie würde es mit mir ausgesehen haben! Ich würde verzweifelt sein, Waitwell. Mit dem Hasse desjenigen beladen aus der Welt zu gehen, der wider seine Natur handelt, wenn er uns hassen muß – Was für ein Gedanke! Sag' ihm, daß ich in den lebhaftesten Empfindungen der Reue, Dankbarkeit und Liebe gestorben sei. Sag' ihm – Ach! daß ich es ihm nicht selbst sagen soll, wie voll mein Herz von seinen Wohltaten ist! Das Leben war das geringste derselben. Wie sehr wünschte ich, den schmachtenden Rest zu seinen Füßen aufgeben zu können!

WAITWELL. Wünschen Sie wirklich, Miß, ihn zu sehen?

SARA. Endlich sprichst du, um an meinem sehnlichsten Verlangen, an meinem letzten Verlangen zu zweifeln.

WAITWELL. Wo soll ich die Worte finden, die ich schon so lange suche? Eine plötzliche Freude ist so gefährlich, als ein plötzlicher Schreck. Ich fürchte mich nur vor dem allzu gewaltsamen Eindrucke, den sein unvermuteter Anblick auf einen so zärtlichen Geist machen möchte.

SARA. Wie meinst du das? Wessen unvermuteter Anblick?

WAITWELL. Der gewünschte, Miß! – Fassen Sie sich!

Neunter Auftritt

Sir William Sampson. Sara. Waitwell

SIR WILLIAM. Du bleibst mir viel zu lange, Waitwell. Ich muß sie sehen.

SARA. Wessen Stimme – – –

SIR WILLIAM. Ach, meine Tochter!

SARA. Ach, mein Vater! – Hilf mir auf, Waitwell, hilf mir auf, daß ich mich zu seinen Füßen werfen kann. *(Sie will aufstehen, und fällt aus Schwachheit in den Lehnstuhl zurück)* Er ist es doch? Oder ist es eine erquickende Erscheinung, vom Himmel gesandt, gleich jenem Engel, der den Starken zu stärken kam? – Segne mich, wer du auch seist, ein Bote des Höchsten, in der Gestalt meines Vaters, oder selbst mein Vater!

SIR WILLIAM. Gott segne dich, meine Tochter! – Bleib ruhig. *(indem sie es nochmals versuchen will, vor ihm niederzufallen)* Ein andermal, bei mehrern Kräften, will ich dich nicht ungern mein zitterndes Knie umfassen sehen.

SARA. Jetzt, mein Vater, oder niemals. Bald werde ich nicht mehr sein! Zu glücklich, wenn ich noch einige Augenblicke gewinne, Ihnen die Empfindungen meines Herzens zu entdecken. Doch nicht Augenblicke, lange Tage, ein nochmaliges Leben würde erfodert, alles zu sagen, was eine schuldige, eine reuende, eine gestrafte Tochter, einem beleidigten, einem großmütigen, einem zärtlichen Vater sagen kann. Mein Fehler, Ihre Vergebung – –

SIR WILLIAM. Mache dir aus einer Schwachheit keinen Vorwurf, und mir aus einer Schuldigkeit kein Verdienst. Wenn du mich an mein Vergeben erinnerst, so erinnerst du mich auch daran, daß ich damit gezaudert habe. Warum vergab ich dir nicht gleich? Warum setzte ich dich in die Notwendigkeit, mich zu fliehen? Und noch heute, da ich dir schon vergeben hatte, was zwang mich, erst eine Antwort von dir zu erwarten? Itzt könnte ich dich schon einen Tag wieder genossen haben, wenn ich sogleich deinen Umarmungen zugeeilet wäre. Ein heimlicher Unwille mußte in einer der verborgensten Falten des betrognen Herzens zurückgeblieben sein, daß ich vorher deiner fortdauernden Liebe gewiß sein wollte, ehe ich dir die meinige wiederschenkte. Soll ein Vater so eigennützig handeln? Sollen wir nur die lieben, die uns lieben? Tadle mich, liebste Sara, tadle mich; ich sahe mehr auf meine Freude an dir, als auf dich selbst. – Und wenn ich sie verlieren sollte, diese Freude? – Aber wer sagt es denn, daß ich sie verlieren soll? Du wirst leben; du wirst noch lange leben! Entschlage dich aller schwarzen Gedanken. Mellefont macht die Gefahr größer als sie ist. Er brachte das ganze Haus in Aufruhr, und eilte selbst Ärzte aufzusuchen, die er in diesem armseligen Flecken vielleicht nicht finden wird. Ich sahe seine stürmische Angst, seine hoffnungslose Betrübnis, ohne von ihm gesehen zu werden. Nun weiß ich es, daß er dich aufrichtig liebet; nun gönne ich dich ihm. Hier will ich ihn erwarten, und deine Hand in seine Hand legen. Was ich sonst nur gedrungen getan hätte, tue ich nun gern, da ich sehe, wie teuer du ihm bist. – Ist es wahr, daß es Marwood selbst gewesen ist, die dir dieses Schrecken verursacht hat? So viel habe ich aus den Klagen deiner Betty verstehen können, und mehr nicht. – Doch was forsche ich nach den Ursachen deiner Unbäßlichkeit, da ich nur auf die Mittel, ihr abzuhelfen, bedacht sein sollte. Ich sehe, du wirst von Augenblicke zu Augenblick schwächer, ich seh es, und bleibe hülflos stehen. Was soll ich tun, Waitwell? Wohin soll ich laufen? Was soll ich daran wenden? mein Vermögen? mein Leben? Sage doch!

SARA. Bester Vater, alle Hülfe würde vergebens sein. Auch die unschätzbarste würde vergebens sein, die Sie mit Ihrem Leben für mich erkaufen wollten.

Zehnter Auftritt

Mellefont. Sara. Sir William. Waitwell

MELLEFONT. Ich wag' es, den Fuß wieder in dieses Zimmer zu setzen? Lebt sie noch?

SARA. Treten Sie näher, Mellefont.

MELLEFONT. Ich sollt' Ihr Angesicht wieder sehen? Nein, Miß; ich komme ohne Trost, ohne Hülfe zurück. Die Verzweiflung allein bringt mich zurück – Aber wen seh ich? Sie, Sir?

Unglücklicher Vater! Sie sind zu einer schrecklichen Szene gekommen. Warum kamen Sie nicht eher? Sie kommen zu spät, Ihre Tochter zu retten! Aber – nur getrost! – sich gerächet zu sehen, dazu sollen Sie nicht zu spät gekommen sein.

SIR WILLIAM. Erinnern Sie sich, Mellefont, in diesem Augenblicke nicht, daß wir Feinde gewesen sind! Wir sind es nicht mehr, und wollen es nie wieder werden. Erhalten Sie mir nur eine Tochter, und Sie sollen sich selbst eine Gattin erhalten haben.

MELLEFONT. Machen Sie mich zu Gott, und wiederholen Sie dann Ihre Forderung. – Ich habe Ihnen, Miß, schon zu viel Unglück zugezogen, als daß ich mich bedenken dürfte, Ihnen auch das letzte anzukündigen: Sie müssen sterben. Und wissen Sie, durch wessen Hand Sie sterben?

SARA. Ich will es nicht wissen, und es ist mir schon zu viel, daß ich es argwöhnen kann.

MELLEFONT. Sie müssen es wissen, denn wer könnte mir dafür stehen, daß Sie nicht falsch argwöhnten? Dies schreibet Marwood. *(Er lieset)* »Wenn Sie diesen Zettel lesen werden, Mellefont, wird Ihre Untreue in dem Anlasse derselben schon bestraft sein. Ich hatte mich ihr entdeckt, und vor Schrecken war sie in Ohnmacht gefallen. Betty gab sich alle Mühe, sie wieder zu sich selbst zu bringen. Ich ward gewahr, daß sie ein Kordialpulver bei Seite legte, und hatte den glücklichen Einfall, es mit einem Giftpulver zu vertauschen. Ich stellte mich gerührt und dienstfertig, und machte es selbst zurechte. Ich sah es ihr geben, und ging triumphierend fort. Rache und Wut haben mich zu einer Mörderin gemacht; ich will aber keine von den gemeinen Mörderinnen sein, die sich ihrer Tat nicht zu rühmen wagen. Ich bin auf dem Wege nach Dover: Sie können mich verfolgen, und meine eigne Hand wider mich zeugen lassen. Komme ich unverfolgt in den Hafen, so will ich Arabellen unverletzt zurücklassen. Bis dahin aber werde ich sie als einen Geisel betrachten. Marwood.« – – Nun wissen Sie alles, Miß. Hier, Sir, verwahren Sie dieses Papier. Sie müssen die Mörderin zur Strafe ziehen lassen, und dazu ist es Ihnen unentbehrlich. – Wie erstarrt er da steht!

SARA. Geben Sie mir dieses Papier, Mellefont. Ich will mich mit meinen Augen überzeugen. *(Er gibt es ihr, und sie sieht es einen Augenblick an)* Werde ich so viel Kräfte noch haben? *(Zerreißt es)*

MELLEFONT. Was machen Sie, Miß?

SARA. Marwood wird ihrem Schicksale nicht entgehen; aber weder Sie, noch mein Vater sollen ihre Ankläger werden. Ich sterbe, und vergeb' es der Hand, durch die mich Gott heimsucht. – Ach mein Vater, welcher finstere Schmerz hat sich Ihrer bemächtiget? – Noch liebe ich Sie, Mellefont, und wenn Sie lieben ein Verbrechen ist, wie schuldig werde ich in jener Welt erscheinen! – Wenn ich hoffen dürfte, liebster Vater, daß Sie einen Sohn, anstatt einer Tochter, annehmen wollten! Und auch eine Tochter wird Ihnen mit ihm nicht fehlen, wenn Sie Arabellen dafür erkennen wollen. Sie müssen sie zurückholen, Mellefont; und die Mutter mag entfliehen. – Da mich mein Vater liebt, warum soll es mir nicht erlaubt sein, mit seiner Liebe, als mit einem Erbteile umzugehen? Ich vermache diese väterliche Liebe Ihnen, und Arabellen. Reden Sie dann und wann mit ihr von einer Freundin, aus deren Beispiele sie gegen alle Liebe auf ihrer Hut zu sein lerne. – Den letzten Segen, mein Vater! – Wer wollte die Fügungen des Höchsten zu richten wagen? – Tröste deinen Herrn, Waitwell. Doch auch du stehst in einem trostlosen Kummer vergraben, der du in mir weder Geliebte noch Tochter verlierest? –

SIR WILLIAM. Wir sollten dir Mut einsprechen, und dein sterbendes Auge spricht ihn uns ein. Nicht mehr meine irdische Tochter, schon halb ein Engel, was vermag der Segen eines wimmernden Vaters auf einen Geist, auf welchen alle Segen des Himmels herabströmen? Laß mir einen Strahl des Lichtes, welches dich über alles Menschliche so weit erhebt. Oder bitte Gott, den Gott, der nichts so gewiß als die Bitten eines frommen Sterbenden erhört, bitte ihn, daß dieser Tag auch der letzte meines Lebens sei.

SARA. Die bewährte Tugend muß Gott der Welt lange zum Beispiele lassen, und nur die schwache Tugend, die allzu vielen Prüfungen vielleicht unterliegen würde, hebt er plötzlich aus den gefährlichen Schranken – Wem fließen diese Tränen, mein Vater? Sie fallen als feurige Tropfen auf mein Herz; und doch – doch sind sie mir minder schrecklich, als die stumme Verzweiflung. Entreißen Sie sich ihr, Mellefont! – Mein Auge bricht – Dies war der letzte Seufzer! – Noch denke ich an Betty, und verstehe nun ihr ängstliches Händeringen. Das arme Mädchen! Daß ihr ja niemand eine Unvorsichtigkeit vorwerfe, die durch ihr Herz ohne Falsch, und also auch ohne Argwohn der Falschheit, entschuldiget wird. – Der Augenblick ist da! Mellefont – mein Vater –

MELLEFONT. Sie stirbt! – Ach! diese kalte Hand noch einmal zu küssen, *(indem er zu ihren Füßen fällt)* – Nein, ich will es nicht wagen, sie zu berühren. Die gemeine Sage schreckt mich, daß der Körper eines Erschlagenen durch die Berührung seines Mörders zu bluten anfange. Und wer ist ihr Mörder? Bin ich es nicht mehr, als Marwood? *(Steht auf)* – Nun ist sie tot, Sir; nun hört sie uns nicht mehr: nun verfluchen Sie mich! Lassen Sie Ihren Schmerz in verdiente Verwünschungen aus! Es müsse keine mein Haupt verfehlen, und die gräßlichste derselben müsse gedoppelt erfüllt werden! – Was schweigen Sie noch? Sie ist tot; sie ist gewiß tot! Nun bin ich wieder nichts, als Mellefont. Ich bin nicht mehr der Geliebte einer zärtlichen Tochter, die Sie in ihm zu schonen Ursach hätten. – Was ist das? Ich will nicht, daß Sie einen barmherzigen Blick auf mich werfen sollen! Das ist Ihre Tochter! Ich bin ihr Verführer! Denken Sie nach, Sir! – Wie soll ich Ihre Wut besser reizen? – Diese blühende Schönheit, über die Sie allein ein Recht hatten, ward wider Ihren Willen mein Raub! Meinetwegen vergaß sich diese unerfahrne Tugend! Meinetwegen riß sie sich aus den Armen eines geliebten Vaters! Meinetwegen mußte sie sterben! – Sie machen mich mit Ihrer Langmut ungeduldig, Sir! Lassen Sie mich es hören, daß Sie Vater sind.

SIR WILLIAM. Ich bin Vater, Mellefont, und bin es zu sehr, als daß ich den letzten Willen meiner Tochter nicht verehren sollte. – Laß dich umarmen, mein Sohn, den ich teurer nicht erkaufen konnte!

MELLEFONT. Nicht so, Sir! Diese Heilige befahl mehr, als die menschliche Natur vermag! Sie können mein Vater nicht sein. – Sehen Sie, Sir, *(indem er den Dolch aus dem Busen zieht)* dieses ist der Dolch, den Marwood heute auf mich zuckte. Zu meinem Unglücke mußte ich sie entwaffnen. Wenn ich als das schuldige Opfer ihrer Eifersucht gefallen wäre, so lebte Sara noch. Sie hätten Ihre Tochter noch, und hätten sie ohne Mellefont. Es stehet bei mir nicht, das Geschehene ungeschehen zu machen; aber mich wegen des Geschehenen zu strafen – das steht bei mir! *(Er ersticht sich, und fällt an dem Stuhle der Sara nieder)*

SIR WILLIAM. Halt' ihn, Waitwell! – Was für ein neuer Streich auf mein gebeugtes Haupt! – O! wenn das dritte hier erkaltende Herz das meine wäre!

MELLEFONT *(sterbend)*. Ich fühl' es – daß ich nicht fehl gestoßen habe! – Wollen Sie mich nun Ihren Sohn nennen, Sir, und mir als diesem die Hand drücken, so sterb' ich zufrieden. *(Sir William umarmt ihn)* – Sie haben von einer Arabella gehört, für die die sterbende Sara Sie bat. Ich würde auch für sie bitten – aber sie ist der Marwood Kind sowohl, als meines – Was für fremde Empfindungen ergreifen mich! – Gnade! o Schöpfer, Gnade! –

SIR WILLIAM. Wenn fremde Bitten itzt kräftig sind, Waitwell, so laßt uns ihm diese Gnade erbitten helfen! Er stirbt! Ach, er war mehr unglücklich, als lasterhaft. – –

Eilfter Auftritt

Norton. Die Vorigen

NORTON. Ärzte, Sir. –

SIR WILLIAM. Wenn sie Wunder tun können, so laß sie herein kommen! – Laß mich nicht länger, Waitwell, bei diesem tötenden Anblicke verweilen. Ein Grab soll beide umschließen. Komm, schleunige Anstalt zu machen, und dann laß uns auf Arabellen denken. Sie sei, wer sie sei: sie ist ein Vermächtnis meiner Tochter. *(Sie gehen ab, und das Theater fällt zu)*

Ende des Trauerspiels

PHILOTAS

Ein Trauerspiel

PERSONEN

ARIDÄUS, König
STRATO, Feldherr des Aridäus
PHILOTAS, gefangen
PARMENIO, Soldat

> Die Szene, ist ein Zelt in dem Lager
> des Aridäus

Erster Auftritt

PHILOTAS

So bin ich wirklich gefangen? – Gefangen! – Ein würdiger Anfang meiner kriegerischen Lehrjahre! – O ihr Götter! O mein Vater! – Wie gern überredte ich mich, daß alles ein Traum sei! Meine früheste Kindheit hat nie etwas anders, als Waffen, und Läger, und Schlachten und Stürme geträumet. Könnte der Jüngling nicht von Verlust und Entwaffnung träumen? – Schmeichle dir nur, Philotas! Wenn ich sie nicht sähe, nicht fühlte, die Wunde, durch die der erstarrten Hand das Schwerd entsank! – Man hat sie mir wider Willen verbunden. O der grausamen Barmherzigkeit eines listigen Feindes! Sie ist nicht tödlich, sagte der Arzt, und glaubte mich zu trösten. – Nichtswürdiger, sie sollte tödlich sein! – Und nur eine Wunde, nur eine! – Wüßte ich, daß ich sie tödlich machte, wenn ich sie wieder aufriß, und wieder verbinden ließ, und wieder aufriß – Ich rase, ich Unglücklicher! – Und was für ein höhnisches Gesicht – itzt fällt mir es ein – mir der alte Krieger machte, der mich vom Pferde riß! Er nannte mich: Kind! – Auch sein König muß mich für ein Kind, für ein verzärteltes Kind halten. In was für ein Zelt hat er mich bringen lassen! Aufgeputzt, mit allen Bequemlichkeiten versehen! Es muß einer von seinen Beischläferinnen gehören. Ein ekler Aufenthalt für einen Soldaten! Und anstatt bewacht zu werden, werde ich bedient. Hohnsprechende Höflichkeit! –

Zweiter Auftritt

Strato. Philotas

STRATO. Prinz –
PHILOTAS. Schon wieder ein Besuch? Alter, ich bin gern allein.
STRATO. Prinz, ich komme auf Befehl des Königs –

PHILOTAS. Ich verstehe dich! Es ist wahr, ich bin deines Königs Gefangener, und es stehet bei ihm, wie er mir will begegnen lassen – Aber höre, wenn du der bist, dessen Miene du trägst – bist du ein alter ehrlicher Kriegsmann, so nimm dich meiner an, und bitte den König, daß er mir als einem Soldaten, und nicht als einem Weibe begegnen lasse.
STRATO. Er wird gleich bei dir sein; ich komme, ihn zu melden.
PHILOTAS. Der König bei mir? und du kömmst, ihn zu melden? – Ich will nicht, daß er mir eine von den Erniedrigungen erspare, die sich ein Gefangener muß gefallen lassen. – Komm, führe mich zu ihm! Nach dem Schimpfe entwaffnet zu sein, ist mir nichts mehr schimpflich.
STRATO. Prinz, deine Bildung, voll jugendlicher Anmut, verspricht ein sanftres Gemüt.
PHILOTAS. Laß meine Bildung unverspottet! Dein Gesicht voll Narben ist freilich ein schöners Gesicht – –
STRATO. Bei den Göttern! eine große Antwort! Ich muß dich bewundern und lieben.
PHILOTAS. Möchtest du doch, wenn du mich nur erst gefürchtet hättest.
STRATO. Immer heldenmütiger! Wir haben den schrecklichsten Feind vor uns, wenn unter seiner Jugend der Philotas viel sind.
PHILOTAS. Schmeichle mir nicht! – Euch schrecklich zu werden, müssen sie mit meinen Gesinnungen größre Taten verbinden. – Darf ich deinen Namen wissen?
STRATO. Strato.
PHILOTAS. Strato? Der tapfre Strato, der meinen Vater am Lykus schlug? –
STRATO. Gedenke mir dieses zweideutigen Sieges nicht! Und wie blutig rächte sich dein Vater in der Ebene Methymna! So ein Vater muß so einen Sohn haben.
PHILOTAS. O dir darf ich es klagen, du würdigster der Feinde meines Vaters, dir darf ich mein Schicksal klagen. – Nur du kannst mich ganz verstehen; denn auch dich, auch dich hat das herrschende Feuer der Ehre, der Ehre fürs Vaterland zu bluten, in deiner Jugend verzehrt. Wärest du sonst, was du bist? – Wie habe ich ihn nicht, meinen Vater, seit sieben Ta-

gen – denn erst sieben Tage kleidet mich die männliche Toga – wie habe ich ihn nicht gebeten, gefleht, beschworen, siebenmal alle sieben Tage auf den Knieen beschworen, zu verstatten, daß ich nicht umsonst der Kindheit entwachsen sei, und mich mit seinen Streitern ausziehen zu lassen, die mir schon längst so manche Träne der Nacheiferung gekostet. Gestern bewegte ich ihn, den besten Vater, denn Aristodem half mir bitten. – Du kennst ihn, den Aristodem; er ist meines Vaters Strato. – »Gib mir, König, den Jüngling morgen mit«, sprach Aristodem; »ich will das Gebirge durchstreifen, um den Weg nach Cäsena offen zu halten.« – *Wenn ich euch nur begleiten könnte*, seufzte mein Vater. – Er liegt noch an seinen Wunden krank. – *Doch es sei!* und hiermit umarmte mich mein Vater. O was fühlte der glückliche Sohn in dieser Umarmung! – Und die Nacht, die darauf folgte! Ich schloß kein Auge; doch verweilten mich Träume der Ehre und des Sieges, bis zur zweiten Nachtwache auf dem Lager. – Da sprang ich auf, warf mich in den neuen Panzer, strich die ungelockten Haare unter den Helm, wählte unter den Schwertern meines Vaters, dem ich gewachsen zu sein glaubte, stieg zu Pferde; und hatte ein Roß schon müde gespornt, noch ehe die silberne Trommete die befohlne Mannschaft weckte. Sie kamen, und ich sprach mit jedem meiner Begleiter, und da drückte mich mancher wackere Krieger an seine narbigte Brust! Nur mit meinem Vater sprach ich nicht; denn ich zitterte, wenn er mich noch einmal sähe, er möchte sein Wort widerrufen. – Nun zogen wir aus! An der Seite der unsterblichen Götter kann man nicht glücklicher sein, als ich an der Seite Aristodems mich fühlte! Auf jeden seiner anfeuernden Blicke, hätte ich, ich allein, ein Heer angegriffen, und mich in der feindlichen Eisen gewissesten Tod gestürzet. In stiller Entschlossenheit freute ich mich auf jeden Hügel, von dem ich in der Ebene Feinde zu entdecken hoffte; auf jede Krümmung des Tals, hinter der ich auf sie zu stoßen, mir schmeichelte. Und da ich sie endlich von der waldigten Höhe auf uns stürzen sahe; sie mit der Spitze des Schwerts meinen Gefährten zeigte; ihnen bergan entgegen flog – rufe dir, ruhmvoller Greis, die seligste deiner jugendlichen Entzückungen zurück – du konntest nie entzückter sein! – Aber nun, nun sieh mich, Strato, sieh mich von dem Gipfel meiner hohen Erwartungen schimpflich herab stürzen! O wie schaudert mich, diesen Fall in Gedanken noch einmal zu stürzen! – Ich war zu weit voraus geeilt; ich ward verwundet, und – gefangen! Armseliger Jüngling, nur auf Wunden hieltest du dich, nur auf den Tod gefaßt, – und wirst gefangen. So schicken die strengen Götter, unsere Fassung zu vereiteln, nur immer unvorgesehenes Übel? – Ich weine; ich muß weinen, ob ich mich schon, von dir darum verachtet zu werden, scheue. Aber verachte mich nicht! – Du wendest dich weg?

STRATO. Ich bin unwillig; du hättest mich nicht so bewegen sollen. – Ich werde mit dir zum Kinde –

PHILOTAS. Nein; höre, warum ich weine! Es ist kein kindisches Weinen, das du mit deiner männlichen Träne zu begleiten würdigest – Was ich für mein größtes Glück hielt, die zärtliche Liebe, mit der mich mein Vater liebt, wird mein größtes Unglück. Ich fürchte, ich fürchte; er liebt mich mehr, als er sein Reich liebt! Wozu wird er sich nicht verstehen, was wird ihm dein König nicht abdringen, mich aus der Gefangenschaft zu retten! Durch mich Elenden, wird er an einem Tage mehr verlieren, als er in drei langen mühsamen Jahren, durch das Blut seiner Edeln, durch sein eignes Blut gewonnen hat. Mit was für einem Angesichte soll ich wieder vor ihm erscheinen; ich, sein schlimmster Feind? Und meines Vaters Untertanen – künftig einmal die meinigen, wenn ich sie zu regieren, mich würdig gemacht hätte – wie werden sie den ausgelösten Prinzen ohne die spöttischste Verachtung unter sich dulden können? Wann ich denn vor Scham sterbe und unbetauert hinab zu den Schatten schleiche, wie finster und stolz werden die Seelen der Helden bei mir vorbei ziehen, die dem Könige die Vorteile mit ihrem Leben erkaufen mußten, deren er sich als Vater für einen unwürdigen Sohn begibt. – O das ist mehr als eine fühlende Seele ertragen kann!

STRATO. Fasse dich, lieber Prinz! Es ist der Fehler des Jünglings, sich immer für glücklicher, oder unglücklicher zu halten, als er ist. Dein Schicksal ist so grausam noch nicht; der König nähert sich, und du wirst aus seinem Munde mehr Trost hören.

Dritter Auftritt

König Aridäus. Philotas. Strato

ARIDÄUS. Kriege, die Könige unter sich zu führen gezwungen werden, sind keine persönliche Feindschaften. – Laß dich umarmen, mein Prinz! O welcher glücklichen Tage erinnert mich deine blühende Jugend! So blühte die Jugend deines Vaters! Dies war sein offenes, sprechendes Auge; dies seine ernste, redliche Miene; dies sein edler Anstand! – Noch einmal laß dich umarmen; ich umarme deinen jüngern Vater in dir. – Hast du es nie von ihm gehört, Prinz, wie vertraute Freunde wir in deinem Alter waren? Das war das selige Alter, da wir uns noch ganz unserm Herzen überlassen durften. Bald aber wurden wir beide zum Throne gerufen, und der sorgende König, der eifersüchtige Nachbar unterdrückte, leider! den gefälligen Freund. –

PHILOTAS. Verzeih, o König, wenn du mich in Erwiderung so süßer Worte zu kalt findest. Man hat meine Jugend denken, aber nicht reden gelehrt. – Was kann es mir itzt helfen, daß du und mein Vater einst Freunde waren? Waren: so sagst du selbst. Der Haß, den man auf verloschne Freundschaft pfropfet, muß, unter allen, die tödlichsten Früchte bringen; – oder ich kenne das menschliche Herz noch zu wenig. – Verzögere daher, König, verzögere meine Verzweiflung nur nicht. Du hast als der höfliche Staatsmann gesprochen; sprich nun als der Monarch, der den Nebenbuhler seiner Größe, ganz in seiner Gewalt hat.

STRATO. O laß ihn, König, die Ungewißheit seines Schicksals nicht länger peinigen. –

PHILOTAS. Ich danke, Strato! – Ja, laß mich es nur gleich hören, wie verabscheuungswürdig du einen unglücklichen Sohn seinem Vater machen willst. Mit welchem schimpflichen Frieden, mit wie viel Ländern soll er ihn erkaufen? Wie klein und verächtlich soll er werden, um nicht verwaist zu bleiben? – O mein Vater! –

ARIDÄUS. Auch diese frühe, männliche Sprache, Prinz, war deines Vaters! So höre ich dich gern! Und möchte, meiner nicht minder würdig, auch mein Sohn itzt vor deinem Vater so sprechen! –

PHILOTAS. Wie meinst du das? –

ARIDÄUS. Die Götter – ich bin es überzeugt – wachen für unsere Tugend, wie sie für unser Leben wachen. Die so lang als mögliche Erhaltung beider, ist ihr geheimes, ewiges Geschäft. Wo weiß ein Sterblicher, wie böse er im Grunde ist, wie schlecht er handeln würde, ließen sie jeden verführerischen Anlaß, sich durch kleine Taten zu beschimpfen, ganz auf ihn wirken? – Ja, Prinz, vielleicht wäre ich der, den du mich glaubst; vielleicht hätte ich nicht edel genug gedacht, das wunderliche Kriegesglück, das dich mir in die Hände liefert, bescheiden zu nützen; vielleicht würde ich durch dich ertrotzt haben, was ich zu erfechten nicht länger wagen mögen; vielleicht – Doch fürchte nichts; allen diesen Vielleicht hat eine höhere Macht vorgebauet; ich kann deinen Vater seinen Sohn nicht teurer erkaufen lassen, als – durch den meinigen.

PHILOTAS. Ich erstaune! Du gibst mir zu verstehen –

ARIDÄUS. Daß mein Sohn deines Vaters Gefangener ist, wie du meiner. –

PHILOTAS. Dein Sohn meines Vaters? Dein Polytimet? – Seit wenn? Wie? Wo?

ARIDÄUS. So wollt' es das Schicksal! Aus gleichen Waagschalen nahm es auf einmal gleiche Gewichte, und die Schalen blieben noch gleich.

STRATO. Du willst nähere Umstände wissen. – Eben dasselbe Geschwader, dem du zu hitzig entgegen eiltest, führte Polytimet; und als dich die Deinigen verloren erblickten, erhob sie Wut und Verzweiflung über alle menschliche Stärke. Sie brachen ein, und alle stürmten sie auf den einen, in welchem sie ihres Verlustes Ersetzung sahen. Das Ende weißt du. – Nun nimm noch von einem alten Soldaten die Lehre an: Der Angriff ist kein Wettrennen; nicht der, welcher zuerst, sondern welcher zum sichersten auf den Feind trifft, hat sich dem Siege genähert. Das merke dir, zu feuriger Prinz; sonst möchte der werdende Held im ersten Keime ersticken.

ARIDÄUS. Strato, du machst den Prinzen, durch deine, zwar freundschaftliche, Warnung verdrüßlich. Wie finster er da steht! –

PHILOTAS. Nicht das! Aber laßt mich; in tiefe Anbetung der Vorsicht verloren –
ARIDÄUS. Die beste Anbetung, Prinz, ist dankende Freude. Ermuntere dich! Wir Väter wollen uns unsere Söhne nicht lange vorenthalten. Mein Herold hält sich bereits fertig; er soll gehen, und die Auswechselung beschleunigen. Aber du weißt wohl, freudige Nachrichten, die wir allein vom Feinde erfahren, scheinen Fallstricke. Man könnte argwohnen, du seist vielleicht an deiner Wunde gestorben. Es wird daher nötig sein, daß du selbst, mit dem Herolde einen unverdächtigen Boten an deinen Vater sendest. Komm mit mir! Suche dir einen unter den Gefangenen, den du deines Vertrauens würdigen kannst. –
PHILOTAS. So willst du, daß ich mich vervielfältiget verabscheuen soll? In jedem der Gefangenen werde ich mich selbst erblicken. – Schenke mir diese Verwirrung. –
ARIDÄUS. Aber –
PHILOTAS. Unter den Gefangenen muß sich Parmenio befinden. Den schicke mir her; ich will ihn abfertigen.
ARIDÄUS. Wohl; auch so! Komm Strato! Prinz, wir sehen uns bald wieder.

VIERTER AUFTRITT

PHILOTAS

Götter! Näher konnte der Blitz, ohne mich ganz zu zerschmettern, nicht vor mir niederschlagen. Wunderbare Götter! Die Flamme kehrt zurück; der Dampf verfliegt, und ich war nur betäubt. – So war das mein ganzes Elend, zu sehen, wie elend ich hätte werden können? Wie elend mein Vater durch mich? – Nun darf ich wieder vor dir erscheinen, mein Vater! Zwar noch mit niedergeschlagenen Augen; doch nur die Scham wird sie niederschlagen, nicht das brennende Bewußtsein, dich mit mir ins Verderben gerissen zu haben. Nun darf ich nichts von dir fürchten, als einen Verweis mit Lächeln; kein stummes Trauren; keine, durch die stärkere Gewalt der väterlichen Liebe erstickte Verwünschungen. –

Aber – ja, bei dem Himmel! Ich bin zu gütig gegen mich. Darf ich mir alle Fehler vergeben, die mir die Vorsicht zu vergeben scheinet? Soll ich mich nicht strenger richten, als sie und mein Vater mich richten? Die Allzugütigen! – Sonst jede der traurigen Folgen meiner Gefangenschaft konnten die Götter vernichten; nur eine konnten sie nicht: die Schande! Zwar jene leicht verfliegende wohl, die von der Zunge des Pöbels strömt; aber nicht die wahre daurende Schande, die hier der innere Richter, mein unparteiisches Selbst, über mich ausspricht! –
Und wie leicht ich mich verblende! Verlieret mein Vater durch mich nichts? Der Ausschlag, den der gefangene Polytimet, – wenn ich nicht gefangen wäre, – auf seine Seite brächte, der ist nichts? – Nur durch mich wird er nichts! – Das Glück hätte sich erkläret, für wen es sich erklären sollte; das Recht meines Vaters triumphierte, wäre Polytimet, nicht Philotas und Polytimet gefangen! –
Und nun – welcher Gedanke war es, den ich itzt dachte? Nein; den ein Gott in mir dachte – Ich muß ihm nachhängen! Laß dich fesseln, flüchtiger Gedanke! – Itzt denke ich ihn wieder! Wie weit er sich verbreitet, und immer weiter; und nun durchstrahlt er meine ganze Seele! –
Was sagte der König? Warum wollte er, daß ich zugleich selbst einen unverdächtigen Boten an meinen Vater schicken sollte? Damit mein Vater nicht argwohne – so waren ja seine eigne Worte – ich sei bereits an meiner Wunde gestorben. – Also meint er doch, wenn ich bereits an meiner Wunde gestorben wäre, so würde die Sache ein ganz anders Ansehn gewinnen? Würde sie das? Tausend Dank für diese Nachricht! Tausend Dank! – Und freilich! Denn mein Vater hätte alsdenn einen gefangenen Prinzen, für den er sich alles bedingen könnte; und der König, sein Feind, hätte – den Leichnam eines gefangenen Prinzen, für den er nichts fordern könnte; den er – müßte begraben oder verbrennen lassen, wenn er ihm nicht zum Abscheu werden sollte.
Gut! das begreif ich! Folglich, wenn ich, ich elender Gefangener, meinem Vater den Sieg noch in die Hände spielen will, worauf kömmt es an? Aufs Sterben. Auf weiter nichts? – O

fürwahr; der Mensch ist mächtiger, als er glaubt, der Mensch, der zu sterben weiß!
Aber ich? ich, der Keim, die Knospe eines Menschen, weiß ich zu sterben? Nicht der Mensch, der vollendete Mensch allein, muß es wissen; auch der Jüngling, auch der Knabe; oder er weiß gar nichts. Wer zehn Jahr gelebt hat, hat zehn Jahr Zeit gehabt, sterben zu lernen; und was man in zehn Jahren nicht lernt, das lernt man auch in zwanzig, in dreißig und mehrern nicht.
Alles, was ich werden können, muß ich durch das zeigen, was ich schon bin. Und was könnte ich, was wollte ich werden? Ein Held. – Wer ist ein Held? – O mein abwesender vortrefflicher Vater, itzt sei ganz in meiner Seele gegenwärtig! – Hast du mich nicht gelehrt, ein Held sei ein Mann, der höhere Güter kenne, als das Leben? Ein Mann, der sein Leben dem Wohle des Staats geweihet; sich, den einzeln, dem Wohle vieler? Ein Held sei ein Mann – Ein Mann? Also kein Jüngling, mein Vater? – Seltsame Frage! Gut, daß sie mein Vater nicht gehöret hat! Er müßte glauben, ich sähe es gern, wenn er *Nein* darauf antwortete. – Wie alt muß die Fichte sein, die zum Maste dienen soll? Wie alt? Sie muß hoch genug, und muß stark genug sein.
Jedes Ding, sagte der Weltweise, der mich erzog, ist vollkommen, wenn es seinen Zweck erfüllen kann. Ich kann meinen Zweck erfüllen, ich kann zum Besten des Staats sterben: ich bin vollkommen also, ich bin ein Mann. Ein Mann, ob ich gleich noch vor wenig Tagen ein Knabe war.
Welch Feuer tobt in meinen Adern? Welche Begeisterung befällt mich? Die Brust wird dem Herzen zu eng! – Geduld, mein Herz! Bald will ich dir Luft machen! Bald will ich dich deines einförmigen langweiligen Dienstes erlassen! Bald sollst du ruhen, und lange ruhen –
Wer kömmt? Es ist Parmenio. – Geschwind entschlossen! – Was muß ich zu ihm sagen? Was muß ich durch ihn meinem Vater sagen lassen? – Recht! das muß ich sagen, das muß ich sagen lassen.

Fünfter Auftritt

Parmenio. Philotas

PHILOTAS. Tritt näher, Parmenio. – Nun? warum so schüchtern? So voller Scham? Wessen schämst du dich? Deiner, oder meiner?

PARMENIO. Unser beider, Prinz.

PHILOTAS. Immer sprich, wie du denkst. Freilich, Parmenio, müssen wir beide nicht viel taugen, weil wir uns hier befinden. Hast du meine Geschichte bereits gehöret?

PARMENIO. Leider!

PHILOTAS. Und als du sie hörtest? –

PARMENIO. Ich betauerte dich, ich bewunderte dich, ich verwünschte dich, ich weiß selbst nicht, was ich alles tat.

PHILOTAS. Ja, ja! Nun aber, da du doch wohl auch erfahren, daß das Unglück so groß nicht ist, weil gleich darauf Polytimet von den Unserigen – –

PARMENIO. Ja nun; nun möchte ich fast lachen. Ich finde, daß das Glück zu einem kleinen Schlage, den es uns versetzen will, oft erschrecklich weit ausholt. Man sollte glauben, es wolle uns zerschmettern, und hat uns am Ende nichts, als eine Mücke auf der Stirne tot geschlagen.

PHILOTAS. Zur Sache! – Ich soll dich mit dem Herolde des Königs zu meinem Vater schicken.

PARMENIO. Gut! So wird deine Gefangenschaft der meinigen das Wort sprechen. Ohne die gute Nachricht, die ich ihm von dir bringen werde, und die eine freundliche Miene wohl wert ist, hätte ich mir eine ziemlich frostige von ihm versprechen müssen.

PHILOTAS. Nein, ehrlicher Parmenio; nun im Ernst! Mein Vater weiß es, daß dich der Feind verblutet und schon halb erstarrt von der Walstatt aufgehoben. Laß prahlen, wer prahlen will; der ist leicht gefangen zu nehmen, den der nahende Tod schon entwaffnet hat. – Wie viel Wunden hast du nun, alter Knecht? –

PARMENIO. O, davon konnte ich sonst eine lange Liste hersagen. Itzt aber habe ich sie um ein gut Teil verkürzt.

PHILOTAS. Wie das?
PARMENIO. Ha! Ich rechne nun nicht mehr die Glieder, an welchen ich verwundet bin; Zeit und Atem zu ersparen, zähle ich die, an welchen ich es nicht bin. – Kleinigkeiten bei dem allen! Wozu hat man die Knochen anders, als daß sich die feindlichen Eisen darauf schartig hauen sollen?
PHILOTAS. Das ist wacker! – Aber nun – was willst du meinem Vater sagen?
PARMENIO. Was ich sehe; daß du dich wohl befindest. Denn deine Wunde, wenn man mir anders die Wahrheit gesagt hat, –
PHILOTAS. Ist so gut als keine.
PARMENIO. Ein kleines liebes Andenken. Dergleichen uns ein inbrünstiges Mädchen in die Lippe beißt. Nicht wahr, Prinz?
PHILOTAS. Was weiß ich davon?
PARMENIO. Na, nu; kömmt Zeit, kömmt Erfahrung. – Ferner will ich deinem Vater sagen, was ich glaube, daß du wünschest – –
PHILOTAS. Und was ist das?
PARMENIO. Je eher, je lieber wieder bei ihm zu sein. Deine kindliche Sehnsucht, deine bange Ungeduld –
PHILOTAS. Mein Heimweh lieber gar. Schalk! warte, ich will dich anders denken lehren!
PARMENIO. Bei dem Himmel, das mußt du nicht! Mein lieber frühzeitiger Held, laß dir das sagen: Du bist noch Kind! Gib nicht zu, daß der rauhe Soldat das zärtliche Kind so bald in dir ersticke. Man möchte sonst von deinem Herzen nicht zum besten denken; man möchte deine Tapferkeit für angeborne Wildheit halten. Ich bin auch Vater, Vater eines einzigen Sohnes, der nur wenig älter als du, mit gleicher Hitze – du kennst ihn ja.
PHILOTAS. Ich kenne ihn. Er verspricht alles, was sein Vater geleistet hat.
PARMENIO. Aber wüßte ich, daß sich der junge Wildfang nicht in allen Augenblicken, die ihm der Dienst frei läßt, nach seinem Vater sehnte, und sich nicht so nach ihm sehnte, wie sich ein Lamm nach seiner Mutter sehnet: so möchte ich ihn gleich – siehst du! – nicht erzeugt haben. Itzt muß er mich noch

mehr lieben, als ehren. Mit dem Ehren werde ich mich so Zeit genug müssen begnügen lassen; wenn nämlich die Natur den Strom seiner Zärtlichkeit einen andern Weg leitet; wenn er selbst Vater wird. – Werde nicht ungehalten, Prinz.

PHILOTAS. Wer kann auf dich ungehalten werden? – Du hast Recht! Sage meinem Vater alles, was du glaubest, daß ihm ein zärtlicher Sohn bei dieser Gelegenheit muß sagen lassen. Entschuldige meine jugendliche Unbedachtsamkeit, die ihn und sein Reich fast ins Verderben gestürzt hätte. Bitte ihn, mir meinen Fehler zu vergeben. Versichere ihn, daß ich ihn nie durch einen ähnlichen Fehler wieder daran erinnern will; daß ich alles tun will, damit er ihn auch vergessen kann. Beschwöre ihn –

PARMENIO. Laß mich nur machen! So etwas können wir Soldaten recht gut sagen. – Und besser als ein gelehrter Schwätzer; denn wir sagen es treuherziger. – Laß mich nur machen! Ich weiß schon alles. – Lebe wohl, Prinz; ich eile –

PHILOTAS. Verzieh!

PARMENIO. Nun? – Und welch feierliches Ansehen gibst du dir auf einmal?

PHILOTAS. Der Sohn hat dich abgefertiget, aber noch nicht der Prinz. – Jener mußte fühlen; dieser muß überlegen. Wie gern wollte der Sohn gleich itzt, wie gern wollte er noch eher, als möglich, wieder um seinen Vater, um seinen geliebten Vater sein; aber der Prinz – der Prinz kann nicht. – Höre!

PARMENIO. Der Prinz kann nicht?

PHILOTAS. Und will nicht.

PARMENIO. Will nicht?

PHILOTAS. Höre!

PARMENIO. Ich erstaune – –

PHILOTAS. Ich sage, du sollst hören, und nicht erstaunen. Höre!

PARMENIO. Ich erstaune, weil ich höre. Es hat geblitzt, und ich erwarte den Schlag. – Rede! – Aber, junger Prinz, keine zweite Übereilung! –

PHILOTAS. Aber, Soldat, kein Vernünfteln! – Höre! Ich habe meine Ursachen, nicht eher ausgelöset zu sein, als morgen. Nicht eher als morgen! Hörst du? – Sage also unserm Könige, daß er sich an die Eilfertigkeit des feindlichen Herolds nicht kehre. Eine gewisse Bedenklichkeit, ein gewisser Anschlag nötige den Philotas zu dieser Verzögerung. – Hast du mich verstanden?

PARMENIO. Nein!

PHILOTAS. Nicht? Verräter! –

PARMENIO. Sachte, Prinz! Ein Papagei versteht nicht, aber er behält, was man ihm vorsagt. Sei unbesorgt. Ich will deinem Vater alles wieder herplappern, was ich von dir höre.

PHILOTAS. Ha! ich untersagte dir, zu vernünfteln, und das verdreußt dich. Aber wie bist denn du so verwöhnt? Haben dir alle deine Befehlshaber Gründe gesagt? –

PARMENIO. Alle, Prinz; ausgenommen die jungen.

PHILOTAS. Vortrefflich! Parmenio, wenn ich so empfindlich wäre, als du – –

PARMENIO. Und doch kann nur derjenige meinen blinden Gehorsam heischen, dem die Erfahrung doppelte Augen gegeben.

PHILOTAS. Bald werde ich dich also um Verzeihung bitten müssen. – Nun wohl, ich bitte dich um Verzeihung, Parmenio. Murre nicht, Alter! Sei wieder gut, alter Vater! – Du bist freilich klüger, als ich. Aber nicht die Klügsten allein, haben die besten Einfälle. Gute Einfälle sind Geschenke des Glückes; und das Glück, weißt du wohl, beschenkt den Jüngling oft lieber, als den Greis. Denn das Glück ist blind. Blind, Parmenio; stockblind gegen alles Verdienst. Wenn es das nicht wäre, müßtest du nicht schon lange Feldherr sein?

PARMENIO. Sieh, wie du zu schmeicheln weißt, Prinz – Aber im Vertrauen, lieber Prinz! Willst du mich nicht etwa bestechen? mit Schmeicheleien bestechen?

PHILOTAS. Ich, schmeicheln! Und dich bestechen! Du bist der Mann, der sich bestechen läßt!

PARMENIO. Wenn du so fortfährest, so kann ich es werden. Schon traue ich mir selbst nicht mehr recht!

PHILOTAS. Was wollte ich also sagen? – So einen guten Einfall nun, wollte ich sagen, als das Glück oft in das albernste Gehirn wirft, so einen habe auch ich itzo ertappt. Bloß ertappt; von dem Meinigen ist nicht das geringste dazu gekommen. Denn hätte mein Verstand, meine Erfindungskraft einigen

Anteil daran, würde ich ihn nicht gern mit dir überlegen wollen? Aber so kann ich ihn nicht mit dir überlegen; er verschwindet, wenn ich ihn mitteile; so zärtlich, so fein ist er, ich getraue mir ihn nicht in Worte zu kleiden; ich denke ihn nur, wie mich der Philosoph Gott zu denken gelehrt hat, und aufs höchste könnte ich dir nur sagen, was er nicht ist – Möglich zwar genug, daß es im Grunde ein kindischer Einfall ist; ein Einfall, den ich für einen glücklichen Einfall halte, weil ich noch keinen glücklichern gehabt habe. Aber mag er doch; kann er nichts nützen, so kann er doch auch nichts schaden. Das weiß ich gewiß; es ist der unschädlichste Einfall von der Welt; so unschädlich als – als ein Gebet. Wirst du deswegen zu beten unterlassen, weil du nicht ganz gewiß weißt, ob dir das Gebet helfen wird? – Verdirb mir immer also meine Freude nicht, Parmenio, ehrlicher Parmenio! Ich bitte dich, ich umarme dich – Wenn du mich nur ein klein wenig lieb hast – Willst du? Kann ich mich darauf verlassen? Willst du machen, daß ich erst morgen ausgewechselt werde? Willst du?

PARMENIO. Ob ich will? Muß ich nicht? muß ich nicht? – Höre, Prinz, wenn du einmal König wirst, gib dich nicht mit dem Befehlen ab. Befehlen ist ein unsicheres Mittel, befolgt zu werden. Wem du etwas recht Schweres aufzulegen hast, mit dem mache es, wie du es itzt mit mir gemacht hast, und wenn er dir alsdenn seinen Gehorsam verweigert – Unmöglich! Er kann dir ihn nicht verweigern! Ich muß auch wissen, was ein Mann verweigern kann.

PHILOTAS. Was Gehorsam? Was hat die Freundschaft, die du mir erweisest, mit dem Gehorsame zu tun? Willst du, mein Freund? –

PARMENIO. Hör' auf! hör' auf! Du hast mich schon ganz. Ja doch, ich will alles. Ich will es, ich will es deinem Vater sagen, daß er dich erst morgen auslösen soll. Warum zwar erst morgen, – das weiß ich nicht! Das brauch' ich nicht zu wissen! Das braucht auch er nicht zu wissen. Genug, ich weiß, daß du es willst. Und ich will alles, was du willst. Willst du sonst nichts? Soll ich sonst nichts tun? Soll ich für dich durchs Feuer rennen? Mich für dich vom Felsen herab stürzen? Befiehl nur, mein lieber kleiner Freund, befiehl! Itzt tu ich dir alles! So gar – sage ein Wort, und ich will für dich ein Verbrechen, ein Bubenstück begehen! Die Haut schaudert mir zwar; aber doch Prinz, wenn du willst, ich will, ich will –

PHILOTAS. O mein bester, feuriger Freund! O du – wie soll ich dich nennen? – du Schöpfer meines künftigen Ruhmes! Dir schwöre ich bei allem, was mir am heiligsten ist, bei der Ehre meines Vaters, bei dem Glücke seiner Waffen, bei der Wohlfahrt seines Landes, schwöre ich dir, nie in meinem Leben diese deine Bereitwilligkeit, deinen Eifer zu vergessen! Möchte ich ihn auch würdig genug belohnen können! – Höret, ihr Götter, meinen Schwur! – Und nun Parmenio, schwöre auch du! Schwöre mir, dein Wort treulich zu halten. –

PARMENIO. Ich schwören? Ich bin zu alt zum Schwören.

PHILOTAS. Und ich bin zu jung, dir ohne Schwur zu trauen. Schwöre mir! Ich habe dir bei meinem Vater geschworen, schwöre du mir bei deinem Sohne. Du liebst ihn doch, deinen Sohn? Du liebst ihn doch recht herzlich?

PARMENIO. So herzlich, wie dich! – Du willst es, und ich schwöre. Ich schwöre dir, bei meinem einzigen Sohne, bei meinem Blute, das in seinen Adern wallet, bei dem Blute, das ich gern für deinen Vater geblutet, das auch er gern für dich einst bluten wird, bei diesem Blute schwöre ich dir, mein Wort zu halten! Und wenn ich es nicht halte, so falle mein Sohn in seiner ersten Schlacht, und erlebe sie nicht, die glorreichen Tage deiner Regierung! – Höret, ihr Götter, meinen Schwur –

PHILOTAS. Höret ihn noch nicht, ihr Götter! – Du hast mich zum besten, Alter. In der ersten Schlacht fallen; meine Regierung nicht erleben: ist das ein Unglück? Ist früh sterben ein Unglück?

PARMENIO. Das sag ich nicht. Doch nur deswegen, um dich auf dem Throne zu sehen, um dir zu dienen, möchte ich – was ich sonst durchaus nicht möchte – noch einmal jung werden – Dein Vater ist gut; aber du wirst besser, als er.

PHILOTAS. Kein Lob zum Nachteile meines Vaters! – Ändere deinen Schwur! Komm, ändere ihn so: Wenn du dein Wort nicht hältst, so möge dein Sohn ein Feiger, ein Nichtswürdi-

ger werden; er möge, wenn er zwischen Tod und Schande zu wählen hat, die Schande wählen; er möge neunzig Jahr ein Spott der Weiber leben, und noch im neunzigsten Jahre ungern sterben.
PARMENIO. Ich entsetze mich – doch schwöre ich: das mög er! – Höret den gräßlichsten der Schwüre, ihr Götter!
PHILOTAS. Höret ihn! – Nun gut, nun kannst du gehen, Parmenio. Wir haben einander lange genug aufgehalten, und fast zu viel Umstände über eine Kleinigkeit gemacht. Denn ist es nicht eine wahre Kleinigkeit meinem Vater zu sagen, ihn zu überreden, daß er mich nicht eher als morgen auswechsle? Und wenn er ja die Ursache wissen will; wohl, so erdenke dir unter Weges eine Ursache.
PARMENIO. Das will ich auch! Ich habe zwar, so alt ich geworden bin, noch nie auf eine Unwahrheit gesonnen. Aber doch, dir zu Liebe, Prinz – Laß mich nur; das Böse lernt sich auch noch im Alter. – Lebe wohl!
PHILOTAS. Umarme mich! – Geh!

Sechster Auftritt

PHILOTAS

Es soll so viele Betrieger in der Welt geben, und das Betriegen ist doch so schwer, wenn es auch in der besten Absicht geschieht. – Habe ich mich nicht wenden und winden müssen! – Mache nur, guter Parmenio, daß mich mein Vater erst morgen auslöset, und er soll mich gar nicht auszulösen brauchen. – Nun habe ich Zeit genug gewonnen! Zeit genug, mich in meinem Vorsatze zu bestärken – Zeit genug, die sichersten Mittel zu wählen. – Mich in meinem Vorsatze zu bestärken? – Wehe mir, wenn ich dessen bedarf! – Standhaftigkeit des Alters, wenn du mein Teil nicht bist, o so stehe du mir bei, Hartnäckigkeit des Jünglings!
Ja, es bleibt dabei! es bleibt fest dabei! – Ich fühl es, ich werde ruhig, – ich bin ruhig! – Der du itzt da stehest, Philotas – *(indem er sich selbst betrachtet)* – Ha! es muß ein

trefflicher, ein großer Anblick sein: ein Jüngling gestreckt auf den Boden, das Schwerd in der Brust! –
Das Schwerd? Götter! o ich Elender! ich Ärmster! – Und itzt erst werde ich es gewahr? Ich habe kein Schwerd; ich habe nichts! Es ward die Beute des Kriegers, der mich gefangen nahm. – Vielleicht hätte er es mir gelassen, aber Gold war der Heft. – Unseliges Gold, bist du denn immer das Verderben der Tugend!
Kein Schwerd? Ich kein Schwerd? – Götter, barmherzige Götter, dies einzige schenket mir! Mächtige Götter, die ihr Erde und Himmel erschaffen, ihr könntet mir kein Schwerd schaffen, – wenn ihr wolltet? – Was ist nun mein großer, schimmernder Entschluß? Ich werde mir selbst ein bitteres Gelächter –
Und da kömmt er auch schon wieder, der König. – Still! Wenn ich das Kind spielte? – Dieser Gedanke verspricht etwas. – Ja! Vielleicht bin ich glücklich –

SIEBENTER AUFTRITT

Aridäus. Philotas

ARIDÄUS. Nun sind die Boten fort, mein Prinz. Sie sind auf den schnellesten Pferden abgegangen, und das Hauptlager deines Vaters ist so nahe, daß wir in wenig Stunden Antwort erhalten können.
PHILOTAS. Du bist also, König, wohl sehr ungeduldig, deinen Sohn wieder zu umarmen?
ARIDÄUS. Wird es dein Vater weniger sein, dich wieder an seine Brust zu drücken? – Laß mich aber, liebster Prinz, deine Gesellschaft genießen. In ihr wird mir die Zeit schneller verschwinden; und vielleicht, daß es auch sonst glückliche Folgen hat, wenn wir uns näher kennen. Liebenswürdige Kinder sind schon oft die Mittelspersonen zwischen veruneinigten Vätern gewesen. Folge mir also in mein Zelt, wo die besten meiner Befehlshaber deiner warten. Sie brennen vor Begierde dich zu sehen und zu bewundern.
PHILOTAS. Männer, König, müssen kein Kind bewundern. Laß

mich also nur immer hier. Scham und Ärgernis würden mich eine sehr einfältige Person spielen lassen. Und was deine Unterredung mit mir anbelangt – da seh' ich vollends nicht, was daraus kommen könnte. Ich weiß weiter nichts, als daß du und mein Vater in Krieg verwickelt sind; und das Recht – das Recht, glaub' ich, ist auf Seiten meines Vaters. Das glaub' ich, König, und will es nun einmal glauben – wenn du mir auch das Gegenteil unwidersprechlich zeigen könntest. Ich bin Sohn und Soldat, und habe weiter keine Einsicht, als die Einsicht meines Vaters und meines Feldherrn.
ARIDÄUS. Prinz, es zeiget einen großen Verstand, seinen Verstand so zu verleugnen. Doch tut es mir leid, daß ich mich also auch vor dir nicht soll rechtfertigen können. – Unseliger Krieg! –
PHILOTAS. Ja wohl, unseliger Krieg! – Und wehe seinem Urheber!
ARIDÄUS. Prinz! Prinz! erinnere dich, daß dein Vater das Schwerd zuerst gezogen. Ich mag in deine Verwünschung nicht einstimmen. Er hatte sich übereilt, er war zu argwöhnisch –
PHILOTAS. Nun ja; mein Vater hat das Schwerd zuerst gezogen. Aber entsteht die Feuersbrunst erst dann, wenn die lichte Flamme durch das Dach schlägt? Wo ist das geduldige, gallose, unempfindliche Geschöpf, das durch unaufhörliches Necken nicht zu erbittern wäre? – Bedenke, – denn du zwingst mich mit aller Gewalt von Dingen zu reden, die mir nicht zukommen – bedenke, welch eine stolze, verächtliche Antwort du ihm erteiltest, als er – Doch du sollst mich nicht zwingen; ich will nicht davon sprechen! Unsere Schuld und Unschuld sind unendlicher Mißdeutungen, unendlicher Beschönigungen fähig. Nur dem untrieglichen Auge der Götter erscheinen wir, wie wir sind; nur das kann uns richten. Die Götter aber, du weißt es, König, sprechen ihr Urteil durch das Schwerd des Tapfersten. Laß uns den blutigen Spruch aushören! Warum wollen wir uns kleinmütig von diesem höchsten Gerichte wieder zu den niedrigern wenden? Sind unsere Fäuste schon so müde, daß die geschmeidige Zunge sie ablösen müsse?

ARIDÄUS. Prinz, ich höre dich mit Erstaunen –
PHILOTAS. Ach! – Auch ein Weib kann man mit Erstaunen hören!
ARIDÄUS. Mit Erstaunen, Prinz, und nicht ohne Jammer! – Dich hat das Schicksal zur Krone bestimmt, dich! – Dir will es die Glückseligkeit eines ganzen, mächtigen, edeln Volkes anvertrauen; dir! – Welch eine schreckliche Zukunft enthüllt sich mir! Du wirst dein Volk mit Lorbeern und mit Elend überhäufen. Du wirst mehr Siege, als glückliche Untertanen zählen. – Wohl mir, daß meine Tage in die deinigen nicht reichen werden! Aber wehe meinem Sohne, meinem redlichen Sohne! Du wirst es ihm schwerlich vergönnen, den Harnisch abzulegen –
PHILOTAS. Beruhige den Vater, o König! Ich werde deinem Sohne weit mehr vergönnen! weit mehr!
ARIDÄUS. Weit mehr? Erkläre dich –
PHILOTAS. Habe ich ein Rätsel gesprochen? – O verlange nicht, König, daß ein Jüngling, wie ich, alles mit Bedachte und Absichten sprechen soll. – Ich wollte nur sagen: Die Frucht ist oft ganz anders, als die Blüte sie verspricht. Ein weibischer Prinz, hat mich die Geschichte gelehrt, ward oft ein kriegerischer König. Könnte mit mir sich nicht das Gegenteil zutragen? – Oder vielleicht war auch dieses meine Meinung, daß ich noch einen weiten und gefährlichen Weg zum Throne habe. Wer weiß, ob die Götter mich ihn vollenden lassen? – Und laß mich ihn nicht vollenden, Vater der Götter und Menschen, wenn du in der Zukunft mich als einen Verschwender des Kostbarsten, was du mir anvertrauet, des Blutes meiner Untertanen, siehest! –
ARIDÄUS. Ja, Prinz; was ist ein König, wenn er kein Vater ist! Was ist ein Held ohne Menschenliebe! Nun erkenne ich auch diese in dir, und bin wieder ganz dein Freund! – Aber komm, komm; wir müssen hier nicht allein bleiben. Wir sind einer dem andern zu ernsthaft. Folge mir!
PHILOTAS. Verzeih, König –
ARIDÄUS. Weigere dich nicht!
PHILOTAS. So wie ich bin, mich vor vielen sehen zu lassen? – –
ARIDÄUS. Warum nicht?

PHILOTAS. Ich kann nicht, König; ich kann nicht.
ARIDÄUS. Und die Ursache?
PHILOTAS. O die Ursache! – Sie würde dich zum Lachen bewegen.
ARIDÄUS. Um so viel lieber laß sie mich hören. Ich bin ein Mensch, und weine und lache gern.
PHILOTAS. Nun so lache denn! – Sieh, König, ich habe kein Schwerd, und ich möchte nicht gern, ohne dieses Kennzeichen des Soldaten, unter Soldaten erscheinen.
ARIDÄUS. Mein Lachen wird zur Freude. Ich habe in voraus hierauf gedacht, und du wirst sogleich befriediget werden. Strato hat Befehl, dir dein Schwerd wieder zu schaffen.
PHILOTAS. Also laß uns ihn hier erwarten.
ARIDÄUS. Und alsdenn begleitest du mich doch? –
PHILOTAS. Alsdenn werde ich dir auf dem Fuße nachfolgen.
ARIDÄUS. Gewünscht! da kömmt er! Nun, Strato –

ACHTER AUFTRITT

*Strato (mit einem Schwerde in der Hand).
Aridäus. Philotas*

STRATO. König, ich kam zu dem Soldaten, der den Prinzen gefangen genommen, und forderte des Prinzen Schwerd in deinem Namen von ihm zurück. Aber höre, wie edel sich der Soldat weigerte. »Der König, sprach er, muß mir das Schwerd nicht nehmen. Es ist ein gutes Schwerd, und ich werde es für ihn brauchen. Auch muß ich ein Andenken von dieser meiner Tat behalten. Bei den Göttern, sie war keine von meinen geringsten! Der Prinz ist ein kleiner Dämon. Vielleicht aber ist es euch nur um den kostbaren Heft zu tun –« Und hiermit, ehe ich es verhindern konnte, hatte seine starke Hand den Heft abgewunden, und warf mir ihn verächtlich zu Füßen – »Da ist er! fuhr er fort. Was kümmert mich euer Gold?«
ARIDÄUS. O Strato, mache mir den Mann wieder gut! –
STRATO. Ich tat es. Und hier ist eines von deinen Schwerdern!

ARIDÄUS. Gib her! – Willst du es, Prinz, für das deinige annehmen?
PHILOTAS. Laß sehen! – Ha! – *(Bei Seite)* Habet Dank, ihr Götter! *(Indem er es lange und ernsthaft betrachtet)* – Ein Schwerd!
STRATO. Habe ich nicht gut gewählet, Prinz?
ARIDÄUS. Was findest du deiner tiefsinnigen Aufmerksamkeit so wert daran?
PHILOTAS. Daß es ein Schwerd ist! – *(Indem er wieder zu sich kömmt)* Und ein schönes Schwerd! Ich werde bei diesem Tausche nichts verlieren. – Ein Schwerd!
ARIDÄUS. Du zitterst, Prinz.
PHILOTAS. Vor Freuden! – Ein wenig zu kurz scheinet es mir bei alle dem. Aber was zu kurz? Ein Schritt näher auf den Feind ersetzt, was ihm an Eisen abgehet. – Liebes Schwerd! Welch eine schöne Sache ist ein Schwerd, zum Spiele und zum Gebrauche! Ich habe nie mit etwas andern gespielt. –
ARIDÄUS *(zum Strato)*. O der wunderbaren Vermischung von Kind und Held!
PHILOTAS *(bei Seite)*. Liebes Schwerd! Wer doch bald mit dir allein wäre! – Aber, gewagt!
ARIDÄUS. Nun lege das Schwerd an, Prinz; und folge mir.
PHILOTAS. Sogleich! – Doch seinen Freund und sein Schwerd muß man nicht bloß von außen kennen. *(Er zieht es, und Strato tritt zwischen ihn und den König)*
STRATO. Ich verstehe mich mehr auf den Stahl, als auf die Arbeit. Glaube mir, Prinz; der Stahl ist gut. Der König hat, in seinen männlichen Jahren, mehr als einen Helm damit gespalten.
PHILOTAS. So stark werde ich nicht werden! Immerhin! – Tritt mir nicht so nahe, Strato.
STRATO. Warum nicht?
PHILOTAS. So! *(indem er zurückspringt, und mit dem Schwerde einen Streich durch die Luft tut)* Es hat den Zug, wie es ihn haben muß.
ARIDÄUS. Prinz, schone deines verwundeten Armes! Du wirst dich erhitzen! –
PHILOTAS. Woran erinnerst du mich, König? – An mein Un-

glück; nein, an meine Schande! Ich ward verwundet und gefangen! Ja! Aber ich will es nie wieder werden! Bei diesem meinem Schwerde, ich will es nie wieder werden! Nein, mein Vater, nein! Heut sparet dir ein Wunder das schimpfliche Lösegeld für deinen Sohn; künftig spar' es dir sein Tod! Sein gewisser Tod, wenn er sich wieder umringt siehet! – Wieder umringt? – Entsetzen! – Ich bin es! Ich bin umringt! Was nun? Gefährte! Freunde! Brüder! Wo seid ihr? Alle tot? Überall Feinde? – Überall! – Hier durch, Philotas! Ha! Nimm das, Verwegner! – Und du das! – Und du das! *(um sich hauend)*

STRATO. Prinz! was geschieht dir? Fasse dich! *(Geht auf ihn zu)*

PHILOTAS *(sich von ihm entfernend)*. Auch du, Strato? auch du? – O Feind, sei großmütig! Töte mich! Nimm mich nicht gefangen! – Nein, ich gebe mich nicht gefangen! Und wenn ihr alle Stratos wäret, die ihr mich umringet! Doch will ich mich gegen euch alle, gegen eine Welt will ich mich wehren! – Tut euer Bestes, Feinde! – Aber ihr wollt nicht? Ihr wollt mich nicht töten, Grausame? Ihr wollt mich mit Gewalt lebendig? – Ich lache nur! Mich lebendig gefangen? Mich? – Eher will ich dieses mein Schwerd, will ich – in diese meine Brust – eher – *(Er durchsticht sich)*

ARIDÄUS. Götter! Strato!

STRATO. König!

PHILOTAS. Das wollt ich! *(zurück sinkend)*

ARIDÄUS. Halt ihn, Strato! – Hülfe! dem Prinzen zur Hülfe! – Prinz, welche wütende Schwermut –

PHILOTAS. Vergib mir, König! ich habe dir einen tödlichern Streich versetzt, als mir! – Ich sterbe; und bald werden beruhigte Länder die Frucht meines Todes genießen. – Dein Sohn, König, ist gefangen; und der Sohn meines Vaters ist frei –

ARIDÄUS. Was hör' ich?

STRATO. So war es Vorsatz, Prinz? – Aber als unser Gefangener hattest du kein Recht über dich selbst.

PHILOTAS. Sage das nicht, Strato! – Sollte die Freiheit zu sterben, die uns die Götter in allen Umständen des Lebens gelassen haben, sollte diese ein Mensch dem andern verkümmern können? –

STRATO. O König! – Das Schrecken hat ihn versteinert! – König!
ARIDÄUS. Wer ruft?
STRATO. König!
ARIDÄUS. Schweig!
STRATO. Der Krieg ist aus, König!
ARIDÄUS. Aus? Das leugst du, Strato! – Der Krieg ist nicht aus, Prinz! – Stirb nur! stirb! Aber nimm das mit, nimm den quälenden Gedanken mit: Als ein wahrer unerfahrner Knabe hast du geglaubt, daß die Väter alle von einer Art, alle von der weichlichen, weibischen Art deines Vaters sind. – Sie sind es nicht alle! Ich bin es nicht! Was liegt mir an meinem Sohne? Und denkst du, daß er nicht eben sowohl zum Besten seines Vaters sterben kann, als du zum Besten des deinigen? – Er sterbe! Auch sein Tod erspare mir das schimpfliche Lösegeld! – Strato, ich bin nun verwaiset, ich armer Mann! – Du hast einen Sohn; er sei der meinige! – Denn einen Sohn muß man doch haben. – Glücklicher Strato!
PHILOTAS. Noch lebt auch dein Sohn, König! Und wird leben! Ich hör es!
ARIDÄUS. Lebt er noch? – So muß ich ihn wieder haben. Stirb du nur! Ich will ihn doch wieder haben! Und für dich! – Oder ich will deinem toden Körper so viel Unehre, so viel Schmach erzeigen lassen! – Ich will ihn –
PHILOTAS. Den toden Körper! – Wenn du dich rächen willst, König, so erwecke ihn wieder! –
ARIDÄUS. Ach! – Wo gerat' ich hin!
PHILOTAS. Du taurest mich! – Lebe wohl, Strato! Dort, wo alle Tugendhafte Freunde, und alle Tapfere Glieder Eines seligen Staates sind, im Elysium sehen wir uns wieder! – Auch wir, König, sehen uns wieder –
ARIDÄUS. Und versöhnt! – Prinz! –
PHILOTAS. O so empfanget meine triumphierende Seele, ihr Götter; und dein Opfer, Göttin des Friedens! –
ARIDÄUS. Höre mich, Prinz! –
STRATO. Er stirbt! – Bin ich ein Verräter, König, wenn ich deinen Feind beweine? Ich kann mich nicht halten. Ein wunderbarer Jüngling!
ARIDÄUS. Beweine ihn nur! – Auch ich! – Komm! Ich muß

meinen Sohn wieder haben! Aber rede mir nicht ein, wenn ich ihn zu teuer erkaufe! – Umsonst haben wir Ströme Bluts vergossen; umsonst Länder erobert. Da zieht er mit unserer Beute davon, der größere Sieger! – Komm! Schaffe mir meinen Sohn! Und wenn ich ihn habe, will ich nicht mehr König sein. Glaubt ihr Menschen, daß man es nicht satt wird? – *(Gehen ab)*

Ende des Philotas

MINNA VON BARNHELM,

ODER

DAS SOLDATENGLÜCK

Ein Lustspiel in fünf Aufzügen

Verfertiget im Jahre 1763

PERSONEN

MAJOR VON TELLHEIM, verabschiedet
MINNA VON BARNHELM
GRAF VON BRUCHSALL, ihr Oheim
FRANZISKA, ihr Mädchen
JUST, Bedienter des Majors
PAUL WERNER, gewesener Wachtmeister des Majors
DER WIRT
EINE DAME IN TRAUER
EIN FELDJÄGER
RICCAUT DE LA MARLINIERE

Die Szene ist abwechselnd in dem Saale eines Wirtshauses, und einem daran stoßenden Zimmer

ERSTER AUFZUG

Erster Auftritt

JUST

(sitzet in einem Winkel, schlummert, und redet im Traume). Schurke von einem Wirte! Du, uns? – Frisch, Bruder! – Schlag zu, Bruder! – *(Er holt aus, und erwacht durch die Bewegung)* He da! schon wieder? Ich mache kein Auge zu, so schlage ich mich mit ihm herum. Hätte er nur erst die Hälfte von allen den Schlägen! – – Doch sieh, es ist Tag! Ich muß nur bald meinen armen Herrn aufsuchen. Mit meinem Willen soll er keinen Fuß mehr in das vermaledeite Haus setzen. Wo wird er die Nacht zugebracht haben?

Zweiter Auftritt

Der Wirt. Just

DER WIRT. Guten Morgen, Herr Just, guten Morgen! Ei, schon so früh auf? Oder soll ich sagen: noch so spät auf?
JUST. Sage Er, was Er will.
DER WIRT. Ich sage nichts, als guten Morgen; und das verdient doch wohl, daß Herr Just, großen Dank, darauf sagt?
JUST. Großen Dank!
DER WIRT. Man ist verdrüßlich, wenn man seine gehörige Ruhe nicht haben kann. Was gilts, der Herr Major ist nicht nach Hause gekommen, und Er hat hier auf ihn gelauert?
JUST. Was der Mann nicht alles erraten kann!
DER WIRT. Ich vermute, ich vermute.
JUST *(kehrt sich um, und will gehen).* Sein Diener!
DER WIRT *(hält ihn).* Nicht doch, Herr Just!

JUST. Nun gut; nicht Sein Diener!
DER WIRT. Ei, Herr Just! ich will doch nicht hoffen, Herr Just, daß Er noch von gestern her böse ist? Wer wird seinen Zorn über Nacht behalten?
JUST. Ich; und über alle folgende Nächte.
DER WIRT. Ist das christlich?
JUST. Eben so christlich, als einen ehrlichen Mann, der nicht gleich bezahlen kann, aus dem Hause stoßen, auf die Straße werfen.
DER WIRT. Pfui, wer könnte so gottlos sein?
JUST. Ein christlicher Gastwirt. – Meinen Herrn! so einen Mann! so einen Offizier!
DER WIRT. Den hätte ich aus dem Hause gestoßen? auf die Straße geworfen? Dazu habe ich viel zu viel Achtung für einen Offizier, und viel zu viel Mitleid mit einem abgedankten! Ich habe ihm aus Not ein ander Zimmer einräumen müssen. – Denke Er nicht mehr daran, Herr Just. *(Er ruft in die Szene)* Holla! – Ich wills auf andere Weise wieder gut machen. *(Ein Junge kömmt)* Bring ein Gläschen; Herr Just will ein Gläschen haben; und was Gutes!
JUST. Mache Er sich keine Mühe, Herr Wirt. Der Tropfen soll zu Gift werden, den – Doch ich will nicht schwören; ich bin noch nüchtern!
DER WIRT *(zu dem Jungen, der eine Flasche Liqueur und ein Glas bringt)*. Gib her; geh! – Nun, Herr Just; was ganz Vortreffliches; stark, lieblich, gesund. *(Er füllt, und reicht ihm zu)* Das kann einen überwachten Magen wieder in Ordnung bringen!
JUST. Bald dürfte ich nicht! – – Doch warum soll ich meiner Gesundheit Seine Grobheit entgelten lassen? – *(Er nimmt und trinkt)*
DER WIRT. Wohl bekomms, Herr Just!
JUST *(indem er das Gläschen wieder zurück gibt)*. Nicht übel! – Aber Herr Wirt, Er ist doch ein Grobian!
DER WIRT. Nicht doch, nicht doch! – Geschwind noch eins; auf einem Beine ist nicht gut stehen.
JUST *(nachdem er getrunken)*. Das muß ich sagen: gut, sehr gut! – Selbst gemacht, Herr Wirt? –

DER WIRT. Behüte! veritabler Danziger! echter, doppelter Lachs!

JUST. Sieht Er, Herr Wirt; wenn ich heucheln könnte, so würde ich für so was heucheln; aber ich kann nicht; es muß raus: – Er ist doch ein Grobian, Herr Wirt!

DER WIRT. In meinem Leben hat mir das noch niemand gesagt. – Noch eins, Herr Just; aller guten Dinge sind drei!

JUST. Meinetwegen! *(Er trinkt)* Gut Ding, wahrlich gut Ding! – Aber auch die Wahrheit ist gut Ding. – Herr Wirt, Er ist doch ein Grobian!

DER WIRT. Wenn ich es wäre, würde ich das wohl so mit anhören?

JUST. O ja, denn selten hat ein Grobian Galle.

DER WIRT. Nicht noch eins, Herr Just? Eine vierfache Schnur hält desto besser.

JUST. Nein, zu viel ist zu viel! Und was hilfts Ihm, Herr Wirt? Bis auf den letzten Tropfen in der Flasche würde ich bei meiner Rede bleiben. Pfui, Herr Wirt; so guten Danziger zu haben, und so schlechte Mores! – Einem Manne, wie meinem Herrn, der Jahr und Tag bei Ihm gewohnt, von dem Er schon so manchen schönen Taler gezogen, der in seinem Leben keinen Heller schuldig geblieben ist; weil er ein Paar Monate her nicht prompt bezahlt, weil er nicht mehr so viel aufgehen läßt, – in der Abwesenheit das Zimmer auszuräumen!

DER WIRT. Da ich aber das Zimmer notwendig brauchte? da ich voraus sahe, daß der Herr Major es selbst gutwillig würde geräumt haben, wenn wir nur lange auf seine Zurückkunft hätten warten können? Sollte ich denn so eine fremde Herrschaft wieder von meiner Türe wegfahren lassen? Sollte ich einem andern Wirte so einen Verdienst mutwillig in den Rachen jagen? Und ich glaube nicht einmal, daß sie sonst wo unterkommen wäre. Die Wirtshäuser sind jetzt alle stark besetzt. Sollte eine so junge, schöne, liebenswürdige Dame, auf der Straße bleiben? Dazu ist Sein Herr viel zu galant! Und was verliert er denn dabei? Habe ich ihm nicht ein anderes Zimmer dafür eingeräumt?

JUST. Hinten an dem Taubenschlage; die Aussicht zwischen des Nachbars Feuermauren –

DER WIRT. Die Aussicht war wohl sehr schön, ehe sie der verzweifelte Nachbar verbaute. Das Zimmer ist doch sonst galant, und tapeziert –

JUST. Gewesen!

DER WIRT. Nicht doch, die eine Wand ist es noch. Und Sein Stübchen darneben, Herr Just; was fehlt dem Stübchen? Es hat einen Kamin; der zwar im Winter ein wenig raucht – –

JUST. Aber doch im Sommer recht hübsch läßt. – Herr, ich glaube gar, Er vexiert uns noch oben drein? –

DER WIRT. Nu, nu, Herr Just, Herr Just –

JUST. Mache Er Herr Justen den Kopf nicht warm, oder –

DER WIRT. Ich macht ihn warm? der Danziger tuts! –

JUST. Einen Offizier, wie meinen Herrn! Oder meint Er, daß ein abgedankter Offizier nicht auch ein Offizier ist, der Ihm den Hals brechen kann? Warum waret ihr denn im Kriege so geschmeidig, ihr Herren Wirte? Warum war denn da jeder Offizier ein würdiger Mann, und jeder Soldat ein ehrlicher, braver Kerl? Macht euch das Bißchen Friede schon so übermütig?

DER WIRT. Was ereifert Er sich nun, Herr Just? –

JUST. Ich will mich ereifern. – –

Dritter Auftritt

von Tellheim. Der Wirt. Just

VON TELLHEIM *(im Hereintreten)*. Just!

JUST *(in der Meinung, daß ihn der Wirt nenne)*. Just? – So bekannt sind wir? –

VON TELLHEIM. Just!

JUST. Ich dächte, ich wäre wohl Herr Just für Ihn!

DER WIRT *(der den Major gewahr wird)*. St! st! Herr, Herr, Herr Just, – seh Er sich doch um; Sein Herr – –

VON TELLHEIM. Just, ich glaube, du zankst? Was habe ich dir befohlen?

DER WIRT. O, Ihro Gnaden! zanken? da sei Gott vor! Ihr untertänigster Knecht sollte sich unterstehen, mit einem, der die Gnade hat, Ihnen anzugehören, zu zanken?

JUST. Wenn ich ihm doch eins auf den Katzenbuckel geben dürfte! – –

DER WIRT. Es ist wahr, Herr Just spricht für seinen Herrn, und ein wenig hitzig. Aber daran tut er recht; ich schätze ihn um so viel höher; ich liebe ihn darum. –

JUST. Daß ich ihm nicht die Zähne austreten soll!

DER WIRT. Nur Schade, daß er sich umsonst erhitzet. Denn ich bin gewiß versichert, daß Ihro Gnaden keine Ungnade deswegen auf mich geworfen haben, weil – die Not – mich notwendig –

VON TELLHEIM. Schon zu viel, mein Herr! Ich bin Ihnen schuldig; Sie räumen mir, in meiner Abwesenheit, das Zimmer aus; Sie müssen bezahlt werden; ich muß wo anders unterzukommen suchen. Sehr natürlich! –

DER WIRT. Wo anders? Sie wollen ausziehen, gnädiger Herr? Ich unglücklicher Mann! ich geschlagner Mann! Nein, nimmermehr! Eher muß die Dame das Quartier wieder räumen. Der Herr Major kann ihr, will ihr sein Zimmer nicht lassen; das Zimmer ist sein; sie muß fort; ich kann ihr nicht helfen. Ich gehe, gnädiger Herr – –

VON TELLHEIM. Freund, nicht zwei dumme Streiche für einen! Die Dame muß in dem Besitze des Zimmers bleiben. – –

DER WIRT. Und Ihro Gnaden sollten glauben, daß ich aus Mißtrauen, aus Sorge für meine Bezahlung? – – Als wenn ich nicht wüßte, daß mich Ihro Gnaden bezahlen können, so bald Sie nur wollen. – – Das versiegelte Beutelchen, – fünfhundert Taler Louisdor, stehet darauf, – – welches Ihro Gnaden in dem Schreibepulte stehen gehabt; – – ist in guter Verwahrung. –

VON TELLHEIM. Das will ich hoffen; so wie meine übrige Sachen. – Just soll sie in Empfang nehmen, wenn er Ihnen die Rechnung bezahlt hat. – –

DER WIRT. Wahrhaftig, ich erschrak recht, als ich das Beutelchen fand. – Ich habe immer Ihro Gnaden für einen ordentlichen und vorsichtigen Mann gehalten, der sich niemals ganz ausgibt. – – Aber dennoch, – – wenn ich bar Geld in dem Schreibepulte vermutet hätte – –

VON TELLHEIM. Würden Sie höflicher mit mir verfahren sein. Ich verstehe Sie. – Gehen Sie nur, mein Herr; lassen Sie mich; ich habe mit meinem Bedienten zu sprechen. – –

DER WIRT. Aber gnädiger Herr – –

VON TELLHEIM. Komm Just, der Herr will nicht erlauben, daß ich dir in seinem Hause sage, was du tun sollst. – –

DER WIRT. Ich gehe ja schon, gnädiger Herr! – Mein ganzes Haus ist zu Ihren Diensten.

VIERTER AUFTRITT

von Tellheim. Just

JUST *(der mit dem Fuße stampft, und dem Wirte nachspuckt).* Pfui!

VON TELLHEIM. Was gibts?

JUST. Ich ersticke vor Bosheit.

VON TELLHEIM. Das wäre so viel, als an Vollblütigkeit.

JUST. Und Sie, – Sie erkenne ich nicht mehr, mein Herr. Ich sterbe vor Ihren Augen, wenn Sie nicht der Schutzengel dieses hämischen, unbarmherzigen Rackers sind! Trotz Galgen und Schwert und Rad, hätte ich ihn – hätte ich ihn mit diesen Händen erdrosseln, mit diesen Zähnen zerreißen wollen. –

VON TELLHEIM. Bestie!

JUST. Lieber Bestie, als so ein Mensch!

VON TELLHEIM. Was willst du aber?

JUST. Ich will, daß Sie es empfinden sollen, wie sehr man Sie beleidiget.

VON TELLHEIM. Und dann?

JUST. Daß Sie sich rächten, – Nein, der Kerl ist Ihnen zu gering. –

VON TELLHEIM. Sondern, daß ich es dir auftrüge, mich zu zu rächen? Das war von Anfang mein Gedanke. Er hätte mich nicht wieder mit Augen sehen, und seine Bezahlung aus deinen Händen empfangen sollen. Ich weiß, daß du eine Hand voll Geld mit einer ziemlich verächtlichen Miene hinwerfen kannst. –

JUST. So? eine vortreffliche Rache! –

VON TELLHEIM. Aber die wir noch verschieben müssen. Ich habe keinen Heller bares Geld mehr; ich weiß auch keines aufzutreiben.

JUST. Kein bares Geld? Und was ist denn das für ein Beutel, mit fünfhundert Taler Louisdor, den der Wirt in Ihrem Schreibepulte gefunden?

VON TELLHEIM. Das ist Geld, welches mir aufzuheben gegeben worden.

JUST. Doch nicht die hundert Pistolen, die Ihnen Ihr alter Wachtmeister vor vier oder fünf Wochen brachte?

VON TELLHEIM. Die nämlichen, von Paul Wernern. Warum nicht?

JUST. Diese haben Sie noch nicht gebraucht? Mein Herr, mit diesen können Sie machen, was Sie wollen. Auf meine Verantwortung –

VON TELLHEIM. Wahrhaftig?

JUST. Werner hörte von mir, wie sehr man Sie mit Ihren Forderungen an die Generalkriegskasse aufzieht. Er hörte –

VON TELLHEIM. Daß ich sicherlich zum Bettler werden würde, wenn ich es nicht schon wäre. – Ich bin dir sehr verbunden, Just. – Und diese Nachricht vermochte Wernern, sein Bißchen Armut mit mir zu teilen. – Es ist mir doch lieb, daß ich es erraten habe. – Höre Just, mache mir zugleich auch deine Rechnung; wir sind geschiedene Leute. – –

JUST. Wie? was?

VON TELLHEIM. Kein Wort mehr; es kömmt jemand. –

FÜNFTER AUFTRITT

Eine Dame in Trauer. von Tellheim. Just

DIE DAME. Ich bitte um Verzeihung, mein Herr! –

VON TELLHEIM. Wen suchen Sie, Madame? –

DIE DAME. Eben den würdigen Mann, mit welchem ich die Ehre habe zu sprechen. Sie kennen mich nicht mehr? Ich bin die Witwe Ihres ehemaligen Stabsrittmeisters –
VON TELLHEIM. Um des Himmels willen, gnädige Frau! welche Veränderung! –
DIE DAME. Ich stehe von dem Krankenbette auf, auf das mich der Schmerz über den Verlust meines Mannes warf. Ich muß Ihnen früh beschwerlich fallen, Herr Major. Ich reise auf das Land, wo mir eine gutherzige, aber eben auch nicht glückliche Freundin eine Zuflucht vors erste angeboten. –
VON TELLHEIM *(zu Just).* Geh, laß uns allein. –

Sechster Auftritt

Die Dame. von Tellheim

VON TELLHEIM. Reden Sie frei, gnädige Frau! Vor mir dürfen Sie sich Ihres Unglücks nicht schämen. Kann ich Ihnen worin dienen?
DIE DAME. Mein Herr Major –
VON TELLHEIM. Ich beklage Sie, gnädige Frau! Worin kann ich Ihnen dienen? Sie wissen, Ihr Gemahl war mein Freund; mein Freund, sage ich; ich war immer karg mit diesem Titel.
DIE DAME. Wer weiß es besser, als ich, wie wert Sie seiner Freundschaft waren, wie wert er der Ihrigen war? Sie würden sein letzter Gedanke, Ihr Name der letzte Ton seiner sterbenden Lippen gewesen sein, hätte nicht die stärkere Natur dieses traurige Vorrecht für seinen unglücklichen Sohn, für seine unglückliche Gattin gefordert –
VON TELLHEIM. Hören Sie auf, Madame! Weinen wollte ich mit Ihnen gern; aber ich habe heute keine Tränen. Verschonen Sie mich! Sie finden mich in einer Stunde, wo ich leicht zu verleiten wäre, wider die Vorsicht zu murren. – O mein rechtschaffner Marloff! Geschwind, gnädige Frau, was haben Sie zu befehlen? Wenn ich Ihnen zu dienen im Stande bin, wenn ich es bin –

DIE DAME. Ich darf nicht abreisen, ohne seinen letzten Willen zu vollziehen. Er erinnerte sich kurz vor seinem Ende, daß er als Ihr Schuldner sterbe, und beschwor mich, diese Schuld mit der ersten Barschaft zu tilgen. Ich habe seine Equipage verkauft, und komme seine Handschrift einzulösen. –

VON TELLHEIM. Wie, gnädige Frau? darum kommen Sie?

DIE DAME. Darum. Erlauben Sie, daß ich das Geld aufzähle.

VON TELLHEIM. Nicht doch, Madame! Marloff mir schuldig? das kann schwerlich sein. Lassen Sie doch sehen. *(Er ziehet sein Taschenbuch heraus, und sucht)* Ich finde nichts.

DIE DAME. Sie werden seine Handschrift verlegt haben, und die Handschrift tut nichts zur Sache. – Erlauben Sie –

VON TELLHEIM. Nein, Madame! so etwas pflege ich nicht zu verlegen. Wenn ich sie nicht habe, so ist es ein Beweis, daß ich nie eine gehabt habe, oder daß sie getilgt, und von mir schon zurück gegeben worden.

DIE DAME. Herr Major!

VON TELLHEIM. Ganz gewiß, gnädige Frau. Marloff ist mir nichts schuldig geblieben. Ich wüßte mich auch nicht zu erinnern, daß er mir jemals etwas schuldig gewesen wäre. Nicht anders, Madame; er hat mich vielmehr als seinen Schuldner hinterlassen. Ich habe nie etwas tun können, mich mit einem Manne abzufinden, der sechs Jahre Glück und Unglück, Ehre und Gefahr mit mir geteilet. Ich werde es nicht vergessen, daß ein Sohn von ihm da ist. Er wird mein Sohn sein, so bald ich sein Vater sein kann. Die Verwirrung, in der ich mich jetzt selbst befinde –

DIE DAME. Edelmütiger Mann! Aber denken Sie auch von mir nicht zu klein. Nehmen Sie das Geld, Herr Major; so bin ich wenigstens beruhiget. –

VON TELLHEIM. Was brauchen Sie zu Ihrer Beruhigung weiter, als meine Versicherung, daß mir dieses Geld nicht gehöret? Oder wollen Sie, daß ich die unerzogene Waise meines Freundes bestehlen soll? Bestehlen, Madame; das würde es in dem eigentlichsten Verstande sein. Ihm gehört es; für ihn legen Sie es an. –

DIE DAME. Ich verstehe Sie; verzeihen Sie nur, wenn ich noch

nicht recht weiß, wie man Wohltaten annehmen muß. Woher wissen es denn aber auch Sie, daß eine Mutter mehr für ihren Sohn tut, als sie für ihr eigen Leben tun würde? Ich gehe –
VON TELLHEIM. Gehen Sie, Madame, gehen Sie! Reisen Sie glücklich! Ich bitte Sie nicht, mir Nachricht von Ihnen zu geben. Sie möchte mir zu einer Zeit kommen, wo ich sie nicht nutzen könnte. Aber noch eines, gnädige Frau; bald hätte ich das Wichtigste vergessen. Marloff hat noch an der Kasse unsers ehemaligen Regiments zu fodern. Seine Foderungen sind so richtig, wie die meinigen. Werden meine bezahlt, so müssen auch die seinigen bezahlt werden. Ich hafte dafür. –
DIE DAME. O! mein Herr – Aber ich schweige lieber. – Künftige Wohltaten so vorbereiten, heißt sie in den Augen des Himmels schon erwiesen haben. Empfangen Sie seine Belohnung, und meine Tränen! *(Geht ab)*

SIEBENTER AUFTRITT

VON TELLHEIM

Armes, braves Weib! Ich muß nicht vergessen, den Bettel zu vernichten. *(Er nimmt aus seinem Taschenbuche Briefschaften, die er zerreißt)* Wer steht mir dafür, daß eigner Mangel mich nicht einmal verleiten könnte, Gebrauch davon zu machen?

ACHTER AUFTRITT

Just. von Tellheim

VON TELLHEIM. Bist du da?
JUST *(indem er sich die Augen wischt)*. Ja!
VON TELLHEIM. Du hast geweint?
JUST. Ich habe in der Küche meine Rechnung geschrieben, und die Küche ist voll Rauch. Hier ist sie, mein Herr!

VON TELLHEIM. Gib her.
JUST. Haben Sie Barmherzigkeit mit mir, mein Herr. Ich weiß wohl, daß die Menschen mit Ihnen keine haben; aber –
VON TELLHEIM. Was willst du?
JUST. Ich hätte mir ehr den Tod, als meinen Abschied vermutet.
VON TELLHEIM. Ich kann dich nicht länger brauchen; ich muß mich ohne Bedienten behelfen lernen. *(Schlägt die Rechnung auf, und lieset)* »Was der Herr Major mir schuldig: Drei und einen halben Monat Lohn, den Monat 6 Taler, macht 21 Taler. Seit dem Ersten dieses, an Kleinigkeiten ausgelegt, 1 Taler 7 Gr. 9 Pf. Summa Summarum, 22 Taler 7 Gr. 9 Pf.« – Gut, und es ist billig, daß ich dir diesen laufenden Monat ganz bezahle.
JUST. Die andere Seite, Herr Major –
VON TELLHEIM. Noch mehr? *(Lieset)* »Was dem Herrn Major ich schuldig: An den Feldscher für mich bezahlt, 25 Taler. Für Wartung und Pflege, während meiner Kur, für mich bezahlt, 39 Tlr. Meinem abgebrannten und geplünderten Vater, auf meine Bitte, vorgeschossen, ohne die zwei Beutepferde zu rechnen, die er ihm geschenkt, 50 Taler. Summa Summarum, 114 Taler. Davon abgezogen vorstehende 22 Tl. 7 Gr. 9 Pf. bleibe dem Herrn Major schuldig, 91 Tlr. 16 Gr. 3 Pf.« – Kerl, du bist toll! –
JUST. Ich glaube es gern, daß ich Ihnen weit mehr koste. Aber es wäre verlorne Dinte, es dazu zu schreiben. Ich kann Ihnen das nicht bezahlen, und wenn Sie mir vollends die Liverei nehmen, die ich auch noch nicht verdient habe, – so wollte ich lieber, Sie hätten mich in dem Lazarette krepieren lassen.
VON TELLHEIM. Wofür siehst du mich an? Du bist mir nichts schuldig, und ich will dich einem von meinen Bekannten empfehlen, bei dem du es besser haben sollst, als bei mir.
JUST. Ich bin Ihnen nichts schuldig, und doch wollen Sie mich verstoßen?
VON TELLHEIM. Weil ich dir nichts schuldig werden will.
JUST. Darum? nur darum? – So gewiß ich Ihnen schuldig bin, so gewiß Sie mir nichts schuldig werden können, so gewiß

sollen Sie mich nun nicht verstoßen. – Machen Sie, was Sie wollen, Herr Major; ich bleibe bei Ihnen; ich muß bei Ihnen bleiben. –

VON TELLHEIM. Und deine Hartnäckigkeit, dein Trotz, dein wildes ungestümes Wesen gegen alle, von denen du meinest, daß sie dir nichts zu sagen haben, deine tückische Schadenfreude, deine Rachsucht – –

JUST. Machen Sie mich so schlimm, wie Sie wollen; ich will darum doch nicht schlechter von mir denken, als von meinem Hunde. Vorigen Winter ging ich in der Dämmerung an dem Kanale, und hörte etwas winseln. Ich stieg herab, und griff nach der Stimme, und glaubte ein Kind zu retten, und zog einen Budel aus dem Wasser. Auch gut; dachte ich. Der Budel kam mir nach; aber ich bin kein Liebhaber von Budeln. Ich jagte ihn fort, umsonst; ich prügelte ihn von mir, umsonst. Ich ließ ihn des Nachts nicht in meine Kammer; er blieb vor der Tür auf der Schwelle. Wo er mir zu nahe kam, stieß ich ihn mit dem Fuße; er schrie, sahe mich an, und wedelte mit dem Schwanze. Noch hat er keinen Bissen Brod aus meiner Hand bekommen; und doch bin ich der einzige, dem er hört, und der ihn anrühren darf. Er springt vor mir her, und macht mir seine Künste unbefohlen vor. Es ist ein häßlicher Budel, aber ein gar zu guter Hund. Wenn er es länger treibt, so höre ich endlich auf, den Budeln gram zu sein.

VON TELLHEIM *(bei Seite)*. So wie ich ihm! Nein, es gibt keine völlige Unmenschen! – – Just, wir bleiben beisammen.

JUST. Ganz gewiß! – Sie wollten sich ohne Bedienten behelfen? Sie vergessen Ihrer Blessuren, und daß Sie nur eines Armes mächtig sind. Sie können sich ja nicht allein ankleiden. Ich bin Ihnen unentbehrlich; und bin, – – ohne mich selbst zu rühmen, Herr Major – und bin ein Bedienter, der – wenn das Schlimmste zum Schlimmen kömmt, – für seinen Herrn betteln und stehlen kann.

VON TELLHEIM. Just, wir bleiben nicht beisammen.

JUST. Schon gut!

Neunter Auftritt

Ein Bedienter. von Tellheim. Just

DER BEDIENTE. Bst! Kamerad!
JUST. Was gibts?
DER BEDIENTE. Kann Er mir nicht den Offizier nachweisen, der gestern noch in diesem Zimmer *(auf eines an der Seite zeigend, von welcher er herkömmt)* gewohnt hat?
JUST. Das dürfte ich leicht können. Was bringt Er ihm?
DER BEDIENTE. Was wir immer bringen, wenn wir nichts bringen; ein Kompliment. Meine Herrschaft hört, daß er durch sie verdrängt worden. Meine Herrschaft weiß zu leben, und ich soll ihn desfalls um Verzeihung bitten.
JUST. Nun so bitte Er ihn um Verzeihung; da steht er.
DER BEDIENTE. Was ist er? Wie nennt man ihn?
VON TELLHEIM. Mein Freund, ich habe Euern Auftrag schon gehört. Es ist eine überflüssige Höflichkeit von Eurer Herrschaft, die ich erkenne, wie ich soll. Macht ihr meinen Empfehl. – Wie heißt Eure Herrschaft? –
DER BEDIENTE. Wie sie heißt? Sie läßt sich gnädiges Fräulein heißen.
VON TELLHEIM. Und ihr Familienname?
DER BEDIENTE. Den habe ich noch nicht gehört, und darnach zu fragen, ist meine Sache nicht. Ich richte mich so ein, daß ich, meistenteils aller sechs Wochen, eine neue Herrschaft habe. Der Henker behalte alle ihre Namen! –
JUST. Bravo, Kamerad!
DER BEDIENTE. Zu dieser bin ich erst vor wenigen Tagen in Dresden gekommen. Sie sucht, glaube ich, hier ihren Bräutigam. –
VON TELLHEIM. Genug, mein Freund. Den Namen Eurer Herrschaft wollte ich wissen; aber nicht ihre Geheimnisse. Geht nur!
DER BEDIENTE. Kamerad, das wäre kein Herr für mich!

Zehnter Auftritt

von Tellheim. Just

VON TELLHEIM. Mache, Just, mache, daß wir aus diesem Hause kommen! Die Höflichkeit der fremden Dame ist mir empfindlicher, als die Grobheit des Wirts. Hier nimm diesen Ring; die einzige Kostbarkeit, die mir übrig ist; von der ich nie geglaubt hätte, einen solchen Gebrauch zu machen! – Versetze ihn! laß dir achtzig Friedrichsdor darauf geben; die Rechnung des Wirts kann keine dreißig betragen. Bezahle ihn, und räume meine Sachen – Ja, wohin? – Wohin du willst. Der wohlfeilste Gasthof der beste. Du sollst mich hier neben an, auf dem Kaffeehause, treffen. Ich gehe, mache deine Sache gut. –

JUST. Sorgen Sie nicht, Herr Major! –

VON TELLHEIM *(kömmt wieder zurück)*. Vor allen Dingen, daß meine Pistolen, die hinter dem Bette gehangen, nicht vergessen werden.

JUST. Ich will nichts vergessen.

VON TELLHEIM *(kömmt nochmals zurück)*. Noch eins: nimm mir auch deinen Budel mit; hörst du, Just! –

Eilfter Auftritt

JUST

Der Budel wird nicht zurück bleiben. Dafür laß ich den Budel sorgen. – Hm! auch den kostbaren Ring hat der Herr noch gehabt? Und trug ihn in der Tasche, anstatt am Finger? – Guter Wirt, wir sind so kahl noch nicht, als wir scheinen. Bei ihm, bei ihm selbst will ich dich versetzen, schönes Ringelchen! Ich weiß, er ärgert sich, daß du in seinem Hause nicht ganz sollst verzehrt werden! – Ah –

Zwölfter Auftritt

Paul Werner. Just

JUST. Sieh da, Werner! guten Tag, Werner! willkommen in der Stadt!
WERNER. Das verwünschte Dorf! Ich kanns unmöglich wieder gewohnt werden. Lustig, Kinder, lustig; ich bringe frisches Geld! Wo ist der Major?
JUST. Er muß dir begegnet sein; er ging eben die Treppe herab.
WERNER. Ich komme die Hintertreppe herauf. Nun wie gehts ihm? Ich wäre schon vorige Woche bei euch gewesen, aber –
JUST. Nun? was hat dich abgehalten? –
WERNER. – Just, – hast du von dem Prinzen Heraklius gehört?
JUST. Heraklius? Ich wüßte nicht.
WERNER. Kennst du den großen Helden im Morgenlande nicht?
JUST. Die Weisen aus dem Morgenlande kenn ich wohl, die ums Neujahr mit dem Sterne herumlaufen. – –
WERNER. Mensch, ich glaube, du liesest eben so wenig die Zeitungen, als die Bibel? – Du kennst den Prinz Heraklius nicht? den braven Mann nicht, der Persien weggenommen, und nächster Tage die Ottomannische Pforte einsprengen wird? Gott sei Dank, daß doch noch irgendwo in der Welt Krieg ist! Ich habe lange genug gehofft, es sollte hier wieder losgehen. Aber da sitzen sie, und heilen sich die Haut. Nein, Soldat war ich, Soldat muß ich wieder sein! Kurz, – *(indem er sich schüchtern umsieht, ob ihn jemand behorcht)* im Vertrauen, Just; ich wandere nach Persien, um unter Sr. Königlichen Hoheit, dem Prinzen Heraklius, ein Paar Feldzüge wider den Türken zu machen.
JUST. Du?
WERNER. Ich, wie du mich hier siehst! Unsere Vorfahren zogen fleißig wider den Türken; und das sollten wir noch tun, wenn wir ehrliche Kerls, und gute Christen wären. Freilich begreife ich wohl, daß ein Feldzug wider den Tür-

ken nicht halb so lustig sein kann, als einer wider den Franzosen; aber dafür muß er auch desto verdienstlicher sein, in diesem und in jenem Leben. Die Türken haben dir alle Säbels, mit Diamanten besetzt –
JUST. Um mir von so einem Säbel den Kopf spalten zu lassen, reise ich nicht eine Meile. Du wirst doch nicht toll sein, und dein schönes Schulzengerichte verlassen? –
WERNER. O, das nehme ich mit! – Merkst du was? – Das Gütchen ist verkauft –
JUST. Verkauft?
WERNER. St! – hier sind hundert Dukaten, die ich gestern auf den Kauf bekommen; die bring ich dem Major –
JUST. Und was soll der damit?
WERNER. Was er damit soll? Verzehren soll er sie; verspielen, vertrinken, ver – wie er will. Der Mann muß Geld haben, und es ist schlecht genug, daß man ihm das seinige so sauer macht! Aber ich wüßte schon, was ich täte, wenn ich an seiner Stelle wäre! Ich dächte: hol euch hier alle der Henker; und ginge mit Paul Wernern, nach Persien! – Blitz! – der Prinz Heraklius muß ja wohl von dem Major Tellheim gehört haben; wenn er auch schon seinen gewesenen Wachtmeister, Paul Wernern, nicht kennt. Unsere Affaire bei den Katzenhäusern –
JUST. Soll ich dir die erzählen? –
WERNER. Du mir? – Ich merke wohl, daß eine schöne Disposition über deinen Verstand geht. Ich will meine Perlen nicht vor die Säue werfen. – Da nimm die hundert Dukaten; gib sie dem Major. Sage ihm: er soll mir auch die aufheben. Ich muß jetzt auf den Markt; ich habe zwei Winspel Rocken herein geschickt; was ich daraus löse, kann er gleichfalls haben. –
JUST. Werner, du meinest es herzlich gut; aber wir mögen dein Geld nicht. Behalte deine Dukaten, und deine hundert Pistolen kannst du auch unversehrt wieder bekommen, sobald als du willst. –
WERNER. So? hat denn der Major noch Geld?
JUST. Nein.
WERNER. Hat er sich wo welches geborgt?

JUST. Nein.

WERNER. Und wovon lebt ihr denn?

JUST. Wir lassen anschreiben, und wenn man nicht mehr anschreiben will, und uns zum Hause herauswirft, so versetzen wir, was wir noch haben, und ziehen weiter. – Höre nur, Paul; dem Wirte hier müssen wir einen Possen spielen.

WERNER. Hat er dem Major was in den Weg gelegt? – Ich bin dabei! –

JUST. Wie wärs, wenn wir ihm des Abends, wenn er aus der Tabagie kömmt, aufpaßten, und ihn brav durchprügelten? –

WERNER. Des Abends? – aufpaßten? – ihrer zwei, einem? – Das ist nichts. –

JUST. Oder, wenn wir ihm das Haus über dem Kopf ansteckten? –

WERNER. Sengen und brennen? – Kerl, man hörts, daß du Packknecht gewesen bist, und nicht Soldat; – pfui!

JUST. Oder, wenn wir ihm seine Tochter zur Hure machten? Sie ist zwar verdammt häßlich –

WERNER. O, da wird sies lange schon sein! Und allenfalls brauchst du auch hierzu keinen Gehülfen. Aber was hast du denn? Was gibts denn?

JUST. Komm nur, du sollst dein Wunder hören!

WERNER. So ist der Teufel wohl hier gar los?

JUST. Ja wohl; komm nur!

WERNER. Desto besser! Nach Persien also, nach Persien!

Ende des ersten Aufzugs

ZWEITER AUFZUG

Erster Auftritt

Minna von Barnhelm. Franziska
(Die Szene ist in dem Zimmer des Fräuleins)

DAS FRÄULEIN *(im Negligee, nach ihrer Uhr sehend).* Franziska, wir sind auch sehr früh aufgestanden. Die Zeit wird uns lang werden.

FRANZISKA. Wer kann in den verzweifelten großen Städten schlafen? Die Karossen, die Nachtwächter, die Trommeln, die Katzen, die Korporals – das hört nicht auf zu rasseln, zu schreien, zu wirbeln, zu mauen, zu fluchen; gerade, als ob die Nacht zu nichts weniger wäre, als zur Ruhe. – Eine Tasse Tee, gnädiges Fräulein? –

DAS FRÄULEIN. Der Tee schmeckt mir nicht. –

FRANZISKA. Ich will von unserer Schokolate machen lassen.

DAS FRÄULEIN. Laß machen, für dich!

FRANZISKA. Für mich? Ich wollte eben so gern für mich allein plaudern, als für mich allein trinken. – Freilich wird uns die Zeit so lang werden. – Wir werden, vor langer Weile, uns putzen müssen, und das Kleid versuchen, in welchem wir den ersten Sturm geben wollen.

DAS FRÄULEIN. Was redest du von Stürmen, da ich bloß herkomme, die Haltung der Kapitulation zu fordern?

FRANZISKA. Und der Herr Offizier, den wir vertrieben, und dem wir das Kompliment darüber machen lassen; er muß auch nicht die feinste Lebensart haben; sonst hätte er wohl um die Ehre können bitten lassen, uns seine Aufwartung machen zu dürfen. –

DAS FRÄULEIN. Es sind nicht alle Offiziere Tellheims. Die Wahrheit zu sagen, ich ließ ihm das Kompliment auch bloß machen, um Gelegenheit zu haben, mich nach diesem bei ihm zu erkundigen. – Franziska, mein Herz sagt es mir, daß meine Reise glücklich sein wird, daß ich ihn finden werde. –

FRANZISKA. Das Herz, gnädiges Fräulein? Man traue doch ja seinem Herzen nicht zu viel. Das Herz redet uns gewaltig gern nach dem Maule. Wenn das Maul eben so geneigt wäre, nach dem Herzen zu reden, so wäre die Mode längst aufgekommen, die Mäuler unterm Schlosse zu tragen.

DAS FRÄULEIN. Ha! ha! mit deinen Mäulern unterm Schlosse! Die Mode wäre mir eben recht!

FRANZISKA. Lieber die schönsten Zähne nicht gezeigt, als alle Augenblicke das Herz darüber springen lassen!

DAS FRÄULEIN. Was? bist du so zurückhaltend? –

FRANZISKA. Nein, gnädiges Fräulein; sondern ich wollte es gern mehr sein. Man spricht selten von der Tugend, die man hat; aber desto öfter von der, die uns fehlt.

DAS FRÄULEIN. Siehst du, Franziska? da hast du eine sehr gute Anmerkung gemacht. –

FRANZISKA. Gemacht? macht man das, was einem so einfällt? –

DAS FRÄULEIN. Und weißt du, warum ich eigentlich diese Anmerkung so gut finde? Sie hat viele Beziehung auf meinen Tellheim.

FRANZISKA. Was hätte bei Ihnen nicht auch Beziehung auf ihn?

DAS FRÄULEIN. Freund und Feind sagen, daß er der tapferste Mann von der Welt ist. Aber wer hat ihn von Tapferkeit jemals reden hören? Er hat das rechtschaffenste Herz, aber Rechtschaffenheit und Edelmut sind Worte, die er nie auf die Zunge bringt.

FRANZISKA. Von was für Tugenden spricht er denn?

DAS FRÄULEIN. Er spricht von keiner; denn ihm fehlt keine.

FRANZISKA. Das wollte ich nur hören.

DAS FRÄULEIN. Warte, Franziska; ich besinne mich. Er spricht sehr oft von Ökonomie. Im Vertrauen, Franziska; ich glaube, der Mann ist ein Verschwender.

FRANZISKA. Noch eins, gnädiges Fräulein. Ich habe ihn auch sehr oft der Treue und Beständigkeit gegen Sie erwähnen hören. Wie, wenn der Herr auch ein Flattergeist wäre?

DAS FRÄULEIN. Du Unglückliche! – Aber meinest du das im Ernste, Franziska?
FRANZISKA. Wie lange hat er Ihnen nun schon nicht geschrieben?
DAS FRÄULEIN. Ach! seit dem Frieden hat er mir nur ein einzigesmal geschrieben.
FRANZISKA. Auch ein Seufzer wider den Frieden! Wunderbar! der Friede sollte nur das Böse wieder gut machen, das der Krieg gestiftet, und er zerrüttet auch das Gute, was dieser sein Gegenpart etwa noch veranlasset hat. Der Friede sollte so eigensinnig nicht sein! – Und wie lange haben wir schon Friede? Die Zeit wird einem gewaltig lang, wenn es so wenig Neuigkeiten gibt. – Umsonst gehen die Posten wieder richtig; niemand schreibt; denn niemand hat was zu schreiben.
DAS FRÄULEIN. Es ist Friede, schrieb er mir, und ich nähere mich der Erfüllung meiner Wünsche. Aber, daß er mir dieses nur einmal, nur ein einzigesmal geschrieben –
FRANZISKA. Daß er uns zwingt, dieser Erfüllung der Wünsche selbst entgegen zu eilen: finden wir ihn nur; das soll er uns entgelten! – Wenn indes der Mann doch Wünsche erfüllt hätte, und wir erführen hier –
DAS FRÄULEIN *(ängstlich und hitzig)*. Daß er tod wäre?
FRANZISKA. Für Sie, gnädiges Fräulein; in den Armen einer andern. –
DAS FRÄULEIN. Du Quälgeist! Warte, Franziska, er soll dir es gedenken! – Doch schwatze nur; sonst schlafen wir wieder ein. – Sein Regiment ward nach dem Frieden zerrissen. Wer weiß, in welche Verwirrung von Rechnungen und Nachweisungen er dadurch geraten? Wer weiß, zu welchem andern Regimente, in welche entlegne Provinz, er versetzt worden? Wer weiß, welche Umstände – Es pocht jemand.
FRANZISKA. Herein!

Zweiter Auftritt

Der Wirt. Die Vorigen

DER WIRT *(den Kopf voransteckend).* Ist es erlaubt, meine gnädige Herrschaft?
FRANZISKA. Unser Herr Wirt? – Nur vollends herein.
DER WIRT *(mit einer Feder hinter dem Ohre, ein Blatt Papier und Schreibzeug in der Hand).* Ich komme, gnädiges Fräulein, Ihnen einen untertänigen guten Morgen zu wünschen, – *(zur Franziska)* und auch Ihr, mein schönes Kind, –
FRANZISKA. Ein höflicher Mann!
DAS FRÄULEIN. Wir bedanken uns.
FRANZISKA. Und wünschen Ihm auch einen guten Morgen.
DER WIRT. Darf ich mich unterstehen zu fragen, wie Ihro Gnaden die erste Nacht unter meinem schlechten Dache geruhet? –
FRANZISKA. Das Dach ist so schlecht nicht, Herr Wirt; aber die Betten hätten besser sein können.
DER WIRT. Was höre ich? Nicht wohl geruht? Vielleicht, daß die gar zu große Ermüdung von der Reise –
DAS FRÄULEIN. Es kann sein.
DER WIRT. Gewiß, gewiß! denn sonst – Indes sollte etwas nicht vollkommen nach Ihro Gnaden Bequemlichkeit gewesen sein, so geruhen Ihro Gnaden, nur zu befehlen.
FRANZISKA. Gut, Herr Wirt, gut! Wir sind auch nicht blöde; und am wenigsten muß man im Gasthofe blöde sein. Wir wollen schon sagen, wie wir es gern hätten.
DER WIRT. Hiernächst komme ich zugleich – *(indem er die Feder hinter dem Ohr hervorzieht)*
FRANZISKA. Nun? –
DER WIRT. Ohne Zweifel kennen Ihro Gnaden schon die weisen Verordnungen unserer Polizei. –
DAS FRÄULEIN. Nicht im geringsten, Herr Wirt –
DER WIRT. Wir Wirte sind angewiesen, keinen Fremden, wes Standes und Geschlechts er auch sei, vier und zwanzig Stunden zu behausen, ohne seinen Namen, Heimat, Charakter, hiesige Geschäfte, vermutliche Dauer des Aufent-

halts, und so weiter, gehörigen Orts schriftlich einzureichen.
DAS FRÄULEIN. Sehr wohl.
DER WIRT. Ihro Gnaden werden also sich gefallen lassen – *(indem er an einen Tisch tritt, und sich fertig macht, zu schreiben)*
DAS FRÄULEIN. Sehr gern. – Ich heiße –
DER WIRT. Einen kleinen Augenblick Geduld! – *(Er schreibt)* »Dato, den 22. August a. c. allhier zum Könige von Spanien angelangt« – Nun Dero Namen, gnädiges Fräulein?
DAS FRÄULEIN. Das Fräulein von Barnhelm.
DER WIRT *(schreibt).* »von Barnhelm« – Kommend? woher, gnädiges Fräulein?
DAS FRÄULEIN. Von meinen Gütern aus Sachsen.
DER WIRT *(schreibt).* »Gütern aus Sachsen« – Aus Sachsen! Ei, ei, aus Sachsen, gnädiges Fräulein? aus Sachsen?
FRANZISKA. Nun? warum nicht? Es ist doch wohl hier zu Lande keine Sünde, aus Sachsen zu sein?
DER WIRT. Eine Sünde? behüte! das wäre ja eine ganz neue Sünde! – Aus Sachsen also? Ei, ei! aus Sachsen! das liebe Sachsen! – Aber wo mir recht ist, gnädiges Fräulein, Sachsen ist nicht klein, und hat mehrere, – wie soll ich es nennen? – Distrikte, Provinzen. – Unsere Polizei ist sehr exakt, gnädiges Fräulein. –
DAS FRÄULEIN. Ich verstehe: von meinen Gütern aus Thüringen also.
DER WIRT. Aus Thüringen! Ja, das ist besser, gnädiges Fräulein, das ist genauer. – *(Schreibt und liest)* »Das Fräulein von Barnhelm, kommend von ihren Gütern aus Thüringen, nebst einer Kammerfrau und zwei Bedienten« –
FRANZISKA. Einer Kammerfrau? das soll ich wohl sein?
DER WIRT. Ja, mein schönes Kind. –
FRANZISKA. Nun, Herr Wirt, so setzen Sie anstatt Kammerfrau, Kammerjungfer. – Ich höre, die Polizei ist sehr exakt; es möchte ein Mißverständnis geben, welches mir bei meinem Aufgebote einmal Händel machen könnte. Denn ich bin wirklich noch Jungfer, und heiße Franziska; mit dem

Geschlechtsnamen, Willig; Franziska Willig. Ich bin auch aus Thüringen. Mein Vater war Müller auf einem von den Gütern des gnädigen Fräuleins. Es heißt klein Rammsdorf. Die Mühle hat jetzt mein Bruder. Ich kam sehr jung auf den Hof, und ward mit dem gnädigen Fräulein erzogen. Wir sind von einem Alter; künftige Lichtmeß ein und zwanzig Jahr. Ich habe alles gelernt, was das gnädige Fräulein gelernt hat. Es soll mir lieb sein, wenn mich die Polizei recht kennt.

DER WIRT. Gut, mein schönes Kind; das will ich mir auf weitere Nachfrage merken – Aber nunmehr, gnädiges Fräulein, Dero Verrichtungen allhier? –

DAS FRÄULEIN. Meine Verrichtungen?

DER WIRT. Suchen Ihro Gnaden etwas bei des Königs Majestät?

DAS FRÄULEIN. O, nein!

DER WIRT. Oder bei unsern hohen Justizkollegiis?

DAS FRÄULEIN. Auch nicht.

DER WIRT. Oder –

DAS FRÄULEIN. Nein, nein. Ich bin lediglich in meinen eigenen Angelegenheiten hier.

DER WIRT. Ganz wohl, gnädiges Fräulein; aber wie nennen sich diese eigne Angelegenheiten?

DAS FRÄULEIN. Sie nennen sich – Franziska, ich glaube wir werden vernommen.

FRANZISKA. Herr Wirt, die Polizei wird doch nicht die Geheimnisse eines Frauenzimmers zu wissen verlangen?

DER WIRT. Allerdings, mein schönes Kind: die Polizei will alles, alles wissen; und besonders Geheimnisse.

FRANZISKA. Ja nun, gnädiges Fräulein; was ist zu tun? – So hören Sie nur, Herr Wirt; – aber daß es ja unter uns und der Polizei bleibt! –

DAS FRÄULEIN. Was wird ihm die Närrin sagen?

FRANZISKA. Wir kommen, dem Könige einen Offizier wegzukapern –

DER WIRT. Wie? was? Mein Kind! mein Kind! –

FRANZISKA. Oder uns von dem Offiziere kapern zu lassen. Beides ist eins.

DAS FRÄULEIN. Franziska, bist du toll? – Herr Wirt, die Nasenweise hat Sie zum besten. –
DER WIRT. Ich will nicht hoffen! Zwar mit meiner Wenigkeit kann sie scherzen so viel, wie sie will; nur mit einer hohen Polizei –
DAS FRÄULEIN. Wissen Sie was, Herr Wirt? – Ich weiß mich in dieser Sache nicht zu nehmen. Ich dächte, Sie ließen die ganze Schreiberei bis auf die Ankunft meines Oheims. Ich habe Ihnen schon gestern gesagt, warum er nicht mit mir zugleich angekommen. Er verunglückte, zwei Meilen von hier, mit seinem Wagen; und wollte durchaus nicht, daß mich dieser Zufall eine Nacht mehr kosten sollte. Ich mußte also voran. Wenn er vier und zwanzig Stunden nach mir eintrifft, so ist es das längste.
DER WIRT. Nun ja, gnädiges Fräulein, so wollen wir ihn erwarten.
DAS FRÄULEIN. Er wird auf Ihre Fragen besser antworten können. Er wird wissen, wem, und wie weit er sich zu entdecken hat; was er von seinen Geschäften anzeigen muß, und was er davon verschweigen darf.
DER WIRT. Desto besser! Freilich, freilich kann man von einem jungen Mädchen *(die Franziska mit einer bedeutenden Miene ansehend)* nicht verlangen, daß es eine ernsthafte Sache, mit ernsthaften Leuten, ernsthaft traktiere –
DAS FRÄULEIN. Und die Zimmer für ihn, sind doch in Bereitschaft, Herr Wirt?
DER WIRT. Völlig, gnädiges Fräulein, völlig; bis auf das eine –
FRANZISKA. Aus dem Sie vielleicht auch noch erst einen ehrlichen Mann vertreiben müssen?
DER WIRT. Die Kammerjungfern aus Sachsen, gnädiges Fräulein, sind wohl sehr mitleidig. –
DAS FRÄULEIN. Doch, Herr Wirt; das haben Sie nicht gut gemacht. Lieber hätten Sie uns nicht einnehmen sollen.
DER WIRT. Wie so, gnädiges Fräulein, wie so?
DAS FRÄULEIN. Ich höre, daß der Offizier, welcher durch uns verdrängt worden –
DER WIRT. Ja nur ein abgedankter Offizier ist, gnädiges Fräulein. –

DAS FRÄULEIN. Wenn schon! –
DER WIRT. Mit dem es zu Ende geht. –
DAS FRÄULEIN. Desto schlimmer! Es soll ein sehr verdienter Mann sein.
DER WIRT. Ich sage Ihnen ja, daß er abgedankt ist.
DAS FRÄULEIN. Der König kann nicht alle verdiente Männer kennen.
DER WIRT. O gewiß, er kennt sie, er kennt sie alle. –
DAS FRÄULEIN. So kann er sie nicht alle belohnen.
DER WIRT. Sie wären alle belohnt, wenn sie darnach gelebt hätten. Aber so lebten die Herren, währendes Krieges, als ob ewig Krieg bleiben würde; als ob das Dein und Mein ewig aufgehoben sein würde. Jetzt liegen alle Wirtshäuser und Gasthöfe von ihnen voll; und ein Wirt hat sich wohl mit ihnen in Acht zu nehmen. Ich bin mit diesem noch so ziemlich weggekommen. Hatte er gleich kein Geld mehr, so hatte er doch noch Geldeswert; und zwei, drei Monate hätte ich ihn freilich noch ruhig können sitzen lassen. Doch besser ist besser. – A propos, gnädiges Fräulein; Sie verstehen sich doch auf Juwelen? –
DAS FRÄULEIN. Nicht sonderlich.
DER WIRT. Was sollten Ihro Gnaden nicht? – Ich muß Ihnen einen Ring zeigen, einen kostbaren Ring. Zwar gnädiges Fräulein haben da auch einen sehr schönen am Finger, und je mehr ich ihn betrachte, je mehr muß ich mich wundern, daß er dem meinigen so ähnlich ist. – O! sehen Sie doch, sehen Sie doch! *(indem er ihn aus dem Futteral heraus nimmt, und der Fräulein zureicht)* Welch ein Feuer! der mittelste Brillant allein, wiegt über fünf Karat.
DAS FRÄULEIN *(ihn betrachtend).* Wo bin ich? was seh ich? Dieser Ring –
DER WIRT. Ist seine funfzehnhundert Taler unter Brüdern wert.
DAS FRÄULEIN. Franziska! – Sieh doch! –
DER WIRT. Ich habe mich auch nicht einen Augenblick bedacht, achtzig Pistolen darauf zu leihen.
DAS FRÄULEIN. Erkennst du ihn nicht, Franziska?
FRANZISKA. Der nämliche! – Herr Wirt, wo haben Sie diesen Ring her? –

DER WIRT. Nun, mein Kind? Sie hat doch wohl kein Recht daran?
FRANZISKA. Wir kein Recht an diesem Ringe? – Inwärts auf dem Kasten muß der Fräulein verzogener Name stehn. – Weisen Sie doch, Fräulein.
DAS FRÄULEIN. Er ists, er ists! – Wie kommen Sie zu diesem Ringe, Herr Wirt?
DER WIRT. Ich? auf die ehrlichste Weise von der Welt. – Gnädiges Fräulein, gnädiges Fräulein, Sie werden mich nicht in Schaden und Unglück bringen wollen? Was weiß ich, wo sich der Ring eigentlich herschreibt? Währendes Krieges hat manches seinen Herrn, sehr oft, mit und ohne Vorbewußt des Herrn, verändert. Und Krieg war Krieg. Es werden mehr Ringe aus Sachsen über die Grenze gegangen sein. – Geben Sie mir ihn wieder, gnädiges Fräulein, geben Sie mir ihn wieder!
FRANZISKA. Erst geantwortet: von wem haben Sie ihn?
DER WIRT. Von einem Manne, dem ich so was nicht zutrauen kann; von einem sonst guten Manne –
DAS FRÄULEIN. Von dem besten Manne unter der Sonne, wenn Sie ihn von seinem Eigentümer haben. – Geschwind bringen Sie mir den Mann! Er ist es selbst, oder wenigstens muß er ihn kennen.
DER WIRT. Wer denn? wen denn, gnädiges Fräulein?
FRANZISKA. Hören Sie denn nicht? unsern Major.
DER WIRT. Major? Recht, er ist Major, der dieses Zimmer vor Ihnen bewohnt hat, und von dem ich ihn habe.
DAS FRÄULEIN. Major von Tellheim?
DER WIRT. Von Tellheim; ja! Kennen Sie ihn?
DAS FRÄULEIN. Ob ich ihn kenne? Er ist hier? Tellheim ist hier? Er, er hat in diesem Zimmer gewohnt? Er, er hat Ihnen diesen Ring versetzt? Wie kommt der Mann in diese Verlegenheit? Wo ist er? Er ist Ihnen schuldig? – – Franziska, die Schatulle her! Schließ auf! *(Indem sie Franziska auf den Tisch setzet, und öffnet)* Was ist er Ihnen schuldig? Wem ist er mehr schuldig? Bringen Sie mir alle seine Schuldner. Hier ist Geld. Hier sind Wechsel. Alles ist sein!
DER WIRT. Was höre ich?

DAS FRÄULEIN. Wo ist er? wo ist er?
DER WIRT. Noch vor einer Stunde war er hier.
DAS FRÄULEIN. Häßlicher Mann, wie konnten Sie gegen ihn so unfreundlich, so hart, so grausam sein?
DER WIRT. Ihro Gnaden verzeihen –
DAS FRÄULEIN. Geschwind, schaffen Sie mir ihn zur Stelle.
DER WIRT. Sein Bedienter ist vielleicht noch hier. Wollen Ihro Gnaden, daß er ihn aufsuchen soll?
DAS FRÄULEIN. Ob ich will? Eilen Sie, laufen Sie; für diesen Dienst allein, will ich es vergessen, wie schlecht Sie mit ihm umgegangen sind. –
FRANZISKA. Fix, Herr Wirt, hurtig, fort, fort! *(Stößt ihn heraus)*

Dritter Auftritt

Das Fräulein. Franziska

DAS FRÄULEIN. Nun habe ich ihn wieder, Franziska! Siehst du, nun habe ich ihn wieder! Ich weiß nicht, wo ich vor Freuden bin! Freue dich doch mit, liebe Franziska. Aber freilich, warum du? Doch du sollst dich, du mußt dich mit mir freuen. Komm, Liebe, ich will dich beschenken, damit du dich mit mir freuen kannst. Sprich, Franziska, was soll ich dir geben? Was steht dir von meinen Sachen an? Was hättest du gern? Nimm, was du willst; aber freue dich nur. Ich sehe wohl, du wirst dir nichts nehmen. Warte! *(Sie faßt in die Schatulle)* da, liebe Franziska; *(und gibt ihr Geld)* kaufe dir, was du gern hättest. Fordere mehr, wenn es nicht zulangt. Aber freue dich nur mit mir. Es ist so traurig, sich allein zu freuen. Nun, so nimm doch –
FRANZISKA. Ich stehle es Ihnen, Fräulein; Sie sind trunken, von Fröhlichkeit trunken. –
DAS FRÄULEIN. Mädchen, ich habe einen zänkischen Rausch, nimm, oder – *(Sie zwingt ihr das Geld in die Hand)* Und wenn du dich bedankest! – Warte; gut, daß ich daran denke. *(Sie greift nochmals in die Schatulle nach Geld)* Das, liebe Franziska, stecke bei Seite; für den ersten blessierten armen Soldaten, der uns anspricht. –

Vierter Auftritt

Der Wirt. Das Fräulein. Franziska

DAS FRÄULEIN. Nun? Wird er kommen?
DER WIRT. Der widerwärtige, ungeschliffene Kerl!
DAS FRÄULEIN. Wer?
DER WIRT. Sein Bedienter. Er weigert sich, nach ihm zu gehen.
FRANZISKA. Bringen Sie doch den Schurken her. – Des Majors Bediente kenne ich ja wohl alle. Welcher wäre denn das?
DAS FRÄULEIN. Bringen Sie ihn geschwind her. Wenn er uns sieht, wird er schon gehen. *(Der Wirt geht ab)*

Fünfter Auftritt

Das Fräulein. Franziska

DAS FRÄULEIN. Ich kann den Augenblick nicht erwarten. Aber, Franziska, du bist noch immer so kalt? Du willst dich noch nicht mit mir freuen?
FRANZISKA. Ich wollte von Herzen gern; wenn nur –
DAS FRÄULEIN. Wenn nur?
FRANZISKA. Wir haben den Mann wiedergefunden; aber wie haben wir ihn wiedergefunden? Nach allem, was wir von ihm hören, muß es ihm übel gehn. Er muß unglücklich sein. Das jammert mich.
DAS FRÄULEIN. Jammert dich? – Laß dich dafür umarmen, meine liebste Gespielin! Das will ich dir nie vergessen! – Ich bin nur verliebt, und du bist gut. –

Sechster Auftritt

Der Wirt. Just. Die Vorigen

DER WIRT. Mit genauer Not bring ich ihn.
FRANZISKA. Ein fremdes Gesicht! Ich kenne ihn nicht.

DAS FRÄULEIN. Mein Freund, ist Er bei dem Major von Tellheim?
JUST. Ja.
DAS FRÄULEIN. Wo ist Sein Herr?
JUST. Nicht hier.
DAS FRÄULEIN. Aber Er weiß ihn zu finden?
JUST. Ja.
DAS FRÄULEIN. Will Er ihn nicht geschwind herholen?
JUST. Nein.
DAS FRÄULEIN. Er erweiset mir damit einen Gefallen. –
JUST. Ei!
DAS FRÄULEIN. Und Seinem Herrn einen Dienst. –
JUST. Vielleicht auch nicht. –
DAS FRÄULEIN. Woher vermutet Er das?
JUST. Sie sind doch die fremde Herrschaft, die ihn diesen Morgen komplimentieren lassen?
DAS FRÄULEIN. Ja.
JUST. So bin ich schon recht.
DAS FRÄULEIN. Weiß Sein Herr meinen Namen?
JUST. Nein; aber er kann die allzu höflichen Damen eben so wenig leiden, als die allzu groben Wirte.
DER WIRT. Das soll wohl mit auf mich gehn?
JUST. Ja.
DER WIRT. So laß Er es doch dem gnädigen Fräulein nicht entgelten; und hole Er ihn geschwind her.
DAS FRÄULEIN *(zur Franziska).* Franziska, gib ihm etwas –
FRANZISKA *(die dem Just Geld in die Hand drücken will).* Wir verlangen Seine Dienste nicht umsonst. –
JUST. Und ich Ihr Geld nicht ohne Dienste.
FRANZISKA. Eines für das andere.
JUST. Ich kann nicht. Mein Herr hat mir befohlen, auszuräumen. Das tu ich jetzt, und daran, bitte ich, mich nicht weiter zu verhindern. Wenn ich fertig bin, so will ich es ihm ja wohl sagen, daß er herkommen kann. Er ist neben an auf dem Kaffeehause; und wenn er da nichts Bessers zu tun findet, wird er auch wohl kommen. *(Will fortgehen)*
FRANZISKA. So warte Er doch. – Das gnädige Fräulein ist des Herrn Majors – Schwester. –

DAS FRÄULEIN. Ja, ja, seine Schwester.
JUST. Das weiß ich besser, daß der Major keine Schwester hat. Er hat mich in sechs Monaten zweimal an seine Familie nach Kurland geschickt. – Zwar es gibt mancherlei Schwestern –
FRANZISKA. Unverschämter!
JUST. Muß man es nicht sein, wenn einen die Leute sollen gehn lassen? *(Geht ab)*
FRANZISKA. Das ist ein Schlingel!
DER WIRT. Ich sagt es ja. Aber lassen Sie ihn nur! Weiß ich doch nunmehr, wo sein Herr ist. Ich will ihn gleich selbst holen. – Nur, gnädiges Fräulein, bitte ich untertänigst, sodann ja mich bei dem Herrn Major zu entschuldigen, daß ich so unglücklich gewesen, wider meinen Willen, einen Mann von seinen Verdiensten –
DAS FRÄULEIN. Gehen Sie nur geschwind, Herr Wirt. Das will ich alles wieder gut machen. *(Der Wirt geht ab, und hierauf)* Franziska, lauf ihm nach: er soll ihm meinen Namen nicht nennen! *(Franziska, dem Wirte nach)*

Siebenter Auftritt

Das Fräulein und hierauf Franziska

DAS FRÄULEIN. Ich habe ihn wieder! – Bin ich allein? – Ich will nicht umsonst allein sein. *(Sie faltet die Hände)* Auch bin ich nicht allein! *(und blickt aufwärts)* Ein einziger dankbarer Gedanke gen Himmel ist das vollkommenste Gebet! – Ich hab ihn, ich hab ihn! *(Mit ausgebreiteten Armen)* Ich bin glücklich! und fröhlich! Was kann der Schöpfer lieber sehen, als ein fröhliches Geschöpf! – *(Franziska kömmt)* Bist du wieder da, Franziska? – Er jammert dich? Mich jammert er nicht. Unglück ist auch gut. Vielleicht, daß ihm der Himmel alles nahm, um ihm in mir alles wieder zu geben!
FRANZISKA. Er kann den Augenblick hier sein – Sie sind noch in Ihrem Negligee, gnädiges Fräulein. Wie, wenn Sie sich geschwind ankleideten?

DAS FRÄULEIN. Geh! ich bitte dich. Er wird mich von nun an öfterer so, als geputzt sehen.
FRANZISKA. O, Sie kennen sich, mein Fräulein.
DAS FRÄULEIN *(nach einem kurzen Nachdenken)*. Wahrhaftig, Mädchen, du hast es wiederum getroffen.
FRANZISKA. Wenn wir schön sind, sind wir ungeputzt am schönsten.
DAS FRÄULEIN. Müssen wir denn schön sein? – Aber, daß wir uns schön glauben, war vielleicht notwendig. – Nein, wenn ich ihm, ihm nur schön bin! – Franziska, wenn alle Mädchens so sind, wie ich mich jetzt fühle, so sind wir – sonderbare Dinger. – Zärtlich und stolz, tugendhaft und eitel, wollüstig und fromm – Du wirst mich nicht verstehen. Ich verstehe mich wohl selbst nicht. – Die Freude macht drehend, wirblicht. –
FRANZISKA. Fassen Sie sich, mein Fräulein; ich höre kommen –
DAS FRÄULEIN. Mich fassen? Ich sollte ihn ruhig empfangen?

Achter Auftritt

von Tellheim. Der Wirt. Die Vorigen

VON TELLHEIM *(tritt herein, und indem er sie erblickt, flieht er auf sie zu)*. Ah! meine Minna! –
DAS FRÄULEIN *(ihm entgegen fliehend)*. Ah! mein Tellheim! –
VON TELLHEIM *(stutzt auf einmal, und tritt wieder zurück)*. Verzeihen Sie, gnädiges Fräulein, – das Fräulein von Barnhelm hier zu finden –
DAS FRÄULEIN. Kann Ihnen doch so gar unerwartet nicht sein? – *(Indem sie ihm näher tritt, und er mehr zurück weicht)* Ich soll Ihnen verzeihen, daß ich noch Ihre Minna bin? Verzeih Ihnen der Himmel, daß ich noch das Fräulein von Barnhelm bin! –
VON TELLHEIM. Gnädiges Fräulein – *(Sieht starr auf den Wirt, und zuckt die Schultern)*
DAS FRÄULEIN *(wird den Wirt gewahr, und winkt der Franziska)*. Mein Herr, –

VON TELLHEIM. Wenn wir uns beiderseits nicht irren –
FRANZISKA. Je, Herr Wirt, wen bringen Sie uns denn da? Geschwind kommen Sie, lassen Sie uns den rechten suchen.
DER WIRT. Ist es nicht der rechte? Ei ja doch!
FRANZISKA. Ei nicht doch! Geschwind kommen Sie; ich habe Ihrer Jungfer Tochter noch keinen guten Morgen gesagt.
DER WIRT. O! viel Ehre – *(doch ohne von der Stelle zu gehn)*
FRANZISKA *(faßt ihn an)*. Kommen Sie, wir wollen den Küchenzettel machen. – Lassen Sie sehen, was wir haben werden –
DER WIRT. Sie sollen haben; vors erste –
FRANZISKA. Still, ja stille! Wenn das Fräulein jetzt schon weiß, was sie zu Mittag speisen soll, so ist es um ihren Appetit geschehen. Kommen Sie, das müssen Sie mir allein sagen. *(Führet ihn mit Gewalt ab)*

NEUNTER AUFTRITT

von Tellheim. Das Fräulein

DAS FRÄULEIN. Nun? irren wir uns noch?
VON TELLHEIM. Daß es der Himmel wollte! – Aber es gibt nur Eine, und Sie sind es. –
DAS FRÄULEIN. Welche Umstände! Was wir uns zu sagen haben, kann jedermann hören.
VON TELLHEIM. Sie hier? Was suchen Sie hier, gnädiges Fräulein?
DAS FRÄULEIN. Nichts suche ich mehr. *(Mit offenen Armen auf ihn zugehend)* Alles, was ich suchte, habe ich gefunden.
VON TELLHEIM *(zurückweichend)*. Sie suchten einen glücklichen, einen Ihrer Liebe würdigen Mann; und finden – einen Elenden.
DAS FRÄULEIN. So lieben Sie mich nicht mehr? – Und lieben eine andere?
VON TELLHEIM. Ah! der hat Sie nie geliebt, mein Fräulein, der eine andere nach Ihnen lieben kann.
DAS FRÄULEIN. Sie reißen nur Einen Stachel aus meiner Seele.

– Wenn ich Ihr Herz verloren habe, was liegt daran, ob mich Gleichgültigkeit oder mächtigere Reize darum gebracht? – Sie lieben mich nicht mehr: und lieben auch keine andere? – Unglücklicher Mann, wenn Sie gar nichts lieben! –

VON TELLHEIM. Recht, gnädiges Fräulein; der Unglückliche muß gar nichts lieben. Er verdient sein Unglück, wenn er diesen Sieg nicht über sich selbst zu erhalten weiß; wenn er es sich gefallen lassen kann, daß die, welche er liebt, an seinem Unglück Anteil nehmen dürfen. – Wie schwer ist dieser Sieg! – Seit dem mir Vernunft und Notwendigkeit befehlen, Minna von Barnhelm zu vergessen: was für Mühe habe ich angewandt! Eben wollte ich anfangen zu hoffen, daß diese Mühe nicht ewig vergebens sein würde: – und Sie erscheinen, mein Fräulein! –

DAS FRÄULEIN. Versteh ich Sie recht? – Halten Sie, mein Herr; lassen Sie sehen, wo wir sind, ehe wir uns weiter verirren! – Wollen Sie mir die einzige Frage beantworten?

VON TELLHEIM. Jede, mein Fräulein –

DAS FRÄULEIN. Wollen Sie mir auch ohne Wendung, ohne Winkelzug, antworten? Mit nichts, als einem trockenen Ja, oder Nein?

VON TELLHEIM. Ich will es, – wenn ich kann.

DAS FRÄULEIN. Sie können es. – Gut: ohngeachtet der Mühe, die Sie angewendet, mich zu vergessen, – lieben Sie mich noch, Tellheim?

VON TELLHEIM. Mein Fräulein, diese Frage –

DAS FRÄULEIN. Sie haben versprochen, mit nichts, als Ja oder Nein zu antworten.

VON TELLHEIM. Und hinzugesetzt: wenn ich kann.

DAS FRÄULEIN. Sie können; Sie müssen wissen, was in Ihrem Herzen vorgeht. – Lieben Sie mich noch, Tellheim? – Ja, oder Nein.

VON TELLHEIM. Wenn mein Herz –

DAS FRÄULEIN. Ja, oder Nein!

VON TELLHEIM. Nun, Ja!

DAS FRÄULEIN. Ja?

VON TELLHEIM. Ja, ja! – Allein –

DAS FRÄULEIN. Geduld! – Sie lieben mich noch: genug für mich. – In was für einen Ton bin ich mit Ihnen gefallen! Ein widriger, melancholischer, ansteckender Ton. – Ich nehme den meinigen wieder an. – Nun, mein lieber Unglücklicher, Sie lieben mich noch, und haben Ihre Minna noch, und sind unglücklich? Hören Sie doch, was Ihre Minna für ein eingebildetes, albernes Ding war, – ist. Sie ließ, sie läßt sich träumen, Ihr ganzes Glück sei sie. – Geschwind kramen Sie Ihr Unglück aus. Sie mag versuchen, wie viel sie dessen aufwiegt. – Nun?

VON TELLHEIM. Mein Fräulein, ich bin nicht gewohnt zu klagen.

DAS FRÄULEIN. Sehr wohl. Ich wüßte auch nicht, was mir an einem Soldaten, nach dem Prahlen, weniger gefiele, als das Klagen. Aber es gibt eine gewisse kalte, nachlässige Art, von seiner Tapferkeit und von seinem Unglücke zu sprechen –

VON TELLHEIM. Die im Grunde doch auch geprahlt und geklagt ist.

DAS FRÄULEIN. O, mein Rechthaber, so hätten Sie sich auch gar nicht unglücklich nennen sollen. – Ganz geschwiegen, oder ganz mit der Sprache heraus. – Eine Vernunft, eine Notwendigkeit, die Ihnen mich zu vergessen befiehlt? – Ich bin eine große Liebhaberin von Vernunft, ich habe sehr viel Ehrerbietung für die Notwendigkeit. – Aber lassen Sie doch hören, wie vernünftig diese Vernunft, wie notwendig diese Notwendigkeit ist.

VON TELLHEIM. Wohl denn; so hören Sie, mein Fräulein. – Sie nennen mich Tellheim; der Name trifft ein. – Aber Sie meinen, ich sei der Tellheim, den Sie in Ihrem Vaterlande gekannt haben; der blühende Mann, voller Ansprüche, voller Ruhmbegierde; der seines ganzen Körpers, seiner ganzen Seele mächtig war; vor dem die Schranken der Ehre und des Glückes eröffnet standen; der Ihres Herzens und Ihrer Hand, wann er schon ihrer noch nicht würdig war, täglich würdiger zu werden hoffen durfte. – Dieser Tellheim bin ich eben so wenig, – als ich mein Vater bin. Beide sind gewesen. – Ich bin Tellheim, der verabschiedete, der an seiner Ehre gekränkte, der Krüppel, der Bettler. – Jenem, mein Fräulein, versprachen Sie sich; wollen Sie diesem Wort halten? –

DAS FRÄULEIN. Das klingt sehr tragisch! – Doch, mein Herr, bis ich jenen wieder finde, – in die Tellheims bin ich nun einmal vernarret, – dieser wird mir schon aus der Not helfen müssen. – Deine Hand, lieber Bettler! *(indem sie ihn bei der Hand ergreift)*

VON TELLHEIM *(der die andere Hand mit dem Hute vor das Gesicht schlägt, und sich von ihr abwendet)*. Das ist zu viel! – Wo bin ich? – Lassen Sie mich, Fräulein! – Ihre Güte foltert mich! – Lassen Sie mich.

DAS FRÄULEIN. Was ist Ihnen? wo wollen Sie hin?

VON TELLHEIM. Von Ihnen! –

DAS FRÄULEIN. Von mir? *(Indem sie seine Hand an ihre Brust zieht)* Träumer!

VON TELLHEIM. Die Verzweiflung wird mich tod zu Ihren Füßen werfen.

DAS FRÄULEIN. Von mir?

VON TELLHEIM. Von Ihnen. – Sie nie, nie wieder zu sehen. – Oder doch so entschlossen, so fest entschlossen, – keine Niederträchtigkeit zu begehen, – Sie keine Unbesonnenheit begehen zu lassen – Lassen Sie mich, Minna! *(Reißt sich los, und ab)*

DAS FRÄULEIN *(ihm nach)*. Minna Sie lassen? Tellheim! Tellheim!

Ende des zweiten Aufzuges

DRITTER AUFZUG

Erster Auftritt

(Die Szene, der Saal)
Just

(einen Brief in der Hand). Muß ich doch noch einmal in das verdammte Haus kommen! – Ein Briefchen von meinem Herrn an das gnädige Fräulein, das seine Schwester sein will. – Wenn sich nur da nichts anspinnt! – Sonst wird des Brieftragens kein Ende werden. – Ich wäre es gern los; aber ich möchte auch nicht gern ins Zimmer hinein. – Das Frauenszeug fragt so viel; und ich antworte so ungern! – Ha, die Türe geht auf. Wie gewünscht! das Kammerkätzchen!

Zweiter Auftritt

Franziska. Just

FRANZISKA *(zur Türe herein, aus der sie kömmt).* Sorgen Sie nicht; ich will schon aufpassen. – Sieh! *(indem sie Justen gewahr wird)* da stieße mir ja gleich was auf. Aber mit dem Vieh ist nichts anzufangen.
JUST. Ihr Diener –
FRANZISKA. Ich wollte so einen Diener nicht –
JUST. Nu, nu; verzeih Sie mir die Redensart! – Da bring ich ein Briefchen von meinem Herrn an Ihre Herrschaft, das gnädige Fräulein – Schwester. – Wars nicht so? Schwester.
FRANZISKA. Geb Er her! *(Reißt ihm den Brief aus der Hand)*
JUST. Sie soll so gut sein, läßt mein Herr bitten, und es übergeben. Hernach soll Sie so gut sein, läßt mein Herr bitten – daß Sie nicht etwa denkt, ich bitte was! –
FRANZISKA. Nun denn?

JUST. Mein Herr versteht den Rummel. Er weiß, daß der Weg zu den Fräuleins durch die Kammermädchens geht: – bild ich mir ein! – Die Jungfer soll also so gut sein, – läßt mein Herr bitten, – und ihm sagen lassen, ob er nicht das Vergnügen haben könnte, die Jungfer auf ein Viertelstündchen zu sprechen.

FRANZISKA. Mich?

JUST. Verzeih Sie mir, wenn ich Ihr einen unrechten Titel gebe. – Ja, Sie! – Nur auf ein Viertelstündchen; aber allein, ganz allein, insgeheim, unter vier Augen. Er hätte Ihr was sehr Notwendiges zu sagen.

FRANZISKA. Gut! ich habe ihm auch viel zu sagen. – Er kann nur kommen, ich werde zu seinem Befehle sein.

JUST. Aber, wenn kann er kommen? Wenn ist es Ihr am gelegensten, Jungfer? So in der Dämmerung? –

FRANZISKA. Wie meint Er das? – Sein Herr kann kommen, wenn er will; – und damit packe Er sich nur!

JUST. Herzlich gern! *(Will fortgehen)*

FRANZISKA. Hör Er doch; noch auf ein Wort. – Wo sind denn die andern Bedienten des Majors?

JUST. Die andern? Dahin, dorthin, überallhin.

FRANZISKA. Wo ist Wilhelm?

JUST. Der Kammerdiener? den läßt der Major reisen.

FRANZISKA. So? Und Philipp, wo ist der?

JUST. Der Jäger? den hat der Herr aufzuheben gegeben.

FRANZISKA. Weil er jetzt keine Jagd hat, ohne Zweifel. – Aber Martin?

JUST. Der Kutscher? der ist weggeritten.

FRANZISKA. Und Fritz?

JUST. Der Läufer? der ist avanciert.

FRANZISKA. Wo war Er denn, als der Major bei uns in Thüringen im Winterquartiere stand? Er war wohl noch nicht bei ihm?

JUST. O ja; ich war Reitknecht bei ihm; aber ich lag im Lazarett.

FRANZISKA. Reitknecht? und jetzt ist Er?

JUST. Alles in allem; Kammerdiener und Jäger, Läufer und Reitknecht.

FRANZISKA. Das muß ich gestehen! So viele gute, tüchtige Leute von sich zu lassen, und gerade den allerschlechtesten zu behalten! Ich möchte doch wissen, was Sein Herr an Ihm fände!
JUST. Vielleicht findet er, daß ich ein ehrlicher Kerl bin.
FRANZISKA. O, man ist auch verzweifelt wenig, wenn man weiter nichts ist, als ehrlich. – Wilhelm war ein andrer Mensch! – Reisen läßt ihn der Herr?
JUST. Ja, er läßt ihn; – da ers nicht hindern kann.
FRANZISKA. Wie?
JUST. O, Wilhelm wird sich alle Ehre auf seinen Reisen machen. Er hat des Herrn ganze Garderobe mit.
FRANZISKA. Was? er ist doch nicht damit durchgegangen?
JUST. Das kann man nun eben nicht sagen; sondern, als wir von Nürnberg weggingen, ist er uns nur nicht damit nachgekommen.
FRANZISKA. O der Spitzbube!
JUST. Es war ein ganzer Mensch! er konnte frisieren, und rasieren, und parlieren, – und scharmieren. – Nicht wahr?
FRANZISKA. So nach hätte ich den Jäger nicht von mir getan, wenn ich wie der Major gewesen wäre. Konnte er ihn schon nicht als Jäger nützen, so war es doch sonst ein tüchtiger Bursche. – Wem hat er ihn denn aufzuheben gegeben?
JUST. Dem Kommendanten von Spandau.
FRANZISKA. Der Festung? Die Jagd auf den Wällen kann doch da auch nicht groß sein.
JUST. O, Philipp jagt auch da nicht.
FRANZISKA. Was tut er denn?
JUST. Er karrt.
FRANZISKA. Er karrt?
JUST. Aber nur auf drei Jahr. Er machte ein kleines Komplott unter des Herrn Kompagnie, und wollte sechs Mann durch die Vorposten bringen. –
FRANZISKA. Ich erstaune; der Bösewicht!
JUST. O, es ist ein tüchtiger Kerl! Ein Jäger, der funfzig Meilen in der Runde, durch Wälder und Moräste, alle Fußsteige, alle Schleifwege kennt. Und schießen kann er!

FRANZISKA. Gut, daß der Major nur noch den braven Kutscher hat!
JUST. Hat er ihn noch?
FRANZISKA. Ich denke, Er sagte, Martin wäre weggeritten? So wird er doch wohl wieder kommen?
JUST. Meint Sie?
FRANZISKA. Wo ist er denn hingeritten?
JUST. Es geht nun in die zehnte Woche, da ritt er mit des Herrn einzigem und letztem Reitpferde – nach der Schwemme.
FRANZISKA. Und ist noch nicht wieder da? O, der Galgenstrick!
JUST. Die Schwemme kann den braven Kutscher auch wohl verschwemmt haben! – Es war gar ein rechter Kutscher! Er hatte in Wien zehn Jahre gefahren. So einen kriegt der Herr gar nicht wieder. Wenn die Pferde im vollen Rennen waren, so durfte er nur machen: burr! und auf einmal standen sie, wie die Mauern. Dabei war er ein ausgelernter Roßarzt!
FRANZISKA. Nun ist mir für das Avancement des Läufers bange.
JUST. Nein, nein; damit hats seine Richtigkeit. Er ist Trommelschläger bei einem Garnisonregimente geworden.
FRANZISKA. Dacht ichs doch!
JUST. Fritz hing sich an ein lüderliches Mensch, kam des Nachts niemals nach Hause, machte auf des Herrn Namen überall Schulden, und tausend infame Streiche. Kurz, der Major sahe, daß er mit aller Gewalt höher wollte: *(das Hängen pantomimisch anzeigend)* er brachte ihn also auf guten Weg.
FRANZISKA. O der Bube!
JUST. Aber ein perfekter Läufer ist er, das ist gewiß. Wenn ihm der Herr funfzig Schritte vorgab, so konnte er ihn mit seinem besten Renner nicht einholen. Fritz hingegen kann dem Galgen tausend Schritte vorgeben, und ich wette mein Leben, er holt ihn ein. – Es waren wohl alles Ihre guten Freunde, Jungfer? Der Wilhelm und der Philipp, der Martin und der Fritz? – Nun, Just empfiehlt sich! *(Geht ab)*

Dritter Auftritt

Franziska und hernach der Wirt

FRANZISKA *(die ihm ernsthaft nachsieht).* Ich verdiene den Biß! – Ich bedanke mich, Just. Ich setzte die Ehrlichkeit zu tief herab. Ich will die Lehre nicht vergessen. – Ah! der unglückliche Mann! *(Kehrt sich um, und will nach dem Zimmer des Fräuleins gehen, indem der Wirt kömmt)*
DER WIRT. Warte Sie doch, mein schönes Kind.
FRANZISKA. Ich habe jetzt nicht Zeit, Herr Wirt –
DER WIRT. Nur ein kleines Augenblickchen! – Noch keine Nachricht weiter von dem Herrn Major? Das konnte doch unmöglich sein Abschied sein! –
FRANZISKA. Was denn?
DER WIRT. Hat es Ihr das gnädige Fräulein nicht erzählt? – Als ich Sie, mein schönes Kind, unten in der Küche verließ, so kam ich von ungefähr wieder hier in den Saal –
FRANZISKA. Von ungefähr, in der Absicht, ein wenig zu horchen.
DER WIRT. Ei, mein Kind, wie kann Sie das von mir denken? Einem Wirte läßt nichts übler, als Neugierde. – Ich war nicht lange hier, so prellte auf einmal die Türe bei dem gnädigen Fräulein auf. Der Major stürzte heraus; das Fräulein ihm nach; beide in einer Bewegung, mit Blicken, in einer Stellung – so was läßt sich nur sehen. Sie ergriff ihn; er riß sich los; sie ergriff ihn wieder. Tellheim! – Fräulein! lassen Sie mich! – Wohin? – So zog er sie bis an die Treppe. Mir war schon bange, er würde sie mit herabreißen. Aber er wand sich noch los. Das Fräulein blieb an der obersten Schwelle stehn; sah ihm nach; rief ihm nach; rang die Hände. Auf einmal wandte sie sich um, lief nach dem Fenster, von dem Fenster wieder zur Treppe, von der Treppe in dem Saale hin und wider. Hier stand ich; hier ging sie dreimal bei mir vorbei, ohne mich zu sehen. Endlich war es, als ob sie mich sähe; aber, Gott sei bei uns! ich glaube, das Fräulein sahe mich für Sie an, mein Kind. »Franziska«, rief sie, die Augen auf mich gerichtet, »bin

ich nun glücklich?« Darauf sahe sie steif an die Decke, und wiederum: »Bin ich nun glücklich?« Darauf wischte sie sich Tränen aus dem Auge, und lächelte, und fragte mich wiederum: »Franziska, bin ich nun glücklich?« – Wahrhaftig, ich wußte nicht, wie mir war. Bis sie nach ihrer Türe lief; da kehrte sie sich nochmals nach mir um: »So komm doch, Franziska; wer jammert dich nun?« – Und damit hinein.

FRANZISKA. O, Herr Wirt, das hat Ihnen geträumt.

DER WIRT. Geträumt? Nein, mein schönes Kind; so umständlich träumt man nicht. – Ja, ich wollte wie viel drum geben, – ich bin nicht neugierig, – aber ich wollte wie viel drum geben, wenn ich den Schlüssel dazu hätte.

FRANZISKA. Den Schlüssel? zu unsrer Türe? Herr Wirt, der steckt innerhalb; wir haben ihn zur Nacht hereingezogen; wir sind furchtsam.

DER WIRT. Nicht so einen Schlüssel; ich will sagen, mein schönes Kind, den Schlüssel; die Auslegung gleichsam; so den eigentlichen Zusammenhang von dem, was ich gesehen. –

FRANZISKA. Ja so! – Nun, Adjeu, Herr Wirt. Werden wir bald essen, Herr Wirt?

DER WIRT. Mein schönes Kind, nicht zu vergessen, was ich eigentlich sagen wollte.

FRANZISKA. Nun? aber nur kurz –

DER WIRT. Das gnädige Fräulein hat noch meinen Ring; ich nenne ihn meinen –

FRANZISKA. Er soll Ihnen unverloren sein.

DER WIRT. Ich trage darum auch keine Sorge; ich wills nur erinnern. Sieht Sie; ich will ihn gar nicht einmal wieder haben. Ich kann mir doch wohl an den Fingern abzählen, woher sie den Ring kannte, und woher er dem ihrigen so ähnlich sah. Er ist in ihren Händen am besten aufgehoben. Ich mag ihn gar nicht mehr, und will indes die hundert Pistolen, die ich darauf gegeben habe, auf des gnädigen Fräuleins Rechnung setzen. Nicht so recht, mein schönes Kind?

Vierter Auftritt

Paul Werner. Der Wirt. Franziska

WERNER. Da ist er ja!
FRANZISKA. Hundert Pistolen? Ich meinte, nur achtzig.
DER WIRT. Es ist wahr, nur neunzig, nur neunzig. Das will ich tun, mein schönes Kind, das will ich tun.
FRANZISKA. Alles das wird sich finden, Herr Wirt.
WERNER *(der ihnen hinterwärts näher kömmt, und auf einmal der Franziska auf die Schulter klopft).* Frauenzimmerchen! Frauenzimmerchen!
FRANZISKA *(erschrickt).* He!
WERNER. Erschrecke Sie nicht! – Frauenzimmerchen, Frauenzimmerchen, ich sehe, Sie ist hübsch, und ist wohl gar fremd – Und hübsche fremde Leute müssen gewarnet werden – Frauenzimmerchen, Frauenzimmerchen, nehm Sie sich vor dem Manne in Acht! *(auf den Wirt zeigend)*
DER WIRT. Je, unvermutete Freude! Herr Paul Werner! Willkommen bei uns, willkommen! – Ah, es ist doch immer noch der lustige, spaßhafte, ehrliche Werner! – Sie soll sich vor mir in Acht nehmen, mein schönes Kind! Ha, ha, ha!
WERNER. Geh Sie ihm überall aus dem Wege!
DER WIRT. Mir! mir! – Bin ich denn so gefährlich? – Ha, ha, ha! – Hör Sie doch, mein schönes Kind! Wie gefällt Ihr der Spaß?
WERNER. Daß es doch immer Seines gleichen für Spaß erklären, wenn man ihnen die Wahrheit sagt.
DER WIRT. Die Wahrheit! ha, ha, ha! – Nicht wahr, mein schönes Kind, immer besser! Der Mann kann spaßen! Ich gefährlich? – ich? – So vor zwanzig Jahren war was dran. Ja, ja, mein schönes Kind, da war ich gefährlich; da wußte manche davon zu sagen; aber jetzt –
WERNER. O über den alten Narrn!
DER WIRT. Da steckts eben! Wenn wir alt werden, ist es mit unserer Gefährlichkeit aus. Es wird Ihm auch nicht besser gehn, Herr Werner!
WERNER. Potz Geck, und kein Ende! – Frauenzimmerchen,

so viel Verstand wird Sie mir wohl zutrauen, daß ich von der Gefährlichkeit nicht rede. Der eine Teufel hat ihn verlassen, aber es sind dafür sieben andre in ihn gefahren –

DER WIRT. O hör Sie doch, hör Sie doch! Wie er das nun wieder so herum zu bringen weiß! – Spaß über Spaß, und immer was Neues! O, es ist ein vortrefflicher Mann, der Herr Paul Werner! – *(Zur Franziska, als ins Ohr)* Ein wohlhabender Mann, und noch ledig. Er hat drei Meilen von hier ein schönes Freischulzengerichte. Der hat Beute gemacht im Kriege! – Und ist Wachtmeister bei unserm Herrn Major gewesen. O, das ist ein Freund von unserm Herrn Major! das ist ein Freund! der sich für ihn tot schlagen ließe! –

WERNER. Ja! und das ist ein Freund von meinem Major! das ist ein Freund! – den der Major sollte tot schlagen lassen.

DER WIRT. Wie? was? – Nein, Herr Werner, das ist nicht guter Spaß. – Ich kein Freund vom Herrn Major? – Nein, den Spaß versteh ich nicht.

WERNER. Just hat mir schöne Dinge erzählt.

DER WIRT. Just? Ich dachts wohl, daß Just durch Sie spräche. Just ist ein böser, garstiger Mensch. Aber hier ist ein schönes Kind zur Stelle; das kann reden; das mag sagen, ob ich kein Freund von dem Herrn Major bin? ob ich ihm keine Dienste erwiesen habe? Und warum sollte ich nicht sein Freund sein? Ist er nicht ein verdienter Mann? Es ist wahr; er hat das Unglück gehabt, abgedankt zu werden: aber was tut das? Der König kann nicht alle verdiente Männer kennen; und wenn er sie auch alle kennte, so kann er sie nicht alle belohnen.

WERNER. Das heißt Ihn Gott sprechen! – Aber Just – freilich ist an Justen auch nicht viel Besonders; doch ein Lügner ist Just nicht; und wenn das wahr wäre, was er mir gesagt hat –

DER WIRT. Ich will von Justen nichts hören! Wie gesagt: das schöne Kind hier mag sprechen! *(Zu ihr ins Ohr)* Sie weiß, mein Kind; den Ring! – Erzähl Sie es doch Herr Wernern. Da wird er mich besser kennen lernen. Und damit es nicht heraus kömmt, als ob Sie mir nur zu gefallen rede: so will ich nicht einmal dabei sein. Ich will nicht dabei sein; ich will gehn; aber Sie sollen mir es wiedersagen, Herr Werner, Sie sollen mir es wiedersagen, ob Just nicht ein garstiger Verleumder ist.

Fünfter Auftritt

Paul Werner. Franziska

WERNER. Frauenzimmerchen, kennt Sie denn meinen Major?
FRANZISKA. Den Major von Tellheim? Ja wohl kenn ich den braven Mann.
WERNER. Ist es nicht ein braver Mann? Ist Sie dem Manne wohl gut? –
FRANZISKA. Von Grund meines Herzens.
WERNER. Wahrhaftig? Sieht Sie, Frauenzimmerchen; nun kömmt Sie mir noch einmal so schön vor. – Aber was sind denn das für Dienste, die der Wirt unserm Major will erwiesen haben?
FRANZISKA. Ich wüßte eben nicht; es wäre denn, daß er sich das Gute zuschreiben wollte, welches glücklicher Weise aus seinem schurkischen Betragen entstanden.
WERNER. So wäre es ja wahr, was mir Just gesagt hat? – *(Gegen die Seite, wo der Wirt abgegangen)* Dein Glück, daß du gegangen bist! – Er hat ihm wirklich die Zimmer ausgeräumt? – So einem Manne, so einen Streich zu spielen, weil sich das Eselsgehirn einbildet, daß der Mann kein Geld mehr habe! Der Major kein Geld?
FRANZISKA. So? hat der Major Geld?
WERNER. Wie Heu! Er weiß nicht, wie viel er hat. Er weiß nicht, wer ihm schuldig ist. Ich bin ihm selber schuldig, und bringe ihm ein altes Restchen. Sieht Sie, Frauenzimmerchen, hier in diesem Beutelchen, *(das er aus der einen Tasche zieht)* sind hundert Louisdor; und in diesem Röllchen *(das er aus der andern zieht)* hundert Dukaten. Alles sein Geld!

FRANZISKA. Wahrhaftig? Aber warum versetzt denn der Major? Er hat ja einen Ring versetzt –

WERNER. Versetzt! Glaub Sie doch so was nicht. Vielleicht, daß er den Bettel hat gern wollen los sein.

FRANZISKA. Es ist kein Bettel! es ist ein sehr kostbarer Ring, den er wohl noch dazu von lieben Händen hat.

WERNER. Das wirds auch sein. Von lieben Händen! ja, ja! So was erinnert einen manchmal, woran man nicht gern erinnert sein will. Drum schafft mans aus den Augen.

FRANZISKA. Wie?

WERNER. Dem Soldaten gehts in Winterquartieren wunderlich. Da hat er nichts zu tun, und pflegt sich, und macht vor langer Weile Bekanntschaften, die er nur auf den Winter meinet, und die das gute Herz, mit dem er sie macht, für Zeit Lebens annimmt. Husch ist ihm denn ein Ringelchen an den Finger praktiziert; er weiß selbst nicht, wie es daran kömmt. Und nicht selten gäb er gern den Finger mit drum, wenn er es nur wieder los werden könnte.

FRANZISKA. Ei! und sollte es dem Major auch so gegangen sein?

WERNER. Ganz gewiß. Besonders in Sachsen; wenn er zehn Finger an jeder Hand gehabt hätte, er hätte sie alle zwanzig voller Ringe gekriegt.

FRANZISKA *(bei Seite)*. Das klingt ja ganz besonders, und verdient untersucht zu werden. – Herr Freischulze, oder Herr Wachtmeister –

WERNER. Frauenzimmerchen, wenns Ihr nichts verschlägt: – Herr Wachtmeister, höre ich am liebsten.

FRANZISKA. Nun, Herr Wachtmeister, hier habe ich ein Briefchen von dem Herrn Major an meine Herrschaft. Ich will es nur geschwind herein tragen, und bin gleich wieder da. Will Er wohl so gut sein, und so lange hier warten? Ich möchte gar zu gern mehr mit Ihm plaudern.

WERNER. Plaudert Sie gern, Frauenzimmerchen? Nun meinetwegen; geh Sie nur; ich plaudere auch gern; ich will warten.

FRANZISKA. O, warte Er doch ja! *(Geht ab)*

Sechster Auftritt

PAUL WERNER

Das ist kein unebenes Frauenzimmerchen! – Aber ich hätte ihr doch nicht versprechen sollen, zu warten. – Denn das Wichtigste wäre wohl, ich suchte den Major auf. – Er will mein Geld nicht, und versetzt lieber? – Daran kenn ich ihn. – Es fällt mir ein Schneller ein. – Als ich vor vierzehn Tagen in der Stadt war, besuchte ich die Rittmeisterin Marloff. Das arme Weib lag krank, und jammerte, daß ihr Mann dem Major vierhundert Taler schuldig geblieben wäre, die sie nicht wüßte, wie sie sie bezahlen sollte. Heute wollte ich sie wieder besuchen; – ich wollte ihr sagen, wenn ich das Geld für mein Gütchen ausgezahlt kriegte, daß ich ihr fünfhundert Taler leihen könnte. – Denn ich muß ja wohl was davon in Sicherheit bringen, wenns in Persien nicht geht. – Aber sie war über alle Berge. Und ganz gewiß wird sie den Major nicht haben bezahlen können. – Ja, so will ichs machen; und das je eher, je lieber. – Das Frauenzimmerchen mag mirs nicht übel nehmen; ich kann nicht warten. *(Geht in Gedanken ab, und stößt fast auf den Major, der ihm entgegen kömmt)*

Siebender Auftritt

von Tellheim. Paul Werner

VON TELLHEIM. So in Gedanken, Werner?
WERNER. Da sind Sie ja; ich wollte eben gehn, und Sie in Ihrem neuen Quartiere besuchen, Herr Major.
VON TELLHEIM. Um mir auf den Wirt des alten die Ohren voll zu fluchen. Gedenke mir nicht daran.
WERNER. Das hätte ich beiher getan; ja. Aber eigentlich wollte ich mich nur bei Ihnen bedanken, daß Sie so gut gewesen, und mir die hundert Louisdor aufgehoben. Just hat mir sie wiedergegeben. Es wäre mir wohl freilich lieb,

wenn Sie mir sie noch länger aufheben könnten. Aber Sie sind in ein neu Quartier gezogen, das weder Sie, noch ich kenne. Wer weiß, wies da ist. Sie könnten Ihnen da gestohlen werden; und Sie müßten mir sie ersetzen; da hülfe nichts davor. Also kann ichs Ihnen freilich nicht zumuten.

VON TELLHEIM *(lächelnd)*. Seit wenn bist du so vorsichtig, Werner?

WERNER. Es lernt sich wohl. Man kann, heute zu Tage, mit seinem Gelde nicht vorsichtig genug sein. – Darnach hatte ich noch was an Sie zu bestellen, Herr Major; von der Rittmeisterin Marloff; ich kam eben von ihr her. Ihr Mann ist Ihnen ja vierhundert Taler schuldig geblieben; hier schickt sie Ihnen auf Abschlag hundert Dukaten. Das übrige will sie künftige Woche schicken. Ich mochte wohl selber Ursache sein, daß sie die Summe nicht ganz schickt. Denn sie war mir auch ein Taler achtzig schuldig; und weil sie dachte, ich wäre gekommen, sie zu mahnen, – wies denn auch wohl wahr war; – so gab sie mir sie, und gab sie mir aus dem Röllchen, das sie für Sie schon zu rechte gelegt hatte. – Sie können auch schon eher Ihre hundert Taler ein Acht Tage noch missen, als ich meine Paar Groschen. – Da nehmen Sie doch! *(Reicht ihm die Rolle Dukaten)*

VON TELLHEIM. Werner!

WERNER. Nun? warum sehen Sie mich so starr an? – So nehmen Sie doch, Herr Major! –

VON TELLHEIM. Werner!

WERNER. Was fehlt Ihnen? Was ärgert Sie?

VON TELLHEIM *(bitter, indem er sich vor die Stirne schlägt, und mit dem Fuße auftritt)*. Daß es – die vierhundert Taler nicht ganz sind!

WERNER. Nun, nun, Herr Major! Haben Sie mich denn nicht verstanden?

VON TELLHEIM. Eben weil ich dich verstanden habe! – Daß mich doch die besten Menschen heut am meisten quälen müssen!

WERNER. Was sagen Sie?

VON TELLHEIM. Es geht dich nur zur Hälfte an! – Geh, Wer-

ner! *(indem er die Hand, mit der ihm Werner die Dukaten reicht, zurück stößt)*
WERNER. Sobald ich das los bin!
VON TELLHEIM. Werner, wenn du nun von mir hörst: daß die Marloffin, heute ganz früh, selbst bei mir gewesen ist?
WERNER. So?
VON TELLHEIM. Daß sie mir nichts mehr schuldig ist?
WERNER. Wahrhaftig?
VON TELLHEIM. Daß sie mich bei Heller und Pfennig bezahlt hat: was wirst du denn sagen?
WERNER *(der sich einen Augenblick besinnt)*. Ich werde sagen, daß ich gelogen habe, und daß es eine hundsföttsche Sache ums Lügen ist, weil man darüber ertappt werden kann.
VON TELLHEIM. Und wirst dich schämen?
WERNER. Aber der, der mich so zu lügen zwingt, was sollte der? Sollte der sich nicht auch schämen? Sehen Sie, Herr Major; wenn ich sagte, daß mich Ihr Verfahren nicht verdrösse, so hätte ich wieder gelogen, und ich will nicht mehr lügen. –
VON TELLHEIM. Sei nicht verdrüßlich, Werner! Ich erkenne dein Herz und deine Liebe zu mir. Aber ich brauche dein Geld nicht.
WERNER. Sie brauchen es nicht? Und verkaufen lieber, und versetzen lieber, und bringen sich lieber in der Leute Mäuler?
VON TELLHEIM. Die Leute mögen es immer wissen, daß ich nichts mehr habe. Man muß nicht reicher scheinen wollen, als man ist.
WERNER. Aber warum ärmer? – Wir haben, so lange unser Freund hat.
VON TELLHEIM. Es ziemt sich nicht, daß ich dein Schuldner bin.
WERNER. Ziemt sich nicht? – Wenn an einem heißen Tage, den uns die Sonne und der Feind heiß machte, sich Ihr Reitknecht mit den Kantinen verloren hatte; und Sie zu mir kamen, und sagten: Werner hast du nichts zu trinken? und ich Ihnen meine Feldflasche reichte, nicht wahr, Sie

nahmen und tranken? – Ziemte sich das? – Bei meiner armen Seele, wenn ein Trunk faules Wasser damals nicht oft mehr wert war, als alle der Quark! *(indem er auch den Beutel mit den Louisdoren heraus zieht, und ihm beides hinreicht)* Nehmen Sie, lieber Major! Bilden Sie sich ein, es ist Wasser. Auch das hat Gott für alle geschaffen.

VON TELLHEIM. Du marterst mich; du hörst es ja, ich will dein Schuldner nicht sein.

WERNER. Erst ziemte es sich nicht; nun wollen Sie nicht? Ja, das ist was anders. *(Etwas ärgerlich)* Sie wollen mein Schuldner nicht sein? Wenn Sie es denn aber schon wären, Herr Major? Oder sind Sie dem Manne nichts schuldig, der einmal den Hieb auffing, der Ihnen den Kopf spalten sollte, und ein andermal den Arm vom Rumpfe hieb, der eben losdrücken und Ihnen die Kugel durch die Brust jagen wollte? – Was können Sie diesem Manne mehr schuldig werden? Oder hat es mit meinem Halse weniger zu sagen, als mit meinem Beutel? – Wenn das vornehm gedacht ist, bei meiner armen Seele, so ist es auch sehr abgeschmackt gedacht!

VON TELLHEIM. Mit wem sprichst du so, Werner? Wir sind allein; jetzt darf ich es sagen; wenn uns ein Dritter hörte, so wäre es Windbeutelei. Ich bekenne es mit Vergnügen, daß ich dir zweimal mein Leben zu danken habe. Aber, Freund, woran fehlte mir es, daß ich bei Gelegenheit nicht eben so viel für dich würde getan haben? He!

WERNER. Nur an der Gelegenheit! Wer hat daran gezweifelt, Herr Major? Habe ich Sie nicht hundertmal für den gemeinsten Soldaten, wenn er ins Gedränge gekommen war, Ihr Leben wagen sehen?

VON TELLHEIM. Also!

WERNER. Aber –

VON TELLHEIM. Warum verstehst du mich nicht recht? Ich sage: es ziemt sich nicht, daß ich dein Schuldner bin; ich will dein Schuldner nicht sein. Nämlich in den Umständen nicht, in welchen ich mich jetzt befinde.

WERNER. So, so! Sie wollen es versparen, bis auf beßre Zeiten; Sie wollen ein andermal Geld von mir borgen, wenn

Sie keines brauchen, wenn Sie selbst welches haben, und ich vielleicht keines.
VON TELLHEIM. Man muß nicht borgen, wenn man nicht wieder zu geben weiß.
WERNER. Einem Manne, wie Sie, kann es nicht immer fehlen.
VON TELLHEIM. Du kennst die Welt! – Am wenigsten muß man sodann von einem borgen, der sein Geld selbst braucht.
WERNER. O ja, so einer bin ich! Wozu braucht ichs denn? – Wo man einen Wachtmeister nötig hat, gibt man ihm auch zu leben.
VON TELLHEIM. Du brauchst es, mehr als Wachtmeister zu werden; dich auf einer Bahn weiter zu bringen, auf der, ohne Geld, auch der Würdigste zurück bleiben kann.
WERNER. Mehr als Wachtmeister zu werden? daran denke ich nicht. Ich bin ein guter Wachtmeister; und dürfte leicht ein schlechter Rittmeister, und sicherlich noch ein schlechtrer General werden. Die Erfahrung hat man.
VON TELLHEIM. Mache nicht, daß ich etwas Unrechtes von dir denken muß, Werner! Ich habe es nicht gern gehört, was mir Just gesagt hat. Du hast dein Gut verkauft, und willst wieder herum schwärmen. Laß mich nicht von dir glauben, daß du nicht so wohl das Metier, als die wilde, lüderliche Lebensart liebest, die unglücklicher Weise damit verbunden ist. Man muß Soldat sein, für sein Land; oder aus Liebe zu der Sache, für die gefochten wird. Ohne Absicht heute hier, morgen da dienen: heißt wie ein Fleischerknecht reisen, weiter nichts.
WERNER. Nun ja doch, Herr Major; ich will Ihnen folgen. Sie wissen besser, was sich gehört. Ich will bei Ihnen bleiben. – Aber, lieber Major, nehmen Sie doch auch derweile mein Geld. Heut oder morgen muß Ihre Sache aus sein. Sie müssen Geld die Menge bekommen. Sie sollen mir es sodann mit Interessen wieder geben. Ich tu es ja nur der Interessen wegen.
VON TELLHEIM. Schweig davon!
WERNER. Bei meiner armen Seele, ich tu es nur der Interessen wegen! – Wenn ich manchmal dachte: wie wird es

mit dir aufs Alter werden? wenn du zu Schanden gehauen bist? wenn du nichts haben wirst? wenn du wirst betteln gehen müssen? So dachte ich wieder: Nein, du wirst nicht betteln gehn; du wirst zum Major Tellheim gehn; der wird seinen letzten Pfennig mit dir teilen; der wird dich zu Tode füttern; bei dem wirst du als ein ehrlicher Kerl sterben können.

VON TELLHEIM *(indem er Werners Hand ergreift).* Und, Kamerad, das denkst du nicht noch?

WERNER. Nein, das denk ich nicht mehr. – Wer von mir nichts annehmen will, wenn ers bedarf, und ichs habe; der will mir auch nichts geben, wenn ers hat, und ichs bedarf. – Schon gut! *(Will gehen)*

VON TELLHEIM. Mensch, mache mich nicht rasend! Wo willst du hin? *(Hält ihn zurück)* Wenn ich dich nun auf meine Ehre versichere, daß ich noch Geld habe; wenn ich dir auf meine Ehre verspreche, daß ich dir es sagen will, wenn ich keines mehr habe; daß du der erste und einzige sein sollst, bei dem ich mir etwas borgen will: – Bist du dann zufrieden?

WERNER. Muß ich nicht? – Geben Sie mir die Hand darauf, Herr Major.

VON TELLHEIM. Da, Paul! – Und nun genug davon. Ich kam hieher, um ein gewisses Mädchen zu sprechen –

ACHTER AUFTRITT

*Franziska (aus dem Zimmer des Fräuleins). von Tellheim.
Paul Werner*

FRANZISKA *(im Heraustreten).* Sind Sie noch da, Herr Wachtmeister? – *(Indem sie den Tellheim gewahr wird)* Und Sie sind auch da, Herr Major? – Den Augenblick bin ich zu Ihren Diensten. *(Geht geschwind wieder in das Zimmer)*

Neunter Auftritt

von Tellheim. Paul Werner

VON TELLHEIM. Das war sie! – Aber ich höre ja, du kennst sie, Werner?
WERNER. Ja, ich kenne das Frauenzimmerchen. –
VON TELLHEIM. Gleichwohl, wenn ich mich recht erinnere, als ich in Thüringen Winterquartier hatte, warst du nicht bei mir?
WERNER. Nein, da besorgte ich in Leipzig Mundierungsstücke.
VON TELLHEIM. Woher kennst du sie denn also?
WERNER. Unsere Bekanntschaft ist noch blutjung. Sie ist von heute. Aber junge Bekanntschaft ist warm.
VON TELLHEIM. Also hast du ihr Fräulein wohl auch schon gesehen?
WERNER. Ist ihre Herrschaft ein Fräulein? Sie hat mir gesagt, Sie kennten ihre Herrschaft.
VON TELLHEIM. Hörst du nicht? aus Thüringen her.
WERNER. Ist das Fräulein jung?
VON TELLHEIM. Ja.
WERNER. Schön?
VON TELLHEIM. Sehr schön.
WERNER. Reich?
VON TELLHEIM. Sehr reich.
WERNER. Ist Ihnen das Fräulein auch so gut, wie das Mädchen? Das wäre ja vortrefflich!
VON TELLHEIM. Wie meinst du?

Zehnter Auftritt

Franziska (wieder heraus, mit einem Brief in der Hand). von Tellheim. Paul Werner

FRANZISKA. Herr Major –
VON TELLHEIM. Liebe Franziska, ich habe dich noch nicht willkommen heißen können.

FRANZISKA. In Gedanken werden Sie es doch schon getan haben. Ich weiß, Sie sind mir gut. Ich Ihnen auch. Aber das ist gar nicht artig, daß Sie Leute, die Ihnen gut sind, so ängstigen.
WERNER *(vor sich)*. Ha, nun merk ich. Es ist richtig!
VON TELLHEIM. Mein Schicksal, Franziska! – Hast du ihr den Brief übergeben?
FRANZISKA. Ja, und hier übergebe ich Ihnen – *(Reicht ihm den Brief)*
VON TELLHEIM. Eine Antwort? –
FRANZISKA. Nein, Ihren eignen Brief wieder.
VON TELLHEIM. Was? Sie will ihn nicht lesen?
FRANZISKA. Sie wollte wohl; aber – wir können Geschriebenes nicht gut lesen.
VON TELLHEIM. Schäkerin!
FRANZISKA. Und wir denken, daß das Briefschreiben für die nicht erfunden ist, die sich mündlich mit einander unterhalten können, sobald sie wollen.
VON TELLHEIM. Welcher Vorwand! Sie muß ihn lesen. Er enthält meine Rechtfertigung, – alle die Gründe und Ursachen –
FRANZISKA. Die will das Fräulein von Ihnen selbst hören, nicht lesen.
VON TELLHEIM. Von mir selbst hören? Damit mich jedes Wort, jede Miene von ihr verwirre; damit ich in jedem ihrer Blicke die ganze Größe meines Verlusts empfinde? –
FRANZISKA. Ohne Barmherzigkeit! – Nehmen Sie! *(Sie gibt ihm den Brief)* Sie erwartet Sie um drei Uhr. Sie will ausfahren, und die Stadt besehen. Sie sollen mit ihr fahren.
VON TELLHEIM. Mit ihr fahren?
FRANZISKA. Und was geben Sie mir, so laß ich Sie beide ganz allein fahren? Ich will zu Hause bleiben.
VON TELLHEIM. Ganz allein?
FRANZISKA. In einem schönen verschloßnen Wagen.
VON TELLHEIM. Unmöglich!
FRANZISKA. Ja, ja; im Wagen muß der Herr Major Katz aushalten; da kann er uns nicht entwischen. Darum geschicht es eben. – Kurz, Sie kommen, Herr Major; und Punkte

drei. – Nun? Sie wollten mich ja auch allein sprechen. Was haben Sie mir denn zu sagen? – Ja so, wir sind nicht allein. *(indem sie Wernern ansieht)*
VON TELLHEIM. Doch Franziska; wir wären allein. Aber da das Fräulein den Brief nicht gelesen hat, so habe ich dir noch nichts zu sagen.
FRANZISKA. So? wären wir doch allein? Sie haben vor dem Herrn Wachtmeister keine Geheimnisse?
VON TELLHEIM. Nein, keine.
FRANZISKA. Gleichwohl, dünkt mich, sollten Sie welche vor ihm haben.
VON TELLHEIM. Wie das?
WERNER. Warum das, Frauenzimmerchen?
FRANZISKA. Besonders Geheimnisse von einer gewissen Art. – Alle zwanzig, Herr Wachtmeister? *(indem sie beide Hände mit gespreizten Fingern in die Höhe hält)*
WERNER. St! st! Frauenzimmerchen, Frauenzimmerchen!
VON TELLHEIM. Was heißt das?
FRANZISKA. Husch ists am Finger, Herr Wachtmeister? *(als ob sie einen Ring geschwind ansteckte)*
VON TELLHEIM. Was habt ihr?
WERNER. Frauenzimmerchen, Frauenzimmerchen, Sie wird ja wohl Spaß verstehn?
VON TELLHEIM. Werner, du hast doch nicht vergessen, was ich dir mehrmal gesagt habe; daß man über einen gewissen Punkt mit dem Frauenzimmer nie scherzen muß?
WERNER. Bei meiner armen Seele, ich kanns vergessen haben! – Frauenzimmerchen, ich bitte –
FRANZISKA. Nun wenn es Spaß gewesen ist; dasmal will ich es Ihm verzeihen.
VON TELLHEIM. Wenn ich denn durchaus kommen muß, Franziska: so mache doch nur, daß das Fräulein den Brief vorher noch lieset. Das wird mir die Peinigung ersparen, Dinge noch einmal zu denken, noch einmal zu sagen, die ich so gern vergessen möchte. Da, gib ihr ihn! *(Indem er den Brief umkehrt, und ihr ihn zureichen will, wird er gewahr, daß er erbrochen ist)* Aber sehe ich recht? Der Brief, Franziska, ist ja erbrochen.

FRANZISKA. Das kann wohl sein. *(Besieht ihn)* Wahrhaftig er ist erbrochen. Wer muß ihn denn erbrochen haben? Doch gelesen haben wir ihn wirklich nicht, Herr Major, wirklich nicht. Wir wollen ihn auch nicht lesen, denn der Schreiber kömmt selbst. Kommen Sie ja; und wissen Sie was, Herr Major? Kommen Sie nicht so, wie Sie da sind; in Stiefeln, kaum frisiert. Sie sind zu entschuldigen; Sie haben uns nicht vermutet. Kommen Sie in Schuhen, und lassen Sie sich frisch frisieren. – So sehen Sie mir gar zu brav, gar zu preußisch aus!

VON TELLHEIM. Ich danke dir, Franziska.

FRANZISKA. Sie sehen aus, als ob Sie vorige Nacht kampiert hätten.

VON TELLHEIM. Du kannst es erraten haben.

FRANZISKA. Wir wollen uns gleich auch putzen, und sodann essen. Wir behielten Sie gern zum Essen, aber Ihre Gegenwart möchte uns an dem Essen hindern; und sehen Sie, so gar verliebt sind wir nicht, daß uns nicht hungerte.

VON TELLHEIM. Ich geh! Franziska, bereite sie indes ein wenig vor; damit ich weder in ihren, noch in meinen Augen verächtlich werden darf. – Komm, Werner, du sollst mit mir essen.

WERNER. An der Wirtstafel, hier im Hause? Da wird mir kein Bissen schmecken.

VON TELLHEIM. Bei mir auf der Stube.

WERNER. So folge ich Ihnen gleich. Nur noch ein Wort mit dem Frauenzimmerchen.

VON TELLHEIM. Das gefällt mir nicht übel! *(Geht ab)*

EILFTER AUFTRITT

Paul Werner. Franziska

FRANZISKA. Nun, Herr Wachtmeister? –

WERNER. Frauenzimmerchen, wenn ich wiederkomme, soll ich auch geputzter kommen?

FRANZISKA. Komm Er, wie Er will, Herr Wachtmeister;

meine Augen werden nichts wider Ihn haben. Aber meine Ohren werden desto mehr auf ihrer Hut gegen Ihn sein müssen. – Zwanzig Finger, alle voller Ringe! Ei, ei, Herr Wachtmeister!

WERNER. Nein, Frauenzimmerchen; eben das wollt ich Ihr noch sagen: die Schnurre fuhr mir nun so heraus! Es ist nichts dran. Man hat ja wohl an Einem Ringe genug. Und hundert und aber hundertmal, habe ich den Major sagen hören: Das muß ein Schurke von einem Soldaten sein, der ein Mädchen anführen kann! – So denk ich auch, Frauenzimmerchen. Verlaß Sie sich darauf! – Ich muß machen, daß ich ihm nachkomme. – Guten Appetit, Frauenzimmerchen! *(Geht ab)*

FRANZISKA. Gleichfalls, Herr Wachtmeister! – Ich glaube, der Mann gefällt mir! *(Indem sie herein gehen will, kommt ihr das Fräulein entgegen)*

ZWÖLFTER AUFTRITT

Das Fräulein. Franziska

DAS FRÄULEIN. Ist der Major schon wieder fort? – Franziska, ich glaube, ich wäre jetzt schon wieder ruhig genug, daß ich ihn hätte hier behalten können.

FRANZISKA. Und ich will Sie noch ruhiger machen.

DAS FRÄULEIN. Desto besser! Sein Brief, o sein Brief! Jede Zeile sprach den ehrlichen, edlen Mann. Jede Weigerung, mich zu besitzen, beteuerte mir seine Liebe. – Er wird es wohl gemerkt haben, daß wir den Brief gelesen. – Mag er doch; wenn er nur kömmt. Er kömmt doch gewiß? – Bloß ein wenig zu viel Stolz, Franziska, scheint mir in seiner Aufführung zu sein. Denn auch seiner Geliebten sein Glück nicht wollen zu danken haben, ist Stolz, unverzeihlicher Stolz! Wenn er mir diesen zu stark merken läßt, Franziska –

FRANZISKA. So wollen Sie seiner entsagen?

DAS FRÄULEIN. Ei, sieh doch! Jammert er dich nicht schon

wieder? Nein, liebe Närrin, Eines Fehlers wegen entsagt man keinem Manne. Nein; aber ein Streich ist mir beigefallen, ihn wegen dieses Stolzes mit ähnlichem Stolze ein wenig zu martern.

FRANZISKA. Nun da müssen Sie ja recht sehr ruhig sein, mein Fräulein, wenn Ihnen schon wieder Streiche beifallen.

DAS FRÄULEIN. Ich bin es auch; komm nur. Du wirst deine Rolle dabei zu spielen haben. *(Sie gehen herein)*

Ende des dritten Aufzugs

VIERTER AUFZUG

Erster Auftritt

(Die Szene, das Zimmer des Fräuleins)
Das Fräulein (völlig, und reich, aber mit Geschmack gekleidet).
Franziska (sie stehen vom Tische auf, den ein Bedienter abräumt)

FRANZISKA. Sie können unmöglich satt sein, gnädiges Fräulein.
DAS FRÄULEIN. Meinst du, Franziska? Vielleicht, daß ich mich nicht hungrig niedersetzte.
FRANZISKA. Wir hatten ausgemacht, seiner währender Mahlzeit nicht zu erwähnen. Aber wir hätten uns auch vornehmen sollen, an ihn nicht zu denken.
DAS FRÄULEIN. Wirklich, ich habe an nichts, als an ihn gedacht.
FRANZISKA. Das merkte ich wohl. Ich fing von hundert Dingen an zu sprechen, und Sie antworteten mir auf jedes verkehrt. *(Ein andrer Bedienter trägt Kaffee auf)* Hier kömmt eine Nahrung, bei der man eher Grillen machen kann. Der liebe melancholische Kaffee!
DAS FRÄULEIN. Grillen? Ich mache keine. Ich denke bloß der Lektion nach, die ich ihm geben will. Hast du mich recht begriffen, Franziska?
FRANZISKA. O ja; am besten aber wäre es, er ersparte sie uns.
DAS FRÄULEIN. Du wirst sehen, daß ich ihn von Grund aus kenne. Der Mann, der mich jetzt mit allen Reichtümern verweigert, wird mich der ganzen Welt streitig machen, sobald er hört, daß ich unglücklich und verlassen bin.
FRANZISKA *(sehr ernsthaft)*. Und so was muß die feinste Eigenliebe unendlich kützeln.
DAS FRÄULEIN. Sittenrichterin! Seht doch! vorhin ertappte sie mich auf Eitelkeit; jetzt auf Eigenliebe. – Nun, laß mich

nur, liebe Franziska. Du sollst mit deinem Wachtmeister auch machen können, was du willst.
FRANZISKA. Mit meinem Wachtmeister?
DAS FRÄULEIN. Ja, wenn du es vollends leugnest, so ist es richtig. – Ich habe ihn noch nicht gesehen; aber aus jedem Worte, das du mir von ihm gesagt hast, prophezeie ich dir deinen Mann.

Zweiter Auftritt

Riccaut de la Marliniere. Das Fräulein. Franziska

RICCAUT *(noch innerhalb der Szene)*. Est-il permis, Monsieur le Major?
FRANZISKA. Was ist das? Will das zu uns? *(Gegen die Türe gehend)*
RICCAUT. Parbleu! Ik bin unriktig. – Mais non – Ik bin nit unriktig – C'est sa chambre –
FRANZISKA. Ganz gewiß, gnädiges Fräulein, glaubt dieser Herr, den Major von Tellheim noch hier zu finden.
RICCAUT. Iß so! – Le Major de Tellheim; juste, ma belle enfant, c'est lui que je cherche. Où est-il?
FRANZISKA. Er wohnt nicht mehr hier.
RICCAUT. Comment? nok vor vier un swanzik Stund hier logier? Und logier nit mehr hier? Wo logier er denn?
DAS FRÄULEIN *(die auf ihn zu kömmt)*. Mein Herr, –
RICCAUT. Ah, Madame, – Mademoiselle – Ihro Gnad verzeih –
DAS FRÄULEIN. Mein Herr, Ihre Irrung ist sehr zu vergeben, und Ihre Verwunderung sehr natürlich. Der Herr Major hat die Güte gehabt, mir, als einer Fremden, die nicht unter zu kommen wußte, sein Zimmer zu überlassen.
RICCAUT. Ah voilà de ses politesses! C'est un très-galant-homme que ce Major!
DAS FRÄULEIN. Wo er indes hingezogen, – wahrhaftig, ich muß mich schämen, es nicht zu wissen.
RICCAUT. Ihro Gnad nit wiß? C'est dommage; j'en suis faché.

DAS FRÄULEIN. Ich hätte mich allerdings darnach erkundigen
sollen. Freilich werden ihn seine Freunde noch hier suchen.
RICCAUT. Ik bin sehr von seine Freund, Ihro Gnad –
DAS FRÄULEIN. Franziska, weißt du es nicht?
FRANZISKA. Nein, gnädiges Fräulein.
RICCAUT. Ik hätt ihn zu sprek sehr notwendik. Ik komm ihm
bringen eine Nouvelle, davon er sehr frölik sein wird.
DAS FRÄULEIN. Ich betauere um so viel mehr. – Doch hoffe
ich, vielleicht bald, ihn zu sprechen. Ist es gleichviel, aus
wessen Munde er diese gute Nachricht erfährt, so erbiete
ich mich, mein Herr –
RICCAUT. Ik versteh. – Mademoiselle parle françois? Mais
sans doute; telle que je la vois! – La demande etoit bien
impolie; Vous me pardonnerés, Mademoiselle. –
DAS FRÄULEIN. Mein Herr –
RICCAUT. Nit? Sie sprek nit Französisch, Ihro Gnad?
DAS FRÄULEIN. Mein Herr, in Frankreich würde ich es zu
sprechen suchen. Aber warum hier? Ich höre ja, daß Sie
mich verstehen, mein Herr. Und ich, mein Herr, werde Sie
gewiß auch verstehen; sprechen Sie, wie es Ihnen beliebt.
RICCAUT. Gutt, gutt! Ik kann auk mik auf deutsch expli-
zier. – Sachés donc, Mademoiselle – Ihro Gnad soll also
wiß, daß ik komm von die Tafel bei der Minister – Minister von – Minister von – wie heiß der Minister da draus?
– in der lange Straß? – auf die breite Platz? –
DAS FRÄULEIN. Ich bin hier noch völlig unbekannt.
RICCAUT. Nun, die Minister von der Kriegsdepartement. –
Da haben ik zu Mittag gespeisen; – ik speisen à l'ordinaire
bei ihm, – und da iß man gekommen reden auf der Major
Tellheim; et le Ministre m'a dit en confidence, car Son
Excellence est de mes amis, et il n'y a point de mystères
entre nous – Se. Exzellenz, will ik sag, haben mir vertrau,
daß die Sak von unserm Major sei auf den Point zu enden,
und gutt zu enden. Er habe gemakt ein Rapport an den
Könik, und der Könik habe darauf resolvier, tout-à-fait en
faveur du Major. – Monsieur, m'a dit Son Excellence,
Vous comprenés bien, que tout depend de la maniere, dont
on fait envisager les choses au Roi, et Vous me connoissés.

Cela fait un très-joli garçon que ce Tellheim, et ne sais-je pas que Vous l'aimés? Les amis de mes amis sont aussi les miens. Il coute un peu cher au Roi ce Tellheim, mais est-ce que l'on sert les Rois pour rien? Il faut s'entr'aider en ce monde; et quand il s'agit de pertes, que ce soit le Roi, qui en fasse, et non pas un honnêt-homme de nous autres. Voilà le principe, dont je ne me depars jamais. – Was sag Ihro Gnad hierzu? Nit wahr, daß iß ein brav Mann? Ah que Son Excellence a le coeur bien placé! Er hat mir au reste versiker, wenn der Major nit schon bekommen habe une Lettre de la main – eine Könikliken Handbrief, daß er heut infailliblement müsse bekommen einen.

DAS FRÄULEIN. Gewiß, mein Herr, diese Nachricht wird dem Major von Tellheim höchst angenehm sein. Ich wünschte nur, ihm den Freund zugleich mit Namen nennen zu können, der so viel Anteil an seinem Glücke nimmt –

RICCAUT. Mein Namen wünscht Ihro Gnad? – Vous voyés en moi – Ihro Gnad seh in mik le Chevalier Riccaut de la Marliniere, Seigneur de Pret-au-val, de la Branche de Prensd'or. – Ihro Gnad steh verwundert, mik aus so ein groß, groß Familie zu hören, qui est veritablement du sang Royal. – Il faut le dire; je suis sans doute le Cadet le plus avantureux, que la maison a jamais eu – Ik dien von meiner elfte Jahr. Ein Affaire d'honneur makte mik fliehen. Darauf haben ik gedienet Sr. Päbstliken Eilikheit, der Republik St. Marino, der Kron Polen, und den Staaten-General, bis ik endlik bin worden gezogen hierher. Ah, Mademoiselle, que je voudrois n'avoir jamais vû ce pais-la! Hätte man mik gelaß im Dienst von den Staaten-General, so müßt ik nun sein, aufs wenikst Oberst. Aber so hier immer und ewik Capitaine geblieben, und nun gar sein ein abgedankte Capitaine –

DAS FRÄULEIN. Das ist viel Unglück.

RICCAUT. Oui, Mademoiselle, me voilà reformé, et par-là mis sur le pavé!

DAS FRÄULEIN. Ich beklage sehr.

RICCAUT. Vous étes bien bonne, Mademoiselle – Nein, man kenn sik hier nit auf den Verdienst. Einen Mann, wie mik, su reformir! Einen Mann, der sik nok dasu in diesem Dienst hat rouinir! – Ik haben dabei sugesetzt, mehr als swansik tausend Livres. Was hab ik nun? Tranchons le mot; je n'ai pas le sou, et me voilà exactement vis-à-vis du rien. –

DAS FRÄULEIN. Es tut mir ungemein leid.

RICCAUT. Vous êtes bien bonne, Mademoiselle. Aber wie man pfleg su sagen: ein jeder Unglück schlepp nak sik seine Bruder; qu'un malheur ne vient jamais seul: so mit mir arrivir. Was ein Honnêt-homme von mein Extraction kann anders haben für Resource, als das Spiel? Nun hab ik immer gespielen mit Glück, so lang ik hatte nit von nöten der Glück. Nun ik ihr hätte von nöten, Mademoiselle, je joue avec un guignon, qui surpasse toute croyance. Seit funfsehn Tag iß vergangen keine, wo sie mik nit hab gesprenkt. Nok gestern hab sie mik gesprenkt dreimal. Je sais bien, qu'il y avoit quelque chose de plus que le jeu. Car parmi mes pontes se trouvoient certaines Dames – Ik will niks weiter sag. Man muß sein galant gegen die Damen. Sie haben auk mik heut invitir, mir zu geben revanche; mais – Vous m'entendés, Mademoiselle – Man muß erst wiß, wovon leben; ehe man haben kann, wovon su spielen –

DAS FRÄULEIN. Ich will nicht hoffen, mein Herr –

RICCAUT. Vous êtes bien bonne, Mademoiselle –

DAS FRÄULEIN (*nimmt die Franziska bei Seite*). Franziska, der Mann tauert mich im Ernste. Ob er mir es wohl übel nehmen würde, wenn ich ihm etwas anböte?

FRANZISKA. Der sieht mir nicht darnach aus.

DAS FRÄULEIN. Gut! – Mein Herr, ich höre, – daß Sie spielen; daß Sie Bank machen; ohne Zweifel an Orten, wo etwas zu gewinnen ist. Ich muß Ihnen bekennen, daß ich – gleichfalls das Spiel sehr liebe, –

RICCAUT. Tant mieux, Mademoiselle, tant mieux! Tous les gens d'esprit aiment le jeu à la fureur.

DAS FRÄULEIN. Daß ich sehr gern gewinne; sehr gern mein Geld mit einem Manne wage, der – zu spielen weiß. – Wären Sie wohl geneigt, mein Herr, mich in Gesellschaft zu nehmen? mir einen Anteil an Ihrer Bank zu gönnen?

RICCAUT. Comment, Mademoiselle, Vous voulés étre de moitié avec moi? De tout mon coeur.

DAS FRÄULEIN. Vors erste, nur mit einer Kleinigkeit – *(Geht und langt Geld aus ihrer Schatulle)*

RICCAUT. Ah, Mademoiselle, que Vous étes charmante! –

DAS FRÄULEIN. Hier habe ich, was ich ohnlängst gewonnen; nur zehn Pistolen – Ich muß mich zwar schämen, so wenig –

RICCAUT. Donnés toûjours, Mademoiselle, donnés. *(Nimmt es)*

DAS FRÄULEIN. Ohne Zweifel, daß Ihre Bank, mein Herr, sehr ansehnlich ist –

RICCAUT. Ja wohl sehr ansehnlik. Sehn Pistol? Ihr Gnad soll sein dafür interessir bei meiner Bank auf ein Dreiteil, pour le tiers. Swar auf ein Dreiteil sollen sein – etwas mehr. Dok mit einer schöne Damen muß man es nehmen nit so genau. Ik gratulier mik, zu kommen dadurk in liaison mit Ihro Gnad, et de ce moment je recommence à bien augurer de ma fortune.

DAS FRÄULEIN. Ich kann aber nicht dabei sein, wenn Sie spielen, mein Herr.

RICCAUT. Was brauk Ihro Gnad dabei su sein? Wir andern Spieler sind ehrlike Leut unter einander.

DAS FRÄULEIN. Wenn wir glücklich sind, mein Herr, so werden Sie mir meinen Anteil schon bringen. Sind wir aber unglücklich –

RICCAUT. So komm ik holen Rekruten. Nit wahr, Ihro Gnad?

DAS FRÄULEIN. Auf die Länge dürften die Rekruten fehlen. Verteidigen Sie unser Geld daher ja wohl, mein Herr.

RICCAUT. Wo für seh mik Ihro Gnad an? Für ein Einfalspinse? für ein dumme Teuff?

DAS FRÄULEIN. Verzeihen Sie mir –

RICCAUT. Je suis des Bons, Mademoiselle. Savés-vous ce que cela veut dire? Ik bin von die Ausgelernt –

DAS FRÄULEIN. Aber doch wohl, mein Herr –

RICCAUT. Je sais monter un coup –

DAS FRÄULEIN *(verwundernd).* Sollten Sie?
RICCAUT. Je file la carte avec une adresse –
DAS FRÄULEIN. Nimmermehr!
RICCAUT. Je fais sauter la coupe avec une dexterité –
DAS FRÄULEIN. Sie werden doch nicht, mein Herr? –
RICCAUT. Was nit? Ihro Gnade, was nit? Donnés-moi un pigeonneau à plumer, et –
DAS FRÄULEIN. Falsch spielen? betrügen?
RICCAUT. Comment, Mademoiselle? Vous appellés cela betrügen? Corriger la fortune, l'enchainer sous ses doits, etre sûr de son fait, das nenn die Deutsch betrügen? betrügen! O, was ist die deutsch Sprak für ein arm Sprak! für ein plump Sprak!
DAS FRÄULEIN. Nein, mein Herr, wenn Sie so denken –
RICCAUT. Laissés-moi faire, Mademoiselle, und sein Sie ruhik! Was gehn Sie an, wie ik spiel? – Genug, morgen entweder sehn mik wieder Ihro Gnad mit hundert Pistol, oder seh mik wieder gar nit – Votre très-humble, Mademoiselle, votre très-humble – *(Eilends ab)*
DAS FRÄULEIN *(die ihm mit Erstaunen und Verdruß nachsieht).* Ich wünsche das letzte, mein Herr, das letzte!

Dritter Auftritt

Das Fräulein. Franziska

FRANZISKA *(erbittert).* Kann ich noch reden? O schön! o schön!
DAS FRÄULEIN. Spotte nur; ich verdiene es. *(Nach einem kleinen Nachdenken, und gelassener)* Spotte nicht, Franziska; ich verdiene es nicht.
FRANZISKA. Vortrefflich! da haben Sie etwas Allerliebstes getan; einen Spitzbuben wieder auf die Beine geholfen.
DAS FRÄULEIN. Es war einem Unglücklichen zugedacht.
FRANZISKA. Und was das Beste dabei ist: der Kerl hält Sie für seines gleichen. – O ich muß ihm nach, und ihm das Geld wieder abnehmen. *(Will fort)*

DAS FRÄULEIN. Franziska, laß den Kaffee nicht vollends kalt werden; schenk ein.

FRANZISKA. Er muß es Ihnen wiedergeben; Sie haben sich anders besonnen; Sie wollen mit ihm nicht in Gesellschaft spielen. Zehn Pistolen! Sie hörten ja, Fräulein, daß es ein Bettler war! *(Das Fräulein schenkt indes selbst ein)* Wer wird einem Bettler so viel geben? Und ihm noch dazu die Erniedrigung, es erbettelt zu haben, zu ersparen suchen? Den Mildtätigen, der den Bettler aus Großmut verkennen will, verkennt der Bettler wieder. Nun mögen Sie es haben, Fräulein, wenn er Ihre Gabe, ich weiß nicht wofür, ansieht. – *(und reicht der Franziska eine Tasse)* Wollen Sie mir das Blut noch mehr in Wallung bringen? Ich mag nicht trinken. *(Das Fräulein setzt sie wieder weg)* – »Parbleu, Ihro Gnad, man kenn sik hier nit auf den Verdienst« *(in dem Tone des Franzosen)* Freilich nicht, wenn man die Spitzbuben so ungehangen herumlaufen läßt.

DAS FRÄULEIN *(kalt und nachdenkend, indem sie trinkt).* Mädchen, du verstehst dich so trefflich auf die guten Menschen: aber, wenn willst du die schlechten ertragen lernen? – Und sie sind doch auch Menschen. – Und öfters bei weitem so schlechte Menschen nicht, als sie scheinen. – Man muß ihre gute Seite nur aufsuchen. – Ich bilde mir ein, dieser Franzose ist nichts, als eitel. Aus bloßer Eitelkeit macht er sich zum falschen Spieler; er will mir nicht verbunden scheinen; er will sich den Dank ersparen. Vielleicht, daß er nun hingeht, seine kleine Schulden bezahlt, von dem Reste, so weit er reicht, still und sparsam lebt, und an das Spiel nicht denkt. Wenn das ist, liebe Franziska, so laß ihn Rekruten holen, wenn er will. – *(Gibt ihr die Tasse)* Da, setz weg! – Aber, sage mir, sollte Tellheim nicht schon da sein?

FRANZISKA. Nein, gnädiges Fräulein; ich kann beides nicht; weder an einem schlechten Menschen die gute, noch an einem guten Menschen die böse Seite aufsuchen.

DAS FRÄULEIN. Er kömmt doch ganz gewiß? –

FRANZISKA. Er sollte wegbleiben! – Sie bemerken an ihm, an

ihm, dem besten Manne, ein wenig Stolz, und darum wollen Sie ihn so grausam necken?

DAS FRÄULEIN. Kömmst du da wieder hin? – Schweig, das will ich nun einmal so. Wo du mir diese Lust verdirbst; wo du nicht alles sagst und tust, wie wir es abgeredet haben! – Ich will dich schon allein mit ihm lassen; und dann – – Jetzt kömmt er wohl.

VIERTER AUFTRITT

Paul Werner (der in einer steifen Stellung, gleichsam im Dienste, hereintritt). Das Fräulein. Franziska

FRANZISKA. Nein, es ist nur sein lieber Wachtmeister.
DAS FRÄULEIN. Lieber Wachtmeister? Auf wen bezieht sich dieses Lieber?
FRANZISKA. Gnädiges Fräulein, machen Sie mir den Mann nicht verwirrt. – Ihre Dienerin, Herr Wachtmeister; was bringen Sie uns?
WERNER *(geht, ohne auf die Franziska zu achten, an das Fräulein).* Der Major von Tellheim läßt an das gnädige Fräulein von Barnhelm durch mich, den Wachtmeister Werner, seinen untertänigen Respekt vermelden, und sagen, daß er sogleich hier sein werde.
DAS FRÄULEIN. Wo bleibt er denn?
WERNER. Ihro Gnaden werden verzeihen; wir sind, noch vor dem Schlage drei, aus dem Quartier gegangen; aber da hat ihn der Kriegszahlmeister unterwegens angeredet; und weil mit dergleichen Herren des Redens immer kein Ende ist: so gab er mir einen Wink, dem gnädigen Fräulein den Vorfall zu rapportieren.
DAS FRÄULEIN. Recht wohl, Herr Wachtmeister. Ich wünsche nur, daß der Kriegszahlmeister dem Major etwas Angenehmes möge zu sagen haben.
WERNER. Das haben dergleichen Herren den Offizieren selten. – Haben Ihro Gnaden etwas zu befehlen? *(im Begriffe wieder zu gehen)*

FRANZISKA. Nun, wo denn schon wieder hin, Herr Wachtmeister? Hätten wir denn nichts mit einander zu plaudern?
WERNER *(sachte zur Franziska, und ernsthaft).* Hier nicht, Frauenzimmerchen. Es ist wider den Respekt, wider die Subordination. – Gnädiges Fräulein –
DAS FRÄULEIN. Ich danke für Seine Bemühung, Herr Wachtmeister. – Es ist mir lieb gewesen, Ihn kennen zu lernen. Franziska hat mir viel Gutes von Ihm gesagt. *(Werner macht eine steife Verbeugung, und geht ab)*

FÜNFTER AUFTRITT

Das Fräulein. Franziska

DAS FRÄULEIN. Das ist dein Wachtmeister, Franziska?
FRANZISKA. Wegen des spöttischen Tones habe ich nicht Zeit, dieses Dein nochmals aufzumutzen. – – Ja, gnädiges Fräulein, das ist mein Wachtmeister. Sie finden ihn, ohne Zweifel, ein wenig steif und hölzern. Jetzt kam er mir fast auch so vor. Aber ich merke wohl; er glaubte, vor Ihro Gnaden, auf die Parade ziehen zu müssen. Und wenn die Soldaten paradieren, – ja freilich scheinen sie da mehr Drechslerpuppen, als Männer. Sie sollten ihn hingegen nur sehn und hören, wenn er sich selbst gelassen ist.
DAS FRÄULEIN. Das müßte ich denn wohl!
FRANZISKA. Er wird noch auf dem Saale sein. Darf ich nicht gehn, und ein wenig mit ihm plaudern?
DAS FRÄULEIN. Ich versage dir ungern dieses Vergnügen. Du mußt hier bleiben, Franziska. Du mußt bei unserer Unterredung gegenwärtig sein. – Es fällt mir noch etwas bei. *(Sie zieht ihren Ring vom Finger)* Da, nimm meinen Ring, verwahre ihn, und gib mir des Majors seinen dafür.
FRANZISKA. Warum das?
DAS FRÄULEIN *(indem Franziska den andern Ring holt).* Recht weiß ich es selbst nicht; aber mich dünkt, ich sehe so etwas voraus, wo ich ihn brauchen könnte. – Man pocht – Geschwind gib her! *(Sie steckt ihn an)* Er ists!

Sechster Auftritt

von Tellheim (in dem nämlichen Kleide, aber sonst so, wie es Franziska verlangt). Das Fräulein. Franziska

VON TELLHEIM. Gnädiges Fräulein, Sie werden mein Verweilen entschuldigen –
DAS FRÄULEIN. O, Herr Major, so gar militärisch wollen wir es mit einander nicht nehmen. Sie sind ja da! Und ein Vergnügen erwarten, ist auch ein Vergnügen. – Nun? *(indem sie ihm lächelnd ins Gesicht sieht)* lieber Tellheim, waren wir nicht vorhin Kinder?
VON TELLHEIM. Ja wohl Kinder, gnädiges Fräulein; Kinder, die sich sperren, wo sie gelassen folgen sollten.
DAS FRÄULEIN. Wir wollen ausfahren, lieber Major, – die Stadt ein wenig zu besehen, – und hernach, meinem Oheim entgegen.
VON TELLHEIM. Wie?
DAS FRÄULEIN. Sehen Sie; auch das Wichtigste haben wir einander noch nicht sagen können. Ja, er trifft noch heut hier ein. Ein Zufall ist Schuld, daß ich, einen Tag früher, ohne ihn angekommen bin.
VON TELLHEIM. Der Graf von Bruchsall? Ist er zurück?
DAS FRÄULEIN. Die Unruhen des Krieges verscheuchten ihn nach Italien; der Friede hat ihn wieder zurückgebracht. – Machen Sie sich keine Gedanken, Tellheim. Besorgten wir schon ehemals das stärkste Hindernis unsrer Verbindung von seiner Seite –
VON TELLHEIM. Unserer Verbindung?
DAS FRÄULEIN. Er ist Ihr Freund. Er hat von zu vielen, zu viel Gutes von Ihnen gehört, um es nicht zu sein. Er brennet, den Mann von Antlitz zu kennen, den seine einzige Erbin gewählt hat. Er kömmt als Oheim, als Vormund, als Vater, mich Ihnen zu übergeben.
VON TELLHEIM. Ah, Fräulein, warum haben Sie meinen Brief nicht gelesen? Warum haben Sie ihn nicht lesen wollen?
DAS FRÄULEIN. Ihren Brief? Ja, ich erinnere mich, Sie schickten mir einen. Wie war es denn mit diesem Briefe, Fran-

ziska? Haben wir ihn gelesen, oder haben wir ihn nicht gelesen? Was schrieben Sie mir denn, lieber Tellheim? —
VON TELLHEIM. Nichts, als was mir die Ehre befiehlt.
DAS FRÄULEIN. Das ist, ein ehrliches Mädchen, die Sie liebt, nicht sitzen zu lassen. Freilich befiehlt das die Ehre. Gewiß ich hätte den Brief lesen sollen. Aber was ich nicht gelesen habe, das höre ich ja.
VON TELLHEIM. Ja, Sie sollen es hören —
DAS FRÄULEIN. Nein, ich brauch es auch nicht einmal zu hören. Es versteht sich von selbst. Sie könnten eines so häßlichen Streiches fähig sein, daß Sie mich nun nicht wollten? Wissen Sie, daß ich auf Zeit meines Lebens beschimpft wäre? Meine Landsmänninnen würden mit Fingern auf mich weisen. — »Das ist sie, würde es heißen, das ist das Fräulein von Barnhelm, die sich einbildete, weil sie reich sei, den wackern Tellheim zu bekommen: als ob die wackern Männer für Geld zu haben wären!« So würde es heißen: denn meine Landsmänninnen sind alle neidisch auf mich. Daß ich reich bin, können sie nicht leugnen; aber davon wollen sie nichts wissen, daß ich auch sonst noch ein ziemlich gutes Mädchen bin, das seines Mannes wert ist. Nicht wahr, Tellheim?
VON TELLHEIM. Ja, ja, gnädiges Fräulein, daran erkenne ich Ihre Landsmänninnen. Sie werden Ihnen einen abgedankten, an seiner Ehre gekränkten Offizier, einen Krüppel, einen Bettler, trefflich beneiden.
DAS FRÄULEIN. Und das alles wären Sie? Ich hörte so was, wenn ich mich nicht irre, schon heute Vormittage. Da ist Böses und Gutes unter einander. Lassen Sie uns doch jedes näher beleuchten. — Verabschiedet sind Sie? So höre ich. Ich glaubte, Ihr Regiment sei bloß untergesteckt worden. Wie ist es gekommen, daß man einen Mann von Ihren Verdiensten nicht beibehalten?
VON TELLHEIM. Es ist gekommen, wie es kommen müssen. Die Großen haben sich überzeugt, daß ein Soldat aus Neigung für sie ganz wenig; aus Pflicht nicht viel mehr: aber alles seiner eignen Ehre wegen tut. Was können sie ihm also schuldig zu sein glauben? Der Friede hat ihnen mehrere

meines gleichen entbehrlich gemacht; und am Ende ist ihnen niemand unentbehrlich.

DAS FRÄULEIN. Sie sprechen, wie ein Mann sprechen muß, dem die Großen hinwiederum sehr entbehrlich sind. Und niemals waren sie es mehr, als jetzt. Ich sage den Großen meinen großen Dank, daß sie ihre Ansprüche auf einen Mann haben fahren lassen, den ich doch nur sehr ungern mit ihnen geteilet hätte. – Ich bin Ihre Gebieterin, Tellheim; Sie brauchen weiter keinen Herrn. – Sie verabschiedet zu finden, das Glück hätte ich mir kaum träumen lassen! – Doch Sie sind nicht bloß verabschiedet: Sie sind noch mehr. Was sind Sie noch mehr? Ein Krüppel: sagten Sie? Nun, *(indem sie ihn von oben bis unten betrachtet)* der Krüppel ist doch noch ziemlich ganz und gerade; scheinet doch noch ziemlich gesund und stark. – Lieber Tellheim, wenn Sie auf den Verlust Ihrer gesunden Gliedmaßen betteln zu gehen denken: so prophezeie ich Ihnen voraus, daß Sie vor den wenigsten Türen etwas bekommen werden; ausgenommen vor den Türen der gutherzigen Mädchen, wie ich.

VON TELLHEIM. Jetzt höre ich nur das mutwillige Mädchen, liebe Minna.

DAS FRÄULEIN. Und ich höre in Ihrem Verweise nur das Liebe Minna. – Ich will nicht mehr mutwillig sein. Denn ich besinne mich, daß Sie allerdings ein kleiner Krüppel sind. Ein Schuß hat Ihnen den rechten Arm ein wenig gelähmt. – Doch alles wohl überlegt: so ist auch das so schlimm nicht. Um so viel sicherer bin ich vor Ihren Schlägen.

VON TELLHEIM. Fräulein!

DAS FRÄULEIN. Sie wollen sagen: Aber Sie um so viel weniger vor meinen. Nun, nun, lieber Tellheim, ich hoffe, Sie werden es nicht dazu kommen lassen.

VON TELLHEIM. Sie wollen lachen, mein Fräulein. Ich beklage nur, daß ich nicht mit lachen kann.

DAS FRÄULEIN. Warum nicht? Was haben Sie denn gegen das Lachen? Kann man denn auch nicht lachend sehr ernsthaft sein? Lieber Major, das Lachen erhält uns vernünftiger, als der Verdruß. Der Beweis liegt vor uns. Ihre lachende

Freundin beurteilet Ihre Umstände weit richtiger, als Sie selbst. Weil Sie verabschiedet sind, nennen Sie sich an Ihrer Ehre gekränkt: weil Sie einen Schuß in dem Arme haben, machen Sie sich zu einem Krüppel. Ist das so recht? Ist das keine Übertreibung? Und ist es meine Einrichtung, daß alle Übertreibungen des Lächerlichen so fähig sind? Ich wette, wenn ich Ihren Bettler nun vornehme, daß auch dieser eben so wenig Stich halten wird. Sie werden einmal, zweimal, dreimal Ihre Equipage verloren haben; bei dem oder jenem Banquier werden einige Kapitale jetzt mit schwinden; Sie werden diesen und jenen Vorschuß, den Sie im Dienste getan, keine Hoffnung haben, wieder zu erhalten: aber sind Sie darum ein Bettler? Wenn Ihnen auch nichts übrig geblieben ist, als was mein Oheim für Sie mitbringt –

VON TELLHEIM. Ihr Oheim, gnädiges Fräulein, wird für mich nichts mitbringen.

DAS FRÄULEIN. Nichts, als die zweitausend Pistolen, die Sie unsern Ständen so großmütig vorschossen.

VON TELLHEIM. Hätten Sie doch nur meinen Brief gelesen, gnädiges Fräulein!

DAS FRÄULEIN. Nun ja, ich habe ihn gelesen. Aber was ich über diesen Punkt darin gelesen, ist mir ein wahres Rätsel. Unmöglich kann man Ihnen aus einer edlen Handlung ein Verbrechen machen wollen. – Erklären Sie mir doch, lieber Major –

VON TELLHEIM. Sie erinnern sich, gnädiges Fräulein, daß ich Ordre hatte, in den Ämtern Ihrer Gegend die Kontribution mit der äußersten Strenge bar beizutreiben. Ich wollte mir diese Strenge ersparen, und schoß die fehlende Summe selbst vor. –

DAS FRÄULEIN. Ja wohl erinnere ich mich. – Ich liebte Sie um dieser Tat willen, ohne Sie noch gesehen zu haben.

VON TELLHEIM. Die Stände gaben mir ihren Wechsel, und diesen wollte ich, bei Zeichnung des Friedens, unter die zu ratihabierende Schulden eintragen lassen. Der Wechsel ward für gültig erkannt, aber mir ward das Eigentum desselben streitig gemacht. Man zog spöttisch das Maul, als ich versicherte, die Valute bar hergegeben zu haben. Man erklärte ihn für eine Bestechung, für das Gratial der Stände, weil ich sobald mit ihnen auf die niedrigste Summe einig geworden war, mit der ich mich nur im äußersten Notfall zu begnügen, Vollmacht hatte. So kam der Wechsel aus meinen Händen, und wenn er bezahlt wird, wird er sicherlich nicht an mich bezahlt. – Hierdurch, mein Fräulein, halte ich meine Ehre für gekränkt; nicht durch den Abschied, den ich gefordert haben würde, wenn ich ihn nicht bekommen hätte. – Sie sind ernsthaft, mein Fräulein? Warum lachen Sie nicht? Ha, ha, ha! Ich lache ja.

DAS FRÄULEIN. O, ersticken Sie dieses Lachen, Tellheim! Ich beschwöre Sie! Es ist das schreckliche Lachen des Menschenhasses! Nein, Sie sind der Mann nicht, den eine gute Tat reuen kann, weil sie üble Folgen für ihn hat. Nein, unmöglich können diese üble Folgen dauren! Die Wahrheit muß an den Tag kommen. Das Zeugnis meines Oheims, aller unsrer Stände –

VON TELLHEIM. Ihres Oheims! Ihrer Stände! Ha, ha, ha!

DAS FRÄULEIN. Ihr Lachen tötet mich, Tellheim! Wenn Sie an Tugend und Vorsicht glauben, Tellheim, so lachen Sie so nicht! Ich habe nie fürchterlicher fluchen hören, als Sie lachen. – Und lassen Sie uns das Schlimmste setzen! Wenn man Sie hier durchaus verkennen will: so kann man Sie bei uns nicht verkennen. Nein, wir können, wir werden Sie nicht verkennen, Tellheim. Und wenn unsere Stände die geringste Empfindung von Ehre haben, so weiß ich was sie tun müssen. Doch ich bin nicht klug: was wäre das nötig? Bilden Sie sich ein, Tellheim, Sie hätten die zweitausend Pistolen an einem wilden Abende verloren. Der König war eine unglückliche Karte für Sie: die Dame *(auf sich weisend)* wird Ihnen desto günstiger sein. – Die Vorsicht, glauben Sie mir, hält den ehrlichen Mann immer schadlos; und öfters schon im voraus. Die Tat, die Sie einmal um zweitausend Pistolen bringen sollte, erwarb mich Ihnen. Ohne diese Tat, würde ich nie begierig gewesen sein, Sie kennen zu lernen. Sie wissen, ich kam uneingeladen in die erste Gesellschaft, wo ich Sie zu finden glaubte. Ich kam bloß Ihrentwegen. Ich kam in dem festen Vorsatze, Sie zu lieben, – ich liebte Sie schon! – in dem festen Vorsatze, Sie zu besitzen, wenn ich Sie auch so schwarz und häßlich finden sollte, als den Mohr von Venedig. Sie sind so schwarz und häßlich nicht; auch so eifersüchtig werden Sie nicht sein. Aber Tellheim, Tellheim, Sie haben doch noch viel Ähnliches mit ihm! O, über die wilden, unbiegsamen Männer, die nur immer ihr stieres Auge auf das Gespenst der Ehre heften! für alles andere Gefühl sich verhärten! – Hierher Ihr Auge! auf mich, Tellheim! *(der indes vertieft, und unbeweglich, mit starren Augen immer auf eine Stelle gesehen)* Woran denken Sie? Sie hören mich nicht?

VON TELLHEIM *(zerstreut).* O ja! Aber sagen Sie mir doch, mein Fräulein, wie kam der Mohr in venetianische Dienste? Hatte der Mohr kein Vaterland? Warum vermietete er seinen Arm und sein Blut einem fremden Staate? –

DAS FRÄULEIN *(erschrocken).* Wo sind Sie, Tellheim? – Nun ist es Zeit, daß wir abbrechen; – Kommen Sie! *(indem sie ihn bei der Hand ergreift)* – Franziska, laß den Wagen vorfahren.

VON TELLHEIM *(der sich von dem Fräulein los reißt und der Franziska nachgeht).* Nein, Franziska; ich kann nicht die Ehre haben, das Fräulein zu begleiten. – Mein Fräulein, lassen Sie mir noch heute meinen gesunden Verstand, und beurlauben Sie mich. Sie sind auf dem besten Wege, mich darum zu bringen. Ich stemme mich, so viel ich kann. – Aber weil ich noch bei Verstande bin: so hören Sie, mein Fräulein, was ich fest beschlossen habe; wovon mich nichts in der Welt abbringen soll. – Wenn nicht noch ein glücklicher Wurf für mich im Spiele ist, wenn sich das Blatt nicht völlig wendet, wenn –

DAS FRÄULEIN. Ich muß Ihnen ins Wort fallen, Herr Major. – Das hätten wir ihm gleich sagen sollen, Franziska. Du erinnerst mich auch an gar nichts. – Unser Gespräch würde ganz anders gefallen sein, Tellheim, wenn ich mit der guten Nachricht angefangen hätte, die Ihnen der Chevalier de la Marliniere nur eben zu bringen kam.

VON TELLHEIM. Der Chevalier de la Marliniere? Wer ist das?
FRANZISKA. Es mag ein ganz guter Mann sein, Herr Major, bis auf –
DAS FRÄULEIN. Schweig, Franziska! – Gleichfalls ein verabschiedeter Offizier, der aus holländischen Diensten –
VON TELLHEIM. Ha! der Lieutenant Riccaut!
DAS FRÄULEIN. Er versicherte, daß er Ihr Freund sei.
VON TELLHEIM. Ich versichere, daß ich seiner nicht bin.
DAS FRÄULEIN. Und daß ihm, ich weiß nicht welcher Minister, vertrauet habe, Ihre Sache sei dem glücklichsten Ausgange nahe. Es müsse ein Königliches Handschreiben an Sie unterwegens sein. –
VON TELLHEIM. Wie kämen Riccaut und ein Minister zusammen? – Etwas zwar muß in meiner Sache geschehen sein. Denn nur jetzt erklärte mir der Kriegszahlmeister, daß der König alles niedergeschlagen habe, was wider mich urgieret worden; und daß ich mein schriftlich gegebenes Ehrenwort, nicht eher von hier zu gehen, als bis man mich völlig entladen habe, wieder zurücknehmen könne. – Das wird es aber auch alles sein. Man wird mich wollen laufen lassen. Allein man irrt sich; ich werde nicht laufen. Eher soll mich hier das äußerste Elend, vor den Augen meiner Verleumder, verzehren –
DAS FRÄULEIN. Hartnäckiger Mann!
VON TELLHEIM. Ich brauche keine Gnade; ich will Gerechtigkeit. Meine Ehre –
DAS FRÄULEIN. Die Ehre eines Mannes, wie Sie –
VON TELLHEIM *(hitzig)*. Nein, mein Fräulein, Sie werden von allen Dingen recht gut urteilen können, nur hierüber nicht. Die Ehre ist nicht die Stimme unsers Gewissens, nicht das Zeugnis weniger Rechtschaffenen – –
DAS FRÄULEIN. Nein, nein, ich weiß wohl. – Die Ehre ist – die Ehre.
VON TELLHEIM. Kurz, mein Fräulein, – Sie haben mich nicht ausreden lassen. – Ich wollte sagen: wenn man mir das Meinige so schimpflich vorenthält, wenn meiner Ehre nicht die vollkommenste Genugtuung geschieht; so kann ich, mein Fräulein, der Ihrige nicht sein. Denn ich bin es in

den Augen der Welt nicht wert, zu sein. Das Fräulein von Barnhelm verdienet einen unbescholtenen Mann. Es ist eine nichtswürdige Liebe, die kein Bedenken trägt, ihren Gegenstand der Verachtung auszusetzen. Es ist ein nichtswürdiger Mann, der sich nicht schämet, sein ganzes Glück einem Frauenzimmer zu verdanken, dessen blinde Zärtlichkeit –

DAS FRÄULEIN. Und das ist Ihr Ernst, Herr Major? – *(Indem sie ihm plötzlich den Rücken wendet)* Franziska!

VON TELLHEIM. Werden Sie nicht ungehalten, mein Fräulein –

DAS FRÄULEIN *(bei Seite zur Franziska)*. Jetzt wäre es Zeit! Was rätst du mir, Franziska? –

FRANZISKA. Ich rate nichts. Aber freilich macht er es Ihnen ein wenig zu bunt. –

VON TELLHEIM *(der sie zu unterbrechen kömmt)*. Sie sind ungehalten, mein Fräulein –

DAS FRÄULEIN *(höhnisch)*. Ich? im geringsten nicht.

VON TELLHEIM. Wenn ich Sie weniger liebte, mein Fräulein –

DAS FRÄULEIN *(noch in diesem Tone)*. O gewiß, es wäre mein Unglück! – Und sehen Sie, Herr Major, ich will Ihr Unglück auch nicht. – Man muß ganz uneigennützig lieben. – Eben so gut, daß ich nicht offenherziger gewesen bin! Vielleicht würde mir Ihr Mitleid gewähret haben, was mir Ihre Liebe versagt. – *(indem sie den Ring langsam vom Finger zieht)*

VON TELLHEIM. Was meinen Sie damit, Fräulein?

DAS FRÄULEIN. Nein, keines muß das andere, weder glücklicher noch unglücklicher machen. So will es die wahre Liebe! Ich glaube Ihnen, Herr Major; und Sie haben zu viel Ehre, als daß Sie die Liebe verkennen sollten.

VON TELLHEIM. Spotten Sie, mein Fräulein?

DAS FRÄULEIN. Hier! Nehmen Sie den Ring wieder zurück, mit dem Sie mir Ihre Treue verpflichtet. *(Überreicht ihm den Ring)* Es sei drum! Wir wollen einander nicht gekannt haben!

VON TELLHEIM. Was höre ich?

DAS FRÄULEIN. Und das befremdet Sie? – Nehmen Sie, mein Herr. – Sie haben sich doch wohl nicht bloß gezieret?

VON TELLHEIM *(indem er den Ring aus ihrer Hand nimmt).*
Gott! So kann Minna sprechen! –
DAS FRÄULEIN. Sie können der Meinige in Einem Falle nicht sein: ich kann die Ihrige, in keinem sein. Ihr Unglück ist wahrscheinlich; meines ist gewiß – Leben Sie wohl! *(Will fort)*
VON TELLHEIM. Wohin, liebste Minna? –
DAS FRÄULEIN. Mein Herr, Sie beschimpfen mich jetzt mit dieser vertraulichen Benennung.
VON TELLHEIM. Was ist Ihnen, mein Fräulein? Wohin?
DAS FRÄULEIN. Lassen Sie mich. – Meine Tränen vor Ihnen zu verbergen, Verräter! *(Geht ab)*

SIEBENTER AUFTRITT

von Tellheim. Franziska

VON TELLHEIM. Ihre Tränen? Und ich sollte sie lassen? *(Will ihr nach)*
FRANZISKA *(die ihn zurückhält).* Nicht doch, Herr Major! Sie werden ihr ja nicht in ihr Schlafzimmer folgen wollen?
VON TELLHEIM. Ihr Unglück? Sprach sie nicht von Unglück?
FRANZISKA. Nun freilich; das Unglück, Sie zu verlieren, nachdem –
VON TELLHEIM. Nachdem? was nachdem? Hier hinter steckt mehr. Was ist es, Franziska? Rede, sprich –
FRANZISKA. Nachdem sie, wollte ich sagen, – Ihnen so vieles aufgeopfert.
VON TELLHEIM. Mir aufgeopfert?
FRANZISKA. Hören Sie nur kurz. – Es ist für Sie recht gut, Herr Major, daß Sie auf diese Art von ihr los gekommen sind. – Warum soll ich es Ihnen nicht sagen? Es kann doch länger kein Geheimnis bleiben. – Wir sind entflohen! – Der Graf von Bruchsall hat das Fräulein enterbt, weil sie keinen Mann von seiner Hand annehmen wollte. Alles verließ, alles verachtete sie hierauf. Was sollten wir tun? Wir entschlossen uns denjenigen aufzusuchen, dem wir –

VON TELLHEIM. Ich habe genug! – Komm, ich muß mich zu ihren Füßen werfen.
FRANZISKA. Was denken Sie? Gehen Sie vielmehr, und danken Ihrem guten Geschicke –
VON TELLHEIM. Elende! für wen hältst du mich? – Nein, liebe Franziska, der Rat kam nicht aus deinem Herzen. Vergib meinem Unwillen!
FRANZISKA. Halten Sie mich nicht länger auf. Ich muß sehen, was sie macht. Wie leicht könnte ihr etwas zugestoßen sein. – Gehen Sie! Kommen Sie lieber wieder, wenn Sie wieder kommen wollen. *(Geht dem Fräulein nach)*

ACHTER AUFTRITT

VON TELLHEIM

Aber, Franziska! – O, ich erwarte euch hier! – Nein, das ist dringender! – Wenn sie Ernst sieht, kann mir ihre Vergebung nicht entstehen. – Nun brauch ich dich, ehrlicher Werner! – Nein, Minna, ich bin kein Verräter! *(Eilends ab)*

Ende des vierten Aufzuges

FÜNFTER AUFZUG

Erster Auftritt

(Die Szene, der Saal)
von Tellheim von der einen und Werner von der andern Seite

VON TELLHEIM. Ha, Werner! ich suche dich überall. Wo steckst du?

WERNER. Und ich habe Sie gesucht, Herr Major; so gehts mit dem Suchen. – Ich bringe Ihnen gar eine gute Nachricht.

VON TELLHEIM. Ah, ich brauche jetzt nicht deine Nachrichten: ich brauche dein Geld. Geschwind, Werner, gib mir so viel du hast; und denn suche so viel aufzubringen, als du kannst.

WERNER. Herr Major? – Nun, bei meiner armen Seele, habe ichs doch gesagt: er wird Geld von mir borgen, wenn er selber welches zu verleihen hat.

VON TELLHEIM. Du suchst doch nicht Ausflüchte?

WERNER. Damit ich ihm nichts vorzuwerfen habe, so nimmt er mirs mit der Rechten, und gibt mirs mit der Linken wieder.

VON TELLHEIM. Halte mich nicht auf, Werner! – Ich habe den guten Willen, dir es wieder zu geben; aber wenn und wie? – Das weiß Gott!

WERNER. Sie wissen es also noch nicht, daß die Hofstaatskasse Ordre hat, Ihnen Ihre Gelder zu bezahlen? Eben erfuhr ich es bei –

VON TELLHEIM. Was plauderst du? Was lässest du dir weis machen? Begreifst du denn nicht, daß, wenn es wahr wäre, ich es doch wohl am ersten wissen müßte? – Kurz, Werner, Geld! Geld!

WERNER. Je nu, mit Freuden! hier ist was! – Das sind die hundert Louisdor, und das die hundert Dukaten. – *(Gibt ihm beides)*

VON TELLHEIM. Die hundert Louisdor, Werner, geh und bringe Justen. Er soll sogleich den Ring wieder einlösen, den er heute früh versetzt hat. – Aber wo wirst du mehr hernehmen, Werner? – Ich brauche weit mehr.

WERNER. Dafür lassen Sie mich sorgen. – Der Mann, der mein Gut gekauft hat, wohnt in der Stadt. Der Zahlungstermin wäre zwar erst in vierzehn Tagen; aber das Geld liegt parat, und ein halb Prozentchen Abzug –

VON TELLHEIM. Nun ja, lieber Werner! – Siehst du, daß ich meine einzige Zuflucht zu dir nehme? – Ich muß dir auch alles vertrauen. Das Fräulein hier, – du hast sie gesehn, – ist unglücklich –

WERNER. O Jammer!

VON TELLHEIM. Aber morgen ist sie meine Frau –

WERNER. O Freude!

VON TELLHEIM. Und übermorgen, geh ich mit ihr fort. Ich darf fort; ich will fort. Lieber hier alles im Stiche gelassen! Wer weiß, wo mir sonst ein Glück aufgehoben ist. Wenn du willst, Werner, so komm mit. Wir wollen wieder Dienste nehmen.

WERNER. Wahrhaftig? – Aber doch wos Krieg gibt, Herr Major?

VON TELLHEIM. Wo sonst? – Geh, lieber Werner, wir sprechen davon weiter.

WERNER. O Herzensmajor! – Übermorgen? Warum nicht lieber morgen? – Ich will schon alles zusammenbringen – In Persien, Herr Major, gibts einen trefflichen Krieg; was meinen Sie?

VON TELLHEIM. Wir wollen das überlegen; geh nur, Werner! –

WERNER. Juchhe! es lebe der Prinz Heraklius! *(Geht ab)*

Zweiter Auftritt

VON TELLHEIM

Wie ist mir? – Meine ganze Seele hat neue Triebfedern bekommen. Mein eignes Unglück schlug mich nieder; machte mich ärgerlich, kurzsichtig, schüchtern, lässig: ihr Unglück hebt mich empor, ich sehe wieder frei um mich, und fühle mich willig und stark, alles für sie zu unternehmen – Was verweile ich? *(Will nach dem Zimmer des Fräuleins, aus dem ihm Franziska entgegen kömmt)*

Dritter Auftritt

Franziska. von Tellheim

FRANZISKA. Sind Sie es doch? – Es war mir, als ob ich Ihre Stimme hörte. – Was wollen Sie, Herr Major?
VON TELLHEIM. Was ich will? – Was macht dein Fräulein? – Komm! –
FRANZISKA. Sie will den Augenblick ausfahren.
VON TELLHEIM. Und allein? ohne mich? wohin?
FRANZISKA. Haben Sie vergessen, Herr Major?
VON TELLHEIM. Bist du nicht klug, Franziska? – Ich habe sie gereizt, und sie ward empfindlich: ich werde sie um Vergebung bitten, und sie wird mir vergeben.
FRANZISKA. Wie? – Nachdem Sie den Ring zurückgenommen, Herr Major?
VON TELLHEIM. Ha! – das tat ich in der Betäubung. – Jetzt denk ich erst wieder an den Ring. – Wo habe ich ihn hingesteckt? – *(Er sucht ihn)* Hier ist er.
FRANZISKA. Ist er das? *(Indem er ihn wieder einsteckt, bei Seite)* Wenn er ihn doch genauer besehen wollte!
VON TELLHEIM. Sie drang mir ihn auf, mit einer Bitterkeit – Ich habe diese Bitterkeit schon vergessen. Ein volles Herz kann die Worte nicht wägen. – Aber sie wird sich auch keinen Augenblick weigern, den Ring wieder anzunehmen. – Und habe ich nicht noch ihren?
FRANZISKA. Den erwartet sie dafür zurück. – Wo haben Sie ihn denn, Herr Major? Zeigen Sie mir ihn doch.
VON TELLHEIM *(etwas verlegen)*. Ich habe – ihn anzustecken vergessen. – Just – Just wird mir ihn gleich nachbringen.
FRANZISKA. Es ist wohl einer ziemlich wie der andere; lassen Sie mich doch diesen sehen; ich sehe so was gar zu gern.

VON TELLHEIM. Ein andermal, Franziska. Jetzt komm –
FRANZISKA *(bei Seite)*. Er will sich durchaus nicht aus seinem Irrtume bringen lassen.
VON TELLHEIM. Was sagst du? Irrtume?
FRANZISKA. Es ist ein Irrtum, sag ich, wenn Sie meinen, daß das Fräulein doch noch eine gute Partie sei. Ihr eigenes Vermögen ist gar nicht beträchtlich; durch ein wenig eigennützige Rechnungen, können es ihr die Vormünder völlig zu Wasser machen. Sie erwartete alles von dem Oheim; aber dieser grausame Oheim –
VON TELLHEIM. Laß ihn doch! – Bin ich nicht Manns genug, ihr einmal alles zu ersetzen? –
FRANZISKA. Hören Sie? Sie klingelt; ich muß herein.
VON TELLHEIM. Ich gehe mit dir.
FRANZISKA. Um des Himmels willen nicht! Sie hat mir ausdrücklich verboten, mit Ihnen zu sprechen. Kommen Sie wenigstens mir erst nach. – *(Geht herein)*

Vierter Auftritt

VON TELLHEIM

(ihr nachrufend). Melde mich ihr! – Sprich für mich, Franziska! – Ich folge dir sogleich! – Was werde ich ihr sagen? – Wo das Herz reden darf, braucht es keiner Vorbereitung. – Das einzige möchte eine studierte Wendung bedürfen: ihre Zurückhaltung, ihre Bedenklichkeit, sich als unglücklich in meine Arme zu werfen; ihre Beflissenheit, mir ein Glück vorzuspiegeln, das sie durch mich verloren hat. Dieses Mißtrauen in meine Ehre, in ihren eigenen Wert, vor ihr selbst zu entschuldigen, vor ihr selbst – Vor mir ist es schon entschuldiget! – Ha! hier kömmt sie. –

Fünfter Auftritt

Das Fräulein. Franziska. von Tellheim

DAS FRÄULEIN *(im Heraustreten, als ob sie den Major nicht gewahr würde).* Der Wagen ist doch vor der Türe, Franziska? – Meinen Fächer! –

VON TELLHEIM *(auf sie zu).* Wohin, mein Fräulein?

DAS FRÄULEIN *(mit einer affektierten Kälte).* Aus, Herr Major. – Ich errate, warum Sie sich nochmals her bemühet haben: mir auch meinen Ring wieder zurück zu geben. – Wohl, Herr Major; haben Sie nur die Güte, ihn der Franziska einzuhändigen. – Franziska, nimm dem Herrn Major den Ring ab! – Ich habe keine Zeit zu verlieren. *(Will fort)*

VON TELLHEIM *(der ihr vortritt).* Mein Fräulein! – Ah, was habe ich erfahren, mein Fräulein! Ich war so vieler Liebe nicht wert.

DAS FRÄULEIN. So, Franziska? Du hast dem Herrn Major –

FRANZISKA. Alles entdeckt.

VON TELLHEIM. Zürnen Sie nicht auf mich, mein Fräulein. Ich bin kein Verräter. Sie haben um mich, in den Augen der Welt, viel verloren, aber nicht in meinen. In meinen Augen haben Sie unendlich durch diesen Verlust gewonnen. Er war Ihnen noch zu neu; Sie fürchteten, er möchte einen allzunachteiligen Eindruck auf mich machen; Sie wollten mir ihn vors erste verbergen. Ich beschwere mich nicht über dieses Mißtrauen. Es entsprang aus dem Verlangen, mich zu erhalten. Dieses Verlangen ist mein Stolz! Sie fanden mich selbst unglücklich; und Sie wollten Unglück nicht mit Unglück häufen. Sie konnten nicht vermuten, wie sehr mich Ihr Unglück über das meinige hinaus setzen würde.

DAS FRÄULEIN. Alles recht gut, Herr Major! Aber es ist nun einmal geschehen. Ich habe Sie Ihrer Verbindlichkeit erlassen; Sie haben durch Zurücknehmung des Ringes –

VON TELLHEIM. In nichts gewilliget! – Vielmehr halte ich mich jetzt für gebundener, als jemals. – Sie sind die Meinige,

Minna, auf ewig die Meinige. *(Zieht den Ring heraus)* Hier, empfangen Sie es zum zweitenmale, das Unterpfand meiner Treue –

DAS FRÄULEIN. Ich diesen Ring wiedernehmen? diesen Ring?

VON TELLHEIM. Ja, liebste Minna, ja!

DAS FRÄULEIN. Was muten Sie mir zu? diesen Ring?

VON TELLHEIM. Diesen Ring nahmen Sie das erstemal aus meiner Hand, als unser beider Umstände einander gleich, und glücklich waren. Sie sind nicht mehr glücklich, aber wiederum einander gleich. Gleichheit ist immer das festeste Band der Liebe. – Erlauben Sie, liebste Minna! – *(Ergreift ihre Hand, um ihr den Ring anzustecken)*

DAS FRÄULEIN. Wie? mit Gewalt, Herr Major? – Nein, da ist keine Gewalt in der Welt, die mich zwingen soll, diesen Ring wieder anzunehmen! – – Meinen Sie etwa, daß es mir an einem Ringe fehlt? – O, Sie sehen ja wohl, *(auf ihren Ring zeigend)* daß ich hier noch einen habe, der Ihrem nicht das geringste nachgibt? –

FRANZISKA. Wenn er es noch nicht merkt! –

VON TELLHEIM *(indem er die Hand des Fräuleins fahren läßt)*. Was ist das? – Ich sehe das Fräulein von Barnhelm, aber ich höre es nicht. – Sie zieren sich, mein Fräulein. – Vergeben Sie, daß ich Ihnen dieses Wort nachbrauche.

DAS FRÄULEIN *(in ihrem wahren Tone)*. Hat Sie dieses Wort beleidiget, Herr Major?

VON TELLHEIM. Es hat mir weh getan.

DAS FRÄULEIN *(gerührt)*. Das sollte es nicht, Tellheim. – Verzeihen Sie mir, Tellheim.

VON TELLHEIM. Ha, dieser vertrauliche Ton sagt mir, daß Sie wieder zu sich kommen, mein Fräulein; daß Sie mich noch lieben, Minna. –

FRANZISKA *(herausplatzend)*. Bald wäre der Spaß auch zu weit gegangen. –

DAS FRÄULEIN *(gebieterisch)*. Ohne dich in unser Spiel zu mengen, Franziska, wenn ich bitten darf! –

FRANZISKA *(bei Seite und betroffen)*. Noch nicht genug?

DAS FRÄULEIN. Ja, mein Herr; es wäre weibliche Eitelkeit, mich kalt und höhnisch zu stellen. Weg damit! Sie verdie-

nen es, mich eben so wahrhaft zu finden, als Sie selbst sind.
– Ich liebe Sie noch, Tellheim, ich liebe Sie noch; aber dem
ohngeachtet –

VON TELLHEIM. Nicht weiter, liebste Minna, nicht weiter!
(Ergreift ihre Hand nochmals, ihr den Ring anzustecken)

DAS FRÄULEIN *(die ihre Hand zurück zieht).* Dem ohngeachtet, – um so vielmehr werde ich dieses nimmermehr geschehen lassen; nimmermehr! – Wo denken Sie hin, Herr Major? – Ich meinte, Sie hätten an Ihrem eigenen Unglücke genug. – Sie müssen hier bleiben; Sie müssen sich die allervollständigste Genugtuung – ertrotzen. Ich weiß in der Geschwindigkeit kein ander Wort. – Ertrotzen, – und sollte Sie auch das äußerste Elend, vor den Augen Ihrer Verleumder, darüber verzehren!

VON TELLHEIM. So dacht ich, so sprach ich, als ich nicht wußte, was ich dachte und sprach. Ärgernis und verbissene Wut hatten meine ganze Seele umnebelt; die Liebe selbst, in dem vollesten Glanze des Glücks, konnte sich darin nicht Tag schaffen. Aber sie sendet ihre Tochter, das Mitleid, die, mit dem finstern Schmerze vertrauter, die Nebel zerstreut, und alle Zugänge meiner Seele den Eindrücken der Zärtlichkeit wiederum öffnet. Der Trieb der Selbsterhaltung erwacht, da ich etwas Kostbarers zu erhalten habe, als mich, und es durch mich zu erhalten habe. Lassen Sie sich, mein Fräulein, das Wort Mitleid nicht beleidigen. Von der unschuldigen Ursache unsers Unglücks, können wir es ohne Erniedrigung hören. Ich bin diese Ursache; durch mich, Minna, verlieren Sie Freunde und Anverwandte, Vermögen und Vaterland. Durch mich, in mir müssen Sie alles dieses wiederfinden, oder ich habe das Verderben der Liebenswürdigsten Ihres Geschlechts auf meiner Seele. Lassen Sie mich keine Zukunft denken, wo ich mich selbst hassen müßte. – Nein, nichts soll mich hier länger halten. Von diesem Augenblicke an, will ich dem Unrechte, das mir hier widerfährt, nichts als Verachtung entgegen setzen. Ist dieses Land die Welt? Geht hier allein die Sonne auf? Wo darf ich nicht hinkommen? Welche Dienste wird man mir verweigern? Und müßte ich sie unter dem entferntesten Himmel suchen: folgen Sie mir nur getrost, liebste Minna; es soll uns an nichts fehlen. – Ich habe einen Freund, der mich gern unterstützet. –

Sechster Auftritt

Ein Feldjäger. von Tellheim. Das Fräulein. Franziska

FRANZISKA *(indem sie den Feldjäger gewahr wird).* St! Herr Major –
VON TELLHEIM *(gegen den Feldjäger).* Zu wem wollen Sie?
DER FELDJÄGER. Ich suche den Herrn Major von Tellheim. – Ah, Sie sind es ja selbst. Mein Herr Major, dieses Königliche Handschreiben *(das er aus seiner Brieftasche nimmt)* habe ich an Sie zu übergeben.
VON TELLHEIM. An mich?
DER FELDJÄGER. Zufolge der Aufschrift –
DAS FRÄULEIN. Franziska, hörst du? – Der Chevalier hat doch wahr geredet!
DER FELDJÄGER *(indem Tellheim den Brief nimmt).* Ich bitte um Verzeihung, Herr Major; Sie hätten es bereits gestern erhalten sollen; aber es ist mir nicht möglich gewesen, Sie auszufragen. Erst heute, auf der Parade, habe ich Ihre Wohnung von dem Lieutenant Riccaut erfahren.
FRANZISKA. Gnädiges Fräulein, hören Sie? – Das ist des Chevaliers Minister. – »Wie heißen der Minister, da draus auf die breite Platz?« –
VON TELLHEIM. Ich bin Ihnen für Ihre Mühe sehr verbunden.
DER FELDJÄGER. Es ist meine Schuldigkeit, Herr Major.
(Geht ab)

Siebender Auftritt

von Tellheim. Das Fräulein. Franziska

VON TELLHEIM. Ah, mein Fräulein, was habe ich hier? Was enthält dieses Schreiben?

DAS FRÄULEIN. Ich bin nicht befugt, meine Neugierde so weit zu erstrecken.

VON TELLHEIM. Wie? Sie trennen mein Schicksal noch von dem Ihrigen? – Aber warum steh ich an, es zu erbrechen? – Es kann mich nicht unglücklicher machen, als ich bin; nein, liebste Minna, es kann uns nicht unglücklicher machen; – wohl aber glücklicher! – Erlauben Sie, mein Fräulein! *(Erbricht und lieset den Brief, indes daß der Wirt an die Szene geschlichen kömmt)*

Achter Auftritt

Der Wirt. Die Vorigen

DER WIRT *(gegen die Franziska)*. Bst! mein schönes Kind! auf ein Wort!

FRANZISKA *(die sich ihm nähert)*. Herr Wirt? – Gewiß, wir wissen selbst noch nicht, was in dem Briefe steht.

DER WIRT. Wer will vom Briefe wissen? – Ich komme des Ringes wegen. Das gnädige Fräulein muß mir ihn gleich wiedergeben. Just ist da, er soll ihn wieder einlösen.

DAS FRÄULEIN *(die sich indes gleichfalls dem Wirte genähert)*. Sagen Sie Justen nur, daß er schon eingelöset sei; und sagen Sie ihm nur von wem; von mir.

DER WIRT. Aber –

DAS FRÄULEIN. Ich nehme alles auf mich; gehen Sie doch! *(Der Wirt geht ab)*

Neunter Auftritt

von Tellheim. Das Fräulein. Franziska

FRANZISKA. Und nun, gnädiges Fräulein, lassen Sie es mit dem armen Major gut sein.
DAS FRÄULEIN. O, über die Vorbitterin! Als ob der Knoten sich nicht von selbst bald lösen müßte.
VON TELLHEIM *(nachdem er gelesen, mit der lebhaftesten Rührung).* Ha! er hat sich auch hier nicht verleugnet! – O, mein Fräulein, welche Gerechtigkeit! – Welche Gnade! – Das ist mehr, als ich erwartet! – Mehr, als ich verdiene! – Mein Glück, meine Ehre, alles ist wiederhergestellt! – Ich träume doch nicht? *(Indem er wieder in den Brief sieht, als um sich nochmals zu überzeugen)* Nein, kein Blendwerk meiner Wünsche! – Lesen Sie selbst, mein Fräulein; lesen Sie selbst!
DAS FRÄULEIN. Ich bin nicht so unbescheiden, Herr Major.
VON TELLHEIM. Unbescheiden? Der Brief ist an mich; an Ihren Tellheim, Minna. Er enthält, – was Ihnen Ihr Oheim nicht nehmen kann. Sie müssen ihn lesen; lesen Sie doch!
DAS FRÄULEIN. Wenn Ihnen ein Gefalle damit geschieht, Herr Major – *(Sie nimmt den Brief und lieset)*
»Mein lieber Major von Tellheim!
Ich tue Euch zu wissen, daß der Handel, der mich um Eure Ehre besorgt machte, sich zu Eurem Vorteil aufgeklärt hat. Mein Bruder war des Nähern davon unterrichtet, und sein Zeugnis hat Euch für mehr als unschuldig erkläret. Die Hofstaatskasse hat Ordre, Euch den bewußten Wechsel wieder auszuliefern, und die getanen Vorschüsse zu bezahlen; auch habe ich befohlen, daß alles, was die Feldkriegskassen wider Eure Rechnungen urgieren, niedergeschlagen werde. Meldet mir, ob Euch Eure Gesundheit erlaubt, wieder Dienste zu nehmen. Ich möchte nicht gern einen Mann von Eurer Bravour und Denkungsart entbehren. Ich bin Euer wohlaffektionierter König etc.«
VON TELLHEIM. Nun, was sagen Sie hierzu, mein Fräulein?

DAS FRÄULEIN *(indem sie den Brief wieder zusammenschlägt, und zurückgibt)*. Ich? nichts.

VON TELLHEIM. Nichts?

DAS FRÄULEIN. Doch ja: daß Ihr König, der ein großer Mann ist, auch wohl ein guter Mann sein mag. – Aber was geht mich das an? Er ist nicht mein König.

VON TELLHEIM. Und sonst sagen Sie nichts? Nichts von Rücksicht auf uns selbst?

DAS FRÄULEIN. Sie treten wieder in seine Dienste; der Herr Major wird Oberstlieutenant, Oberster vielleicht. Ich gratuliere von Herzen.

VON TELLHEIM. Und Sie kennen mich nicht besser? – Nein, da mir das Glück soviel zurückgibt, als genug ist, die Wünsche eines vernünftigen Mannes zu befriedigen, soll es einzig von meiner Minna abhangen, ob ich sonst noch jemanden wieder zugehören soll, als ihr. Ihrem Dienste allein sei mein ganzes Leben gewidmet! Die Dienste der Großen sind gefährlich, und lohnen der Mühe, des Zwanges, der Erniedrigung nicht, die sie kosten. Minna ist keine von den Eiteln, die in ihren Männern nichts als den Titel und die Ehrenstelle lieben. Sie wird mich um mich selbst lieben; und ich werde um sie die ganze Welt vergessen. Ich ward Soldat, aus Parteilichkeit, ich weiß selbst nicht für welche politische Grundsätze, und aus der Grille, daß es für jeden ehrlichen Mann gut sei, sich in diesem Stande eine Zeitlang zu versuchen, um sich mit allem, was Gefahr heißt, vertraulich zu machen, und Kälte und Entschlossenheit zu lernen. Nur die äußerste Not hätte mich zwingen können, aus diesem Versuche eine Bestimmung, aus dieser gelegentlichen Beschäftigung ein Handwerk zu machen. Aber nun, da mich nichts mehr zwingt, nun ist mein ganzer Ehrgeiz wiederum einzig und allein, ein ruhiger und zufriedener Mensch zu sein. Der werde ich mit Ihnen, liebste Minna, unfehlbar werden; der werde ich in Ihrer Gesellschaft unveränderlich bleiben. – Morgen verbinde uns das heiligste Band; und sodann wollen wir um uns sehen, und wollen in der ganzen weiten bewohnten Welt den stillsten, heitersten, lachendsten Winkel suchen, dem zum Paradiese nichts fehlt, als ein glückliches Paar. Da wollen wir wohnen; da soll jeder unsrer Tage – Was ist Ihnen, mein Fräulein? *(die sich unruhig hin und herwendet, und ihre Rührung zu verbergen sucht)*

DAS FRÄULEIN *(sich fassend).* Sie sind sehr grausam, Tellheim, mir ein Glück so reizend darzustellen, dem ich entsagen muß. Mein Verlust –

VON TELLHEIM. Ihr Verlust? – Was nennen Sie Ihren Verlust? Alles, was Minna verlieren konnte, ist nicht Minna. Sie sind noch das süßeste, lieblichste, holdseligste, beste Geschöpf unter der Sonne; ganz Güte und Großmut, ganz Unschuld und Freude! – Dann und wann ein kleiner Mutwille; hier und da ein wenig Eigensinn – Desto besser! desto besser! Minna wäre sonst ein Engel, den ich mit Schaudern verehren müßte, den ich nicht lieben könnte. *(Ergreift ihre Hand, sie zu küssen)*

DAS FRÄULEIN *(die ihre Hand zurück zieht).* Nicht so, mein Herr! – Wie auf einmal so verändert? – Ist dieser schmeichelnde, stürmische Liebhaber der kalte Tellheim? – Konnte nur sein wiederkehrendes Glück ihn in dieses Feuer setzen? – Er erlaube mir, daß ich, bei seiner fliegenden Hitze, für uns beide Überlegung behalte. – Als er selbst überlegen konnte, hörte ich ihn sagen: es sei eine nichtswürdige Liebe, die kein Bedenken trage, ihren Gegenstand der Verachtung auszusetzen. – Recht; aber ich bestrebe mich einer eben so reinen und edeln Liebe, als er. – Jetzt, da ihn die Ehre ruft, da sich ein großer Monarch um ihn bewirbt, sollte ich zugeben, daß er sich verliebten Träumereien mit mir überließe? daß der ruhmvolle Krieger in einen tändelnden Schäfer ausarte? – Nein, Herr Major, folgen Sie dem Wink Ihres bessern Schicksals –

VON TELLHEIM. Nun wohl! Wenn Ihnen die große Welt reizender ist, Minna, – wohl! so behalte uns die große Welt! – Wie klein, wie armselig ist diese große Welt! – Sie kennen sie nur erst von ihrer Flitterseite. Aber gewiß, Minna, Sie werden – Es sei! Bis dahin, wohl! Es soll Ihren Vollkommenheiten nicht an Bewunderern fehlen, und meinem Glücke wird es nicht an Neidern gebrechen.

DAS FRÄULEIN. Nein, Tellheim, so ist es nicht gemeint! Ich weise Sie in die große Welt, auf die Bahn der Ehre zurück, ohne Ihnen dahin folgen zu wollen. – Dort braucht Tellheim eine unbescholtene Gattin! Ein sächsisches verlaufenes Fräulein, das sich ihm an den Kopf geworfen –
VON TELLHEIM *(auffahrend und wild um sich sehend).* Wer darf so sprechen? – Ah, Minna, ich erschrecke vor mir selbst, wenn ich mir vorstelle, daß jemand anders dieses gesagt hätte, als Sie. Meine Wut gegen ihn würde ohne Grenzen sein.
DAS FRÄULEIN. Nun da! Das eben besorge ich. Sie würden nicht die geringste Spötterei über mich dulden, und doch würden Sie täglich die bittersten einzunehmen haben. – Kurz; hören Sie also, Tellheim, was ich fest beschlossen, wovon mich nichts in der Welt abbringen soll –
VON TELLHEIM. Ehe Sie ausreden, Fräulein, – ich beschwöre Sie, Minna! – überlegen Sie es noch einen Augenblick, daß Sie mir das Urteil über Leben und Tod sprechen! –
DAS FRÄULEIN. Ohne weitere Überlegung! – So gewiß ich Ihnen den Ring zurückgegeben, mit welchem Sie mir ehemals Ihre Treue verpflichtet, so gewiß Sie diesen nämlichen Ring zurückgenommen: so gewiß soll die unglückliche Barnhelm die Gattin des glücklichern Tellheims nie werden!
VON TELLHEIM. Und hiermit brechen Sie den Stab, Fräulein?
DAS FRÄULEIN. Gleichheit ist allein das feste Band der Liebe. – Die glückliche Barnhelm wünschte, nur für den glücklichen Tellheim zu leben. Auch die unglückliche Minna hätte sich endlich überreden lassen, das Unglück ihres Freundes durch sich, es sei zu vermehren, oder zu lindern – Er bemerkte es ja wohl, ehe dieser Brief ankam, der alle Gleichheit zwischen uns wieder aufhebt, wie sehr zum Schein ich mich nur noch weigerte.
VON TELLHEIM. Ist das wahr, mein Fräulein? – Ich danke Ihnen, Minna, daß Sie den Stab noch nicht gebrochen. – Sie wollen nur den unglücklichen Tellheim? Er ist zu haben. *(Kalt)* Ich empfinde eben, daß es mir unanständig ist, diese späte Gerechtigkeit anzunehmen; daß es besser sein

wird, wenn ich das, was man durch einen so schimpflichen Verdacht entehret hat, gar nicht wiederverlange. – Ja; ich will den Brief nicht bekommen haben. Das sei alles, was ich darauf antworte und tue! *(im Begriffe, ihn zu zerreißen)*

DAS FRÄULEIN *(das ihm in die Hände greift).* Was wollen Sie, Tellheim?

VON TELLHEIM. Sie besitzen.

DAS FRÄULEIN. Halten Sie!

VON TELLHEIM. Fräulein, er ist unfehlbar zerrissen, wenn Sie nicht bald sich anders erklären. – Alsdann wollen wir doch sehen, was Sie noch wider mich einzuwenden haben!

DAS FRÄULEIN. Wie? in diesem Tone? – So soll ich, so muß ich in meinen eignen Augen verächtlich werden? Nimmermehr! Es ist eine nichtswürdige Kreatur, die sich nicht schämet, ihr ganzes Glück der blinden Zärtlichkeit eines Mannes zu verdanken!

VON TELLHEIM. Falsch, grundfalsch!

DAS FRÄULEIN. Wollen Sie es wagen, Ihre eigene Rede in meinem Munde zu schelten?

VON TELLHEIM. Sophistin! So entehrt sich das schwächere Geschlecht durch alles, was dem stärkern nicht ansteht? So soll sich der Mann alles erlauben, was dem Weibe geziemet? Welches bestimmte die Natur zur Stütze des andern?

DAS FRÄULEIN. Beruhigen Sie sich, Tellheim! – Ich werde nicht ganz ohne Schutz sein, wenn ich schon die Ehre des Ihrigen ausschlagen muß. So viel muß mir immer noch werden, als die Not erfordert. Ich habe mich bei unserm Gesandten melden lassen. Er will mich noch heute sprechen. Hoffentlich wird er sich meiner annehmen. Die Zeit verfließt. Erlauben Sie, Herr Major. –

VON TELLHEIM. Ich werde Sie begleiten, gnädiges Fräulein. –

DAS FRÄULEIN. Nicht doch, Herr Major; lassen Sie mich –

VON TELLHEIM. Eher soll Ihr Schatten Sie verlassen! Kommen Sie nur, mein Fräulein; wohin Sie wollen; zu wem Sie wollen. Überall, an Bekannte und Unbekannte, will ich es erzählen, in Ihrer Gegenwart des Tages hundertmal erzählen, welche Bande Sie an mich verknüpfen, aus welchem grausamen Eigensinne Sie diese Bande trennen wollen –

Zehnter Auftritt

Just. Die Vorigen

JUST *(mit Ungestüm)*. Herr Major! Herr Major!
VON TELLHEIM. Nun?
JUST. Kommen Sie doch geschwind, geschwind!
VON TELLHEIM. Was soll ich? Zu mir her! Sprich, was ists?
JUST. Hören Sie nur – *(Redet ihm heimlich ins Ohr)*
DAS FRÄULEIN *(indes bei Seite zur Franziska)*. Merkst du was, Franziska?
FRANZISKA. O, Sie Unbarmherzige! Ich habe hier gestanden, wie auf Kohlen!
VON TELLHEIM *(zu Justen)*. Was sagst du? – Das ist nicht möglich! – Sie? *(indem er das Fräulein wild anblickt)* – Sag es laut; sag es ihr ins Gesicht! – Hören Sie doch, mein Fräulein! –
JUST. Der Wirt sagt, das Fräulein von Barnhelm habe den Ring, welchen ich bei ihm versetzt, zu sich genommen; sie habe ihn für den ihrigen erkannt, und wolle ihn nicht wieder herausgeben. –
VON TELLHEIM. Ist das wahr, mein Fräulein? – Nein, das kann nicht wahr sein!
DAS FRÄULEIN *(lächelnd)*. Und warum nicht, Tellheim? – Warum kann es nicht wahr sein?
VON TELLHEIM *(heftig)*. Nun, so sei es wahr! – Welch schreckliches Licht, das mir auf einmal aufgegangen! Nun erkenne ich Sie, die Falsche, die Ungetreue!
DAS FRÄULEIN *(erschrocken)*. Wer? wer ist diese Ungetreue?
VON TELLHEIM. Sie, die ich nicht mehr nennen will!
DAS FRÄULEIN. Tellheim!
VON TELLHEIM. Vergessen Sie meinen Namen! – Sie kamen hierher, mit mir zu brechen. Es ist klar! – Daß der Zufall

so gern dem Treulosen zu Statten kömmt! Er führte Ihnen Ihren Ring in die Hände. Ihre Arglist wußte mir den meinigen zuzuschanzen.

DAS FRÄULEIN. Tellheim, was für Gespenster sehen Sie! Fassen Sie sich doch, und hören Sie mich.

FRANZISKA *(vor sich)*. Nun mag sie es haben!

Eilfter Auftritt

Werner (mit einem Beutel Gold). von Tellheim.
Das Fräulein. Franziska. Just

WERNER. Hier bin ich schon, Herr Major! –
VON TELLHEIM *(ohne ihn anzusehen)*. Wer verlangt dich? –
WERNER. Hier ist Geld! tausend Pistolen!
VON TELLHEIM. Ich will sie nicht!
WERNER. Morgen können Sie, Herr Major, über noch einmal so viel befehlen.
VON TELLHEIM. Behalte dein Geld!
WERNER. Es ist ja Ihr Geld, Herr Major. – Ich glaube, Sie sehen nicht, mit wem Sie sprechen?
VON TELLHEIM. Weg damit! sag ich.
WERNER. Was fehlt Ihnen? – Ich bin Werner.
VON TELLHEIM. Alle Güte ist Verstellung; alle Dienstfertigkeit Betrug.
WERNER. Gilt das mir?
VON TELLHEIM. Wie du willst!
WERNER. Ich habe ja nur Ihren Befehl vollzogen. –
VON TELLHEIM. So vollziehe auch den, und packe dich!
WERNER. Herr Major! *(ärgerlich)* ich bin ein Mensch –
VON TELLHEIM. Da bist du was Rechts!
WERNER. Der auch Galle hat –
VON TELLHEIM. Gut! Galle ist noch das Beste, was wir haben.
WERNER. Ich bitte Sie, Herr Major, –
VON TELLHEIM. Wie vielmal soll ich dir es sagen? Ich brauche dein Geld nicht!
WERNER *(zornig)*. Nun so brauch es, wer da will! *(indem er ihm den Beutel vor die Füße wirft, und bei Seite geht)*

DAS FRÄULEIN *(zur Franziska).* Ah, liebe Franziska, ich hätte dir folgen sollen. Ich habe den Scherz zu weit getrieben. – Doch er darf mich ja nur hören – *(auf ihn zugehend)*
FRANZISKA *(die, ohne dem Fräulein zu antworten, sich Wernern nähert).* Herr Wachtmeister! –
WERNER *(mürrisch).* Geh Sie! –
FRANZISKA. Hu! was sind das für Männer!
DAS FRÄULEIN. Tellheim! – Tellheim! *(der vor Wut an den Fingern naget, das Gesicht wegwendet, und nichts höret)* – Nein, das ist zu arg! – Hören Sie mich doch! – Sie betrügen sich! – Ein bloßes Mißverständnis, – Tellheim! – Sie wollen Ihre Minna nicht hören? – Können Sie einen solchen Verdacht fassen? – Ich mit Ihnen brechen wollen? – Ich darum hergekommen? – Tellheim!

ZWÖLFTER AUFTRITT

Zwei Bediente, nach einander, von verschiedenen Seiten über den Saal laufend. Die Vorigen

DER EINE BEDIENTE. Gnädiges Fräulein, Ihro Exzellenz, der Graf! –
DER ANDERE BEDIENTE. Er kömmt, gnädiges Fräulein! –
FRANZISKA *(die ans Fenster gelaufen).* Er ist es! er ist es!
DAS FRÄULEIN. Ist ers? – O nun geschwind, Tellheim –
VON TELLHEIM *(auf einmal zu sich selbst kommend).* Wer? wer kömmt? Ihr Oheim, Fräulein? dieser grausame Oheim? Lassen Sie ihn nur kommen; lassen Sie ihn nur kommen! – Fürchten Sie nichts! Er soll Sie mit keinem Blicke beleidigen dürfen! Er hat es mit mir zu tun. – Zwar verdienen Sie es um mich nicht –
DAS FRÄULEIN. Geschwind umarmen Sie mich, Tellheim, und vergessen Sie alles –
VON TELLHEIM. Ha, wenn ich wüßte, daß Sie es bereuen könnten! –
DAS FRÄULEIN. Nein, ich kann es nicht bereuen, mir den Anblick Ihres ganzen Herzens verschafft zu haben! – Ah, was

sind Sie für ein Mann! – Umarmen Sie Ihre Minna, Ihre glückliche Minna! aber durch nichts glücklicher, als durch Sie! *(Sie fällt ihm in die Arme)* Und nun, ihm entgegen! –
VON TELLHEIM. Wem entgegen?
DAS FRÄULEIN. Dem besten Ihrer unbekannten Freunde.
VON TELLHEIM. Wie?
DAS FRÄULEIN. Dem Grafen, meinem Oheim, meinem Vater, Ihrem Vater – – Meine Flucht, sein Unwille, meine Enterbung; – hören Sie denn nicht, daß alles erdichtet ist? Leichtgläubiger Ritter!
VON TELLHEIM. Erdichtet? Aber der Ring? der Ring?
DAS FRÄULEIN. Wo haben Sie den Ring, den ich Ihnen zurückgegeben?
VON TELLHEIM. Sie nehmen ihn wieder? – O, so bin ich glücklich! – Hier Minna! – *(ihn herausziehend)*
DAS FRÄULEIN. So besehen Sie ihn doch erst! – O über die Blinden, die nicht sehen wollen! – Welcher Ring ist es denn? Den ich von Ihnen habe, oder den Sie von mir? – Ist es denn nicht eben der, den ich in den Händen des Wirts nicht lassen wollen?
VON TELLHEIM. Gott! was seh ich? was hör ich?
DAS FRÄULEIN. Soll ich ihn nun wieder nehmen? soll ich? – Geben Sie her, geben Sie her! *(Reißt ihn ihm aus der Hand, und steckt ihn ihm selbst an den Finger)* Nun? ist alles richtig?
VON TELLHEIM. Wo bin ich? – *(Ihre Hand küssend)* O boshafter Engel! – mich so zu quälen!
DAS FRÄULEIN. Dieses zur Probe, mein lieber Gemahl, daß Sie mir nie einen Streich spielen sollen, ohne daß ich Ihnen nicht gleich darauf wieder einen spiele. – Denken Sie, daß Sie mich nicht auch gequälet hatten?
VON TELLHEIM. O Komödiantinnen, ich hätte euch doch kennen sollen!
FRANZISKA. Nein, wahrhaftig; ich bin zur Komödiantin verdorben. Ich habe gezittert und gebebt, und mir mit der Hand das Maul zuhalten müssen.
DAS FRÄULEIN. Leicht ist mir meine Rolle auch nicht geworden. Aber so kommen Sie doch!

VON TELLHEIM. Noch kann ich mich nicht erholen. – Wie wohl, wie ängstlich ist mir! So erwacht man plötzlich aus einem schreckhaften Traume!

DAS FRÄULEIN. Wir zaudern. – Ich höre ihn schon.

DREIZEHNTER AUFTRITT

Der Graf von Bruchsall, von verschiedenen Bedienten und dem Wirte begleitet. Die Vorigen

DER GRAF *(im Hereintreten).* Sie ist doch glücklich angelangt? –

DAS FRÄULEIN *(die ihm entgegen springt).* Ah, mein Vater! –

DER GRAF. Da bin ich, liebe Minna! *(Sie umarmend)* Aber was, Mädchen? *(indem er den Tellheim gewahr wird)* Vier und zwanzig Stunden erst hier, und schon Bekanntschaft, und schon Gesellschaft?

DAS FRÄULEIN. Raten Sie, wer es ist? –

DER GRAF. Doch nicht dein Tellheim?

DAS FRÄULEIN. Wer sonst, als er? – Kommen Sie, Tellheim! *(ihn dem Grafen zuführend)*

DER GRAF. Mein Herr, wir haben uns nie gesehen; aber bei dem ersten Anblicke glaubte ich, Sie zu erkennen. Ich wünschte, daß Sie es sein möchten. – Umarmen Sie mich. – Sie haben meine völlige Hochachtung. Ich bitte um Ihre Freundschaft. – Meine Nichte, meine Tochter liebt Sie –

DAS FRÄULEIN. Das wissen Sie, mein Vater! – Und ist sie blind, meine Liebe?

DER GRAF. Nein, Minna; deine Liebe ist nicht blind; aber dein Liebhaber – ist stumm.

VON TELLHEIM *(sich ihm in die Arme werfend).* Lassen Sie mich zu mir selbst kommen, mein Vater! –

DER GRAF. So recht, mein Sohn! Ich höre es; wenn dein Mund nicht plaudern kann, so kann dein Herz doch reden. – Ich bin sonst den Offizieren von dieser Farbe *(auf Tellheims Uniform weisend),* eben nicht gut. Doch Sie sind ein ehrlicher Mann, Tellheim; und ein ehrlicher Mann mag stecken, in welchem Kleide er will, man muß ihn lieben.

DAS FRÄULEIN. O, wenn Sie alles wüßten! –

DER GRAF. Was hinderts, daß ich nicht alles erfahre? – Wo sind meine Zimmer, Herr Wirt?

DER WIRT. Wollen Ihro Exzellenz nur die Gnade haben, hier herein zu treten.

DER GRAF. Komm Minna! Kommen Sie, Herr Major! *(Geht mit dem Wirte und den Bedienten ab)*

DAS FRÄULEIN. Kommen Sie, Tellheim!

VON TELLHEIM. Ich folge Ihnen den Augenblick, mein Fräulein. Nur noch ein Wort mit diesem Manne. *(gegen Wernern sich wendend)*

DAS FRÄULEIN. Und ja ein recht gutes; mich dünkt, Sie haben es nötig. – Franziska, nicht wahr? *(Dem Grafen nach)*

Vierzehnter Auftritt

von Tellheim. Werner. Just. Franziska

VON TELLHEIM *(auf den Beutel weisend, den Werner weggeworfen).* Hier, Just! – hebe den Beutel auf, und trage ihn nach Hause. Geh! – *(Just damit ab)*

WERNER *(der noch immer mürrisch im Winkel gestanden, und an nichts Teil zu nehmen geschienen; indem er das hört).* Ja, nun!

VON TELLHEIM *(vertraulich, auf ihn zugehend).* Werner, wann kann ich die andern tausend Pistolen haben?

WERNER *(auf einmal wieder in seiner guten Laune).* Morgen, Herr Major, morgen. –

VON TELLHEIM. Ich brauche dein Schuldner nicht zu werden; aber ich will dein Rentmeister sein. Euch gutherzigen Leuten sollte man allen einen Vormund setzen. Ihr seid eine Art Verschwender. – Ich habe dich vorhin erzürnt, Werner! –

WERNER. Bei meiner armen Seele, ja! – Ich hätte aber doch so ein Tölpel nicht sein sollen. Nun seh ichs wohl. Ich verdiente hundert Fuchtel. Lassen Sie mir sie auch schon geben; nur weiter keinen Groll, lieber Major! –

VON TELLHEIM. Groll? – *(Ihm die Hand drückend)* Lies es in meinen Augen, was ich dir nicht alles sagen kann. – Ha! wer ein besseres Mädchen, und einen redlichern Freund hat, als ich, den will ich sehen! – Franziska, nicht wahr? – *(Geht ab)*

Funfzehnter Auftritt

Werner. Franziska

FRANZISKA *(vor sich)*. Ja gewiß, es ist ein gar zu guter Mann! – So einer kömmt mir nicht wieder vor. – Es muß heraus! *(Schüchtern und verschämt sich Wernern nähernd)* Herr Wachtmeister! –
WERNER *(der sich die Augen wischt)*. Nu? –
FRANZISKA. Herr Wachtmeister –
WERNER. Was will Sie denn, Frauenzimmerchen?
FRANZISKA. Seh Er mich einmal an, Herr Wachtmeister. –
WERNER. Ich kann noch nicht; ich weiß nicht, was mir in die Augen gekommen.
FRANZISKA. So seh Er mich doch an!
WERNER. Ich fürchte, ich habe Sie schon zu viel angesehen, Frauenzimmerchen! – Nun, da seh ich Sie ja! Was gibts denn?
FRANZISKA. Herr Wachtmeister – – braucht Er keine Frau Wachtmeisterin?
WERNER. Ist das Ihr Ernst, Frauenzimmerchen?
FRANZISKA. Mein völliger!
WERNER. Zöge Sie wohl auch mit nach Persien?
FRANZISKA. Wohin Er will!
WERNER. Gewiß? – Holla! Herr Major! nicht groß getan! Nun habe ich wenigstens ein eben so gutes Mädchen, und einen eben so redlichen Freund, als Sie! – Geb Sie mir Ihre Hand, Frauenzimmerchen! Topp! – Über zehn Jahr ist Sie Frau Generalin, oder Witwe!

Ende der Minna von Barnhelm,
oder des Soldatenglücks

EMILIA GALOTTI

Ein Trauerspiel in fünf Aufzügen

PERSONEN

EMILIA GALOTTI
ODOARDO und ⎫
CLAUDIA   ⎬ GALOTTI, Eltern der Emilia
HETTORE GONZAGA, Prinz von Guastalla
MARINELLI, Kammerherr des Prinzen
CAMILLO ROTA, einer von des Prinzen Räten
CONTI, Maler
GRAF APPIANI
GRÄFIN ORSINA
ANGELO, und einige Bediente

ERSTER AUFZUG

(Die Szene, ein Kabinett des Prinzen)

Erster Auftritt

DER PRINZ,
an einem Arbeitstische, voller Briefschaften und Papiere, deren einige er durchläuft

Klagen, nichts als Klagen! Bittschriften, nichts als Bittschriften! – Die traurigen Geschäfte; und man beneidet uns noch! – Das glaub' ich; wenn wir allen helfen könnten: dann wären wir zu beneiden. – Emilia? *(indem er noch eine von den Bittschriften aufschlägt, und nach dem unterschriebnen Namen sieht)* Eine Emilia? – Aber eine Emilia Bruneschi – nicht Galotti. Nicht Emilia Galotti! – Was will sie, diese Emilia Bruneschi? *(Er lieset)* Viel gefodert; sehr viel. – Doch sie heißt Emilia. Gewährt! *(Er unterschreibt und klingelt; worauf ein Kammerdiener hereintritt)* Es ist wohl noch keiner von den Räten in dem Vorzimmer?

DER KAMMERDIENER. Nein.

DER PRINZ. Ich habe zu früh Tag gemacht. – Der Morgen ist so schön. Ich will ausfahren. Marchese Marinelli soll mich begleiten. Laßt ihn rufen. *(Der Kammerdiener geht ab)* – Ich kann doch nicht mehr arbeiten. – Ich war so ruhig, bild' ich mir ein, so ruhig – Auf einmal muß eine arme Bruneschi, Emilia heißen: – weg ist meine Ruhe, und alles! –

DER KAMMERDIENER *(welcher wieder herein tritt)*. Nach dem Marchese ist geschickt. Und hier, ein Brief von der Gräfin Orsina.

DER PRINZ. Der Orsina? Legt ihn hin.

DER KAMMERDIENER. Ihr Läufer wartet.

DER PRINZ. Ich will die Antwort senden; wenn es einer bedarf. – Wo ist sie? In der Stadt? oder auf ihrer Villa?

DER KAMMERDIENER. Sie ist gestern in die Stadt gekommen.
DER PRINZ. Desto schlimmer – besser; wollt' ich sagen. So braucht der Läufer um so weniger zu warten. *(Der Kammerdiener geht ab)* Meine teure Gräfin! *(bitter, indem er den Brief in die Hand nimmt)* So gut, als gelesen! *(und ihn wieder wegwirft)* – Nun ja; ich habe sie zu lieben geglaubt! Was glaubt man nicht alles? Kann sein, ich habe sie auch wirklich geliebt. Aber – ich habe!
DER KAMMERDIENER *(der nochmals herein tritt).* Der Maler Conti will die Gnade haben – –
DER PRINZ. Conti? Recht wohl; laßt ihn herein kommen. – Das wird mir andere Gedanken in den Kopf bringen. – *(Steht auf)*

Zweiter Auftritt

Conti. Der Prinz

DER PRINZ. Guten Morgen, Conti. Wie leben Sie? Was macht die Kunst?
CONTI. Prinz, die Kunst geht nach Brot.
DER PRINZ. Das muß sie nicht; das soll sie nicht, – in meinem kleinen Gebiete gewiß nicht. – Aber der Künstler muß auch arbeiten wollen.
CONTI. Arbeiten? Das ist seine Lust. Nur zu viel arbeiten müssen, kann ihn um den Namen Künstler bringen.
DER PRINZ. Ich meine nicht vieles; sondern viel: ein weniges; aber mit Fleiß. – Sie kommen doch nicht leer, Conti?
CONTI. Ich bringe das Porträt, welches Sie mir befohlen haben, gnädiger Herr. Und bringe noch eines, welches Sie mir nicht befohlen: aber weil es gesehen zu werden verdienet –
DER PRINZ. Jenes ist? – Kann ich mich doch kaum erinnern –
CONTI. Die Gräfin Orsina.
DER PRINZ. Wahr! – Der Auftrag ist nur ein wenig von lange her.
CONTI. Unsere schönen Damen sind nicht alle Tage zum Malen.

Die Gräfin hat, seit drei Monaten, gerade Einmal sich entschließen können, zu sitzen.
DER PRINZ. Wo sind die Stücke?
CONTI. In dem Vorzimmer: ich hole sie.

DRITTER AUFTRITT

DER PRINZ

Ihr Bild! – mag! – Ihr Bild, ist sie doch nicht selber. – Und vielleicht find' ich in dem Bilde wieder, was ich in der Person nicht mehr erblicke. – Ich will es aber nicht wiederfinden. – Der beschwerliche Maler! Ich glaube gar, sie hat ihn bestochen. – Wär' es auch! Wenn ihr ein anderes Bild, das mit andern Farben, auf einen andern Grund gemalet ist, – in meinem Herzen wieder Platz machen will: – Wahrlich, ich glaube, ich wär' es zufrieden. Als ich dort liebte, war ich immer so leicht, so fröhlich, so ausgelassen. – Nun bin ich von allem das Gegenteil. – Doch nein; nein, nein! Behäglicher, oder nicht behäglicher: ich bin so besser.

VIERTER AUFTRITT

Der Prinz. Conti, mit den Gemälden,
wovon er das eine verwandt gegen einen Stuhl lehnet

CONTI *(indem er das andere zurecht stellet).* Ich bitte, Prinz, daß Sie die Schranken unserer Kunst erwägen wollen. Vieles von dem Anzüglichsten der Schönheit liegt ganz außer den Grenzen derselben. – Treten Sie so! –
DER PRINZ *(nach einer kurzen Betrachtung).* Vortrefflich, Conti; – ganz vortrefflich! – Das gilt Ihrer Kunst, Ihrem Pinsel. – Aber geschmeichelt, Conti; ganz unendlich geschmeichelt!
CONTI. Das Original schien dieser Meinung nicht zu sein. Auch ist es in der Tat nicht mehr geschmeichelt, als die Kunst schmeicheln muß. Die Kunst muß malen, wie sich die plasti-

sche Natur, – wenn es eine gibt – das Bild dachte: ohne den Abfall, welchen der widerstrebende Stoff unvermeidlich macht; ohne das Verderb, mit welchem die Zeit dagegen an kämpfet.

DER PRINZ. Der denkende Künstler ist noch eins so viel wert. – Aber das Original, sagen Sie, fand dem ungeachtet –

CONTI. Verzeihen Sie, Prinz. Das Original ist eine Person, die meine Ehrerbietung fodert. Ich habe nichts Nachteiliges von ihr äußern wollen.

DER PRINZ. So viel als Ihnen beliebt! – Und was sagte das Original?

CONTI. Ich bin zufrieden, sagte die Gräfin, wenn ich nicht häßlicher aussehe.

DER PRINZ. Nicht häßlicher? – O das wahre Original!

CONTI. Und mit einer Miene sagte sie das, – von der freilich dieses ihr Bild keine Spur, keinen Verdacht zeiget.

DER PRINZ. Das meint' ich ja; das ist es eben, worin ich die unendliche Schmeichelei finde. – O! ich kenne sie, jene stolze höhnische Miene, die auch das Gesicht einer Grazie entstellen würde! – Ich leugne nicht, daß ein schöner Mund, der sich ein wenig spöttisch verziehet, nicht selten um so viel schöner ist. Aber, wohl gemerkt, ein wenig: die Verziehung muß nicht bis zur Grimasse gehen, wie bei dieser Gräfin. Und Augen müssen über den wollüstigen Spötter die Aufsicht führen, – Augen, wie sie die gute Gräfin nun gerade gar nicht hat. Auch nicht einmal hier im Bilde hat.

CONTI. Gnädiger Herr, ich bin äußerst betroffen –

DER PRINZ. Und worüber? Alles, was die Kunst aus den großen, hervorragenden, stieren, starren Medusenaugen der Gräfin Gutes machen kann, das haben Sie, Conti, redlich daraus gemacht. – Redlich, sag' ich? – Nicht so redlich, wäre redlicher. Denn sagen Sie selbst, Conti, läßt sich aus diesem Bilde wohl der Charakter der Person schließen? Und das sollte doch. Stolz haben Sie in Würde, Hohn in Lächeln, Ansatz zu trübsinniger Schwärmerei in sanfte Schwermut verwandelt.

CONTI *(etwas ärgerlich)*. Ah, mein Prinz, – wir Maler rechnen darauf, daß das fertige Bild den Liebhaber noch eben so warm

findet, als warm er es bestellte. Wir malen mit Augen der Liebe: und Augen der Liebe müßten uns auch nur beurteilen.
DER PRINZ. Je nun, Conti; – warum kamen Sie nicht einen Monat früher damit? – Setzen Sie weg. – Was ist das andere Stück?
CONTI *(indem er es holt, und noch verkehrt in der Hand hält).* Auch ein weibliches Porträt.
DER PRINZ. So möcht' ich es bald – lieber gar nicht sehen. Denn dem Ideal hier, *(mit dem Finger auf die Stirne)* – oder vielmehr hier, *(mit dem Finger auf das Herz)* kömmt es doch nicht bei. – Ich wünschte, Conti, Ihre Kunst in andern Vorwürfen zu bewundern.
CONTI. Eine bewundernswürdigere Kunst gibt es; aber sicherlich keinen bewundernswürdigern Gegenstand, als diesen.
DER PRINZ. So wett' ich, Conti, daß es des Künstlers eigene Gebieterin ist. – *(Indem der Maler das Bild umwendet)* Was seh' ich? Ihr Werk, Conti? oder das Werk meiner Phantasie? – Emilia Galotti!
CONTI. Wie, mein Prinz? Sie kennen diesen Engel?
DER PRINZ *(indem er sich zu fassen sucht, aber ohne ein Auge von dem Bilde zu verwenden).* So halb! – um sie eben wieder zu kennen. – Es ist einige Wochen her, als ich sie mit ihrer Mutter in einer Vegghia traf. – Nachher ist sie mir nur an heiligen Stätten wieder vorgekommen, – wo das Angaffen sich weniger ziemet. – Auch kenn' ich ihren Vater. Er ist mein Freund nicht. Er war es, der sich meinen Ansprüchen auf Sabionetta am meisten widersetzte. – Ein alter Degen; stolz und rauh; sonst bieder und gut! –
CONTI. Der Vater! Aber hier haben wir seine Tochter. –
DER PRINZ. Bei Gott! wie aus dem Spiegel gestohlen! *(Noch immer die Augen auf das Bild geheftet)* O, Sie wissen es ja wohl, Conti, daß man den Künstler dann erst recht lobt, wenn man über sein Werk sein Lob vergißt.
CONTI. Gleichwohl hat mich dieses noch sehr unzufrieden mit mir gelassen. – Und doch bin ich wiederum sehr zufrieden mit meiner Unzufriedenheit mit mir selbst. – Ha! daß wir nicht unmittelbar mit den Augen malen! Auf dem langen Wege, aus dem Auge durch den Arm in den Pinsel, wie viel

geht da verloren! – Aber, wie ich sage, daß ich es weiß, was hier verloren gegangen, und wie es verloren gegangen, und warum es verloren gehen müssen: darauf bin ich eben so stolz, und stolzer, als ich auf alles das bin, was ich nicht verloren gehen lassen. Denn aus jenem erkenne ich, mehr als aus diesem, daß ich wirklich ein großer Maler bin; daß es aber meine Hand nur nicht immer ist. – Oder meinen Sie, Prinz, daß Raphael nicht das größte malerische Genie gewesen wäre, wenn er unglücklicher Weise ohne Hände wäre geboren worden? Meinen Sie, Prinz?

DER PRINZ *(indem er nur eben von dem Bilde wegblickt).* Was sagen Sie, Conti? Was wollen Sie wissen?

CONTI. O nichts, nichts! – Plauderei! Ihre Seele, merk' ich, war ganz in Ihren Augen. Ich liebe solche Seelen, und solche Augen.

DER PRINZ *(mit einer erzwungenen Kälte).* Also, Conti, rechnen Sie doch wirklich Emilia Galotti mit zu den vorzüglichsten Schönheiten unserer Stadt?

CONTI. Also? mit? mit zu den vorzüglichsten? und den vorzüglichsten unserer Stadt? – Sie spotten meiner, Prinz. Oder Sie sahen, die ganze Zeit, eben so wenig, als Sie hörten.

DER PRINZ. Lieber Conti, – *(die Augen wieder auf das Bild gerichtet)* wie darf unser einer seinen Augen trauen? Eigentlich weiß doch nur allein ein Maler von der Schönheit zu urteilen.

CONTI. Und eines jeden Empfindung sollte erst auf den Ausspruch eines Malers warten? – Ins Kloster mit dem, der es von uns lernen will, was schön ist! Aber das muß ich Ihnen doch als Maler sagen, mein Prinz: eine von den größten Glückseligkeiten meines Lebens ist es, daß Emilia Galotti mir gesessen. Dieser Kopf, dieses Antlitz, diese Stirn, diese Augen, diese Nase, dieser Mund, dieses Kinn, dieser Hals, diese Brust, dieser Wuchs, dieser ganze Bau, sind, von der Zeit an, mein einziges Studium der weiblichen Schönheit. – Die Schilderei selbst, wovor sie gesessen, hat ihr abwesender Vater bekommen. Aber diese Kopie –

DER PRINZ *(der sich schnell gegen ihn kehret).* Nun, Conti? ist doch nicht schon versagt?

CONTI. Ist für Sie, Prinz; wenn Sie Geschmack daran finden.

DER PRINZ. Geschmack! – *(Lächelnd)* Dieses Ihr Studium der weiblichen Schönheit, Conti, wie könnt' ich besser tun, als es auch zu dem meinigen zu machen? – Dort, jenes Porträt nehmen Sie nur wieder mit, – einen Rahmen darum zu bestellen.

CONTI. Wohl!

DER PRINZ. So schön, so reich, als ihn der Schnitzer nur machen kann. Es soll in der Galerie aufgestellet werden. – Aber dieses, bleibt hier. Mit einem Studio macht man so viel Umstände nicht: auch läßt man das nicht aufhängen; sondern hat es gern bei der Hand. – Ich danke Ihnen, Conti; ich danke Ihnen recht sehr. – Und wie gesagt: in meinem Gebiete soll die Kunst nicht nach Brot gehen; – bis ich selbst keines habe. – Schicken Sie, Conti, zu meinem Schatzmeister, und lassen Sie, auf Ihre Quittung, für beide Porträte sich bezahlen, – was Sie wollen. So viel Sie wollen, Conti.

CONTI. Sollte ich doch nun bald fürchten, Prinz, daß Sie so, noch etwas anders belohnen wollen, als die Kunst.

DER PRINZ. O des eifersüchtigen Künstlers! Nicht doch! – Hören Sie, Conti; so viel Sie wollen. *(Conti geht ab)*

Fünfter Auftritt

DER PRINZ

So viel er will! – *(Gegen das Bild)* Dich hab' ich für jeden Preis noch zu wohlfeil. – Ah! schönes Werk der Kunst, ist es wahr, daß ich dich besitze? – Wer dich auch besäße, schönres Meisterstück der Natur! – Was Sie dafür wollen, ehrliche Mutter! Was du willst, alter Murrkopf! Fodre nur! Fodert nur! – Am liebsten kauft' ich dich, Zauberin, von dir selbst! – Dieses Auge voll Liebreiz und Bescheidenheit! Dieser Mund! und wenn er sich zum Reden öffnet! wenn er lächelt! Dieser Mund! – Ich höre kommen. – Noch bin ich mit dir zu neidisch. *(indem er das Bild gegen die Wand kehret)* Es wird Marinelli sein. Hätt' ich ihn doch nicht rufen lassen! Was für einen Morgen könnt' ich haben!

Sechster Auftritt

Marinelli. Der Prinz

MARINELLI. Gnädiger Herr, Sie werden verzeihen. – Ich war mir eines so frühen Befehls nicht gewärtig.

DER PRINZ. Ich bekam Lust, auszufahren. Der Morgen war so schön. – Aber nun ist er ja wohl verstrichen; und die Lust ist mir vergangen. – *(Nach einem kurzen Stillschweigen)* Was haben wir Neues, Marinelli?

MARINELLI. Nichts von Belang, das ich wüßte. – Die Gräfin Orsina ist gestern zur Stadt gekommen.

DER PRINZ. Hier liegt auch schon ihr guter Morgen, *(auf ihren Brief zeigend)* oder was es sonst sein mag! Ich bin gar nicht neugierig darauf. – Sie haben sie gesprochen?

MARINELLI. Bin ich, leider, nicht ihr Vertrauter? – Aber, wenn ich es wieder von einer Dame werde, der es einkömmt, Sie in gutem Ernste zu lieben, Prinz: so – –

DER PRINZ. Nichts verschworen, Marinelli!

MARINELLI. Ja? In der Tat, Prinz? Könnt' es doch kommen? – O! so mag die Gräfin auch so Unrecht nicht haben.

DER PRINZ. Allerdings, sehr Unrecht! – Meine nahe Vermählung mit der Prinzessin von Massa, will durchaus, daß ich alle dergleichen Händel fürs erste abbreche.

MARINELLI. Wenn es nur das wäre: so müßte freilich Orsina sich in ihr Schicksal eben so wohl zu finden wissen, als der Prinz in seines.

DER PRINZ. Das unstreitig härter ist, als ihres. Mein Herz wird das Opfer eines elenden Staatsinteresse. Ihres darf sie nur zurücknehmen: aber nicht wider Willen verschenken.

MARINELLI. Zurücknehmen? Warum zurücknehmen? fragt die Gräfin: wenn es weiter nichts, als eine Gemahlin ist, die dem Prinzen nicht die Liebe, sondern die Politik zuführet? Neben so einer Gemahlin sieht die Geliebte noch immer ihren Platz. Nicht so einer Gemahlin fürchtet sie aufgeopfert zu sein, sondern – –

DER PRINZ. Einer neuen Geliebten. – Nun denn? Wollten Sie mir daraus ein Verbrechen machen, Marinelli?

MARINELLI. Ich? – O! vermengen Sie mich ja nicht, mein Prinz, mit der Närrin, deren Wort ich führe, – aus Mitleid führe. Denn gestern, wahrlich, hat sie mich sonderbar gerühret. Sie wollte von ihrer Angelegenheit mit Ihnen gar nicht sprechen. Sie wollte sich ganz gelassen und kalt stellen. Aber mitten in dem gleichgültigsten Gespräche, entfuhr ihr eine Wendung, eine Beziehung über die andere, die ihr gefoltertes Herz verriet. Mit dem lustigsten Wesen sagte sie die melancholischsten Dinge: und wiederum die lächerlichsten Possen mit der allertraurigsten Miene. Sie hat zu den Büchern ihre Zuflucht genommen; und ich fürchte, die werden ihr den Rest geben.

DER PRINZ. So wie sie ihrem armen Verstande auch den ersten Stoß gegeben. – Aber was mich vornehmlich mit von ihr entfernt hat, das wollen Sie doch nicht brauchen, Marinelli, mich wieder zu ihr zurück zu bringen? – Wenn sie aus Liebe närrisch wird, so wäre sie es, früher oder später, auch ohne Liebe geworden – Und nun, genug von ihr. – Von etwas anderm! – Geht denn gar nichts vor, in der Stadt? –

MARINELLI. So gut, wie gar nichts. – Denn daß die Verbindung des Grafen Appiani heute vollzogen wird, – ist nicht viel mehr, als gar nichts.

DER PRINZ. Des Grafen Appiani? und mit wem denn? – Ich soll ja noch hören, daß er versprochen ist.

MARINELLI. Die Sache ist sehr geheim gehalten worden. Auch war nicht viel Aufhebens davon zu machen. – Sie werden lachen, Prinz. – Aber so geht es den Empfindsamen! Die Liebe spielet ihnen immer die schlimmsten Streiche. Ein Mädchen ohne Vermögen und ohne Rang, hat ihn in ihre Schlinge zu ziehen gewußt, – mit ein wenig Larve: aber mit vielem Prunke von Tugend und Gefühl und Witz, – und was weiß ich?

DER PRINZ. Wer sich den Eindrücken, die Unschuld und Schönheit auf ihn machen, ohne weitere Rücksicht, so ganz überlassen darf; – ich dächte, der wär' eher zu beneiden, als zu belachen. – Und wie heißt denn die Glückliche? – Denn bei alle dem ist Appiani – ich weiß wohl, daß Sie, Marinelli, ihn nicht leiden können; eben so wenig als er Sie – bei alle dem ist er doch ein sehr würdiger junger Mann, ein schöner Mann, ein reicher Mann, ein Mann voller Ehre. Ich hätte sehr gewünscht, ihn mir verbinden zu können. Ich werde noch darauf denken.

MARINELLI. Wenn es nicht zu spät ist. – Denn so viel ich höre, ist sein Plan gar nicht, bei Hofe sein Glück zu machen. – Er will mit seiner Gebieterin nach seinen Tälern von Piemont: – Gemsen zu jagen, auf den Alpen; und Murmeltiere abzurichten. – Was kann er Beßres tun? Hier ist es durch das Mißbündnis, welches er trifft, mit ihm doch aus. Der Zirkel der ersten Häuser ist ihm von nun an verschlossen – –

DER PRINZ. Mit euern ersten Häusern! – in welchen das Zeremoniell, der Zwang, die Langeweile, und nicht selten die Dürftigkeit herrschet. – Aber so nennen Sie mir sie doch, der er dieses so große Opfer bringt.

MARINELLI. Es ist eine gewisse Emilia Galotti.

DER PRINZ. Wie, Marinelli? eine gewisse –

MARINELLI. Emilia Galotti.

DER PRINZ. Emilia Galotti? – Nimmermehr!

MARINELLI. Zuverlässig, gnädiger Herr.

DER PRINZ. Nein, sag ich; das ist nicht, das kann nicht sein. – Sie irren sich in dem Namen. – Das Geschlecht der Galotti ist groß. – Eine Galotti kann es sein: aber nicht Emilia Galotti; nicht Emilia!

MARINELLI. Emilia – Emilia Galotti!

DER PRINZ. So gibt es noch eine, die beide Namen führt. – Sie sagten ohnedem, eine gewisse Emilia Galotti – eine gewisse. Von der rechten könnte nur ein Narr so sprechen –

MARINELLI. Sie sind außer sich, gnädiger Herr. – Kennen Sie denn diese Emilia?

DER PRINZ. Ich habe zu fragen, Marinelli, nicht Er. – Emilia Galotti? Die Tochter des Obersten Galotti, bei Sabionetta?

MARINELLI. Eben die.

DER PRINZ. Die hier in Guastalla mit ihrer Mutter wohnt?

MARINELLI. Eben die.

DER PRINZ. Unfern der Kirche Allerheiligen?

MARINELLI. Eben die.

DER PRINZ. Mit einem Worte – *(indem er nach dem Porträte*

springt und es dem Marinelli in die Hand gibt) Da! – Diese? Diese Emilia Galotti? – Sprich dein verdammtes »Eben die« noch einmal, und stoß mir den Dolch ins Herz!

MARINELLI. Eben die.

DER PRINZ. Henker! – Diese? – Diese Emilia Galotti wird heute – –

MARINELLI. Gräfin Appiani! – *(Hier reißt der Prinz dem Marinelli das Bild wieder aus der Hand, und wirft es bei Seite)* Die Trauung geschieht in der Stille, auf dem Landgute des Vaters bei Sabionetta. Gegen Mittag fahren Mutter und Tochter, der Graf und vielleicht ein paar Freunde dahin ab.

DER PRINZ *(der sich voll Verzweiflung in einen Stuhl wirft)*. So bin ich verloren! – So will ich nicht leben!

MARINELLI. Aber was ist Ihnen, gnädiger Herr?

DER PRINZ *(der gegen ihn wieder aufspringt)*. Verräter! – was mir ist? – Nun ja ich liebe sie; ich bete sie an. Mögt ihr es doch wissen! mögt ihr es doch längst gewußt haben, alle ihr, denen ich der tollen Orsina schimpfliche Fesseln lieber ewig tragen sollte! – Nur daß Sie, Marinelli, der Sie so oft mich Ihrer innigsten Freundschaft versicherten – O ein Fürst hat keinen Freund! kann keinen Freund haben! – daß Sie, Sie, so treulos, so hämisch mir bis auf diesen Augenblick die Gefahr verhöhlen dürfen, die meiner Liebe drohte: wenn ich Ihnen jemals das vergebe, – so werde mir meiner Sünden keine vergeben!

MARINELLI. Ich weiß kaum Worte zu finden, Prinz, – wenn Sie mich auch dazu kommen ließen – Ihnen mein Erstaunen zu bezeigen. – Sie lieben Emilia Galotti? – Schwur dann gegen Schwur: Wenn ich von dieser Liebe das geringste gewußt, das geringste vermutet habe; so möge weder Engel noch Heiliger von mir wissen! – Eben das wollt' ich in die Seele der Orsina schwören. Ihr Verdacht schweift auf einer ganz andern Fährte.

DER PRINZ. So verzeihen Sie mir, Marinelli; – *(indem er sich ihm in die Arme wirft)* und betauern Sie mich.

MARINELLI. Nun da, Prinz! Erkennen Sie da die Frucht Ihrer Zurückhaltung! – »Fürsten haben keinen Freund! können keinen Freund haben!« – Und die Ursache, wenn dem so ist? – Weil sie keinen haben wollen. – Heute beehren sie uns mit ihrem Vertrauen, teilen uns ihre geheimsten Wünsche mit, schließen uns ihre ganze Seele auf: und morgen sind wir ihnen wieder so fremd, als hätten sie nie ein Wort mit uns gewechselt.

DER PRINZ. Ach! Marinelli, wie konnt'ich Ihnen vertrauen, was ich mir selbst kaum gestehen wollte?

MARINELLI. Und also wohl noch weniger der Urheberin Ihrer Qual gestanden haben?

DER PRINZ. Ihr? – Alle meine Mühe ist vergebens gewesen, sie ein zweitesmal zu sprechen. –

MARINELLI. Und das erstemal –

DER PRINZ. Sprach ich sie – O, ich komme von Sinnen! Und ich soll Ihnen noch lange erzählen? – Sie sehen mich einen Raub der Wellen: was fragen sie viel, wie ich es geworden? Retten Sie mich, wenn Sie können: und fragen Sie dann.

MARINELLI. Retten? ist da viel zu retten? – Was Sie versäumt haben, gnädiger Herr, der Emilia Galotti zu bekennen, das bekennen Sie nun der Gräfin Appiani. Waren, die man aus der ersten Hand nicht haben kann, kauft man aus der zweiten: – und solche Waren nicht selten aus der zweiten um so viel wohlfeiler.

DER PRINZ. Ernsthaft, Marinelli, ernsthaft, oder –

MARINELLI. Freilich, auch um so viel schlechter – –

DER PRINZ. Sie werden unverschämt!

MARINELLI. Und dazu will der Graf damit aus dem Lande. – Ja, so müßte man auf etwas anders denken. –

DER PRINZ. Und auf was? – Liebster, bester Marinelli, denken Sie für mich. Was würden Sie tun, wenn Sie an meiner Stelle wären?

MARINELLI. Vor allen Dingen, eine Kleinigkeit als eine Kleinigkeit ansehen; – und mir sagen, daß ich nicht vergebens sein wolle, was ich bin – Herr!

DER PRINZ. Schmeicheln Sie mir nicht mit einer Gewalt, von der ich hier keinen Gebrauch absehe. – Heute sagen Sie? schon heute?

MARINELLI. Erst heute – soll es geschehen. Und nur geschehenen Dingen ist nicht zu raten. – *(Nach einer kurzen Überlegung)*

Wollen Sie mir freie Hand lassen, Prinz? Wollen Sie alles genehmigen, was ich tue?

DER PRINZ. Alles, Marinelli, alles, was diesen Streich abwenden kann.

MARINELLI. So lassen Sie uns keine Zeit verlieren. – Aber bleiben Sie nicht in der Stadt. Fahren Sie sogleich nach Ihrem Lustschlosse, nach Dosalo. Der Weg nach Sabionetta geht da vorbei. Wenn es mir nicht gelingt, den Grafen augenblicklich zu entfernen: so denk' ich – Doch, doch; ich glaube, er geht in diese Falle gewiß. Sie wollen ja, Prinz, wegen Ihrer Vermählung einen Gesandten nach Massa schicken? Lassen Sie den Grafen dieser Gesandte sein; mit dem Bedinge, daß er noch heute abreiset. – Verstehen Sie?

DER PRINZ. Vortrefflich! – Bringen Sie ihn zu mir heraus. Gehen Sie, eilen Sie. Ich werfe mich sogleich in den Wagen. *(Marinelli geht ab)*

Siebenter Auftritt

DER PRINZ

Sogleich! sogleich! – Wo blieb es? – *(sich nach dem Porträte umsehend)* Auf der Erde? das war zu arg! *(indem er es aufhebt)* Doch betrachten? betrachten mag ich dich fürs erste nicht mehr. – Warum sollt' ich mir den Pfeil noch tiefer in die Wunde drücken? *(Setzt es bei Seite)* – Geschmachtet, geseufzet hab' ich lange genung, – länger als ich gesollt hätte: aber nichts getan! und über die zärtliche Untätigkeit bei einem Haar' alles verloren! – Und wenn nun doch alles verloren wäre? Wenn Marinelli nichts ausrichtete? – Warum will ich mich auch auf ihn allein verlassen? Es fällt mir ein, – um diese Stunde, *(nach der Uhr sehend)* um diese nämliche Stunde pflegt das fromme Mädchen alle Morgen bei den Dominikanern die Messe zu hören. – Wie wenn ich sie da zu sprechen suchte? – Doch heute, heut' an ihrem Hochzeittage, – heute werden ihr andere Dinge am Herzen liegen, als die Messe. – Indes, wer weiß? – Es ist ein

Gang. – *(Er klingelt, und indem er einige von den Papieren auf dem Tische hastig zusammen rafft, tritt der Kammerdiener herein)* Laßt vorfahren! – Ist noch keiner von den Räten da?

DER KAMMERDIENER. Camillo Rota.

DER PRINZ. Er soll herein kommen. *(Der Kammerdiener geht ab)* Nur aufhalten muß er mich nicht wollen. Dasmal nicht! – Ich stehe gern seinen Bedenklichkeiten ein andermal um so viel länger zu Diensten. – Da war ja noch die Bittschrift einer Emilia Bruneschi – *(sie suchend)* Die ists. – Aber, gute Bruneschi, wo deine Vorsprecherin – –

ACHTER AUFTRITT

Camillo Rota, Schriften in der Hand. Der Prinz

DER PRINZ. Kommen Sie, Rota, kommen Sie. – Hier ist, was ich diesen Morgen erbrochen. Nicht viel Tröstliches! – Sie werden von selbst sehen, was darauf zu verfügen. – Nehmen Sie nur.

CAMILLO ROTA. Gut, gnädiger Herr.

DER PRINZ. Noch ist hier eine Bittschrift einer Emilia Galot – – Bruneschi will ich sagen. – Ich habe meine Bewilligung zwar schon beigeschrieben. Aber doch – die Sache ist keine Kleinigkeit – Lassen Sie die Ausfertigung noch anstehen. – Oder auch nicht anstehen: wie Sie wollen.

CAMILLO ROTA. Nicht wie ich will, gnädiger Herr.

DER PRINZ. Was ist sonst? Etwas zu unterschreiben?

CAMILLO ROTA. Ein Todesurteil wäre zu unterschreiben.

DER PRINZ. Recht gern. – Nur her! geschwind.

CAMILLO ROTA *(stutzig und den Prinzen starr ansehend)*. Ein Todesurteil, sagt' ich.

DER PRINZ. Ich höre ja wohl. – Es könnte schon geschehen sein. Ich bin eilig.

CAMILLO ROTA *(seine Schriften nachsehend)*. Nun hab' ich es doch wohl nicht mitgenommen! – – Verzeihen Sie, gnädiger Herr. – Es kann Anstand damit haben bis morgen.

DER PRINZ. Auch das! – Packen Sie nur zusammen: ich muß fort – Morgen, Rota, ein mehres! *(Geht ab)*
CAMILLO ROTA *(den Kopf schüttelnd, indem er die Papiere zu sich nimmt und abgeht).* Recht gern? – Ein Todesurteil recht gern? – Ich hätt' es ihn in diesem Augenblicke nicht mögen unterschreiben lassen, und wenn es den Mörder meines einzigen Sohnes betroffen hätte. – Recht gern! recht gern! – Es geht mir durch die Seele dieses gräßliche Recht gern!

ZWEITER AUFZUG

(Die Szene, ein Saal in dem Hause der Galotti)

Erster Auftritt

Claudia Galotti. Pirro

CLAUDIA *(im Heraustreten zu Pirro, der von der andern Seite hereintritt)*. Wer sprengte da in den Hof?
PIRRO. Unser Herr, gnädige Frau.
CLAUDIA. Mein Gemahl? Ist es möglich?
PIRRO. Er folgt mir auf dem Fuße.
CLAUDIA. So unvermutet? – *(Ihm entgegen eilend)* Ah! mein Bester! –

Zweiter Auftritt

Odoardo Galotti, und die Vorigen

ODOARDO. Guten Morgen, meine Liebe! – Nicht wahr, das heißt überraschen?
CLAUDIA. Und auf die angenehmste Art! – Wenn es anders nur eine Überraschung sein soll.
ODOARDO. Nichts weiter! Sei unbesorgt. – Das Glück des heutigen Tages weckte mich so früh; der Morgen war so schön; der Weg ist so kurz; ich vermutete euch hier so geschäftig – Wie leicht vergessen sie etwas: fiel mir ein. – Mit einem Worte: ich komme, und sehe, und kehre sogleich wieder zurück. – Wo ist Emilia? Unstreitig beschäftigt mit dem Putze? –
CLAUDIA. Ihrer Seele! – Sie ist in der Messe. – Ich habe heute, mehr als jeden andern Tag, Gnade von oben zu erflehen, sagte sie, und ließ alles liegen, und nahm ihren Schleier, und eilte –

ODOARDO. Ganz allein?
CLAUDIA. Die wenigen Schritte – –
ODOARDO. Einer ist genug zu einem Fehltritt! –
CLAUDIA. Zürnen Sie nicht, mein Bester; und kommen Sie herein, – einen Augenblick auszuruhen, und, wann Sie wollen, eine Erfrischung zu nehmen.
ODOARDO. Wie du meinest, Claudia. – Aber sie sollte nicht allein gegangen sein. –
CLAUDIA. Und Ihr, Pirro, bleibt hier in dem Vorzimmer, alle Besuche auf heute zu verbitten.

DRITTER AUFTRITT

Pirro, und bald darauf Angelo

PIRRO. Die sich nur aus Neugierde melden lassen. – Was bin ich seit einer Stunde nicht alles ausgefragt worden! – Und wer kömmt da?
ANGELO *(noch halb hinter der Szene, in einem kurzen Mantel, den er über das Gesicht gezogen, den Hut in die Stirne).* Pirro! – Pirro!
PIRRO. Ein Bekannter? – *(Indem Angelo vollends hereintritt, und den Mantel auseinander schlägt)* Himmel! Angelo? – Du?
ANGELO. Wie du siehst. – Ich bin lange genug um das Haus herumgegangen, dich zu sprechen. – Auf ein Wort! –
PIRRO. Und du wagst es, wieder ans Licht zu kommen? – Du bist seit deiner letzten Mordtat vogelfrei erkläret; auf deinen Kopf steht eine Belohnung –
ANGELO. Die doch du nicht wirst verdienen wollen? –
PIRRO. Was willst du? Ich bitte dich, mache mich nicht unglücklich.
ANGELO. Damit etwa? *(ihm einen Beutel mit Gelde zeigend)* – Nimm! Es gehöret dir!
PIRRO. Mir?
ANGELO. Hast du vergessen? Der Deutsche, dein voriger Herr, – –
PIRRO. Schweig davon!

ANGELO. Den du uns, auf dem Wege nach Pisa, in die Falle führtest –

PIRRO. Wenn uns jemand hörte!

ANGELO. Hatte ja die Güte, uns auch einen kostbaren Ring zu hinterlassen. – Weißt du nicht? – Er war zu kostbar, der Ring, als daß wir ihn sogleich ohne Verdacht hätten zu Gelde machen können. Endlich ist mir es damit gelungen. Ich habe hundert Pistolen dafür erhalten: und das ist dein Anteil. Nimm!

PIRRO. Ich mag nichts, – behalt' alles.

ANGELO. Meinetwegen! – wenn es dir gleich viel ist, wie hoch du deinen Kopf feil trägst – *(als ob er den Beutel wieder einstecken wollte)*

PIRRO. So gib nur! *(Nimmt ihn)* – Und was nun? Denn daß du bloß deswegen mich aufgesucht haben solltest – –

ANGELO. Das kömmt dir nicht so recht glaublich vor? – Halunke! Was denkst du von uns? – daß wir fähig sind, jemand seinen Verdienst vorzuenthalten? Das mag unter den so genannten ehrlichen Leuten Mode sein: unter uns nicht. – Leb wohl! – *(Tut als ob er gehen wollte, und kehrt wieder um)* Eins muß ich doch fragen. – Da kam ja der alte Galotti so ganz allein in die Stadt gesprengt. Was will der?

PIRRO. Nichts will er: ein bloßer Spazierritt. Seine Tochter wird, heut' Abend, auf dem Gute, von dem er herkömmt, dem Grafen Appiani angetrauet. Er kann die Zeit nicht erwarten –

ANGELO. Und reitet bald wieder hinaus?

PIRRO. So bald, daß er dich hier trifft, wo du noch lange verziehest. – Aber du hast doch keinen Anschlag auf ihn? Nimm dich in Acht. Er ist ein Mann –

ANGELO. Kenn' ich ihn nicht? Hab' ich nicht unter ihm gedient? – Wenn darum bei ihm nur viel zu holen wäre! – Wenn fahren die junge Leute nach?

PIRRO. Gegen Mittag.

ANGELO. Mit viel Begleitung?

PIRRO. In einem einzigen Wagen: die Mutter, die Tochter und der Graf. Ein Paar Freunde kommen aus Sabionetta als Zeugen.

ANGELO. Und Bediente?

PIRRO. Nur zwei; außer mir, der ich zu Pferde vorauf reiten soll.

ANGELO. Das ist gut. – Noch eins: wessen ist die Equipage? Ist es eure? oder des Grafen?

PIRRO. Des Grafen.

ANGELO. Schlimm! Da ist noch ein Vorreiter, außer einem handfesten Kutscher. Doch! –

PIRRO. Ich erstaune. Aber was willst du? – Das Bißchen Schmuck, das die Braut etwa haben dürfte, wird schwerlich der Mühe lohnen –

ANGELO. So lohnt ihrer die Braut selbst!

PIRRO. Und auch bei diesem Verbrechen soll ich dein Mitschuldiger sein?

ANGELO. Du reitest vorauf. Reite doch, reite! und kehre dich an nichts!

PIRRO. Nimmermehr!

ANGELO. Wie? ich glaube gar, du willst den Gewissenhaften spielen. – Bursche! ich denke, du kennst mich. – Wo du plauderst! Wo sich ein einziger Umstand anders findet, als du mir ihn angegeben! –

PIRRO. Aber, Angelo, um des Himmels willen! –

ANGELO. Tu, was du nicht lassen kannst! *(Geht ab)*

PIRRO. Ha! Laß dich den Teufel bei Einem Haare fassen; und du bist sein auf ewig! Ich Unglücklicher!

Vierter Auftritt

Odoardo und Claudia Galotti. Pirro

ODOARDO. Sie bleibt mir zu lang' aus –

CLAUDIA. Noch einen Augenblick, Odoardo! Es würde sie schmerzen, deines Anblicks so zu verfehlen.

ODOARDO. Ich muß auch bei dem Grafen noch einsprechen. Kaum kann ichs erwarten, diesen würdigen jungen Mann meinen Sohn zu nennen. Alles entzückt mich an ihm. Und vor allem der Entschluß, in seinen väterlichen Tälern sich selbst zu leben.

CLAUDIA. Das Herz bricht mir, wenn ich hieran gedenke. – So ganz sollen wir sie verlieren, diese einzige geliebte Tochter?
ODOARDO. Was nennst du, sie verlieren? Sie in den Armen der Liebe zu wissen? Vermenge dein Vergnügen an ihr, nicht mit ihrem Glücke. – Du möchtest meinen alten Argwohn erneuern: – daß es mehr das Geräusch und die Zerstreuung der Welt, mehr die Nähe des Hofes war, als die Notwendigkeit, unserer Tochter eine anständige Erziehung zu geben, was dich bewog, hier in der Stadt mit ihr zu bleiben; – fern von einem Manne und Vater, der euch so herzlich liebet.
CLAUDIA. Wie ungerecht, Odoardo! Aber laß mich heute nur ein einziges für diese Stadt, für diese Nähe des Hofes sprechen, die deiner strengen Tugend so verhaßt sind. – Hier, nur hier konnte die Liebe zusammen bringen, was für einander geschaffen war. Hier nur konnte der Graf Emilien finden; und fand sie.
ODOARDO. Das räum' ich ein. Aber, gute Claudia, hattest du darum Recht, weil dir der Ausgang Recht gibt? – Gut, daß es mit dieser Stadterziehung so abgelaufen! Laßt uns nicht weise sein wollen, wo wir nichts, als glücklich gewesen! Gut, daß es so damit abgelaufen! – Nun haben sie sich gefunden, die für einander bestimmt waren: nun laß sie ziehen, wohin Unschuld und Ruhe sie rufen. – Was sollte der Graf hier? Sich bücken, schmeicheln und kriechen, und die Marinellis auszustechen suchen? um endlich ein Glück zu machen, dessen er nicht bedarf? um endlich einer Ehre gewürdiget zu werden, die für ihn keine wäre? – Pirro!
PIRRO. Hier bin ich.
ODOARDO. Geh und führe mein Pferd vor das Haus des Grafen. Ich komme nach, und will mich da wieder aufsetzen. *(Pirro geht)* – Warum soll der Graf hier dienen, wenn er dort selbst befehlen kann? – Dazu bedenkst du nicht, Claudia, daß durch unsere Tochter er es vollends mit dem Prinzen verderbt. Der Prinz haßt mich –
CLAUDIA. Vielleicht weniger, als du besorgest.
ODOARDO. Besorgest! Ich besorg' auch so was!
CLAUDIA. Denn hab' ich dir schon gesagt, daß der Prinz unsere Tochter gesehen hat?

ODOARDO. Der Prinz? Und wo das?
CLAUDIA. In der letzten Vegghia, bei dem Kanzler Grimaldi, die er mit seiner Gegenwart beehrte. Er bezeigte sich gegen sie so gnädig – –
ODOARDO. So gnädig?
CLAUDIA. Er unterhielt sich mit ihr so lange – –
ODOARDO. Unterhielt sich mit ihr?
CLAUDIA. Schien von ihrer Munterkeit und ihrem Witze so bezaubert – –
ODOARDO. So bezaubert? –
CLAUDIA. Hat von ihrer Schönheit mit so vielen Lobeserhebungen gesprochen – –
ODOARDO. Lobeserhebungen? Und das alles erzählst du mir in einem Tone der Entzückung? O Claudia! eitle, törichte Mutter!
CLAUDIA. Wie so?
ODOARDO. Nun gut, nun gut! Auch das ist so abgelaufen. – Ha! wenn ich mir einbilde – Das gerade wäre der Ort, wo ich am tödlichsten zu verwunden bin! – Ein Wollüstling, der bewundert, begehrt. – Claudia! Claudia! der bloße Gedanke setzt mich in Wut. – Du hättest mir das sogleich sollen gemeldet haben. – Doch, ich möchte dir heute nicht gern etwas Unangenehmes sagen. Und ich würde, *(indem sie ihn bei der Hand ergreift)* wenn ich länger bliebe. – Drum laß mich! laß mich! – Gott befohlen, Claudia! – Kommt glücklich nach!

FÜNFTER AUFTRITT

CLAUDIA GALOTTI

Welch ein Mann! – O, der rauhen Tugend! – wenn anders sie diesen Namen verdienet. – Alles scheint ihr verdächtig, alles strafbar! – Oder, wenn das die Menschen kennen heißt: – wer sollte sich wünschen, sie zu kennen? – Wo bleibt aber auch Emilia? – Er ist des Vaters Feind: folglich – folglich, wenn er ein Auge für die Tochter hat, so ist es einzig, um ihn zu beschimpfen? –

Sechster Auftritt

Emilia und Claudia Galotti

EMILIA *(stürzet in einer ängstlichen Verwirrung herein).* Wohl mir! wohl mir! Nun bin ich in Sicherheit. Oder ist er mir gar gefolgt? *(Indem sie den Schleier zurück wirft und ihre Mutter erblicket)* Ist er, meine Mutter? ist er? – Nein, dem Himmel sei Dank!

CLAUDIA. Was ist dir, meine Tochter? was ist dir?

EMILIA. Nichts, nichts –

CLAUDIA. Und blickest so wild um dich? Und zitterst an jedem Gliede?

EMILIA. Was hab' ich hören müssen? Und wo, wo hab' ich es hören müssen?

CLAUDIA. Ich habe dich in der Kirche geglaubt –

EMILIA. Eben da! Was ist dem Laster Kirch' und Altar? – Ah, meine Mutter! *(sich ihr in die Arme werfend)*

CLAUDIA. Rede, meine Tochter! – Mach' meiner Furcht ein Ende. – Was kann dir da, an heiliger Stätte, so Schlimmes begegnet sein?

EMILIA. Nie hätte meine Andacht inniger, brünstiger sein sollen, als heute: nie ist sie weniger gewesen, was sie sein sollte.

CLAUDIA. Wir sind Menschen, Emilia. Die Gabe zu beten ist nicht immer in unserer Gewalt. Dem Himmel ist beten wollen, auch beten.

EMILIA. Und sündigen wollen, auch sündigen.

CLAUDIA. Das hat meine Emilia nicht wollen!

EMILIA. Nein, meine Mutter; so tief ließ mich die Gnade nicht sinken. – Aber daß fremdes Laster uns, wider unsern Willen, zu Mitschuldigen machen kann!

CLAUDIA. Fasse dich! – Sammle deine Gedanken, so viel dir möglich. – Sag' es mir mit eins, was dir geschehen.

EMILIA. Eben hatt' ich mich – weiter von dem Altare, als ich sonst pflege, – denn ich kam zu spät – auf meine Knie gelassen. Eben fing ich an, mein Herz zu erheben: als dicht hinter mir etwas seinen Platz nahm. So dicht hinter mir! – Ich konnte weder vor, noch zur Seite rücken, – so gern ich auch wollte; aus Furcht, daß eines andern Andacht mich in meiner stören möchte. – Andacht! das war das Schlimmste, was ich besorgte. – Aber es währte nicht lange, so hört' ich, ganz nah' an meinem Ohre, – nach einem tiefen Seufzer, – nicht den Namen einer Heiligen, – den Namen, – zürnen Sie nicht, meine Mutter – den Namen Ihrer Tochter! – Meinen Namen! – O daß laute Donner mich verhindert hätten, mehr zu hören! – Es sprach von Schönheit, von Liebe – Es klagte, daß dieser Tag, welcher mein Glück mache, – wenn er es anders mache – sein Unglück auf immer entscheide. – Es beschwor mich – hören mußt' ich dies alles. Aber ich blickte nicht um; ich wollte tun, als ob ich es nicht hörte. – Was konnt' ich sonst? – Meinen guten Engel bitten, mich mit Taubheit zu schlagen; und wann auch, wann auch auf immer! – Das bat ich; das war das einzige, was ich beten konnte. – Endlich ward es Zeit, mich wieder zu erheben. Das heilige Amt ging zu Ende. Ich zitterte, mich umzukehren. Ich zitterte, ihn zu erblicken, der sich den Frevel erlauben dürfen. Und da ich mich umwandte, da ich ihn erblickte –

CLAUDIA. Wen, meine Tochter?

EMILIA. Raten Sie, meine Mutter; raten Sie – Ich glaubte in die Erde zu sinken – Ihn selbst.

CLAUDIA. Wen, ihn selbst?

EMILIA. Den Prinzen.

CLAUDIA. Den Prinzen! – O gesegnet sei die Ungeduld deines Vaters, der eben hier war, und dich nicht erwarten wollte!

EMILIA. Mein Vater hier? – und wollte mich nicht erwarten?

CLAUDIA. Wenn du in deiner Verwirrung auch ihn das hättest hören lassen!

EMILIA. Nun, meine Mutter? – Was hätt' er an mir Strafbares finden können?

CLAUDIA. Nichts; eben so wenig, als an mir. Und doch, doch – Ha, du kennst deinen Vater nicht! In seinem Zorne hätt' er den unschuldigen Gegenstand des Verbrechens mit dem Verbrecher verwechselt. In seiner Wut hätt' ich ihm geschienen, das veranlaßt zu haben, was ich weder verhindern, noch vorhersehen können. – Aber weiter, meine Tochter, weiter! Als du den Prinzen erkanntest – Ich will hoffen, daß du deiner mächtig genug warest, ihm in Einem Blicke alle die Verachtung zu bezeigen, die er verdienet.

EMILIA. Das war ich nicht, meine Mutter! Nach dem Blicke, mit dem ich ihn erkannte, hatt' ich nicht das Herz, einen zweiten auf ihn zu richten. Ich floh' –

CLAUDIA. Und der Prinz dir nach –

EMILIA. Was ich nicht wußte, bis ich in der Halle mich bei der Hand ergriffen fühlte. Und von ihm! Aus Scham mußt' ich Stand halten: mich von ihm loszuwinden, würde die Vorbeigehenden zu aufmerksam auf uns gemacht haben. Das war die einzige Überlegung, deren ich fähig war – oder deren ich nun mich wieder erinnere. Er sprach; und ich hab' ihm geantwortet. Aber was er sprach, was ich ihm geantwortet; – fällt mir es noch bei, so ist es gut, so will ich es Ihnen sagen, meine Mutter. Itzt weiß ich von dem allen nichts. Meine Sinne hatten mich verlassen. – Umsonst denk' ich nach, wie ich von ihm weg, und aus der Halle gekommen. Ich finde mich erst auf der Straße wieder; und höre ihn hinter mir herkommen; und höre ihn mit mir zugleich in das Haus treten, mit mir die Treppe hinauf steigen – –

CLAUDIA. Die Furcht hat ihren besondern Sinn, meine Tochter! – Ich werde es nie vergessen, mit welcher Gebärde du hereinstürztest. – Nein, so weit durfte er nicht wagen, dir zu folgen. – Gott! Gott! wenn dein Vater das wüßte! – Wie wild er schon war, als er nur hörte, daß der Prinz dich jüngst nicht ohne Mißfallen gesehen! – Indes, sei ruhig, meine Tochter! Nimm es für einen Traum, was dir begegnet ist. Auch wird es noch weniger Folgen haben, als ein Traum. Du entgehest heute mit eins allen Nachstellungen.

EMILIA. Aber nicht, meine Mutter? Der Graf muß das wissen. Ihm muß ich es sagen.

CLAUDIA. Um alle Welt nicht! – Wozu? warum? Willst du für nichts, und wieder für nichts ihn unruhig machen? Und wann er es auch itzt nicht würde: wisse, mein Kind, daß ein Gift, welches nicht gleich wirket, darum kein minder gefährliches Gift ist. Was auf den Liebhaber keinen Eindruck macht, kann ihn auf den Gemahl machen. Den Liebhaber könnt' es sogar schmeicheln, einem so wichtigen Mitbewerber den Rang abzulaufen. Aber wenn er ihm den nun einmal abgelaufen hat: ah, mein Kind, – so wird aus dem Liebhaber oft ein ganz anderes Geschöpf. Dein gutes Gestirn behüte dich vor dieser Erfahrung.

EMILIA. Sie wissen, meine Mutter, wie gern ich Ihren bessern Einsichten mich in allem unterwerfe. – Aber, wenn er es von einem andern erführe, daß der Prinz mich heute gesprochen? Würde mein Verschweigen nicht, früh oder spät, seine Unruhe vermehren? – Ich dächte doch, ich behielte lieber vor ihm nichts auf dem Herzen.

CLAUDIA. Schwachheit! verliebte Schwachheit! – Nein, durchaus nicht, meine Tochter! Sag' ihm nichts. Laß ihn nichts merken!

EMILIA. Nun ja, meine Mutter! Ich habe keinen Willen gegen den Ihrigen. – Aha! *(mit einem tiefen Atemzuge)* Auch wird mir wieder ganz leicht. – Was für ein albernes, furchtsames Ding ich bin! – Nicht, meine Mutter? – Ich hätte mich noch wohl anders dabei nehmen können, und würde mir eben so wenig vergeben haben.

CLAUDIA. Ich wollte dir das nicht sagen, meine Tochter, bevor dir es dein eigner gesunder Verstand sagte. Und ich wußte, er würde dir es sagen, sobald du wieder zu dir selbst gekommen. – Der Prinz ist galant. Du bist die unbedeutende Sprache der Galanterie zu wenig gewohnt. Eine Höflichkeit wird in ihr zur Empfindung; eine Schmeichelei zur Beteurung; ein Einfall zum Wunsche; ein Wunsch zum Vorsatze. Nichts klingt in dieser Sprache wie alles: und alles ist in ihr so viel als nichts.

EMILIA. O meine Mutter! – so müßte ich mir mit meiner Furcht vollends lächerlich vorkommen! – Nun soll er gewiß nichts davon erfahren, mein guter Appiani! Er könnte mich leicht für mehr eitel, als tugendhaft, halten. – Hui! daß er da selbst kömmt! Es ist sein Gang.

Siebenter Auftritt

Graf Appiani. Die Vorigen

APPIANI *(tritt tiefsinnig, mit vor sich hingeschlagnen Augen herein, und kömmt ihnen näher, ohne sie zu erblicken; bis Emilia ihm entgegen springt).* Ah, meine Teuerste! – Ich war mir Sie in dem Vorzimmer nicht vermutend.
EMILIA. Ich wünschte Sie heiter, Herr Graf, auch wo Sie mich nicht vermuten. – So feierlich? so ernsthaft? – Ist dieser Tag keiner freudigern Aufwallung wert?
APPIANI. Er ist mehr wert, als mein ganzes Leben. Aber schwanger mit so viel Glückseligkeit für mich, – mag es wohl diese Glückseligkeit selbst sein, die mich so ernst, die mich, wie Sie es nennen, mein Fräulein, so feierlich macht. – *(Indem er die Mutter erblickt)* Ha! auch Sie hier, meine gnädige Frau! – nun bald mir mit einem innigern Namen zu verehrende!
CLAUDIA. Der mein größter Stolz sein wird! – Wie glücklich bist du, meine Emilia! – Warum hat dein Vater unsere Entzükkung nicht teilen wollen?
APPIANI. Eben hab' ich mich aus seinen Armen gerissen: – oder vielmehr er, sich aus meinen. – Welch ein Mann, meine Emilia, Ihr Vater! Das Muster aller männlichen Tugend! Zu was für Gesinnungen erhebt sich meine Seele in seiner Gegenwart! Nie ist mein Entschluß immer gut, immer edel zu sein, lebendiger, als wenn ich ihn sehe – wenn ich ihn mir denke. Und womit sonst, als mit der Erfüllung dieses Entschlusses kann ich mich der Ehre würdig machen, sein Sohn zu heißen; – der Ihrige zu sein, meine Emilia?
EMILIA. Und er wollte mich nicht erwarten!
APPIANI. Ich urteile, weil ihn seine Emilia, für diesen augenblicklichen Besuch, zu sehr erschüttert, zu sehr sich seiner ganzen Seele bemächtiget hätte.
CLAUDIA. Er glaubte dich mit deinem Brautschmucke beschäftiget zu finden: und hörte –
APPIANI. Was ich mit der zärtlichsten Bewunderung wieder von ihm gehört habe. – So recht, meine Emilia! Ich werde eine

fromme Frau an Ihnen haben; und die nicht stolz auf ihre Frömmigkeit ist.

CLAUDIA. Aber, meine Kinder, eines tun, und das andere nicht lassen! – Nun ist es hohe Zeit; nun mach', Emilia!

APPIANI. Was? meine gnädige Frau.

CLAUDIA. Sie wollen sie doch nicht so, Herr Graf, so wie sie da ist, zum Altare führen?

APPIANI. Wahrlich, das werd' ich nun erst gewahr. – Wer kann Sie sehen, Emilia, und auch auf Ihren Putz achten? – Und warum nicht so, so wie sie da ist?

EMILIA. Nein, mein lieber Graf, nicht so; nicht ganz so. Aber auch nicht viel prächtiger; nicht viel. – Husch, husch, und ich bin fertig! – Nichts, gar nichts von dem Geschmeide, dem letzten Geschenke Ihrer verschwendrischen Großmut! Nichts, gar nichts, was sich nur zu solchem Geschmeide schickte! – Ich könnte ihm gram sein, diesem Geschmeide, wenn es nicht von Ihnen wäre. – Denn dreimal hat mir von ihm geträumet –

CLAUDIA. Nun! davon weiß ich ja nichts.

EMILIA. Als ob ich es trüge, und als ob plötzlich sich jeder Stein desselben in eine Perle verwandle. – Perlen aber, meine Mutter, Perlen bedeuten Tränen.

CLAUDIA. Kind! Die Bedeutung ist träumerischer, als der Traum. – Warest du nicht von je her eine größere Liebhaberin von Perlen, als von Steinen? –

EMILIA. Freilich, meine Mutter, freilich –

APPIANI (*nachdenkend und schwermütig*). Bedeuten Tränen – bedeuten Tränen!

EMILIA. Wie? Ihnen fällt das auf? Ihnen?

APPIANI. Ja wohl; ich sollte mich schämen. – Aber, wenn die Einbildungskraft einmal zu traurigen Bildern gestimmt ist –

EMILIA. Warum ist sie das auch? – Und was meinen Sie, das ich mir ausgedacht habe? – Was trug ich, wie sah ich, als ich Ihnen zuerst gefiel? – Wissen Sie es noch?

APPIANI. Ob ich es noch weiß? Ich sehe Sie in Gedanken nie anders, als so; und sehe Sie so, auch wenn ich Sie nicht so sehe.

EMILIA. Also, ein Kleid von der nämlichen Farbe, von dem nämlichen Schnitte; fliegend und frei –

APPIANI. Vortrefflich!
EMILIA. Und das Haar –
APPIANI. In seinem eignen braunen Glanze; in Locken, wie sie die Natur schlug –
EMILIA. Die Rose darin nicht zu vergessen! Recht! recht! – Eine kleine Geduld, und ich stehe so vor Ihnen da!

Achter Auftritt

Graf Appiani. Claudia Galotti

APPIANI *(indem er ihr mit einer niedergeschlagnen Miene nachsieht)*. Perlen bedeuten Tränen! – Eine kleine Geduld! – Ja, wenn die Zeit nur außer uns wäre! – Wenn eine Minute am Zeiger, sich in uns nicht in Jahre ausdehnen könnte! –
CLAUDIA. Emiliens Beobachtung, Herr Graf, war so schnell, als richtig. Sie sind heut' ernster als gewöhnlich. Nur noch einen Schritt von dem Ziele Ihrer Wünsche, – sollt' es Sie reuen, Herr Graf, daß es das Ziel Ihrer Wünsche gewesen?
APPIANI. Ah, meine Mutter, und Sie können das von Ihrem Sohne argwohnen? – Aber, es ist wahr; ich bin heut' ungewöhnlich trübe und finster. – Nur sehen Sie, gnädige Frau; – noch Einen Schritt vom Ziele, oder noch gar nicht ausgelaufen sein, ist im Grunde eines. – Alles was ich sehe, alles was ich höre, alles was ich träume, prediget mir seit gestern und ehegestern diese Wahrheit. Dieser Eine Gedanke kettet sich an jeden andern, den ich haben muß und haben will. – Was ist das? Ich versteh' es nicht. –
CLAUDIA. Sie machen mich unruhig, Herr Graf –
APPIANI. Eines kömmt dann zum andern! – Ich bin ärgerlich; ärgerlich über meine Freunde, über mich selbst –
CLAUDIA. Wie so?
APPIANI. Meine Freunde verlangen schlechterdings, daß ich dem Prinzen von meiner Heirat ein Wort sagen soll, ehe ich sie vollziehe. Sie geben mir zu, ich sei es nicht schuldig: aber die Achtung gegen ihn woll' es nicht anders. – Und ich bin schwach genug gewesen, es ihnen zu versprechen. Eben wollt' ich noch bei ihm vorfahren.
CLAUDIA *(stutzig)*. Bei dem Prinzen?

Neunter Auftritt

Pirro, gleich darauf Marinelli,
und die Vorigen

PIRRO. Gnädige Frau, der Marchese Marinelli hält vor dem Hause, und erkundiget sich nach dem Herrn Grafen.
APPIANI. Nach mir?
PIRRO. Hier ist er schon. *(Öffnet ihm die Türe und geht ab)*
MARINELLI. Ich bitt' um Verzeihung, gnädige Frau. – Mein Herr Graf, ich war vor Ihrem Hause, und erfuhr, daß ich Sie hier treffen würde. Ich hab' ein dringendes Geschäft an Sie – Gnädige Frau, ich bitte nochmals um Verzeihung; es ist in einigen Minuten geschehen.
CLAUDIA. Die ich nicht verzögern will. *(Macht ihm eine Verbeugung und geht ab)*

Zehnter Auftritt

Marinelli. Appiani

APPIANI. Nun, mein Herr?
MARINELLI. Ich komme von des Prinzen Durchlaucht.
APPIANI. Was ist zu seinem Befehl?
MARINELLI. Ich bin stolz, der Überbringer einer so vorzüglichen Gnade zu sein. – Und wenn Graf Appiani nicht mit Gewalt einen seiner ergebensten Freunde in mir verkennen will – –
APPIANI. Ohne weitere Vorrede; wenn ich bitten darf.
MARINELLI. Auch das! – Der Prinz muß sogleich an den Herzog von Massa, in Angelegenheit seiner Vermählung mit dessen Prinzessin Tochter, einen Bevollmächtigten senden. Er war lange unschlüssig, wen er dazu ernennen solle. Endlich ist seine Wahl, Herr Graf, auf Sie gefallen.
APPIANI. Auf mich?
MARINELLI. Und das, – wenn die Freundschaft ruhmredig sein darf – nicht ohne mein Zutun –
APPIANI. Wahrlich, Sie setzen mich wegen eines Dankes in Ver-

legenheit. – Ich habe schon längst nicht mehr erwartet, daß der Prinz mich zu brauchen geruhen werde. –

MARINELLI. Ich bin versichert, daß es ihm bloß an einer würdigen Gelegenheit gemangelt hat. Und wenn auch diese so eines Mannes, wie Graf Appiani, noch nicht würdig genug sein sollte: so ist freilich meine Freundschaft zu voreilig gewesen.

APPIANI. Freundschaft und Freundschaft, um das dritte Wort! – Mit wem red' ich denn? Des Marchese Marinelli Freundschaft hätt' ich mir nie träumen lassen. –

MARINELLI. Ich erkenne mein Unrecht, Herr Graf, mein unverzeihliches Unrecht, daß ich, ohne Ihre Erlaubnis, Ihr Freund sein wollen. – Bei dem allen: was tut das? Die Gnade des Prinzen, die Ihnen angetragene Ehre, bleiben, was sie sind: und ich zweifle nicht, Sie werden sie mit Begierd' ergreifen.

APPIANI *(nach einiger Überlegung).* Allerdings.

MARINELLI. Nun so kommen Sie.

APPIANI. Wohin?

MARINELLI. Nach Dosalo, zu dem Prinzen. – Es liegt schon alles fertig; und Sie müssen noch heut' abreisen.

APPIANI. Was sagen Sie? – Noch heute?

MARINELLI. Lieber noch in dieser nämlichen Stunde, als in der folgenden. Die Sache ist von der äußersten Eil.

APPIANI. In Wahrheit? – So tut es mir leid, daß ich die Ehre, welche mir der Prinz zugedacht, verbitten muß.

MARINELLI. Wie?

APPIANI. Ich kann heute nicht abreisen; – auch morgen nicht; – auch übermorgen noch nicht. –

MARINELLI. Sie scherzen, Herr Graf.

APPIANI. Mit Ihnen?

MARINELLI. Unvergleichlich! Wenn der Scherz den Prinzen gilt, so ist er um so viel lustiger. – Sie können nicht?

APPIANI. Nein, mein Herr, nein. – Und ich hoffe, daß der Prinz selbst meine Entschuldigung wird gelten lassen.

MARINELLI. Die bin ich begierig, zu hören.

APPIANI. O, eine Kleinigkeit! – Sehen Sie; ich soll noch heut' eine Frau nehmen.

MARINELLI. Nun? und dann?

APPIANI. Und dann? – und dann? – Ihre Frage ist auch verzweifelt naiv.

MARINELLI. Man hat Exempel, Herr Graf, daß sich Hochzeiten aufschieben lassen. – Ich glaube freilich nicht, daß der Braut oder dem Bräutigam immer damit gedient ist. Die Sache mag ihr Unangenehmes haben. Aber doch, dächt' ich, der Befehl des Herrn –

APPIANI. Der Befehl des Herrn? – des Herrn? Ein Herr, den man sich selber wählt, ist unser Herr so eigentlich nicht – Ich gebe zu, daß Sie dem Prinzen unbedingtern Gehorsam schuldig wären. Aber nicht ich. – Ich kam an seinen Hof als ein Freiwilliger. Ich wollte die Ehre haben, ihm zu dienen: aber nicht sein Sklave werden. Ich bin der Vasall eines größern Herrn –

MARINELLI. Größer oder kleiner: Herr ist Herr.

APPIANI. Daß ich mit Ihnen darüber stritte! – Genug, sagen Sie dem Prinzen, was Sie gehört haben: – daß es mir leid tut, seine Gnade nicht annehmen zu können; weil ich eben heut' eine Verbindung vollzöge, die mein ganzes Glück ausmache.

MARINELLI. Wollen Sie ihn nicht zugleich wissen lassen, mit wem?

APPIANI. Mit Emilia Galotti.

MARINELLI. Der Tochter aus diesem Hause?

APPIANI. Aus diesem Hause.

MARINELLI. Hm! hm!

APPIANI. Was beliebt?

MARINELLI. Ich sollte meinen, daß es sonach um so weniger Schwierigkeit haben könne, die Zeremonie bis zu Ihrer Zurückkunft auszusetzen.

APPIANI. Die Zeremonie? Nur die Zeremonie?

MARINELLI. Die guten Eltern werden es so genau nicht nehmen.

APPIANI. Die guten Eltern?

MARINELLI. Und Emilia bleibt Ihnen ja wohl gewiß.

APPIANI. Ja wohl gewiß? – Sie sind mit Ihrem Ja wohl – ja wohl ein ganzer Affe!

MARINELLI. Mir das, Graf?

APPIANI. Warum nicht?

MARINELLI. Himmel und Hölle! – Wir werden uns sprechen.

APPIANI. Pah! Hämisch ist der Affe; aber –

MARINELLI. Tod und Verdammnis! – Graf, ich fodere Genugtuung.
APPIANI. Das versteht sich.
MARINELLI. Und würde sie gleich itzt nehmen: – nur daß ich dem zärtlichen Bräutigam den heutigen Tag nicht verderben mag.
APPIANI. Gutherziges Ding! Nicht doch! Nicht doch! *(indem er ihn bei der Hand ergreift)* Nach Massa freilich mag ich mich heute nicht schicken lassen: aber zu einem Spaziergange mit Ihnen hab' ich Zeit übrig. – Kommen Sie, kommen Sie!
MARINELLI *(der sich losreißt, und abgeht)*. Nur Geduld, Graf, nur Geduld!

Eilfter Auftritt

Appiani. Claudia Galotti

APPIANI. Geh, Nichtswürdiger! – Ha! das hat gut getan. Mein Blut ist in Wallung gekommen. Ich fühle mich anders und besser.
CLAUDIA *(eiligst und besorgt)*. Gott! Herr Graf – Ich hab' einen heftigen Wortwechsel gehört. – Ihr Gesicht glüht. Was ist vorgefallen?
APPIANI. Nichts, gnädige Frau, gar nichts. Der Kammerherr Marinelli hat mir einen großen Dienst erwiesen. Er hat mich des Ganges zum Prinzen überhoben.
CLAUDIA. In der Tat?
APPIANI. Wir können nun um so viel früher abfahren. Ich gehe, meine Leute zu treiben, und bin sogleich wieder hier. Emilia wird indes auch fertig.
CLAUDIA. Kann ich ganz ruhig sein, Herr Graf?
APPIANI. Ganz ruhig, gnädige Frau. *(Sie geht herein und er fort)*

DRITTER AUFZUG

(Die Szene, ein Vorsaal auf dem Lustschlosse des Prinzen)

Erster Auftritt

Der Prinz. Marinelli

MARINELLI. Umsonst; er schlug die angetragene Ehre mit der größten Verachtung aus.
DER PRINZ. Und so bleibt es dabei? So geht es vor sich? so wird Emilia noch heute die Seinige?
MARINELLI. Allem Ansehen nach.
DER PRINZ. Ich versprach mir von Ihrem Einfalle so viel! – Wer weiß, wie albern Sie sich dabei genommen. – Wenn der Rat eines Toren einmal gut ist, so muß ihn ein gescheuter Mann ausführen. Das hätt' ich bedenken sollen.
MARINELLI. Da find' ich mich schön belohnt!
DER PRINZ. Und wofür belohnt?
MARINELLI. Daß ich noch mein Leben darüber in die Schanze schlagen wollte. – Als ich sahe, daß weder Ernst noch Spott den Grafen bewegen konnte, seine Liebe der Ehre nachzusetzen: versucht' ich es, ihn in Harnisch zu jagen. Ich sagte ihm Dinge, über die er sich vergaß. Er stieß Beleidigungen gegen mich aus: und ich foderte Genugtuung, – und foderte sie gleich auf der Stelle. – Ich dachte so: entweder er mich; oder ich ihn. Ich ihn: so ist das Feld ganz unser. Oder er mich: nun, wenn auch; so muß er fliehen, und der Prinz gewinnt wenigstens Zeit.
DER PRINZ. Das hätten Sie getan, Marinelli?
MARINELLI. Ha! man sollt' es voraus wissen, wenn man so töricht bereit ist, sich für die Großen aufzuopfern – man sollt' es voraus wissen, wie erkenntlich sie sein würden –
DER PRINZ. Und der Graf? – Er stehet in dem Rufe, sich so etwas nicht zweimal sagen zu lassen.

MARINELLI. Nachdem es fällt, ohne Zweifel. – Wer kann es ihm auch verdenken? – Er versetzte, daß er auf heute doch noch etwas Wichtigeres zu tun habe, als sich mit mir den Hals zu brechen. Und so beschied er mich auf die ersten acht Tage nach der Hochzeit.

DER PRINZ. Mit Emilia Galotti! Der Gedanke macht mich rasend! – Darauf ließen Sie es gut sein, und gingen: – und kommen und prahlen, daß Sie Ihr Leben für mich in die Schanze geschlagen; sich mir aufgeopfert –

MARINELLI. Was wollen Sie aber, gnädiger Herr, das ich weiter hätte tun sollen?

DER PRINZ. Weiter tun? – Als ob er etwas getan hätte!

MARINELLI. Und lassen Sie doch hören, gnädiger Herr, was Sie für sich selbst getan haben. – Sie waren so glücklich, sie noch in der Kirche zu sprechen. Was haben Sie mit ihr abgeredet?

DER PRINZ *(höhnisch)*. Neugierde zur Gnüge! – Die ich nur befriedigen muß. – O, es ging alles nach Wunsch. – Sie brauchen sich nicht weiter zu bemühen, mein allzudienstfertiger Freund! – Sie kam meinem Verlangen, mehr als halbes Weges, entgegen. Ich hätte sie nur gleich mitnehmen dürfen. *(Kalt und befehlend)* Nun wissen Sie, was Sie wissen wollen; – und können gehn!

MARINELLI. Und können gehn! – Ja, ja; das ist das Ende vom Liede! und würd' es sein, gesetzt auch, ich wollte noch das Unmögliche versuchen. – Das Unmögliche, sag' ich? – So unmöglich wär' es nun wohl nicht: aber kühn. – Wenn wir die Braut in unserer Gewalt hätten: so stünd' ich dafür, daß aus der Hochzeit nichts werden sollte.

DER PRINZ. Ei! wofür der Mann nicht alles stehen will! Nun dürft' ich ihm nur noch ein Kommando von meiner Leibwache geben, und er legte sich an der Landstraße damit in Hinterhalt, und fiele selbst funfziger einen Wagen an, und riß ein Mädchen heraus, das er im Triumphe mir zubrächte.

MARINELLI. Es ist eher ein Mädchen mit Gewalt entführt worden, ohne daß es einer gewaltsamen Entführung ähnlich gesehen.

DER PRINZ. Wenn Sie das zu machen wüßten: so würden Sie nicht erst lange davon schwatzen.

MARINELLI. Aber für den Ausgang müßte man nicht stehen sollen. – Es könnten sich Unglücksfälle dabei eräugnen –
DER PRINZ. Und es ist meine Art, daß ich Leute Dinge verantworten lasse, wofür sie nicht können!
MARINELLI. Also, gnädiger Herr – *(Man hört von weitem einen Schuß)* Ha! was war das? – Hört' ich recht? – Hörten Sie nicht auch, gnädiger Herr, einen Schuß fallen? – Und da noch einen!
DER PRINZ. Was ist das? was gibts?
MARINELLI. Was meinen Sie wohl? – Wie wann ich tätiger wäre, als Sie glauben?
DER PRINZ. Tätiger? – So sagen Sie doch –
MARINELLI. Kurz: wovon ich gesprochen, geschieht.
DER PRINZ. Ist es möglich?
MARINELLI. Nur vergessen Sie nicht, Prinz, wessen Sie mich eben versichert. – Ich habe nochmals Ihr Wort – –
DER PRINZ. Aber die Anstalten sind doch so –
MARINELLI. Als sie nur immer sein können! – Die Ausführung ist Leuten anvertrauet, auf die ich mich verlassen kann. Der Weg geht hart an der Planke des Tiergartens vorbei. Da wird ein Teil den Wagen angefallen haben; gleichsam, um ihn zu plündern. Und ein andrer Teil, wobei einer von meinen Bedienten ist, wird aus dem Tiergarten gestürzt sein; den Angefallenen gleichsam zur Hülfe. Während des Handgemenges, in das beide Teile zum Schein geraten, soll mein Bedienter Emilien ergreifen, als ob er sie retten wolle, und durch den Tiergarten in das Schloß bringen. – So ist die Abrede. – Was sagen Sie nun, Prinz?
DER PRINZ. Sie überraschen mich auf eine sonderbare Art. – Und eine Bangigkeit überfällt mich – *(Marinelli tritt an das Fenster)* Wornach sehen Sie?
MARINELLI. Dahinaus muß es sein! – Recht! – und eine Maske kömmt bereits um die Planke gesprengt; – ohne Zweifel, mir den Erfolg zu berichten. – Entfernen Sie sich, gnädiger Herr.
DER PRINZ. Ah, Marinelli –
MARINELLI. Nun? Nicht wahr, nun hab' ich zu viel getan; und vorhin zu wenig?

DER PRINZ. Das nicht. Aber ich sehe bei alle dem nicht ab – –
MARINELLI. Absehn? – Lieber alles mit eins! – Geschwind entfernen Sie sich. – Die Maske muß Sie nicht sehen. *(Der Prinz geht ab)*

Zweiter Auftritt

Marinelli, und bald darauf Angelo

MARINELLI *(der wieder nach dem Fenster geht)*. Dort fährt der Wagen langsam nach der Stadt zurück. – So langsam? Und in jedem Schlage ein Bedienter? – Das sind Anzeigen, die mir nicht gefallen: – daß der Streich wohl nur halb gelungen ist; – daß man einen Verwundeten gemächlich zurückführet, – und keinen Toten. – Die Maske steigt ab. – Es ist Angelo selbst. Der Tolldreiste! – Endlich, hier weiß er die Schliche. – Er winkt mir zu. Er muß seiner Sache gewiß sein. – Ha, Herr Graf, der Sie nicht nach Massa wollten, und nun noch einen weitern Weg müssen! – Wer hatte Sie die Affen so kennen gelehrt? *(Indem er nach der Türe zugeht)* Ja wohl sind sie hämisch. – Nun Angelo?
ANGELO *(der die Maske abgenommen)*. Passen Sie auf, Herr Kammerherr! Man muß sie gleich bringen.
MARINELLI. Und wie lief es sonst ab?
ANGELO. Ich denke ja, recht gut.
MARINELLI. Wie steht es mit dem Grafen?
ANGELO. Zu dienen! So, so! – Aber er muß Wind gehabt haben. Denn er war nicht so ganz unbereitet.
MARINELLI. Geschwind sage mir, was du mir zu sagen hast! – Ist er tot?
ANGELO. Es tut mir leid um den guten Herrn.
MARINELLI. Nun da, für dein mitleidiges Herz! *(Gibt ihm einen Beutel mit Gold)*
ANGELO. Vollends mein braver Nicolo! der das Bad mit bezahlen müssen.
MARINELLI. So? Verlust auf beiden Seiten?
ANGELO. Ich könnte weinen, um den ehrlichen Jungen! Ob mir

sein Tod schon das *(indem er den Beutel in der Hand wieget)* um ein Vierteil verbessert. Denn ich bin sein Erbe; weil ich ihn gerächet habe. Das ist so unser Gesetz: ein so gutes, mein' ich, als für Treu und Freundschaft je gemacht worden. Dieser Nicolo, Herr Kammerherr –

MARINELLI. Mit deinem Nicolo! – Aber der Graf, der Graf –

ANGELO. Blitz! der Graf hatte ihn gut gefaßt. Dafür faßt' ich auch wieder den Grafen! – Er stürzte; und wenn er noch lebendig zurück in die Kutsche kam: so steh' ich dafür, daß er nicht lebendig wieder heraus kömmt.

MARINELLI. Wenn das nur gewiß ist, Angelo.

ANGELO. Ich will Ihre Kundschaft verlieren, wenn es nicht gewiß ist! – Haben Sie noch was zu befehlen? denn mein Weg ist der weiteste: wir wollen heute noch über die Grenze.

MARINELLI. So geh.

ANGELO. Wenn wieder was vorfällt, Herr Kammerherr, – Sie wissen, wo ich zu erfragen bin. Was sich ein andrer zu tun getrauet, wird für mich auch keine Hexerei sein. Und billiger bin ich, als jeder andere. *(Geht ab)*

MARINELLI. Gut das! – Aber doch nicht so recht gut. – Pfui, Angelo! so ein Knicker zu sein! Einen zweiten Schuß wäre er ja wohl noch wert gewesen. – Und wie er sich vielleicht nun martern muß, der arme Graf! – Pfui, Angelo! Das heißt sein Handwerk sehr grausam treiben; – und verpfuschen. – Aber davon muß der Prinz noch nichts wissen. Er muß erst selbst finden, wie zuträglich ihm dieser Tod ist. – Dieser Tod! – Was gäb' ich um die Gewißheit!

DRITTER AUFTRITT

Der Prinz. Marinelli

DER PRINZ. Dort kömmt sie, die Allee herauf. Sie eilet vor dem Bedienten her. Die Furcht, wie es scheinet, beflügelt ihre Füße. Sie muß noch nichts argwohnen. Sie glaubt sich nur vor Räubern zu retten. – Aber wie lange kann das dauern?

MARINELLI. So haben wir sie doch fürs erste.

DER PRINZ. Und wird die Mutter sie nicht aufsuchen? Wird der Graf ihr nicht nachkommen? Was sind wir alsdann weiter? Wie kann ich sie ihnen vorenthalten?

MARINELLI. Auf das alles weiß ich freilich noch nichts zu antworten. Aber wir müssen sehen. Gedulden Sie sich, gnädiger Herr. Der erste Schritt mußte doch getan sein. –

DER PRINZ. Wozu? wenn wir ihn zurücktun müssen.

MARINELLI. Vielleicht müssen wir nicht. – Da sind tausend Dinge, auf die sich weiter fußen läßt. – Und vergessen Sie denn das Vornehmste?

DER PRINZ. Was kann ich vergessen, woran ich sicher noch nicht gedacht habe? – Das Vornehmste? was ist das?

MARINELLI. Die Kunst zu gefallen, zu überreden, – die einem Prinzen, welcher liebt, nie fehlt.

DER PRINZ. Nie fehlt? Außer, wo er sie gerade am nötigsten brauchte. – Ich habe von dieser Kunst schon heut' einen zu schlechten Versuch gemacht. Mit allen Schmeicheleien und Beteuerungen konnt' ich ihr auch nicht ein Wort auspressen. Stumm und niedergeschlagen und zitternd stand sie da; wie eine Verbrecherin, die ihr Todesurteil höret. Ihre Angst steckte mich an, ich zitterte mit, und schloß mit einer Bitte um Vergebung. Kaum getrau' ich mir, sie wieder anzureden. – Bei ihrem Eintritte wenigstens wag' ich es nicht zu sein. Sie, Marinelli, müssen sie empfangen. Ich will hier in der Nähe hören, wie es abläuft; und kommen, wenn ich mich mehr gesammelt habe.

VIERTER AUFTRITT

Marinelli, und bald darauf dessen Bedienter Battista mit Emilien

MARINELLI. Wenn sie ihn nicht selbst stürzen gesehen – Und das muß sie wohl nicht; da sie so fortgeeilet – Sie kömmt. Auch ich will nicht das erste sein, was ihr hier in die Augen fällt. *(Er zieht sich in einen Winkel des Saales zurück)*

BATTISTA. Nur hier herein, gnädiges Fräulein.

EMILIA *(außer Atem)*. Ah! – Ah! – Ich danke Ihm, mein Freund; – ich dank' Ihm. – Aber Gott, Gott! wo bin ich? – Und so ganz allein? Wo bleibt meine Mutter? Wo blieb der Graf? – Sie kommen doch nach? mir auf dem Fuße nach?

BATTISTA. Ich vermute.

EMILIA. Er vermutet? Er weiß es nicht? Er sah sie nicht? – Ward nicht gar hinter uns geschossen? –

BATTISTA. Geschossen? – Das wäre! –

EMILIA. Ganz gewiß! Und das hat den Grafen, oder meine Mutter getroffen. –

BATTISTA. Ich will gleich nach ihnen ausgehen.

EMILIA. Nicht ohne mich. – Ich will mit; ich muß mit: komm Er, mein Freund!

MARINELLI *(der plötzlich herzu tritt, als ob er eben herein käme)*. Ah, gnädiges Fräulein! Was für ein Unglück, oder vielmehr, was für ein Glück, – was für ein glückliches Unglück verschafft uns die Ehre –

EMILIA *(stutzend)*. Wie? Sie hier, mein Herr? – Ich bin also wohl bei Ihnen? – Verzeihen Sie, Herr Kammerherr. Wir sind von Räubern ohnfern überfallen worden. Da kamen uns gute Leute zu Hülfe; – und dieser ehrliche Mann hob mich aus dem Wagen, und brachte mich hierher. – Aber ich erschrecke, mich allein gerettet zu sehen. Meine Mutter ist noch in der Gefahr. Hinter uns ward sogar geschossen. Sie ist vielleicht tot; – und ich lebe? – Verzeihen Sie. Ich muß fort; ich muß wieder hin, – wo ich gleich hätte bleiben sollen.

MARINELLI. Beruhigen Sie sich, gnädiges Fräulein. Es stehet alles gut; sie werden bald bei Ihnen sein, die geliebten Personen, für die Sie so viel zärtliche Angst empfinden. – Indes, Battista, geh', lauf: sie dürften vielleicht nicht wissen, wo das Fräulein ist. Sie dürften sie vielleicht in einem von den Wirtschaftshäusern des Gartens suchen. Bringe sie unverzüglich hierher. *(Battista geht ab)*

EMILIA. Gewiß? Sind sie alle geborgen? Ist ihnen nichts widerfahren? – Ah, was ist dieser Tag für ein Tag des Schreckens für mich! – Aber ich sollte nicht hier bleiben; ich sollte ihnen entgegen eilen –

MARINELLI. Wozu das, gnädiges Fräulein? Sie sind ohnedem

schon ohne Atem und Kräfte. Erholen Sie sich vielmehr, und geruhen in ein Zimmer zu treten, wo mehr Bequemlichkeit ist. – Ich will wetten, daß der Prinz schon selbst um Ihre teuere ehrwürdige Mutter ist, und sie Ihnen zuführet.

EMILIA. Wer, sagen Sie?

MARINELLI. Unser gnädigster Prinz selbst.

EMILIA *(äußerst bestürzt)*. Der Prinz?

MARINELLI. Er floh, auf die erste Nachricht, Ihnen zu Hülfe. – Er ist höchst ergrimmt, daß ein solches Verbrechen ihm so nahe, unter seinen Augen gleichsam, hat dürfen gewagt werden. Er läßt den Tätern nachsetzen, und ihre Strafe, wenn sie ergriffen werden, wird unerhört sein.

EMILIA. Der Prinz! – Wo bin ich denn also?

MARINELLI. Auf Dosalo, dem Lustschlosse des Prinzen.

EMILIA. Welch ein Zufall! – Und Sie glauben, daß er gleich selbst erscheinen könne? – Aber doch in Gesellschaft meiner Mutter?

MARINELLI. Hier ist er schon.

FÜNFTER AUFTRITT

Der Prinz. Emilia. Marinelli

DER PRINZ. Wo ist sie? wo? – Wir suchen Sie überall, schönstes Fräulein. – Sie sind doch wohl? – Nun so ist alles wohl! Der Graf, Ihre Mutter, –

EMILIA. Ah, gnädigster Herr! wo sind sie? Wo ist meine Mutter?

DER PRINZ. Nicht weit; hier ganz in der Nähe.

EMILIA. Gott, in welchem Zustande werde ich die eine, oder den andern, vielleicht treffen! Ganz gewiß treffen! – denn Sie verhehlen mir, gnädiger Herr – ich seh' es, Sie verhehlen mir –

DER PRINZ. Nicht doch, bestes Fräulein. – Geben Sie mir Ihren Arm, und folgen Sie mir getrost.

EMILIA *(unentschlossen)*. Aber – wenn ihnen nichts widerfahren – wenn meine Ahnungen mich trügen: – warum sind sie

nicht schon hier? Warum kamen sie nicht mit Ihnen, gnädiger Herr?
DER PRINZ. So eilen Sie doch, mein Fräulein, alle diese Schrekkenbilder mit eins verschwinden zu sehen. –
EMILIA. Was soll ich tun! *(die Hände ringend)*
DER PRINZ. Wie, mein Fräulein? Sollten Sie einen Verdacht gegen mich hegen? –
EMILIA *(die vor ihm niederfällt)*. Zu Ihren Füßen, gnädiger Herr –
DER PRINZ *(sie aufhebend)*. Ich bin äußerst beschämt. – Ja, Emilia, ich verdiene diesen stummen Vorwurf. – Mein Betragen diesen Morgen, ist nicht zu rechtfertigen: – zu entschuldigen höchstens. Verzeihen Sie meiner Schwachheit. Ich hätte Sie mit keinem Geständnisse beunruhigen sollen, von dem ich keinen Vorteil zu erwarten habe. Auch ward ich durch die sprachlose Bestürzung, mit der Sie es anhörten, oder vielmehr nicht anhörten, genugsam bestraft. – Und könnt' ich schon diesen Zufall, der mir nochmals, ehe alle meine Hoffnung auf ewig verschwindet, – mir nochmals das Glück Sie zu sehen und zu sprechen verschafft; könnt' ich schon diesen Zufall für den Wink eines günstigen Glückes erklären, – für den wunderbarsten Aufschub meiner endlichen Verurteilung erklären, um nochmals um Gnade flehen zu dürfen: so will ich doch – Beben Sie nicht, mein Fräulein – einzig und allein von Ihrem Blicke abhangen. Kein Wort, kein Seufzer, soll Sie beleidigen. – Nur kränke mich nicht Ihr Mißtrauen. Nur zweifeln Sie keinen Augenblick an der unumschränktesten Gewalt, die Sie über mich haben. Nur falle Ihnen nie bei, daß Sie eines andern Schutzes gegen mich bedürfen. – Und nun kommen Sie, mein Fräulein, – kommen Sie, wo Entzückungen auf Sie warten, die Sie mehr billigen. *(Er führt sie, nicht ohne Sträuben, ab)* Folgen Sie uns, Marinelli. –
MARINELLI. Folgen Sie uns, – das mag heißen: folgen Sie uns nicht! – Was hätte ich ihnen auch zu folgen? Er mag sehen, wie weit er es unter vier Augen mit ihr bringt. – Alles, was ich zu tun habe, ist, – zu verhindern, daß sie nicht gestöret werden. Von dem Grafen zwar, hoffe ich nun wohl nicht.

Aber von der Mutter; von der Mutter! Es sollte mich sehr wundern, wenn die so ruhig abgezogen wäre, und ihre Tochter im Stiche gelassen hätte. – Nun, Battista? was gibts?

Sechster Auftritt

Battista. Marinelli

BATTISTA *(eiligst)*. Die Mutter, Herr Kammerherr –
MARINELLI. Dacht' ichs doch! – Wo ist sie?
BATTISTA. Wann Sie ihr nicht zuvorkommen, so wird sie den Augenblick hier sein. – Ich war gar nicht Willens, wie Sie mir zum Schein geboten, mich nach ihr umzusehen: als ich ihr Geschrei von weitem hörte. Sie ist der Tochter auf der Spur, und wo nur nicht – userm ganzen Anschlage! Alles, was in dieser einsamen Gegend von Menschen ist, hat sich um sie versammelt; und jeder will der sein, der ihr den Weg weiset. Ob man ihr schon gesagt, daß der Prinz hier ist, daß Sie hier sind, weiß ich nicht. – Was wollen Sie tun?
MARINELLI. Laß sehen! – *(Er überlegt)* Sie nicht einlassen, wenn sie weiß, daß die Tochter hier ist? – Das geht nicht. – Freilich, sie wird Augen machen, wenn sie den Wolf bei dem Schäfchen sieht. – Augen? Das möchte noch sein. Aber der Himmel sei unsern Ohren gnädig! – Nun was? die beste Lunge erschöpft sich; auch so gar eine weibliche. Sie hören alle auf zu schreien, wenn sie nicht mehr können. – Dazu, es ist doch einmal die Mutter, die wir auf unserer Seite haben müssen. – Wenn ich die Mütter recht kenne: – so etwas von einer Schwiegermutter eines Prinzen zu sein, schmeichelt die meisten. – Laß sie kommen, Battista, laß sie kommen!
BATTISTA. Hören Sie! hören Sie!
CLAUDIA GALOTTI *(innerhalb)*. Emilia! Emilia! Mein Kind, wo bist du?
MARINELLI. Geh, Battista, und suche nur ihre neugierigen Begleiter zu entfernen.

Siebenter Auftritt

Claudia Galotti. Battista. Marinelli

CLAUDIA *(die in die Türe tritt, indem Battista heraus gehen will).* Ha! der hob sie aus dem Wagen! Der führte sie fort! Ich erkenne dich. Wo ist sie? Sprich, Unglücklicher!
BATTISTA. Das ist mein Dank?
CLAUDIA. O, wenn du Dank verdienest: *(in einem gelinden Tone)* – so verzeihe mir, ehrlicher Mann! – Wo ist sie? – Laßt mich sie nicht länger entbehren. Wo ist sie?
BATTISTA. O, Ihre Gnaden, sie könnte in dem Schoße der Seligkeit nicht aufgehobner sein. – Hier mein Herr wird Ihre Gnaden zu ihr führen. *(Gegen einige Leute, welche nachdringen wollen)* Zurück da! ihr!

Achter Auftritt

Claudia Galotti. Marinelli

CLAUDIA. Dein Herr? – *(Erblickt den Marinelli und fährt zurück)* Ha! – Das dein Herr? – Sie hier, mein Herr? Und hier meine Tochter? Und Sie, Sie sollen mich zu ihr führen?
MARINELLI. Mit vielem Vergnügen, gnädige Frau.
CLAUDIA. Halten Sie! – Eben fällt mir es bei – Sie waren es ja – nicht? – Der den Grafen diesen Morgen in meinem Hause aufsuchte? mit dem ich ihn allein ließ? mit dem er Streit bekam?
MARINELLI. Streit? – Was ich nicht wüßte: ein unbedeutender Wortwechsel in herrschaftlichen Angelegenheiten –
CLAUDIA. Und Marinelli heißen Sie?
MARINELLI. Marchese Marinelli.
CLAUDIA. So ist es richtig. – Hören Sie doch, Herr Marchese. – Marinelli war – der Name Marinelli war – begleitet mit einer Verwünschung – Nein, daß ich den edeln Mann nicht verleumde! – begleitet mit keiner Verwünschung – Die Ver-

wünschung denk' ich hinzu – Der Name Marinelli war das letzte Wort des sterbenden Grafen.

MARINELLI. Des sterbenden Grafen? Grafen Appiani? – Sie hören, gnädige Frau, was mir in Ihrer seltsamen Rede am meisten auffällt. – Des sterbenden Grafen? – Was Sie sonst sagen wollen, versteh' ich nicht.

CLAUDIA *(bitter und langsam).* Der Name Marinelli war das letzte Wort des sterbenden Grafen! – Verstehen Sie nun? – Ich verstand es erst auch nicht: ob schon mit einem Tone gesprochen – mit einem Tone! – Ich höre ihn noch! Wo waren meine Sinne, daß sie diesen Ton nicht sogleich verstanden?

MARINELLI. Nun, gnädige Frau? – Ich war von je her des Grafen Freund; sein vertrautester Freund. Also, wenn er mich noch im Sterben nannte –

CLAUDIA. Mit dem Tone? – Ich kann ihn nicht nachmachen; ich kann ihn nicht beschreiben: aber er enthielt alles! alles! – Was? Räuber wären es gewesen, die uns anfielen? – Mörder waren es; erkaufte Mörder! – Und Marinelli, Marinelli war das letzte Wort des sterbenden Grafen! Mit einem Tone!

MARINELLI. Mit einem Tone? – Ist es erhört, auf einen Ton, in einem Augenblicke des Schreckens vernommen, die Anklage eines rechtschaffnen Mannes zu gründen?

CLAUDIA. Ha, könnt' ich ihn nur vor Gerichte stellen, diesen Ton! – Doch, weh mir! Ich vergesse darüber meine Tochter. – Wo ist sie? – Wie? auch tot? – Was konnte meine Tochter dafür, daß Appiani dein Feind war?

MARINELLI. Ich verzeihe der bangen Mutter. – Kommen Sie, gnädige Frau – Ihre Tochter ist hier; in einem von den nächsten Zimmern: und hat sich hoffentlich von ihrem Schrecken schon völlig erholt. Mit der zärtlichsten Sorgfalt ist der Prinz selbst um sie beschäftiget –

CLAUDIA. Wer? – Wer selbst?

MARINELLI. Der Prinz.

CLAUDIA. Der Prinz? – Sagen Sie wirklich, der Prinz? – Unser Prinz?

MARINELLI. Welcher sonst?

CLAUDIA. Nun dann! – Ich unglückselige Mutter! – Und ihr

Vater! ihr Vater! – Er wird den Tag ihrer Geburt verfluchen. Er wird mich verfluchen.

MARINELLI. Um des Himmels willen, gnädige Frau! Was fällt Ihnen nun ein?

CLAUDIA. Es ist klar! – Ist es nicht? – Heute im Tempel! vor den Augen der Allerreinesten! in der nähern Gegenwart des Ewigen! – begann das Bubenstück; da brach es aus! *(Gegen den Marinelli)* Ha, Mörder! feiger, elender Mörder! Nicht tapfer genug, mit eigner Hand zu morden: aber nichtswürdig genug, zu Befriedigung eines fremden Kitzels zu morden! – morden zu lassen! – Abschaum aller Mörder! – Was ehrliche Mörder sind, werden dich unter sich nicht dulden! Dich! Dich! – Denn warum soll ich dir nicht alle meine Galle, allen meinen Geifer mit einem einzigen Worte ins Gesicht speien? – Dich! Dich Kuppler!

MARINELLI. Sie schwärmen, gute Frau. – Aber mäßigen Sie wenigstens Ihr wildes Geschrei, und bedenken Sie, wo Sie sind.

CLAUDIA. Wo ich bin? Bedenken, wo ich bin? – Was kümmert es die Löwin, der man die Jungen geraubet, in wessen Walde sie brüllet?

EMILIA *(innerhalb)*. Ha, meine Mutter! Ich höre meine Mutter!

CLAUDIA. Ihre Stimme? Das ist sie! Sie hat mich gehört; sie hat mich gehört. Und ich sollte nicht schreien? – Wo bist du, mein Kind? Ich komme, ich komme! *(Sie stürzt in das Zimmer, und Marinelli ihr nach)*

VIERTER AUFZUG

(Die Szene bleibt)

Erster Auftritt

Der Prinz. Marinelli

DER PRINZ *(als aus dem Zimmer von Emilien kommend)*. Kommen Sie, Marinelli! Ich muß mich erholen – und muß Licht von Ihnen haben.

MARINELLI. O der mütterlichen Wut! Ha! ha! ha!

DER PRINZ. Sie lachen?

MARINELLI. Wenn Sie gesehen hätten, Prinz, wie toll sich hier, hier im Saale, die Mutter gebärdete – Sie hörten sie ja wohl schreien! – und wie zahm sie auf einmal ward, bei dem ersten Anblicke von Ihnen – – Ha! ha! – Das weiß ich ja wohl, daß keine Mutter einem Prinzen die Augen auskratzt, weil er ihre Tochter schön findet!

DER PRINZ. Sie sind ein schlechter Beobachter! – Die Tochter stürzte der Mutter ohnmächtig in die Arme. Darüber vergaß die Mutter ihre Wut: nicht über mir. Ihre Tochter schonte sie, nicht mich; wenn sie es nicht lauter, nicht deutlicher sagte, – was ich lieber selbst nicht gehört, nicht verstanden haben will.

MARINELLI. Was, gnädiger Herr?

DER PRINZ. Wozu die Verstellung? – Heraus damit. Ist es wahr? oder ist es nicht wahr?

MARINELLI. Und wenn es denn wäre!

DER PRINZ. Wenn es denn wäre? – Also ist es? – Er ist tot? tot? – *(Drohend)* Marinelli! Marinelli!

MARINELLI. Nun?

DER PRINZ. Bei Gott! bei dem allgerechten Gott! ich bin unschuldig an diesem Blute. – Wenn Sie mir vorher gesagt hätten, daß es dem Grafen das Leben kosten werde – Nein, nein! und wenn es mir selbst das Leben gekostet hätte! –

MARINELLI. Wenn ich Ihnen vorher gesagt hätte? – Als ob sein Tod in meinem Plane gewesen wäre! Ich hatte es dem Angelo auf die Seele gebunden, zu verhüten, daß niemanden Leides geschähe. Es würde auch ohne die geringste Gewalttätigkeit abgelaufen sein, wenn sich der Graf nicht die erste erlaubt hätte. Er schoß Knall und Fall den einen nieder.
DER PRINZ. Wahrlich; er hätte sollen Spaß verstehen!
MARINELLI. Daß Angelo sodann in Wut kam, und den Tod seines Gefährten rächte –
DER PRINZ. Freilich, das ist sehr natürlich!
MARINELLI. Ich hab' es ihm genug verwiesen.
DER PRINZ. Verwiesen? Wie freundschaftlich! – Warnen Sie ihn, daß er sich in meinem Gebiete nicht betreten läßt. Mein Verweis möchte so freundschaftlich nicht sein.
MARINELLI. Recht wohl! – Ich und Angelo; Vorsatz und Zufall: alles ist eins. – Zwar ward es voraus bedungen, zwar ward es voraus versprochen, daß keiner der Unglücksfälle, die sich dabei eräugnen könnten, mir zu Schulden kommen solle –
DER PRINZ. Die sich dabei eräugnen – könnten, sagen Sie? oder sollten?
MARINELLI. Immer besser! – Doch, gnädiger Herr, – ehe Sie mir es mit dem trocknen Worte sagen, wofür Sie mich halten – eine einzige Vorstellung! Der Tod des Grafen ist mir nichts weniger, als gleichgültig. Ich hatte ihn ausgefodert; er war mir Genugtuung schuldig; er ist ohne diese aus der Welt gegangen; und meine Ehre bleibt beleidiget. Gesetzt, ich verdiente unter jeden andern Umständen den Verdacht, den Sie gegen mich hegen: aber auch unter diesen? – *(Mit einer angenommenen Hitze)* Wer das von mir denken kann! –
DER PRINZ *(nachgebend)*. Nun gut, nun gut –
MARINELLI. Daß er noch lebte! O daß er noch lebte! Alles, alles in der Welt wollte ich darum geben – *(bitter)* selbst die Gnade meines Prinzen, – diese unschätzbare, nie zu verscherzende Gnade – wollt' ich drum geben!
DER PRINZ. Ich verstehe. – Nun gut, nun gut. Sein Tod war Zufall, bloßer Zufall. Sie versichern es; und ich, ich glaub' es.

– Aber wer mehr? Wer wird es mehr glauben? Auch der Vater? Auch die Mutter? Auch Emilia? – Auch die Welt?

MARINELLI *(kalt)*. Schwerlich.

DER PRINZ. Und wenn man es nicht glaubt, was wird man denn glauben? – Sie zucken die Achsel? – Ihren Angelo wird man für das Werkzeug, und mich für den Täter halten –

MARINELLI *(noch kälter)*. Wahrscheinlich genug.

DER PRINZ. Mich! mich selbst! – Oder ich muß von Stund an alle Absicht auf Emilien aufgeben –

MARINELLI *(höchst gleichgültig)*. Was Sie auch gemußt hätten – wenn der Graf noch lebte. –

DER PRINZ *(heftig, aber sich gleich wieder fassend)*. Marinelli! – Doch, Sie sollen mich nicht wild machen. – Es sei so – Es ist so! Und das wollen Sie doch nur sagen: der Tod des Grafen ist für mich ein Glück – das größte Glück, was mir begegnen konnte, – das einzige Glück, was meiner Liebe zu statten kommen konnte. Und als dieses, – mag er doch geschehen sein, wie er will! – Ein Graf mehr in der Welt, oder weniger! Denke ich Ihnen so recht? – Topp! auch ich erschrecke vor einem kleinen Verbrechen nicht. Nur, guter Freund, muß es ein kleines stilles Verbrechen, ein kleines heilsames Verbrechen sein. Und sehen Sie, unseres da, wäre nun gerade weder stille noch heilsam. Es hätte den Weg zwar gereiniget, aber zugleich gesperrt. Jedermann würde es uns auf den Kopf zusagen, – und leider hätten wir es gar nicht einmal begangen! – Das liegt doch wohl nur bloß an Ihren weisen, wunderbaren Anstalten?

MARINELLI. Wenn Sie so befehlen –

DER PRINZ. Woran sonst? – Ich will Rede!

MARINELLI. Es kömmt mehr auf meine Rechnung, was nicht darauf gehört.

DER PRINZ. Rede will ich!

MARINELLI. Nun dann! Was läge an meinen Anstalten? daß den Prinzen bei diesem Unfalle ein so sichtbarer Verdacht trifft? – An dem Meisterstreiche liegt das, den er selbst meinen Anstalten mit einzumengen die Gnade hatte.

DER PRINZ. Ich?

MARINELLI. Er erlaube mir, ihm zu sagen, daß der Schritt, den er heute Morgen in der Kirche getan, – mit so vielem Anstande er ihn auch getan – so unvermeidlich er ihn auch tun mußte – daß dieser Schritt dennoch nicht in den Tanz gehörte.

DER PRINZ. Was verdarb er denn auch?

MARINELLI. Freilich nicht den ganzen Tanz: aber doch voritzo den Takt.

DER PRINZ. Hm! Versteh' ich Sie?

MARINELLI. Also, kurz und einfältig. Da ich die Sache übernahm, nicht wahr, da wußte Emilia von der Liebe des Prinzen noch nichts? Emiliens Mutter noch weniger. Wenn ich nun auf diesen Umstand baute? und der Prinz indes den Grund meines Gebäudes untergrub? –

DER PRINZ *(sich vor die Stirne schlagend).* Verwünscht!

MARINELLI. Wenn er es nun selbst verriet, was er im Schilde führe?

DER PRINZ. Verdammter Einfall!

MARINELLI. Und wenn er es nicht selbst verraten hätte? – Traun! ich möchte doch wissen, aus welcher meiner Anstalten, Mutter oder Tochter den geringsten Argwohn gegen ihn schöpfen könnte?

DER PRINZ. Daß Sie Recht haben!

MARINELLI. Daran tu' ich freilich sehr Unrecht – Sie werden verzeihen, gnädiger Herr –

ZWEITER AUFTRITT

Battista. Der Prinz. Marinelli

BATTISTA *(eiligst).* Eben kömmt die Gräfin an.

DER PRINZ. Die Gräfin? Was für eine Gräfin?

BATTISTA. Orsina.

DER PRINZ. Orsina? – Marinelli! – Orsina? – Marinelli!

MARINELLI. Ich erstaune darüber, nicht weniger als Sie selbst.

DER PRINZ. Geh, lauf, Battista: sie soll nicht aussteigen. Ich bin nicht hier. Ich bin für sie nicht hier. Sie soll augenblicklich wieder umkehren. Geh, lauf! – *(Battista geht ab)* Was will die Närrin? Was untersteht sie sich? Wie weiß sie, daß wir hier sind? Sollte sie wohl auf Kundschaft kommen? Sollte sie wohl schon etwas vernommen haben? – Ah, Marinelli! So reden Sie, so antworten Sie doch! – Ist er beleidiget der Mann, der mein Freund sein will? Und durch einen elenden Wortwechsel beleidiget? Soll ich ihn um Verzeihung bitten?

MARINELLI. Ah, mein Prinz, so bald Sie wieder Sie sind, bin ich mit ganzer Seele wieder der Ihrige! – Die Ankunft der Orsina ist mir ein Rätsel, wie Ihnen. Doch abweisen wird sie schwerlich sich lassen. Was wollen Sie tun?

DER PRINZ. Sie durchaus nicht sprechen; mich entfernen –

MARINELLI. Wohl! und nur geschwind. Ich will sie empfangen –

DER PRINZ. Aber bloß, um sie gehen zu heißen. – Weiter geben Sie mit ihr sich nicht ab. Wir haben andere Dinge hier zu tun –

MARINELLI. Nicht doch, Prinz! Diese andern Dinge sind getan. Fassen Sie doch Mut! Was noch fehlt, kömmt sicherlich von selbst. – Aber hör' ich sie nicht schon? – Eilen Sie, Prinz! Da, *(auf ein Kabinett zeigend, in welches sich der Prinz begibt)* wenn Sie wollen, werden Sie uns hören können. – Ich fürchte, ich fürchte, sie ist nicht zu ihrer besten Stunde ausgefahren.

DRITTER AUFTRITT

Die Gräfin Orsina. Marinelli

ORSINA *(ohne den Marinelli anfangs zu erblicken).* Was ist das? – Niemand kömmt mir entgegen, außer ein Unverschämter, der mir lieber gar den Eintritt verweigert hätte? – Ich bin doch zu Dosalo? Zu dem Dosalo, wo mir sonst ein ganzes Heer geschäftiger Augendiener entgegen stürzte? wo mich sonst Liebe und Entzücken erwarteten? – Der Ort ist es: aber, aber! – Sieh' da, Marinelli! – Recht gut, daß der Prinz Sie mitgenommen. – Nein, nicht gut! Was ich mit ihm auszumachen hätte, hätte ich nur mit ihm auszumachen. – Wo ist er?

MARINELLI. Der Prinz, meine gnädige Gräfin?

ORSINA. Wer sonst?
MARINELLI. Sie vermuten ihn also hier? wissen ihn hier? – Er wenigstens ist der Gräfin Orsina hier nicht vermutend.
ORSINA. Nicht? So hat er meinen Brief heute Morgen nicht erhalten?
MARINELLI. Ihren Brief? Doch ja; ich erinnere mich, daß er eines Briefes von Ihnen erwähnte.
ORSINA. Nun? habe ich ihn nicht in diesem Briefe auf heute um eine Zusammenkunft hier auf Dosalo gebeten? – Es ist wahr, es hat ihm nicht beliebet, mir schriftlich zu antworten. Aber ich erfuhr, daß er eine Stunde darauf wirklich nach Dosalo abgefahren. Ich glaubte, das sei Antworts genug; und ich komme.
MARINELLI. Ein sonderbarer Zufall!
ORSINA. Zufall? – Sie hören ja, daß es verabredet worden. So gut, als verabredet. Von meiner Seite, der Brief: von seiner, die Tat. – Wie er da steht, der Herr Marchese! Was er für Augen macht! Wundert sich das Gehirnchen? und worüber denn?
MARINELLI. Sie schienen gestern so weit entfernt, dem Prinzen jemals wieder vor die Augen zu kommen.
ORSINA. Beßrer Rat kömmt über Nacht. – Wo ist er? wo ist er? – Was gilts, er ist in dem Zimmer, wo ich das Gequicke, das Gekreusche hörte? – Ich wollte herein, und der Schurke vom Bedienten trat vor.
MARINELLI. Meine liebste, beste Gräfin –
ORSINA. Es war ein weibliches Gekreusche. Was gilts, Marinelli? – O sagen Sie mir doch, sagen Sie mir – wenn ich anders Ihre liebste, beste Gräfin bin – Verdammt, über das Hofgeschmeiß! So viel Worte, so viel Lügen! – Nun was liegt daran, ob Sie mir es voraus sagen, oder nicht? Ich werd' es ja wohl sehen. *(Will gehen)*
MARINELLI *(der sie zurück hält)*. Wohin?
ORSINA. Wo ich längst sein sollte. – Denken Sie, daß es schicklich ist, mit Ihnen hier in dem Vorgemache einen elenden Schnickschnack zu halten, indes der Prinz in dem Gemache auf mich wartet?
MARINELLI. Sie irren sich, gnädige Gräfin. Der Prinz erwartet

Sie nicht. Der Prinz kann Sie hier nicht sprechen, – will Sie nicht sprechen.

ORSINA. Und wäre doch hier? und wäre doch auf meinen Brief hier?

MARINELLI. Nicht auf Ihren Brief –

ORSINA. Den er ja erhalten, sagen Sie –

MARINELLI. Erhalten, aber nicht gelesen.

ORSINA *(heftig)*. Nicht gelesen? – *(Minder heftig)* Nicht gelesen? – *(Wehmütig, und eine Träne aus dem Auge wischend)* Nicht einmal gelesen?

MARINELLI. Aus Zerstreuung, weiß ich. – Nicht aus Verachtung.

ORSINA *(stolz)*. Verachtung? – Wer denkt daran? – Wem brauchen Sie das zu sagen? – Sie sind ein unverschämter Tröster, Marinelli! – Verachtung! Verachtung! Mich verachtet man auch! mich! – *(Gelinder, bis zum Tone der Schwermut)* Freilich liebt er mich nicht mehr. Das ist ausgemacht. Und an die Stelle der Liebe trat in seiner Seele etwas anders. Das ist natürlich. Aber warum denn eben Verachtung? Es braucht ja nur Gleichgültigkeit zu sein. Nicht wahr, Marinelli?

MARINELLI. Allerdings, allerdings.

ORSINA *(höhnisch)*. Allerdings? – O des weisen Mannes, den man sagen lassen kann, was man will! – Gleichgültigkeit! Gleichgültigkeit an die Stelle der Liebe? – Das heißt, Nichts an die Stelle von Etwas. Denn lernen Sie, nachplauderndes Hofmännchen, lernen Sie von einem Weibe, daß Gleichgültigkeit ein leeres Wort, ein bloßer Schall ist, dem nichts, gar nichts entspricht. Gleichgültig ist die Seele nur gegen das, woran sie nicht denkt; nur gegen ein Ding, das für sie kein Ding ist. Und nur gleichgültig für ein Ding, das kein Ding ist, – das ist so viel, als gar nicht gleichgültig. – Ist dir das zu hoch, Mensch?

MARINELLI *(vor sich)*. O weh! wie wahr ist es, was ich fürchtete!

ORSINA. Was murmeln Sie da?

MARINELLI. Lauter Bewunderung! – Und wem ist es nicht bekannt, gnädige Gräfin, daß Sie eine Philosophin sind?

ORSINA. Nicht wahr? – Ja, ja; ich bin eine. – Aber habe ich mir es itzt merken lassen, daß ich eine bin? – O pfui, wenn ich mir es habe merken lassen; und wenn ich mir es öftrer habe merken lassen! Ist es wohl noch Wunder, daß mich der Prinz verachtet? Wie kann ein Mann ein Ding lieben, das, ihm zum Trotze, auch denken will? Ein Frauenzimmer, das denket, ist eben so ekel als ein Mann, der sich schminket. Lachen soll es, nichts als lachen, um immerdar den gestrengen Herrn der Schöpfung bei guter Laune zu erhalten. – Nun, worüber lach' ich denn gleich, Marinelli? – Ach, ja wohl! Über den Zufall! daß ich dem Prinzen schreibe, er soll nach Dosalo kommen; daß der Prinz meinen Brief nicht lieset, und daß er doch nach Dosalo kömmt. Ha! ha! ha! Wahrlich ein sonderbarer Zufall! Sehr lustig, sehr närrisch! – Und Sie lachen nicht mit, Marinelli? – Mitlachen kann ja wohl der gestrenge Herr der Schöpfung, ob wir arme Geschöpfe gleich nicht mitdenken dürfen. – *(Ernsthaft und befehlend)* So lachen Sie doch!

MARINELLI. Gleich, gnädige Gräfin, gleich!

ORSINA. Stock! Und darüber geht der Augenblick vorbei. Nein, nein, lachen Sie nur nicht. – Denn sehen Sie, Marinelli, *(nachdenkend bis zur Rührung)* was mich so herzlich zu lachen macht, das hat auch seine ernsthafte – sehr ernsthafte Seite. Wie alles in der Welt! – Zufall? Ein Zufall wär' es, daß der Prinz nicht daran gedacht, mich hier zu sprechen, und mich doch hier sprechen muß? Ein Zufall? – Glauben Sie mir, Marinelli: das Wort Zufall ist Gotteslästerung. Nichts unter der Sonne ist Zufall; – am wenigsten das, wovon die Absicht so klar in die Augen leuchtet. – Allmächtige, allgütige Vorsicht, vergib mir, daß ich mit diesem albernen Sünder einen Zufall gennenet habe, was so offenbar dein Werk, wohl gar dein unmittelbares Werk ist! – *(Hastig gegen Marinelli)* Kommen Sie mir, und verleiten Sie mich noch einmal zu so einem Frevel!

MARINELLI *(vor sich)*. Das geht weit! – Aber gnädige Gräfin –

ORSINA. Still mit dem Aber! Die Aber kosten Überlegung: – und mein Kopf! mein Kopf! *(sich mit der Hand die Stirne haltend)* – Machen Sie, Marinelli, machen Sie, daß ich ihn bald spreche, den Prinzen; sonst bin ich es wohl gar nicht im Stande. – Sie sehen, wir sollen uns sprechen; wir müssen uns sprechen –

Vierter Auftritt

Der Prinz. Orsina. Marinelli

DER PRINZ *(indem er aus dem Kabinette tritt, vor sich)*. Ich muß ihm zu Hülfe kommen –
ORSINA *(die ihn erblickt, aber unentschlüssig bleibt, ob sie auf ihn zugehen soll)*. Ha! da ist er.
DER PRINZ *(geht quer über den Saal, bei ihr vorbei, nach den andern Zimmern, ohne sich im Reden aufzuhalten)*. Sieh da! unsere schöne Gräfin. – Wie sehr betaure ich, Madame, daß ich mir die Ehre Ihres Besuchs für heute so wenig zu Nutze machen kann! Ich bin beschäftigt. Ich bin nicht allein. – Ein andermal, meine liebe Gräfin! Ein andermal. – Itzt halten Sie länger sich nicht auf. Ja nicht länger! – Und Sie, Marinelli, ich erwarte Sie. –

Fünfter Auftritt

Orsina. Marinelli

MARINELLI. Haben Sie es, gnädige Gräfin, nun von ihm selbst gehört, was Sie mir nicht glauben wollen?
ORSINA *(wie betäubt)*. Hab' ich? hab' ich wirklich?
MARINELLI. Wirklich.
ORSINA *(mit Rührung)*. »Ich bin beschäftigt. Ich bin nicht allein.« Ist das die Entschuldigung ganz, die ich wert bin? Wen weiset man damit nicht ab? Jeden Überlästigen, jeden Bettler. Für mich keine einzige Lüge mehr? Keine einzige kleine Lüge mehr, für mich? – Beschäftiget? womit denn? Nicht allein? wer wäre denn bei ihm? – Kommen Sie, Marinelli; aus Barmherzigkeit, lieber Marinelli! Lügen Sie mir eines auf eigene Rechnung vor. Was kostet Ihnen denn eine Lüge? – Was hat er zu tun? Wer ist bei ihm? – Sagen Sie mir; sagen Sie mir, was Ihnen zuerst in den Mund kömmt, – und ich gehe.
MARINELLI *(vor sich)*. Mit dieser Bedingung, kann ich ihr ja wohl einen Teil der Wahrheit sagen.

ORSINA. Nun? Geschwind, Marinelli; und ich gehe. – Er sagte ohnedem, der Prinz: »Ein andermal, meine liebe Gräfin!« Sagte er nicht so? – Damit er mir Wort hält, damit er keinen Vorwand hat, mir nicht Wort zu halten: geschwind, Marinelli, Ihre Lüge; und ich gehe.

MARINELLI. Der Prinz, liebe Gräfin, ist wahrlich nicht allein. Es sind Personen bei ihm, von denen er sich keinen Augenblick abmüßigen kann; Personen, die eben einer großen Gefahr entgangen sind. Der Graf Appiani –

ORSINA. Wäre bei ihm? – Schade, daß ich über diese Lüge Sie ertappen muß. Geschwind eine andere. – Denn Graf Appiani, wenn Sie es noch nicht wissen, ist eben von Räubern erschossen worden. Der Wagen mit seinem Leichname begegnete mir kurz vor der Stadt. – Oder ist er nicht? Hätte es mir bloß geträumet?

MARINELLI. Leider nicht bloß geträumet! – Aber die andern, die mit dem Grafen waren, haben sich glücklich hierher nach dem Schlosse gerettet: seine Braut nämlich, und die Mutter der Braut, mit welchen er nach Sabionetta zu seiner feierlichen Verbindung fahren wollte.

ORSINA. Also die? Die sind bei dem Prinzen? die Braut? und die Mutter der Braut? – Ist die Braut schön?

MARINELLI. Dem Prinzen geht ihr Unfall ungemein nahe.

ORSINA. Ich will hoffen; auch wenn sie häßlich wäre. Denn ihr Schicksal ist schrecklich. – Armes, gutes Mädchen, eben da er dein auf immer werden sollte, wird er dir auf immer entrissen! – Wer ist sie denn, diese Braut? Kenn' ich sie gar? – Ich bin so lange aus der Stadt, daß ich von nichts weiß.

MARINELLI. Es ist Emilia Galotti.

ORSINA. Wer? – Emilia Galotti? Emilia Galotti? – Marinelli! daß ich diese Lüge nicht für Wahrheit nehme!

MARINELLI. Wie so?

ORSINA. Emilia Galotti?

MARINELLI. Die Sie schwerlich kennen werden –

ORSINA. Doch! doch! Wenn es auch nur von heute wäre. – Im Ernst, Marinelli? Emilia Galotti? – Emilia Galotti wäre die unglückliche Braut, die der Prinz tröstet?

MARINELLI *(vor sich)*. Sollte ich ihr schon zu viel gesagt haben?

ORSINA. Und Graf Appiani war der Bräutigam dieser Braut? der eben erschossene Appiani?
MARINELLI. Nicht anders.
ORSINA. Bravo! o bravo! bravo! *(in die Hände schlagend)*
MARINELLI. Wie das?
ORSINA. Küssen möcht' ich den Teufel, der ihn dazu verleitet hat!
MARINELLI. Wen? verleitet? wozu?
ORSINA. Ja, küssen, küssen möcht' ich ihn – Und wenn Sie selbst dieser Teufel wären, Marinelli.
MARINELLI. Gräfin!
ORSINA. Kommen Sie her! Sehen Sie mich an! steif an! Aug' in Auge!
MARINELLI. Nun?
ORSINA. Wissen Sie nicht, was ich denke?
MARINELLI. Wie kann ich das?
ORSINA. Haben Sie keinen Anteil daran?
MARINELLI. Woran?
ORSINA. Schwören Sie! – Nein, schwören Sie nicht. Sie möchten eine Sünde mehr begehen – Oder ja; schwören Sie nur. Eine Sünde mehr oder weniger für einen, der doch verdammt ist! – Haben Sie keinen Anteil daran?
MARINELLI. Sie erschrecken mich, Gräfin.
ORSINA. Gewiß? – Nun, Marinelli, argwohnet Ihr gutes Herz auch nichts?
MARINELLI. Was? worüber?
ORSINA. Wohl, – so will ich Ihnen etwas vertrauen; – etwas, das Ihnen jedes Haar auf dem Kopfe zu Berge sträuben soll. – Aber hier, so nahe an der Türe, möchte uns jemand hören. Kommen Sie hieher. – Und! *(indem sie den Finger auf den Mund legt)* Hören Sie! ganz in geheim! ganz in geheim! *(und ihren Mund seinem Ohre nähert, als ob sie ihm zuflüstern wollte, was sie aber sehr laut ihm zuschreiet)* Der Prinz ist ein Mörder!
MARINELLI. Gräfin, – Gräfin – sind Sie ganz von Sinnen?
ORSINA. Von Sinnen? Ha! ha! ha! *(aus vollem Halse lachend)* Ich bin selten, oder nie, mit meinem Verstande so wohl zufrieden gewesen, als eben itzt. – Zuverlässig, Marinelli; –

aber es bleibt unter uns – *(Leise)* der Prinz ist ein Mörder! des Grafen Appiani Mörder! – Den haben nicht Räuber, den haben Helfershelfer des Prinzen, den hat der Prinz umgebracht!

MARINELLI. Wie kann Ihnen so eine Abscheuligkeit in den Mund, in die Gedanken kommen?

ORSINA. Wie? – Ganz natürlich. – Mit dieser Emilia Galotti, die hier bei ihm ist, – deren Bräutigam so über Hals über Kopf sich aus der Welt trollen müssen, – mit dieser Emilia Galotti hat der Prinz heute Morgen, in der Halle bei den Dominikanern, ein langes und breites gesprochen. Das weiß ich; das haben meine Kundschafter gesehen. Sie haben auch gehört, was er mit ihr gesprochen. – Nun, guter Herr? Bin ich von Sinnen? Ich reime, dächt' ich, doch noch so ziemlich zusammen, was zusammen gehört. – Oder trifft auch das nur so von ungefähr zu? Ist Ihnen auch das Zufall? O, Marinelli, so verstehen Sie auf die Bosheit der Menschen sich eben so schlecht, als auf die Vorsicht.

MARINELLI. Gräfin, Sie würden sich um den Hals reden –

ORSINA. Wenn ich das mehrern sagte? – Desto besser, desto besser! – Morgen will ich es auf dem Markte ausrufen. – Und wer mir widerspricht – wer mir widerspricht, der war des Mörders Spießgeselle. – Leben Sie wohl. *(Indem sie fortgehen will, begegnet sie an der Türe dem alten Galotti, der eiligst hereintritt)*

SECHSTER AUFTRITT

Odoardo Galotti. Die Gräfin. Marinelli

ODOARDO GALOTTI. Verzeihen Sie, gnädige Frau –

ORSINA. Ich habe hier nichts zu verzeihen. Denn ich habe hier nichts übel zu nehmen – An diesen Herrn wenden Sie sich. *(ihn nach dem Marinelli weisend)*

MARINELLI *(indem er ihn erblicket, vor sich)*. Nun vollends! der Alte! –

ODOARDO. Vergeben Sie, mein Herr, einem Vater, der in der

äußersten Bestürzung ist, – daß er so unangemeldet hereintritt.

ORSINA. Vater? *(Kehrt wieder um)* Der Emilia, ohne Zweifel. – Ha, willkommen!

ODOARDO. Ein Bedienter kam mir entgegen gesprengt, mit der Nachricht, daß hierherum die Meinigen in Gefahr wären. Ich fliege herzu, und höre, daß der Graf Appiani verwundet worden; daß er nach der Stadt zurückgekehret; daß meine Frau und Tochter sich in das Schloß gerettet. – Wo sind sie, mein Herr? wo sind sie?

MARINELLI. Sein Sie ruhig, Herr Oberster. Ihrer Gemahlin und Ihrer Tochter ist nichts Übles widerfahren; den Schreck ausgenommen. Sie befinden sich beide wohl. Der Prinz ist bei ihnen. Ich gehe sogleich, Sie zu melden.

ODOARDO. Warum melden? erst melden?

MARINELLI. Aus Ursachen – von wegen – Von wegen des Prinzen. Sie wissen, Herr Oberster, wie Sie mit dem Prinzen stehen. Nicht auf dem freundschaftlichsten Fuße. So gnädig er sich gegen Ihre Gemahlin und Tochter bezeiget: – es sind Damen – Wird darum auch Ihr unvermuteter Anblick ihm gelegen sein?

ODOARDO. Sie haben Recht, mein Herr; Sie haben Recht.

MARINELLI. Aber, gnädige Gräfin, – kann ich vorher die Ehre haben, Sie nach Ihrem Wagen zu begleiten?

ORSINA. Nicht doch, nicht doch.

MARINELLI *(sie bei der Hand nicht unsanft ergreifend).* Erlauben Sie, daß ich meine Schuldigkeit beobachte. –

ORSINA. Nur gemach! – Ich erlasse Sie deren, mein Herr. – Daß doch immer Ihres gleichen Höflichkeit zur Schuldigkeit machen; um was eigentlich ihre Schuldigkeit wäre, als die Nebensache betreiben zu dürfen! – Diesen würdigen Mann je eher je lieber zu melden, das ist Ihre Schuldigkeit.

MARINELLI. Vergessen Sie, was Ihnen der Prinz selbst befohlen?

ORSINA. Er komme, und befehle es mir noch einmal. Ich erwarte ihn.

MARINELLI *(leise zu dem Obersten, den er bei Seite ziehet).* Mein Herr, ich muß Sie hier mit einer Dame lassen, die – der – mit deren Verstande – Sie verstehen mich. Ich sage Ihnen dieses, damit Sie wissen, was Sie auf ihre Reden zu geben haben, – deren sie oft sehr seltsame führet. Am besten, Sie lassen sich mit ihr nicht ins Wort.

ODOARDO. Recht wohl. – Eilen Sie nur, mein Herr.

Siebenter Auftritt

Die Gräfin Orsina. Odoardo Galotti

ORSINA *(nach einigem Stillschweigen, unter welchem sie den Obersten mit Mitleid betrachtet; so wie er sie, mit einer flüchtigen Neugierde).* Was er Ihnen auch da gesagt hat, unglücklicher Mann! –

ODOARDO *(halb vor sich, halb gegen sie).* Unglücklicher?

ORSINA. Eine Wahrheit war es gewiß nicht; – am wenigsten eine von denen, die auf Sie warten.

ODOARDO. Auf mich warten? – Weiß ich nicht schon genug? – Madame! – Aber, reden Sie nur, reden Sie nur.

ORSINA. Sie wissen nichts.

ODOARDO. Nichts?

ORSINA. Guter, lieber Vater! – Was gäbe ich darum, wann Sie auch mein Vater wären! – Verzeihen Sie! die Unglücklichen ketten sich so gern an einander. – Ich wollte treulich Schmerz und Wut mit Ihnen teilen.

ODOARDO. Schmerz und Wut? Madame! – Aber ich vergesse – Reden Sie nur.

ORSINA. Wenn es gar Ihre einzige Tochter – Ihr einziges Kind wäre! – Zwar einzig, oder nicht. Das unglückliche Kind, ist immer das einzige.

ODOARDO. Das unglückliche? – Madame! – Was will ich von ihr? – Doch, bei Gott, so spricht keine Wahnwitzige!

ORSINA. Wahnwitzige? Das war es also, was er Ihnen von mir vertraute? – Nun, nun; es mag leicht keine von seinen gröbsten Lügen sein. – Ich fühle so was! – Und glauben Sie, glauben Sie mir: wer über gewisse Dinge den Verstand nicht verlieret, der hat keinen zu verlieren. –

ODOARDO. Was soll ich denken?

ORSINA. Daß Sie mich also ja nicht verachten! – Denn auch Sie haben Verstand, guter Alter; auch Sie. – Ich seh' es an dieser entschlossenen, ehrwürdigen Miene. Auch Sie haben Verstand; und es kostet mich ein Wort, – so haben Sie keinen.

ODOARDO. Madame! – Madame! – Ich habe schon keinen mehr, noch ehe Sie mir dieses Wort sagen, wenn Sie mir es nicht bald sagen. – Sagen Sie es! sagen Sie es! – Oder es ist nicht wahr, – es ist nicht wahr, daß Sie von jener guten, unsres Mitleids, unsrer Hochachtung so würdigen Gattung der Wahnwitzigen sind – Sie sind eine gemeine Törin. Sie haben nicht, was Sie nie hatten.

ORSINA. So merken Sie auf! – Was wissen Sie, der Sie schon genug wissen wollen? Daß Appiani verwundet worden? Nur verwundet? – Appiani ist tot!

ODOARDO. Tot? tot? – Ha, Frau, das ist wider die Abrede. Sie wollten mich um den Verstand bringen: und Sie brechen mir das Herz.

ORSINA. Das beiher! – Nur weiter. – Der Bräutigam ist tot: und die Braut – Ihre Tochter – schlimmer als tot.

ODOARDO. Schlimmer? schlimmer als tot? – Aber doch zugleich, auch tot? – Denn ich kenne nur Ein Schlimmeres –

ORSINA. Nicht zugleich auch tot. Nein, guter Vater, nein! – Sie lebt, sie lebt. Sie wird nun erst recht anfangen zu leben. – Ein Leben voll Wonne! Das schönste, lustigste Schlaraffenleben, – so lang' es dauert.

ODOARDO. Das Wort, Madame; das einzige Wort, das mich um den Verstand bringen soll! heraus damit! – Schütten Sie nicht Ihren Tropfen Gift in einen Eimer. – Das einzige Wort! geschwind.

ORSINA. Nun da; buchstabieren Sie es zusammen! – Des Morgens, sprach der Prinz Ihre Tochter in der Messe; des Nachmittags, hat er sie auf seinem Lust – Lustschlosse.

ODOARDO. Sprach sie in der Messe? Der Prinz meine Tochter?

ORSINA. Mit einer Vertraulichkeit! mit einer Inbrunst! – Sie hatten nichts Kleines abzureden. Und recht gut, wenn es abgeredet worden; recht gut, wenn Ihre Tochter freiwillig sich hierher gerettet! Sehen Sie: so ist es doch keine gewaltsame Entführung; sondern bloß ein kleiner – kleiner Meuchelmord.

ODOARDO. Verleumdung! verdammte Verleumdung! Ich kenne meine Tochter. Ist es Meuchelmord: so ist es auch Entführung. – *(Blickt wild um sich, und stampft, und schäumet)* Nun, Claudia? Nun, Mütterchen? – Haben wir nicht Freude erlebt! O des gnädigen Prinzen! O der ganz besondern Ehre!

ORSINA. Wirkt es, Alter! wirkt es?

ODOARDO. Da steh' ich nun vor der Höhle des Räubers – *(Indem er den Rock von beiden Seiten aus einander schlägt, und sich ohne Gewehr sieht)* Wunder, daß ich aus Eilfertigkeit nicht auch die Hände zurück gelassen! – *(An alle Schubsäcke fühlend, als etwas suchend)* Nichts! gar nichts! nirgends!

ORSINA. Ha, ich verstehe! – Damit kann ich aushelfen! – Ich hab' einen mitgebracht. *(einen Dolch hervorziehend)* Da nehmen Sie! Nehmen Sie geschwind, eh uns jemand sieht. – Auch hätte ich noch etwas, – Gift. Aber Gift ist nur für uns Weiber; nicht für Männer. – Nehmen Sie ihn! *(ihm den Dolch aufdringend)* Nehmen Sie!

ODOARDO. Ich danke, ich danke. – Liebes Kind, wer wieder sagt, daß du eine Närrin bist, der hat es mit mir zu tun.

ORSINA. Stecken Sie bei Seite! geschwind bei Seite! – Mir wird die Gelegenheit versagt, Gebrauch davon zu machen. Ihnen wird sie nicht fehlen, diese Gelegenheit: und Sie werden sie ergreifen, die erste, die beste, – wenn Sie ein Mann sind. – Ich, ich bin nur ein Weib: aber so kam ich her! fest entschlossen! – Wir, Alter, wir können uns alles vertrauen. Denn wir sind beide beleidiget; von dem nämlichen Verführer beleidiget. – Ah, wenn Sie wüßten, – wenn Sie wüßten, wie überschwenglich, wie unaussprechlich, wie unbegreiflich ich von ihm beleidiget worden, und noch werde: – Sie könnten, Sie würden Ihre eigene Beleidigung darüber vergessen. – Kennen Sie mich? Ich bin Orsina; die betrogene, verlassene Orsina. – Zwar vielleicht nur um Ihre Tochter verlassen. – Doch was kann Ihre Tochter dafür? – Bald wird auch sie verlassen sein. – Und dann wieder eine! – Und wieder eine! – Ha! *(wie in der Entzückung)* welch eine himmlische Phantasie! Wann wir einmal alle, – wir, das ganze Heer der Verlassenen, – wir alle in Bacchantinnen, in Furien verwandelt, wenn wir alle ihn unter uns hätten, ihn unter uns zerrissen, zerfleischten, sein Eingeweide durchwühlten, – um das Herz zu finden, das der Verräter einer jeden versprach, und keiner gab! Ha! das sollte ein Tanz werden! das sollte!

Achter Auftritt

Claudia Galotti. Die Vorigen

CLAUDIA *(die im Hereintreten sich umsiehet, und sobald sie ihren Gemahl erblickt, auf ihn zuflieget).* Erraten! – Ah, unser Beschützer, unser Retter! Bist du da, Odoardo? Bist du da? – Aus ihren Wispern, aus ihren Mienen schloß ich es. – Was soll ich dir sagen, wenn du noch nichts weißt? – Was soll ich dir sagen, wenn du schon alles weißt? – Aber wir sind unschuldig. Ich bin unschuldig. Deine Tochter ist unschuldig. Unschuldig, in allem unschuldig!

ODOARDO *(der sich bei Erblickung seiner Gemahlin zu fassen gesucht).* Gut, gut. Sei nur ruhig, nur ruhig, – und antworte mir. *(Gegen die Orsina)* Nicht Madame, als ob ich noch zweifelte – Ist der Graf tot?

CLAUDIA. Tot.

ODOARDO. Ist es wahr, daß der Prinz heute Morgen Emilien in der Messe gesprochen?

CLAUDIA. Wahr. Aber wenn du wüßtest, welchen Schreck es ihr verursacht; in welcher Bestürzung sie nach Hause kam –

ORSINA. Nun, hab' ich gelogen?

ODOARDO *(mit einem bittern Lachen).* Ich wollt' auch nicht, Sie hätten! Um wie vieles nicht!

ORSINA. Bin ich wahnwitzig?

ODOARDO *(wild hin und her gehend).* O, – noch bin ich es auch nicht.

CLAUDIA. Du gebotest mir ruhig zu sein; und ich bin ruhig. – Bester Mann, darf auch ich – ich dich bitten –

ODOARDO. Was willst du? Bin ich nicht ruhig? Kann man ruhiger sein, als ich bin? – *(Sich zwingend)* Weiß es Emilia, daß Appiani tot ist?

CLAUDIA. Wissen kann sie es nicht. Aber ich fürchte, daß sie es argwohnet; weil er nicht erscheinet. –
ODOARDO. Und sie jammert und winselt –
CLAUDIA. Nicht mehr. – Das ist vorbei: nach Ihrer Art, die du kennest. Sie ist die Furchtsamste und Entschlossenste unsers Geschlechts. Ihrer ersten Eindrücke nie mächtig; aber nach der geringsten Überlegung, in alles sich findend, auf alles gefaßt. Sie hält den Prinzen in einer Entfernung; sie spricht mit ihm in einem Tone – Mache nur, Odoardo, daß wir wegkommen.
ODOARDO. Ich bin zu Pferde. – Was zu tun? – Doch, Madame, Sie fahren ja nach der Stadt zurück?
ORSINA. Nicht anders.
ODOARDO. Hätten Sie wohl die Gewogenheit, meine Frau mit sich zu nehmen?
ORSINA. Warum nicht? Sehr gern.
ODOARDO. Claudia, – *(ihr die Gräfin bekannt machend)* Die Gräfin Orsina; eine Dame von großem Verstande; meine Freundin, meine Wohltäterin. – Du mußt mit ihr herein; um uns sogleich den Wagen heraus zu schicken. Emilia darf nicht wieder nach Guastalla. Sie soll mit mir.
CLAUDIA. Aber – wenn nur – Ich trenne mich ungern von dem Kinde.
ODOARDO. Bleibt der Vater nicht in der Nähe? Man wird ihn endlich doch vorlassen. Keine Einwendung! – Kommen Sie, gnädige Frau. *(Leise zu ihr)* Sie werden von mir hören. – Komm, Claudia. *(Er führt sie ab)*

FÜNFTER AUFZUG

(Die Szene bleibt)

Erster Auftritt

Marinelli. Der Prinz

MARINELLI. Hier, gnädiger Herr, aus diesem Fenster können Sie ihn sehen. Er geht die Arkade auf und nieder. – Eben biegt er ein; er kömmt. – Nein, er kehrt wieder um. – Ganz einig ist er mit sich noch nicht. Aber um ein großes ruhiger ist er, – oder scheinet er. Für uns gleich viel! – Natürlich! Was ihm auch beide Weiber in den Kopf gesetzt haben, wird er es wagen zu äußern? – Wie Battista gehört, soll ihm seine Frau den Wagen sogleich heraus senden. Denn er kam zu Pferde. – Geben Sie Acht, wenn er nun vor Ihnen erscheinet, wird er ganz untertänigst Eurer Durchlaucht für den gnädigen Schutz danken, den seine Familie bei diesem so traurigen Zufalle hier gefunden; wird sich, mit samt seiner Tochter, zu fernerer Gnade empfehlen; wird sie ruhig nach der Stadt bringen, und es in tiefster Unterwerfung erwarten, welchen weitern Anteil Euer Durchlaucht an seinem unglücklichen, lieben Mädchen zu nehmen geruhen wollen.

DER PRINZ. Wenn er nun aber so zahm nicht ist? Und schwerlich, schwerlich wird er es sein. Ich kenne ihn zu gut. – Wenn er höchstens seinen Argwohn erstickt, seine Wut verbeißt: aber Emilien, anstatt sie nach der Stadt zu führen, mit sich nimmt? bei sich behält? oder wohl gar in ein Kloster, außer meinem Gebiete, verschließt? Wie dann?

MARINELLI. Die fürchtende Liebe sieht weit. Wahrlich! – Aber er wird ja nicht –

DER PRINZ. Wenn er nun aber! Wie dann? Was wird es uns dann helfen, daß der unglückliche Graf sein Leben darüber verloren?

MARINELLI. Wozu dieser traurige Seitenblick? Vorwärts! denkt der Sieger: es falle neben ihm Feind oder Freund. – Und wenn auch! Wenn er es auch wollte, der alte Neidhart, was Sie von ihm fürchten, Prinz: – *(Überlegend)* Das geht! Ich hab' es! – Weiter als zum Wollen, soll er es gewiß nicht bringen. Gewiß nicht! – Aber daß wir ihn nicht aus dem Gesichte verlieren. – *(Tritt wieder ans Fenster)* Bald hätt' er uns überrascht! Er kömmt. – Lassen Sie uns ihm noch ausweichen: und hören Sie erst, Prinz, was wir auf den zu befürchtenden Fall tun müssen.
DER PRINZ *(drohend).* Nur, Marinelli! –
MARINELLI. Das Unschuldigste von der Welt!

Zweiter Auftritt

Odoardo Galotti

Noch niemand hier? – Gut; ich soll noch kälter werden. Es ist mein Glück. – Nichts verächtlicher, als ein brausender Jünglingskopf mit grauen Haaren! Ich hab' es mir so oft gesagt. Und doch ließ ich mich fortreißen: und von wem? Von einer Eifersüchtigen; von einer für Eifersucht Wahnwitzigen. – Was hat die gekränkte Tugend mit der Rache des Lasters zu schaffen? Jene allein hab' ich zu retten. – Und deine Sache, – mein Sohn! mein Sohn! – Weinen konnt' ich nie; – und will es nun nicht erst lernen – Deine Sache wird ein ganz anderer zu seiner machen! Genug für mich, wenn dein Mörder die Frucht seines Verbrechens nicht genießt. – Dies martere ihn mehr, als das Verbrechen! Wenn nun bald ihn Sättigung und Ekel von Lüsten zu Lüsten treiben; so vergälle die Erinnerung, diese eine Lust nicht gebüßet zu haben, ihm den Genuß aller! In jedem Traume führe der blutige Bräutigam ihm die Braut vor das Bette; und wann er dennoch den wollüstigen Arm nach ihr ausstreckt: so höre er plötzlich das Hohngelächter der Hölle, und erwache!

Dritter Auftritt

Marinelli. Odoardo Galotti

MARINELLI. Wo blieben Sie, mein Herr? wo blieben Sie?
ODOARDO. War meine Tochter hier?
MARINELLI. Nicht sie: aber der Prinz.
ODOARDO. Er verzeihe. – Ich habe die Gräfin begleitet.
MARINELLI. Nun?
ODOARDO. Die gute Dame!
MARINELLI. Und Ihre Gemahlin?
ODOARDO. Ist mit der Gräfin; – um uns den Wagen sogleich heraus zu senden. Der Prinz vergönne nur, daß ich mich so lange mit meiner Tochter noch hier verweile.
MARINELLI. Wozu diese Umstände? Würde sich der Prinz nicht ein Vergnügen daraus gemacht haben, sie beide, Mutter und Tochter, selbst nach der Stadt zu bringen?
ODOARDO. Die Tochter wenigstens würde diese Ehre haben verbitten müssen.
MARINELLI. Wie so?
ODOARDO. Sie soll nicht mehr nach Guastalla.
MARINELLI. Nicht? und warum nicht?
ODOARDO. Der Graf ist tot.
MARINELLI. Um so viel mehr –
ODOARDO. Sie soll mit mir.
MARINELLI. Mit Ihnen?
ODOARDO. Mit mir. Ich sage Ihnen ja, der Graf ist tot. – Wenn Sie es noch nicht wissen – Was hat sie nun weiter in Guastalla zu tun? – Sie soll mit mir.
MARINELLI. Allerdings wird der künftige Aufenthalt der Tochter einzig von dem Willen des Vaters abhangen. Nur vors erste –
ODOARDO. Was vors erste?
MARINELLI. Werden Sie wohl erlauben müssen, Herr Oberster, daß sie nach Guastalla gebracht wird.
ODOARDO. Meine Tochter? nach Guastalla gebracht wird? und warum?
MARINELLI. Warum? Erwägen Sie doch nur –

ODOARDO *(hitzig).* Erwägen! erwägen! Ich erwäge, daß hier nichts zu erwägen ist. – Sie soll, sie muß mit mir.
MARINELLI. O mein Herr, – was brauchen wir, uns hierüber zu ereifern? Es kann sein, daß ich mich irre; daß es nicht nötig ist, was ich für nötig halte. – Der Prinz wird es am besten zu beurteilen wissen. Der Prinz entscheide. – Ich geh' und hole ihn.

VIERTER AUFTRITT

ODOARDO GALOTTI

Wie? – Nimmermehr! – Mir vorschreiben, wo sie hin soll? – Mir sie vorenthalten? – Wer will das? Wer darf das? – Der hier alles darf, was er will? Gut, gut; so soll er sehen, wie viel auch ich darf, ob ich es schon nicht dürfte! Kurzsichtiger Wüterich! Mit dir will ich es wohl aufnehmen. Wer kein Gesetz achtet, ist eben so mächtig, als wer kein Gesetz hat. Das weißt du nicht? Komm an! komm an! – Aber, sieh da! Schon wieder; schon wieder rennet der Zorn mit dem Verstande davon. – Was will ich? Erst müßt' es doch geschehen sein, worüber ich tobe. Was plaudert nicht eine Hofschranze! Und hätte ich ihn doch nur plaudern lassen! Hätte ich seinen Vorwand, warum sie wieder nach Guastalla soll, doch nur angehört! – So könnte ich mich itzt auf eine Antwort gefaßt machen. – Zwar auf welchen kann mir eine fehlen? – Sollte sie mir aber fehlen; sollte sie – Man kömmt. Ruhig, alter Knabe, ruhig!

FÜNFTER AUFTRITT

Der Prinz. Marinelli. Odoardo Galotti

DER PRINZ. Ah, mein lieber, rechtschaffner Galotti, – so etwas muß auch geschehen, wenn ich Sie bei mir sehen soll. Um ein geringeres tun Sie es nicht. Doch keine Vorwürfe!
ODOARDO. Gnädiger Herr, ich halte es in allen Fällen für unan-

ständig, sich zu seinem Fürsten zu drängen. Wen er kennt, den wird er fodern lassen, wenn er seiner bedarf. Selbst itzt bitte ich um Verzeihung –

DER PRINZ. Wie manchem andern wollte ich diese stolze Bescheidenheit wünschen! – Doch zur Sache. Sie werden begierig sein, Ihre Tochter zu sehen. Sie ist in neuer Unruhe, wegen der plötzlichen Entfernung einer so zärtlichen Mutter. – Wozu auch diese Entfernung? Ich wartete nur, daß die liebenswürdige Emilie sich völlig erholet hätte, um beide im Triumphe nach der Stadt zu bringen. Sie haben mir diesen Triumph um die Hälfte verkümmert; aber ganz werde ich mir ihn nicht nehmen lassen.

ODOARDO. Zu viel Gnade! – Erlauben Sie, Prinz, daß ich meinem unglücklichen Kinde alle die mannichfaltigen Kränkungen erspare, die Freund und Feind, Mitleid und Schadenfreude in Guastalla für sie bereit halten.

DER PRINZ. Um die süßen Kränkungen des Freundes und des Mitleids, würde es Grausamkeit sein, sie zu bringen. Daß aber die Kränkungen des Feindes und der Schadenfreude sie nicht erreichen sollen; dafür, lieber Galotti, lassen Sie mich sorgen.

ODOARDO. Prinz, die väterliche Liebe teilet ihre Sorgen nicht gern. – Ich denke, ich weiß es, was meiner Tochter in ihren itzigen Umständen einzig ziemet. – Entfernung aus der Welt; – ein Kloster, – sobald als möglich.

DER PRINZ. Ein Kloster?

ODOARDO. Bis dahin weine sie unter den Augen ihres Vaters.

DER PRINZ. So viel Schönheit soll in einem Kloster verblühen? – Darf eine einzige fehlgeschlagene Hoffnung uns gegen die Welt so unversöhnlich machen? – Doch allerdings: dem Vater hat niemand einzureden. Bringen Sie Ihre Tochter, Galotti, wohin Sie wollen.

ODOARDO *(gegen Marinelli)*. Nun, mein Herr?

MARINELLI. Wenn Sie mich so gar auffodern! –

ODOARDO. O mit nichten, mit nichten.

DER PRINZ. Was haben Sie beide?

ODOARDO. Nichts, gnädiger Herr, nichts. – Wir erwägen bloß, welcher von uns sich in Ihnen geirret hat.

DER PRINZ. Wie so? – Reden Sie, Marinelli.

MARINELLI. Es geht mir nahe, der Gnade meines Fürsten in den Weg zu treten. Doch wenn die Freundschaft gebietet, vor allem in ihm den Richter aufzufodern –

DER PRINZ. Welche Freundschaft? –

MARINELLI. Sie wissen, gnädiger Herr, wie sehr ich den Grafen Appiani liebte; wie sehr unser beider Seelen in einander verwebt schienen –

ODOARDO. Das wissen Sie, Prinz? So wissen Sie es wahrlich allein.

MARINELLI. Von ihm selbst zu seinem Rächer bestellet –

ODOARDO. Sie?

MARINELLI. Fragen Sie nur Ihre Gemahlin. Marinelli, der Name Marinelli war das letzte Wort des sterbenden Grafen: und in einem Tone! in einem Tone! – Daß er mir nie aus dem Gehöre komme dieser schreckliche Ton, wenn ich nicht alles anwende, daß seine Mörder entdeckt und bestraft werden!

DER PRINZ. Rechnen Sie auf meine kräftigste Mitwirkung.

ODOARDO. Und meine heißesten Wünsche! – Gut, gut! – Aber was weiter?

DER PRINZ. Das frag' ich, Marinelli.

MARINELLI. Man hat Verdacht, daß es nicht Räuber gewesen, welche den Grafen angefallen.

ODOARDO *(höhnisch)*. Nicht? wirklich nicht?

MARINELLI. Daß ein Nebenbuhler ihn aus dem Wege räumen lassen.

ODOARDO *(bitter)*. Ei! ein Nebenbuhler?

MARINELLI. Nicht anders.

ODOARDO. Nun dann, – Gott verdamm' ihn den meuchelmörderschen Buben!

MARINELLI. Ein Nebenbuhler, und ein begünstigter Nebenbuhler –

ODOARDO. Was? ein begünstigter? – Was sagen Sie?

MARINELLI. Nichts, als was das Gerüchte verbreitet.

ODOARDO. Ein begünstigter? von meiner Tochter begünstigt?

MARINELLI. Das ist gewiß nicht. Das kann nicht sein. Dem widersprech' ich, trotz Ihnen. – Aber bei dem allen, gnädiger Herr, – Denn das gegründetste Vorurteil wieget auf der

Waage der Gerechtigkeit so viel als nichts – bei dem allen wird man doch nicht umhin können, die schöne Unglückliche darüber zu vernehmen.

DER PRINZ. Ja wohl, allerdings.

MARINELLI. Und wo anders? wo kann das anders geschehen, als in Guastalla?

DER PRINZ. Da haben Sie Recht, Marinelli; da haben Sie Recht. – Ja so: das verändert die Sache, lieber Galotti. Nicht wahr? Sie sehen selbst –

ODOARDO. O ja, ich sehe – Ich sehe, was ich sehe. – Gott! Gott!

DER PRINZ. Was ist Ihnen? was haben Sie mit sich?

ODOARDO. Daß ich es nicht vorausgesehen, was ich da sehe. Das ärgert mich: weiter nichts. – Nun ja; sie soll wieder nach Guastalla. Ich will sie wieder zu ihrer Mutter bringen: und bis die strengste Untersuchung sie frei gesprochen, will ich selbst aus Guastalla nicht weichen. Denn wer weiß, – *(mit einem bittern Lachen)* wer weiß, ob die Gerechtigkeit nicht auch nötig findet, mich zu vernehmen.

MARINELLI. Sehr möglich! In solchen Fällen tut die Gerechtigkeit lieber zu viel, als zu wenig. – Daher fürchte ich sogar –

DER PRINZ. Was? was fürchten Sie?

MARINELLI. Man werde vor der Hand nicht verstatten können, daß Mutter und Tochter sich sprechen.

ODOARDO. Sich nicht sprechen?

MARINELLI. Man werde genötiget sein, Mutter und Tochter zu trennen.

ODOARDO. Mutter und Tochter zu trennen?

MARINELLI. Mutter und Tochter und Vater. Die Form des Verhörs erfodert diese Vorsichtigkeit schlechterdings. Und es tut mir leid, gnädiger Herr, daß ich mich gezwungen sehe, ausdrücklich darauf anzutragen, wenigstens Emilien in eine besondere Verwahrung zu bringen.

ODOARDO. Besondere Verwahrung? – Prinz! Prinz! – Doch ja; freilich, freilich! Ganz recht: in eine besondere Verwahrung! Nicht, Prinz? nicht? – O wie fein die Gerechtigkeit ist! Vortrefflich! *(Fährt schnell nach dem Schubsacke, in welchem er den Dolch hat)*

DER PRINZ *(schmeichelhaft auf ihn zutretend).* Fassen Sie sich, lieber Galotti –
ODOARDO *(bei Seite, indem er die Hand leer wieder heraus zieht).* Das sprach sein Engel!
DER PRINZ. Sie sind irrig; Sie verstehen ihn nicht. Sie denken bei dem Worte Verwahrung, wohl gar an Gefängnis und Kerker.
ODOARDO. Lassen Sie mich daran denken: und ich bin ruhig!
DER PRINZ. Kein Wort von Gefängnis, Marinelli! Hier ist die Strenge der Gesetze mit der Achtung gegen unbescholtene Tugend leicht zu vereinigen. Wenn Emilia in besondere Verwahrung gebracht werden muß: so weiß ich schon – die alleranständigste. Das Haus meines Kanzlers – Keinen Widerspruch, Marinelli! – Da will ich sie selbst hinbringen, da will ich sie der Aufsicht einer der würdigsten Damen übergeben. Die soll mir für sie bürgen, haften. – Sie gehen zu weit, Marinelli, wirklich zu weit, wenn Sie mehr verlangen. – Sie kennen doch, Galotti, meinen Kanzler Grimaldi, und seine Gemahlin?
ODOARDO. Was sollt' ich nicht? Sogar die liebenswürdigen Töchter dieses edeln Paares kenn' ich. Wer kennt sie nicht? – *(Zu Marinelli)* Nein, mein Herr, geben Sie das nicht zu. Wenn Emilia verwahret werden muß: so müsse sie in dem tiefsten Kerker verwahret werden. Dringen Sie darauf; ich bitte Sie. – Ich Tor, mit meiner Bitte! ich alter Geck! – Ja wohl hat sie Recht die gute Sibylle: Wer über gewisse Dinge seinen Verstand nicht verlieret, der hat keinen zu verlieren!
DER PRINZ. Ich verstehe Sie nicht. – Lieber Galotti, was kann ich mehr tun? – Lassen Sie es dabei: ich bitte Sie. – Ja, ja, in das Haus meines Kanzlers! da soll sie hin; da bring' ich sie selbst hin; und wenn ihr da nicht mit der äußersten Achtung begegnet wird, so hat mein Wort nichts gegolten. Aber sorgen Sie nicht. – Dabei bleibt es! dabei bleibt es! – Sie selbst, Galotti, mit sich, können es halten, wie Sie wollen. Sie können uns nach Guastalla folgen; Sie können nach Sabionetta zurückkehren: wie Sie wollen. Es wäre lächerlich, Ihnen vorzuschreiben. – Und nun, auf Wiedersehen, lieber Galotti! – Kommen Sie, Marinelli: es wird spät.

ODOARDO *(der in tiefen Gedanken gestanden).* Wie? so soll ich sie gar nicht sprechen meine Tochter? Auch hier nicht? – Ich lasse mir ja alles gefallen; ich finde ja alles ganz vortrefflich. Das Haus eines Kanzlers ist natürlicher Weise eine Freistatt der Tugend. O, gnädiger Herr, bringen Sie ja meine Tochter dahin; nirgends anders als dahin. – Aber sprechen wollt' ich sie doch gern vorher. Der Tod des Grafen ist ihr noch unbekannt. Sie wird nicht begreifen können, warum man sie von ihren Eltern trennet. Ihr jenen auf gute Art beizubringen; sie dieser Trennung wegen zu beruhigen: – muß ich sie sprechen, gnädiger Herr, muß ich sie sprechen.
DER PRINZ. So kommen Sie denn –
ODOARDO. O, die Tochter kann auch wohl zu dem Vater kommen. – Hier, unter vier Augen, bin ich gleich mit ihr fertig. Senden Sie mir sie nur, gnädiger Herr.
DER PRINZ. Auch das! – O Galotti, wenn Sie mein Freund, mein Führer, mein Vater sein wollten! *(Der Prinz und Marinelli gehen ab)*

Sechster Auftritt

ODOARDO GALOTTI

(Ihm nachsehend; nach einer Pause) Warum nicht? – Herzlich gern – Ha! ha! ha! – *(Blickt wild umher)* Wer lacht da? – Bei Gott, ich glaub', ich war es selbst. – Schon recht! Lustig, lustig. Das Spiel geht zu Ende. So, oder so! – Aber – *(Pause)* wenn sie mit ihm sich verstünde? Wenn es das alltägliche Possenspiel wäre? Wenn sie es nicht wert wäre, was ich für sie tun will? – *(Pause)* Für sie tun will? Was will ich denn für sie tun? – Hab' ich das Herz, es mir zu sagen? – Da denk' ich so was: So was, was sich nur denken läßt. – Gräßlich! Fort, fort! Ich will sie nicht erwarten. Nein! – *(Gegen den Himmel)* Wer sie unschuldig in diesen Abgrund gestürzt hat, der ziehe sie wieder heraus. Was braucht er meine Hand dazu? Fort! *(Er will gehen, und sieht Emilien kommen)* Zu spät! Ah! er will meine Hand; er will sie!

Siebenter Auftritt

Emilia. Odoardo

EMILIA. Wie? Sie hier, mein Vater? – Und nur Sie? – Und meine Mutter? nicht hier? – Und der Graf? nicht hier? – Und Sie so unruhig, mein Vater?
ODOARDO. Und du so ruhig, meine Tochter?
EMILIA. Warum nicht, mein Vater? – Entweder ist nichts verloren: oder alles. Ruhig sein können, und ruhig sein müssen: kömmt es nicht auf eines?
ODOARDO. Aber, was meinest du, daß der Fall ist?
EMILIA. Daß alles verloren ist; – und daß wir wohl ruhig sein müssen, mein Vater.
ODOARDO. Und du wärest ruhig, weil du ruhig sein mußt? – Wer bist du? Ein Mädchen? und meine Tochter? So sollte der Mann, und der Vater sich wohl vor dir schämen? – Aber laß doch hören: was nennest du, alles verloren? – daß der Graf tot ist?
EMILIA. Und warum er tot ist! Warum! – Ha, so ist es wahr, mein Vater? So ist sie wahr die ganze schreckliche Geschichte, die ich in dem nassen und wilden Auge meiner Mutter las? – Wo ist meine Mutter? Wo ist sie hin, mein Vater?
ODOARDO. Voraus; – wann wir anders ihr nachkommen.
EMILIA. Je eher, je besser. Denn wenn der Graf tot ist; wenn er darum tot ist – darum! was verweilen wir noch hier? Lassen Sie uns fliehen, mein Vater!
ODOARDO. Fliehen? – Was hätt' es dann für Not? – Du bist, du bleibst in den Händen deines Räubers.
EMILIA. Ich bleibe in seinen Händen?
ODOARDO. Und allein; ohne deine Mutter; ohne mich.
EMILIA. Ich allein in seinen Händen? – Nimmermehr, mein Vater. – Oder Sie sind nicht mein Vater. – Ich allein in seinen Händen? – Gut, lassen Sie mich nur; lassen Sie mich nur. – Ich will doch sehn, wer mich hält, – wer mich zwingt, – wer der Mensch ist, der einen Menschen zwingen kann.
ODOARDO. Ich meine, du bist ruhig, mein Kind.
EMILIA. Das bin ich. Aber was nennen Sie ruhig sein? Die Hände

in den Schoß legen? Leiden, was man nicht sollte? Dulden, was man nicht dürfte?

ODOARDO. Ha! wenn du so denkest! – Laß dich umarmen, meine Tochter! – Ich hab' es immer gesagt: das Weib wollte die Natur zu ihrem Meisterstücke machen. Aber sie vergriff sich im Tone; sie nahm ihn zu fein. Sonst ist alles besser an euch, als an uns. – Ha, wenn das deine Ruhe ist: so habe ich meine in ihr wiedergefunden! Laß dich umarmen, meine Tochter! – Denke nur: unter dem Vorwande einer gerichtlichen Untersuchung, – o des höllischen Gaukelspieles! – reißt er dich aus unsern Armen, und bringt dich zur Grimaldi.

EMILIA. Reißt mich? bringt mich? – Will mich reißen; will mich bringen: will! will! – Als ob wir, wir keinen Willen hätten, mein Vater!

ODOARDO. Ich ward auch so wütend, daß ich schon nach diesem Dolche griff, *(ihn herausziehend)* um einem von beiden – beiden! – das Herz zu durchstoßen.

EMILIA. Um des Himmels willen nicht, mein Vater! – Dieses Leben ist alles, was die Lasterhaften haben. – Mir, mein Vater, mir geben Sie diesen Dolch.

ODOARDO. Kind, es ist keine Haarnadel.

EMILIA. So werde die Haarnadel zum Dolche! – Gleichviel.

ODOARDO. Was? Dahin wär' es gekommen? Nicht doch; nicht doch! Besinne dich. – Auch du hast nur Ein Leben zu verlieren.

EMILIA. Und nur Eine Unschuld!

ODOARDO. Die über alle Gewalt erhaben ist. –

EMILIA. Aber nicht über alle Verführung. – Gewalt! Gewalt! wer kann der Gewalt nicht trotzen? Was Gewalt heißt, ist nichts: Verführung ist die wahre Gewalt. – Ich habe Blut, mein Vater; so jugendliches, so warmes Blut, als eine. Auch meine Sinne, sind Sinne. Ich stehe für nichts. Ich bin für nichts gut. Ich kenne das Haus der Grimaldi. Es ist das Haus der Freude. Eine Stunde da, unter den Augen meiner Mutter; – und es erhob sich so mancher Tumult in meiner Seele, den die strengsten Übungen der Religion kaum in Wochen besänftigen konnten! – Der Religion! Und welcher Religion?

– Nichts Schlimmers zu vermeiden, sprangen Tausende in die Fluten, und sind Heilige! – Geben Sie mir, mein Vater, geben Sie mir diesen Dolch.

ODOARDO. Und wenn du ihn kenntest diesen Dolch! –

EMILIA. Wenn ich ihn auch nicht kenne! – Ein unbekannter Freund, ist auch ein Freund. – Geben Sie mir ihn, mein Vater; geben Sie mir ihn.

ODOARDO. Wenn ich dir ihn nun gebe – da! *(Gibt ihr ihn)*

EMILIA. Und da! *(Im Begriffe sich damit zu durchstoßen, reißt der Vater ihr ihn wieder aus der Hand)*

ODOARDO. Sieh, wie rasch! – Nein, das ist nicht für deine Hand.

EMILIA. Es ist wahr, mit einer Haarnadel soll ich – *(Sie fährt mit der Hand nach dem Haare, eine zu suchen, und bekömmt die Rose zu fassen)* Du noch hier? – Herunter mit dir! Du gehörest nicht in das Haar einer, – wie mein Vater will, daß ich werden soll!

ODOARDO. O, meine Tochter! –

EMILIA. O, mein Vater, wenn ich Sie erriete! – Doch nein; das wollen Sie auch nicht. Warum zauderten Sie sonst? – *(In einem bittern Tone, während daß sie die Rose zerpflückt)* Ehedem wohl gab es einen Vater, der seine Tochter von der Schande zu retten, ihr den ersten den besten Stahl in das Herz senkte – ihr zum zweiten das Leben gab. Aber alle solche Taten sind von ehedem! Solcher Väter gibt es keinen mehr!

ODOARDO. Doch, meine Tochter, doch! *(indem er sie durchsticht)* Gott, was hab' ich getan! *(Sie will sinken, und er faßt sie in seine Arme)*

EMILIA. Eine Rose gebrochen, ehe der Sturm sie entblättert. – Lassen Sie mich sie küssen, diese väterliche Hand.

ACHTER AUFTRITT

Der Prinz. Marinelli. Die Vorigen

DER PRINZ *(im Hereintreten).* Was ist das? – Ist Emilien nicht wohl?

ODOARDO. Sehr wohl; sehr wohl!
DER PRINZ *(indem er näher kömmt)*. Was seh' ich? – Entsetzen!
MARINELLI. Weh mir!
DER PRINZ. Grausamer Vater, was haben Sie getan?
ODOARDO. Eine Rose gebrochen, ehe der Sturm sie entblättert. – War es nicht so, meine Tochter?
EMILIA. Nicht Sie, mein Vater – Ich selbst – ich selbst –
ODOARDO. Nicht du, meine Tochter; – nicht du! – Gehe mit keiner Unwahrheit aus der Welt. Nicht du, meine Tochter! Dein Vater, dein unglücklicher Vater!
EMILIA. Ah – mein Vater – *(Sie stirbt, und er legt sie sanft auf den Boden)*
ODOARDO. Zieh hin! – Nun da, Prinz! Gefällt sie Ihnen noch? Reizt sie noch Ihre Lüste? Noch, in diesem Blute, das wider Sie um Rache schreiet? *(Nach einer Pause)* Aber Sie erwarten, wo das alles hinaus soll? Sie erwarten vielleicht, daß ich den Stahl wider mich selbst kehren werde, um meine Tat wie eine schale Tragödie zu beschließen? – Sie irren sich. Hier! *(indem er ihm den Dolch vor die Füße wirft)* Hier liegt er, der blutige Zeuge meines Verbrechens! Ich gehe und liefere mich selbst in das Gefängnis. Ich gehe, und erwarte Sie, als Richter. – Und dann dort – erwarte ich Sie vor dem Richter unser aller!
DER PRINZ *(nach einigem Stillschweigen, unter welchem er den Körper mit Entsetzen und Verzweiflung betrachtet, zu Marinelli)*. Hier! heb' ihn auf. – Nun? Du bedenkst dich? – Elender! – *(Indem er ihn den Dolch aus der Hand reißt)* Nein, dein Blut soll mit diesem Blute sich nicht mischen. – Geh, dich auf ewig zu verbergen! – Geh! sag' ich. – Gott! Gott! – Ist es, zum Unglücke so mancher, nicht genug, daß Fürsten Menschen sind: müssen sich auch noch Teufel in ihren Freund verstellen?

Ende des Trauerspiels

NATHAN DER WEISE

Ein dramatisches Gedicht in fünf Aufzügen

> Introite, nam et heic Dii sunt!
> *APUD GELLIUM*

[1779]

PERSONEN

SULTAN SALADIN
SITTAH, dessen Schwester
NATHAN, ein reicher Jude in Jerusalem
RECHA, dessen angenommene Tochter
DAJA, eine Christin, aber in dem Hause des Juden,
   als Gesellschafterin der Recha
EIN JUNGER TEMPELHERR
EIN DERWISCH
DER PATRIARCH von Jerusalem
EIN KLOSTERBRUDER
EIN EMIR nebst verschiednen MAMELUCKEN des Saladin

Die Szene ist in Jerusalem

ERSTER AUFZUG

ERSTER AUFTRITT

(Szene: Flur in Nathans Hause)

Nathan von der Reise kommend. Daja ihm entgegen

DAJA. Er ist es! Nathan! – Gott sei ewig Dank,
Daß Ihr doch endlich einmal wiederkommt.
NATHAN. Ja, Daja; Gott sei Dank! Doch warum *endlich?*
Hab' ich denn eher wiederkommen wollen?
Und wiederkommen können? Babylon
Ist von Jerusalem, wie ich den Weg,
Seit ab bald rechts, bald links, zu nehmen bin
Genötigt worden, gut zwei hundert Meilen;
Und Schulden einkassieren, ist gewiß
Auch kein Geschäft, das merklich födert, das
So von der Hand sich schlagen läßt.
DAJA. O Nathan,
Wie elend, elend hättet Ihr indes
Hier werden können! Euer Haus ...
NATHAN. Das brannte.
So hab' ich schon vernommen. – Gebe Gott,
Daß ich nur alles schon vernommen habe!
DAJA. Und wäre leicht von Grund aus abgebrannt.
NATHAN. Dann, Daja, hätten wir ein neues uns
Gebaut; und ein bequemeres.
DAJA. Schon wahr! –
Doch *Recha* wär' bei einem Haare mit
Verbrannt.
NATHAN. Verbrannt? Wer? meine Recha? sie? –
Das hab' ich nicht gehört. – Nun dann! So hätte
Ich keines Hauses mehr bedurft. – Verbrannt
Bei einem Haare! – Ha! sie ist es wohl!

Ist wirklich wohl verbrannt! – Sag' nur heraus!
Heraus nur! – Töte mich: und martre mich
Nicht länger. – Ja, sie ist verbrannt.
DAJA. Wenn sie
Es wäre, würdet Ihr von mir es hören?
NATHAN. Warum erschreckest du mich denn? – O Recha!
O meine Recha!
DAJA. Eure? Eure Recha?
NATHAN. Wenn ich mich wieder je entwöhnen müßte,
Dies Kind mein Kind zu nennen!
DAJA. Nennt Ihr alles,
Was Ihr besitzt, mit eben so viel Rechte
Das Eure?
NATHAN. Nichts mit größerm! Alles, was
Ich sonst besitze, hat Natur und Glück
Mir zugeteilt. Dies Eigentum allein
Dank' ich der Tugend.
DAJA. O wie teuer laßt
Ihr Eure Güte, Nathan, mich bezahlen!
Wenn Güt', in solcher Absicht ausgeübt,
Noch Güte heißen kann!
NATHAN. In solcher Absicht?
In welcher?
DAJA. Mein Gewissen ...
NATHAN. Daja, laß
Vor allen Dingen dir erzählen ...
DAJA. Mein
Gewissen, sag' ich ...
NATHAN. Was in Babylon
Für einen schönen Stoff ich dir gekauft.
So reich, und mit Geschmack so reich! Ich bringe
Für Recha selbst kaum einen schönern mit.
DAJA. Was hilfts? Denn mein Gewissen, muß ich Euch
Nur sagen, läßt sich länger nicht betäuben.
NATHAN. Und wie die Spangen, wie die Ohrgehenke,
Wie Ring und Kette dir gefallen werden,
Die in Damaskus ich dir ausgesucht:
Verlanget mich zu sehn.

DAJA. So seid Ihr nun!
Wenn Ihr nur schenken könnt! nur schenken könnt!
NATHAN. Nimm du so gern, als ich dir geb': – und schweig!
DAJA. Und schweig! – Wer zweifelt, Nathan, daß Ihr nicht
Die Ehrlichkeit, die Großmut selber seid?
Und doch ...
NATHAN. Doch bin ich nur ein Jude. – Gelt,
Das willst du sagen?
DAJA. Was ich sagen will,
Das wißt Ihr besser.
NATHAN. Nun so schweig!
DAJA. Ich schweige.
Was Sträfliches vor Gott hierbei geschieht,
Und ich nicht hindern kann, nicht ändern kann, –
Nicht kann, – komm' über Euch!
NATHAN. Komm' über mich! –
Wo aber ist sie denn? wo bleibt sie? – Daja,
Wenn du mich hintergehst! – Weiß sie es denn,
Daß ich gekommen bin?
DAJA. Das frag' ich Euch!
Noch zittert ihr der Schreck durch jede Nerve.
Noch malet Feuer ihre Phantasie
Zu allem, was sie malt. Im Schlafe wacht,
Im Wachen schläft ihr Geist: bald weniger
Als Tier, bald mehr als Engel.
NATHAN. Armes Kind!
Was sind wir Menschen!
DAJA. Diesen Morgen lag
Sie lange mit verschloßnem Aug', und war
Wie tot. Schnell fuhr sie auf, und rief: »Horch! horch!
Da kommen die Kamele meines Vaters!
Horch! seine sanfte Stimme selbst!« – Indem
Brach sich ihr Auge wieder: und ihr Haupt,
Dem seines Armes Stütze sich entzog,
Stürzt auf das Küssen. – Ich, zur Pfort' hinaus!
Und sieh: da kommt Ihr wahrlich! kommt Ihr wahrlich! –
Was Wunder! ihre ganze Seele war
Die Zeit her nur bei Euch – und ihm. –

NATHAN. Bei ihm?
Bei welchem Ihm?
DAJA. Bei ihm, der aus dem Feuer
Sie rettete.
NATHAN. Wer war das? wer? – Wo ist er?
Wer rettete mir meine Recha? wer?
DAJA. Ein junger Tempelherr, den, wenig Tage
Zuvor, man hier gefangen eingebracht,
Und Saladin begnadigt hatte.
NATHAN. Wie?
Ein Tempelherr, dem Sultan Saladin
Das Leben ließ? Durch ein geringres Wunder
War Recha nicht zu retten? Gott!
DAJA. Ohn' ihn,
Der seinen unvermuteten Gewinst
Frisch wieder wagte, war es aus mit ihr.
NATHAN. Wo ist er, Daja, dieser edle Mann? –
Wo ist er? Führe mich zu seinen Füßen.
Ihr gabt ihm doch vors erste, was an Schätzen
Ich euch gelassen hatte? gabt ihm alles?
Verspracht ihm mehr? weit mehr?
DAJA. Wie konnten wir?
NATHAN. Nicht? nicht?
DAJA. Er kam, und niemand weiß woher.
Er ging, und niemand weiß wohin. – Ohn' alle
Des Hauses Kundschaft, nur von seinem Ohr
Geleitet, drang, mit vorgespreiztem Mantel,
Er kühn durch Flamm' und Rauch der Stimme nach,
Die uns um Hülfe rief. Schon hielten wir
Ihn für verloren, als aus Rauch und Flamme
Mit eins er vor uns stand, im starken Arm
Empor sie tragend. Kalt und ungerührt
Vom Jauchzen unsers Danks, setzt seine Beute
Er nieder, drängt sich unters Volk und ist –
Verschwunden!
NATHAN. Nicht auf immer, will ich hoffen.
DAJA. Nachher die ersten Tage sahen wir
Ihn untern Palmen auf und nieder wandeln,

Die dort des Auferstandnen Grab umschatten.
Ich nahte mich ihm mit Entzücken, dankte,
Erhob, entbot, beschwor, – nur einmal noch
Die fromme Kreatur zu sehen, die
Nicht ruhen könne, bis sie ihren Dank
Zu seinen Füßen ausgeweinet.

NATHAN.   Nun?

DAJA. Umsonst! Er war zu unsrer Bitte taub;
Und goß so bittern Spott auf mich besonders ...

NATHAN. Bis dadurch abgeschreckt ...

DAJA.   Nichts weniger!
Ich trat ihn jeden Tag von neuem an;
Ließ jeden Tag von neuem mich verhöhnen.
Was litt ich nicht von ihm! Was hätt' ich nicht
Noch gern ertragen! – Aber lange schon
Kommt er nicht mehr, die Palmen zu besuchen,
Die unsers Auferstandnen Grab umschatten;
Und niemand weiß, wo er geblieben ist. –
Ihr staunt? Ihr sinnt?

NATHAN.   Ich überdenke mir,
Was das auf einen Geist, wie Rechas, wohl
Für Eindruck machen muß. Sich so verschmäht
Von dem zu finden, den man hochzuschätzen
Sich so gezwungen fühlt; so weggestoßen,
Und doch so angezogen werden; – Traun,
Da müssen Herz und Kopf sich lange zanken,
Ob Menschenhaß, ob Schwermut siegen soll.
Oft siegt auch keines; und die Phantasie,
Die in den Streit sich mengt, macht Schwärmer,
Bei welchen bald der Kopf das Herz, und bald
Das Herz den Kopf muß spielen. – Schlimmer Tausch! –
Das letztere, verkenn' ich Recha nicht,
Ist Rechas Fall: sie schwärmt.

DAJA.   Allein so fromm,
So liebenswürdig!

NATHAN.   Ist doch auch geschwärmt!

DAJA. Vornehmlich Eine – Grille, wenn Ihr wollt,
Ist ihr sehr wert. Es sei ihr Tempelherr

Kein Irdischer und keines Irdischen;
Der Engel einer, deren Schutze sich
Ihr kleines Herz, von Kindheit auf, so gern
Vertrauet glaubte, sei aus seiner Wolke,
In die er sonst verhüllt, auch noch im Feuer,
Um sie geschwebt, mit eins als Tempelherr
Hervorgetreten. – Lächelt nicht! – Wer weiß?
Laßt lächelnd wenigstens ihr einen Wahn,
In dem sich Jud' und Christ und Muselmann
Vereinigen; – so einen süßen Wahn!
NATHAN. Auch mir so süß! – Geh, wackre Daja, geh;
Sieh, was sie macht; ob ich sie sprechen kann. –
Sodann such' ich den wilden, launigen
Schutzengel auf. Und wenn ihm noch beliebt,
Hiernieden unter uns zu wallen; noch
Beliebt, so ungesittet Ritterschaft
Zu treiben: find' ich ihn gewiß; und bring'
Ihn her.
DAJA.   Ihr unternehmet viel.
NATHAN.   Macht dann
Der süße Wahn der süßern Wahrheit Platz: –
Denn, Daja, glaube mir; dem Menschen ist
Ein Mensch noch immer lieber, als ein Engel –
So wirst du doch auf mich, auf mich nicht zürnen,
Die Engelschwärmerin geheilt zu sehn?
DAJA. Ihr seid so gut, und seid zugleich so schlimm!
Ich geh! – Doch hört! doch seht! – Da kommt sie selbst.

Zweiter Auftritt

Recha, und die Vorigen

RECHA. So seid Ihr es doch ganz und gar, mein Vater?
Ich glaubt', Ihr hättet Eure Stimme nur
Vorausgeschickt. Wo bleibt Ihr? Was für Berge,
Für Wüsten, was für Ströme trennen uns
Denn noch? Ihr atmet Wand an Wand mit ihr,

Und eilt nicht, Eure Recha zu umarmen?
Die arme Recha, die indes verbrannte! –
Fast, fast verbrannte! Fast nur. Schaudert nicht!
Es ist ein garst'ger Tod, verbrennen. O!

NATHAN. Mein Kind! mein liebes Kind!

RECHA. Ihr mußtet über
Den Euphrat, Tigris, Jordan; über – wer
Weiß was für Wasser all? – Wie oft hab' ich
Um Euch gezittert, eh das Feuer mir
So nahe kam! Denn seit das Feuer mir
So nahe kam: dünkt mich im Wasser sterben
Erquickung, Labsal, Rettung. – Doch Ihr seid
Ja nicht ertrunken: ich, ich bin ja nicht
Verbrannt. Wie wollen wir uns freun, und Gott,
Gott loben! Er, er trug Euch und den Nachen
Auf Flügeln seiner *unsichtbaren* Engel
Die ungetreuen Ström' hinüber. Er,
Er winkte meinem Engel, daß er *sichtbar*
Auf seinem weißen Fittiche, mich durch
Das Feuer trüge –

NATHAN. (Weißem Fittiche!
Ja, ja! der weiße vorgespreizte Mantel
Des Tempelherrn.)

RECHA. Er sichtbar, sichtbar mich
Durchs Feuer trüg', von seinem Fittiche
Verweht. – Ich also, ich hab' einen Engel
Von Angesicht zu Angesicht gesehn;
Und *meinen* Engel.

NATHAN. Recha wär' es wert;
Und würd' an ihm nichts Schönres sehn, als er
An ihr.

RECHA *(lächelnd)*.
Wem schmeichelt Ihr, mein Vater? wem?
Dem Engel, oder Euch?

NATHAN. Doch hätt' auch nur
Ein Mensch – ein Mensch, wie die Natur sie täglich
Gewährt, dir diesen Dienst erzeigt: er müßte
Für dich ein Engel sein. Er müßt' und würde.

RECHA. Nicht so ein Engel; nein! ein wirklicher;
Es war gewiß ein wirklicher! – Habt Ihr,
Ihr selbst die Möglichkeit, daß Engel sind,
Daß Gott zum Besten derer, die ihn lieben,
Auch Wunder könne tun, mich nicht gelehrt?
Ich lieb' ihn ja.
NATHAN. Und er liebt dich; und tut
Für dich, und deines gleichen, stündlich Wunder;
Ja, hat sie schon von aller Ewigkeit
Für euch getan.
RECHA. Das hör' ich gern.
NATHAN. Wie? weil
Es ganz natürlich, ganz alltäglich klänge,
Wenn dich ein eigentlicher Tempelherr
Gerettet hätte: sollt' es darum weniger
Ein Wunder sein? – Der Wunder höchstes ist,
Daß uns die wahren, echten Wunder so
Alltäglich werden können, werden sollen.
Ohn' dieses allgemeine Wunder, hätte
Ein Denkender wohl schwerlich Wunder je
Genannt, was Kindern bloß so heißen müßte,
Die gaffend nur das Ungewöhnlichste,
Das Neuste nur verfolgen.
DAJA *(zu Nathan)*. Wollt Ihr denn
Ihr ohnedem schon überspanntes Hirn
Durch solcherlei Subtilitäten ganz
Zersprengen?
NATHAN. Laß mich! – Meiner Recha wär'
Es Wunders nicht genug, daß sie ein *Mensch*
Gerettet, welchen selbst kein kleines Wunder
Erst retten müssen? Ja, kein kleines Wunder!
Denn wer hat schon gehört, daß Saladin
Je eines Tempelherrn verschont? daß je
Ein Tempelherr von ihm verschont zu werden
Verlangt? gehofft? ihm je für seine Freiheit
Mehr als den ledern Gurt geboten, der
Sein Eisen schleppt; und höchstens seinen Dolch?
RECHA. Das schließt für mich, mein Vater. – Darum eben

War das kein Tempelherr; er schien es nur. –
Kömmt kein gefangner Tempelherr je anders
Als zum gewissen Tode nach Jerusalem;
Geht keiner in Jerusalem so frei
Umher: wie hätte mich des Nachts freiwillig
Denn einer retten können?
NATHAN. Sieh! wie sinnreich.
Jetzt, Daja, nimm das Wort. Ich hab' es ja
Von dir, daß er gefangen hergeschickt
Ist worden. Ohne Zweifel weißt du mehr.
DAJA. Nun ja. – So sagt man freilich; – doch man sagt
Zugleich, daß Saladin den Tempelherrn
Begnadigt, weil er seiner Brüder einem,
Den er besonders lieb gehabt, so ähnlich sehe.
Doch da es viele zwanzig Jahre her,
Daß dieser Bruder nicht mehr lebt, – er hieß,
Ich weiß nicht wie; – er blieb, ich weiß nicht wo: –
So klingt das ja so gar – so gar unglaublich,
Daß an der ganzen Sache wohl nichts ist.
NATHAN. Ei, Daja! Warum wäre denn das so
Unglaublich? Doch wohl nicht – wie's wohl geschieht –
Um lieber etwas noch Unglaublichers
Zu glauben? – Warum hätte Saladin,
Der sein Geschwister insgesamt so liebt,
In jüngern Jahren einen Bruder nicht
Noch ganz besonders lieben können? – Pflegen
Sich zwei Gesichter nicht zu ähneln? – Ist
Ein alter Eindruck ein verlorner? – Wirkt
Das nämliche nicht mehr das nämliche? –
Seit wenn? – Wo steckt hier das Unglaubliche? –
Ei freilich, weise Daja, wär's für dich
Kein Wunder mehr; und *deine* Wunder nur
Bedürf ... verdienen, will ich sagen, Glauben.
DAJA. Ihr spottet.
NATHAN. Weil du meiner spottest. – Doch
Auch so noch, Recha, bleibet deine Rettung
Ein Wunder, dem nur möglich, der die strengsten
Entschlüsse, die unbändigsten Entwürfe

Der Könige, sein Spiel – wenn nicht sein Spott –
Gern an den schwächsten Fäden lenkt.
RECHA. Mein Vater!
Mein Vater, wenn ich irr', Ihr wißt, ich irre
Nicht gern.
NATHAN. Vielmehr, du läßst dich gern belehren. –
Sieh! eine Stirn, so oder so gewölbt;
Der Rücken einer Nase, so vielmehr
Als so geführet; Augenbraunen, die
Auf einem scharfen oder stumpfen Knochen
So oder so sich schlängeln; eine Linie,
Ein Bug, ein Winkel, eine Falt', ein Mal,
Ein Nichts, auf eines wilden Europäers
Gesicht: – und du entkömmst dem Feur, in Asien!
Das wär' kein Wunder, wundersücht'ges Volk?
Warum bemüht ihr denn noch einen Engel?
DAJA. Was schadets – Nathan, wenn ich sprechen darf –
Bei alle dem, von einem Engel lieber
Als einem Menschen sich gerettet denken?
Fühlt man der ersten unbegreiflichen
Ursache seiner Rettung nicht sich so
Viel näher?
NATHAN. Stolz! und nichts als Stolz! Der Topf
Von Eisen will mit einer silbern Zange
Gern aus der Glut gehoben sein, um selbst
Ein Topf von Silber sich zu dünken. – Pah! –
Und was es schadet, fragst du? was es schadet?
Was hilft es? dürft ich nur hinwieder fragen. –
Denn dein »Sich Gott um so viel näher fühlen«,
Ist Unsinn oder Gotteslästerung. –
Allein es schadet; ja, es schadet allerdings. –
Kommt! hört mir zu. – Nicht wahr? dem Wesen, das
Dich rettete, – es sei ein Engel oder
Ein Mensch, dem möchtet ihr, und du besonders,
Gern wieder viele große Dienste tun? –
Nicht wahr? – Nun, einem Engel, was für Dienste,
Für große Dienste könnt ihr dem wohl tun?
Ihr könnt ihm danken; zu ihm seufzen, beten;

Könnt in Entzückung über ihn zerschmelzen;
Könnt an dem Tage seiner Feier fasten,
Almosen spenden. – Alles nichts. – Denn mich
Deucht immer, daß ihr selbst und euer Nächster
Hierbei weit mehr gewinnt, als er. Er wird
Nicht fett durch euer Fasten; wird nicht reich
Durch eure Spenden; wird nicht herrlicher
Durch eur Entzücken; wird nicht mächtiger
Durch eur Vertraun. Nicht wahr? Allein ein Mensch!
DAJA. Ei freilich hätt' ein Mensch, etwas für ihn
Zu *tun*, uns mehr Gelegenheit verschafft.
Und Gott weiß, wie bereit wir dazu waren!
Allein er wollte ja, bedurfte ja
So völlig nichts; war in sich, mit sich so
Vergnügsam, als nur Engel sind, nur Engel
Sein können.
RECHA.   Endlich, als er gar verschwand ...
NATHAN.
Verschwand? – Wie denn verschwand? – Sich untern Palmen
Nicht ferner sehen ließ? – Wie? oder habt
Ihr wirklich schon ihn weiter aufgesucht?
DAJA. Das nun wohl nicht.
NATHAN.   Nicht, Daja? nicht? – Da sieh
Nun was es schadt! – Grausame Schwärmerinnen! –
Wenn dieser Engel nun – nun krank geworden! ...
RECHA.
Krank!
DAJA.   Krank! Er wird doch nicht!
RECHA.   Welch kalter Schauer
Befällt mich! – Daja! – Meine Stirne, sonst
So warm, fühl! ist auf einmal Eis.
NATHAN.   Er ist
Ein Franke, dieses Klimas ungewohnt;
Ist jung; der harten Arbeit seines Standes,
Des Hungerns, Wachens ungewohnt.
RECHA.   Krank! krank!
DAJA. Das wäre möglich, meint ja Nathan nur.
NATHAN. Nun liegt er da! hat weder Freund, noch Geld

Sich Freunde zu besolden.
RECHA. Ah, mein Vater!
NATHAN. Liegt ohne Wartung, ohne Rat und Zusprach,
Ein Raub der Schmerzen und des Todes da!
RECHA. Wo? wo?
NATHAN. Er, der für eine, die er nie
Gekannt, gesehn – genug, es war ein Mensch –
Ins Feur sich stürzte ...
DAJA. Nathan, schonet ihrer!
NATHAN. Der, was er rettete, nicht näher kennen,
Nicht weiter sehen mocht', – um ihm den Dank
Zu sparen ...
DAJA. Schonet ihrer, Nathan!
NATHAN. Weiter
Auch nicht zu sehn verlangt', – es wäre denn,
Daß er zum zweiten Mal es retten sollte –
Denn gnug, es ist ein Mensch ...
DAJA. Hört auf, und seht!
NATHAN. Der, der hat sterbend sich zu laben, nichts –
Als das Bewußtsein dieser Tat!
DAJA. Hört auf!
Ihr tötet sie!
NATHAN. Und du hast ihn getötet! –
Hättst so ihn töten können. – Recha! Recha!
Es ist Arznei, nicht Gift, was ich dir reiche.
Er lebt! – komm zu dir! – ist auch wohl nicht krank;
Nicht einmal krank!
RECHA. Gewiß? – nicht tot? nicht krank?
NATHAN. Gewiß, nicht tot! – Denn Gott lohnt Gutes, hier
Getan, auch hier noch. – Geh! – Begreifst du aber,
Wie viel *andächtig schwärmen* leichter, als
Gut handeln ist? wie gern der schlaffste Mensch
Andächtig schwärmt, um nur, – ist er zu Zeiten
Sich schon der Absicht deutlich nicht bewußt –
Um nur gut handeln nicht zu dürfen?
RECHA. Ah,
Mein Vater! laßt, laßt Eure Recha doch
Nie wiederum allein! – Nicht wahr, er kann

Auch wohl verreist nur sein? –
NATHAN.   Geht. – Allerdings. –
Ich seh, dort mustert mit neugier'gem Blick
Ein Muselmann mir die beladenen
Kamele. Kennt ihr ihn?
DAJA.   Ha! Euer Derwisch.
NATHAN. Wer?
DAJA.   Euer Derwisch; Euer Schachgesell!
NATHAN. Al-Hafi? das Al-Hafi?
DAJA.   Itzt des Sultans
Schatzmeister.
NATHAN.   Wie? Al-Hafi? Träumst du wieder? –
Er ists! – wahrhaftig, ists! – kömmt auf uns zu.
Hinein mit Euch, geschwind! – Was werd' ich hören!

Dritter Auftritt

Nathan und der Derwisch

DERWISCH. Reißt nur die Augen auf, so weit Ihr könnt!
NATHAN. Bist du's? bist du es nicht? – In dieser Pracht,
Ein Derwisch! ...
DERWISCH.   Nun? warum denn nicht? Läßt sich
Aus einem Derwisch denn nichts, gar nichts machen?
NATHAN. Ei wohl, genug! – Ich dachte mir nur immer,
Der Derwisch – so der rechte Derwisch – woll'
Aus sich nichts machen lassen.
DERWISCH.   Beim Propheten!
Daß ich kein rechter bin, mag auch wohl wahr sein.
Zwar wenn man muß –
NATHAN.   Muß! Derwisch! – Derwisch muß?
Kein Mensch muß müssen, und ein Derwisch müßte?
Was müßt' er denn?
DERWISCH.   Warum man ihn recht bittet,
Und er für gut erkennt: das muß ein Derwisch.
NATHAN. Bei unserm Gott! da sagst du wahr. – Laß dich
Umarmen, Mensch. – Du bist doch noch mein Freund?

DERWISCH. Und fragt nicht erst, was ich geworden bin? 39
NATHAN. Trotz dem, was du geworden!
DERWISCH. Könnt' ich nicht
Ein Kerl im Staat geworden sein, des Freundschaft
Euch ungelegen wäre?
NATHAN. Wenn dein Herz
Noch Derwisch ist, so wag' ichs drauf. Der Kerl
Im Staat, ist nur dein Kleid.
DERWISCH. Das auch geehrt
Will sein. – Was meint Ihr? ratet! – Was wär' ich
An Eurem Hofe?
NATHAN. Derwisch; weiter nichts.
Doch neben her, wahrscheinlich – Koch.
DERWISCH. Nun ja!
Mein Handwerk bei Euch zu verlernen. – Koch!
Nicht Kellner auch? – Gesteht, daß Saladin 40
Mich besser kennt. – Schatzmeister bin ich bei
Ihm worden.
NATHAN. Du? – bei ihm?
DERWISCH. Versteht:
Des kleinern Schatzes, – denn des größern waltet
Sein Vater noch – des Schatzes für sein Haus.
NATHAN. Sein Haus ist groß.
DERWISCH. Und größer, als Ihr glaubt;
Denn jeder Bettler ist von seinem Hause.
NATHAN. Doch ist den Bettlern Saladin so feind –
DERWISCH. Daß er mit Strumpf und Stiel sie zu vertilgen
Sich vorgesetzt, – und sollt' er selbst darüber
Zum Bettler werden.
NATHAN. Brav! – So mein' ichs eben. 4
DERWISCH. Er ists auch schon, trotz einem! – Denn sein Schatz
Ist jeden Tag mit Sonnenuntergang
Viel leerer noch, als leer. Die Flut, so hoch
Sie morgens eintritt, ist des Mittags längst
Verlaufen –
NATHAN. Weil Kanäle sie zum Teil
Verschlingen, die zu füllen oder zu
Verstopfen, gleich unmöglich ist.

DERWISCH.   Getroffen!
NATHAN. Ich kenne das!
DERWISCH.   Es taugt nun freilich nichts,
  Wenn Fürsten Geier unter Äsern sind.
  Doch sind sie Äser unter Geiern, taugts
  Noch zehnmal weniger.
NATHAN.   O nicht doch, Derwisch!
  Nicht doch!
DERWISCH.   Ihr habt gut reden, Ihr! – Kommt an:
  Was gebt Ihr mir? so tret' ich meine Stell'
  Euch ab.
NATHAN.   Was bringt dir deine Stelle?
DERWISCH.   Mir?
  Nicht viel. Doch Euch, Euch kann sie trefflich wuchern.
  Denn ist es Ebb' im Schatz, – wie öfters ist, –
  So zieht Ihr Eure Schleusen auf: schießt vor,
  Und nehmt an Zinsen, was Euch nur gefällt.
NATHAN. Auch Zins vom Zins der Zinsen?
DERWISCH.   Freilich!
NATHAN.   Bis
  Mein Kapital zu lauter Zinsen wird.
DERWISCH.
  Das lockt Euch nicht? – So schreibet unsrer Freundschaft
  Nur gleich den Scheidebrief! Denn wahrlich hab'
  Ich sehr auf Euch gerechnet.
NATHAN.   Wahrlich? Wie
  Denn so? wie so denn?
DERWISCH.   Daß Ihr mir mein Amt
  Mit Ehren würdet führen helfen; daß
  Ich allzeit offne Kasse bei Euch hätte. –
  Ihr schüttelt?
NATHAN.   Nun, verstehn wir uns nur recht!
  Hier gibts zu unterscheiden. – Du? warum
  Nicht du? Al-Hafi Derwisch ist zu allem,
  Was ich vermag, mir stets willkommen. – Aber
  Al-Hafi Defterdar des Saladin,
  Der – dem –
DERWISCH.   Erriet ichs nicht? Daß Ihr doch immer

So gut als klug, so klug als weise seid! –
Geduld! Was Ihr am Hafi unterscheidet,
Soll bald geschieden wieder sein. – Seht da
Das Ehrenkleid, das Saladin mir gab.
Eh es verschossen ist, eh es zu Lumpen
Geworden, wie sie einen Derwisch kleiden,
Hängts in Jerusalem am Nagel, und
Ich bin am Ganges, wo ich leicht und barfuß
Den heißen Sand mit meinen Lehrern trete.
NATHAN. Dir ähnlich gnug!
DERWISCH.   Und Schach mit ihnen spiele.
NATHAN. Dein höchstes Gut!
DERWISCH.   Denkt nur, was mich verführte! –
Damit ich selbst nicht länger betteln dürfte?
Den reichen Mann mit Bettlern spielen könnte?
Vermögend wär' im Hui den reichsten Bettler
In einen armen Reichen zu verwandeln?
NATHAN. Das nun wohl nicht.
DERWISCH.   Weit etwas Abgeschmackters!
Ich fühlte mich zum erstenmal geschmeichelt;
Durch Saladins gutherz'gen Wahn geschmeichelt –
NATHAN. Der war?
DERWISCH.   »Ein Bettler wisse nur, wie Bettlern
Zu Mute sei; ein Bettler habe nur
Gelernt, mit guter Weise Bettlern geben.
Dein Vorfahr, sprach er, war mir viel zu kalt,
Zu rauh. Er gab so unhold, wenn er gab;
Erkundigte so ungestüm sich erst
Nach dem Empfänger; nie zufrieden, daß
Er nur den Mangel kenne, wollt' er auch
Des Mangels Ursach wissen, um die Gabe
Nach dieser Ursach filzig abzuwägen.
Das wird Al-Hafi nicht! So unmild mild
Wird Saladin im Hafi nicht erscheinen!
Al-Hafi gleicht verstopften Röhren nicht,
Die ihre klar und still empfangnen Wasser
So unrein und so sprudelnd wieder geben.
Al-Hafi denkt; Al-Hafi fühlt wie ich!« –

So lieblich klang des Voglers Pfeife, bis
Der Gimpel in dem Netze war. – Ich Geck!
Ich eines Gecken Geck!
NATHAN.   Gemach, mein Derwisch,
Gemach!
DERWISCH. Ei was! – Es wär' nicht Geckerei,
Bei Hunderttausenden die Menschen drücken,
Ausmergeln, plündern, martern, würgen; und
Ein Menschenfreund an einzeln scheinen wollen?
Es wär' nicht Geckerei, des Höchsten Milde,
Die sonder Auswahl über Bös' und Gute
Und Flur und Wüstenei, in Sonnenschein
Und Regen sich verbreitet, – nachzuäffen,
Und nicht des Höchsten immer volle Hand
Zu haben? Was? es wär' nicht Geckerei ...
NATHAN. Genug! hör auf!
DERWISCH.   Laßt *meiner* Geckerei
Mich doch nur auch erwähnen! – Was? es wäre
Nicht Geckerei, an solchen Geckereien
Die gute Seite dennoch auszuspüren,
Um Anteil, dieser guten Seite wegen,
An dieser Geckerei zu nehmen? Heh?
Das nicht?
NATHAN.   Al-Hafi, mache, daß du bald
In deine Wüste wieder kömmst. Ich fürchte,
Grad' unter Menschen möchtest du ein Mensch
Zu sein verlernen.
DERWISCH.   Recht, das fürcht' ich auch.
Lebt wohl!
NATHAN.   So hastig? – Warte doch, Al-Hafi.
Entläuft dir denn die Wüste? – Warte doch! –
Daß er mich hörte! – He, Al-Hafi! hier! –
Weg ist er; und ich hätt' ihn noch so gern
Nach unserm Tempelherrn gefragt. Vermutlich,
Daß er ihn kennt.

Vierter Auftritt

Daja eilig herbei. Nathan

DAJA. O Nathan, Nathan!
NATHAN. Nun?
Was gibts?
DAJA. Er läßt sich wieder sehn! Er läßt
Sich wieder sehn!
NATHAN. Wer, Daja? wer?
DAJA. Er! er!
NATHAN. Er? Er? – Wann läßt sich *der* nicht sehn! – Ja so,
Nur euer Er heißt er. – Das sollt' er nicht!
Und wenn er auch ein Engel wäre, nicht!
DAJA. Er wandelt untern Palmen wieder auf
Und ab; und bricht von Zeit zu Zeit sich Datteln.
NATHAN. Sie essend? – und als Tempelherr?
DAJA. Was quält
Ihr mich? – Ihr gierig Aug' erriet ihn hinter
Den dicht verschränkten Palmen schon; und folgt
Ihm unverrückt. Sie läßt Euch bitten, – Euch
Beschwören, – ungesäumt ihn anzugehn.
O eilt! Sie wird Euch aus dem Fenster winken,
Ob er hinauf geht oder weiter ab
Sich schlägt. O eilt!
NATHAN. So wie ich vom Kamele
Gestiegen? – Schickt sich das? – Geh, eile du
Ihm zu; und meld' ihm meine Wiederkunft.
Gib Acht, der Biedermann hat nur mein Haus
In meinem Absein nicht betreten wollen;
Und kömmt nicht ungern, wenn der Vater selbst
Ihn laden läßt. Geh, sag', ich laß' ihn bitten,
Ihn herzlich bitten ...
DAJA. All umsonst! Er kömmt
Euch nicht. – Denn kurz; er kömmt zu keinem Juden.
NATHAN. So geh, geh wenigstens ihn anzuhalten;
Ihn wenigstens mit deinen Augen zu
Begleiten. – Geh, ich komme gleich dir nach.
(Nathan eilet hinein, und Daja heraus)

Fünfter Auftritt

*Szene: ein Platz mit Palmen,
unter welchen der Tempelherr auf und nieder geht.
Ein Klosterbruder folgt ihm in einiger Entfernung
von der Seite, immer als ob er ihn anreden wolle*

TEMPELHERR. Der folgt mir nicht vor langer Weile! – Sieh,
Wie schielt er nach den Händen! – Guter Bruder, ...
Ich kann Euch auch wohl Vater nennen; nicht?
KLOSTERBRUDER. Nur Bruder – Laienbruder nur; zu dienen.
TEMPELHERR. Ja, guter Bruder, wer nur selbst was hätte!
Bei Gott! bei Gott! ich habe nichts –
KLOSTERBRUDER. Und doch
Recht warmen Dank! Gott geb' Euch tausendfach
Was Ihr gern geben wolltet. Denn der Wille
Und nicht die Gabe macht den Geber. – Auch
Ward ich dem Herrn Almosens wegen gar
Nicht nachgeschickt.
TEMPELHERR. Doch aber nachgeschickt?
KLOSTERBRUDER. Ja; aus dem Kloster.
TEMPELHERR. Wo ich eben jetzt
Ein kleines Pilgermahl zu finden hoffte?
KLOSTERBRUDER. Die Tische waren schon besetzt: komm' aber
Der Herr nur wieder mit zurück.
TEMPELHERR. Wozu?
Ich habe Fleisch wohl lange nicht gegessen:
Allein was tuts? Die Datteln sind ja reif.
KLOSTERBRUDER.
Nehm' sich der Herr in Acht mit dieser Frucht.
Zu viel genossen taugt sie nicht; verstopft
Die Milz; macht melancholisches Geblüt.
TEMPELHERR. Wenn ich nun melancholisch gern mich fühlte? –
Doch dieser Warnung wegen wurdet Ihr
Mir doch nicht nachgeschickt?
KLOSTERBRUDER. O nein! – Ich soll
Mich nur nach Euch erkunden; auf den Zahn
Euch fühlen.

TEMPELHERR. Und das sagt Ihr mir so selbst?
KLOSTERBRUDER.
 Warum nicht?
TEMPELHERR. (Ein verschmitzter Bruder!) – Hat
 Das Kloster Eures gleichen mehr?
KLOSTERBRUDER. Weiß nicht.
 Ich muß gehorchen, lieber Herr.
TEMPELHERR. Und da
 Gehorcht Ihr denn auch ohne viel zu klügeln? 560
KLOSTERBRUDER.
 Wär's sonst gehorchen, lieber Herr?
TEMPELHERR. (Daß doch
 Die Einfalt immer Recht behält!) – Ihr dürft
 Mir doch auch wohl vertrauen, wer mich gern
 Genauer kennen möchte? – Daß Ihrs selbst
 Nicht seid, will ich wohl schwören.
KLOSTERBRUDER. Ziemte mirs?
 Und frommte mirs?
TEMPELHERR. Wem ziemt und frommt es denn,
 Daß er so neubegierig ist? Wem denn?
KLOSTERBRUDER. Dem Patriarchen; muß ich glauben. – Denn
 Der sandte mich Euch nach.
TEMPELHERR. Der Patriarch?
 Kennt der das rote Kreuz auf weißem Mantel 570
 Nicht besser?
KLOSTERBRUDER.
 Kenn' ja ichs!
TEMPELHERR. Nun, Bruder? nun? –
 Ich bin ein Tempelherr; und ein gefang'ner. –
 Setz' ich hinzu: gefangen bei Tebnin,
 Der Burg, die mit des Stillstands letzter Stunde
 Wir gern erstiegen hätten, um sodann
 Auf Sidon los zu gehn; – setz' ich hinzu:
 Selbzwanzigster gefangen und allein
 Vom Saladin begnadiget: so weiß
 Der Patriarch, was er zu wissen braucht; –
 Mehr, als er braucht. 580
KLOSTERBRUDER. Wohl aber schwerlich mehr,

Als er schon weiß. – Er wüßt' auch gern, warum
Der Herr vom Saladin begnadigt worden;
Er ganz allein.
TEMPELHERR. Weiß ich das selber? – Schon
Den Hals entblößt, kniet' ich auf meinem Mantel,
Den Streich erwartend: als mich schärfer Saladin
Ins Auge faßt, mir näher springt, und winkt.
Man hebt mich auf; ich bin entfesselt; will
Ihm danken; seh' sein Aug' in Tränen: stumm
Ist er, bin ich; er geht, ich bleibe. – Wie
Nun das zusammenhängt, enträtsle sich
Der Patriarche selbst.
KLOSTERBRUDER. Er schließt daraus,
Daß Gott zu großen, großen Dingen Euch
Müß' aufbehalten haben.
TEMPELHERR. Ja, zu großen!
Ein Judenmädchen aus dem Feur zu retten;
Auf Sinai neugier'ge Pilger zu
Geleiten; und dergleichen mehr.
KLOSTERBRUDER. Wird schon
Noch kommen! – Ist inzwischen auch nicht übel. –
Vielleicht hat selbst der Patriarch bereits
Weit wicht'gere Geschäfte für den Herrn.
TEMPELHERR.
So? meint Ihr, Bruder? – Hat er gar Euch schon
Was merken lassen?
KLOSTERBRUDER. Ei, ja wohl! – Ich soll
Den Herrn nur erst ergründen, ob er so
Der Mann wohl ist.
TEMPELHERR. Nun ja; ergründet nur!
(Ich will doch sehn, wie der ergründet!) – Nun?
KLOSTERBRUDER.
Das kürzeste wird wohl sein, daß ich dem Herrn
Ganz grade zu des Patriarchen Wunsch
Eröffne.
TEMPELHERR.
Wohl!
KLOSTERBRUDER. Er hätte durch den Herrn

Ein Briefchen gern bestellt.
TEMPELHERR.   Durch mich? Ich bin
  Kein Bote. – Das, das wäre das Geschäft,
  Das weit glorreicher sei, als Judenmädchen
  Dem Feur entreißen?
KLOSTERBRUDER.   Muß doch wohl! Denn – sagt
  Der Patriarch – an diesem Briefchen sei
  Der ganzen Christenheit sehr viel gelegen.
  Dies Briefchen wohl bestellt zu haben, – sagt
  Der Patriarch, – werd' einst im Himmel Gott
  Mit einer ganz besondern Krone lohnen.
  Und dieser Krone, – sagt der Patriarch, –
  Sei niemand würd'ger, als mein Herr.
TEMPELHERR.   Als ich?
KLOSTERBRUDER. Denn diese Krone zu verdienen, – sagt
  Der Patriarch, – sei schwerlich jemand auch
  Geschickter, als mein Herr.
TEMPELHERR.   Als ich?
KLOSTERBRUDER.   Er sei
  Hier frei; könn' überall sich hier besehn;
  Versteh', wie eine Stadt zu stürmen und
  Zu schirmen; könne, – sagt der Patriarch, –
  Die Stärk' und Schwäche der von Saladin
  Neu aufgeführten, innern, zweiten Mauer
  Am besten schätzen, sie am deutlichsten
  Den Streitern Gottes, – sagt der Patriarch, –
  Beschreiben.
TEMPELHERR. Guter Bruder, wenn ich doch
  Nun auch des Briefchens nähern Inhalt wüßte.
KLOSTERBRUDER. Ja den, – den weiß ich nun wohl nicht so recht.
  Das Briefchen aber ist an König Philipp. –
  Der Patriarch ... Ich hab' mich oft gewundert,
  Wie doch ein Heiliger, der sonst so ganz
  Im Himmel lebt, zugleich so unterrichtet
  Von Dingen dieser Welt zu sein herab
  Sich lassen kann. Es muß ihm sauer werden.
TEMPELHERR. Nun dann? der Patriarch? –
KLOSTERBRUDER.   Weiß ganz genau,

Ganz zuverlässig, wie und wo, wie stark,
Von welcher Seite Saladin, im Fall
Es völlig wieder losgeht, seinen Feldzug
Eröffnen wird.
TEMPELHERR. Das weiß er?
KLOSTERBRUDER. Ja, und möcht'
Es gern dem König Philipp wissen lassen:
Damit der ungefähr ermessen könne,
Ob die Gefahr denn gar so schrecklich, um
Mit Saladin den Waffenstillestand,
Den Euer Orden schon so brav gebrochen,
Es koste was es wolle, wieder her
Zu stellen.
TEMPELHERR. Welch ein Patriarch! – Ja so!
Der liebe tapfre Mann will mich zu keinem
Gemeinen Boten; will mich – zum Spion. –
Sagt Euerm Patriarchen, guter Bruder,
So viel Ihr mich ergründen können, wär'
Das meine Sache nicht. – Ich müsse mich
Noch als Gefangenen betrachten; und
Der Tempelherren einziger Beruf
Sei mit dem Schwerte drein zu schlagen, nicht
Kundschafterei zu treiben.
KLOSTERBRUDER. Dacht' ichs doch! –
Wills auch dem Herrn nicht eben sehr verübeln. –
Zwar kömmt das Beste noch. – Der Patriarch
Hiernächst hat ausgegattert, wie die Feste
Sich nennt, und wo auf Libanon sie liegt,
In der die ungeheuern Summen stecken,
Mit welchen Saladins vorsichtger Vater
Das Heer besoldet, und die Zurüstungen
Des Kriegs bestreitet. Saladin verfügt
Von Zeit zu Zeit auf abgelegnen Wegen
Nach dieser Feste sich, nur kaum begleitet. –
Ihr merkt doch?
TEMPELHERR. Nimmermehr!
KLOSTERBRUDER. Was wäre da

Wohl leichter, als des Saladins sich zu
Bemächtigen? den Garaus ihm zu machen? –
Ihr schaudert? – O es haben schon ein Paar
Gottsfürchtge Maroniten sich erboten,
Wenn nur ein wackrer Mann sie führen wolle,
Das Stück zu wagen.
TEMPELHERR.   Und der Patriarch
Hätt' auch zu diesem wackern Manne mich
Ersehn?
KLOSTERBRUDER.
   Er glaubt, daß König Philipp wohl
Von Ptolemais aus die Hand hierzu
Am besten bieten könne.
TEMPELHERR.   Mir? mir, Bruder?
Mir? Habt Ihr nicht gehört? nur erst gehört,
Was für Verbindlichkeit dem Saladin
Ich habe?
KLOSTERBRUDER.
      Wohl hab ichs gehört.
TEMPELHERR.   Und doch?
KLOSTERBRUDER.
Ja, – meint der Patriarch, – das wär' schon gut:
Gott aber und der Orden ...
TEMPELHERR.   Ändern nichts!
Gebieten mir kein Bubenstück!
KLOSTERBRUDER.   Gewiß nicht! –
Nur, – meint der Patriarch, – sei Bubenstück
Vor Menschen, nicht auch Bubenstück vor Gott.
TEMPELHERR. Ich wär' dem Saladin mein Leben schuldig:
Und raubt ihm seines?
KLOSTERBRUDER.   Pfui! – Doch bliebe, – meint
Der Patriarch, – noch immer Saladin
Ein Feind der Christenheit, der Euer Freund
Zu sein, kein Recht erwerben könne.
TEMPELHERR.   Freund?
An dem ich bloß nicht will zum Schurken werden;
Zum undankbaren Schurken?
KLOSTERBRUDER.   Allerdings! –

Zwar, – meint der Patriarch, – des Dankes sei
Man quitt, vor Gott und Menschen quitt, wenn uns
Der Dienst um unsertwillen nicht geschehen.
Und da verlauten wolle, – meint der Patriarch, –
Daß Euch nur darum Saladin begnadet,
Weil ihm in Eurer Mien', in Euerm Wesen,
So was von seinem Bruder eingeleuchtet ...
TEMPELHERR. Auch dieses weiß der Patriarch; und doch? –
Ah! wäre das gewiß! Ah, Saladin! –
Wie? die Natur hätt' auch nur Einen Zug
Von mir in deines Bruders Form gebildet:
Und dem entspräche nichts in meiner Seele?
Was dem entspräche, könnt ich unterdrücken,
Um einem Patriarchen zu gefallen? –
Natur, so leugst du nicht! So widerspricht
Sich Gott in seinen Werken nicht! – Geht Bruder! –
Erregt mir meine Galle nicht! – Geht! geht!
KLOSTERBRUDER. Ich geh'; und geh' vergnügter, als ich kam.
Verzeihe mir der Herr. Wir Klosterleute
Sind schuldig, unsern Obern zu gehorchen.

SECHSTER AUFTRITT

Der Tempelherr und Daja,
die den Tempelherrn schon eine Zeit lang
von weiten beobachtet hatte, und sich nun ihm nähert

DAJA. Der Klosterbruder, wie mich dünkt, ließ in
Der besten Laun' ihn nicht. – Doch muß ich mein
Paket nur wagen.
TEMPELHERR.   Nun, vortrefflich! – Lügt
Das Sprichwort wohl: daß Mönch und Weib, und Weib
Und Mönch des Teufels beide Krallen sind?
Er wirft mich heut aus einer in die andre.
DAJA. Was seh' ich? – Edler Ritter, Euch? – Gott Dank!
Gott tausend Dank! – Wo habt Ihr denn
Die ganze Zeit gesteckt? – Ihr seid doch wohl

Nicht krank gewesen?
TEMPELHERR. Nein.
DAJA. Gesund doch?
TEMPELHERR. Ja.
DAJA. Wir waren Euertwegen wahrlich ganz
Bekümmert.
TEMPELHERR. So?
DAJA. Ihr wart gewiß verreist?
TEMPELHERR. Erraten!
DAJA. Und kamt heut erst wieder?
TEMPELHERR. Gestern.
DAJA. Auch Rechas Vater ist heut angekommen.
Und nun darf Recha doch wohl hoffen?
TEMPELHERR. Was?
DAJA. Warum sie Euch so öfters bitten lassen.
Ihr Vater ladet Euch nun selber bald
Aufs dringlichste. Er kömmt von Babylon;
Mit zwanzig hochbeladenen Kamelen,
Und allem, was an edeln Spezereien,
An Steinen und an Stoffen, Indien
Und Persien und Syrien, gar Sina,
Kostbares nur gewähren.
TEMPELHERR. Kaufe nichts.
DAJA. Sein Volk verehret ihn als einen Fürsten.
Doch daß es ihn den Weisen Nathan nennt,
Und nicht vielmehr den Reichen, hat mich oft
Gewundert.
TEMPELHERR. Seinem Volk ist reich und weise
Vielleicht das nämliche.
DAJA. Vor allen aber
Hätt's ihn den Guten nennen müssen. Denn
Ihr stellt Euch gar nicht vor, wie gut er ist.
Als er erfuhr, wie viel Euch Recha schuldig:
Was hätt', in diesem Augenblicke, nicht
Er alles Euch getan, gegeben!
TEMPELHERR. Ei!
DAJA. Versuchts und kommt und seht!
TEMPELHERR. Was denn? wie schnell

Ein Augenblick vorüber ist?
DAJA. Hätt' ich,
Wenn er so gut nicht wär', es mir so lange
Bei ihm gefallen lassen? Meint Ihr etwa,
Ich fühle meinen Wert als Christin nicht?
Auch mir wards vor der Wiege nicht gesungen,
Daß ich nur darum meinem Ehgemahl
Nach Palästina folgen würd', um da
Ein Judenmädchen zu erziehn. Es war
Mein lieber Ehgemahl ein edler Knecht
In Kaiser Friedrichs Heere –
TEMPELHERR. Von Geburt
Ein Schweizer, dem die Ehr' und Gnade ward
Mit Seiner Kaiserlichen Majestät
In einem Flusse zu ersaufen. – Weib!
Wie vielmal habt Ihr mir das schon erzählt?
Hört Ihr denn gar nicht auf mich zu verfolgen?
DAJA. Verfolgen! lieber Gott!
TEMPELHERR. Ja, ja, verfolgen.
Ich will nun einmal Euch nicht weiter sehn!
Nicht hören! Will von Euch an eine Tat
Nicht fort und fort erinnert sein, bei der
Ich nichts gedacht; die, wenn ich drüber denke,
Zum Rätsel von mir selbst mir wird. Zwar möcht'
Ich sie nicht gern bereuen. Aber seht;
Eräugnet so ein Fall sich wieder: Ihr
Seid Schuld, wenn ich so rasch nicht handle; wenn
Ich mich vorher erkund', – und brennen lasse,
Was brennt.
DAJA. Bewahre Gott!
TEMPELHERR. Von heut' an tut
Mir den Gefallen wenigstens, und kennt
Mich weiter nicht. Ich bitt' Euch drum. Auch laßt
Den Vater mir vom Halse. Jud' ist Jude.
Ich bin ein plumper Schwab. Des Mädchens Bild
Ist längst aus meiner Seele; wenn es je
Da war.
DAJA. Doch Eures ist aus ihrer nicht.

TEMPELHERR. Was solls nun aber da? was solls?
DAJA. Wer weiß!
Die Menschen sind nicht immer, wie sie scheinen.
TEMPELHERR. Doch selten etwas Bessers. *(Er geht)*
DAJA. Wartet doch!
Was eilt Ihr?
TEMPELHERR. Weib, macht mir die Palmen nicht
Verhaßt, worunter ich so gern sonst wandle.
DAJA. So geh', du deutscher Bär! so geh'! – Und doch
Muß ich die Spur des Tieres nicht verlieren.
(Sie geht ihm von weiten nach)

ZWEITER AUFZUG

Erster Auftritt

Die Szene: des Sultans Palast

Saladin und Sittah spielen Schach

SITTAH. Wo bist du, Saladin? Wie spielst du heut?
SALADIN. Nicht gut? Ich dächte doch.
SITTAH. Für mich; und kaum.
Nimm diesen Zug zurück.
SALADIN. Warum?
SITTAH. Der Springer
Wird unbedeckt.
SALADIN. Ist wahr. Nun so!
SITTAH. So zieh'
Ich in die Gabel.
SALADIN. Wieder wahr. – Schach dann!
SITTAH. Was hilft dir das? Ich setze vor: und du
Bist, wie du warst.
SALADIN. Aus dieser Klemme, seh'
Ich wohl, ist ohne Buße nicht zu kommen.
Mags! nimm den Springer nur.
SITTAH. Ich will ihn nicht.
Ich geh vorbei.
SALADIN. Du schenkst mir nichts. Dir liegt
An diesem Platze mehr, als an dem Springer.
SITTAH. Kann sein.
SALADIN. Mach deine Rechnung nur nicht ohne
Den Wirt. Denn sieh'! Was gilts, das warst du nicht
Vermuten?
SITTAH. Freilich nicht. Wie konnt' ich auch
Vermuten, daß du deiner Königin
So müde wärst?

SALADIN. Ich meiner Königin?
SITTAH. Ich seh' nun schon: ich soll heut meine tausend
Dinar', kein Naserinchen mehr gewinnen.
SALADIN. Wie so?
SITTAH. Frag noch! – Weil du mit Fleiß, mit aller
Gewalt verlieren willst. – Doch dabei find'
Ich meine Rechnung nicht. Denn außer, daß
Ein solches Spiel das unterhaltendste
Nicht ist: gewann ich immer nicht am meisten
Mit dir, wenn ich verlor? Wenn hast du mir
Den Satz, mich des verlornen Spieles wegen
Zu trösten, doppelt nicht hernach geschenkt?
SALADIN. Ei sieh! so hättest *du* ja wohl, wenn du
Verlorst, mit Fleiß verloren, Schwesterchen?
SITTAH. Zum wenigsten kann gar wohl sein, daß deine
Freigebigkeit, mein liebes Brüderchen,
Schuld ist, daß ich nicht besser spielen lernen.
SALADIN. Wir kommen ab vom Spiele. Mach ein Ende!
SITTAH. So bleibt es? Nun dann: Schach! und doppelt Schach!
SALADIN. Nun freilich; dieses Abschach hab' ich nicht
Gesehn, das meine Königin zugleich
Mit niederwirft.
SITTAH. War dem noch abzuhelfen?
Laß sehn.
SALADIN. Nein, nein; nimm nur die Königin.
Ich war mit diesem Steine nie recht glücklich.
SITTAH. Bloß mit dem Steine?
SALADIN. Fort damit! – Das tut
Mir nichts. Denn so ist alles wiederum
Geschützt.
SITTAH. Wie höflich man mit Königinnen
Verfahren müsse: hat mein Bruder mich
Zu wohl gelehrt. *(Sie läßt sie stehen)*
SALADIN. Nimm, oder nimm sie nicht!
Ich habe keine mehr.
SITTAH. Wozu sie nehmen?
Schach! – Schach!
SALADIN. Nur weiter.

SITTAH.   Schach! – und Schach! – und Schach! –
SALADIN. Und matt!
SITTAH.   Nicht ganz; du ziehst den Springer noch
  Dazwischen; oder was du machen willst.
  Gleichviel!
SALADIN.   Ganz recht! – Du hast gewonnen: und
  Al-Hafi zahlt. – Man laß ihn rufen! gleich! –
  Du hattest, Sittah, nicht so unrecht; ich
  War nicht so ganz beim Spiele; war zerstreut.
  Und dann: wer gibt uns denn die glatten Steine
  Beständig? die an nichts erinnern, nichts
  Bezeichnen. Hab' ich mit dem Iman denn
  Gespielt? – Doch was? Verlust will Vorwand. Nicht
  Die ungeformten Steine, Sittah, sinds
  Die mich verlieren machten: deine Kunst,
  Dein ruhiger und schneller Blick...
SITTAH.   Auch so
  Willst du den Stachel des Verlusts nur stumpfen.
  Genug, du warst zerstreut; und mehr als ich.
SALADIN. Als du? Was hätte *dich* zerstreuet?
SITTAH.   Deine
  Zerstreuung freilich nicht! – O Saladin,
  Wenn werden wir so fleißig wieder spielen!
SALADIN. So spielen wir um so viel gieriger! –
  Ah! weil es wieder los geht, meinst du? – Mags! –
  Nur zu! – Ich habe nicht zuerst gezogen;
  Ich hätte gern den Stillstand aufs neue
  Verlängert; hätte meiner Sittah gern,
  Gern einen guten Mann zugleich verschafft.
  Und das muß Richards Bruder sein: er ist
  Ja Richards Bruder.
SITTAH.   Wenn du deinen Richard
  Nur loben kannst!
SALADIN.   Wenn unserm Bruder Melek
  Dann Richards Schwester wär' zu Teile worden:
  Ha! welch ein Haus zusammen! Ha, der ersten,
  Der besten Häuser in der Welt das beste! –
  Du hörst, ich bin mich selbst zu loben, auch

Nicht faul. Ich dünk' mich meiner Freunde wert. –
Das hätte Menschen geben sollen! das!
SITTAH. Hab' ich des schönen Traums nicht gleich gelacht?
Du kennst die Christen nicht, willst sie nicht kennen.
Ihr Stolz ist: Christen sein; nicht Menschen. Denn
Selbst das, was, noch von ihrem Stifter her,
Mit Menschlichkeit den Aberglauben wirzt,
Das lieben sie, nicht weil es menschlich ist:
Weils Christus lehrt; weils Christus hat getan. –
Wohl ihnen, daß er ein so guter Mensch
Noch war! Wohl ihnen, daß sie seine Tugend
Auf Treu und Glaube nehmen können! – Doch
Was Tugend? – Seine Tugend nicht; sein Name
Soll überall verbreitet werden; soll
Die Namen aller guten Menschen schänden,
Verschlingen. Um den Namen, um den Namen
Ist ihnen nur zu tun.
SALADIN.   Du meinst: warum
Sie sonst verlangen würden, daß auch ihr,
Auch du und Melek, Christen hießet, eh
Als Ehgemahl ihr Christen lieben wolltet?
SITTAH. Ja wohl! Als wär' von Christen nur, als Christen,
Die Liebe zu gewärtigen, womit
Der Schöpfer Mann und Männin ausgestattet!
SALADIN. Die Christen glauben mehr Armseligkeiten,
Als daß sie *die* nicht auch noch glauben könnten! –
Und gleichwohl irrst du dich. – Die Tempelherren,
Die Christen nicht, sind Schuld: sind nicht, als Christen,
Als Tempelherren Schuld. Durch die allein
Wird aus der Sache nichts. Sie wollen Acca,
Das Richards Schwester unserm Bruder Melek
Zum Brautschatz bringen müßte, schlechterdings
Nicht fahren lassen. Daß des Ritters Vorteil
Gefahr nicht laufe, spielen sie den Mönch,
Den albern Mönch. Und ob vielleicht im Fluge
Ein guter Streich gelänge: haben sie
Des Waffenstillestandes Ablauf kaum
Erwarten können. – Lustig! Nur so weiter!

Ihr Herren, nur so weiter! – Mir schon recht! –
Wär alles sonst nur, wie es müßte.
SITTAH. Nun?
Was irrte dich denn sonst? Was könnte sonst
Dich aus der Fassung bringen?
SALADIN. Was von je
Mich immer aus der Fassung hat gebracht. –
Ich war auf Libanon, bei unserm Vater.
Er unterliegt den Sorgen noch ...
SITTAH. O weh!
SALADIN. Er kann nicht durch; es klemmt sich aller Orten;
Es fehlt bald da, bald dort –
SITTAH. Was klemmt? was fehlt?
SALADIN. Was sonst, als was ich kaum zu nennen würd'ge?
Was, wenn ichs habe, mir so überflüssig,
Und hab' ichs nicht, so unentbehrlich scheint. –
Wo bleibt Al-Hafi denn? Ist niemand nach
Ihm aus? – Das leidige, verwünschte Geld! –
Gut, Hafi, daß du kömmst.

Zweiter Auftritt

Der Derwisch Al-Hafi. Saladin. Sittah

AL-HAFI. Die Gelder aus
Ägypten sind vermutlich angelangt.
Wenns nur fein viel ist.
SALADIN. Hast du Nachricht?
AL-HAFI. Ich?
Ich nicht. Ich denke, daß ich hier sie in
Empfang soll nehmen.
SALADIN. Zahl an Sittah tausend
Dinare! *(in Gedanken hin und her gehend)*
AL-HAFI. Zahl! anstatt, empfang! O schön!
Das ist für Was noch weniger als Nichts. –
An Sittah? – wiederum an Sittah? Und
Verloren? – wiederum im Schach verloren? –

Da steht es noch das Spiel!
SITTAH. Du gönnst mir doch
Mein Glück?
AL-HAFI *(das Spiel betrachtend).*
Was gönnen? Wenn – Ihr wißt ja wohl.
SITTAH *(ihm winkend).*
Bst! Hafi! bst!
AL-HAFI *(noch auf das Spiel gerichtet).*
Gönnts Euch nur selber erst!
SITTAH. Al-Hafi! bst!
AL-HAFI *(zu Sittah).* Die Weißen waren Euer?
Ihr bietet Schach?
SITTAH. Gut, daß er nichts gehört!
AL-HAFI. Nun ist der Zug an ihm?
SITTAH *(ihm näher tretend).* So sage doch,
Daß ich mein Geld bekommen kann.
AL-HAFI *(noch auf das Spiel geheftet).* Nun ja;
Ihr sollts bekommen, wie Ihrs stets bekommen.
SITTAH. Wie? bist du toll?
AL-HAFI. Das Spiel ist ja nicht aus.
Ihr habt ja nicht verloren, Saladin.
SALADIN *(kaum hinhörend).*
Doch! doch! Bezahl! bezahl!
AL-HAFI. Bezahl! bezahl!
Da steht ja Eure Königin.
SALADIN *(noch so).* Gilt nicht;
Gehört nicht mehr ins Spiel.
SITTAH. So mach, und sag,
Daß ich das Geld mir nur kann holen lassen.
AL-HAFI *(noch immer in das Spiel vertieft).*
Versteht sich, so wie immer. – Wenn auch schon;
Wenn auch die Königin nichts gilt: Ihr seid
Doch darum noch nicht matt.
SALADIN *(tritt hinzu und wirft das Spiel um).*
Ich bin es; will
Es sein.
AL-HAFI. Ja so! – Spiel wie Gewinst! So wie
Gewonnen, so bezahlt.

SALADIN *(zu Sittah).* Was sagt er? was?
SITTAH *(von Zeit zu Zeit dem Hafi winkend).*
  Du kennst ihn ja. Er sträubt sich gern; läßt gern
  Sich bitten; ist wohl gar ein wenig neidisch. –
SALADIN. Auf dich doch nicht? Auf meine Schwester nicht? –
  Was hör' ich, Hafi? Neidisch? du?
AL-HAFI.   Kann sein!
  Kann sein! – Ich hätt' ihr Hirn wohl lieber selbst;
  Wär' lieber selbst so gut, als sie.
SITTAH.   Indes
  Hat er doch immer richtig noch bezahlt.
  Und wird auch heut' bezahlen. Laß ihn nur! –
  Geh nur, Al-Hafi, geh! Ich will das Geld
  Schon holen lassen.
AL-HAFI.   Nein; ich spiele länger
  Die Mummerei nicht mit. Er muß es doch
  Einmal erfahren.
SALADIN.   Wer? und was?
SITTAH.   Al-Hafi!
  Ist dieses dein Versprechen? Hältst du so
  Mir Wort?
AL-HAFI.   Wie konnt' ich glauben, daß es so
  Weit gehen würde.
SALADIN.   Nun? erfahr ich nichts?
SITTAH. Ich bitte dich, Al-Hafi; sei bescheiden.
SALADIN. Das ist doch sonderbar! Was könnte Sittah
  So feierlich, so warm bei einem Fremden,
  Bei einem Derwisch lieber, als bei mir,
  Bei ihrem Bruder sich verbitten wollen.
  Al-Hafi, nun befehl ich. – Rede, Derwisch!
SITTAH. Laß eine Kleinigkeit, mein Bruder, dir
  Nicht näher treten, als sie würdig ist.
  Du weißt, ich habe zu verschiednen Malen
  Dieselbe Summ' im Schach von dir gewonnen.
  Und weil ich itzt das Geld nicht nötig habe;
  Weil itzt in Hafis Kasse doch das Geld
  Nicht eben allzuhäufig ist: so sind
  Die Posten stehn geblieben. Aber sorgt

Nur nicht! Ich will sie weder dir, mein Bruder,
Noch Hafi, noch der Kasse schenken.
AL-HAFI.   Ja,
Wenns das nur wäre! das!
SITTAH.   Und mehr dergleichen. –
Auch das ist in der Kasse stehn geblieben,
Was du mir einmal ausgeworfen; ist
Seit wenig Monden stehn geblieben.
AL-HAFI.   Noch
Nicht alles.
SALADIN.   Noch nicht? – Wirst du reden?
AL-HAFI.
Seit aus Ägypten wir das Geld erwarten,
Hat sie ...
SITTAH *(zu Saladin).*
          Wozu ihn hören?
AL-HAFI.   Nicht nur Nichts
Bekommen ...
SALADIN.   Gutes Mädchen! – Auch beiher
Mit vorgeschossen. Nicht?
AL-HAFI.   Den ganzen Hof
Erhalten; Euern Aufwand ganz allein
Bestritten.
SALADIN.   Ha! das, das ist meine Schwester!
(sie umarmend)
SITTAH. Wer hatte, dies zu können, mich so reich
Gemacht, als du, mein Bruder?
AL-HAFI.   Wird schon auch
So bettelarm sie wieder machen, als
Er selber ist.
SALADIN.   Ich arm? der Bruder arm?
Wenn hab' ich mehr? wenn weniger gehabt? –
Ein Kleid, Ein Schwert, Ein Pferd, – und Einen Gott!
Was brauch' ich mehr? Wenn kanns an dem mir fehlen?
Und doch, Al-Hafi, könnt' ich mit dir schelten.
SITTAH. Schilt nicht, mein Bruder. Wenn ich unserm Vater
Auch seine Sorgen so erleichtern könnte!
SALADIN. Ah! Ah! Nun schlägst du meine Freudigkeit

Auf einmal wieder nieder! – Mir, für mich
Fehlt nichts, und kann nichts fehlen. Aber ihm,
Ihm fehlet; und in ihm uns allen. – Sagt,
Was soll ich machen? – Aus Ägypten kommt
Vielleicht noch lange nichts. Woran das liegt,
Weiß Gott. Es ist doch da noch alles ruhig. –
Abbrechen, einziehn, sparen, will ich gern,
Mir gern gefallen lassen; wenn es mich,
Bloß mich betrifft; bloß mich, und niemand sonst
Darunter leidet. – Doch was kann das machen?
Ein Pferd, Ein Kleid, Ein Schwerd, muß ich doch haben.
Und meinem Gott ist auch nichts abzudingen.
Ihm gnügt schon so mit wenigem genug;
Mit meinem Herzen. – Auf den Überschuß
Von deiner Kasse, Hafi, hatt' ich sehr
Gerechnet.

AL-HAFI.   Überschuß? – Sagt selber, ob
Ihr mich nicht hättet spießen, wenigstens
Mich drosseln lassen, wenn auf Überschuß
Ich von Euch wär' ergriffen worden. Ja,
Auf Unterschleif! das war zu wagen.

SALADIN.   Nun,
Was machen wir denn aber? – Konntest du
Vor erst bei niemand andern borgen, als
Bei Sittah?

SITTAH.   Würd' ich dieses Vorrecht, Bruder,
Mir haben nehmen lassen? Mir von ihm?
Auch noch besteh' ich drauf. Noch bin ich auf
Dem Trocknen völlig nicht.

SALADIN.   Nur völlig nicht!
Das fehlte noch! – Geh gleich, mach Anstalt, Hafi!
Nimm auf bei wem du kannst! und wie du kannst!
Geh, borg, versprich. – Nur, Hafi, borge nicht
Bei denen, die ich reich gemacht. Denn borgen
Von diesen, möchte wiederfodern heißen.
Geh zu den Geizigsten; die werden mir
Am liebsten leihen. Denn sie wissen wohl,
Wie gut ihr Geld in meinen Händen wuchert.

AL-HAFI. Ich kenne deren keine.
SITTAH. Eben fällt
Mir ein, gehört zu haben, Hafi, daß
Dein Freund zurückgekommen.
AL-HAFI *(betroffen)*. Freund? mein Freund?
Wer wär' denn das?
SITTAH. Dein hochgepriesner Jude.
AL-HAFI. Gepriesner Jude? hoch von mir?
SITTAH. Dem Gott, – –
Mich denkt des Ausdrucks noch recht wohl, des einst
Du selber dich von ihm bedientest, – dem
Sein Gott von allen Gütern dieser Welt
Das kleinst' und größte so in vollem Maß
Erteilet habe. –
AL-HAFI. Sagt' ich so? – Was meint'
Ich denn damit?
SITTAH. Das kleinste: Reichtum. Und
Das größte: Weisheit.
AL-HAFI. Wie? von einem Juden?
Von einem Juden hätt' ich das gesagt?
SITTAH. Das hättest du von deinem Nathan nicht
Gesagt?
AL-HAFI. Ja so! von dem! vom Nathan! – Fiel
Mir der doch gar nicht bei. – Wahrhaftig? Der
Ist endlich wieder heim gekommen? Ei!
So mags doch gar so schlecht mit ihm nicht stehn. –
Ganz recht: den nannt' einmal das Volk den Weisen!
Den Reichen auch.
SITTAH. Den Reichen nennt es ihn
Itzt mehr als je. Die ganze Stadt erschallt,
Was er für Kostbarkeiten, was für Schätze,
Er mitgebracht.
AL-HAFI. Nun, ists der Reiche wieder:
So wirds auch wohl der Weise wieder sein.
SITTAH. Was meinst du, Hafi, wenn du diesen angingst?
AL-HAFI. Und was bei ihm? – Doch wohl nicht borgen? – Ja,
Da kennt Ihr ihn. – Er borgen! – Seine Weisheit
Ist eben, daß er niemand borgt.

SITTAH.   Du hast
Mir sonst doch ganz ein ander Bild von ihm
Gemacht.
AL-HAFI.   Zur Not wird er Euch Waren borgen.
Geld aber, Geld? Geld nimmermehr! – Es ist
Ein Jude freilich übrigens, wie's nicht
Viel Juden gibt. Er hat Verstand; er weiß
Zu leben; spielt gut Schach. Doch zeichnet er
Im Schlechten sich nicht minder, als im Guten
Von allen andern Juden aus. – Auf den,
Auf den nur rechnet nicht. – Den Armen gibt
Er zwar; und gibt vielleicht Trotz Saladin.
Wenn schon nicht ganz so viel: doch ganz so gern;
Doch ganz so sonder Ansehn. Jud' und Christ
Und Muselmann und Parsi, alles ist
Ihm eins.
SITTAH.   Und so ein Mann...
SALADIN.   Wie kommt es denn,
Daß ich von diesem Manne nie gehört?...
SITTAH. Der sollte Saladin nicht borgen? nicht
Dem Saladin, der nur für andre braucht,
Nicht sich?
AL-HAFI.   Da seht nun gleich den Juden wieder;
Den ganz gemeinen Juden! – Glaubt mirs doch! –
Er ist aufs Geben Euch so eifersüchtig,
So neidisch! Jedes *Lohn von Gott*, das in
Der Welt gesagt wird, zög' er lieber ganz
Allein. Nur darum eben leiht er keinem,
Damit er stets zu geben habe. Weil
Die Mild' ihm im Gesetz geboten; die
Gefälligkeit ihm aber nicht geboten: macht
Die Mild' ihn zu dem ungefälligsten
Gesellen auf der Welt. Zwar bin ich seit
Geraumer Zeit ein wenig übern Fuß
Mit ihm gespannt; doch denkt nur nicht, daß ich
Ihm darum nicht Gerechtigkeit erzeige.
Er ist zu allem gut: bloß dazu nicht;
Bloß dazu wahrlich nicht. Ich will auch gleich

Nur gehn, an andre Türen klopfen ... Da
Besinn' ich mich so eben eines Mohren,
Der reich und geizig ist. – Ich geh'; ich geh'.
SITTAH. Was eilst du, Hafi?
SALADIN. Laß ihn! laß ihn!

Dritter Auftritt

Sittah. Saladin

SITTAH. Eilt
Er doch, als ob er mir nur gern entkäme! –
Was heißt das? – Hat er wirklich sich in ihm
Betrogen, oder – möcht' er uns nur gern
Betriegen?
SALADIN. Wie? das fragst du mich? Ich weiß
Ja kaum, von wem die Rede war; und höre
Von euerm Juden, euerm Nathan, heut'
Zum erstenmal.
SITTAH. Ists möglich? daß ein Mann
Dir so verborgen blieb, von dem es heißt,
Er habe Salomons und Davids Gräber
Erforscht, und wisse deren Siegel durch
Ein mächtiges geheimes Wort zu lösen?
Aus ihnen bring' er dann von Zeit zu Zeit
Die unermeßlichen Reichtümer an
Den Tag, die keinen mindern Quell verrieten.
SALADIN. Hat seinen Reichtum dieser Mann aus Gräbern,
So warens sicherlich nicht Salomons,
Nicht Davids Gräber. Narren lagen da
Begraben!
SITTAH. Oder Bösewichter! – Auch
Ist seines Reichtums Quelle weit ergiebiger
Weit unerschöpflicher, als so ein Grab
Voll Mammon.
SALADIN. Denn er handelt; wie ich hörte.
SITTAH. Sein Saumtier treibt auf allen Straßen, zieht

Durch alle Wüsten; seine Schiffe liegen
In allen Häfen. Das hat mir wohl eh
Al-Hafi selbst gesagt; und voll Entzücken
Hinzugefügt, wie groß, wie edel dieser
Sein Freund anwende, was so klug und emsig
Er zu erwerben für zu klein nicht achte:
Hinzugefügt, wie frei von Vorurteilen
Sein Geist; sein Herz wie offen jeder Tugend,
Wie eingestimmt mit jeder Schönheit sei.
SALADIN. Und itzt sprach Hafi doch so ungewiß,
So kalt von ihm.
SITTAH.   Kalt nun wohl nicht; verlegen.
Als halt' ers für gefährlich, ihn zu loben,
Und woll' ihn unverdient doch auch nicht tadeln. –
Wie? oder wär' es wirklich so, daß selbst
Der Beste seines Volkes seinem Volke
Nicht ganz entfliehen kann? daß wirklich sich
Al-Hafi seines Freunds von dieser Seite
Zu schämen hätte? – Sei dem, wie ihm wolle! –
Der Jude sei mehr oder weniger
Als Jud', ist er nur reich: genug für uns!
SALADIN. Du willst ihm aber doch das Seine mit
Gewalt nicht nehmen, Schwester?
SITTAH.   Ja, was heißt
Bei dir Gewalt? Mit Feu'r und Schwert? Nein, nein,
Was braucht es mit den Schwachen für Gewalt,
Als ihre Schwäche? – Komm vor itzt nur mit
In meinen Haram, eine Sängerin
Zu hören, die ich gestern erst gekauft.
Es reift indes bei mir vielleicht ein Anschlag,
Den ich auf diesen Nathan habe. – Komm!

Vierter Auftritt

*Szene: vor dem Hause des Nathan, wo es
an die Palmen stößt*

Recha und Nathan kommen heraus. Zu ihnen Daja

RECHA. Ihr habt Euch sehr verweilt, mein Vater. Er
Wird kaum noch mehr zu treffen sein.
NATHAN. Nun, nun;
Wenn hier, hier untern Palmen schon nicht mehr:
Doch anderwärts. – Sei itzt nur ruhig. – Sieh!
Kömmt dort nicht Daja auf uns zu?
RECHA. Sie wird
Ihn ganz gewiß verloren haben.
NATHAN. Auch
Wohl nicht.
RECHA. Sie würde sonst geschwinder kommen.
NATHAN. Sie hat uns wohl noch nicht gesehn ...
RECHA. Nun sieht
Sie uns.
NATHAN. Und doppelt ihre Schritte. Sieh! –
Sei doch nur ruhig! ruhig!
RECHA. Wolltet Ihr
Wohl eine Tochter, die hier ruhig wäre?
Sich unbekümmert ließe, wessen Wohltat
Ihr Leben sei? Ihr Leben, – das ihr nur
So lieb, weil sie es Euch zu erst verdanket.
NATHAN. Ich möchte dich nicht anders, als du bist:
Auch wenn ich wüßte, daß in deiner Seele
Ganz etwas anders noch sich rege.
RECHA. Was,
Mein Vater?
NATHAN. Fragst du mich? so schüchtern mich?
Was auch in deinem Innern vorgeht, ist
Natur und Unschuld. Laß es keine Sorge
Dir machen. Mir, mir macht es keine. Nur
Versprich mir: wenn dein Herz vernehmlicher

Sich einst erklärt, mir seiner Wünsche keinen
Zu bergen.
RECHA.   Schon die Möglichkeit, mein Herz
Euch lieber zu verhüllen, macht mich zittern.
NATHAN. Nichts mehr hiervon! Das ein für allemal
Ist abgetan. – Da ist ja Daja. – Nun?
DAJA. Noch wandelt er hier untern Palmen; und
Wird gleich um jene Mauer kommen. – Seht,
Da kömmt er!
RECHA.   Ah! und scheinet unentschlossen,
Wohin? ob weiter? ob hinab? ob rechts?
Ob links?
DAJA.   Nein, nein; er macht den Weg ums Kloster
Gewiß noch öfter; und dann muß er hier
Vorbei. – Was gilts?
RECHA.   Recht! recht! – Hast du ihn schon
Gesprochen? Und wie ist er heut?
DAJA.   Wie immer.
NATHAN. So macht nur, daß er euch hier nicht gewahr
Wird. Tretet mehr zurück. Geht lieber ganz
Hinein.
RECHA. Nur einen Blick noch! – Ah! die Hecke,
Die mir ihn stiehlt.
DAJA.   Kommt! kommt! Der Vater hat
Ganz recht. Ihr lauft Gefahr, wenn er Euch sieht,
Daß auf der Stell' er umkehrt.
RECHA.   Ah! die Hecke!
NATHAN. Und kömmt er plötzlich dort aus ihr hervor:
So kann er anders nicht, er muß euch sehn.
Drum geht doch nur!
DAJA.   Kommt! kommt! Ich weiß ein Fenster,
Aus dem wir sie bemerken können.
RECHA.   Ja?
(Beide hinein)

Fünfter Auftritt

Nathan und bald darauf der Tempelherr

NATHAN. Fast scheu' ich mich des Sonderlings. Fast macht
  Mich seine rauhe Tugend stutzen. Daß
  Ein Mensch doch einen Menschen so verlegen
  Soll machen können! – Ha! er kömmt. – Bei Gott!
  Ein Jüngling wie ein Mann. Ich mag ihn wohl
  Den guten, trotzgen Blick! den prallen Gang!
  Die Schale kann nur bitter sein: der Kern
  Ists sicher nicht. – Wo sah' ich doch dergleichen? –
  Verzeihet, edler Franke ...
TEMPELHERR. Was?
NATHAN. Erlaubt ...
TEMPELHERR. Was, Jude? was?
NATHAN. Daß ich mich untersteh',
  Euch anzureden.
TEMPELHERR. Kann ichs wehren? Doch
  Nur kurz.
NATHAN. Verzieht, und eilet nicht so stolz,
  Nicht so verächtlich einem Mann vorüber,
  Den Ihr auf ewig Euch verbunden habt.
TEMPELHERR.
  Wie das? – Ah, fast errat' ichs. Nicht? Ihr seid ...
NATHAN. Ich heiße Nathan; bin des Mädchens Vater,
  Das Eure Großmut aus dem Feu'r gerettet;
  Und komme ...
TEMPELHERR. Wenn zu danken: – sparts! Ich hab'
  Um diese Kleinigkeit des Dankes schon
  Zu viel erdulden müssen. – Vollends Ihr,
  Ihr seid mir gar nichts schuldig. Wußt' ich denn,
  Daß dieses Mädchen Eure Tochter war?
  Es ist der Tempelherren Pflicht, dem ersten
  Dem besten beizuspringen, dessen Not
  Sie sehn. Mein Leben war mir ohnedem
  In diesem Augenblicke lästig. Gern,
  Sehr gern ergriff ich die Gelegenheit,

Es für ein andres Leben in die Schanze
Zu schlagen: für ein andres — wenns auch nur
Das Leben einer Jüdin wäre.
NATHAN.   Groß!
Groß und abscheulich! — Doch die Wendung läßt
Sich denken. Die bescheidne Größe flüchtet
Sich hinter das Abscheuliche, um der
Bewundrung auszuweichen. — Aber wenn
Sie so das Opfer der Bewunderung
Verschmäht: was für ein Opfer denn verschmäht
Sie minder? — Ritter, wenn Ihr hier nicht fremd,
Und nicht gefangen wäret, würd' ich Euch
So dreist nicht fragen. Sagt, befehlt: womit
Kann man Euch dienen?
TEMPELHERR.   Ihr? Mit nichts.
NATHAN.   Ich bin
Ein reicher Mann.
TEMPELHERR.   Der reiche Jude war
Mir nie der beßre Jude.
NATHAN.   Dürft Ihr denn
Darum nicht nützen, was dem ungeachtet
Er Beßres hat? nicht seinen Reichtum nützen?
TEMPELHERR.
Nun gut, das will ich auch nicht ganz verreden;
Um meines Mantels willen nicht. Sobald
Der ganz und gar verschlissen; weder Stich
Noch Fetze länger halten will: komm' ich
Und borge mir bei Euch zu einem neuen,
Tuch oder Geld. — Seht nicht mit eins so finster!
Noch seid Ihr sicher; noch ists nicht so weit
Mit ihm. Ihr seht; er ist so ziemlich noch
Im Stande. Nur der eine Zipfel da
Hat einen garstgen Fleck; er ist versengt.
Und das bekam er, als ich Eure Tochter
Durchs Feuer trug.
NATHAN *(der nach dem Zipfel greift und ihn betrachtet)*.
                    Es ist doch sonderbar,
Daß so ein böser Fleck, daß so ein Brandmal

Dem Mann ein beßres Zeugnis redet, als
Sein eigner Mund. Ich möcht ihn küssen gleich –
Den Flecken! – Ah, verzeiht! – Ich tat es ungern.
TEMPELHERR. Was?
NATHAN. Eine Träne fiel darauf.
TEMPELHERR. Tut nichts!
Er hat der Tropfen mehr. – (Bald aber fängt
Mich dieser Jud' an zu verwirren.)
NATHAN. Wär't
Ihr wohl so gut, und schicktet Euern Mantel
Auch einmal meinem Mädchen?
TEMPELHERR. Was damit?
NATHAN. Auch ihren Mund auf diesen Fleck zu drücken.
Denn Eure Kniee selber zu umfassen,
Wünscht sie nun wohl vergebens.
TEMPELHERR. Aber, Jude –
Ihr heißet Nathan? – Aber, Nathan – Ihr
Setzt Eure Worte sehr – sehr gut – sehr spitz –
Ich bin betreten – Allerdings – ich hätte ...
NATHAN. Stellt und verstellt Euch, wie Ihr wollt. Ich find'
Auch hier Euch aus. Ihr wart zu gut, zu bieder,
Um höflicher zu sein. – Das Mädchen, ganz
Gefühl; der weibliche Gesandte, ganz
Dienstfertigkeit; der Vater weit entfernt –
Ihr trugt für ihren guten Namen Sorge;
Floht ihre Prüfung; floht, um nicht zu siegen.
Auch dafür dank' ich Euch –
TEMPELHERR. Ich muß gestehn,
Ihr wißt, wie Tempelherren denken sollten.
NATHAN. Nur Tempelherren? *sollten* bloß? und bloß
Weil es die Ordensregeln so gebieten?
Ich weiß, wie gute Menschen denken; weiß,
Daß alle Länder gute Menschen tragen.
TEMPELHERR. Mit Unterschied, doch hoffentlich?
NATHAN. Ja wohl;
An Farb', an Kleidung, an Gestalt verschieden.
TEMPELHERR. Auch hier bald mehr, bald weniger, als dort.
NATHAN. Mit diesem Unterschied ists nicht weit her.

Der große Mann braucht überall viel Boden;
Und mehrere, zu nah gepflanzt, zerschlagen
Sich nur die Äste. Mittelgut, wie wir,
Findt sich hingegen überall in Menge.
Nur muß der eine nicht den andern mäkeln.
Nur muß der Knorr den Knuppen hübsch vertragen.
Nur muß ein Gipfelchen sich nicht vermessen,
Daß es allein der Erde nicht entschossen.
TEMPELHERR.
Sehr wohl gesagt! – Doch kennt Ihr auch das Volk,
Das diese Menschenmäkelei zu erst
Getrieben? Wißt Ihr, Nathan, welches Volk
Zu erst das auserwählte Volk sich nannte?
Wie? wenn ich dieses Volk nun, zwar nicht haßte,
Doch wegen seines Stolzes zu verachten,
Mich nicht entbrechen könnte? Seines Stolzes;
Den es auf Christ und Muselmann vererbte,
Nur sein Gott sei der rechte Gott! – Ihr stutzt,
Daß ich, ein Christ, ein Tempelherr, so rede?
Wenn hat, und wo die fromme Raserei,
Den bessern Gott zu haben, diesen bessern
Der ganzen Welt als besten aufzudringen,
In ihrer schwärzesten Gestalt sich mehr
Gezeigt, als hier, als itzt? Wem hier, wem itzt
Die Schuppen nicht vom Auge fallen ... Doch
Sei blind, wer will! – Vergeßt, was ich gesagt;
Und laßt mich! *(Will gehen)*
NATHAN. Ha! Ihr wißt nicht, wie viel fester
Ich nun mich an Euch drängen werde. – Kommt,
Wir müssen, müssen Freunde sein! – Verachtet
Mein Volk so sehr Ihr wollt. Wir haben beide
Uns unser Volk nicht auserlesen. Sind
Wir unser Volk? Was heißt denn Volk?
Sind Christ und Jude eher Christ und Jude,
Als Mensch? Ah! wenn ich einen mehr in Euch
Gefunden hätte, dem es gnügt, ein Mensch
Zu heißen!

TEMPELHERR.
    Ja, bei Gott, das habt Ihr, Nathan!
Das habt Ihr! – Eure Hand! – Ich schäme mich
Euch einen Augenblick verkannt zu haben.
NATHAN. Und ich bin stolz darauf. Nur das Gemeine
  Verkennt man selten.
TEMPELHERR.   Und das Seltene
  Vergißt man schwerlich. – Nathan, ja;
  Wir müssen, müssen Freunde werden.
NATHAN.   Sind
  Es schon. – Wie wird sich meine Recha freuen! –
  Und ah! welch eine heitre Ferne schließt
  Sich meinen Blicken auf! – Kennt sie nur erst!
TEMPELHERR. Ich brenne vor Verlangen – Wer stürzt dort
  Aus Euerm Hause? Ists nicht ihre Daja?
NATHAN. Ja wohl. So ängstlich?
TEMPELHERR.   Unsrer Recha ist
  Doch nichts begegnet?

Sechster Auftritt

Die Vorigen und Daja eilig

DAJA.   Nathan! Nathan!
NATHAN.   Nun?
DAJA. Verzeihet, edler Ritter, daß ich Euch
  Muß unterbrechen.
NATHAN.   Nun, was ists?
TEMPELHERR.   Was ists?
DAJA. Der Sultan hat geschickt. Der Sultan will
  Euch sprechen. Gott, der Sultan!
NATHAN.   Mich? der Sultan?
  Er wird begierig sein, zu sehen, was
  Ich Neues mitgebracht. Sag nur, es sei
  Noch wenig oder gar nichts ausgepackt.
DAJA. Nein, nein; er will nichts sehen; will Euch sprechen,
  Euch in Person, und bald; sobald Ihr könnt.
NATHAN. Ich werde kommen. – Geh nur wieder, geh!

DAJA. Nehmt ja nicht übel auf, gestrenger Ritter. –
Gott, wir sind so bekümmert, was der Sultan
Doch will.
NATHAN. Das wird sich zeigen. Geh nur, geh!

Siebender Auftritt

Nathan und der Tempelherr

TEMPELHERR. So kennt Ihr ihn noch nicht? – ich meine, von
Person.
NATHAN. Den Saladin? Noch nicht. Ich habe
Ihn nicht vermieden, nicht gesucht zu kennen.
Der allgemeine Ruf sprach viel zu gut
Von ihm, daß ich nicht lieber glauben wollte,
Als sehn. Doch nun, – wenn anders dem so ist, –
Hat er durch Sparung Eures Lebens ...
TEMPELHERR.   Ja;
Dem allerdings ist so. Das Leben, das
Ich leb', ist sein Geschenk.
NATHAN.   Durch das er mir
Ein doppelt, dreifach Leben schenkte. Dies
Hat alles zwischen uns verändert; hat
Mit eins ein Seil mir umgeworfen, das
Mich seinem Dienst auf ewig fesselt. Kaum,
Und kaum, kann ich es nun erwarten, was
Er mir zuerst befehlen wird. Ich bin
Bereit zu allem; bin bereit ihm zu
Gestehn, daß ich es Euertwegen bin.
TEMPELHERR. Noch hab ich selber ihm nicht danken können:
So oft ich auch ihm in den Weg getreten.
Der Eindruck, den ich auf ihn machte, kam
So schnell, als schnell er wiederum verschwunden.
Wer weiß, ob er sich meiner gar erinnert.
Und dennoch muß er, einmal wenigstens,
Sich meiner noch erinnern, um mein Schicksal
Ganz zu entscheiden. Nicht genug, daß ich

Auf sein Geheiß noch bin, *mit* seinem Willen
Noch leb': ich muß nun auch von ihm erwarten,
Nach wessen Willen ich zu leben habe.
NATHAN. Nicht anders; um so mehr will ich nicht säumen. –
Es fällt vielleicht ein Wort, das mir, auf Euch
Zu kommen, Anlaß gibt. – Erlaubt, verzeiht –
Ich eile – Wenn, wenn aber sehn wir Euch
Bei uns?
TEMPELHERR.
   So bald ich darf.
NATHAN.   So bald Ihr wollt.
TEMPELHERR. Noch heut.
NATHAN.   Und Euer Name? – muß ich bitten.
TEMPELHERR.
Mein Name war – ist Curd von Stauffen. – Curd!
NATHAN. Von Stauffen? – Stauffen? – Stauffen?
TEMPELHERR.   Warum fällt
Euch das so auf?
NATHAN.   Von Stauffen? – Des Geschlechts
Sind wohl schon mehrere …
TEMPELHERR.   O ja! hier waren,
Hier faulen des Geschlechts schon mehrere.
Mein Oheim selbst, – mein Vater will ich sagen, –
Doch warum schärft sich Euer Blick auf mich
Je mehr und mehr?
NATHAN.   O nichts! o nichts! Wie kann
Ich Euch zu sehn ermüden?
TEMPELHERR.   Drum verlaß
Ich Euch zuerst. Der Blick des Forschers fand
Nicht selten mehr, als er zu finden wünschte.
Ich fürcht' ihn, Nathan. Laßt die Zeit allmählig,
Und nicht die Neugier, unsre Kundschaft machen. *(Er geht)*
NATHAN *(der ihm mit Erstaunen nachsieht).*
»Der Forscher fand nicht selten mehr, als er
Zu finden wünschte.« – Ist es doch, als ob
In meiner Seel' er lese! – Wahrlich ja;
Das könnt auch mir begegnen. – Nicht allein
Wolfs Wuchs, Wolfs Gang: auch seine Stimme. So,

Vollkommen so, warf Wolf sogar den Kopf;
Trug Wolf sogar das Schwerd im Arm'; strich Wolf
Sogar die Augenbraunen mit der Hand,
Gleichsam das Feuer seines Blicks zu bergen. –
Wie solche tiefgeprägte Bilder doch
610 Zu Zeiten in uns schlafen können, bis
Ein Wort, ein Laut sie weckt. – Von Stauffen! –
Ganz recht, ganz recht; Filneck und Stauffen. –
Ich will das bald genauer wissen; bald.
Nur erst zum Saladin. – Doch wie? lauscht dort
Nicht Daja? – Nun so komm nur näher, Daja.

Achter Auftritt

Daja. Nathan

NATHAN. Was gilts? nun drückts euch beiden schon das Herz,
Noch ganz was anders zu erfahren, als
Was Saladin mir will.
DAJA.   Verdenkt Ihrs ihr?
Ihr fingt so eben an, vertraulicher
620 Mit ihm zu sprechen: als des Sultans Botschaft
Uns von dem Fenster scheuchte.
NATHAN.   Nun so sag
Ihr nur, daß sie ihn jeden Augenblick
Erwarten darf.
DAJA.   Gewiß? gewiß?
NATHAN.   Ich kann
Mich doch auf dich verlassen, Daja? Sei
Auf deiner Hut; ich bitte dich. Es soll
Dich nicht gereuen. Dein Gewissen selbst
Soll seine Rechnung dabei finden. Nur
Verdirb mir nichts in meinem Plane. Nur
Erzähl und frage mit Bescheidenheit,
630 Mit Rückhalt ...
DAJA.   Daß Ihr doch noch erst, so was
Erinnern könnt! – Ich geh; geht Ihr nur auch.

Denn seht! ich glaube gar, da kömmt vom Sultan
Ein zweiter Bot', Al-Hafi, Euer Derwisch. *(Geht ab)*

NEUNTER AUFTRITT

Nathan. Al-Hafi

AL-HAFI. Ha! ha! zu Euch wollt ich nun eben wieder.
NATHAN. Ists denn so eilig? Was verlangt er denn
  Von mir?
AL-HAFI. Wer?
NATHAN. Saladin. – Ich komm', ich komme.
AL-HAFI. Zu wem? Zum Saladin?
NATHAN. Schickt Saladin
  Dich nicht?
AL-HAFI. Mich? nein. Hat er denn schon geschickt?
NATHAN. Ja freilich hat er.
AL-HAFI. Nun, so ist es richtig.
NATHAN. Was? was ist richtig?
AL-HAFI. Daß ... ich bin nicht Schuld;
  Gott weiß, ich bin nicht Schuld. – Was hab ich nicht
  Von Euch gesagt, gelogen, um es abzuwenden!
NATHAN. Was abzuwenden? Was ist richtig?
AL-HAFI. Daß
  Nun Ihr sein Defterdar geworden. Ich
  Betaur' Euch. Doch mit ansehn will ichs nicht.
  Ich geh von Stund an; geh, Ihr habt es schon
  Gehört, wohin; und wißt den Weg. – Habt Ihr
  Des Wegs was zu bestellen, sagt: ich bin
  Zu Diensten. Freilich muß es mehr nicht sein,
  Als was ein Nackter mit sich schleppen kann.
  Ich geh, sagt bald.
NATHAN. Besinn dich doch, Al-Hafi.
  Besinn dich, daß ich noch von gar nichts weiß.
  Was plauderst du denn da?
AL-HAFI. Ihr bringt sie doch
  Gleich mit, die Beutel?

NATHAN. Beutel?
AL-HAFI. Nun, das Geld,
Das Ihr dem Saladin vorschießen sollt.
NATHAN. Und weiter ist es nichts?
AL-HAFI. Ich sollt es wohl
Mit ansehn, wie er Euch von Tag zu Tag
Aushöhlen wird bis auf die Zehen? Sollt'
Es wohl mit ansehn, daß Verschwendung aus
Der weisen Milde sonst nie leeren Scheuern
So lange borgt, und borgt, und borgt, bis auch
Die armen eingebornen Mäuschen drin
Verhungern? – Bildet Ihr vielleicht Euch ein,
Wer Euers Gelds bedürftig sei, der werde
Doch Euerm Rate wohl auch folgen? – Ja;
Er Rate folgen! Wenn hat Saladin
Sich raten lassen? – Denkt nur, Nathan, was
Mir eben itzt mit ihm begegnet.
NATHAN. Nun?
AL-HAFI. Da komm ich zu ihm, eben daß er Schach
Gespielt mit seiner Schwester. Sittah spielt
Nicht übel; und das Spiel, das Saladin
Verloren glaubte, schon gegeben hatte,
Das stand noch ganz so da. Ich seh Euch hin,
Und sehe, daß das Spiel noch lange nicht
Verloren.
NATHAN. Ei! das war für dich ein Fund!
AL-HAFI. Er durfte mit dem König an den Bauer
Nur rücken, auf ihr Schach – Wenn ichs Euch gleich
Nur zeigen könnte!
NATHAN. O ich traue dir!
AL-HAFI. Denn so bekam der Roche Feld: und sie
War hin. – Das alles will ich ihm nun weisen
Und ruf' ihn. – Denkt! ...
NATHAN. Er ist nicht deiner Meinung?
AL-HAFI. Er hört mich gar nicht an, und wirft verächtlich
Das ganze Spiel in Klumpen.
NATHAN. Ist das möglich?
AL-HAFI. Und sagt: er wolle matt nun einmal sein;

Er wolle! Heißt das spielen?
NATHAN. Schwerlich wohl;
Heißt mit dem Spiele spielen.
AL-HAFI. Gleichwohl galt
Es keine taube Nuß.
NATHAN. Geld hin, Geld her!
Das ist das wenigste. Allein dich gar
Nicht anzuhören! über einen Punkt
Von solcher Wichtigkeit dich nicht einmal
Zu hören! deinen Adlerblick nicht zu
Bewundern! das, das schreit um Rache; nicht?
AL-HAFI. Ach was? Ich sag Euch das nur so, damit
Ihr sehen könnt, was für ein Kopf er ist.
Kurz, ich, ich halts mit ihm nicht länger aus.
Da lauf ich nun bei allen schmutzgen Mohren
Herum, und frage, wer ihm borgen will.
Ich, der ich nie für mich gebettelt habe,
Soll nun für andre borgen. Borgen ist
Viel besser nicht als betteln: so wie leihen,
Auf Wucher leihen, nicht viel besser ist,
Als stehlen. Unter meinen Ghebern, an
Dem Ganges, brauch ich beides nicht, und brauche
Das Werkzeug beider nicht zu sein. Am Ganges,
Am Ganges nur gibts Menschen. Hier seid Ihr
Der einzige, der noch so würdig wäre,
Daß er am Ganges lebte. – Wollt Ihr mit? –
Laßt ihm mit eins den Plunder ganz im Stiche,
Um den es ihm zu tun. Er bringt Euch nach
Und nach doch drum. So wär' die Plackerei
Auf einmal aus. Ich schaff Euch einen Delk.
Kommt! kommt!
NATHAN. Ich dächte zwar, das blieb uns ja
Noch immer übrig. Doch, Al-Hafi, will
Ichs überlegen. Warte ...
AL-HAFI. Überlegen?
Nein, so was überlegt sich nicht.
NATHAN. Nur bis
Ich von dem Sultan wiederkomme; bis

Ich Abschied erst ...
AL-HAFI.   Wer überlegt, der sucht
Bewegungsgründe, nicht zu dürfen. Wer
Sich Knall und Fall, ihm selbst zu leben, nicht
Entschließen kann, der lebet andrer Sklav
Auf immer. – Wie Ihr wollt! – Lebt wohl! wies Euch
Wohl dünkt. – Mein Weg liegt dort; und Eurer da.
NATHAN. Al-Hafi! Du wirst selbst doch erst das Deine
Berichtigen?
AL-HAFI.   Ach Possen! Der Bestand
Von meiner Kaß' ist nicht des Zählens wert;
Und meine Rechnung bürgt – Ihr oder Sittah.
Lebt wohl! *(Ab)*
NATHAN *(ihm nachsehend)*.
          Die bürg' ich! – Wilder, guter, edler –
Wie nenn ich ihn? – Der wahre Bettler ist
Doch einzig und allein der wahre König!
       (Von einer andern Seite ab)

DRITTER AUFZUG

ERSTER AUFTRITT

(Szene: in Nathans Hause)

Recha und Daja

RECHA. Wie, Daja, drückte sich mein Vater aus?
»Ich dürf' ihn jeden Augenblick erwarten?«
Das klingt – nicht wahr? – als ob er noch so bald
Erscheinen werde. – Wie viel Augenblicke
Sind aber schon vorbei! – Ah nun: wer denkt
An die verflossenen? – Ich will allein
In jedem nächsten Augenblicke leben.
Er wird doch einmal kommen, der ihn bringt.
DAJA. O der verwünschten Botschaft von dem Sultan!
Denn Nathan hätte sicher ohne sie
Ihn gleich mit hergebracht.
RECHA. Und wenn er nun
Gekommen dieser Augenblick; wenn denn
Nun meiner Wünsche wärmster, innigster
Erfüllet ist: was dann? – was dann?
DAJA. Was dann?
Dann hoff' ich, daß auch meiner Wünsche wärmster
Soll in Erfüllung gehen.
RECHA. Was wird dann
In meiner Brust an dessen Stelle treten,
Die schon verlernt, ohn einen herrschenden
Wunsch aller Wünsche sich zu dehnen? – Nichts?
Ah, ich erschrecke! ...
DAJA. Mein, mein Wunsch wird dann
An des erfüllten Stelle treten; meiner.
Mein Wunsch, dich in Europa, dich in Händen
Zu wissen, welche deiner würdig sind.

RECHA. Du irrst. – Was diesen Wunsch zu deinem macht,
Das nämliche verhindert, daß er meiner
Je werden kann. Dich zieht dein Vaterland:
Und meines, meines sollte mich nicht halten?
Ein Bild der Deinen, das in deiner Seele
Noch nicht verloschen, sollte mehr vermögen,
Als die ich sehn, und greifen kann, und hören,
Die Meinen?
DAJA.   Sperre dich, so viel du willst!
Des Himmels Wege sind des Himmels Wege.
Und wenn es nun dein Retter selber wäre,
Durch den sein Gott, für den er kämpft, dich in
Das Land, dich zu dem Volke führen wollte,
Für welche du geboren wurdest?
RECHA.   Daja!
Was sprichst du da nun wieder, liebe Daja!
Du hast doch wahrlich deine sonderbaren
Begriffe! »Sein, sein Gott! für den er kämpft!«
Wem eignet Gott? was ist das für ein Gott,
Der einem Menschen eignet? der für sich
Muß kämpfen lassen? – Und wie weiß
Man denn, *für* welchen Erdkloß man geboren,
Wenn mans für den nicht ist, *auf* welchem man
Geboren? – Wenn mein Vater dich so hörte! –
Was tat er dir, mir immer nur mein Glück
So weit von ihm als möglich vorzuspiegeln?
Was tat er dir, den Samen der Vernunft,
Den er so rein in meine Seele streute,
Mit deines Landes Unkraut oder Blumen
So gern zu mischen? – Liebe, liebe Daja,
Er will nun deine bunten Blumen nicht
Auf meinem Boden! – Und ich muß dir sagen,
Ich selber fühle meinen Boden, wenn
Sie noch so schön ihn kleiden, so entkräftet,
So ausgezehrt durch deine Blumen; fühle
In ihrem Dufte, sauersüßem Dufte,
Mich so betäubt, so schwindelnd! – Dein Gehirn
Ist dessen mehr gewohnt. Ich tadle drum

Die stärkern Nerven nicht, die ihn vertragen.
Nur schlägt er mir nicht zu; und schon dein Engel,
Wie wenig fehlte, daß er mich zur Närrin
Gemacht? – Noch schäm' ich mich vor meinem Vater
Der Posse!
DAJA.   Posse! – Als ob der Verstand
Nur hier zu Hause wäre! Posse! Posse!
Wenn ich nur reden dürfte!
RECHA.   Darfst du nicht?
Wenn war ich nicht ganz Ohr, so oft es dir
Gefiel, von deinen Glaubenshelden mich
Zu unterhalten? Hab' ich ihren Taten
Nicht stets Bewunderung; und ihren Leiden
Nicht immer Tränen gern gezollt? Ihr Glaube
Schien freilich mir das Heldenmäßigste
An ihnen nie. Doch so viel tröstender
War mir die Lehre, daß Ergebenheit
In Gott von unserm Wähnen über Gott
So ganz und gar nicht abhängt. – Liebe Daja,
Das hat mein Vater uns so oft gesagt;
Darüber hast du selbst mit ihm so oft
Dich einverstanden: warum untergräbst
Du denn allein, was du mit ihm zugleich
Gebauet? – Liebe Daja, das ist kein
Gespräch, womit wir unserm Freund' am besten
Entgegen sehn. Für mich zwar, ja! Denn mir,
Mir liegt daran unendlich, ob auch er...
Horch, Daja! – Kommt es nicht an unsre Türe?
Wenn Er es wäre! horch!

Zweiter Auftritt

*Recha, Daja und der Tempelherr,
dem jemand von außen die Türe öffnet,
mit den Worten:*

                Nur hier herein!
RECHA *(fährt zusammen, faßt sich, und will ihm zu Füßen fallen).* Er ists! – Mein Retter, ah!
TEMPELHERR.   Dies zu vermeiden
Erschien ich bloß so spät: und doch –
RECHA.   Ich will
Ja zu den Füßen dieses stolzen Mannes
Nur Gott noch einmal danken; nicht dem Manne.
Der Mann will keinen Dank; will ihn so wenig
Als ihn der Wassereimer will, der bei
Dem Löschen so geschäftig sich erwiesen.
Der ließ sich füllen, ließ sich leeren, mir
Nichts, dir nichts: also auch der Mann. Auch der
Ward nun so in die Glut hineingestoßen;
Da fiel ich ungefähr ihm in den Arm;
Da blieb ich ungefähr, so wie ein Funken
Auf seinem Mantel, ihm in seinen Armen;
Bis wiederum, ich weiß nicht was, uns beide
Herausschmiß aus der Glut. – Was gibt es da
Zu danken? – In Europa treibt der Wein
Zu noch weit andern Taten. – Tempelherren,
Die müssen einmal nun so handeln; müssen
Wie etwas besser zugelernte Hunde,
Sowohl aus Feuer, als aus Wasser holen.
TEMPELHERR *(der sie mit Erstaunen und Unruhe die Zeit über betrachtet).*
O Daja, Daja! Wenn in Augenblicken
Des Kummers und der Galle, meine Laune
Dich übel anließ, warum jede Torheit,
Die meiner Zung' entfuhr, ihr hinterbringen?
Das hieß sich zu empfindlich rächen, Daja!
Doch wenn du nur von nun an, besser mich

Bei ihr vertreten willst.
DAJA. Ich denke, Ritter,
Ich denke nicht, daß diese kleinen Stacheln,
Ihr an das Herz geworfen, Euch da sehr
Geschadet haben.
RECHA. Wie? Ihr hattet Kummer?
Und wart mit Euerm Kummer geiziger
Als Euerm Leben?
TEMPELHERR. Gutes, holdes Kind! –
Wie ist doch meine Seele zwischen Auge
Und Ohr geteilt! – Das war das Mädchen nicht,
Nein, nein, das war es nicht, das aus dem Feuer
Ich holte. – Denn wer hätte die gekannt,
Und aus dem Feuer nicht geholt? Wer hätte
Auf mich gewartet? – Zwar – verstellt – der Schreck
(Pause, unter der er, in Anschauung ihrer, sich wie verliert)
RECHA. Ich aber find Euch noch den nämlichen. –
*(dergleichen; bis sie fortfährt,
um ihn in seinem Anstaunen zu unterbrechen)*
Nun, Ritter, sagt uns doch, wo Ihr so lange
Gewesen? – Fast dürft' ich auch fragen: wo
Ihr itzo seid?
TEMPELHERR. Ich bin, – wo ich vielleicht
Nicht sollte sein. –
RECHA. Wo ihr gewesen? – Auch
Wo Ihr vielleicht nicht solltet sein gewesen?
Das ist nicht gut.
TEMPELHERR. Auf – auf – wie heißt der Berg?
Auf Sinai.
RECHA. Auf Sinai? – Ah schön!
Nun kann ich zuverlässig doch einmal
Erfahren, ob es wahr ...
TEMPELHERR. Was? was? Obs wahr,
Daß noch daselbst der Ort zu sehn, wo Moses
Vor Gott gestanden, als ...
RECHA. Nun das wohl nicht.
Denn wo er stand, stand er vor Gott. Und davon
Ist mir zur Gnüge schon bekannt. – Obs wahr,

Möcht' ich nur gern von Euch erfahren, daß –
Daß es bei weitem nicht so mühsam sei,
Auf diesen Berg hinauf zu steigen, als
Herab? – Denn seht; so viel ich Berge noch
Gestiegen bin, wars just das Gegenteil. –
Nun, Ritter? – Was? – Ihr kehrt Euch von mir ab?
Wollt mich nicht sehn?
TEMPELHERR.   Weil ich Euch hören will.
RECHA. Weil Ihr mich nicht wollt merken lassen, daß
Ihr meiner Einfalt lächelt; daß Ihr lächelt,
Wie ich Euch doch so gar nichts Wichtigers
Von diesem heiligen Berg' aller Berge
Zu fragen weiß? Nicht wahr?
TEMPELHERR.   So muß
Ich doch Euch wieder in die Augen sehn. –
Was? Nun schlagt Ihr sie nieder? nun verbeißt
Das Lächeln Ihr? wie ich noch erst in Mienen,
In zweifelhaften Mienen lesen will,
Was ich so deutlich hör', Ihr so vernehmlich
Mir sagt – verschweigt? – Ah Recha! Recha! Wie
Hat er so wahr gesagt: »Kennt sie nur erst!«
RECHA.
Wer hat? – von wem? – Euch das gesagt?
TEMPELHERR.   »Kennt sie
Nur erst!« hat Euer Vater mir gesagt;
Von Euch gesagt.
DAJA.   Und ich nicht etwa auch?
Ich denn nicht auch?
TEMPELHERR.   Allein wo ist er denn?
Wo ist denn Euer Vater? Ist er noch
Beim Sultan?
RECHA.   Ohne Zweifel.
TEMPELHERR.   Noch, noch da? –
O mich Vergeßlichen! Nein, nein; da ist
Er schwerlich mehr. – Er wird dort unten bei
Dem Kloster meiner warten; ganz gewiß.
So redten, mein ich, wir es ab. Erlaubt!
Ich geh, ich hol' ihn ...

DAJA. Das ist meine Sache.
Bleibt, Ritter, bleibt. Ich bring ihn unverzüglich.
TEMPELHERR. Nicht so, nicht so! Er sieht mir selbst entgegen;
Nicht Euch. Dazu, er könnte leicht ... wer weiß? ...
Er könnte bei dem Sultan leicht, ... Ihr kennt
Den Sultan nicht! ... leicht in Verlegenheit
Gekommen sein. – Glaubt mir; es hat Gefahr,
Wenn ich nicht geh.
RECHA. Gefahr? was für Gefahr?
TEMPELHERR. Gefahr für mich, für Euch, für ihn: wenn ich
Nicht schleunig, schleunig geh. *(Ab)*

DRITTER AUFTRITT

Recha und Daja

RECHA. Was ist das, Daja? –
So schnell? – Was kömmt ihm an? Was fiel ihm auf?
Was jagt ihn?
DAJA. Laßt nur, laßt. Ich denk', es ist
Kein schlimmes Zeichen.
RECHA. Zeichen? und wovon?
DAJA. Daß etwas vorgeht innerhalb. Es kocht,
Und soll nicht überkochen. Laßt ihn nur.
Nun ists an Euch.
RECHA. Was ist an mir? Du wirst,
Wie er, mir unbegreiflich.
DAJA. Bald nun könnt
Ihr ihm die Unruh all vergelten, die
Er Euch gemacht hat. Seid nur aber auch
Nicht allzustreng, nicht allzu rachbegierig.
RECHA. Wovon du sprichst, das magst du selber wissen.
DAJA. Und seid denn Ihr bereits so ruhig wieder?
RECHA. Das bin ich; ja das bin ich ...
DAJA. Wenigstens
Gesteht, daß Ihr Euch seiner Unruh freut;
Und seiner Unruh danket, was Ihr itzt

Von Ruh' genießt.
RECHA.   Mir völlig unbewußt!
Denn was ich höchstens dir gestehen könnte,
Wär', daß es mich – mich selbst befremdet, wie
Auf einen solchen Sturm in meinem Herzen
So eine Stille plötzlich folgen können.
Sein voller Anblick, sein Gespräch, sein Tun
Hat mich ...
DAJA.   Gesättigt schon?
RECHA.   Gesättigt, will
Ich nun nicht sagen; nein – bei weitem nicht –
DAJA. Den heißen Hunger nur gestillt.
RECHA.   Nun ja;
Wenn du so willst.
DAJA.   Ich eben nicht.
RECHA.   Er wird
Mir ewig wert; mir ewig werter, als
Mein Leben bleiben: wenn auch schon mein Puls
Nicht mehr bei seinem bloßen Namen wechselt;
Nicht mehr mein Herz, so oft ich an ihn denke,
Geschwinder, stärker schlägt. – Was schwatz' ich? Komm,
Komm, liebe Daja, wieder an das Fenster,
Das auf die Palmen sieht.
DAJA.   So ist er doch
Wohl noch nicht ganz gestillt, der heiße Hunger.
RECHA. Nun werd ich auch die Palmen wieder sehn:
Nicht ihn bloß untern Palmen.
DAJA.   Diese Kälte
Beginnt auch wohl ein neues Fieber nur.
RECHA. Was Kält'? Ich bin nicht kalt. Ich sehe wahrlich
Nicht minder gern, was ich mit Ruhe sehe.

Vierter Auftritt

(Szene: ein Audienzsaal in dem Palaste des Saladin)

Saladin und Sittah

SALADIN *(im Hereintreten, gegen die Türe).*
Hier bringt den Juden her, so bald er kömmt.
Er scheint sich eben nicht zu übereilen.
SITTAH. Er war auch wohl nicht bei der Hand; nicht gleich
Zu finden.
SALADIN. Schwester! Schwester!
SITTAH. Tust du doch
Als stünde dir ein Treffen vor.
SALADIN. Und das
Mit Waffen, die ich nicht gelernt zu führen.
Ich soll mich stellen; soll besorgen lassen;
Soll Fallen legen; soll auf Glatteis führen.
Wenn hätt' ich das gekonnt? Wo hätt' ich das
Gelernt? – Und soll das alles, ah, wozu?
Wozu? – Um Geld zu fischen; Geld! – Um Geld,
Geld einem Juden abzubangen; Geld!
Zu solchen kleinen Listen wär' ich endlich
Gebracht, der Kleinigkeiten kleinste mir
Zu schaffen?
SITTAH. Jede Kleinigkeit, zu sehr
Verschmäht, die rächt sich, Bruder.
SALADIN. Leider wahr. –
Und wenn nun dieser Jude gar der gute,
Vernünftge Mann ist, wie der Derwisch dir
Ihn ehedem beschrieben?
SITTAH. O nun dann!
Was hat es dann für Not! Die Schlinge liegt
Ja nur dem geizigen, besorglichen,
Furchtsamen Juden: nicht dem guten, nicht
Dem weisen Manne. Dieser ist ja so
Schon unser, ohne Schlinge. Das Vergnügen
Zu hören, wie ein solcher Mann sich ausredt;

Mit welcher dreisten Stärk' entweder, er
Die Stricke kurz zerreißet; oder auch
Mit welcher schlauen Vorsicht er die Netze
Vorbei sich windet: dies Vergnügen hast
Du obendrein.
SALADIN.   Nun, das ist wahr. Gewiß;
Ich freue mich darauf.
SITTAH.   So kann dich ja
Auch weiter nichts verlegen machen. Denn
Ists einer aus der Menge bloß; ists bloß
Ein Jude, wie ein Jude: gegen den
Wirst du dich doch nicht schämen, so zu scheinen
Wie er die Menschen all sich denkt? Vielmehr;
Wer sich ihm besser zeigt, der zeigt sich ihm
Als Geck, als Narr.
SALADIN.   So muß ich ja wohl gar
Schlecht handeln, daß von mir der Schlechte nicht
Schlecht denke?
SITTAH.   Traun! wenn du schlecht handeln nennst,
Ein jedes Ding nach seiner Art zu brauchen.
SALADIN. Was hätt' ein Weiberkopf erdacht, das er
Nicht zu beschönen wüßte!
SITTAH.   Zu beschönen!
SALADIN. Das feine, spitze Ding, besorg ich nur,
In meiner plumpen Hand zerbricht! – So was
Will ausgeführt sein, wies erfunden ist:
Mit aller Pfiffigkeit, Gewandtheit. – Doch,
Mags doch nur, mags! Ich tanze, wie ich kann;
Und könnt' es freilich, lieber – schlechter noch
Als besser.
SITTAH.   Trau dir auch nur nicht zu wenig!
Ich stehe dir für dich! Wenn du nur willst. –
Daß uns die Männer deines gleichen doch
So gern bereden möchten, nur ihr Schwert,
Ihr Schwert nur habe sie so weit gebracht.
Der Löwe schämt sich freilich, wenn er mit
Dem Fuchse jagt: – des Fuchses, nicht der List.
SALADIN. Und daß die Weiber doch so gern den Mann

Zu sich herunter hätten! – Geh nur, geh! –
Ich glaube meine Lektion zu können.
SITTAH. Was? ich soll gehn?
SALADIN. Du wolltest doch nicht bleiben?
SITTAH. Wenn auch nicht bleiben ... im Gesicht euch bleiben –
Doch hier im Nebenzimmer –
SALADIN. Da zu horchen?
Auch das nicht, Schwester; wenn ich soll bestehn. –
Fort, fort! der Vorhang rauscht; er kömmt! – doch daß
Du ja nicht da verweilst! Ich sehe nach.
(Indem sie sich durch die eine Türe entfernt,
tritt Nathan zu der andern herein;
und Saladin hat sich gesetzt)

FÜNFTER AUFTRITT

Saladin und Nathan

SALADIN. Tritt näher, Jude! – Näher! – Nur ganz her! –
Nur ohne Furcht!
NATHAN. Die bleibe deinem Feinde!
SALADIN. Du nennst dich Nathan?
NATHAN. Ja.
SALADIN. Den weisen Nathan?
NATHAN. Nein.
SALADIN. Wohl! nennst du dich nicht; nennt dich das Volk.
NATHAN. Kann sein; das Volk!
SALADIN. Du glaubst doch nicht, daß ich
Verächtlich von des Volkes Stimme denke? –
Ich habe längst gewünscht, den Mann zu kennen,
Den es den Weisen nennt.
NATHAN. Und wenn es ihn
Zum Spott so nennte? Wenn dem Volke weise
Nichts weiter wär' als klug? und klug nur der,
Der sich auf seinen Vorteil gut versteht?
SALADIN. Auf seinen wahren Vorteil, meinst du doch?
NATHAN. Dann freilich wär' der Eigennützigste

Der Klügste. Dann wär' freilich klug und weise
Nur eins.
SALADIN. Ich höre dich erweisen, was
Du widersprechen willst. – Des Menschen wahre
Vorteile, die das Volk nicht kennt, kennst du.
Hast du zu kennen wenigstens gesucht;
Hast drüber nachgedacht: das auch allein
Macht schon den Weisen.
NATHAN. Der sich jeder dünkt
Zu sein.
SALADIN. Nun der Bescheidenheit genug!
Denn sie nur immerdar zu hören, wo
Man trockene Vernunft erwartet, ekelt. *(Er springt auf)*
Laß uns zur Sache kommen! Aber, aber
Aufrichtig, Jud', aufrichtig!
NATHAN. Sultan, ich
Will sicherlich dich so bedienen, daß
Ich deiner fernern Kundschaft würdig bleibe.
SALADIN. Bedienen? wie?
NATHAN. Du sollst das Beste haben
Von allem; sollst es um den billigsten
Preis haben.
SALADIN. Wovon sprichst du? doch wohl nicht
Von deinen Waren? – Schachern wird mit dir
Schon meine Schwester. (Das der Horcherin!) –
Ich habe mit dem Kaufmann nichts zu tun.
NATHAN. So wirst du ohne Zweifel wissen wollen,
Was ich auf meinem Wege von dem Feinde,
Der allerdings sich wieder reget, etwa
Bemerkt, getroffen? – Wenn ich unverhohlen ...
SALADIN. Auch darauf bin ich eben nicht mit dir
Gesteuert. Davon weiß ich schon, so viel
Ich nötig habe. – Kurz; –
NATHAN. Gebiete, Sultan.
SALADIN. Ich heische deinen Unterricht in ganz
Was anderm; ganz was anderm. – Da du nun
So weise bist: so sage mir doch einmal –
Was für ein Glaube, was für ein Gesetz

Hat dir am meisten eingeleuchtet?
NATHAN.   Sultan,
Ich bin ein Jud'.
SALADIN.   Und ich ein Muselmann.
Der Christ ist zwischen uns. – Von diesen drei
Religionen kann doch eine nur
Die wahre sein. – Ein Mann, wie du, bleibt da
Nicht stehen, wo der Zufall der Geburt
Ihn hingeworfen: oder wenn er bleibt,
Bleibt er aus Einsicht, Gründen, Wahl des Bessern.
Wohlan! so teile deine Einsicht mir
Dann mit. Laß mich die Gründe hören, denen
Ich selber nachzugrübeln, nicht die Zeit
Gehabt. Laß mich die Wahl, die diese Gründe
Bestimmt, – versteht sich, im Vertrauen – wissen,
Damit ich sie zu meiner mache. – Wie?
Du stutzest? wägst mich mit dem Auge? – Kann
Wohl sein, daß ich der erste Sultan bin,
Der eine solche Grille hat; die mich
Doch eines Sultans eben nicht so ganz
Unwürdig dünkt. – Nicht wahr? – So rede doch!
Sprich! – Oder willst du einen Augenblick,
Dich zu bedenken? Gut; ich geb' ihn dir. –
(Ob sie wohl horcht? Ich will sie doch belauschen;
Will hören, ob ichs recht gemacht. –) Denk nach!
Geschwind denk nach! Ich säume nicht, zurück
Zu kommen.

*(Er geht in das Nebenzimmer, nach welchem sich
Sittah begeben)*

Sechster Auftritt

NATHAN *allein*

Hm! hm! – wunderlich! – Wie ist
Mir denn? – Was will der Sultan? was? – Ich bin
Auf Geld gefaßt; und er will – Wahrheit. Wahrheit!

Und will sie so, – so bar, so blank, – als ob
Die Wahrheit Münze wäre! – Ja, wenn noch
Uralte Münze, die gewogen ward! –
Das ginge noch! Allein so neue Münze,
Die nur der Stempel macht, die man aufs Brett
Nur zählen darf, das ist sie doch nun nicht!
Wie Geld in Sack, so striche man in Kopf
Auch Wahrheit ein? Wer ist denn hier der Jude?
Ich oder er? – Doch wie? Sollt' er auch wohl
Die Wahrheit nicht in Wahrheit fodern? – Zwar,
Zwar der Verdacht, daß er die Wahrheit nur
Als Falle brauche, wär' auch gar zu klein! –
Zu klein? – Was ist für einen Großen denn
Zu klein? – Gewiß, gewiß: er stürzte mit
Der Türe so ins Haus! Man pocht doch, hört
Doch erst, wenn man als Freund sich naht. – Ich muß
Behutsam gehn! – Und wie? wie das? – So ganz
Stockjude sein zu wollen, geht schon nicht. –
Und ganz und gar nicht Jude, geht noch minder.
Denn, wenn kein Jude, dürft er mich nur fragen,
Warum kein Muselmann? – Das wars! Das kann
Mich retten! – Nicht die Kinder bloß, speist man
Mit Märchen ab. – Er kömmt. Er komme nur!

Siebender Auftritt

Saladin und Nathan

SALADIN. (So ist das Feld hier rein!) – Ich komm' dir doch
  Nicht zu geschwind zurück? Du bist zu Rande
  Mit deiner Überlegung. – Nun so rede!
  Es hört uns keine Seele.
NATHAN.   Möcht auch doch
  Die ganze Welt uns hören.
SALADIN.   So gewiß
  Ist Nathan seiner Sache? Ha! das nenn'
  Ich einen Weisen! Nie die Wahrheit zu

Verhehlen! für sie alles auf das Spiel
Zu setzen! Leib und Leben! Gut und Blut!
NATHAN. Ja! ja! wanns nötig ist und nutzt.
SALADIN. Von nun
An darf ich hoffen, einen meiner Titel,
Verbesserer der Welt und des Gesetzes,
Mit Recht zu führen.
NATHAN. Traun, ein schöner Titel!
Doch, Sultan, eh ich mich dir ganz vertraue,
Erlaubst du wohl, dir ein Geschichtchen zu
Erzählen?
SALADIN. Warum das nicht? Ich bin stets
Ein Freund gewesen von Geschichtchen, gut
Erzählt.
NATHAN. Ja, *gut* erzählen, das ist nun
Wohl eben meine Sache nicht.
SALADIN. Schon wieder
So stolz bescheiden? – Mach! erzähl', erzähle!
NATHAN. Vor grauen Jahren lebt' ein Mann in Osten,
Der einen Ring von unschätzbarem Wert'
Aus lieber Hand besaß. Der Stein war ein
Opal, der hundert schöne Farben spielte,
Und hatte die geheime Kraft, vor Gott
Und Menschen angenehm zu machen, wer
In dieser Zuversicht ihn trug. Was Wunder,
Daß ihn der Mann in Osten darum nie
Vom Finger ließ; und die Verfügung traf,
Auf ewig ihn bei seinem Hause zu
Erhalten? Nämlich so. Er ließ den Ring
Von seinen Söhnen dem geliebtesten;
Und setzte fest, daß dieser wiederum
Den Ring von seinen Söhnen dem vermache,
Der ihm der liebste sei; und stets der liebste,
Ohn' Ansehn der Geburt, in Kraft allein
Des Rings, das Haupt, der Fürst des Hauses werde. –
Versteh mich, Sultan.
SALADIN. Ich versteh dich. Weiter!
NATHAN. So kam nun dieser Ring, von Sohn zu Sohn,

Auf einen Vater endlich von drei Söhnen;
Die alle drei ihm gleich gehorsam waren,
Die alle drei er folglich gleich zu lieben
Sich nicht entbrechen konnte. Nur von Zeit
Zu Zeit schien ihm bald der, bald dieser, bald
Der dritte, – so wie jeder sich mit ihm
Allein befand, und sein ergießend Herz
Die andern zwei nicht teilten, – würdiger
Des Ringes; den er denn auch einem jeden
Die fromme Schwachheit hatte, zu versprechen.
Das ging nun so, so lang es ging. – Allein
Es kam zum Sterben, und der gute Vater
Kömmt in Verlegenheit. Es schmerzt ihn, zwei
Von seinen Söhnen, die sich auf sein Wort
Verlassen, so zu kränken. – Was zu tun? –
Er sendet in geheim zu einem Künstler,
Bei dem er, nach dem Muster seines Ringes,
Zwei andere bestellt, und weder Kosten
Noch Mühe sparen heißt, sie jenem gleich,
Vollkommen gleich zu machen. Das gelingt
Dem Künstler. Da er ihm die Ringe bringt,
Kann selbst der Vater seinen Musterring
Nicht unterscheiden. Froh und freudig ruft
Er seine Söhne, jeden ins besondre;
Gibt jedem ins besondre seinen Segen, –
Und seinen Ring, – und stirbt. – Du hörst doch, Sultan?

SALADIN *(der sich betroffen von ihm gewandt).*
Ich hör, ich höre! – Komm mit deinem Märchen
Nur bald zu Ende. – Wirds?

NATHAN.   Ich bin zu Ende.
Denn was noch folgt, versteht sich ja von selbst. –
Kaum war der Vater tot, so kömmt ein jeder
Mit seinem Ring', und jeder will der Fürst
Des Hauses sein. Man untersucht, man zankt,
Man klagt. Umsonst; der rechte Ring war nicht
Erweislich; –

    (Nach einer Pause, in welcher er des Sultans
        Antwort erwartet)

Fast so unerweislich, als
Uns itzt – der rechte Glaube.
SALADIN. Wie? das soll
Die Antwort sein auf meine Frage?...
NATHAN. Soll
Mich bloß entschuldigen, wenn ich die Ringe,
Mir nicht getrau zu unterscheiden, die
Der Vater in der Absicht machen ließ,
Damit sie nicht zu unterscheiden wären.
SALADIN. Die Ringe! – Spiele nicht mit mir! – Ich dächte,
Daß die Religionen, die ich dir
Genannt, doch wohl zu unterscheiden wären.
Bis auf die Kleidung; bis auf Speis und Trank!
NATHAN. Und nur von Seiten ihrer Gründe nicht. –
Denn gründen alle sich nicht auf Geschichte?
Geschrieben oder überliefert! – Und
Geschichte muß doch wohl allein auf Treu
Und Glauben angenommen werden? – Nicht? –
Nun wessen Treu und Glauben zieht man denn
Am wenigsten in Zweifel? Doch der Seinen?
Doch deren Blut wir sind? doch deren, die
Von Kindheit an uns Proben ihrer Liebe
Gegeben? die uns nie getäuscht, als wo
Getäuscht zu werden uns heilsamer war? –
Wie kann ich meinen Vätern weniger,
Als du den deinen glauben? Oder umgekehrt. –
Kann ich von dir verlangen, daß du deine
Vorfahren Lügen strafst, um meinen nicht
Zu widersprechen? Oder umgekehrt.
Das nämliche gilt von den Christen. Nicht? –
SALADIN. (Bei dem Lebendigen! Der Mann hat Recht.
Ich muß verstummen.)
NATHAN. Laß auf unsre Ring'
Uns wieder kommen. Wie gesagt: die Söhne
Verklagten sich; und jeder schwur dem Richter,
Unmittelbar aus seines Vaters Hand
Den Ring zu haben. – Wie auch wahr! – Nachdem
Er von ihm lange das Versprechen schon

Gehabt, des Ringes Vorrecht einmal zu
Genießen. – Wie nicht minder wahr! – Der Vater,
Beteu'rte jeder, könne gegen ihn
Nicht falsch gewesen sein; und eh' er dieses
Von ihm, von einem solchen lieben Vater,
Argwohnen laß': eh' müß' er seine Brüder,
So gern er sonst von ihnen nur das Beste
Bereit zu glauben sei, des falschen Spiels
Bezeihen; und er wolle die Verräter
Schon auszufinden wissen; sich schon rächen.

SALADIN. Und nun, der Richter? – Mich verlangt zu hören,
Was du den Richter sagen lässest. Sprich!

NATHAN. Der Richter sprach: wenn ihr mir nun den Vater
Nicht bald zur Stelle schafft, so weis' ich euch
Von meinem Stuhle. Denkt ihr, daß ich Rätsel
Zu lösen da bin? Oder harret ihr,
Bis daß der rechte Ring den Mund eröffne? –
Doch halt! Ich höre ja, der rechte Ring
Besitzt die Wunderkraft beliebt zu machen;
Vor Gott und Menschen angenehm. Das muß
Entscheiden! Denn die falschen Ringe werden
Doch das nicht können! – Nun; wen lieben zwei
Von euch am meisten? – Macht, sagt an! Ihr schweigt?
Die Ringe wirken nur zurück? und nicht
Nach außen? Jeder liebt sich selber nur
Am meisten? – O so seid ihr alle drei
Betrogene Betrieger! Eure Ringe
Sind alle drei nicht echt. Der echte Ring
Vermutlich ging verloren. Den Verlust
Zu bergen, zu ersetzen, ließ der Vater
Die drei für einen machen.

SALADIN.   Herrlich! herrlich!

NATHAN. Und also; fuhr der Richter fort, wenn ihr
Nicht meinen Rat, statt meines Spruches, wollt:
Geht nur! – Mein Rat ist aber der: ihr nehmt
Die Sache völlig wie sie liegt. Hat von
Euch jeder seinen Ring von seinem Vater:

So glaube jeder sicher seinen Ring
Den echten. – Möglich; daß der Vater nun
Die Tyrannei des Einen Rings nicht länger
In seinem Hause dulden wollen! – Und gewiß;
Daß er euch alle drei geliebt, und gleich
Geliebt: indem er zwei nicht drücken mögen,
Um einen zu begünstigen. – Wohlan!
Es eifre jeder seiner unbestochnen
Von Vorurteilen freien Liebe nach!
Es strebe von euch jeder um die Wette,
Die Kraft des Steins in seinem Ring' an Tag
Zu legen! komme dieser Kraft mit Sanftmut,
Mit herzlicher Verträglichkeit, mit Wohltun,
Mit innigster Ergebenheit in Gott,
Zu Hülf'! Und wenn sich dann der Steine Kräfte
Bei euern Kindes-Kindeskindern äußern:
So lad' ich über tausend tausend Jahre,
Sie wiederum vor diesen Stuhl. Da wird
Ein weisrer Mann auf diesem Stuhle sitzen,
Als ich; und sprechen. Geht! – So sagte der
Bescheidne Richter.

SALADIN.   Gott! Gott!
NATHAN.   Saladin,
Wenn du dich fühlest, dieser weisere
Versprochne Mann zu sein: ...
SALADIN *(der auf ihn zustürzt, und seine Hand ergreift, die er bis zu Ende nicht wieder fahren läßt).*
                    Ich Staub? Ich Nichts?
O Gott!
NATHAN. Was ist dir, Sultan?
SALADIN.   Nathan, lieber Nathan! –
Die tausend tausend Jahre deines Richters
Sind noch nicht um. – Sein Richterstuhl ist nicht
Der meine. – Geh! – Geh! – Aber sei mein Freund.
NATHAN. Und weiter hätte Saladin mir nichts
Zu sagen?
SALADIN.   Nichts.
NATHAN.   Nichts?

SALADIN. Gar nichts. – Und warum?
NATHAN. Ich hätte noch Gelegenheit gewünscht,
Dir eine Bitte vorzutragen.
SALADIN. Brauchts
Gelegenheit zu einer Bitte? – Rede!
NATHAN. Ich komm' von einer weiten Reis', auf welcher
Ich Schulden eingetrieben. – Fast hab' ich
Des baren Gelds zu viel. – Die Zeit beginnt
Bedenklich wiederum zu werden; – und
Ich weiß nicht recht, wo sicher damit hin. –
Da dacht ich, ob nicht du vielleicht, – weil doch
Ein naher Krieg des Geldes immer mehr
Erfodert, – etwas brauchen könntest.
SALADIN *(ihm steif in die Augen sehend).*
Nathan! –
Ich will nicht fragen, ob Al-Hafi schon
Bei dir gewesen; – will nicht untersuchen,
Ob dich nicht sonst ein Argwohn treibt, mir dieses
Erbieten freier Dings zu tun: ...
NATHAN. Ein Argwohn?
SALADIN. Ich bin ihn wert. – Verzeih mir! – denn was hilfts?
Ich muß dir nur gestehen, – daß ich im
Begriffe war –
NATHAN. Doch nicht, das nämliche
An mich zu suchen?
SALADIN. Allerdings.
NATHAN. So wär'
Uns beiden ja geholfen! – Daß ich aber
Dir alle meine Barschaft nicht kann schicken,
Das macht der junge Tempelherr. – Du kennst
Ihn ja. – Ihm hab' ich eine große Post
Vorher noch zu bezahlen.
SALADIN. Tempelherr?
Du wirst doch meine schlimmsten Feinde nicht
Mit deinem Geld' auch unterstützen wollen?
NATHAN. Ich spreche von dem einen nur, dem du
Das Leben spartest ...
SALADIN. Ah! woran erinnerst

Du mich! – Hab' ich doch diesen Jüngling ganz
Vergessen! – Kennst du ihn? – Wo ist er?
NATHAN. Wie?
So weißt du nicht, wie viel von deiner Gnade
Für ihn, durch ihn auf mich geflossen? Er,
Er mit Gefahr des neu erhaltnen Lebens,
Hat meine Tochter aus dem Feu'r gerettet.
SALADIN. Er? Hat er das? – Ha! darnach sah er aus.
Das hätte traun mein Bruder auch getan,
Dem er so ähnelt! – Ist er denn noch hier?
So bring ihn her! – Ich habe meiner Schwester
Von diesem ihren Bruder, den sie nicht
Gekannt, so viel erzählet, daß ich sie
Sein Ebenbild doch auch muß sehen lassen! –
Geh, hol ihn! – Wie aus Einer guten Tat,
Gebar sie auch schon bloße Leidenschaft,
Doch so viel andre gute Taten fließen!
Geh, hol ihn!
NATHAN *(indem er Saladins Hand fahren läßt).*
        Augenblicks! Und bei dem andern
Bleibt es doch auch? *(Ab)*
SALADIN. Ah! daß ich meine Schwester
Nicht horchen lassen! – Zu ihr! zu ihr! – Denn
Wie soll ich alles das ihr nun erzählen?
(Ab von der andern Seite)

ACHTER AUFTRITT

*(Die Szene: unter den Palmen, in der Nähe des Klosters,
wo der Tempelherr Nathans wartet)*

DER TEMPELHERR
(Geht, mit sich selbst kämpfend, auf und ab; bis er losbricht).

– Hier hält das Opfertier ermüdet still. –
Nun gut! Ich mag nicht, mag nicht näher wissen,
Was in mir vorgeht; mag voraus nicht wittern,

Was vorgehn wird. – Genug, ich bin umsonst
Geflohn! umsonst. – Und weiter *konnt'* ich doch
Auch nichts, als fliehn? – Nun komm', was kommen soll! –
Ihm auszubeugen, war der Streich zu schnell
Gefallen; unter den zu kommen, ich
So lang und viel mich weigerte. – Sie sehn,
Die ich zu sehn so wenig lüstern war, –
Sie sehn, und der Entschluß, sie wieder aus
Den Augen nie zu lassen – Was Entschluß?
Entschluß ist Vorsatz, Tat: und ich, ich litt',
Ich litte bloß. – Sie sehn, und das Gefühl,
An sie verstrickt, in sie verwebt zu sein,
War eins. – Bleibt eins. – Von ihr getrennt
Zu leben, ist mir ganz undenkbar; wär'
Mein Tod, – und wo wir immer nach dem Tode
Noch sind, auch da mein Tod. – Ist das nun Liebe:
So – liebt der Tempelritter freilich, – liebt
Der Christ das Judenmädchen freilich. – Hm!
Was tuts? – Ich hab' in dem gelobten Lande, –
Und drum auch mir *gelobt* auf immerdar! –
Der Vorurteile mehr schon abgelegt. –
Was will mein Orden auch? Ich Tempelherr
Bin tot; war von dem Augenblick ihm tot,
Der mich zu Saladins Gefangnen machte.
Der Kopf, den Saladin mir schenkte, wär'
Mein alter? – Ist ein neuer; der von allem
Nichts weiß, was jenem eingeplaudert ward,
Was jenen band. – Und ist ein beßrer; für
Den väterlichen Himmel mehr gemacht.
Das spür' ich ja. Denn erst mit ihm beginn'
Ich so zu denken, wie mein Vater hier
Gedacht muß haben; wenn man Märchen nicht
Von ihm mir vorgelogen. – Märchen? – doch
Ganz glaubliche; die glaublicher mir nie,
Als itzt geschienen, da ich nur Gefahr
Zu straucheln laufe, wo er fiel. – Er fiel?
Ich will mit Männern lieber fallen, als
Mit Kindern stehn. – Sein Beispiel bürget mir

Für seinen Beifall. Und an wessen Beifall
Liegt mir denn sonst? – An Nathans? – O an dessen
Ermuntrung mehr, als Beifall, kann es mir
Noch weniger gebrechen. – Welch ein Jude! –
Und der so ganz nur Jude scheinen will!
Da kömmt er; kömmt mit Hast; glüht heitre Freude
Wer kam vom Saladin je anders? – He!
He, Nathan!

NEUNTER AUFTRITT

Nathan und der Tempelherr

NATHAN. Wie? seid Ihrs?
TEMPELHERR. Ihr habt
  Sehr lang' Euch bei dem Sultan aufgehalten.
NATHAN. So lange nun wohl nicht. Ich ward im Hingehn
  Zu viel verweilt. – Ah, wahrlich Curd; der Mann
  Steht seinen Ruhm. Sein Ruhm ist bloß sein Schatten.
  Doch laßt vor allen Dingen Euch geschwind
  Nur sagen ...
TEMPELHERR. Was?
NATHAN. Er will Euch sprechen; will,
  Daß ungesäumt Ihr zu ihm kommt. Begleitet
  Mich nur nach Hause, wo ich noch für ihn
  Erst etwas anders zu verfügen habe:
  Und dann, so gehn wir.
TEMPELHERR. Nathan, Euer Haus
  Betret' ich wieder eher nicht ...
NATHAN. So seid
  Ihr doch indes schon da gewesen? habt
  Indes sie doch gesprochen? – Nun? – Sagt: wie
  Gefällt Euch Recha?
TEMPELHERR. Über allen Ausdruck! –
  Allein, – sie wiedersehn – das werd ich nie!
  Nie! nie! – Ihr müßtet mir zur Stelle denn
  Versprechen: – daß ich sie auf immer, immer –

Soll können sehn.
NATHAN. Wie wollt Ihr, daß ich das
Versteh'?
TEMPELHERR *(nach einer kurzen Pause ihm plötzlich um den*
Hals fallend).
Mein Vater!
NATHAN. – Junger Mann!
TEMPELHERR *(ihn eben so plötzlich wieder lassend).*
Nicht Sohn? –
Ich bitt' Euch, Nathan! –
NATHAN. Lieber junger Mann!
TEMPELHERR.
Nicht Sohn? – Ich bitt' Euch, Nathan! – Ich beschwör'
Euch bei den ersten Banden der Natur! –
Zieht ihnen spätre Fesseln doch nicht vor! –
Begnügt Euch doch ein Mensch zu sein! – Stoßt mich
Nicht von Euch!
NATHAN. Lieber, lieber Freund!...
TEMPELHERR. Und Sohn?
Sohn nicht? – Auch dann nicht, dann nicht einmal, wenn
Erkenntlichkeit zum Herzen Eurer Tochter
Der Liebe schon den Weg gebahnet hätte?
Auch dann nicht einmal, wenn in eins zu schmelzen
Auf Euern Wink nur beide warteten? –
Ihr schweigt?
NATHAN. Ihr überrascht mich, junger Ritter.
TEMPELHERR. Ich überrasch' Euch? – überrasch' Euch, Nathan,
Mit Euern eigenen Gedanken? – Ihr
Verkennt sie doch in meinem Munde nicht? –
Ich überrasch' Euch?
NATHAN. Eh ich einmal weiß,
Was für ein Stauffen Euer Vater denn
Gewesen ist!
TEMPELHERR. Was sagt Ihr, Nathan? was? –
In diesem Augenblicke fühlt Ihr nichts,
Als Neubegier?
NATHAN. Denn seht! Ich habe selbst
Wohl einen Stauffen ehedem gekannt,

Der Conrad hieß.
TEMPELHERR. Nun – wenn mein Vater denn
Nun eben so geheißen hätte?
NATHAN. Wahrlich?
TEMPELHERR. Ich heiße selber ja nach meinem Vater: Curd
Ist Conrad.
NATHAN. Nun – so war mein Conrad doch
Nicht Euer Vater. Denn mein Conrad war,
Was Ihr; war Tempelherr; war nie vermählt.
TEMPELHERR. O darum!
NATHAN. Wie?
TEMPELHERR. O darum könnt' er doch
Mein Vater wohl gewesen sein.
NATHAN. Ihr scherzt.
TEMPELHERR. Und Ihr nehmts wahrlich zu genau! – Was wärs
Denn nun? So was von Bastard oder Bankert!
Der Schlag ist auch nicht zu verachten. – Doch
Entlaßt mich immer meiner Ahnenprobe.
Ich will Euch Eurer wiederum entlassen.
Nicht zwar, als ob ich den geringsten Zweifel
In Euern Stammbaum setzte. Gott behüte!
Ihr könnt ihn Blatt vor Blatt bis Abraham
Hinauf belegen. Und von da so weiter,
Weiß ich ihn selbst; will ich ihn selbst beschwören.
NATHAN. Ihr werdet bitter. – Doch verdien' ichs? – Schlug
Ich denn Euch schon was ab? – Ich will Euch ja
Nur bei dem Worte nicht den Augenblick
So fassen. – Weiter nichts.
TEMPELHERR. Gewiß? – Nichts weiter?
O so vergebt!...
NATHAN. Nun kommt nur, kommt!
TEMPELHERR. Wohin?
Nein! – Mit in Euer Haus? – Das nicht! das nicht! –
Da brennts! – Ich will Euch hier erwarten. Geht! –
Soll ich sie wiedersehn: so seh ich sie
Noch oft genug. Wo nicht: so sah ich sie
Schon viel zu viel...
NATHAN. Ich will mich möglichst eilen.

Zehnter Auftritt

Der Tempelherr und bald darauf Daja

TEMPELHERR.
Schon mehr als gnug! – Des Menschen Hirn faßt so
Unendlich viel; und ist doch manchmal auch
So plötzlich voll! von einer Kleinigkeit
So plötzlich voll! – Taugt nichts, taugt nichts; es sei
Auch voll wovon es will. – Doch nur Geduld!
Die Seele wirkt den aufgedunsnen Stoff
Bald in einander, schafft sich Raum, und Licht
Und Ordnung kommen wieder. – Lieb' ich denn
Zum erstenmale? – Oder war, was ich
Als Liebe kenne, Liebe nicht? – Ist Liebe
Nur was ich itzt empfinde?...
DAJA *(die sich von der Seite herbeigeschlichen).*
                              Ritter! Ritter!
TEMPELHERR. Wer ruft? – Ha, Daja, Ihr?
DAJA.   Ich habe mich
Bei ihm vorbei geschlichen. Aber noch
Könnt' er uns sehn, wo Ihr da steht. – Drum kommt
Doch näher zu mir, hinter diesen Baum.
TEMPELHERR.
Was gibts denn? – So geheimnisvoll? – Was ists?
DAJA. Ja wohl betrifft es ein Geheimnis, was
Mich zu Euch bringt; und zwar ein doppeltes.
Das eine weiß nur ich; das andre wißt
Nur Ihr. – Wie wär es, wenn wir tauschten?
Vertraut mir Euers: so vertrau' ich Euch
Das meine.
TEMPELHERR.
          Mit Vergnügen. – Wenn ich nur
Erst weiß, was Ihr für meines achtet. Doch
Das wird aus Euerm wohl erhellen. – Fangt
Nur immer an.
DAJA.   Ei denkt doch! – Nein, Herr Ritter:
Erst Ihr; ich folge. – Denn versichert, mein

Geheimnis kann Euch gar nichts nutzen, wenn
Ich nicht zuvor das Eure habe. – Nur
Geschwind! – Denn frag' ichs Euch erst ab: so habt
Ihr nichts vertrauet. Mein Geheimnis dann
Bleibt mein Geheimnis; und das Eure seid
Ihr los. – Doch armer Ritter! – Daß ihr Männer
Ein solch Geheimnis vor uns Weibern haben
Zu können, auch nur glaubt!
TEMPELHERR.   Das wir zu haben
Oft selbst nicht wissen.
DAJA.   Kann wohl sein. Drum muß
Ich freilich erst, Euch selbst damit bekannt
Zu machen, schon die Freundschaft haben. – Sagt:
Was hieß denn das, daß Ihr so Knall und Fall
Euch aus dem Staube machtet? daß Ihr uns
So sitzen ließet? – daß Ihr nun mit Nathan
Nicht wiederkommt? – Hat Recha denn so wenig
Auf Euch gewirkt? wie? oder auch, so viel? –
So viel! so viel! – Lehrt Ihr des armen Vogels,
Der an der Rute klebt, Geflatter mich
Doch kennen! – Kurz: gesteht es mir nur gleich,
Daß Ihr sie liebt, liebt bis zum Unsinn; und
Ich sag' Euch was ...
TEMPELHERR.   Zum Unsinn? Wahrlich; Ihr
Versteht Euch trefflich drauf.
DAJA.   Nun gebt mir nur
Die Liebe zu; den Unsinn will ich Euch
Erlassen.
TEMPELHERR.
        Weil er sich von selbst versteht? –
Ein Tempelherr ein Judenmädchen lieben! ...
DAJA. Scheint freilich wenig Sinn zu haben. – Doch
Zuweilen ist des Sinns in einer Sache
Auch mehr, als wir vermuten; und es wäre
So unerhört doch nicht, daß uns der Heiland
Auf Wegen zu sich zöge, die der Kluge
Von selbst nicht leicht betreten würde.
TEMPELHERR.   Das

So feierlich? – (Und setz' ich statt des Heilands
Die Vorsicht: hat sie denn nicht Recht? –) Ihr macht
Mich neubegieriger, als ich wohl sonst
Zu sein gewohnt bin.
DAJA.   O! das ist das Land
Der Wunder!
TEMPELHERR. (Nun! – des Wunderbaren. Kann
Es auch wohl anders sein? Die ganze Welt
Drängt sich ja hier zusammen.) – Liebe Daja,
Nehmt für gestanden an, was Ihr verlangt:
Daß ich sie liebe; daß ich nicht begreife,
Wie ohne sie ich leben werde; daß ...
DAJA. Gewiß? gewiß? – So schwört mir, Ritter, sie
Zur Eurigen zu machen; sie zu retten;
Sie zeitlich hier, sie ewig dort zu retten.
TEMPELHERR.
Und wie? – Wie kann ich? – Kann ich schwören, was
In meiner Macht nicht steht?
DAJA.   In Eurer Macht
Steht es. Ich bring' es durch ein einzig Wort
In Eure Macht.
TEMPELHERR.   Daß selbst der Vater nichts
Dawider hätte?
DAJA.   Ei, was Vater! Vater!
Der Vater soll schon müssen.
TEMPELHERR.   Müssen, Daja? –
Noch ist er unter Räuber nicht gefallen. –
Er muß nicht müssen.
DAJA.   Nun, so muß er wollen;
Muß gern am Ende wollen.
TEMPELHERR.   Muß und gern! –
Doch, Daja, wenn ich Euch nun sage, daß
Ich selber diese Sait' ihm anzuschlagen
Bereits versucht?
DAJA.   Was? und er fiel nicht ein?
TEMPELHERR. Er fiel mit einem Mißlaut ein, der mich –
Beleidigte.
DAJA.   Was sagt Ihr? – Wie? Ihr hättet

Den Schatten eines Wunsches nur nach Recha
Ihm blicken lassen: und er wär' vor Freuden
Nicht aufgesprungen? hätte frostig sich
Zurückgezogen? hätte Schwierigkeiten
Gemacht? 800
TEMPELHERR.
    So ungefähr.
DAJA.   So will ich denn
Mich länger keinen Augenblick bedenken – *(Pause)*
TEMPELHERR. Und Ihr bedenkt Euch doch?
DAJA.   Der Mann ist sonst
So gut! – Ich selber bin so viel ihm schuldig! –
Daß er doch gar nicht hören will! – Gott weiß,
Das Herze blutet mir, ihn so zu zwingen.
TEMPELHERR. Ich bitt' Euch, Daja, setzt mich kurz und gut
Aus dieser Ungewißheit. Seid Ihr aber
Noch selber ungewiß; ob, was Ihr vorhabt,
Gut oder böse, schändlich oder löblich
Zu nennen: – schweigt! Ich will vergessen, daß 810
Ihr etwas zu verschweigen habt.
DAJA.   Das spornt
Anstatt zu halten. Nun; so wißt denn: Recha
Ist keine Jüdin; ist – ist eine Christin.
TEMPELHERR *(kalt)*.
So? Wünsch' Euch Glück! Hats schwer gehalten? Laßt
Euch nicht die Wehen schrecken! – Fahret ja
Mit Eifer fort, den Himmel zu bevölkern;
Wenn Ihr die Erde nicht mehr könnt!
DAJA.   Wie, Ritter?
Verdienet meine Nachricht diesen Spott?
Daß Recha eine Christin ist: das freuet
Euch, einen Christen, einen Tempelherrn, 820
Der Ihr sie liebt, nicht mehr?
TEMPELHERR.   Besonders, da
Sie eine Christin ist von Eurer Mache.
DAJA. Ah! so versteht Ihrs? So mags gelten! – Nein!
Den will ich sehn, der die bekehren soll!
Ihr Glück ist, längst zu sein, was sie zu werden

Verdorben ist.
TEMPELHERR. Erklärt Euch, oder – geht!
DAJA. Sie ist ein Christenkind; von Christeneltern
Geboren; ist getauft ...
TEMPELHERR *(hastig).* Und Nathan?
DAJA. Nicht
Ihr Vater!
TEMPELHERR.
Nathan nicht ihr Vater? – Wißt
Ihr, was Ihr sagt?
DAJA. Die Wahrheit, die so oft
Mich blutge Tränen weinen machen. – Nein,
Er ist ihr Vater nicht ...
TEMPELHERR. Und hätte sie,
Als seine Tochter nur erzogen? hätte
Das Christenkind als eine Jüdin sich
Erzogen?
DAJA. Ganz gewiß.
TEMPELHERR. Sie wüßte nicht,
Was sie geboren sei? – Sie hätt' es nie
Von ihm erfahren, daß sie eine Christin
Geboren sei, und keine Jüdin?
DAJA. Nie!
TEMPELHERR. Er hätt' in diesem Wahne nicht das Kind
Bloß auferzogen? ließ das Mädchen noch
In diesem Wahne?
DAJA. Leider!
TEMPELHERR. Nathan – Wie? –
Der weise gute Nathan hätte sich
Erlaubt, die Stimme der Natur so zu
Verfälschen? – Die Ergießung eines Herzens
So zu verlenken, die, sich selbst gelassen,
Ganz andre Wege nehmen würde? – Daja,
Ihr habt mir allerdings etwas vertraut –
Von Wichtigkeit, – was Folgen haben kann, –
Was mich verwirrt, – worauf ich gleich nicht weiß,
Was mir zu tun. – Drum laßt mir Zeit. – Drum geht!
Er kömmt hier wiederum vorbei. Er möcht'

Uns überfallen. Geht!
DAJA. Ich wär' des Todes!
TEMPELHERR. Ich bin ihn itzt zu sprechen ganz und gar
Nicht fähig. Wenn Ihr ihm begegnet, sagt
Ihm nur, daß wir einander bei dem Sultan
Schon finden würden.
DAJA. Aber laßt Euch ja
Nichts merken gegen ihn. – Das soll nur so
Den letzten Druck dem Dinge geben; soll
Euch, Rechas wegen, alle Skrupel nur
Benehmen! – Wenn Ihr aber dann, sie nach
Europa führt: so laßt Ihr doch mich nicht
Zurück?
TEMPELHERR.
Das wird sich finden. Geht nur, geht!

VIERTER AUFZUG

Erster Auftritt

Szene: in den Kreuzgängen des Klosters

*Der Klosterbruder und bald darauf
der Tempelherr*

KLOSTERBRUDER. Ja, ja! er hat schon Recht, der Patriarch!
Es hat mir freilich noch von alle dem
Nicht viel gelingen wollen, was er mir
So aufgetragen. – Warum trägt er mir
Auch lauter solche Sachen auf? – Ich mag
Nicht fein sein; mag nicht überreden; mag
Mein Näschen nicht in alles stecken; mag
Mein Händchen nicht in allem haben. – Bin
Ich darum aus der Welt geschieden, ich
Für mich; um mich für andre mit der Welt
Noch erst recht zu verwickeln?
TEMPELHERR *(mit Hast auf ihn zukommend).*
                              Guter Bruder!
Da seid Ihr ja. Ich hab' Euch lange schon
Gesucht.
KLOSTERBRUDER.
      Mich, Herr?
TEMPELHERR.   Ihr kennt mich schon nicht mehr?
KLOSTERBRUDER.
Doch, doch! Ich glaubte nur, daß ich den Herrn
In meinem Leben wieder nie zu sehn
Bekommen würde. Denn ich hofft' es zu
Dem lieben Gott. – Der liebe Gott, der weiß
Wie sauer mir der Antrag ward, den ich
Dem Herrn zu tun verbunden war. Er weiß,
Ob ich gewünscht, ein offnes Ohr bei Euch

Zu finden; weiß, wie sehr ich mich gefreut,
Im Innersten gefreut, daß Ihr so rund
Das alles, ohne viel Bedenken, von
Euch wies't, was einem Ritter nicht geziemt. –
Nun kommt Ihr doch; nun hats doch nachgewirkt!
TEMPELHERR. Ihr wißt es schon, warum ich komme? Kaum
 Weiß ich es selbst.
KLOSTERBRUDER. Ihr habts nun überlegt;
 Habt nun gefunden, daß der Patriarch
 So Unrecht doch nicht hat; daß Ehr' und Geld
 Durch seinen Anschlag zu gewinnen; daß
 Ein Feind ein Feind ist, wenn er unser Engel
 Auch siebenmal gewesen wäre. Das,
 Das habt Ihr nun mit Fleisch und Blut erwogen,
 Und kommt, und tragt Euch wieder an. – Ach Gott!
TEMPELHERR.
 Mein frommer, lieber Mann! gebt Euch zufrieden.
 Deswegen komm' ich nicht; deswegen will
 Ich nicht den Patriarchen sprechen. Noch,
 Noch denk' ich über jenen Punkt, wie ich
 Gedacht, und wollt' um alles in der Welt
 Die gute Meinung nicht verlieren, deren
 Mich ein so grader, frommer, lieber Mann
 Einmal gewürdiget. – Ich komme bloß,
 Den Patriarchen über eine Sache
 Um Rat zu fragen ...
KLOSTERBRUDER. Ihr den Patriarchen?
 Ein Ritter, einen – Pfaffen? *(sich schüchtern umsehend)*
TEMPELHERR. Ja; – die Sach'
 Ist ziemlich pfäffisch.
KLOSTERBRUDER. Gleichwohl fragt der Pfaffe
 Den Ritter nie, die Sache sei auch noch
 So ritterlich.
TEMPELHERR. Weil er das Vorrecht hat,
 Sich zu vergehn; das unser einer ihm
 Nicht sehr beneidet. – Freilich, wenn ich nur
 Für mich zu handeln hätte; freilich, wenn
 Ich Rechenschaft nur mir zu geben hätte:

Was braucht' ich Euers Patriarchen? Aber
Gewisse Dinge will ich lieber schlecht,
Nach andrer Willen, machen; als allein
Nach meinem, gut. —Zudem, ich seh nun wohl,
Religion ist auch Partei; und wer
Sich drob auch noch so unparteiisch glaubt,
Hält, ohn' es selbst zu wissen, doch nur seiner
Die Stange. Weil das einmal nun so ist:
Wirds so wohl recht sein.

KLOSTERBRUDER.   Dazu schweig' ich lieber.
Denn ich versteh den Herrn nicht recht.

TEMPELHERR.   Und doch! —
(Laß sehn, warum mir eigentlich zu tun!
Um Machtspruch oder Rat? — Um lautern, oder
Gelehrten Rat?) — Ich dank' Euch, Bruder; dank'
Euch für den guten Wink. — Was Patriarch? —
Seid Ihr mein Patriarch! Ich will ja doch
Den Christen mehr im Patriarchen, als
Den Patriarchen in dem Christen fragen. —
Die Sach' ist die...

KLOSTERBRUDER.   Nicht weiter, Herr, nicht weiter!
Wozu? — Der Herr verkennt mich. — Wer viel weiß,
Hat viel zu sorgen; und ich habe ja
Mich Einer Sorge nur gelobt. — O gut!
Hört! seht! Dort kömmt, zu meinem Glück, er selbst.
Bleibt hier nur stehn. Er hat Euch schon erblickt.

Zweiter Auftritt

*Der Patriarch, welcher mit allem geistlichen
Pomp den einen Kreuzgang heraufkömmt,
und die Vorigen*

TEMPELHERR.
Ich wich ihm lieber aus. — Wär' nicht mein Mann! —
Ein dicker, roter, freundlicher Prälat!
Und welcher Prunk!

KLOSTERBRUDER. Ihr solltet ihn erst sehn,
   Nach Hofe sich erheben. Itzo kömmt
   Er nur von einem Kranken.
TEMPELHERR. Wie sich da
   Nicht Saladin wird schämen müssen!
PATRIARCH *(indem er näher kömmt, winkt dem Bruder).*
                              Hier! –
   Das ist ja wohl der Tempelherr. Was will
   Er?
KLOSTERBRUDER.
   Weiß nicht.
PATRIARCH *(auf ihn zugehend, indem der Bruder und das
   Gefolge zurücktreten).*
                  Nun, Herr Ritter! – Sehr erfreut
   Den braven jungen Mann zu sehn! – Ei, noch
   So gar jung! – Nun, mit Gottes Hülfe, daraus
   Kann etwas werden.
TEMPELHERR. Mehr, ehrwürd'ger Herr,
   Wohl schwerlich, als schon ist. Und eher noch,
   Was weniger.
PATRIARCH. Ich wünsche wenigstens,
   Daß so ein frommer Ritter lange noch
   Der lieben Christenheit, der Sache Gottes
   Zu Ehr und Frommen blühn und grünen möge!
   Das wird denn auch nicht fehlen, wenn nur fein
   Die junge Tapferkeit dem reifen Rate
   Des Alters folgen will! – Womit wär' sonst
   Dem Herrn zu dienen?
TEMPELHERR. Mit dem nämlichen,
   Woran es meiner Jugend fehlt: mit Rat.
PATRIARCH. Recht gern! – Nur ist der Rat auch anzunehmen.
TEMPELHERR.
   Doch blindlings nicht?
PATRIARCH. Wer sagt denn das? – Ei freilich
   Muß niemand die Vernunft, die Gott ihm gab,
   Zu brauchen unterlassen, – wo sie hin
   Gehört. – Gehört sie aber überall
   Denn hin? – O nein! – Zum Beispiel: wenn uns Gott

Durch einen seiner Engel, – ist zu sagen,
Durch einen Diener seines Worts, – ein Mittel
Bekannt zu machen würdiget, das Wohl
Der ganzen Christenheit, das Heil der Kirche,
Auf irgend eine ganz besondre Weise
Zu fördern, zu befestigen: wer darf
Sich da noch unterstehn, die Willkür des,
Der die Vernunft erschaffen, nach Vernunft
Zu untersuchen? und das ewige
Gesetz der Herrlichkeit des Himmels, nach
Den kleinen Regeln einer eiteln Ehre
Zu prüfen? – Doch hiervon genug. – Was ist
Es denn, worüber unsern Rat für itzt
Der Herr verlangt?

TEMPELHERR.   Gesetzt, ehrwürd'ger Vater,
Ein Jude hätt' ein einzig Kind, – es sei
Ein Mädchen, – das er mit der größten Sorgfalt
Zu allem Guten auferzogen, das
Er liebe mehr als seine Seele, das
Ihn wieder mit der frömmsten Liebe liebe.
Und nun würd' unser einem hinterbracht,
Dies Mädchen sei des Juden Tochter nicht;
Er hab' es in der Kindheit aufgelesen,
Gekauft, gestohlen, – was Ihr wollt; man wisse,
Das Mädchen sei ein Christenkind, und sei
Getauft; der Jude hab' es nur als Jüdin
Erzogen; laß es nur als Jüdin und
Als seine Tochter so verharren: – sagt,
Ehrwürd'ger Vater, was wär' hierbei wohl
Zu tun?

PATRIARCH.
          Mich schaudert! – Doch zu allererst
Erkläre sich der Herr, ob so ein Fall
Ein Faktum oder eine Hypothes'.
Das ist zu sagen: ob der Herr sich das
Nur bloß so dichtet, oder obs geschehn,
Und fortfährt zu geschehn.

TEMPELHERR.   Ich glaubte, das

Sei eins, um Euer Hochehrwürden Meinung
Bloß zu vernehmen.
PATRIARCH.   Eins? – Da seh der Herr
Wie sich die stolze menschliche Vernunft
Im Geistlichen doch irren kann. – Mit nichten!
Denn ist der vorgetragne Fall nur so
Ein Spiel des Witzes: so verlohnt es sich
Der Mühe nicht, im Ernst ihn durchzudenken.
Ich will den Herrn damit auf das Theater
Verwiesen haben, wo dergleichen pro
Et contra sich mit vielem Beifall könnte
Behandeln lassen. – Hat der Herr mich aber
Nicht bloß mit einer theatral'schen Schnurre
Zum besten; ist der Fall ein Faktum; hätt'
Er sich wohl gar in unsrer Diözes',
In unsrer lieben Stadt Jerusalem,
Eräugnet: – ja alsdann –
TEMPELHERR.   Und was alsdann?
PATRIARCH. Dann wäre mit dem Juden fördersamst
Die Strafe zu vollziehn, die päpstliches
Und kaiserliches Recht so einem Frevel,
So einer Lastertat bestimmen.
TEMPELHERR.   So?
PATRIARCH. Und zwar bestimmen obbesagte Rechte
Dem Juden, welcher einen Christen zur
Apostasie verführt, – den Scheiterhaufen, –
Den Holzstoß –
TEMPELHERR. So?
PATRIARCH.   Und wie vielmehr dem Juden,
Der mit Gewalt ein armes Christenkind
Dem Bunde seiner Tauf entreißt! Denn ist
Nicht alles, was man Kindern tut, Gewalt? –
Zu sagen: – ausgenommen, was die Kirch'
An Kindern tut.
TEMPELHERR.   Wenn aber nun das Kind,
Erbarmte seiner sich der Jude nicht,
Vielleicht im Elend umgekommen wäre?

PATRIARCH.
    Tut nichts! der Jude wird verbrannt. – Denn besser,
    Es wäre hier im Elend umgekommen,
    Als daß zu seinem ewigen Verderben
    Es so gerettet ward. – Zu dem, was hat
    Der Jude Gott denn vorzugreifen? Gott
    Kann, wen er retten will, schon ohn' ihn retten.
TEMPELHERR. Auch Trotz ihm, sollt' ich meinen, – selig machen.
PATRIARCH. Tut nichts! der Jude wird verbrannt.
TEMPELHERR.   Das geht
    Mir nah'! Besonders, da man sagt, er habe
    Das Mädchen nicht sowohl in seinem, als
    Vielmehr in keinem Glauben auferzogen,
    Und sie von Gott nicht mehr nicht weniger
    Gelehrt, als der Vernunft genügt.
PATRIARCH.   Tut nichts!
    Der Jude wird verbrannt ... Ja, wär' allein
    Schon dieserwegen wert, dreimal verbrannt
    Zu werden! – Was? ein Kind ohn' allen Glauben
    Erwachsen lassen? – Wie? die große Pflicht
    Zu glauben, ganz und gar ein Kind nicht lehren?
    Das ist zu arg! – Mich wundert sehr, Herr Ritter,
    Euch selbst ...
TEMPELHERR.   Ehrwürd'ger Herr, das übrige,
    Wenn Gott will, in der Beichte. *(Will gehn)*
PATRIARCH.   Was? mir nun
    Nicht einmal Rede stehn? – Den Bösewicht,
    Den Juden mir nicht nennen? – mir ihn nicht
    Zur Stelle schaffen? – O da weiß ich Rat!
    Ich geh sogleich zum Sultan. – Saladin,
    Vermöge der Kapitulation,
    Die er beschworen, muß uns, muß uns schützen;
    Bei allen Rechten, allen Lehren schützen,
    Die wir zu unsrer allerheiligsten
    Religion nur immer rechnen dürfen!
    Gottlob! wir haben das Original.
    Wir haben seine Hand, sein Siegel. Wir! –
    Auch mach' ich ihm gar leicht begreiflich, wie

Gefährlich selber für den Staat es ist,
Nichts glauben! Alle bürgerliche Bande
Sind aufgelöset, sind zerrissen, wenn
Der Mensch nichts glauben darf. – Hinweg! hinweg
Mit solchem Frevel!..
TEMPELHERR. Schade, daß ich nicht
Den trefflichen Sermon mit beßrer Muße
Genießen kann! Ich bin zum Saladin
Gerufen.
PATRIARCH.
Ja? – Nun so – Nun freilich – Dann –
TEMPELHERR. Ich will den Sultan vorbereiten, wenn
Es Eurer Hochehrwürden so gefällt.
PATRIARCH. O, oh! – Ich weiß, der Herr hat Gnade funden
Vor Saladin! – Ich bitte meiner nur
Im besten bei ihm eingedenk zu sein. –
Mich treibt der Eifer Gottes lediglich.
Was ich zu viel tu, tu ich ihm. – Das wolle
Doch ja der Herr erwägen! – Und nicht wahr,
Herr Ritter? das vorhin Erwähnte von
Dem Juden, war nur ein Problema? – ist
Zu sagen –
TEMPELHERR.
Ein Problema. *(Geht ab)*
PATRIARCH. (Dem ich tiefer
Doch auf den Grund zu kommen suchen muß.
Das wär' so wiederum ein Auftrag für
Den Bruder Bonafides.) – Hier, mein Sohn!
*(Er spricht im Abgehn mit dem
Klosterbruder)*

Dritter Auftritt

*Szene: ein Zimmer im Palaste des Saladin,
in welches von Sklaven eine Menge Beutel
getragen, und auf dem Boden neben einander
gestellt werden*

Saladin und bald darauf Sittah

SALADIN *(der dazu kömmt).*
Nun wahrlich! das hat noch kein Ende. – Ist
Des Dings noch viel zurück?
EIN SKLAVE.   Wohl noch die Hälfte.
SALADIN. So tragt das übrige zu Sittah. – Und
Wo bleibt Al-Hafi? Das hier soll sogleich
Al-Hafi zu sich nehmen. – Oder ob
Ichs nicht vielmehr dem Vater schicke? Hier
Fällt mir es doch nur durch die Finger. – Zwar
Man wird wohl endlich hart; und nun gewiß
Solls Künste kosten, mir viel abzuzwacken.
Bis wenigstens die Gelder aus Ägypten
Zur Stelle kommen, mag das Armut sehn
Wies fertig wird! – Die Spenden bei dem Grabe,
Wenn die nur fortgehn! Wenn die Christenpilger
Mit leeren Händen nur nicht abziehn dürfen!
Wenn nur –
SITTAH.   Was soll nun das? Was soll das Geld
Bei mir?
SALADIN. Mach dich davon bezahlt; und leg'
Auf Vorrat, wenn was übrig bleibt.
SITTAH.   Ist Nathan
Noch mit dem Tempelherrn nicht da?
SALADIN.   Er sucht
Ihn aller Orten.
SITTAH.   Sieh doch, was ich hier,
Indem mir so mein alt Geschmeide durch
Die Hände geht, gefunden.
(ihm ein klein Gemälde zeigend)
SALADIN.   Ha! mein Bruder!

Das ist er, ist er! – War er! war er! ah! –
Ah wackrer lieber Junge, daß ich dich
So früh verlor! Was hätt' ich erst mit dir,
An deiner Seit' erst unternommen! – Sittah,
Laß mir das Bild. Auch kenn' ichs schon: er gab
Es deiner ältern Schwester, seiner Lilla,
Die eines Morgens ihn so ganz und gar   250
Nicht aus den Armen lassen wollt'. Es war
Der letzte, den er ausritt. – Ah, ich ließ
Ihn reiten, und allein! – Ah, Lilla starb
Vor Gram, und hat mirs nie vergeben, daß
Ich so allein ihn reiten lassen. – Er
Blieb weg!
SITTAH.   Der arme Bruder!
SALADIN.   Laß nur gut
Sein! – Einmal bleiben wir doch alle weg! –
Zudem, – wer weiß? Der Tod ists nicht allein,
Der einem Jüngling seiner Art das Ziel
Verrückt. Er hat der Feinde mehr; und oft   260
Erliegt der Stärkste gleich dem Schwächsten. – Nun,
Sei wie ihm sei! – Ich muß das Bild doch mit
Dem jungen Tempelherrn vergleichen; muß
Doch sehn, wie viel mich meine Phantasie
Getäuscht.
SITTAH.   Nur darum bring' ichs. Aber gib
Doch, gib! Ich will dir das wohl sagen; das
Versteht ein weiblich Aug am besten.
SALADIN *(zu einem Türsteher, der hereintritt).*
                                   Wer
Ist da? – der Tempelherr? – Er komm'!
SITTAH.   Euch nicht
Zu stören: ihn mit meiner Neugier nicht
Zu irren –   270
*(Sie setzt sich seitwärts auf einen Sofa und läßt den
Schleier fallen)*
SALADIN.   Gut so! gut! – (Und nun sein Ton!
Wie der wohl sein wird! – Assads Ton
Schläft auch wo¹ l wo in meiner Seele noch!)

Vierter Auftritt

Der Tempelherr und Saladin

TEMPELHERR. Ich, dein Gefangner, Sultan ...
SALADIN.   Mein Gefangner?
  Wem ich das Leben schenke, werd' ich dem
  Nicht auch die Freiheit schenken?
TEMPELHERR.   Was dir ziemt
  Zu tun, ziemt mir, erst zu vernehmen, nicht
  Vorauszusetzen. Aber, Sultan, – Dank,
  Besondern Dank dir für mein Leben zu
  Beteuern, stimmt mit meinem Stand' und meinem
  Charakter nicht. – Es steht in allen Fällen
  Zu deinen Diensten wieder.
SALADIN.   Brauch es nur
  Nicht wider mich! – Zwar ein Paar Hände mehr,
  Die gönnt' ich meinem Feinde gern. Allein
  Ihm so ein Herz auch mehr zu gönnen, fällt
  Mir schwer. – Ich habe mich mit dir in nichts
  Betrogen, braver junger Mann! Du bist
  Mit Seel und Leib mein Assad. Sieh! ich könnte
  Dich fragen: wo du denn die ganze Zeit
  Gesteckt? in welcher Höhle du geschlafen?
  In welchem Ginnistan, von welcher guten
  Div diese Blume fort und fort so frisch
  Erhalten worden? Sieh! ich könnte dich
  Erinnern wollen, was wir dort und dort
  Zusammen ausgeführt. Ich könnte mit
  Dir zanken, daß du Ein Geheimnis doch
  Vor mir gehabt! Ein Abenteuer mir
  Doch unterschlagen: – Ja, das könnt' ich; wenn
  Ich dich nur säh', und nicht auch mich. – Nun, mags!
  Von dieser süßen Träumerei ist immer
  Doch so viel wahr, daß mir in meinem Herbst
  Ein Assad wieder blühen soll. – Du bist
  Es doch zufrieden, Ritter?
TEMPELHERR.   Alles, was

Von dir mir kömmt, – sei was es will – das lag
Als Wunsch in meiner Seele.
SALADIN. Laß uns das
Sogleich versuchen. – Bliebst du wohl bei mir?
Um mir? – Als Christ, als Muselmann: gleich viel!
Im weißen Mantel, oder Jamerlonk;
Im Tulban, oder deinem Filze: wie
Du willst! Gleich viel! Ich habe nie verlangt,
Daß allen Bäumen Eine Rinde wachse.
TEMPELHERR. Sonst wärst du wohl auch schwerlich, der du bist:
Der Held, der lieber Gottes Gärtner wäre.
SALADIN. Nun dann; wenn du nicht schlechter von mir denkst:
So wären wir ja halb schon richtig?
TEMPELHERR. Ganz!
SALADIN *(ihm die Hand bietend).*
Ein Wort?
TEMPELHERR *(einschlagend).*
Ein Mann! – Hiermit empfange mehr
Als du mir nehmen konntest. Ganz der Deine!
SALADIN. Zu viel Gewinn für einen Tag! zu viel! –
Kam er nicht mit?
TEMPELHERR. Wer?
SALADIN. Nathan.
TEMPELHERR *(frostig).* Nein. Ich kam
Allein.
SALADIN.
Welch eine Tat von dir! Und welch
Ein weises Glück, daß eine solche Tat
Zum Besten eines solchen Mannes ausschlug.
TEMPELHERR. Ja, ja!
SALADIN. So kalt? – Nein, junger Mann! wenn Gott
Was Gutes durch uns tut, muß man so kalt
Nicht sein! – selbst aus Bescheidenheit so kalt
Nicht scheinen wollen!
TEMPELHERR. Daß doch in der Welt
Ein jedes Ding so manche Seiten hat! –
Von denen oft sich gar nicht denken läßt,
Wie sie zusammenpassen!

SALADIN.   Halte dich
  Nur immer an die best', und preise Gott!
  Der weiß, wie sie zusammenpassen. – Aber,
  Wenn du so schwierig sein willst, junger Mann:
  So werd' auch ich ja wohl auf meiner Hut
  Mich mit dir halten müssen? Leider bin
  Auch ich ein Ding von vielen Seiten, die
  Oft nicht so recht zu passen scheinen mögen.
TEMPELHERR.
  Das schmerzt! – Denn Argwohn ist so wenig sonst
  Mein Fehler –
SALADIN.   Nun, so sage doch, mit wem
  Dus hast? – Es schien ja gar, mit Nathan. Wie?
  Auf Nathan Argwohn? du? – Erklär' dich! sprich!
  Komm, gib mir deines Zutrauns erste Probe.
TEMPELHERR. Ich habe wider Nathan nichts. Ich zürn'
  Allein mit mir –
SALADIN.   Und über was?
TEMPELHERR.   Daß mir
  Geträumt, ein Jude könn' auch wohl ein Jude
  Zu sein verlernen; daß mir wachend so
  Geträumt.
SALADIN.   Heraus mit diesem wachen Traume!
TEMPELHERR. Du weißt von Nathans Tochter, Sultan. Was
  Ich für sie tat, das tat ich, – weil ichs tat.
  Zu stolz, Dank einzuernten, wo ich ihn
  Nicht säete, verschmäht ich Tag für Tag
  Das Mädchen noch einmal zu sehn. Der Vater
  War fern; er kömmt; er hört; er sucht mich auf;
  Er dankt; er wünscht, daß seine Tochter mir
  Gefallen möge; spricht von Aussicht, spricht
  Von heitern Fernen. – Nun, ich lasse mich
  Beschwatzen, komme, sehe, finde wirklich
  Ein Mädchen ... Ah, ich muß mich schämen, Sultan! –
SALADIN. Dich schämen? – daß ein Judenmädchen auf
  Dich Eindruck machte: doch wohl nimmermehr?
TEMPELHERR. Daß diesem Eindruck, auf das liebliche
  Geschwätz des Vaters hin, mein rasches Herz

So wenig Widerstand entgegen setzte! –
Ich Tropf! ich sprang zum zweitenmal ins Feuer. –
Denn nun warb *ich*, und nun ward *ich* verschmäht.
SALADIN. Verschmäht?
TEMPELHERR.   Der weise Vater schlägt nun wohl
  Mich platterdings nicht aus. Der weise Vater
  Muß aber doch sich erst erkunden, erst
  Besinnen. Allerdings! Tat ich denn das
  Nicht auch? Erkundete, besann ich denn
  Mich erst nicht auch, als sie im Feuer schrie? –
  Fürwahr! bei Gott! Es ist doch gar was Schönes,
  So weise, so bedächtig sein!
SALADIN.   Nun, nun!
  So sieh doch einem Alten etwas nach!
  Wie lange können seine Weigerungen
  Denn dauern? Wird er denn von dir verlangen,
  Daß du erst Jude werden sollst?
TEMPELHERR.   Wer weiß!
SALADIN. Wer weiß? – der diesen Nathan besser kennt.
TEMPELHERR. Der Aberglaub', in dem wir aufgewachsen,
  Verliert, auch wenn wir ihn erkennen, darum
  Doch seine Macht nicht über uns. – Es sind
  Nicht alle frei, die ihrer Ketten spotten.
SALADIN. Sehr reif bemerkt! Doch Nathan wahrlich, Nathan..
TEMPELHERR. Der Aberglauben schlimmster ist, den seinen
  Für den erträglichern zu halten ...
SALADIN.   Mag
  Wohl sein! Doch Nathan ...
TEMPELHERR.   Dem allein
  Die blöde Menschheit zu vertrauen, bis
  Sie hellern Wahrheitstag gewöhne; dem
  Allein ...
SALADIN.   Gut! Aber Nathan! – Nathans Los
  Ist diese Schwachheit nicht.
TEMPELHERR.   So dacht' ich auch! ...
  Wenn gleichwohl dieser Ausbund aller Menschen
  So ein gemeiner Jude wäre, daß
  Er Christenkinder zu bekommen suche,

Um sie als Juden aufzuziehn: – wie dann?
SALADIN. Wer sagt ihm so was nach?
TEMPELHERR. Das Mädchen selbst,
Mit welcher er mich körnt, mit deren Hoffnung
Er gern mir zu bezahlen schiene, was
Ich nicht umsonst für sie getan soll haben: –
Dies Mädchen selbst, ist seine Tochter – nicht;
Ist ein verzettelt Christenkind.
SALADIN. Das er
Dem ungeachtet dir nicht geben wollte?
TEMPELHERR *(heftig)*. Woll' oder wolle nicht! Er ist entdeckt.
Der tolerante Schwätzer ist entdeckt!
Ich werde hinter diesen jüd'schen Wolf
Im philosoph'schen Schafpelz, Hunde schon
Zu bringen wissen, die ihn zausen sollen!
SALADIN *(ernst)*.
Sei ruhig, Christ!
TEMPELHERR. Was? ruhig Christ? – Wenn Jud'
Und Muselmann, auf Jud', auf Muselmann
Bestehen: soll allein der Christ den Christen
Nicht machen dürfen?
SALADIN *(noch ernster)*. Ruhig, Christ!
TEMPELHERR *(gelassen)*. Ich fühle
Des Vorwurfs ganze Last, – die Saladin
In diese Silbe preßt! Ah, wenn ich wüßte,
Wie Assad, – Assad sich an meiner Stelle
Hierbei genommen hätte!
SALADIN. Nicht viel besser! –
Vermutlich, ganz so brausend! – Doch, wer hat
Denn dich auch schon gelehrt, mich so wie er
Mit Einem Worte zu bestechen? Freilich
Wenn alles sich verhält, wie du mir sagest:
Kann ich mich selber kaum in Nathan finden. –
Indes, er ist mein Freund, und meiner Freunde
Muß keiner mit dem andern hadern. – Laß
Dich weisen! Geh behutsam! Gib ihn nicht
Sofort den Schwärmern deines Pöbels Preis!
Verschweig, was deine Geistlichkeit, an ihm

Zu rächen, mir so nahe legen würde!
Sei keinem Juden, keinem Muselmanne
Zum Trotz ein Christ!
TEMPELHERR. Bald wärs damit zu spät!
Doch Dank der Blutbegier des Patriarchen,
Des Werkzeug mir zu werden graute!
SALADIN. Wie?
Du kamst zum Patriarchen eher, als
Zu mir?
TEMPELHERR.
Im Sturm der Leidenschaft, im Wirbel
Der Unentschlossenheit! – Verzeih! – Du wirst
Von deinem Assad, fürcht' ich, ferner nun
Nichts mehr in mir erkennen wollen.
SALADIN. Wär'
Es diese Furcht nicht selbst! Mich dünkt, ich weiß,
Aus welchen Fehlern unsre Tugend keimt.
Pfleg' diese ferner nur, und jene sollen
Bei mir dir wenig schaden. – Aber geh!
Such du nun Nathan, wie er dich gesucht;
Und bring' ihn her. Ich muß euch doch zusammen
Verständigen. – Wär' um das Mädchen dir
Im Ernst zu tun: sei ruhig. Sie ist dein!
Auch soll es Nathan schon empfinden, daß
Er ohne Schweinefleisch ein Christenkind
Erziehen dürfen! – Geh!
*(Der Tempelherr geht ab, und Sittah verläßt
den Sofa)*

FÜNFTER AUFTRITT

Saladin und Sittah

SITTAH. Ganz sonderbar!
SALADIN. Gelt, Sittah? Muß mein Assad nicht ein braver,
Ein schöner junger Mann gewesen sein?
SITTAH. Wenn er so war, und nicht zu diesem Bilde

Der Tempelherr vielmehr gesessen! – Aber
Wie hast du doch vergessen können dich
Nach seinen Eltern zu erkundigen?
SALADIN. Und ins besondre wohl nach seiner Mutter?
Ob seine Mutter hier zu Lande nie
Gewesen sei? – Nicht wahr?
SITTAH.   Das machst du gut!
SALADIN. O, möglicher wär' nichts! Denn Assad war
Bei hübschen Christendamen so willkommen,
Auf hübsche Christendamen so erpicht,
Daß einmal gar die Rede ging – Nun, nun;
Man spricht nicht gern davon. – Genug; ich hab
Ihn wieder! – will mit allen seinen Fehlern,
Mit allen Launen seines weichen Herzens
Ihn wieder haben! – Oh! das Mädchen muß
Ihm Nathan geben. Meinst du nicht?
SITTAH.   Ihm geben?
Ihm lassen!
SALADIN.   Allerdings! Was hätte Nathan,
So bald er nicht ihr Vater ist, für Recht
Auf sie? Wer ihr das Leben so erhielt,
Tritt einzig in die Rechte des, der ihr
Es gab.
SITTAH. Wie also, Saladin? wenn du
Nur gleich das Mädchen zu dir nähmst? Sie nur
Dem unrechtmäßigen Besitzer gleich
Entzögest?
SALADIN.   Täte das wohl Not?
SITTAH.   Not nun
Wohl eben nicht! – Die liebe Neubegier
Treibt mich allein, dir diesen Rat zu geben.
Denn von gewissen Männern mag ich gar
Zu gern, so bald wie möglich, wissen, was
Sie für ein Mädchen lieben können.
SALADIN.   Nun,
So schick' und laß sie holen.
SITTAH.   Darf ich, Bruder?
SALADIN. Nur schone Nathans! Nathan muß durchaus

Nicht glauben, daß man mit Gewalt ihn von
Ihr trennen wolle.
SITTAH. Sorge nicht.
SALADIN. Und ich,
Ich muß schon selbst sehn, wo Al-Hafi bleibt.

SECHSTER AUFTRITT

*Szene: die offne Flur in Nathans Hause, gegen
die Palmen zu; wie im ersten Auftritte des
ersten Aufzuges
Ein Teil der Waren und Kostbarkeiten
liegt ausgekramt, deren eben daselbst
gedacht wird*

Nathan und Daja

DAJA. O, alles herrlich! alles auserlesen!
O, alles – wie nur Ihr es geben könnt.
Wo wird der Silberstoff mit goldnen Ranken
Gemacht? Was kostet er? – Das nenn' ich noch
Ein Brautkleid! Keine Königin verlangt
Es besser.
NATHAN. Brautkleid? Warum Brautkleid eben?
DAJA. Je nun! Ihr dachtet daran freilich nicht,
Als Ihr ihn kauftet. – Aber wahrlich, Nathan,
Der und kein andrer muß es sein! Er ist
Zum Brautkleid wie bestellt. Der weiße Grund:
Ein Bild der Unschuld: und die goldnen Ströme,
Die aller Orten diesen Grund durchschlängeln;
Ein Bild des Reichtums. Seht Ihr? Allerliebst!
NATHAN. Was witzelst du mir da? Von wessen Brautkleid
Sinnbilderst du mir so gelehrt? – Bist du
Denn Braut?
DAJA. Ich?
NATHAN. Nun wer denn?
DAJA. Ich? – lieber Gott!

NATHAN. Wer denn? Von wessen Brautkleid sprichst du denn? –
Das alles ist ja dein, und keiner andern.
DAJA. Ist mein? Soll mein sein? – Ist für Recha nicht?
NATHAN. Was ich für Recha mitgebracht, das liegt
In einem andern Ballen. Mach! nimm weg!
Trag deine Siebensachen fort!
DAJA.   Versucher!
Nein, wären es die Kostbarkeiten auch
Der ganzen Welt! Nicht rühr an! wenn Ihr mir
Vorher nicht schwört, von dieser einzigen
Gelegenheit, dergleichen Euch der Himmel
Nicht zweimal schicken wird, Gebrauch zu machen.
NATHAN. Gebrauch? von was? – Gelegenheit? wozu?
DAJA. O stellt Euch nicht so fremd! – Mit kurzen Worten!
Der Tempelherr liebt Recha: gebt sie ihm,
So hat doch einmal Eure Sünde, die
Ich länger nicht verschweigen kann, ein Ende.
So kömmt das Mädchen wieder unter Christen;
Wird wieder was sie ist; ist wieder, was
Sie ward: und Ihr, Ihr habt mit all' dem Guten,
Das wir Euch nicht genug verdanken können,
Nicht Feuerkohlen bloß auf Euer Haupt
Gesammelt.
NATHAN.   Doch die alte Leier wieder? –
Mit einer neuen Saite nur bezogen,
Die, fürcht' ich, weder stimmt noch hält.
DAJA.   Wie so?
NATHAN. Mir wär' der Tempelherr schon recht. Ihm gönnt'
Ich Recha mehr als einem in der Welt.
Allein ... Nun, habe nur Geduld.
DAJA.   Geduld?
Geduld, ist Eure alte Leier nun
Wohl nicht?
NATHAN.   Nur wenig Tage noch Geduld! ...
Sieh doch! – Wer kömmt denn dort? Ein Klosterbruder?
Geh, frag' ihn was er will.
DAJA.   Was wird er wollen?
       (Sie geht auf ihn zu und fragt)

NATHAN. So gib! – und eh' er bittet. – (Wüßt' ich nur
  Dem Tempelherrn erst beizukommen, ohne
  Die Ursach meiner Neugier ihm zu sagen!
  Denn wenn ich sie ihm sag', und der Verdacht 53
  Ist ohne Grund: so hab' ich ganz umsonst
  Den Vater auf das Spiel gesetzt.) – Was ists?
DAJA. Er will Euch sprechen.
NATHAN. Nun, so laß ihn kommen;
  Und geh indes.

Siebenter Auftritt

Nathan und der Klosterbruder

NATHAN. (Ich bliebe Rechas Vater
  Doch gar zu gern! – Zwar kann ichs denn nicht bleiben,
  Auch wenn ich aufhör', es zu heißen? – Ihr,
  Ihr selbst werd' ichs doch immer auch noch heißen,
  Wenn sie erkennt, wie gern ichs wäre.) – Geh! –
  Was ist zu Euern Diensten, frommer Bruder?
KLOSTERBRUDER. Nicht eben viel. – Ich freue mich, Herr Nathan, 5.
  Euch annoch wohl zu sehn.
NATHAN. So kennt Ihr mich?
KLOSTERBRUDER.
  Je nu; wer kennt Euch nicht? Ihr habt so manchem
  Ja Euern Namen in die Hand gedrückt.
  Er steht in meiner auch, seit vielen Jahren.
NATHAN *(nach seinem Beutel langend).*
  Kommt, Bruder, kommt; ich frisch' ihn auf.
KLOSTERBRUDER. Habt Dank!
  Ich würd' es Ärmern stehlen; nehme nichts. –
  Wenn Ihr mir nur erlauben wollt, ein wenig
  Euch *meinen* Namen aufzufrischen. Denn
  Ich kann mich rühmen, auch in *Eure* Hand
  Etwas gelegt zu haben, was nicht zu 5
  Verachten war.
NATHAN. Verzeiht! – Ich schäme mich –

Sagt, was? – und nehmt zur Buße siebenfach
Den Wert desselben von mir an.
KLOSTERBRUDER.   Hört doch
Vor allen Dingen, wie ich selber nur
Erst heut an dies mein Euch vertrautes Pfand
Erinnert worden.
NATHAN.   Mir vertrautes Pfand?
KLOSTERBRUDER. Vor kurzem saß ich noch als Eremit
Auf Quarantana, unweit Jericho.
Da kam arabisch Raubgesindel, brach
Mein Gotteshäuschen ab und meine Zelle,
Und schleppte mich mit fort. Zum Glück entkam
Ich noch, und floh hierher zum Patriarchen,
Um mir ein ander Plätzchen auszubitten,
Allwo ich meinem Gott in Einsamkeit
Bis an mein selig Ende dienen könne.
NATHAN. Ich steh auf Kohlen, guter Bruder. Macht
Es kurz. Das Pfand! das mir vertraute Pfand!
KLOSTERBRUDER.
Sogleich, Herr Nathan. – Nun, der Patriarch
Versprach mir eine Siedelei auf Tabor,
Sobald als eine leer; und hieß inzwischen
Im Kloster mich als Laienbruder bleiben.
Da bin ich itzt, Herr Nathan; und verlange
Des Tags wohl hundertmal auf Tabor. Denn
Der Patriarch braucht mich zu allerlei,
Wovor ich großen Ekel habe. Zum
Exempel:
NATHAN.   Macht, ich bitt' Euch!
KLOSTERBRUDER.   Nun, es kömmt! –
Da hat ihm jemand heut' ins Ohr gesetzt:
Es lebe hier herum ein Jude, der
Ein Christenkind als seine Tochter sich
Erzöge.
NATHAN. Wie? *(betroffen)*
KLOSTERBRUDER.
              Hört mich nur aus! – Indem
Er mir nun aufträgt, diesem Juden stracks,

Wo möglich, auf die Spur zu kommen, und
Gewaltig sich ob eines solchen Frevels
Erzürnt, der ihm die wahre Sünde wider
Den heil'gen Geist bedünkt; – das ist, die Sünde,
Die aller Sünden größte Sünd' uns gilt,
Nur daß wir, Gott sei Dank, so recht nicht wissen,
Worin sie eigentlich besteht: – da wacht
Mit einmal mein Gewissen auf; und mir
Fällt bei, ich könnte selber wohl vor Zeiten
Zu dieser unverzeihlich großen Sünde
Gelegenheit gegeben haben. – Sagt:
Hat Euch ein Reitknecht nicht vor achtzehn Jahren
Ein Töchterchen gebracht von wenig Wochen?
NATHAN.
Wie das? – Nun freilich – allerdings –
KLOSTERBRUDER.   Ei, seht
Mich doch recht an! – Der Reitknecht, der bin ich.
NATHAN. Seid Ihr?
KLOSTERBRUDER. Der Herr, von welchem ichs Euch brachte,
War – ist mir recht – ein Herr von Filneck. – Wolf
Von Filneck!
NATHAN.   Richtig!
KLOSTERBRUDER.   Weil die Mutter kurz
Vorher gestorben war; und sich der Vater
Nach – mein' ich – Gazza plötzlich werfen mußte,
Wohin das Würmchen ihm nicht folgen konnte:
So sandt ers Euch. Und traf ich Euch damit
Nicht in Darun?
NATHAN.   Ganz recht!
KLOSTERBRUDER.   Es wär' kein Wunder,
Wenn mein Gedächtnis mich betrög'. Ich habe
Der braven Herrn so viel gehabt; und diesem
Hab' ich nur gar zu kurze Zeit gedient.
Er blieb bald drauf bei Askalon; und war
Wohl sonst ein lieber Herr.
NATHAN.   Ja wohl! ja wohl!
Dem ich so viel, so viel zu danken habe!
Der mehr als einmal mich dem Schwert entrissen!

KLOSTERBRUDER. O schön! So werd't Ihr seines Töchterchens
  Euch um so lieber angenommen haben.
NATHAN. Das könnt Ihr denken.
KLOSTERBRUDER.   Nun, wo ist es denn?
  Es ist doch wohl nicht etwa gar gestorben? –
  Laßts lieber nicht gestorben sein! – Wenn sonst
  Nur niemand um die Sache weiß: so hat
  Es gute Wege.
NATHAN.   Hat es?
KLOSTERBRUDER.   Traut mir, Nathan!
  Denn seht, ich denke so! Wenn an das Gute,
  Das ich zu tun vermeine, gar zu nah
  Was gar zu Schlimmes grenzt: so tu ich lieber
  Das Gute nicht; weil wir das Schlimme zwar
  So ziemlich zuverlässig kennen, aber
  Bei weiten nicht das Gute. – War ja wohl
  Natürlich; wenn das Christentöchterchen
  Recht gut von Euch erzogen werden sollte:
  Daß Ihrs als Euer eigen Töchterchen
  Erzögt. – Das hättet Ihr mit aller Lieb'
  Und Treue nun getan, und müßtet so
  Belohnet werden? Das will mir nicht ein.
  Ei freilich, klüger hättet Ihr getan;
  Wenn Ihr die Christin durch die zweite Hand
  Als Christin auferziehen lassen: aber
  So hättet Ihr das Kindchen Eures Freunds
  Auch nicht geliebt. Und Kinder brauchen Liebe,
  Wärs eines wilden Tieres Lieb' auch nur,
  In solchen Jahren mehr, als Christentum.
  Zum Christentume hats noch immer Zeit.
  Wenn nur das Mädchen sonst gesund und fromm
  Vor Euern Augen aufgewachsen ist,
  So bliebs vor Gottes Augen, was es war.
  Und ist denn nicht das ganze Christentum
  Aufs Judentum gebaut? Es hat mich oft
  Geärgert, hat mir Tränen gnug gekostet,
  Wenn Christen gar so sehr vergessen konnten,
  Daß unser Herr ja selbst ein Jude war.

NATHAN. Ihr, guter Bruder, müßt mein Fürsprach sein,
Wenn Haß und Gleisnerei sich gegen mich
Erheben sollten, – wegen einer Tat –
Ah, wegen einer Tat! – Nur Ihr, Ihr sollt
Sie wissen! – Nehmt sie aber mit ins Grab!
Noch hat mich nie die Eitelkeit versucht,
Sie jemand andern zu erzählen. Euch
Allein erzähl' ich sie. Der frommen Einfalt
Allein erzähl' ich sie. Weil die allein
Versteht, was sich der gottergebne Mensch
Für Taten abgewinnen kann.
KLOSTERBRUDER. Ihr seid
Gerührt, und Euer Auge steht voll Wasser?
NATHAN. Ihr traft mich mit dem Kinde zu Darun.
Ihr wißt wohl aber nicht, daß wenig Tage
Zuvor, in Gath die Christen alle Juden
Mit Weib und Kind ermordet hatten; wißt
Wohl nicht, daß unter diesen meine Frau
Mit sieben hoffnungsvollen Söhnen sich
Befunden, die in meines Bruders Hause,
Zu dem ich sie geflüchtet, insgesamt
Verbrennen müssen.
KLOSTERBRUDER. Allgerechter!
NATHAN. Als
Ihr kamt, hatt' ich drei Tag' und Näch' in Asch'
Und Staub vor Gott gelegen, und geweint. –
Geweint? Beiher mit Gott auch wohl gerechtet,
Gezürnt, getobt, mich und die Welt verwünscht;
Der Christenheit den unversöhnlichsten
Haß zugeschworen –
KLOSTERBRUDER. Ach! Ich glaubs Euch wohl!
NATHAN. Doch nun kam die Vernunft allmählig wieder.
Sie sprach mit sanfter Stimm': »und doch ist Gott!
Doch war auch Gottes Ratschluß das! Wohlan!
Komm! übe, was du längst begriffen hast;
Was sicherlich zu üben schwerer nicht,
Als zu begreifen ist, wenn du nur willst.
Steh auf!« – Ich stand! und rief zu Gott: ich will!

Willst du nur, daß ich will! – Indem stiegt Ihr
Vom Pferd', und überreichtet mir das Kind,
In Euern Mantel eingehüllt. – Was Ihr
Mir damals sagtet; was ich Euch: hab' ich
Vergessen. So viel weiß ich nur; ich nahm
Das Kind, trugs auf mein Lager, küßt' es, warf
Mich auf die Knie' und schluchzte: Gott! auf Sieben
Doch nun schon Eines wieder!
KLOSTERBRUDER.   Nathan! Nathan!
Ihr seid ein Christ! – Bei Gott, Ihr seid ein Christ!
Ein beßrer Christ war nie!
NATHAN.   Wohl uns! Denn was
Mich Euch zum Christen macht, das macht Euch mir
Zum Juden! – Aber laßt uns länger nicht
Einander nur erweichen. Hier brauchts Tat!
Und ob mich siebenfache Liebe schon
Bald an dies einz'ge fremde Mädchen band;
Ob der Gedanke mich schon tötet, daß
Ich meine sieben Söhn' in ihr aufs neue
Verlieren soll: – wenn sie von meinen Händen
Die Vorsicht wieder fodert, – ich gehorche!
KLOSTERBRUDER. Nun vollends! – Eben das bedacht' ich mich
So viel, Euch anzuraten! Und so hats
Euch Euer guter Geist schon angeraten!
NATHAN. Nur muß der erste beste mir sie nicht
Entreißen wollen!
KLOSTERBRUDER.   Nein, gewiß nicht!
NATHAN.   Wer
Auf sie nicht größre Rechte hat, als ich;
Muß frühere zum mindsten haben –
KLOSTERBRUDER.   Freilich!
NATHAN. Die ihm Natur und Blut erteilen.
KLOSTERBRUDER.   So
Mein' ich es auch!
NATHAN.   Drum nennt mir nur geschwind
Den Mann, der ihr als Bruder oder Ohm,
Als Vetter oder sonst als Sipp verwandt:
Ihm will ich sie nicht vorenthalten – Sie,

Die jedes Hauses, jedes Glaubens Zierde
Zu sein erschaffen und erzogen ward. –
Ich hoff', Ihr wißt von diesem Euern Herrn
Und dem Geschlechte dessen, mehr als ich.
KLOSTERBRUDER.
Das, guter Nathan, wohl nun schwerlich! – Denn
Ihr habt ja schon gehört, daß ich nur gar
Zu kurze Zeit bei ihm gewesen.
NATHAN. Wißt
Ihr denn nicht wenigstens, was für Geschlechts
Die Mutter war? – War sie nicht eine Stauffin?
KLOSTERBRUDER.
Wohl möglich! – Ja, mich dünkt.
NATHAN. Hieß nicht ihr Bruder
Conrad von Stauffen? – und war Tempelherr?
KLOSTERBRUDER.
Wenn michs nicht triegt. Doch halt! Da fällt mir ein,
Daß ich vom selgen Herrn ein Büchelchen
Noch hab'. Ich zogs ihm aus dem Busen, als
Wir ihn bei Askalon verscharrten.
NATHAN. Nun?
KLOSTERBRUDER. Es sind Gebete drin. Wir nennens ein
Brevier. – Das, dacht' ich, kann ein Christenmensch
Ja wohl noch brauchen. – Ich nun freilich nicht –
Ich kann nicht lesen –
NATHAN. Tut nichts! – Nur zur Sache.
KLOSTERBRUDER. In diesem Büchelchen stehn vorn und hinten,
Wie ich mir sagen lassen, mit des Herrn
Selbsteigner Hand, die Angehörigen
Von ihm und ihr geschrieben.
NATHAN. O erwünscht!
Geht! lauft! holt mir das Büchelchen. Geschwind!
Ich bin bereit mit Gold es aufzuwiegen;
Und tausend Dank dazu! Eilt! lauft!
KLOSTERBRUDER. Recht gern!
Es ist Arabisch aber, was der Herr
Hineingeschrieben. *(Ab)*
NATHAN. Einerlei! Nur her! –

Gott! wenn ich doch das Mädchen noch behalten,
Und einen solchen Eidam mir damit
Erkaufen könnte! – Schwerlich wohl! – Nun, fall'
Es aus, wie's will! – Wer mag es aber denn
Gewesen sein, der bei dem Patriarchen
So etwas angebracht? Das muß ich doch
Zu fragen nicht vergessen. – Wenn es gar
Von Daja käme?

Achter Auftritt

Daja und Nathan

DAJA *(eilig und verlegen).*
               Denkt doch, Nathan!
NATHAN.   Nun?
DAJA. Das arme Kind erschrak wohl recht darüber!
  Da schickt ...
NATHAN.   Der Patriarch?
DAJA.   Des Sultans Schwester,
  Prinzessin Sittah ...
NATHAN.   Nicht der Patriarch?
DAJA. Nein, Sittah! – Hört Ihr nicht? – Prinzessin Sittah
  Schickt her, und läßt sie zu sich holen.
NATHAN.   Wen?
  Läßt Recha holen? – Sittah läßt sie holen? –
  Nun; wenn sie Sittah holen läßt, und nicht
  Der Patriarch ...
DAJA.   Wie kommt Ihr denn auf den?
NATHAN. So hast du kürzlich nichts von ihm gehört?
  Gewiß nicht? Auch ihm nichts gesteckt?
DAJA.   Ich? ihm?
NATHAN. Wo sind die Boten?
DAJA.   Vorn.
NATHAN.   Ich will sie doch
  Aus Vorsicht selber sprechen. Komm! – Wenn nur
  Vom Patriarchen nichts dahinter steckt. *(Ab)*

DAJA. Und ich – ich fürchte ganz was anders noch.
  Was gilts? die einzige vermeinte Tochter
  So eines reichen Juden wär' auch wohl
  Für einen Muselmann nicht übel? – Hui,
  Der Tempelherr ist drum. Ist drum: wenn ich
  Den zweiten Schritt nicht auch noch wage; nicht
  Auch ihr noch selbst entdecke, wer sie ist! –
  Getrost! Laß mich den ersten Augenblick,
  Den ich allein sie habe, dazu brauchen!
  Und der wird sein – vielleicht nun eben, wenn
  Ich sie begleite. So ein erster Wink
  Kann unterwegens wenigstens nicht schaden.
  Ja, ja! Nur zu! Itzt oder nie! Nur zu! *(Ihm nach)*

FÜNFTER AUFZUG

Erster Auftritt

*Szene: das Zimmer in Saladins Palaste,
in welches die Beutel mit Geld getragen worden,
die noch zu sehen*

Saladin und bald darauf verschiedne Mamelucken

SALADIN *(im Hereintreten).*
 Da steht das Geld nun noch! Und niemand weiß
 Den Derwisch aufzufinden, der vermutlich
 Ans Schachbrett irgendwo geraten ist,
 Das ihn wohl seiner selbst vergessen macht; –
 Warum nicht meiner? – Nun, Geduld! Was gibts?
EIN MAMELUCK.
 Erwünschte Nachricht, Sultan! Freude, Sultan!..
 Die Karawane von Kahira kömmt;
 Ist glücklich da! mit siebenjährigem
 Tribut des reichen Nils.
SALADIN.   Brav, Ibrahim!
 Du bist mir wahrlich ein willkommner Bote! –
 Ha! endlich einmal! endlich! – Habe Dank
 Der guten Zeitung.
DER MAMELUCK *(wartend).*
             (Nun? nur her damit!)
SALADIN.
 Was wart'st du? – Geh nur wieder.
DER MAMELUCK.   Dem Willkommnen
 Sonst nichts?
SALADIN.   Was denn noch sonst?
DER MAMELUCK.   Dem guten Boten
 Kein Botenbrod? – So wär ich ja der erste,
 Den Saladin mit Worten abzulohnen,

Doch endlich lernte? – Auch ein Ruhm! – Der erste,
Mit dem er knickerte.
SALADIN.   So nimm dir nur
Dort einen Beutel.
DER MAMELUCK.   Nein, nun nicht! Du kannst
Mir sie nun alle schenken wollen.
SALADIN.   Trotz! –
Komm her! Da hast du zwei. – Im Ernst? er geht?
Tut mirs an Edelmut zuvor? – Denn sicher
Muß ihm es saurer werden, auszuschlagen,
Als mir zu geben. – Ibrahim! – Was kömmt
Mir denn auch ein, so kurz vor meinem Abtritt
Auf einmal ganz ein andrer sein zu wollen? –
Will Saladin als Saladin nicht sterben? –
So mußt' er auch als Saladin nicht leben.
EIN ZWEITER MAMELUCK.
Nun, Sultan! ...
SALADIN.   Wenn du mir zu melden kömmst ...
ZWEITER MAMELUCK. Daß aus Ägypten der Transport nun da!
SALADIN. Ich weiß schon.
ZWEITER MAMELUCK.   Kam ich doch zu spät!
SALADIN.   Warum
Zu spät? – Da nimm für deinen guten Willen
Der Beutel einen oder zwei.
ZWEITER MAMELUCK.   Macht drei!
SALADIN. Ja, wenn du rechnen kannst! – So nimm sie nur.
ZWEITER MAMELUCK.
Es wird wohl noch ein dritter kommen, – wenn
Er anders kommen kann.
SALADIN.   Wie das?
ZWEITER MAMELUCK.   Je nu;
Er hat auch wohl den Hals gebrochen! Denn
Sobald wir drei der Ankunft des Transports
Versichert waren, sprengte jeder frisch
Davon. Der Vorderste, der stürzt; und so
Komm ich nun vor, und bleib' auch vor bis in
Die Stadt; wo aber Ibrahim, der Lecker,
Die Gassen besser kennt.

SALADIN.   O der Gestürzte!
Freund, der Gestürzte! – Reit ihm doch entgegen.
ZWEITER MAMELUCK.
  Das werd ich ja wohl tun! – Und wenn er lebt:
  So ist die Hälfte dieser Beutel sein. *(Geht ab)*
SALADIN. Sieh, welch ein guter edler Kerl auch das! –
  Wer kann sich solcher Mamelucken rühmen?
  Und wär' mir denn zu denken nicht erlaubt,
  Daß sie mein Beispiel bilden helfen? – Fort
  Mit dem Gedanken, sie zu guter Letzt
  Noch an ein anders zu gewöhnen!...
EIN DRITTER MAMELUCK.   Sultan,...
SALADIN. Bist dus, der stürzte?
DRITTER MAMELUCK.   Nein. Ich melde nur, –
  Daß Emir Mansor, der die Karawane
  Geführt, vom Pferde steigt...
SALADIN.   Bring ihn! geschwind! –
  Da ist er ja! –

Zweiter Auftritt

Emir Mansor und Saladin

SALADIN.   Willkommen, Emir! Nun,
  Wie ists gegangen? – Mansor, Mansor, hast
  Uns lange warten lassen!
MANSOR.   Dieser Brief
  Berichtet, was dein Abulkassem erst
  Für Unruh in Thebais dämpfen müssen:
  Eh' wir es wagen durften abzugehen.
  Den Zug darauf hab' ich beschleuniget
  So viel, wie möglich war.
SALADIN.   Ich glaube dir! –
  Und nimm nur, guter Mansor, nimm sogleich...
  Du tust es aber doch auch gern?... nimm frische
  Bedeckung nur sogleich. Du mußt sogleich
  Noch weiter; mußt der Gelder größern Teil
  Auf Libanon zum Vater bringen.

MANSOR.   Gern!
Sehr gern!
SALADIN.   Und nimm dir die Bedeckung ja
Nur nicht zu schwach. Es ist um Libanon
Nicht alles mehr so sicher. Hast du nicht
Gehört? Die Tempelherrn sind wieder rege.
Sei wohl auf deiner Hut! – Komm nur! Wo hält
Der Zug? Ich will ihn sehn; und alles selbst
Betreiben. – Ihr! ich bin sodann bei Sittah.

DRITTER AUFTRITT

*Szene: die Palmen vor Nathans Hause,
wo der* TEMPELHERR *auf und nieder geht*

Ins Haus nun will ich einmal nicht. – Er wird
Sich endlich doch wohl sehen lassen! – Man
Bemerkte mich ja sonst so bald, so gern! –
Wills noch erleben, daß er sichs verbittet,
Vor seinem Hause mich so fleißig finden
Zu lassen. – Hm! – ich bin doch aber auch
Sehr ärgerlich. – Was hat mich denn nun so
Erbittert gegen ihn? – Er sagte ja:
Noch schlüg' er mir nichts ab. Und Saladin
Hats über sich genommen, ihn zu stimmen. –
Wie? sollte wirklich wohl in mir der Christ
Noch tiefer nisten, als in ihm der Jude? –
Wer kennt sich recht? Wie könnt ich ihm denn sonst
Den kleinen Raub nicht gönnen wollen, den
Er sichs zu solcher Angelegenheit
Gemacht, den Christen abzujagen? – Freilich;
Kein kleiner Raub, ein solch Geschöpf! – Geschöpf?
Und wessen? – Doch des Sklaven nicht, der auf
Des Lebens öden Strand den Block geflößt,
Und sich davon gemacht? Des Künstlers doch
Wohl mehr, der in dem hingeworfnen Blocke
Die göttliche Gestalt sich dachte, die

Er dargestellt? – Ach! Rechas wahrer Vater
Bleibt, Trotz dem Christen, der sie zeugte – bleibt
In Ewigkeit der Jude. – Wenn ich mir
Sie lediglich als Christendirne denke,
Sie sonder alles das mir denke, was
Allein ihr so ein Jude geben konnte: –
Sprich, Herz, – was wär' an ihr, das dir gefiel?
Nichts! wenig! Selbst ihr Lächeln, wär' es nichts
Als sanfte schöne Zuckung ihrer Muskeln;
Wär', was sie lächeln macht, des Reizes unwert,
In den es sich auf ihrem Munde kleidet: –
Nein; selbst ihr Lächeln nicht! Ich hab' es ja
Wohl schöner noch an Aberwitz, an Tand,
An Höhnerei, an Schmeichler und an Buhler,
Verschwenden sehn! – Hats da mich auch bezaubert?
Hats da mir auch den Wunsch entlockt, mein Leben
In seinem Sonnenscheine zu verflattern? –
Ich wüßte nicht. Und bin auf den doch launisch,
Der diesen höhern Wert allein ihr gab?
Wie das? warum? – Wenn ich den Spott verdiente,
Mit dem mich Saladin entließ! Schon schlimm
Genug, daß Saladin es glauben konnte!
Wie klein ich ihm da scheinen mußte! wie
Verächtlich! – Und das alles um ein Mädchen? –
Curd! Curd! das geht so nicht. Lenk' ein! Wenn vollends
Mir Daja nur was vorgeplaudert hätte,
Was schwerlich zu erweisen stünde? – Sieh,
Da tritt er endlich, in Gespräch vertieft,
Aus seinem Hause! – Ha! mit wem! – Mit ihm?
Mit meinem Klosterbruder? – Ha! so weiß
Er sicherlich schon alles! ist wohl gar
Dem Patriarchen schon verraten! – Ha!
Was hab' ich Querkopf nun gestiftet! – Daß
Ein einz'ger Funken dieser Leidenschaft
Doch unsers Hirns so viel verbrennen kann! –
Geschwind entschließ dich, was nunmehr zu tun!
Ich will hier seitwärts ihrer warten; – ob
Vielleicht der Klosterbruder ihn verläßt.

Vierter Auftritt

Nathan und der Klosterbruder

NATHAN *(im Näherkommen).*
Habt nochmals, guter Bruder, vielen Dank!
KLOSTERBRUDER. Und Ihr desgleichen!
NATHAN. Ich? von Euch? wofür?
Für meinen Eigensinn, Euch aufzudringen,
Was Ihr nicht braucht? – Ja, wenn ihm Eurer nur
Auch nachgegeben hätt'; Ihr mit Gewalt
Nicht wolltet reicher sein, als ich.
KLOSTERBRUDER. Das Buch
Gehört ja ohnedem nicht mir; gehört
Ja ohnedem der Tochter; ist ja so
Der Tochter ganzes väterliches Erbe. –
Je nu, sie hat ja Euch. – Gott gebe nur,
Daß Ihr es nie bereuen dürft, so viel
Für sie getan zu haben!
NATHAN. Kann ich das?
Das kann ich nie. Seid unbesorgt!
KLOSTERBRUDER. Nu, nu!
Die Patriarchen und die Tempelherren ...
NATHAN. Vermögen mir des Bösen nie so viel
Zu tun, daß irgend was mich reuen könnte:
Geschweige, das! – Und seid Ihr denn so ganz
Versichert, daß ein Tempelherr es ist,
Der Euern Patriarchen hetzt?
KLOSTERBRUDER. Es kann
Beinah kein andrer sein. Ein Tempelherr
Sprach kurz vorher mit ihm; und was ich hörte,
Das klang darnach.
NATHAN. Es ist doch aber nur
Ein einziger itzt in Jerusalem.
Und diesen kenn' ich. Dieser ist mein Freund.
Ein junger, edler, offner Mann!
KLOSTERBRUDER. Ganz recht;

Der nämliche! – Doch was man ist, und was
Man sein muß in der Welt, das paßt ja wohl
Nicht immer.
NATHAN.   Leider nicht. – So tue, wers
Auch immer ist, sein Schlimmstes oder Bestes!
Mit Euerm Buche, Bruder, trotz' ich allen;
Und gehe graden Wegs damit zum Sultan.
KLOSTERBRUDER.
Viel Glücks! Ich will Euch denn nur hier verlassen.
NATHAN. Und habt sie nicht einmal gesehn? – Kommt ja
Doch bald, doch fleißig wieder. – Wenn nur heut
Der Patriarch noch nichts erfährt! – Doch was?
Sagt ihm auch heute, was Ihr wollt.
KLOSTERBRUDER.   Ich nicht.
Lebt wohl! *(Geht ab)*
NATHAN.   Vergeßt uns ja nicht, Bruder! – Gott!
Daß ich nicht gleich hier unter freiem Himmel
Auf meine Kniee sinken kann! Wie sich
Der Knoten, der so oft mir bange machte,
Nun von sich selber löset! – Gott! wie leicht
Mir wird, daß ich nun weiter auf der Welt
Nichts zu verbergen habe! daß ich vor
Den Menschen nun so frei kann wandeln, als
Vor dir, der du allein den Menschen nicht
Nach seinen Taten brauchst zu richten, die
So selten seine Taten sind, o Gott! –

FÜNFTER AUFTRITT

*Nathan und der Tempelherr,
der von der Seite auf ihn zu kömmt*

TEMPELHERR.
He! wartet, Nathan; nehmt mich mit!
NATHAN.   Wer ruft? –
Seid Ihr es, Ritter? Wo gewesen, daß

Ihr bei dem Sultan Euch nicht treffen lassen?
TEMPELHERR. Wir sind einander fehl gegangen. Nehmts
 Nicht übel.
NATHAN.   Ich nicht; aber Saladin ...
TEMPELHERR. Ihr wart nur eben fort ..
NATHAN.   Und spracht ihn doch?
 Nun, so ists gut.
TEMPELHERR.   Er will uns aber beide
 Zusammen sprechen.   190
NATHAN.   Desto besser. Kommt
 Nur mit. Mein Gang stand ohnehin zu ihm. –
TEMPELHERR. Ich darf ja doch wohl fragen, Nathan, wer
 Euch da verließ?
NATHAN.   Ihr kennt ihn doch wohl nicht?
TEMPELHERR. Wars nicht die gute Haut, der Laienbruder,
 Des sich der Patriarch so gern zum Stöber
 Bedient?
NATHAN.   Kann sein! Beim Patriarchen ist
 Er allerdings.
TEMPELHERR.   Der Pfiff ist gar nicht übel:
 Die Einfalt vor der Schurkerei voraus
 Zu schicken.
NATHAN.   Ja, die dumme; – nicht die fromme.
TEMPELHERR. An fromme glaubt kein Patriarch.   200
NATHAN.   Für den
 Nun steh ich. Der wird seinem Patriarchen
 Nichts Ungebührliches vollziehen helfen.
TEMPELHERR. So stellt er wenigstens sich an. – Doch hat
 Er Euch von mir denn nichts gesagt?
NATHAN.   Von Euch?
 Von Euch nun namentlich wohl nichts. – Er weiß
 Ja wohl auch schwerlich Euern Namen?
TEMPELHERR.   Schwerlich.
NATHAN. Von einem Tempelherren freilich hat
 Er mir gesagt ...
TEMPELHERR.   Und was?
NATHAN.   Womit er Euch
 Doch ein für allemal nicht meinen kann!

TEMPELHERR.
Wer weiß? Laßt doch nur hören.
NATHAN. Daß mich einer
Bei seinem Patriarchen angeklagt ...
TEMPELHERR. Euch angeklagt? – Das ist, mit seiner Gunst –
Erlogen. – Hört mich, Nathan! – Ich bin nicht
Der Mensch, der irgend etwas abzuleugnen
Im Stande wäre. Was ich tat, das tat ich!
Doch bin ich auch nicht der, der alles, was
Er tat, als wohl getan verteid'gen möchte.
Was sollt' ich eines Fehls mich schämen? Hab'
Ich nicht den festen Vorsatz ihn zu bessern?
Und weiß ich etwa nicht, wie weit mit dem
Es Menschen bringen können? – Hört mich, Nathan! –
Ich bin des Laienbruders Tempelherr,
Der Euch verklagt soll haben, allerdings. –
Ihr wißt ja, was mich wurmisch machte! was
Mein Blut in allen Adern sieden machte!
Ich Gauch! – ich kam, so ganz mit Leib und Seel'
Euch in die Arme mich zu werfen. Wie
Ihr mich empfingt – wie kalt – wie lau – denn lau
Ist schlimmer noch als kalt; wie abgemessen
Mir auszubeugen Ihr beflissen wart;
Mit welchen aus der Luft gegriffnen Fragen
Ihr Antwort mir zu geben scheinen wolltet:
Das darf ich kaum mir itzt noch denken, wenn
Ich soll gelassen bleiben. – Hört mich, Nathan! –
In dieser Gärung schlich mir Daja nach,
Und warf mir ihr Geheimnis an den Kopf,
Das mir den Aufschluß Euers rätselhaften
Betragens zu enthalten schien.
NATHAN. Wie das?
TEMPELHERR. Hört mich nur aus! – Ich bildete mir ein,
Ihr wolltet, was Ihr einmal nun den Christen
So abgejagt, an einen Christen wieder
Nicht gern verlieren. Und so fiel mir ein,
Euch kurz und gut das Messer an die Kehle
Zu setzen.

NATHAN. Kurz und gut? und gut? – Wo steckt
Das Gute?
TEMPELHERR.
Hört mich, Nathan! – Allerdings:
Ich tat nicht recht! – Ihr seid wohl gar nicht schuldig. –
Die Närrin Daja weiß nicht was sie spricht –
Ist Euch gehässig – Sucht Euch nur damit
In einen bösen Handel zu verwickeln –
Kann sein! kann sein! – Ich bin ein junger Laffe, 250
Der immer nur an beiden Enden schwärmt;
Bald viel zu viel, bald viel zu wenig tut –
Auch das kann sein! Verzeiht mir, Nathan.
NATHAN. Wenn
Ihr so mich freilich fasset –
TEMPELHERR. Kurz, ich ging
Zum Patriarchen! – hab' Euch aber nicht
Genannt. Das ist erlogen, wie gesagt!
Ich hab ihm bloß den Fall ganz allgemein
Erzählt, um seine Meinung zu vernehmen. –
Auch das hätt' unterbleiben können: ja doch! –
Denn kannt' ich nicht den Patriarchen schon 260
Als einen Schurken? Konnt' ich Euch nicht selber
Nur gleich zur Rede stellen? – Mußt ich der
Gefahr, so einen Vater zu verlieren,
Das arme Mädchen opfern? – Nun, was tuts?
Die Schurkerei des Patriarchen, die
So ähnlich immer sich erhält, hat mich
Des nächsten Weges wieder zu mir selbst
Gebracht. – Denn hört mich, Nathan; hört mich aus! –
Gesetzt; er wüßt' auch Euern Namen: was
Nun mehr, was mehr? – Er kann Euch ja das Mädchen 270
Nur nehmen, wenn sie niemands ist, als Euer.
Er kann sie doch aus *Euerm* Hause nur
Ins Kloster schleppen. – Also – gebt sie mir!
Gebt sie nur mir; und laßt ihn kommen. Ha!
Er solls wohl bleiben lassen, mir mein Weib
Zu nehmen. – Gebt sie mir; geschwind! – Sie sei
Nun Eure Tochter, oder sei es nicht!

Sei Christin, oder Jüdin, oder keines!
Gleich viel! gleich viel! Ich werd' Euch weder itzt
Noch jemals sonst in meinem ganzen Leben
Darum befragen. Sei, wie's sei!
NATHAN.   Ihr wähnt
Wohl gar, daß mir die Wahrheit zu verbergen
Sehr nötig?
TEMPELHERR.
            Sei, wie's sei!
NATHAN.   Ich hab' es ja
Euch – oder wem es sonst zu wissen ziemt –
Noch nicht geleugnet, daß sie eine Christin,
Und nichts als meine Pflegetochter ist. –
Warum ichs aber ihr noch nicht entdeckt? –
Darüber brauch' ich nur bei ihr mich zu
Entschuldigen.
TEMPELHERR.   Das sollt Ihr auch bei ihr
Nicht brauchen. – Gönnts ihr doch, daß sie Euch nie
Mit andern Augen darf betrachten! Spart
Ihr die Entdeckung doch! – Noch habt Ihr ja,
Ihr ganz allein, mit ihr zu schalten. Gebt
Sie mir! Ich bitt' Euch, Nathan; gebt sie mir!
Ich bins allein, der sie zum zweitenmale
Euch retten kann – und will.
NATHAN.   Ja – konnte! konnte!
Nun auch nicht mehr. Es ist damit zu spät.
TEMPELHERR. Wie so? zu spät?
NATHAN.   Dank sei dem Patriarchen ...
TEMPELHERR. Dem Patriarchen? Dank? ihm Dank? wofür?
Dank hätte *der* bei uns verdienen wollen?
Wofür? wofür?
NATHAN.   Daß wir nun wissen, wem
Sie anverwandt; nun wissen, wessen Händen
Sie sicher ausgeliefert werden kann:
TEMPELHERR. Das dank' ihm – wer für mehr ihm danken wird!
NATHAN. Aus diesen müßt Ihr sie nun auch erhalten;
Und nicht aus meinen.
TEMPELHERR.   Arme Recha! Was

Dir alles zustößt, arme Recha! Was
Ein Glück für andre Waisen wäre, wird
Dein Unglück! – Nathan! – Und wo sind sie, diese
Verwandte?
NATHAN. Wo sie sind?
TEMPELHERR. Und wer sie sind?
NATHAN. Besonders hat ein Bruder sich gefunden,
Bei dem Ihr um sie werben müßt.
TEMPELHERR. Ein Bruder?
Was ist er, dieser Bruder? Ein Soldat?
Ein Geistlicher? – Laßt hören, was ich mir
Versprechen darf.
NATHAN. Ich glaube, daß er keines
Von beiden – oder beides ist. Ich kenn'
Ihn noch nicht recht.
TEMPELHERR. Und sonst?
NATHAN. Ein braver Mann!
Bei dem sich Recha gar nicht übel wird
Befinden.
TEMPELHERR.
Doch ein Christ! – Ich weiß zu Zeiten
Auch gar nicht, was ich von Euch denken soll: –
Nehmt mirs nicht ungut, Nathan. – Wird sie nicht
Die Christin spielen müssen, unter Christen?
Und wird sie, was sie lange gnug gespielt,
Nicht endlich werden? Wird den lautern Weizen,
Den Ihr gesä't, das Unkraut endlich nicht
Ersticken? – Und das kümmert Euch so wenig?
Dem ungeachtet könnt Ihr sagen – Ihr? –
Daß sie bei ihrem Bruder sich nicht übel
Befinden werde?
NATHAN. Denk' ich! hoff' ich! – Wenn
Ihr ja bei ihm was mangeln sollte, hat
Sie Euch und mich denn nicht noch immer?
TEMPELHERR. Oh!
Was wird bei ihm ihr mangeln können! Wird
Das Brüderchen mit Essen und mit Kleidung,
Mit Naschwerk und mit Putz, das Schwesterchen

Nicht reichlich gnug versorgen? Und was braucht
Ein Schwesterchen denn mehr? – Ei freilich: auch
Noch einen Mann! – Nun, nun; auch den, auch der
Wird ihr das Brüderchen zu seiner Zeit
Schon schaffen; wie er immer nur zu finden!
Der Christlichste der Beste! – Nathan, Nathan!
Welch einen Engel hattet Ihr gebildet,
Den Euch nun andre so verhunzen werden!
NATHAN. Hat keine Not! Er wird sich unsrer Liebe
Noch immer wert genug behaupten.
TEMPELHERR.   Sagt
Das nicht! Von *meiner* Liebe sagt das nicht!
Denn die läßt nichts sich unterschlagen; nichts.
Es sei auch noch so klein! Auch keinen Namen! –
Doch halt! – Argwohnt sie wohl bereits, was mit
Ihr vorgeht?
NATHAN.   Möglich; ob ich schon nicht wüßte,
Woher?
TEMPELHERR.
    Auch eben viel; sie soll – sie muß
In beiden Fällen, was ihr Schicksal droht,
Von mir zuerst erfahren. Mein Gedanke,
Sie eher wieder nicht zu sehn, zu sprechen,
Als bis ich sie die Meine nennen dürfe,
Fällt weg. Ich eile ...
NATHAN.   Bleibt! wohin?
TEMPELHERR.   Zu ihr!
Zu sehn, ob diese Mädchenseele Manns genug
Wohl ist, den einzigen Entschluß zu fassen
Der ihrer würdig wäre!
NATHAN.   *Welchen?*
TEMPELHERR.   Den:
Nach Euch und ihrem Bruder weiter nicht
Zu fragen –
NATHAN.   Und?
TEMPELHERR.   Und mir zu folgen; – wenn
Sie drüber eines Muselmannes Frau
Auch werden müßte.

NATHAN. Bleibt! Ihr trefft sie nicht.
Sie ist bei Sittah, bei des Sultans Schwester.
TEMPELHERR. Seit wenn? warum?
NATHAN. Und wollt Ihr da bei ihnen
Zugleich den Bruder finden: kommt nur mit.
TEMPELHERR. Den Bruder? welchen? Sittahs oder Rechas?
NATHAN.
Leicht beide. Kommt nur mit! Ich bitt' Euch, kommt!
(Er führt ihn fort)

SECHSTER AUFTRITT

Szene: in Sittahs Harem

Sittah und Recha in Unterhaltung begriffen

SITTAH. Was freu ich mich nicht deiner, süßes Mädchen! –
Sei so beklemmt nur nicht! so angst! so schüchtern! –
Sei munter! sei gesprächiger! vertrauter!
RECHA. Prinzessin, ...
SITTAH. Nicht doch! nicht Prinzessin! Nenn
Mich Sittah, – deine Freundin, – deine Schwester.
Nenn mich dein Mütterchen! – Ich könnte das
Ja schier auch sein. – So jung! so klug! so fromm!
Was du nicht alles weißt! nicht alles mußt
Gelesen haben!
RECHA. Ich gelesen? – Sittah,
Du spottest deiner kleinen albern Schwester.
Ich kann kaum lesen.
SITTAH. Kannst kaum, Lügnerin!
RECHA. Ein wenig meines Vaters Hand! – Ich meinte,
Du sprächst von Büchern.
SITTAH. Allerdings! von Büchern.
RECHA. Nun, Bücher wird mir wahrlich schwer zu lesen! –
SITTAH. Im Ernst?
RECHA. In ganzem Ernst. Mein Vater liebt
Die kalte Buchgelehrsamkeit, die sich

Mit toten Zeichen ins Gehirn nur drückt,
Zu wenig.
SITTAH.   Ei, was sagst du! – Hat indes
Wohl nicht sehr Unrecht! – Und so manches, was
Du weißt ..?
RECHA.   Weiß ich allein aus seinem Munde.
Und könnte bei dem meisten dir noch sagen,
Wie? wo? warum? er michs gelehrt.
SITTAH.   So hängt
Sich freilich alles besser an. So lernt
Mit eins die ganze Seele.
RECHA.   Sicher hat
Auch Sittah wenig oder nichts gelesen!
SITTAH. Wie so? – Ich bin nicht stolz aufs Gegenteil. –
Allein wie so? Dein Grund! Sprich dreist. Dein Grund?
RECHA. Sie ist so schlecht und recht; so unverkünstelt;
So ganz sich selbst nur ähnlich ...
SITTAH.   Nun?
RECHA.   Das sollen
Die Bücher uns nur selten lassen: sagt
Mein Vater.
SITTAH.   O was ist dein Vater für
Ein Mann!
RECHA.   Nicht wahr?
SITTAH.   Wie nah er immer doch
Zum Ziele trifft!
RECHA.   Nicht wahr? – Und diesen Vater –
SITTAH. Was ist dir, Liebe?
RECHA.   Diesen Vater –
SITTAH.   Gott!
Du weinst?
RECHA.   Und diesen Vater – Ah! es muß
Heraus! Mein Herz will Luft, will Luft ...
(wirft sich, von Tränen überwältiget, zu ihren Füßen)
SITTAH.   Kind, was
Geschieht dir? Recha?
RECHA.   Diesen Vater soll –
Soll ich verlieren!

SITTAH.   Du? verlieren? ihn?
  Wie das? – Sei ruhig! – Nimmermehr! – Steh auf!
RECHA. Du sollst vergebens dich zu meiner Freundin,
  Zu meiner Schwester nicht erboten haben!
SITTAH. Ich bins ja! bins! – Steh doch nur auf! Ich muß
  Sonst Hülfe rufen.
RECHA *(die sich ermannt und aufsteht).*
              Ah! verzeih! vergib! –
  Mein Schmerz hat mich vergessen machen, wer
  Du bist. Vor Sittah gilt kein Winseln, kein
  Verzweifeln. Kalte, ruhige Vernunft
  Will alles über sie allein vermögen.
  Wes Sache diese bei ihr führt, der siegt!
SITTAH. Nun dann?
RECHA.   Nein; meine Freundin, meine Schwester
  Gibt das nicht zu! Gibt nimmer zu, daß mir
  Ein andrer Vater aufgedrungen werde!
SITTAH. Ein andrer Vater? aufgedrungen? dir?
  Wer kann das? kann das auch nur wollen, Liebe?
RECHA. Wer? Meine gute böse Daja kann
  Das wollen, – will das können. – Ja; du kennst
  Wohl diese gute böse Daja nicht?
  Nun, Gott vergeb' es ihr! – belohn' es ihr!
  Sie hat mir so viel Gutes, – so viel Böses
  Erwiesen!
SITTAH.   Böses dir? – So muß sie Gutes
  Doch wahrlich wenig haben.
RECHA.   Doch! recht viel,
  Recht viel!
SITTAH.   Wer ist sie?
RECHA.   Eine Christin, die
  In meiner Kindheit mich gepflegt; mich so
  Gepflegt! – Du glaubst nicht! – Die mir eine Mutter
  So wenig missen lassen! – Gott vergelt'
  Es ihr! – Die aber mich auch so geängstet!
  Mich so gequält!
SITTAH.   Und über was? warum?
  Wie?

RECHA.
  Ach! die arme Frau, – ich sag' dirs ja –
Ist eine Christin; – muß aus Liebe quälen; –
Ist eine von den Schwärmerinnen, die
Den allgemeinen, einzig wahren Weg
Nach Gott, zu wissen wähnen!
SITTAH.   Nun versteh' ich!
RECHA. Und sich gedrungen fühlen, einen jeden,
 Der dieses Wegs verfehlt, darauf zu lenken. –
Kaum können sie auch anders. Denn ists wahr,
Daß dieser Weg allein nur richtig führt:
Wie sollen sie gelassen ihre Freunde
Auf einem andern wandeln sehn, – der ins
Verderben stürzt, ins ewige Verderben?
Es müßte möglich sein, denselben Menschen
Zur selben Zeit zu lieben und zu hassen. –
Auch ists das nicht, was endlich laute Klagen
Mich über sie zu führen zwingt. Ihr Seufzen,
Ihr Warnen, ihr Gebet, ihr Drohen hätt'
Ich gern noch länger ausgehalten; gern!
Es brachte mich doch immer auf Gedanken,
Die gut und nützlich. Und wem schmeichelts doch
Im Grunde nicht, sich gar so wert und teuer,
Von wems auch sei, gehalten fühlen, daß
Er den Gedanken nicht ertragen kann,
Er müß' einmal auf ewig uns entbehren!
SITTAH. Sehr wahr!
RECHA.   Allein – allein – das geht zu weit!
Dem kann ich nichts entgegensetzen; nicht
Geduld, nicht Überlegung; nichts!
SITTAH.   Was? wem?
RECHA. Was sie mir eben itzt entdeckt will haben.
SITTAH. Entdeckt? und eben itzt?
RECHA.   Nur eben itzt!
Wir nahten, auf dem Weg' hierher, uns einem
Verfallnen Christentempel. Plötzlich stand
Sie still; schien mit sich selbst zu kämpfen; blickte
Mit nassen Augen bald gen Himmel, bald

Auf mich. Komm, sprach sie endlich, laß uns hier
Durch diesen Tempel in die Richte gehn!
Sie geht; ich folg' ihr, und mein Auge schweift
Mit Graus die wankenden Ruinen durch. 470
Nun steht sie wieder; und ich sehe mich
An den versunknen Stufen eines morschen
Altars mit ihr. Wie ward mir? als sie da
Mit heißen Tränen, mit gerungnen Händen,
Zu meinen Füßen stürzte ...
SITTAH.   Gutes Kind!
RECHA. Und bei der Göttlichen, die da wohl sonst
So manch Gebet erhört, so manches Wunder
Verrichtet habe, mich beschwor; – mit Blicken
Des wahren Mitleids mich beschwor, mich meiner
Doch zu erbarmen! – Wenigstens, ihr zu 480
Vergeben, wenn sie mir entdecken müsse,
Was ihre Kirch' auf mich für Anspruch habe.
SITTAH. (Unglückliche! – Es ahndte mir!)
RECHA.   Ich sei
Aus christlichem Geblüte; sei getauft;
Sei Nathans Tochter nicht; er nicht mein Vater! –
Gott! Gott! Er nicht mein Vater! – Sittah! Sittah!
Sieh mich aufs neu' zu deinen Füßen ...
SITTAH.   Recha!
Nicht doch! steh auf! – Mein Bruder kömmt! steh auf!

SIEBENDER AUFTRITT

Saladin und die Vorigen

SALADIN. Was gibts hier, Sittah?
SITTAH.   Sie ist von sich! Gott!
SALADIN. Wer ists? 490
SITTAH.   Du weißt ja ...
SALADIN.   Unsers Nathans Tochter?
Was fehlt ihr?
SITTAH.   Komm doch zu dir, Kind! – Der Sultan ...

RECHA *(die sich auf den Knieen zu Saladins Füßen schleppt, den Kopf zur Erde gesenkt).*
Ich steh nicht auf! nicht eher auf! – mag eher
Des Sultans Antlitz nicht erblicken! – eher
Den Abglanz ewiger Gerechtigkeit
Und Güte nicht in seinen Augen, nicht
Auf seiner Stirn bewundern ...
SALADIN.   Steh ... steh auf!
RECHA. Eh er mir nicht verspricht ...
SALADIN.   Komm! ich verspreche ...
Sei was es will!
RECHA.   Nicht mehr, nicht weniger,
Als meinen Vater mir zu lassen; und
Mich ihm! – Noch weiß ich nicht, wer sonst mein Vater
Zu sein verlangt; – verlangen kann. Wills auch
Nicht wissen. Aber macht denn nur das Blut
Den Vater? nur das Blut?
SALADIN *(der sie aufhebt).* Ich merke wohl! –
Wer war so grausam denn, dir selbst – dir selbst
Dergleichen in den Kopf zu setzen? Ist
Es denn schon völlig ausgemacht? erwiesen?
RECHA. Muß wohl! Denn Daja will von meiner Amm'
Es haben.
SALADIN.   Deiner Amme!
RECHA.   Die es sterbend
Ihr zu vertrauen sich verbunden fühlte.
SALADIN. Gar sterbend! – Nicht auch faselnd schon? – Und wärs
Auch wahr! – Ja wohl: das Blut, das Blut allein
Macht lange noch den Vater nicht! macht kaum
Den Vater eines Tieres! gibt zum höchsten
Das erste Recht, sich diesen Namen zu
Erwerben! – Laß dir doch nicht bange sein! –
Und weißt du was? Sobald der Väter zwei
Sich um dich streiten: – laß sie beide; nimm
Den dritten! – Nimm dann mich zu deinem Vater!
SITTAH. O tu's! o tu's!
SALADIN.   Ich will ein guter Vater,
Recht guter Vater sein! – Doch halt! mir fällt

Noch viel was Bessers bei. – Was brauchst du denn
Der Väter überhaupt? Wenn sie nun sterben?
Bei Zeiten sich nach einem umgesehn,
Der mit uns um die Wette leben will!
Kennst du noch keinen?...
SITTAH.   Mach sie nicht erröten!
SALADIN. Das hab' ich allerdings mir vorgesetzt.
Erröten macht die Häßlichen so schön:
Und sollte Schöne nicht noch schöner machen? –
Ich habe deinen Vater Nathan; und
Noch einen – einen noch hierher bestellt.
Errätst du ihn? – Hierher! Du wirst mir doch
Erlauben, Sittah?
SITTAH.   Bruder!
SALADIN.   Daß du ja
Vor ihm recht sehr errötest, liebes Mädchen!
RECHA. Vor wem? erröten?....
SALADIN.   Kleine Heuchlerin!
Nun so erblasse lieber! – Wie du willst
Und kannst! –
   (Eine Sklavin tritt herein, und nahet sich Sittah)
              Sie sind doch etwa nicht schon da?
SITTAH *(zur Sklavin).*
Gut! laß sie nur herein. – Sie sind es, Bruder!

LETZTER AUFTRITT

*Nathan und der Tempelherr
zu den Vorigen*

SALADIN. Ah, meine guten lieben Freunde! – Dich,
Dich, Nathan, muß ich nur vor allen Dingen
Bedeuten, daß du nun, sobald du willst,
Dein Geld kannst wiederholen lassen!...
NATHAN.   Sultan!..
SALADIN. Nun steh ich auch zu deinen Diensten ...
NATHAN.   Sultan!..

SALADIN. Die Karawan' ist da. Ich bin so reich
  Nun wieder, als ich lange nicht gewesen. –
  Komm, sag' mir, was du brauchst, so recht was Großes
  Zu unternehmen! Denn auch ihr, auch ihr,
  Ihr Handelsleute, könnt des baren Geldes
  Zu viel nie haben!
NATHAN.   Und warum zuerst
  Von dieser Kleinigkeit? – Ich sehe dort
  Ein Aug' in Tränen, das zu trocknen, mir
  Weit angelegner ist. *(Geht auf Recha zu)* Du hast geweint?
  Was fehlt dir? – bist doch meine Tochter noch?
RECHA. Mein Vater!..
NATHAN.   Wir verstehen uns. Genug! –
  Sei heiter! Sei gefaßt! Wenn sonst dein Herz
  Nur dein noch ist! Wenn deinem Herzen sonst
  Nur kein Verlust nicht droht! – Dein Vater ist
  Dir unverloren!
RECHA.   Keiner, keiner sonst!
TEMPELHERR. Sonst keiner? – Nun! so hab' ich mich betrogen.
  Was man nicht zu verlieren fürchtet, hat
  Man zu besitzen nie geglaubt, und nie
  Gewünscht. – Recht wohl! recht wohl! – Das ändert, Nathan,
  Das ändert alles! – Saladin, wir kamen
  Auf dein Geheiß. Allein, ich hatte dich
  Verleitet: itzt bemüh dich nur nicht weiter!
SALADIN. Wie gach nun wieder, junger Mann! – Soll alles
  Dir denn entgegen kommen? alles dich
  Erraten?
TEMPELHERR.
       Nun du hörst ja! siehst ja, Sultan!
SALADIN. Ei wahrlich! – Schlimm genug, daß deiner Sache
  Du nicht gewisser warst!
TEMPELHERR.   So bin ichs nun.
SALADIN. Wer so auf irgend eine Wohltat trotzt,
  Nimmt sie zurück. Was du gerettet, ist
  Deswegen nicht dein Eigentum. Sonst wär'
  Der Räuber, den sein Geiz ins Feuer jagt,
  So gut ein Held, wie du!

*(Auf Recha zugehend, um sie dem Tempelherrn
zuzuführen)*
Komm, liebes Mädchen,
Komm! Nimms mit ihm nicht so genau. Denn wär'
Er anders; wär' er minder warm und stolz:
Er hätt' es bleiben lassen, dich zu retten.
Du mußt ihm eins fürs andre rechnen. – Komm!
Beschäm ihn! tu, was ihm zu tun geziemte!
Bekenn' ihm deine Liebe! trage dich ihm an!
Und wenn er dich verschmäht; dirs je vergißt,
Wie ungleich mehr in diesem Schritte du
Für ihn getan, als er für dich... Was hat
Er denn für dich getan? Ein wenig sich
Beräuchern lassen! ist was Rechts! – so hat
Er meines Bruders, meines Assad, nichts!
So trägt er seine Larve, nicht sein Herz.
Komm, Liebe ...
SITTAH.   Geh! geh, Liebe, geh! Es ist
Für deine Dankbarkeit noch immer wenig;
Noch immer nichts.
NATHAN.   Halt Saladin! halt Sittah!
SALADIN. Auch du?
NATHAN.   Hier hat noch einer mit zu sprechen ...
SALADIN. Wer leugnet das? – Unstreitig, Nathan, kömmt
So einem Pflegevater eine Stimme
Mit zu! Die erste, wenn du willst. – Du hörst,
Ich weiß der Sache ganze Lage.
NATHAN.   Nicht so ganz! –
Ich rede nicht von mir. Es ist ein andrer;
Weit, weit ein andrer, den ich, Saladin,
Doch auch vorher zu hören bitte.
SALADIN.   Wer?
NATHAN. Ihr Bruder!
SALADIN.   Rechas Bruder?
NATHAN.   Ja!
RECHA.   Mein Bruder?
So hab ich einen Bruder?
TEMPELHERR *(aus seiner wilden, stummen Zerstreuung auf-*

fahrend). Wo? wo ist
Er, dieser Bruder? Noch nicht hier? Ich sollt'
Ihn hier ja treffen.
NATHAN. Nur Geduld!
TEMPELHERR *(äußerst bitter).* Er hat
Ihr einen Vater aufgebunden: – wird
Er keinen Bruder für sie finden?
SALADIN. Das
Hat noch gefehlt! Christ! ein so niedriger
Verdacht wär über Assads Lippen nicht
Gekommen. – Gut! fahr nur so fort!
NATHAN. Verzeih
Ihm! – Ich verzeih ihm gern. – Wer weiß, was wir
An seiner Stell', in seinem Alter dächten!
(Freundschaftlich auf ihn zugehend)
Natürlich, Ritter! – Argwohn folgt auf Mißtraun! –
Wenn Ihr mich Euers *wahren* Namens gleich
Gewürdigt hättet ...
TEMPELHERR. Wie?
NATHAN. Ihr seid kein Stauffen!
TEMPELHERR.
Wer bin ich denn?
NATHAN. Heißt Curd von Stauffen nicht!
TEMPELHERR.
Wie heiß ich denn?
NATHAN. Heißt Leu von Filneck.
TEMPELHERR. Wie?
NATHAN. Ihr stutzt?
TEMPELHERR. Mit Recht! Wer sagt das?
NATHAN. Ich; der mehr,
Noch mehr Euch sagen kann. Ich straf' indes
Euch keiner Lüge.
TEMPELHERR. Nicht?
NATHAN. Kann doch wohl sein,
Daß jener Nam' Euch ebenfalls gebührt.
TEMPELHERR.
Das sollt ich meinen! – (Das hieß Gott ihn sprechen!)
NATHAN. Denn Eure Mutter – die war eine Stauffin.

Ihr Bruder, Euer Ohm, der Euch erzogen,
Dem Eure Eltern Euch in Deutschland ließen,
Als, von dem rauhen Himmel dort vertrieben,
Sie wieder hier zu Lande kamen: – Der
Hieß Curd von Stauffen; mag an Kindesstatt
Vielleicht Euch angenommen haben! – Seid
Ihr lange schon mit ihm nun auch herüber
Gekommen? Und er lebt doch noch?

TEMPELHERR. Was soll
Ich sagen? – Nathan! – Allerdings! So ists!
Er selbst ist tot. Ich kam erst mit der letzten
Verstärkung unsers Ordens. – Aber, aber –
Was hat mit diesem allen Rechas Bruder
Zu schaffen?

NATHAN. Euer Vater ...

TEMPELHERR. Wie? auch den
Habt Ihr gekannt? Auch den?

NATHAN. Er war mein Freund.

TEMPELHERR.
War Euer Freund? Ists möglich, Nathan! ...

NATHAN. Nannte
Sich Wolf von Filneck; aber war kein Deutscher ...

TEMPELHERR. Ihr wißt auch das?

NATHAN. War einer Deutschen nur
Vermählt; war Eurer Mutter nur nach Deutschland
Auf kurze Zeit gefolgt ...

TEMPELHERR. Nicht mehr! Ich bitt'
Euch! – Aber Rechas Bruder? Rechas Bruder ...

NATHAN. Seid Ihr!

TEMPELHERR. Ich? ich ihr Bruder?

RECHA. Er mein Bruder?

SITTAH. Geschwister!

SALADIN. Sie Geschwister!

RECHA *(will auf ihn zu)*. Ah! mein Bruder!

TEMPELHERR *(tritt zurück)*.
Ihr Bruder!

RECHA *(hält an, und wendet sich zu Nathan)*.
Kann nicht sein! nicht sein! – Sein Herz

Weiß nichts davon! – Wir sind Betrieger! Gott!
SALADIN *(zum Tempelherrn).*
  Betrieger? wie? Das denkst du? kannst du denken?
  Betrieger selbst! Denn alles ist erlogen
  An dir: Gesicht und Stimm und Gang! Nichts dein!
  So eine Schwester nicht erkennen wollen! Geh!
TEMPELHERR *(sich demütig ihm nahend).*
  Mißdeut' auch du nicht mein Erstaunen, Sultan!
  Verkenn' in einem Augenblick', in dem
  Du schwerlich deinen Assad je gesehen,
  Nicht ihn und mich!
            (Auf Nathan zueilend)
            Ihr nehmt und gebt mir, Nathan!
  Mit vollen Händen beides! – Nein! Ihr gebt
  Mir mehr, als Ihr mir nehmt! unendlich mehr!
        (Recha um den Hals fallend)
  Ah meine Schwester! meine Schwester!
NATHAN.   Blanda
  Von Filneck!
TEMPELHERR. Blanda? Blanda? – Recha nicht?
  Nicht Eure Recha mehr? – Gott! Ihr verstoßt
  Sie! gebt ihr ihren Christennamen wieder!
  Verstoßt sie meinetwegen! – Nathan! Nathan!
  Warum es sie entgelten lassen? sie!
NATHAN. Und was? – O meine Kinder! meine Kinder! –
  Denn meiner Tochter Bruder wär mein Kind
  Nicht auch, – sobald er will?
      *(Indem er sich ihren Umarmungen überläßt,
      tritt Saladin mit unruhigem Erstaunen zu seiner
                Schwester)*
SALADIN.   Was sagst du, Schwester?
SITTAH. Ich bin gerührt ...
SALADIN.   Und ich, – ich schaudere
  Vor einer größern Rührung fast zurück!
  Bereite dich nur drauf, so gut du kannst.
SITTAH. Wie?
SALADIN.   Nathan, auf ein Wort! ein Wort! –
      (Indem Nathan zu ihm tritt, tritt Sittah zu dem

*Geschwister, ihm ihre Teilnehmung zu bezeigen;
und Nathan und Saladin sprechen leiser)*
Hör! hör doch, Nathan! Sagtest du vorhin
Nicht –?
NATHAN. Was?
SALADIN. Aus Deutschland sei ihr Vater nicht
Gewesen; ein geborner Deutscher nicht.
Was war er denn? wo war er sonst denn her?
NATHAN. Das hat er selbst mir nie vertrauen wollen.
Aus seinem Munde weiß ich nichts davon.
SALADIN. Und war auch sonst kein Frank? kein Abendländer?
NATHAN. O! daß er der nicht sei, gestand er wohl. –
Er sprach am liebsten Persisch ...
SALADIN. Persisch? Persisch?
Was will ich mehr? – Er ists! Er war es!
NATHAN. Wer?
SALADIN. Mein Bruder! ganz gewiß! Mein Assad! ganz
Gewiß!
NATHAN. Nun, wenn du selbst darauf verfällst: –
Nimm die Versicherung hier in diesem Buche!
(ihm das Brevier überreichend)
SALADIN *(es begierig aufschlagend).*
Ah! seine Hand! Auch die erkenn' ich wieder!
NATHAN. Noch wissen sie von nichts! Noch stehts bei dir
Allein, was sie davon erfahren sollen!
SALADIN *(indes er darin geblättert).*
Ich meines Bruders Kinder nicht erkennen?
Ich meine Neffen – meine Kinder nicht?
Sie nicht erkennen? ich? Sie dir wohl lassen?
(Wieder laut)
Sie sinds! sie sind es, Sittah, sind! Sie sinds!
Sind beide meines ... deines Bruders Kinder!
(Er rennt in ihre Umarmungen)
SITTAH *(ihm folgend).*
Was hör' ich! – Konnts auch anders, anders sein! –
SALADIN *(zum Tempelherrn).*
Nun mußt du doch wohl, Trotzkopf, mußt mich lieben!

> *(Zu Recha)*
Nun bin ich doch, wozu ich mich erbot?
Magst wollen, oder nicht!
SITTAH. Ich auch! ich auch!
SALADIN *(zum Tempelherrn zurück).*
Mein Sohn! mein Assad! meines Assads Sohn!
TEMPELHERR. Ich deines Bluts! – So waren jene Träume,
Womit man meine Kindheit wiegte, doch –
Doch mehr als Träume! *(ihm zu Füßen fallend)*
SALADIN *(ihn aufhebend).* Seht den Bösewicht!
Er wußte was davon, und konnte mich
Zu seinem Mörder machen wollen! Wart!

> *(Unter stummer Wiederholung allerseitiger*
> *Umarmungen fällt der Vorhang)*

DRAMATISCHE FRAGMENTE
UND ENTWÜRFE

KLEONNIS

Ein Trauerspiel in fünf Aufzügen

Personen

Euphaes. König der Messenier
Aristodemus. ⎱ Freunde und Feldherren des Euphaes
Philäus. ⎰
Doryssus. ⎱ zwei gefangne Spartaner
Telles. ⎰
Tisis, ein Prophet

Erster Aufzug

Erster Auftritt

Euphaes allein, und hernach die Wache

EUPHAES. Die träge Zeit! Kein Jahr ward mir so lang,
  Als dieser Morgen. He, Soldat!
DIE WACHE.   Befiehl!
EUPHAES. Noch nicht zurück?
DIE WACHE.   Wer?
EUPHAES.   Träumer! fragst du, wer?
  Mein Sohn und sein Geschwader.
DIE WACHE.   König, nein!
  Es war schon Tag, da brachen sie erst auf.
EUPHAES. Erst! – Geh! – Daß die Natur zum Vater mich
  Mehr, als zum König schuf! Manns zwar genug
  Für dich, mein Volk, an jeder Ader gern
  Zu bluten; nur nicht Helds genug, für dich
  In meinem Sohne – teurer, einzger Sohn! – –
  Zu bluten. Einzger! – Ach, einst war er nicht
  Der einzige! Nebst ihm war einst – – Zurück
  Gedanke voller Qual! Ists nicht genug,

10

Für einen zittern, wenn ich nicht zugleich
Auch um den andern weine? – Weine? Ja!
Ich wein aus Wut; aus Wut, die Tränen liebt,
Bis sie befriedigt höhnisch lächeln kann.
Noch kann ichs nicht! Denn noch siegt Sparta! Noch
Ist mein entvölkert Land ein leichter Raub
20 Der Unterdrücker! Noch gebiet ich hier,
Hier auf *Ithomens* rauhen Felsen, hier,
Ins zwölfte Jahr von überlegner Macht,
Die besser schlau und kalt zu trotzen, als
Zu fechten weiß, umsetzt; – gebiet ich – Wem?
Zwar einer Handvoll frommer Helden; doch
Sind Helden Götter? O Messenier!
(Beschützt vom Recht; bekriegt von Hunger, Pest,)
Das Recht und wir! Wir; gegen Hunger, Pest
Und Feind und Göttern. Götter wären wir
30 Wenn wir noch siegten; beßre Götter, als
Die ungerechten – – – Unsinn! Raserei!
Ersticke Lästerung! Empörer! Staub!
Bin ich ein Heraklide? Bin ichs? – Wenn
Hat Herkules – Sieh nicht im Zorn auf mich
Herab, du meines Bluts vergötterter
Quell! Wenn hast du, der du im ruhigsten
Der Augenblicke deines Lebens, mehr,
Unendlich mehr, mehr tatst, mehr littst, als ich
In Jahren nicht gelitten und getan,
40 Nicht tun nicht leiden werde; wenn hast du
Ein rasches Wort des Murrens dir vergönnt?
Und ich dein schlechter Enkel murre? – He,
Philäus!

Zweiter Auftritt

Euphaes. Philäus

Komm! Du bist der glückliche
Gewünschte Bote doch? Mein Sohn ist da?
Wo ist er? Sprich! Du schweigst? Verwundet? Tot?
Er ists! Die Ahndung –
PHILÄUS.   Werde nimmer wahr!
Sei ruhig, Herr! Sei ruhig! Siegen ist
Kein Werk des Augenblicks. Noch kann er nicht,
Dein junger kühner Demarat, den Feind
Gesucht, gefunden, angegriffen und   50
Geschlagen haben.
EUPHAES.   Daß ich ihn so leicht
Aus meinen Augen ließ! Zu stürmscher Jüngling, nur
Noch wenig Tage, dann hätt ich dich selbst
In ersten Kampf, zur Probe deines Muts,
Begleiten können! – Schande! – Wenn nunmehr
Der junge Leu aus seiner Höhle tritt,
Wer führt ihn an? Wer lehret ihn dem Bär
Die neuen Klauen, unversucht doch keck
In Nacken schlagen, und den Tiger an
Der Gurgel fassen? Ists der alte Leu   60
Nicht selbst? Und ich, beschimpfter Vater! Ich, – –
PHILÄUS. Herr, deine Wunden hindern – –
EUPHAES.   Warum sind
Des Kriegers Wunden nicht sobald geheilt,
Als bald sein Mut nach neuen dürstet! Schon
Der neunte Tag, daß der zerschmetterte
Verteidigungsarm des schweren Schilds entwehnt
Und die vom Speer durchstochne Seite nicht
Den Panzer leiden will! Der neunte Tag!
Zu viel der aufgedrungnen Rast! Zu viel
Auf *eine* Schlacht, die dennoch – – Hätte mir   70
Ein holdres Schicksal diese Wunden bis
Zur letzten tödlichen geborgt! Wie gern
Wollt ich alsdenn, ich ganz Gefühl, ganz Schmerz

Für eine sieben bluten; wenn ich heut
Nur, meiner Glieder Herr, und meines Sohns
Gefährte wäre! Meines Sohns! – Vielleicht
Daß eben jetzt – –
PHILÄUS. Nun reißt sie ziegellos
Die kranke Phantasie, ihn fort! Mich schmerzt
Der Zärtliche –
EUPHAES. Des Todes kalter Schaur
80 Durchläuft mich; starrendes Entsetzen sträubt
Das wilde Haar zu Berge –
PHILÄUS. Höre mich!
EUPHAES. Dich hören? – Kann ich? – Sieh! Er ist umringt!
Wo nunmehr durch? Sich Wege hauen, Kind,
Erfordert andre Nerven! Wage nichts!
Doch wag es! Hinter dich! Bedecke schnell
Die offne Lende! Hoch das Schild! – Umsonst!
In diesem Streiche rauscht der Tod auf ihn
Herab. Erbarmung, Götter! – Ströme Bluts
Entschießen der gespaltnen Stirn; er wankt;
90 Er fällt; er stirbt! – Und ungerächet? Nein.
Philäus, fort! Ich kenn den Mörder! Komm!
PHILÄUS. Wenn wird die kalte, ruhige Vernunft
Die sanfte Stimm erheben dürfen? Ich
Dein Untertan, doch jetzo mehr dein Freund,
Weil leicht den tadelsüchtgen Untertan
Des Königs Schwachheit ärgert – – Ich dein Freund,
Der dein zur Liebe so geschaffnes Herz
Zu schätzen weiß, verlange –
EUPHAES. Was du willst!
Nur das verlange nicht, zu strenger Freund,
100 Daß auf der Furcht und Hoffnung Wogen ich
Mich unerschüttert halten soll.
PHILÄUS. Das nicht!
Doch wenns in deinem mächtgern Willen steht
Daß diese Wogen, dieser innre Sturm
Sich folgsam legt; dann kann ich doch von dir
Verlangen, nicht dein eigner Peiniger
Zu sein?

EUPHAES. Mein eigner Peiniger?
PHILÄUS.   Gewiß!
  Jetzt wäge sie, die Gründe deiner Furcht
  Mit deiner Hoffnung Gründen ab! Wie leicht
  Steigt jene Schal empor! Wie schwer drückt die
  Hernieder!   110
EUPHAES.   Wenn er bleibt, wenn ihn so jung – –
PHILÄUS. So jung? Wen liebt das Glück verbuhlter, als
  Den dreisten und von ihrer Tücke noch
  Unabgeschreckten Jüngling?
EUPHAES.   Nein; das Glück
  Ist mir zu feind; zu feind, als daß es mich,
  Im Sohne lieben sollte.
PHILÄUS.   Finstrer Wahn!
  Das Glück ist treulos, um das Glück zu sein,
  Und nicht uns zu verfolgen. Doch gesetzt:
  Es hasse dich, dich mehr als andre. Sprich!
  Ist das der Fall, die Wirkung seines Grolls
  Zu fürchten? Wer begleitet ihn? Wer ists,   120
  In dessen Schirm, als unterm breiten Schutz
  Der göttlichen Ägide, Demarat
  Jetzt ficht, jetzt siegt? Ists nicht Aristodem?
EUPHAES. Wen nennst du mir? O wär ers nicht! Er nicht!
PHILÄUS. So macht dich deine Furcht auch ungerecht?
  Das geht zu weit! – Herr! an der Tapferkeit
  Und Treu Aristodems verzweifeln, ist
  Beleidigung der Tugend! Wen von uns
  Fürcht der Spartaner mehr als ihn? Dich selbst
  Nicht ausgenommen. Dich; sein Schrecken; sein   130
  Verderben! Wie ein Wetterstrahl, mit dem
  Der Donner Felsen spaltet, so brachst du
  In seinen eisern Phalanx ein; dein Schwerd
  Fraß ganze Reihen. Endlich von der Zahl
  Unschimpflich übermannt, da du, mit dir
  Messenens Heil zu sinken drohte: Wer,
  Wer drang dir nach? Wer hielt rund um dich her
  Der Rachsucht wilden Wirbel ab? Wer lud
  Dich auf atlantsche Schultern, teure Last,

140 Und trug dich hoch durch den erstaunten Feind
Hindurch? – Das tat Aristodem! Da sah
Der Feind, mit grimmiger Bewundrung, starr
Ihm nach! Die Wunder, Herr, die er für dich
Getan, die kann er auch für deinen Sohn
Tun. – Stammt er nicht vom Herkules, wie du? –
EUPHAES. Hör auf! Wenn rief ich seine Tapferkeit
In Zweifel? Eben diese Tapferkeit
Die ists vor der ich zittre. So wie sie
Dem Tode trotzt, soll jeder neben ihr
150 Dem Tode trotzen. Weniger, als sie
Zu leisten wagt, soll niemand leisten. Ihr
Ist Demarat nicht der geliebte Sohn
Des jammernden, verwaisten Vaters; ihr
Ist Demarat, Soldat, und weiter nichts! –
Wie anders? Denn was weiß Aristodem
Von jenen zärtern, bessern, menschlichern
Empfindungen? Der sanften Macht des Bluts?
Dem süßen Recht der Sympathie? Er? Er?
Der kalte Mörder seiner Tochter.
PHILÄUS.   Sprich:
160 Der Tochter frommer Opfrer. Das Gebot
Des deutlichen Orakels –
EUPHAES.   Das Gebot
Der deutlichen Natur war älter! – Ich
Unglücklicher! Dem, der so wenig weiß
Was Vater ist, dem meinen Sohn vertraun!
PHILÄUS. Herr! Tisis kömmt uns näher. Fasse dich,
Und ruf geschwind die heitre Majestät
Zurück in deine Miene –
EUPHAES.   Tisis! Was
Will Tisis? Der prophetsche Tisis!
PHILÄUS.   Jetzt
Nicht Tisis, der Prophet. Kein Purpur fließt
170 Ihm von der Schulter ab; kein Lorbeer gränzt
Das braune Haar; kein goldner Szepter blitzt
Aus seiner Rechte. Sieh! Er tritt einher
Im Panzer und im offnen Helme; ganz
Der Krieger!

Dritter Auftritt

Tisis. Euphaes. Philäus

TISIS. König! –
  Dein Heer hört Mitleidsvoll die bange Furcht
  Der väterlichen Liebe. Uns so wohl
  Als dir, verweilt dein Sohn zu lange. Nur
  Ein Wort, so eilt mit mir ein fertger Trupp
  Der Tapfersten ihm nach. Dies ists, warum
  Ich kam. 180
EUPHAES. Messenier! O bestes Volk,
  Der Menschen und der Griechen würdigstes!

D. FAUST

[I

Dritte Szene des zweiten Aufzugs]

Faust und sieben Geister

FAUST. Ihr? Ihr seid die schnellesten Geister der Hölle?
DIE GEISTER ALLE. Wir.
FAUST. Seid ihr alle sieben gleich schnell?
DIE GEISTER ALLE. Nein.
FAUST. Und welcher von euch ist der Schnelleste?
DIE GEISTER ALLE. Der bin ich!
FAUST. Ein Wunder! daß unter sieben Teufel nur sechs Lügner sind. – Ich muß euch näher kennen lernen.
DER ERSTE GEIST. Das wirst du! Einst!
FAUST. Einst! Wie meinst du das? Predigen die Teufel auch Buße?
DER ERSTE GEIST. Ja wohl, den Verstockten. – Aber halte uns nicht auf.
FAUST. Wie heißest du? Und wie schnell bist du?
DER ERSTE GEIST. Du könntest eher eine Probe, als eine Antwort haben.
FAUST. Nun wohl. Sieh her; was mache ich?
DER ERSTE GEIST. Du fährst mit deinem Finger schnell durch die Flamme des Lichts –
FAUST. Und verbrenne mich nicht. So geh auch du, und fahre siebenmal eben so schnell durch die Flammen der Hölle, und verbrenne dich nicht. – Du verstummst? Du bleibst? – So prahlen auch die Teufel? Ja, ja; keine Sünde ist so klein, daß ihr sie euch nehmen ließet. – Zweiter, wie heißest du?
DER ZWEITE GEIST. Chil; das ist in eurer langweiligen Sprache: Pfeil der Pest.
FAUST. Und wie schnell bist du?
DER ZWEITE GEIST. Denkest du, daß ich meinen Namen vergebens führe? – Wie die Pfeile der Pest.

FAUST. Nun so geh, und diene einem Arzte! Für mich bist du viel zu langsam. – Du Dritter, wie heißest du?

DER DRITTE GEIST. Ich heiße Dilla; denn mich tragen die Flügel der Winde.

FAUST. Und du Vierter? –

DER VIERTE GEIST. Mein Name ist Jutta, denn ich fahre auf den Strahlen des Lichts.

FAUST. O ihr, deren Schnelligkeit in endlichen Zahlen auszudrücken, ihr Elenden –

DER FÜNFTE GEIST. Würdige sie deines Unwillens nicht. Sie sind nur Satans Boten in der Körperwelt. Wir sind es in der Welt der Geister; uns wirst du schneller finden.

FAUST. Und wie schnell bist du?

DER FÜNFTE GEIST. So schnell als die Gedanken des Menschen.

FAUST. Das ist etwas! – Aber nicht immer sind die Gedanken des Menschen schnell. Nicht da, wenn Wahrheit und Tugend sie auffordern. Wie träge sind sie alsdenn! – Du kannst schnell sein, wenn du schnell sein willst: aber wer steht mir dafür, daß du es allezeit willst? Nein, dir werde ich so wenig trauen, als ich mir selbst hätte trauen sollen. Ach! *(Zum sechsten Geiste)* Sage du, wie schnell bist du? –

DER SECHSTE GEIST. So schnell als die Rache des Rächers.

FAUST. Des Rächers? Welches Rächers?

DER SECHSTE GEIST. Des Gewaltigen, des Schrecklichen, der sich allein die Rache vorbehielt, weil ihn die Rache vergnügte. –

FAUST. Teufel! du lästerst, denn ich sehe, du zitterst. – Schnell, sagst du, wie die Rache des – Bald hätte ich ihn genennt! Nein, er werde nicht unter uns genennt! – Schnell wäre seine Rache? Schnell? – Und ich lebe noch? Und ich sündige noch? –

DER SECHSTE GEIST. Daß er dich noch sündigen läßt, ist schon Rache!

FAUST. Und daß ein Teufel mich dieses lehren muß! – Aber doch erst heute! Nein, seine Rache ist nicht schnell, und wenn du nicht schneller bist als seine Rache, so geh nur. *(Zum siebenden Geiste)* – Wie schnell bist du?

DER SIEBENDE GEIST. Unzuvergnügender Sterbliche, wo auch ich dir nicht schnell genug bin – –

FAUST. So sage; wie schnell?

DER SIEBENDE GEIST. Nicht mehr und nicht weniger, als der Übergang vom Guten zum Bösen. –

FAUST. Ha! du bist mein Teufel! So schnell als der Übergang vom Guten zum Bösen! – Ja, der ist schnell; schneller ist nichts als der! – Weg von hier, ihr Schnecken des Orcus! Weg! – Als der Übergang vom Guten zum Bösen! Ich habe es erfahren, wie schnell er ist! Ich habe es erfahren! etc. – –

[II]

VORSPIEL

In einem alten Dome. Der Küster und sein Sohn, welche eben zu Mitternacht geläutet, oder läuten wollen.

Die Versammlung der Teufel, unsichtbar auf den Altaren sitzend und sich über ihre Angelegenheiten beratschlagend. Verschiedne ausgeschickte Teufel erscheinen vor dem Beelzebub, Rechenschaft von ihren Verrichtungen zu geben. Einer der eine Stadt in Flammen gesetzt. Ein andrer der in einem Sturme eine ganze Flotte begraben. Werden von einem dritten verlacht, daß sie sich mit solchen Armseligkeiten abgegeben. Er rühmt sich einen Heiligen verführt zu haben; den er beredet, sich zu betrinken, und der im Trunke einen Ehebruch und einen Mord begangen. Dieses gibt Gelegenheit von Fausten zu sprechen, der so leicht nicht zu verführen sein möchte. Dieser dritte Teufel nimmt es auf sich, und zwar ihn in vier und zwanzig Stunden der Hölle zu überliefern.

Itzt, sagt der eine Teufel, sitzt er noch bei der nächtlichen Lampe, und forschet in den Tiefen der Wahrheit.

Zu viel Wißbegierde ist ein Fehler; und aus einem Fehler können alle Laster entspringen, wenn man ihm zu sehr nachhänget.

Nach diesem Satze entwirft der Teufel, der ihn verführen will, seinen Plan.

Erster Aufzug

ERSTER AUFTRITT

Dauer des Stücks, von Mitternacht zu Mitternacht

Faust unter seinen Büchern bei der Lampe. Schlägt sich mit verschiednen Zweifeln aus der scholastischen Weltweisheit. Erinnert sich, daß ein Gelehrter den Teufel über des Aristoteles Entelechie zitieret haben soll. Auch er hat es schon vielfältigemal versucht, aber vergebens. Er versucht es nochmals; eben ist die rechte Stunde, und lieset eine Beschwörung.

ZWEITER AUFTRITT

Ein Geist steigt aus dem Boden, mit langem Barte, in einen Mantel gehüllet.
GEIST. Wer beunruhiget mich? Wo bin ich? Ist das nicht Licht, was ich empfinde?
Faust erschrickt, fasset sich aber, und redet den Geist an.
Wer bist du? Woher kömmst du? Auf wessen Befehl erscheinest du?
GEIST. Ich lag und schlummerte und träumte, mir war nicht wohl nicht übel; da rauschte, so träumte ich, von weitem eine Stimme daher; sie kam näher und näher; Bahall! Bahall! hörte ich, und mit dem dritten Bahall, stehe ich hier!
FAUST. Aber, wer bist du?
GEIST. Wer ich bin? Laß mich besinnen! Ich bin – ich bin nur erst kürzlich was ich bin. Dieses Körpers, dieser Glieder, war ich mir dunkel bewußt; itzt etc.
FAUST. Aber wer warst du?
GEIST. Warst du?
FAUST. Ja; wer warst du sonst, ehedem?
GEIST. Sonst? ehedem?
FAUST. Erinnerst du dich keiner Vorstellungen, die diesem gegenwärtigen, und jenem deinem hinbrütenden Stande vorhergegangen? –

GEIST. Was sagst du mir? Ja, nun schießt es mir ein – Ich habe schon einmal ähnliche Vorstellungen gehabt. Warte, warte, ob ich den Faden zurückfinden kann.
FAUST. Ich will dir zu helfen suchen. Wie hießest du?
GEIST. Ich hieß – Aristoteles. Ja, so hieß ich. Wie ist mir?

Er tut als ob er sich nun völlig erinnerte und antwortet dem Faust auf seine spitzigsten Fragen. Dieser Geist ist der Teufel selbst, der den Faust zu verführen unternommen.

Doch, sagt er endlich, ich bin es müde, meinen Verstand in die vorigen Schranken zurück zu zwingen. Von allem, was du mich fragest, mag ich nicht länger reden, als ein Mensch, und kann nicht mit dir reden als ein Geist. Entlaß mich; ich fühl es, daß ich wieder entschlummre etc.

Dritter Auftritt

Er verschwindet, und Faust voller Erstaunen und Freude, daß die Beschwörung ihre Kraft gehabt, schreitet zu einer andern, einen Dämon heraufzubringen.

Vierter Auftritt

Ein Teufel erscheinet.
Wer ist der Mächtige, dessen Rufe ich gehorchen muß! Du? Ein Sterblicher? Wer lehrte dich diese gewaltige Worte?

DIE MATRONE VON EPHESUS

Ein Lustspiel in einem Aufzuge

Personen

*Antiphila
Mysis
Philokrates
Dromo*

Die Szene ist ein Grabmal, in dessen Vertiefung zwei Särge; der eine verdeckt, der andere offen; von einer aus der Mitte des Gewölbes herabhangenden Lampe nur kaum erleuchtet

Erster Auftritt

*Antiphila und Mysis;
beide schlafend; Antiphila auf dem offenen Sarge, den Kopf gegen den verdeckten Sarg gelehnet; Mysis zum Fuße des offenen Sarges, auf einem niedrigen Steine, die Arme auf die Kniee gestützet, das Gesicht zwischen beiden Händen*

MYSIS *(indem sie erwacht).* Wo bin ich? *(und um sich sieht)* Ah! noch in dem verwünschten Grabe! – Ich war eingeschlafen. *(Gegen die Antiphila sich wendend)* Und sie schläft auch – Schlafen Sie, werte Frau? – Nein, ich will sie nicht wecken – – Wenn sie doch so in jenes Leben herüber schlummerte, und meiner und ihrer Qual ein Ende machte! – Hu! wie schaudert mich! – Die Nächte werden schon kalt. Es muß schlimmes Wetter über uns sein. Wie der Wind durch die Luftlöcher pfeift! Wie der Regen auf das kupferne Dach schlägt! Welche Hohlung! welche Feuchtigkeit hier! – Wenn sie den Schnupfen bekömmt, so mag sie es haben. Ja so, sie will sterben. Ob man mit oder ohne Schnupfen stirbt; sterben ist sterben.

– Aber ich, die ich nicht sterben will – *(indem sie aufspringt)* – O, eine Sklavin ist wohl sehr unglücklich! – Horch, welch Geräusch – ?

Zweiter Auftritt

Dromo. Mysis. Antiphila

DROMO *(noch von draußen)*. Holla!
MYSIS. Was ist das? Eine Stimme?
DROMO. Holla! niemand da?
MYSIS. Wer sucht hier lebendige Menschen?
DROMO. Will niemand hören?
MYSIS. Es kömmt näher.
DROMO. Gleichwohl sehe ich Licht schimmern. – – Ho, ho! das geht in die Tiefe.
MYSIS. Wer muß das sein?
DROMO *(indem er herein tritt)*. Ha! wo komm ich hin?
MYSIS. Ich dacht es wohl, daß er sich müßte verirrt haben.
DROMO *(erschrocken)*. Wo bin ich?
MYSIS *(die auf ihn zugeht)*. Im Grabe!
DROMO. Was? Grabe? – Da habe ich nicht hin gewollt.
MYSIS. Bei Toten!
DROMO. Toten? – Gott behüte die Toten! Ich will gern niemand stören. *(indem er zurückgehen will)*
MYSIS. Nein, guter Freund – der arme Tropf fürchtet sich – so kömmt Er hier nicht wieder weg. *(ihn aufhaltend)* Was will Er?
DROMO. Blitz! ein weiblicher Geist gar! der wird mich quälen!
MYSIS. Was will Er?
DROMO. Nichts, gute Geistin, nichts; – so viel wie nichts. – Der Wind blies mir oben meine Laterne aus; fremd bin ich; stockpechfinster ists; ich wußte nicht wo hin; da schimmerte mir hier so was; da ging ich dem Schimmer nach; und ging und ging, und auf einmal führt mich mein Unglück dir in die Klauen. – Tu mir nichts, liebes Gespenst. Ich habe es wirklich nicht gewußt, daß du hier dein Wesen hast.

MYSIS. Also will Er nichts, wie sein Licht wieder anzünden?
DROMO. Weiter nichts; so wahr ich lebe! – Wenn ich anders noch lebe –
MYSIS. Nun da! *(ihn auf die Lampe weisend)* Zünde Er an!
DROMO. Ei ja doch! Wie spaßhaft die Gespenster sind! Das ist keine rechte Flamme; das sieht nur aus, wie eine Flamme! Das brennt nicht; das scheint nur zu brennen! Das scheint nicht, das scheint nur zu scheinen. Von so einem Gespensterlichte ist ein recht Licht nicht anzuzünden.
MYSIS. Geb Er her! *(Nimmt ihm die Laterne und geht, das Licht darin bei der Lampe anzuzünden)*
DROMO. Das bin ich begierig zu sehn! – Wahrhaftig, es brennt: ja mir würde es so nicht gebrannt haben.
MYSIS. Hier! *(indem sie ihm die angezündete Laterne wieder zurückgibt)*
DROMO. Ein dienstfertiges Gespenst! Es mag wohl auch eine gute Art geben. – Ich danke, ich danke recht sehr.
MYSIS. Wie ich nun sehe, so ist Er ja wohl gar ein Soldat.
DROMO. Zu dienen, mein freundliches Gespenst – –
MYSIS. Aber für einen Soldaten ist Er auch verzweifelt furchtsam.
DROMO. Ja, ich bin nicht Soldat, mich mit dem Teufel zu balgen – Dies gesagt, ohne dich erzürnen zu wollen, lieber Geist –
MYSIS. Er ist nicht klug mit Seinem Geiste! Noch leib ich, und leb ich.
DROMO. Wie? im Ernst? – Mit Erlaubnis! *(indem er sie mit der flachen Hand hier und da behutsam betastet)* Gewiß, das Ding ist doch ziemlich compact. *(Geht mit der Laterne rund um sie herum, und leuchtet ihr endlich ins Gesicht)* Ei! ein allerliebstes Gesichtchen! Nein das Gesichtchen gehört wohl keinem Gespenste. Welch ein Paar Augen! Was für ein Mündchen! Was für ein Paar Bäckchen! *(indem er sie in den einen Backen kneift)*
MYSIS. Nun? was soll das? – Weg doch!
DROMO. Ich muß mich ja wohl überzeugen, daß es wirkliches Fleisch ist. – Wahrhaftig, wirkliches Fleisch! Und gesundes, derbes Fleisch. *(indem er sie auch in den andern kneift)* –

Wird mir doch wieder ganz wohl ums Herze! – Was sagte Sie denn, mein schönes Kind, ich wäre im Grabe? bei Toten?
MYSIS. Das ist er dem ohngeachtet doch!
DROMO. Doch? *(sieht sich mit der Laterne um)* – Ah! Särge? – Und was sitzt denn auf dem einen? –
MYSIS. St! geh Er nicht zu nahe! Er möchte sie aufwecken.
DROMO. Schläfts nur? Was ist es denn?
MYSIS. Es ist meine arme Frau; eine unglückliche junge Witwe.
DROMO. Junge Witwe? Und was macht ihr denn hier zusammen?
MYSIS. Ist das noch zu fragen? Sie hat ihren Gatten verloren.
DROMO. So muß sie sich einen andern nehmen. Aber hier wird sie ihn schwerlich finden.
MYSIS. Einen andern? Sein Glück, mein Freund, daß sie schläft, und diese Lästerung nicht hört. Einen zweiten Gatten! O Gott, über die Weiber, die einen zweiten Mann nehmen können!
DROMO. Nun? warum nicht? Einen zweiten, einen dritten, einen vierten – Nur nicht alle auf einmal! –
MYSIS. Weil ihr Männer es mit den Weibern so haltet! – Nein, weiß Er, daß meine Frau eine tugendhafte Frau ist.
DROMO. Welche Frau wäre das nicht!
MYSIS. Sie ist keine von denen die ihr Herz verschenken, und wieder nehmen und wieder verschenken –
DROMO. Gibt es dergleichen?
MYSIS. Wer es einmal besessen, soll es ewig besitzen.
DROMO. Ei!
MYSIS. Sie hat ihren Mann über alles in der Welt geliebt –
DROMO. Das ist viel!
MYSIS. Und liebt ihn noch über alles!
DROMO. Das ist gar zu viel! – Er ist ja gestorben.
MYSIS. Drum will sie auch sterben.
DROMO. O geh Sie, Kind; mach Sie mir nichts weis.
MYSIS. Wie könnte sie einen solchen Verlust auch ertragen? Ihre Verzweiflung ist aufs äußerste gestiegen. Wenn Gram und Hunger töten können, so wird sie es nicht mehr lange machen. Hier, neben dem Sarge ihres geliebten Mannes, will sie den Geist aufgeben. Schon haben sie alle Kräfte verlassen. Nachdem sie zweimal vier und zwanzig Stunden nichts als

gejammert, und geweint, und geschrieen, und die Hände gerungen, und die Haare zerrissen, ist sie vor Ermüdung eingeschlafen –

DROMO. Und schläft ziemlich fest. Gut; Schlaf bringt auf bessere Gedanken. Wenn sie wieder aufwacht, wird alles vorbei sein. Ich kenne das!

MYSIS *(bitter).* Ich kenne das? Was kennt Er denn, Herr Soldat? Er mag viel kennen! – So? ist der Herr auch von den abgeschmackten Spöttern, die an die Treue der Frauen nicht glauben?

DROMO. Ich? behüte! Ich glaube ja an Gespenster – wie Sie gesehen hat, mein Kind –, warum sollte ich an die Treue der Frauen nicht glauben? Ich glaube an alles, was nicht so recht glaublich ist.

MYSIS. O, wenn Er in diesem Tone sprechen will, so gehe Er nur wieder! Er war es nicht wert, an diese heilige Stätte zu kommen, wo sich nun bald ein Beispiel der ehelichen Liebe eräugnen wird, dergleichen die Welt noch nie gesehen.

DROMO. Noch nie? Sieht Sie; so gibt Sie mir ja gewonnen Spiel. Denn ich denke immer, was nie geschehen ist, das wird auch nie geschehen, das kann gar nicht geschehen. – Ha! was hör ich! *(Man hört draußen, als in der Entfernung, von verschiednen Stimmen rufen:* Wer da? – Patrulle! – Steh, Patrulle! –*)*

MYSIS. Was ist das?

DROMO. Die Patrulle; und ich bin nicht da. – Ich muß fort; ich muß fort – – Mein Hauptmann ist ein Teufel –

MYSIS. Wo ist Sein Hauptmann?

DROMO. Nicht weit – Leb Sie wohl, mein Kind, leb Sie wohl! Denn Sie will doch nicht etwa auch sterben? – Pfui, sterbe Sie nicht. – *(Geht eilig ab, und ruft noch zu rück)* Wenn ich wieder abkommen kann –

MYSIS. O, bemüh Er sich nicht! –

Dritter Auftritt

Mysis. Antiphila, noch schlafend

MYSIS. Es müssen Truppen in der Gegend eingetroffen sein. – Was es für Männer gibt! Die meisten sind keine Träne wert; geschweige, daß man mit ihnen sterben wollte. – Aber es ist doch sonderbar, daß die Frau über den Besuch nicht aufgewacht ist! *(Sich ihr nähernd)* Wenn sie gar tot wäre! – Nein, das ist sie nicht! – Liebste Frau! *(Stößt sie an)*
ANTIPHILA *(im Schlafe)*. Ah – Nein, nein – weg, weg!
MYSIS. Beste Frau! –
ANTIPHILA. Bester Mann! – Wo? wo denn? –
MYSIS. Sie redet im Schlafe. – – Erlauben Sie; Sie liegen so nicht gut; der Kopf muß Ihnen so noch wüster werden –
ANTIPHILA. Ich liege gut; recht gut – Bei ihm – auf ihm – recht gut! – O, mein Arm – *(indem sie den Kopf erhebt)*
MYSIS. Er muß Ihnen ja wohl schmerzen; so verwandt Sie damit gelegen. Sie haben ihn ganz wund gedrückt.
ANTIPHILA. O mein Arm! mein Nacken! – *(Sie erwacht vollends)* Ah, Mysis, bist du es? – Ist er nicht bei uns?
MYSIS. Wer, meine werte Frau?
ANTIPHILA. Er! er! – Ah, dieser Sarg – *(indem sie aufspringt)* dieses schaudernde Gewölbe – diese verlöschende Lampe – sie erinnern mich, wo ich bin! wer ich bin! – Und mein Unglück stehet ganz wieder vor mir! – Mysis, Zeugin meiner Verzweiflung – *(sie bei der Hand ergreifend)*
MYSIS. Lassen Sie mich; ehe die Lampe verlöscht. Ich will Öl aufgießen – *(welches sie tut)*
ANTIPHILA. Laß sie verlöschen! – Laß die Sonne und alle Gestirne des Himmels mit ihr verlöschen! – Alles werde um mir so dunkel und Nacht, als es in mir ist! – Sieh, Mysis! Es wird heller; die Flamme lodert neu auf! – Komm her, wie hast du das gemacht?
MYSIS. Ich habe Öl zugegossen und den Dacht gereiniget –
ANTIPHILA. Kannst du das? – O, so wirst du mehr können. – Kannst du eine sterbende Flamme erwecken – komm, so mußt du mir auch meinen Mann erwecken! – Komm, – gieß

neues Leben in seine Adern, – reinige seine Nerven von dem Moder der Verwesung – Komm! *(zieht sie gegen den Sarg)* Du mußt, du mußt! – *(Sie wieder loslassend)* O ich Wahnsinnige!

MYSIS. Wie jammern Sie mich!

ANTIPHILA. Aus den eisernen Armen des Todes ist keine Rettung. Er ist dahin, unwiederbringlich dahin! – Und doch, je öftrer ich mir es sage, je unglaublicher wird es mir. – Er, er, mein Telamon tot? – Sage, Mysis, blühte er nicht noch vor sieben Tagen, gleich einer Rose? Als ich ihn vor sieben Tagen verließ, wie verließ ich ihn? Rede, wie du es weißt! Und gestern, wie fand ich ihn wieder? – Reime mir das zusammen, wenn du kannst! Wie ich ihn verließ, und wie ich ihn wiederfand! – Nein, da ist Betrug dahinter! Er ist nicht tot; er ist nicht tot! – Gesteh es mir, Mysis, daß er nicht tot ist! Sage: er lebt! und nimm deine Freiheit dafür, und nimm mein Geschmeide, nimm alles, was ich habe!

MYSIS. Und wenn ich es sagte? –

ANTIPHILA. So wäre es darum doch nicht wahr? So wäre er doch tot? – Wo bin ich denn indes gewesen? Fern über Land und Meer? Warum holte man mich nicht? – Bin ich weiter als in der Stadt gewesen? Hätte ich nicht den Augenblick hier sein können? Er hätte in meiner Abwesenheit sterben wollen? – Das macht die ganze Sache verdächtig. – Sage, habe ich ihn sterben sehen?

MYSIS. Freilich nicht.

ANTIPHILA. Aber ich hätte ihn sehen können? Sage –

MYSIS. Allerdings.

ANTIPHILA. So? Ich hätte ihn können sterben sehen? und habe ihn nicht gesehen? – O, so ist er auch nicht gestorben! – Und wo war ich in der Stadt? – Ein neuer Beweis, daß ihr mich betrügt, daß ihr mich zum besten habt! – Wo war ich? In dem Wirbel der leichtsinnigen Welt? Jugendlichen Zerstreuungen, verführerischen Ergötzlichkeiten überlassen? Ich nehme dich selbst zum Zeugen, Göttin Diana, ob mich etwas anders als dein Fest da beschäftigte? Täglich und stündlich in deinem Tempel, wo ich zu dir betete, dir Hymnen sang, dir opferte, und deine Priester beschenkte – Und du hättest indes dies Unglück von mir nicht abgewandt? Du hättest ihn sterben lassen? – O so wärest du nicht die große Diana von Ephesus –

MYSIS. Wo geraten Sie hin, meine Frau? –

ANTIPHILA. Nein, so ist sie es nicht! So will ich nie mehr zu ihr beten, nie mehr ihr Hymnen singen, nie mehr ihr opfern, nie mehr ihre Priester beschenken!

MYSIS. Die Göttin wird Ihren Schmerz ansehen, und Ihnen verzeihen.

ANTIPHILA. Und laß auch die Göttin nichts beweisen! Sie mag nicht gewollt oder nicht gekonnt haben! – Was hier, hier noch klopft, *(auf ihr Herz)* ist mir glaubwürdiger, als alle Götter. Mein Herz, das mit seinem Herze so innig verwandt, so gleich gestimmt, so völlig nur ein Herz mit ihm war, dies Herz wäre nicht zugleich mit seinem gebrochen? Reiße die Blume am Bache von ihrem Stengel, und ihr Bild im Wasser verschwindet zugleich. Verdunkle die Sonne, und der Mond hört auf zu scheinen – Nein, nichts kann sich selbst überleben. Und nur mein Herz überlebte sich selbst? überlebte das Herz, in welchem es lebte, durch das allein es lebte? – Widersprich mir das, wenn du kannst! Widersprich mir das, Mysis! – Wie stumm und beschämt du da stehst! Habe ich dich ertappt? – Nun gut, ihr habt mich aufgezogen, grausam aufgezogen. Aber macht auch einmal dem unmenschlichen Scherze ein Ende! – Komm, hilf mir den Sarg aufmachen. Ich wette mit dir, der Sarg ist leer – Telamon ist nicht darin; oder wenn er darin ist, so wird er plötzlich auffahren, und mir lachend in die Arme fallen. – Ich werde auch lachen wollen, aber das Weinen wird mir näher sein. – Nun, komm doch, Mysis; wenn er allzulange so liegt, sich allzulange so zwingt und verstellt – es könnte ihm schaden.

MYSIS. O, lassen Sie dem Leichname seine Ruhe! Wie oft haben Sie den Sarg schon aufgerissen! – Sie werden ihn sehen, und zu Boden sinken. – Wenn ich Ihnen raten dürfte? –

ANTIPHILA. Warum darfst du nicht? – Ja, liebe Mysis, rate mir! Ich weiß mir selbst nicht zu raten. – Wie soll ich es machen, daß ich ihn zurückrufe? daß ich ihm nachkomme?

MYSIS. Keines von beiden! Jenes ist unmöglich, und dieses –

ANTIPHILA. So bleibt mir nur dieses! – Ja, ich will ihm nach! – Nichts soll mich halten! –

MYSIS. Verlassen Sie diesen traurigen Ort, meine Frau! Kehren Sie in Ihre Wohnung zurück! Hängen Sie dort Ihrem Schmerze nach!

ANTIPHILA. Kehre du nur zurück, wenn du willst. Mein Geschäft hier, kann deines Dienstes entbehren. Ich erwartete von einer feilen Sklavin nichts anders – Aber ich? ich sollte diesen Ort verlassen? Bei allem, was in jener Welt schrecklich und heilig ist, bei ihm, bei dem die Götter zu schwören sich scheuen, – schwöre ich, daß ich nie, nie diesen Ort, ohne dem Geliebten meiner Seele, verlassen will.

MYSIS. Ich darf Ihnen nichts verhehlen. Ich besorge, wir werden hier nicht lange ruhig sein. Es müssen Truppen in der Nähe stehen. Eben, als Sie schliefen, kam ein Soldat, sein Licht hier anzuzünden. Er sprach von einem Hauptmanne, nicht weit von hier; er sprach von Wiederkommen –

ANTIPHILA. Was sagst du? – Ich will niemand sehen. Ich will mich von niemand sehen lassen. – Was wollen sie hier? Ihre Augen an meiner Verzweiflung weiden?

MYSIS. Stille! horchen Sie doch, meine Frau! – Hören Sie nichts?

ANTIPHILA. Ich höre reden über uns. – Geschwind, Mysis, lauf, verschließ, verriegle den Eingang.

MYSIS. Was würde das helfen? Es sind Soldaten. Kehren sich Soldaten an Schloß und Riegel?

ANTIPHILA. Eile, halte sie ab!

MYSIS. Ich?

ANTIPHILA. Sage ihnen, ich sei nicht mehr hier.

MYSIS. Werden sie es glauben?

ANTIPHILA. Sage ihnen, ich sei außer mir, ich tobe, ich rase –

MYSIS. Desto neugieriger werden sie sein.

ANTIPHILA. Sage ihnen, ich sei schon tot –

MYSIS. So wird noch ihr Mitleid zur Neugierde kommen. – Mir fällt was ein – – Gehen Sie geschwind, werfen Sie sich auf Ihren Sarg; tun Sie, als ob Sie noch schliefen. – So dürfen Sie doch nicht mit ihnen sprechen – Ich will suchen sie sobald als möglich wieder los zu werden.

ANTIPHILA. Das will ich, ja – Aber laß dich nicht mit ihnen ein. – Und laß mir keinen zu nahe kommen! – *(Sie wirft sich auf den Sarg; in einer nachlässigen, aber vorteilhaften Stellung)*

VIERTER AUFTRITT

Philokrates. Dromo. Antiphila. Mysis

DROMO *(noch draußen)*. Nun kommen Sie nur. Sie werden es sehen!
MYSIS *(indem sie ihnen entgegen geht)*. Liegen Sie nur ganz stille –
DROMO *(im Hereintreten, mit einer brennenden Fackel)*. Sehen Sie! Fürchten Sie sich nur nicht, Herr Hauptmann –
PHILOKRATES. O, den tapfern Dromo an seiner Seite, wer sollte sich fürchten? – Gib her die Fackel – *(nimmt sie ihm)*
MYSIS. Wer sind Sie? Was wollen Sie hier, meine Herren?
DROMO. Kennt Sie mich nicht mehr, mein schönes Kind? – Sieht Sie; ich bin geschwind wieder da. – Das ist mein Hauptmann. Ich mußte es ja wohl meinem Hauptmanne sagen, wo ich so lange gewesen, und was für ein Abenteuer mir hier aufgestoßen. – Nun ist mein Hauptmann, wie Sie ihn da sieht, sehr neugierig; und noch mitleidiger als neugierig. Weil er also hörte, daß eine junge Witwe hier für Betrübnis aus der Haut fahren wollte –
PHILOKRATES. Ja – so komme ich, sie zu trösten.
MYSIS. Sehr viel Ehre, Herr Hauptmann! – Aber sie will nicht getröstet sein.
PHILOKRATES. O, wenn sie getröstet sein wollte, so wäre sie schon getröstet! Die nicht getröstet sein wollen, denen ist eben der Trost am nötigsten. Die andern trösten sich selbst – Wo ist sie?
MYSIS. Sie schläft.
DROMO. Noch?
PHILOKRATES. Desto besser! So kann ich erst sehen, ob sie des Tröstens wert ist. – Wo schläft sie? –
MYSIS. Kommen Sie ihr nicht näher. Sie möchten sie aufwecken.

PHILOKRATES. Ich will sie ruhig wieder einschlafen lassen, wenn sie meine Erwartung betriegt. – Laß mich! –
DROMO. Kind, Sie wird einem Hauptmanne doch nicht den Paß verlegen wollen? Komm Sie hierher, zu mir. *(zieht sie bei Seite, und Philokrates gehet in die Vertiefung nach den Särgen)*
MYSIS. Das sind Gewalttätigkeiten! – Herr Hauptmann, haben Sie Achtung gegen eine Unglückliche. – Und Er, Herr Soldat – *(sie liebkosend)* was soll das?
DROMO. Närrchen, laß dich umarmen, laß dich küssen –
MYSIS. Herr Hauptmann, dieser Unverschämte –
DROMO. Ich will ja weiter nichts, als mich nochmals überzeugen, daß du kein Geist bist.
PHILOKRATES *(voller Erstaunen über den Anblick der Antiphila)*. Götter! Was erblicke ich! – Dromo! –
DROMO *(ohne hinzusehen, und nur mit der Mysis beschäftiget)*. Ist sie hübsch? Hübsche Sklavin, hübsche Frau: das habe ich immer gehört. Häßliche Frauen können nichts Hübsches um sich leiden.
PHILOKRATES *(ohne ein Auge von ihr zu verwenden)*. Dromo! –
DROMO. Bewundern Sie nur, Herr Hauptmann! – Ich habe hier auch mein Teilchen zu bewundern.
PHILOKRATES *(noch so)*. Dromo! –
MYSIS. Sie wird unfehlbar über dieses Geschrei aufwachen.
DROMO. Das ist, ohne Zweifel, sein Wille.
PHILOKRATES. Wirst du herkommen, und mir die Fackel halten!
DROMO *(geht)*. Als wenn ich hier zu sonst nichts gut wäre –
MYSIS. Aber Herr Hauptmann, ich bitte Sie – Es wird mir hernach alles zur Last fallen. Wenn sie erwacht, so bin ich unglücklich.
PHILOKRATES. Da, Dromo, nimm die Fackel! – Tritt ein wenig damit zurück! – Seitwärts! So! – Nun übersehe ich die ganze göttliche Form! – Sieh doch, Dromo! *(der sich nähern will)* Nein, nein, bleib nur stehen! – Venus, als sie ihren Adonis beweinte, war nicht rührender!
MYSIS. Nun haben Sie Ihre Neugierde gestillt, Herr Hauptmann! – Nun entfernen Sie sich wieder! Verlassen Sie uns.

PHILOKRATES. Was sagst du? – Komm her, glückliche beneidenswürdige Sklavin! Denn du gehörst ihr zu. – Komm her; wie heißt deine Gebieterin?
MYSIS. Antiphila.
PHILOKRATES. Antiphila? Ein lieblicher, schmeichelnder Name! – Wie alt ist sie?
MYSIS. Vier und zwanzig Jahr –
PHILOKRATES. Nicht doch; das weiß ich besser. Aber meine Frage war auch so abgeschmackt. Es ist Hebe, die Göttin der Jugend, die keine Jahre zählt. – Und hier, neben ihr, in diesem Sarge? –
MYSIS. Ruht ihr entseelter Gemahl.
PHILOKRATES. Wie lange hat er sie gehabt?
MYSIS. Ins fünfte Jahr.
PHILOKRATES. Wie alt starb er?
MYSIS. Im dreißigsten.
PHILOKRATES. Und er liebte sie? Verstehe mich recht; es ist eine Unmöglichkeit, sie nicht zu lieben. – Ich frage: er liebte sie doch so sehr, so innig, mit der Liebe, der inbrünstigen Liebe? –
MYSIS. O ja; wie Sie aus ihrer Trostlosigkeit leicht schließen können.
PHILOKRATES. Hat sie Kinder von ihm?
MYSIS. Nein.
PHILOKRATES. Nein? *(Antiphila wendet sich hier, um ihr Gesicht zu verbergen)* Sieh, sie regt sich! Itzt wird sie erwachen. – Ich zittere vor Erwartung. – Nein, sie legt sich nur anders – und entzieht uns ihr Antlitz. Das holdseligste Antlitz! – Aber unendliche Reize sind über den ganzen Körper verbreitet. Auch so könnte ich ein Jahr hier stehen, und sie anstaunen. – Dieses Haar, so lockicht und wild! – Dieser Hals, mit seiner abfallenden Schulter! – Diese Brust! Diese Hüfte! – Dieser Fuß, so frei über den andern geschlagen! – Dieser Arm, so weiß, so rund! – Diese Hand, so nachlässig im Schoße! – Diese ganze Stellung, so malerisch hingeworfen! – Ah, diese Hand – meinen Mund auf diese Hand zu drücken, – da sie noch schläft – *(Er ergreift sie)*
ANTIPHILA *(die auffährt, und ihre Hand zurückzieht)*. Ha! –

Wie geschieht mir? *(sich die Augen reibend, als ob sie wirklich erwache)*

PHILOKRATES *(indem er zurückspringt, zur Mysis)*. Ich bin zu kühn gewesen; verrate mich nicht –

ANTIPHILA. Mysis, wo bist du? – Wer war das? – Wer sprach hier? – Wer faßte mich bei der Hand? Warst du es? – Oder träumte ich? – Was ist das für Licht? – Wer ist hier, Mysis?

PHILOKRATES *(der ihr wieder näher tritt)*. Verzeihen Sie, schöne Leidtragende –

ANTIPHILA *(springt auf)*. Götter! –

PHILOKRATES. Erschröcken Sie nicht, fromme Witwe –

ANTIPHILA *(auf Mysis zufliehend)*. Mysis, wo bist du? – Wer darf uns hier stören? – Unglückliche, wen hast du hereingelassen?

PHILOKRATES. Zürnen Sie nicht, großmütige Frau! Die Sklavin ist unschuldig.

MYSIS. Gewiß, das bin ich.

PHILOKRATES. Ein glücklicher Zufall hat uns hieher gebracht –

ANTIPHILA *(mit niedergeschlagnen Augen)*. Mein Herr, wer Sie auch sind – Gönnen Sie einer Sterbenden die Ruhe, die man Gestorbenen verstattet!

PHILOKRATES. Besorgen Sie nichts, Beste Ihres Geschlechts. – Ich weiß Ihren Schmerz, und die Ursache desselben. Ich verehre Ihre Betrübnis und – teile sie. Ich bin ein Soldat, aber ich weine gern mit Unglücklichen –

ANTIPHILA. Mitleid bringt jedem Ehre. – Aber zum Beweise dieses Mitleids – mein Herr, unterbrechen Sie nicht länger die Totenstille dieser geweihten Stätte – verlassen Sie uns!

PHILOKRATES. Ich hätte gehofft, da mich der Zufall so wohl geleitet, daß ich mich seiner würde bedienen dürfen. – Ich hoffe es noch. Nein, Madame, Sie können so grausam nicht sein, mich in dieser stürmischen Nacht auszustoßen.

ANTIPHILA. Wie? Auszustoßen? Man stößt niemanden aus, den man nicht eingenommen. – Wo kommen Sie her? Wer sind Sie? – Nicht, daß ich dieses alles zu wissen verlangte. Ich will nur sagen, daß ich Sie nicht kenne, daß ich Sie nicht kommen heißen –

PHILOKRATES. Nein, Madame; ich habe nicht das Glück Ihnen

bekannt zu sein. Aber Werke der Barmherzigkeit muß man auch nicht bloß an Bekannten ausüben. – Ich suche Schirm vor Wind und Wetter. – Das schlechteste Dach ist besser als ein Zelt. – Ich bin von dem Corps des Kritolaus, welches einen Einfall in das Gebiete der Kolophonier getan. Sie wissen, Madame, wie heftig unser Staat vor kurzem von den Kolophoniern beleidiget worden. Wir haben ihr plattes Land geplündert, ihre Flecken gebrandschatzet, und alles was sich von Vornehmern auf seinen Gärten und Lustschlössern ergreifen lassen, mit uns weggeführt. Gestern sind wir über den Kayster zurückgegangen, und haben in der Aue von Larissa das Lager bezogen. Wir hatten Befehl, sobald wir den ephesischen Boden wieder betreten, drei von den mit weggeführten Kolophoniern hinrichten zu lassen. Es ist geschehen. Sie sind vor dem Lager aufgeknüpft worden; und mich hat es getroffen, den Richtplatz zu bewachen. Er ist ganz in der Nähe. Morgen mit dem frühesten brechen wir wieder auf – Erlauben Sie, daß ich den Morgen hier erwarte.

ANTIPHILA. Wie, mein Herr? Sie wollen die Nacht hier zubringen? Die ganze Nacht?

PHILOKRATES. Ah, sie wird mir kurz genug werden!

ANTIPHILA. Sie bedenken nicht, wo Sie sind.

PHILOKRATES. In einem Grabmale. Aber Grabmal oder nicht Grabmal; es ist ein bedeckter trockner Ort; weiter verlange ich nichts. Ich kann unmöglich in der freien Luft lange dauern. Es würde mir das Leben kosten. – Haben Sie Mitleid mit mir, Madame. Sie haben zwar aufgehört, es mit sich selbst zu haben: aber auch so noch, haben es edle Seelen mit andern!

ANTIPHILA. Und wenn Sie doch nur um sich sehen wollten! – Ein finstrer Ort, ohne alle Bequemlichkeit: da ist weder Erleuchtung, noch Sitz –

PHILOKRATES. Erleuchtung? Wenn diese Fackel nur Einen Gegenstand erleuchtet! – Und Sitz? – Zu Ihren Füßen, Madame – *(feurig)*

ANTIPHILA *(sehr ernsthaft)*. Mein Herr –

PHILOKRATES *(auf einmal kalt)*. Keine Mißdeutung, Krone der Frauen! – Zu Ihren Füßen – will sagen, auf der Erde. – Die nackte, harte Erde, war von je des Kriegers Sitz und Lager. – –

Auch wäre dem abzuhelfen. – Geschwind, Dromo, spring in mein Zelt; hole Feldstühle, Tisch, Lichter – Lauf! laß dir helfen! – Die Fackel laß da! – Oder nimm sie nur mit. – Nein, laß sie da! gib her! – Lauf! lauf! *(Dromo gibt ihm die Fackel und läuft ab)*

Fünfter Auftritt

Philokrates. Antiphila. Mysis

ANTIPHILA. Nimmermehr, mein Herr; ich geb es nimmermehr zu. – Es geschieht ohne meine Einwilligung – Das heißt Gewalt brauchen; mit Gewalt Besitz nehmen. – Aber Gewalt wider eine Schwache, Unglückliche; – ein Mann sollte sich dieser Gewalt schämen.
PHILOKRATES. Ich beschwöre Sie, Madame –
ANTIPHILA. Ich Sie hinwiederum! Entfernen Sie sich, mein Herr; verlassen Sie mich! – Was würde die Welt sagen! Meine Ehre, mein Name –
PHILOKRATES. Ihr Name, Madame? – Als ob dieser nicht schon durch Ihren grausamen Entschluß über alle Verleumdung erhaben wäre! – Wer wird es wagen, die Tugend zu lästern, der an dem Sarge des Ewiggeliebten das Herz brach! – Ihr gewisser Tod, Madame – bei diesem unmäßigen Schmerze, bei dieser gänzlichen Versäumung aller Pflichten der Selbsterhaltung, ist er so nahe als gewiß – Ihr gewisser Tod drückt bald ein Siegel auf Ihre Ehre, das – Kurz, Madame, ich habe Ihre Erlaubnis; ich kann nicht anders, als sie haben. Daran zweifeln würde an Ihrer Entschlossenheit eben so sehr, als an Ihrer Lebensart, an Ihrer Menschlichkeit zweifeln heißen. – Sie wollen sterben: und ich muß leben, für das Vaterland leben, dessen Knecht ich bin. Ein jedes gehe seinen Weg, ohne das andere zu irren. – Ja, Madame; Sie erlauben mir, diese Nacht hier zu bleiben; Sie erlauben mir, alles hier zu tun, was mir die Sorge für mein Leben befiehlt; essen, trinken, schlafen – Ich bedarf der Pflege. – Aber wie war es denn? Davon habe ich ja dem Dromo nichts befohlen. Ich muß ihm

nach. – Können Sie glauben, Madame, daß ich heute noch den ersten Bissen in meinen Mund nehmen soll? So geht es uns armen Soldaten. – *(Eilig ab)*

SECHSTER AUFTRITT

Antiphila. Mysis

ANTIPHILA. Mysis, Mysis, das alles ist deine Schuld! Unglückliche! –
MYSIS. Meine Schuld? – Warum erwachten Sie? Konnten Sie nicht fort schlafen?
ANTIPHILA. Sollte ich mich seinen verliebten Erdreustungen noch mehr aussetzen?
MYSIS. Freilich verlohnte es sich der Mühe, die Augen auf einen Mann aufzuschlagen, den man so entzückt. Die möchte ich sehen, die es hätte unterlassen können. Auch noch am Rande des Grabes ist es gut, einen Anbeter kennen zu lernen, von dessen Aufrichtigkeit man so versichert ist. Er glaubte, Sie schliefen wirklich.
ANTIPHILA. Was spricht die Närrin? – Fort! Diesen Augenblick muß ich nicht versäumen. – Laß uns fliehen, Mysis. Er muß uns nicht mehr finden, wenn er zurückkömmt.
MYSIS. Fliehen? Ist die Gefahr so groß?
ANTIPHILA. Was ist dir? Was für Unsinn sprichst du? – Gefahr! Ich sehe keine Gefahr: aber nichts soll meine Betrübnis unterbrechen. – Ohne ein Wort weiter, folge mir!
MYSIS. Liebste, beste Frau, in dieser späten, finstern Nacht, außer den Toren der Stadt, wo wollen wir hin?
ANTIPHILA. Es sind mehr Gräber in der Nähe – uns in das erste das beste verbergen, bis das Heer aufgebrochen, und die Gegend wieder ruhig ist. *(Gegen den Sarg gewendet)* Geliebter Schatten, verzeihe dieser kurzen Trennung! – Und nun, Mysis –
MYSIS. Aber er wird uns nachfolgen; er kann nicht weit sein; wir werden ihm schwerlich entkommen; er wird uns zurückbringen. Und sich zurückbringen lassen, wenn man fliehen

wollen: wie boshaft wissen Männer das auszulegen! – Fliehen Sie ja nicht, beste Frau! –
ANTIPHILA. So bleib, Nichtswürdige! *(Geht)*
MYSIS. O, allein habe ich hier nichts zu schaffen! *(im Begriffe, ihr zu folgen)*
ANTIPHILA *(auf den Stufen des Ausganges).* Götter, es ist zu spät! – Er kömmt schon.

Siebender Auftritt

Philokrates. Antiphila. Mysis

PHILOKRATES. Wohin, Madame? wo wollen Sie hin, Schönste? *(Antiphila, ohne ihm zu antworten, steigt die Stufen wieder herab und geht nach den Särgen in der Vertiefung)* – Rede du, Mysis: wo wollte deine Gebieterin hin?
MYSIS. Sie fliehen, Herr Hauptmann.
PHILOKRATES. Mich fliehen! mich fliehen! Was sagst du?
ANTIPHILA *(die sich kurz umwendet).* Nein, mein Herr; nicht Sie fliehen; bloß Ihnen Platz machen: das wollt' ich – das will ich. *(Indem sie sich wieder dem Ausgange nähert)* Sie bestehen darauf, hier zu übernachten; ich kann es nicht wehren; meine Bitten sind vergebens. Es sei: was Sie tun sollten, will ich tun.
PHILOKRATES. Madame! – Mysis!
MYSIS. Geben Sie mir die Fackel, Herr Hauptmann. Sie ist Ihnen hinderlich.
PHILOKRATES *(der ihr die Fackel gibt, und die Antiphila bei der Hand ergreift).* Und das sollte ich verstatten?
ANTIPHILA *(die ihre Hand los windet).* Ich will es hoffen, mein Herr –
PHILOKRATES. Ah, so verzeihen Sie meinem Irrtume, Madame! – Ich hätte nie geglaubt, daß so viel Härte bei so viel Empfindung sein könne. Man ist sonst so mitleidig, wenn man sich selbst unglücklich fühlt. – Ich sehe, Madame, Sie sind bestimmt, in allen Dingen eine Ausnahme zu machen. – Ich bescheide mich: so nachgeben wollen, heißt auf seinem

Rechte mehr als jemals bestehen. – Ich gehe, beschämt, gekränkt, aller Rechte der Gastfreiheit verweigert, auch der verweigert, die der Tiger einem verirrten müden Wanderer, der in seine Höhle schlafen kömmt, nicht immer versagt – Aber genug, ich gehe – und gehe voll Bewunderung –

ANTIPHILA. Ich erlasse Sie, mein Herr, der Bewunderung; erweisen Sie mir dafür nur Gerechtigkeit.

PHILOKRATES. Hier ist Gerechtigkeit und Bewunderung eines.

ANTIPHILA. Ich fühle alles Beleidigende dieser *(etwas höhnisch)* verbindlichen Wendung. – Und doch *(sanft)* schmerzt es mich, so verkannt zu werden. Ich bitte: treten Sie an meine Stelle –

PHILOKRATES. Nein, Madame; ich gehorche Ihrem Befehle, ohne mich selbst zu fragen, was ich an Ihrer Stelle tun würde.

ANTIPHILA. Die Götter wissen es, wie gern immer unser Dach den Fremdling, den Schutzlosen aufgenommen! Ganz Ephesus nannte Cassandern den Gastfreien. – Aber wer fodert in einem Grabmale das Gastrecht?

PHILOKRATES. Cassander? – Wen nennen Sie da, Madame?

ANTIPHILA. Wen sonst, als ihn?

PHILOKRATES. Ihren Gemahl? – Aber doch nicht Cassandern, des Metrophanes Sohn?

ANTIPHILA. Des Metrophanes Sohn.

PHILOKRATES. Des Metrophanes Sohn, den Phylarchen?

ANTIPHILA. Den Phylarchen.

PHILOKRATES. Den Phylarchen? den großmütigen bei allen Bedürfnissen des Staats sich selbst erbietenden Liturgen?

ANTIPHILA. Ihn! eben ihn!

PHILOKRATES. Und dieser Cassander ist tot? Und dieser Cassander war Ihr Gemahl?

ANTIPHILA. Und Sie haben ihn gekannt?

PHILOKRATES. Ob ich ihn gekannt habe? Diesen tapfersten, edelsten, besten aller Männer von Ephesus!

ANTIPHILA. Besten aller Männer! Dies war er! – war er! *(indem sie sich wendet, und mit gerungnen Händen nach den Särgen geht)*

PHILOKRATES *(der ihr folgen will)*. Ob ich ihn gekannt?

MYSIS *(ihn zurückhaltend)*. Ein Wort, Herr Hauptmann –

PHILOKRATES. Was willst du, Mysis?

MYSIS. Im Vertrauen, Herr Hauptmann – Sie können doch lesen?

PHILOKRATES. Warum nicht?

MYSIS. Geschriebnes, und in Stein Gehauenes?

PHILOKRATES. Beides.

MYSIS. Und haben ein gutes Gedächtnis, Herr Hauptmann?

PHILOKRATES. So ziemlich. Aber mach ein Ende: was willst du? –

MYSIS. Nun so wette ich, daß Sie unsern Toten nicht gekannt haben –

PHILOKRATES. Aber du hörst es ja –

MYSIS. Sondern daß Sie, bei dem Scheine Ihrer Fackel, das Epitaph draußen über dem Eingange gelesen haben.

PHILOKRATES. Verleumderin! – Aber, liebe Mysis, wette was du willst; du sollst alles gewinnen: nur sei mir nicht zu wider – Unterstütze mich –

MYSIS. Nur frisch! Das Eisen glüht; folgen Sie ihr –

PHILOKRATES *(der ihr in der Vertiefung nachgeht).* Ob ich Cassandern gekannt? – Wir taten zusammen unsern ersten Feldzug. In so feurigen Jahren knüpft gemeinschaftliche Gefahr die zärtlichsten Freundschaften. Die unsere ward durch meinen Aufenthalt an dem persischen Hofe unterbrochen. Darauf entstand dieser Krieg mit den Kolophoniern. Ich mußte zu meinem Phalanx, ohne Cassandern vorher umarmen zu dürfen. Und indes – indes hat ihn die grausame Parze abgefodert! O ich Unglücklicher! – Doch mein Schmerz, Madame, hat kein Recht, sich neben dem Ihrigen zu äußern.

ANTIPHILA *(sich langsam mit Empfindung gegen ihn wendend).* Ah! Sie waren sein Freund! – Ich kenne die Rechte der Freundschaft, so wie die Rechte der Liebe. Liebe ist nichts, als die innigste Gattung der Freundschaft. Welcher Empfindung könnte sich die Freundschaft vor den Augen der Liebe zu schämen haben? – Nein, mein Herr, ersticken Sie nichts, bergen Sie nichts, was Ihrem Herzen so rühmlich ist: nicht diese Träne, *(indem Philokrates die Hand vor die Augen führet, und das Gesicht von ihr abwendet)* die Sie dem An-

denken eines Mannes opfern, der uns beiden so wert war. –
MYSIS. O, liebste Frau, nun dulden Sie den Herrn ja nicht länger! Seine Betrübnis würde der Ihrigen nur mehr Nahrung geben. Wir brauchen niemand, der uns noch wehmütiger macht, als wir schon sind.
PHILOKRATES. Woran erinnerst du deine Gebieterin? – Doch ich kann dir nicht Unrecht geben. – Ich gehe –
ANTIPHILA. Ah, mein Herr, entziehen Sie mir den Freund des Geliebten meiner Seele nicht so schnell. – Diesem geht nichts an, was ich dem Unbekannten sagte. – Er war Ihr Freund! Sie allein können meinen Verlust schätzen: wie ich allein den Ihrigen. –

Achter Auftritt

Dromo mit einigen Stücken von dem Befohlenen. Antiphila. Philokrates. Mysis

DROMO. Hier bin ich, Herr Hauptmann. Das andere ist droben vor dem Eingange, wo ich es niedersetzen lassen. Komm, Mysis, hilf mir es herunter bringen.
MYSIS. Nicht so schnell, Herr Landsknecht. Es streitet sich noch, ob ihr werdet Quartier hier machen dürfen.
PHILOKRATES. O Dromo, welche Entdeckung habe ich gemacht! – Der Entseelte, der hier ruhet, den diese Göttliche beweinet – war mein Freund, der erste Freund meiner Jugend.
DROMO. Was plaudert denn die also? – So ein Freund wird uns doch nicht die Türe weisen? – Komm, komm, laß dich die Mühe nicht verdrießen. *(Er zieht sie mit fort, und nach und nach bringen sie das Befohlne herunter, und in Ordnung)*
PHILOKRATES. O Sie, noch kürzlich die Wonne meines Freundes! O Schönste, Beste – wie kann ich die Freundin meines Freundes anders nennen, als meine Freundin! – Wenn und wo ich auch seinen Tod vernommen hätte, würde er mir das Herz durchbohrt haben. Aber hier, aber itzt – da ich es sehe, mit diesen glücklichen Augen selbst sehe, wie viel er verloren, in Ihnen verloren –

ANTIPHILA. Wenigstens zu verlieren geglaubt. Denn seine Liebe zu mir war so groß, so unsäglich – –
PHILOKRATES. Nicht größer, nicht unsäglicher, als Ihr Wert! – In welcher Verzweiflung muß er gestorben sein! Ich durfte sicher sein Herz nach dem meinigen beurteilen. Was ich empfinde, das in meinem vorgehen würde, das ging alles in seinem vor. Das Licht des Tages verlassen, ist schmerzlich; schmerzlich ist es, sich vielleicht selbst verlassen müssen, aufhören sich zu fühlen, sich sagen zu können: das bist du! das gilt dir! – Aber was ist alles das gegen den Schmerz, ein Wesen zu verlassen, das wir mehr als das Licht des Tages, mehr als uns selbst lieben? – Doch welche Reden, die ich führe! Ist das die Zusprache, die Sie, Schönste, von mir erwarten? Ich sollte Öl in Ihre Wunden gießen, und reiße sie von neuem auf. – Ich Unbesonnener!
ANTIPHILA. Nein, mein Herr, nein: – solche Wunden weigern sich aller Linderung. Nur in ihnen wühlen, ist Wollust.
PHILOKRATES. Allerdings, allerdings! – Doch mir, mir verbieten Geschlecht und Stand und Bestimmung, so wollüstigen Schmerzen nach zu hängen. Allen ziemt nicht alles. Dem Mann, dem Krieger ist eine Träne vergönnt, aber kein Strom von Tränen, der unverkleinerlich nur aus so schönen Augen über so zärtliche Wangen rollt. – Wo denkt er hin, der Soldat, der sich durch Bejammerung eines verstorbnen Freundes weichherzig macht? Er soll gefaßt sein, jeden Augenblick ihm zu folgen; er soll gefaßt sein, dem Tode unter allen Gestalten, auch den gräßlichsten, entgegen zu gehen: und er weinet ob der sanftesten dieser Gestalten, die seinen Freund in die Arme nahm und ihn vorantrug? – Nicht der Tod, sondern der Tod mit Unehre, ist das einzige, was ihm schrecklich sein soll. Dort durfte es mich schaudern, bei den schimpflichen Pfählen, an welchen die unglücklichen Kolophonier hangen.

SPARTACUS

Aus der Erzählung des *Florus* (lib. 3. cap. 20) kann ich wenig oder nichts brauchen. Er spricht mit einer Verachtung von meinem Helden, die fast lächerlich ist; und hält den Krieg, den die Römer gegen ihn führen müssen, noch für weit unrühmlicher, als die vorhergehenden Kriege mit den Sklaven. Denn Sklaven, sagt er, sind doch noch wenigstens eine *zweite Gattung von Menschen*, quasi secundum hominum genus sunt. Aber Fechter! zu blutigen Spektakeln Verdammte. Auch macht er von dem Spartacus eine schlechte Idee, wenn es wahr ist, daß er auf diese Art zum Fechter verdammt worden: de stipendiario Thrace miles, de milite desertor, inde latro, deinde in honore virium gladiator.

Mein Spartacus muß das nicht selbst getan haben, was Florus von ihm sagt: defunctorum praelio ducum funera imperatoriis celebravit exequiis, captivosque circa rogum jussit armis depugnare. Er muß es nur nicht haben verhindern können. *Crixus* muß es veranstaltet und gewollt haben.

Die insignia und fasces, die er von den Prätoren erbeutet, und die ihm seine Soldaten übertragen; kann ich ihm brauchen lassen. Aber nicht sowohl aus Stolz und Verhöhnung der Römer: sondern zu Schützung und Heiligung seiner Person in Steurung der Ausschweifungen und Grausamkeiten des gemeinen Mannes. Er kann sogar damit in dem Lager des Crassus erscheinen: und Crasso, der darüber empfindlich ist, mit wenigem sagen, welchen heilsamen Gebrauch er für die Römer selbst oft davon gemacht.

CRASSUS. Ich bewundre deine Bescheidenheit, Spartacus –
    Doch einen Lictor weniger als ich –
SPARTACUS. Weil wir ein Beil weniger von dem Cajus Cassius erbeutet – Nicht weil ich bescheiden bin. – Hätten wir ein Beil mehr erbeutet: etc.

Doch dieses ist vielmehr geringern Personen in den Mund zu legen. –

Crassus. Man kann annehmen, daß er sich zum Kriege gegen den Spartacus aus einer eigenen Ursache drang. Bei seinem schändlichen Geize hielt er seine Sklaven für seinen größten Reichtum, und wußte mit ihnen mehr wie mit allem andern zu wuchern. Er hatte, wie Plutarch sagt, unter ihnen so viele und so vortreffliche τοσουτους και τοιουτους
    ἀναγνωστας, lectores
    ὑπογραφεις, amanuenses
    ἀργυρογνωμονας, argentarios
    διοικητας, dispensatores
    τραπεζοκομους, structores
die er zum Teil selbst abgerichtet hatte. Er wußte also am besten, was ein Sklave wert war, und wie viel die Römer durch sie verlören.

Dieses kann ich zugleich für die Ursache angeben, warum er sich in keinen Vergleich mit dem Spartacus einlassen wollen. Denn Appianus sagt ausdrücklich daß Spartacus ἐς συνθηκας τον Κρασσον προὐκαλειτο; und man kann annehmen, daß die Bedingungen, ihre gänzliche Freiheit gewesen. Diese verwarf er; ob ihm gleich Spartacus versichert, daß er sich nicht Rechnung machen dürfe, viele gefangen zu bekommen.

Crassus hat einen Waffenstillstand mit dem Spartacus gemacht, unter dem Vorwande Verhaltungsbefehle von Rom über seine Vorschläge einzuholen. Aber er greift ihn an, ehe dieser zu Ende; um dem Pompejus zuvorzukommen.

Ich erdichte, daß Crassus ehedem eine Frau aus Lucanien gehabt, von der er sich aber scheiden lassen, um eine reichere zu heiraten. Die Geschiedne hat von ihm eine Tochter, welche in den Händen des Spartacus ist.

De Gladiatoribus
ex sermonibus Saturnalibus Lipsi.

Duplex genus fuisse inter gladiatores, *coactos et voluntarios.* Coacti servi, damnati, captivi. Voluntarii, liberi, qui pretio se addicebant. Hi postremi proprie auctorati dicti. – Auctoramentum, pretium ipsum merces.

Auctoratio liberi, juramento solenni interposito fiebat. Quod juramentum est apud Petronium – uri, vinciri, verberari, ferroque necari –

Das letzte entscheidende Treffen zwischen dem Spartacus und Crassus, war in Lucanien, ad caput Silari, welcher Fluß ohngefähr bei Potentia, (itzt Potenza) entspringt. Andre an dem Flusse und daherum liegende Städte sind Aternum
Der Silarus fließt in das Tyrrhenische Meer. Von der andern Seite fließt der Bradanus in den Tarentinischen Meerbusen.
Pompejus kann bereits am *Vultur*, dem Gebirge in Apulien angelangt sein; und Crassus kann ein Teil seines Heeres über den Bradanus geschickt haben, um den Spartacus von Tarentum und Brundisium, das ist von Calabrien abzuschneiden: so daß Spartacus gezwungen ist, zu schlagen.

Bei den Göttern – bei Gott! du bist
Ein außerordentlicher Mann! das bist du, Spartacus!
SPARTACUS. Da seht, wie weit ihr seid, ihr Römer! daß
Ihr einen schlichten, simpeln Menschen müßt
Für einen außerordentlichen Mann erkennen.
Ich bin sehr stolz; und dennoch überzeugt,
Daß ich kein beßrer Mensch bin, als wie sie die Natur
Zu Hunderten – täglich stündlich, aus den Händen wirft.

SPARTACUS. Sollte sich der Mensch nicht einer Freiheit schämen, die es verlangt, daß er Menschen zu Sklaven habe?

DER CONSUL. Ich höre, du philosophierst, Spartacus.
SPARTACUS. Was ist das? du philosophierst? – Doch ich erinnre mich – Ihr habt den Menschenverstand in die Schule verwiesen – um ihn lächerlich machen zu können – Wo du nicht willst, daß ich philosophieren soll – Philosophieren – es macht mich lachen – – Nun gut – Wir wollen fechten – Lebwohl – Auf Wiedersehen – wo der Kampf am hitzigsten wird sein!

DES SPARTACUS GEWESENER HERR, welcher den Consul unterbricht, um nachdrücklicher, wie er glaubt, zu reden. Du kennst mich?
SPARTACUS. Wer bist du? –
DER HERR. Wie? deinen Herrn, verleugnest du! willst du nicht kennen?
SPARTACUS. Laß es gut sein, Pompejus, daß ich dich nicht kennen will!
DER HERR. Räuber.
SPARTACUS. Räuber?
DER HERR. Des Kostbarsten, was ich gehabt –
SPARTACUS. Der Punkt betrifft nur uns zwei! davon unter uns allein: hernach – – Laß itzt den Consul sprechen –

ANHANG

ERLÄUTERUNGEN

Motto (S. 7): Ich. Erstdruck in: Obersächsische Provinzialblätter, 1804. Danach von Lessing mit Datum: »Wittenberg den 11. Oct. 1752« und Unterschrift in das Stammbuch eines Studienbekannten (»des verstorbenen OK.H. zu L. in Thüringen«) geschrieben.

FABELN (S. 9)

Da die Fabel das horazische »prodesse et delectare« (Nutzen und Vergnügen) auf vollkommene Weise zu erfüllen schien, wurde sie im 18. Jahrhundert besonders hoch geschätzt und viel gepflegt. Stark war der Einfluß der erzählenden Versfabeln La Fontaines. Auch Lessing begann Ende der 40er Jahre zunächst mit Versfabeln und Verserzählungen (die er auch später noch gelegentlich weiterführte, s. S. 137 ff.), wandte sich aber bezeichnenderweise bald der Prosa-Fabel zu, die er in bewußtem Gegensatz zu La Fontaine und dessen Nachfolgern zu äußerster, fast epigrammatischer Kürze verdichtete. Soweit er Stoffe der antiken Fabeldichter Äsop und Phädrus verwendete, modifizierte er sie oft, aktualisierte sie auch im Sinn von Zeitkritik. Außerdem lehnte sich Lessing besonders an Claudius Aelianus an, der im 2. Jh. n. Chr. ein »Tierleben« schrieb. (Als Fabel auf seine Fabeln s. »Der Besitzer des Bogens«, S. 39.)

Zehn Prosa-Fabeln veröffentlichte Lessing bereits 1753 im ersten Teil seiner »Schriften«. Spätestens seit Sommer 1757 plante er eine gesonderte Sammlung (an Mendelssohn 6.7.1757); (vgl. zur Entstehung auch L.s »Vorrede« zu den »Abhandlungen«, S. 53 ff.). Mit den »Abhandlungen« greift Lessing in die reichhaltige theoretische Diskussion der Zeit über die Fabel ein. Er eröffnet mit ihnen zugleich – auch programmatisch – die Reihe seiner großen theoretischen Darstellungen. Sie sind das Ergebnis umfangreicher historischer und theoretischer Studien, von denen auch noch Fragmente, z.B. über Äsop und Phädrus, zeugen. Phädrus erwog Lessing herauszugeben. 1757 veröffentlichte er seine Übersetzung der auf Roger de L'Estrange (1692) beruhenden »Aesop's fables with reflexions instructive morals« von Samuel Richardson.

Erstveröffentlichung zur Michaelismesse 1759 bei Christian Friedrich Voß, Berlin, nebst den »Abhandlungen« (S. 53 ff.). 1777 ebenda 2., kaum veränderte Auflage.

S. 11   7 *la Fontaine,* Jean de (1621-1695), französischer Fabeldichter, von breitester Wirkung, bis heute: »Contes et nouvelles en vers« (1665-1685), »Fables« (1668-1694).
S. 12   7*ff. III. Der Löwe und der Hase.* Aelian: »Der Elefant fürchtet einen gehörnten Widder und eines Schweines Grunzen.« – »Den Hahn fürchtet der Löwe.« – *30f. Liederhold:* wohl ein erfundener Name.
S. 13   *1 Mosheim:* der evang. Kirchengeschichtler Johann Lorenz Mosheim (1694-1755), Theologie-Professor in Göttingen, als Redner hoch angesehen. – *3ff. V. Zeus und das Pferd.* Aelian: »Wie der Gaul das Kamel fürchtet, erfuhren Cyrus und Krösus.« Vgl. L. an Mendelssohn, 18. Aug. 1757: »Das bin ich mir wohl bewußt, daß meine Moralen nicht immer die neuesten und wichtigsten sind; aber wer kann immer neu sein? Es ist wahr, die Lehre aus meiner Fabel, *Zeus und das Pferd,* ist schon oft eingekleidet worden; aber wenn gleichwohl meine Einkleidung eine von den besten ist, so kann ich, glaube ich, mit Recht verlangen, daß man die ältern und schlechtern für nicht geschrieben halte.«
S. 14   *4 geringschätziges:* gering einzuschätzendes. – *18 Kneller:* Sir Geoffrey Kneller, in London ansässiger, aus Lübeck stammender Maler. – *19 Addison:* Auf Joseph Addison (Mitherausgeber des »Spectator« und anderer moralischer Wochenschriften, Verfasser eines einflußreichen Cato-Dramas) schrieb Alexander Pope Spottverse, die 1723 in seiner Gedichtsammlung »Cytherea« erschienen. – *30 Hylax:* vgl. die elfte Fabel des zweiten Buchs.
S. 16   *15ff. XIII. Der Phönix:* griech. Name für den heiligen Vogel der ägyptischen Mythologie, der sich nach späterer Fassung der Sage (1. Jh. n. Chr.) in gewissen Zeitabständen verbrennt, um aus der Asche wiederaufzuerstehen.
S. 17   *2 Vogel des Apollo:* Wegen seines Gesangs galt der Schwan in der Antike als Vogel Apollos, des Gottes (u. a.) der Sänger und Dichter. – *16ff. XVI. Die Wespen.* Aelian: »Ein gefallenes Pferd ist der Ursprung der Wespen.« – *25 Neptun:* der röm. Wasser- und Meeresgott war auch der Gott der Rennbahn.
S. 18   *8ff. XVIII. Der Strauß.* Aelian: »Der große Strauß ist mit buschigen Flügeln versehen; sich emporzuschwingen und in die weite Luft zu erheben verstattet ihm seine Natur nicht. Er läuft aber sehr schnell und breitet die Flügel auf beiden Flanken aus, und der hereinfal-

lende Wind bläht sie wie Segel; fliegen aber kann er nicht.« – *30 Hermanniade:* Schönaichs germanisches Heldenepos (1751), mit dem der Gottschedkreis Klopstocks »Messias« auszustechen hoffte.

S. 19 *1 ff. XX. Die Hunde.* Aelian: »Mit dem Löwen kommt ein indischer Hund zusammen – nachdem er jenen arg zerzaust und verletzt hat, unterliegt schließlich der Hund.« – *18 ff. XXI. Der Fuchs und der Storch:* nach Phädrus, Fabeln, I, 26.

S. 20 2 *Minerva:* die Schutzgöttin Roms, gleichgesetzt mit Athene, der die Eule heilig war. – *17 irdischen:* auf dem Erdboden lebenden. – *22 ff.:* Nach volkstümlicher Vorstellung verbargen sich die Schwalben den Winter über in südlichen Sümpfen. – *25 ff. XXIV. Merops.* Aelian (»De natura animalium«, I, 49): »Der Vogel Merops fliegt, sagt man, umgekehrt wie alle andern; denn mit dem Hinterteil strebt er nach vorn und mit dem Gesichte nach hinten.«

S. 22 *26 XXX. Aesopus und der Esel:* Aesop, Aisopos v. Sardes (6. Jh. v. Chr.), griech. Fabeldichter, legendäre Biographie, die Sammlungen seiner knappen Prosa-»Fabeln« stammen aus späteren Zeiten.

S. 24 *15 ff. II. Herkules:* Die Quellenangabe stützt sich auf Johann Gottfried Hauptmanns Ausgabe der aesopischen Fabeln (1741). – *16 Phaedrus* (um 15 v. bis um 50 n. Chr.), röm. Fabeldichter, schrieb, obwohl teilweise auf Äsop zurückgehend, in Versen. Erst seit etwa 400 n. Chr. bekannter geworden. – *19 Feindin:* Juno (griech. Hera, Schwester und Gemahlin des Zeus) erscheint in der griech. und röm. Mythologie als die Gegnerin des Herkules (Herakles), des Sohns des Zeus und der Alkmene.

S. 26 *17 Bein:* Knochen. – *28 Bayle:* Pierre Bayle, der Verfasser des »Dictionnaire historique et critique« (1697), das bis weit ins 18. Jh. hinein dem religionsfeindlichen Rationalismus seine Argumente bereitstellte.

S. 28 *15 Collectanea:* Sammlungen von Lesefrüchten, Notizen etc.

S. 29 *28 f. bemerkte:* bezeichnete.

S. 30 *16 XIV. Der Fuchs und die Larve:* Larve = Maske.

S. 31 *10 Adler:* Der Adler ist in der griech. Mythologie dem Zeus heilig.

S. 33 *27 Empiricus:* der allein aus der Erfahrung schöpfende (Arzt). – *29 sympathetische Kur:* Heilung durch geheimnisvoll wirkende Kräfte.

S. 34 *3 Dichter:* Klopstock.

S. 37 *2 Suidas:* irrtümlich als Personenname aufgefaßt. Gemeint ist »Suda«, ein Teil eines byzantinischen Reallexikons (10. Jh. n. Chr.), das unter dem angegebenen Stichwort (»Ewige Jungfrauen«) vermerkt, Sophokles habe die Erinnyen (Furien, Rachegöttinnen) so bezeichnet. –

3 Pluto: der griech. Gott der Unterwelt. – *3 Bote der Götter:* Hermes, lat. Merkur. – *10 Cythere:* Aphrodite (lat. Venus), nach der Insel Kythere, wo sie verehrt wurde. – *27 ff. XXIX. Tiresias:* in der griech. Mythologie der blinde Seher aus Theben. Der griech. Grammatiker Antoninus Liberalis verfaßte im 2. Jh. n. Chr. 41 mythische »Metamorphosen« (Verwandlungserzählungen).

S. 38   *15 f. die Riesen wider die Götter:* in der griech. Mythologie Rachefeldzug der Giganten (der Söhne des Himmels und der Erde) gegen die Olympier nach der Überwindung der Titanen durch die Götter.

S. 40   *2 Ameise:* Sprüche Salomos, 6, 6: »Gehe hin zur Ameise, du Fauler, sieh an ihr Tun und lerne von ihr.« – *27 ff. V. Das Schaf und die Schwalbe.* Aelian: »Die Schwalbe setzt sich auf den Rücken der Schafe, zupft Wolle heraus und macht daraus ihren Jungen das weiche Bett.«

S. 45   *1 ff. XVI. Die Geschichte des alten Wolfs:* vgl. S. 107 – *6 gleißend:* gleisnerisch. – *8 Horden:* Umzäunung aus Reisiggeflecht. Vgl. Fabel XIX. – *31 Pan:* der griech. Gott der Hirten und Herden.

S. 49   *12 ff. XXIV. Die Schwalbe:* nach einer Fabel des griech. Fabeldichters Babrios (2. Jh. n. Chr.), »Die Nachtigall und die Schwalbe« (Nr. 12).

S. 50   *25 Elend:* Elen, Elch. – *30 Hypochonder:* hier: Schwermut.

S. 51   *10 parnassisch:* Der Parnaß (Gebirge in Mittelgriechenland) ist in der griech. Mythologie der Sitz der Musen.

Zu den Abhandlungen

S. 53   *8 f. meine Schriften:* Die erste Sammlung der »Schriften« L.s erschien in sechs Bänden von 1753-55. – *26 nach der Hand:* nachträglich.

S. 54   *10 einfältigen:* einfach, schmucklos. – *10 alten Phrygiers:* Äsop galt als Sklave aus Phrygien, einer Landschaft im Innern Kleinasiens. – *23 sechse von meinen alten Fabeln:* es sind sieben; nämlich »Die Gans«, »Die Sperlinge«, »Der Springer im Schach«, »Der Löwe mit dem Esel«, »Der Esel mit dem Löwen«, »Die Esel« und »Die Eiche«. – *25 f. übrigen gereimten:* Die überwiegende Mehrzahl der »Fabeln« im ersten Teil der »Schriften« (1753) hatte Versform.

S. 55   *1 f. das Genie seinen Eigensinn hat:* L. äußert immer wieder – mehr oder weniger explizit – Kritik an den starren Fixierungen der bis ins späte 18. Jh. dominierenden ›Regelpoetik‹, deren einflußreichster deutscher Exponent Gottsched war (vgl. u. a. das 34. Stück der »Hamburgischen Dramaturgie«, Bd. 2 dieser Ausgabe). – *13 der Virtuose:*

Künstler. – *26 ff. seine bevollmächtigten Freunde:* bezieht sich wohl auf die Besprechung von Duschs »Vermischten kritischen und satirischen Schriften« in den »Freimütigen Nachrichten« von 1758, die Duschs Kritik an L. aufgreift und in einer zweiten Rezension zu den »Vermischten kritischen Briefen« von D. H. Thomas fortführt. – *32 in der »Bibliothek«:* Bd. 3, S. 398 zu »Schilderungen aus dem Reiche der Natur und Sittenlehre«; Bd. 4, S. 627 ff. zur Pope-Übersetzung. – *33 in den »Briefen«:* 2. und 41. Literaturbrief. – *34 meine Rechnung:* Die Rezensionen in der »Bibliothek« verfaßten Nicolai und Mendelssohn, die Kritiken in den Literaturbriefen stammen von L., der sich jedoch in diesen Jahren stets um Geheimhaltung seiner Autorschaft in den »Literaturbriefen« bemühte. – *35 schon öffentlich:* In der »Bibliothek der schönen Wissenschaften und der freien Künste« Bd. 4, S. 535, erklärten die Herausgeber, daß L. kein Mitarbeiter der »Bibliothek« sei und veröffentlichten eine Versicherung L.s, daß er nie ein »Gedicht« Duschs beurteilt habe. – *36 die Verfasser der Bibliothek:* F. Nicolai und M. Mendelssohn; L. steuerte nur einige wenige Artikel bei.

S. 56 *5 f. Freunde und seiner Freundinnen:* Anspielung auf Angriffe gegen L. in den »Briefen an Freunde und Freundinnen«, s. Fußnote im 41. Literaturbrief.

S. 57 *12 ὅτι τὸ καλόν ...:* daß das Schöne nicht in der Menge, sondern in dem Wert beruhe. – *19 ein höhnischer Reimer:* wohl Racines Zeitgenosse und literarischer Gegner Nicolas Pradon (1632-98). Das Zwiegespräch mit Racine, dem Verfasser der »Athalie«, ist wahrscheinlich eine Erfindung L.s, der diese pointierten Dialoge liebt. – *21 Athalie:* Racines letzte Tragödie gilt als eines der bedeutendsten Werke der französischen Klassik. – *32 f. von dem kreißenden Berge:* der nur eine Maus gebiert. – *34 f. Hoc scriptum ...:* Phädrus, IV, 22, 4: Das ist für dich geschrieben, / Der zwar Großes verheißt, aber nichts erfüllt.

S. 58 *5 f. dieselbe Fabel:* bei Hagedorn unter dem Titel »Der Berg und der Poet«. – *20 ein Sonett:* Das 18. Jh. schätzt diese ›nicht-antike‹ Gedichtform wenig. – *29 vornehmsten:* wichtigsten.

S. 59 *1 erklärt die Fabel:* De la Mottes Fabelabhandlung »Discours sur la fable« erschien zusammen mit seinen »Fables nouvelles« 1719 in Paris. – *3 Tarquinius:* Die Gabier, ein italienischer Volksstamm, sollen in vorrepublikanischer Zeit vom sagenhaften römischen König Tarquinius Superbus unterworfen worden sein. – *7 f. Mahnstängeln:* Mohnstengeln; Mahn wurde bis ins 18. Jh. für Mohn gebraucht.

S. 60 *4 ff. Ἀλληγορία, quam ...:* Die Allegorie, die wir mit ›inversio‹ [Umkehrung] lateinisch wiedergeben, bezeichnet etwas, dessen Sinn von den Worten verschieden ist, zuweilen auch das Gegenteil. (O. Mann) – *7 f. Die neuern Lehrer:* L. zitiert stellvertretend Vossius –

allerdings ungenau, wie die Rezension der »Bibliothek der schönen Wissenschaften« (Bd. 7, S. 39f.) 1761 feststellt. Der zweite Satz des Zitats folgt im Original nicht unmittelbar auf den ersten. Vossius will vielmehr darlegen, daß sich die rhetorischen Figuren der Metapher, Metonymie und Synekdoche – die den eigentlichen Ausdruck durch einen verwandten oder bildlichen ersetzen – in der Allegorie fortsetzen, nicht jedoch die Ironie. – *34ff. Allegoria dicitur ...:* Sie wird Allegorie genannt, weil sie eines sagt, anderes aber meint. Und dieses ›andere‹ muß eingeschränkt werden auf ›anderes Ähnliches‹, sonst wäre auch jede Ironie eine Allegorie.

S. 62 *7 anschauenden Erkenntnis:* zentraler Begriff für L.s Poetik der Fabel. Die anschauende Erkenntnis wird der abstrakten Erkenntnis gegenübergestellt, vgl. Gellerts Funktionsbestimmung der Fabel: »Dem, der nicht viel Verstand besitzt, die Wahrheit durch ein Bild zu sagen«. Für L.s Auffassung ist es wichtig, daß die zu vermittelnde ›Wahrheit‹ durch die eigentliche Erzählung der Fabel unmittelbar erschlossen und auf einen Blick durch ›Anschauung‹ zu erfassen ist. – *30f. dem Hirsche:* so in der weiter unten zitierten Passage aus dem Aristoteles; beim Phädrus tritt an die Stelle des Hirsches ein Eber. – *34 Impune potius ...:* Lieber ungerecht gekränkt werden, als einem anderen untertan. (O. Mann) – *35f. Stesichorus:* griech. Lyriker (ca. 640-555 v.Chr.), lebte hauptsächlich in Himera auf Sizilien.

S. 63 *1 Phalaris:* regierte mit sprichwörtlicher Grausamkeit 565 bis 549 v.Chr. als Tyrann in Agrigent (Sizilien).

S. 64 *8f. ὅτι δεῖ ...:* daß wir die Freundschaften, deren Wesen doppelzüngig ist, fliehen sollen. – *10 Doppelleute:* In Logaus Sinngedichten stieß L. auf den Ausdruck »Dupelmann«, den er in seinem Wörterbuch zu der mit Ramler gemeinsam veranstalteten Ausgabe durch »Zweizüngler«, »Doppelzüngler« erklärte. – *36ff. contre la justesse ...:* gegen die Richtigkeit der Allegorie. – Ihre Moral ist nur eine Anspielung und gründet sich nur auf ein zweideutiges Wortspiel.

S. 65 *5 dieses Histörchen:* aus Lafontaines »La vie d'Ésope« (Einleitung zu seinen »Fables«, 1668). – *7f. jener persische Dichter:* Dschelal-edin Rumi (gest. 1272 n.Chr.) in »Mesnewi«. – *20 transzendentalische Lehre:* in der vorkantischen Bedeutung: die Grenzen der Erfahrung überschreitend. – *21 seltsame Holberg:* der bedeutendste Vertreter der dänischen Literatur der Aufklärungszeit; seine Fabelsammlung erschien 1744. L. nennt sie in der »Berlinischen privilegierten Zeitung« vom 15.5.1751 »erbärmlich«. – *32 Herbelot Bibl. Orient:* Die »Bibliothèque Orientale« (Paris 1697) des Barthélemy d'Herbelot (1625 bis 1695) ist eine alphabetisch geordnete umfassende Enzyklopädie zu den verschiedenartigsten Stichworten des Bereiches ›Orient‹.

S. 66   2 *die Fabel:* Der behandelte Stoff ist die Legende von St. Peter und der Geiß, die u. a. Hans Sachs erzählt hat. – 4 *moralische Lehre:* in der Vermittlung exemplarischer Erfahrungen, die auf das sittliche Gefühl wirken, um die individuelle und soziale Verhaltensnorm zu beeinflussen. Schon Gottsched hatte gefordert (Kritische Dichtkunst, I, 1, 2): »Man setze sich einen untadeligen moralischen Satz vor, den man durch eine Fabel erläutern oder auf eine sinnliche Art begreiflich machen will.«

S. 67   6f. *In principatu* ...: Bei Änderung der Staatsgewalt vertauscht / Meist nur den Namen seines Herrn der Arme. (Siebelis) – 28 *dürstende Tantalus:* eine der Strafen für die Gestalt der griechischen Mythologie; über die ›Tantalus-Qualen‹ berichtet schon Homer (Odyssee, XI, 582ff.). – 32ff. *Cursu veloci* ...: Phädrus, V, 8: Beschwingten Laufes auf Scheermessers Schneide / Hinschwebend, kahl am Haupt, die Stirn behaart nur, / Den Körper nackt, daß man ihn halten mag, / Kommt man zuvor ihm; doch entschlüpft er einmal, / Kann selbst ihn Jupiter nicht wieder fassen: / Das ist das Bild des günst'gen Augenblicks. / Daß träger Aufschub den Erfolg nicht lähme, / Ward eh'dem so gemalt der günst'ge Zeitpunkt. (Siebelis)

S. 68   6 *Emblema:* Sinnbild mit beigegebener Erklärung und moralischer Lehranwendung; hier in der eingeschränkten Bedeutung als ›sinnreiches Bild‹. – 11 *Handlung nenne ich:* vgl. L.s Definition im 16. Abschnitt des »Laokoon« (Bd. 3 dieser Ausgabe). In der »Hamburgischen Dramaturgie« (35. Stück) wird der Begriff der Handlung ausführlich diskutiert (Bd. 2). – 34f. *Äsopischen Fabeln:* Halm 26.

S. 69   17ff. *Lucernam fur* ...: Phädrus, IV, 11, 1ff.: Die Leuchte brannt' ein Dieb an Zeus' Altar an / Und plünderte den Gott beim eig'nen Lichte. / Wie er mit Raub beschwert sich wegbegibt, / Tönt plötzlich vor dem Heiligtum solch Wort: / ›Obwohl dies Gaben böser Menschen waren / Und, weil verhaßt, mir auch ihr Raub nicht leid ist, / Sollst dennoch, Bösewicht, du mit dem Leben büßen, / Wenn einst der Schicksalstag der Rache kommt. / Doch daß zu Schandtat unser Feu'r nicht leuchte, / Womit der Fromme seinen Göttern dient, / Verbiet' ich solchen Wechseltausch des Lichtes.‹ / Drum darf man jetzt nicht an der heil'gen Flamme / Die Leuchte zünden, noch an dieser jene. (Siebelis)

S. 70   17ff. *Quot res* ...: Phädrus IV, 11, 14-21: Wie viele Lehren dies Geschichtchen birgt, / Wird niemand dartun, als der's ausgesonnen. / Erst zeigt's, daß oftmals, die du selbst ernährtest, / Sich dir als schlimmste Feinde offenbaren. / Dann, daß Verbrechen nicht der Gottheit Zorn, / Vielmehr zur rechten Zeit das Schicksal straft. / Zuletzt gibt es die Warnung, daß der Gute / In nichts Gemeinschaft mit dem Bösen pflege. (Siebelis)

S. 71   14 *Pythagorischen Denksprüchen:* symbolische Aussprüche und Lebensregeln, überliefert unter dem Namen des griechischen Philosophen Pythagoras (6. Jh. v. Chr.); im wesentlichen aber erst im Kreis der sog. Neupythagoräer im 1. Jh. v. Chr. entstanden und gesammelt.

S. 72   14 f. *unserm Weltweisen:* der Philosoph Christian Wolff (1679-1754), der das Gedankengut des Rationalismus kategorisierte und systematisierte – u. a. auch auf dem Gebiet der Ästhetik. Seine Lehren und Begriffe bestimmten um 1750 das philosophische Denken im gesamten deutschsprachigen Raum. – 23 f. *an einem andern Orte:* s. Abhandlung II, S. 86 ff. – 27 *Batteux erkläret:* Mit seinen »Les beauxarts réduits à un même principe« (Paris 1746) begründete er gleichsam eine oberste Autorität in Fragen der rationalistischen Ästhetik. Sowohl Gottsched wie die Schule um Bodmer und Breitinger huldigten Batteux. Sein zweites Standardwerk – »Principes de littérature« (Paris 1747-50) – wurde von Ramler übersetzt und »mit Zusätzen vermehrt« (Leipzig 1756-58). – 35 f. *L'Apologue ...:* In Ramlers Übersetzung (I, 246) lautet dieses Zitat im Zusammenhang: »Die Äsopische Fabel ist eine Erzählung einer allegorischen Handlung, die ordentlicher Weise den Tieren beigelegt wird.«

S. 74   13 *der Fuchs springt:* so in der Fabel »Die Traube« (S. 34). – 13 *der Wolf zerreißet:* in der Fabel »Der Wolf und das Lamm«. – 14 *der Frosch die Maus:* Äsopische Fabel. – 28 f. *une des plus belles ...:* eine der schönsten und berühmtesten des Altertums. – 32 *fauce improba incitatus:* Phädrus I, 1, 4: von seiner maßlosen Freßgier getrieben. – 33 f. *jurgii causam intulit:* schuf er einen Grund zum Streit.

S. 75   1 f. ὅις προθέσις ...: Bei Leuten, die Unrecht tun wollen, vermag keine Darlegung des Rechts etwas. – 4 μετ' εὐλόγου αἰτίας: unter wohlbegründetem Vorwand. – 21 f. *que le plus ...:* daß der Schwächere oft von dem Stärkeren unterdrückt wird. – 24 *fictae causae:* die erfundenen Gründe.

S. 76   1 f. *Laudatis utiliora ...:* Phädrus, I, 12, 1 f.: Was du verachtet, zeigt sich oft mehr nützlich, / Als was du lobtest. (Siebelis); die Moral zur Fabel vom Hirsch, S. 73, 24 ff. – 14 *obige Fabel:* S. 68. – 18 *von dieser schielenden ... Seite:* Die Fabel gibt sich bewußt ›parteiisch‹, um die Vorteile ›der Kleinen‹ zu schildern. L.s Kritik geht dagegen von der Voraussetzung aus, daß die Fabel keine besondere Blickrichtung haben solle, sondern einen allgemein gültigen Sachverhalt beschreiben müsse. – 29 κενοδοξίαν: eitle Ruhmsucht.

S. 77   1 ff. *ut conspicuum ...:* Phädrus, IV, 6, 6 ff.: --- daß im Kampf die Krieger / Ein sichtbar Zeichen hätten, dem sie folgten, / Wurden sie, im Eingang festgerannt, gefangen. / Sie opferte mit gier'gem Zahn der Sieger / Und senkt sie in des weiten Bauches Orkus. (Siebelis) – 19 f.

eine innere ... Absicht: vgl. 35. Stück der »Hamburgischen Dramaturgie« (Bd. 2 dieser Ausgabe). – *23 heroische ... Dichter:* Ependichter.
S. 78 4 *innere Endschaft:* inneren Abschluß. – *11 f. Tu non videris ...:* V. 9 f.: Du, scheint's, verlorst gar nicht, worauf du klagst, / Du, glaub' ich, stahlst, was du so schön verleugnest. (Siebelis).
S. 81 5 *Geilen:* Hoden. – *17 f. Verfasser der »Kritischen Briefe«:* Johann Jakob Bodmer, der den entscheidenden Unterschied der Fabel zur Naturgeschichte darin sieht, daß die Tiere der Fabel »moralisch, frei und überlegt« handeln.
S. 82 4 *Lestrange:* Roger L'Estrange (1616-1704), einer der ersten politischen Journalisten in England, übersetzte und edierte auch antike Autoren. Seine »Fables of Esope and of other mythologist with morals and reflexions« erschienen 1687 in London. Samuel Richardson gab sie 1757 »verbessert« als »Aesop's fables with instructive morals« heraus. Die Ausgabe wurde von L. übersetzt und 1757 in Leipzig verlegt. – *18 Beispiel von dem Fischer:* S. 68, 30 ff; S. 76, 14.
S. 83 2 *unserm Weltweisen:* Ch. Wolff, s. zu S. 72, 14 f. – *6 symbolische [Erkenntnis]:* die begriffliche Erkenntnis.
S. 84 24 *übersehen:* betrachten. – *24 ff.* Παραδειγματων ...: Es gibt zwei Arten von Beispielen, die eine, geschehene Ereignisse zu berichten, die andere, sie zu erdichten. Von dieser sind die einen Parabeln, die anderen aber Fabeln: wie die äsopischen und die libyschen. – *35* ὥσπερ ἐι τις: als wenn (jemand).
S. 85 *18 ff.* Εισι δ' ὁι ...: Die Fabeln eignen sich für Reden vor dem Volke und sind deshalb vorteilhaft, weil es schwierig ist, wirklich geschehene Vorfälle als Beispiele aufzufinden, leichter aber, Fabeln zu erfinden. Man muß sie aber ebenso wie die Parabeln darauf anlegen, daß man den Vergleichspunkt sehen kann, was auf Grund philosophischen Denkens leichter geschehen kann. Leichter zur Verfügung stehen die Fabeln, nützlicher zur Aufklärung aber sind geschichtliche Beispiele, denn das, was geschehen wird, ist meist dem ähnlich, was geschehen ist.
– *29 Aristoteles geirret:* L. bezieht die Aussage des Aristoteles irrtümlich auf die Erläuterung moralischer Lehrsätze. Bodmer polemisiert dagegen mit Recht in »Lessingische unäsopische Fabeln« (1760), S. 321 ff.
S. 86 *6 f.* Ταχ' ἀυτις ...: Leicht könnte einer gerade das wahrscheinlich nennen, daß den Sterblichen viel Unwahrscheinliches zustößt.
S. 87 1 *schnakisch:* spaßhaft, possierlich. – 2 *quod risum movet:* (aus dem Prolog zum 1. Buch der Fabeln des Phädrus) weil er zum Lachen reizt. – *5 f. seiner Erklärung:* s. S. 72, 35 f. – *8 f. wie der Hahn ...:* flüchtig, obenhin – wie ein Hahn eilig über heiße Kohlen läuft. – *14 ff.* »*Weil Äsopus...*«: »Kritische Dichtkunst« (1740), S. 183 ff.

S. 89   *10* Φασι: man erzählt. – *11 Klagefalle:* die im 18. Jh. gebräuchliche, aber falsche Übersetzung für den ›casus accusativus‹, der im Griechischen mit Infinitiv auf das ›man erzählt‹ folgte. – *11 f. griechischen Rhetores:* Redner und Lehrer der Beredsamkeit. Sie ließen ihre Schüler zur Übung Fabeln in verschiedenen Casus und Numeri erzählen. – *13 Theon:* Älius Theon, griechischer Rhetor aus Alexandria (etwa 2. Jh. v. Chr.); seine »Progymnasmata« wurden 1541 von J. Camerarius neu herausgegeben. – *17 das Altertum:* die durch das ›man erzählt‹ zitierte Überlieferung.

S. 90   *2 f. die Sonne einmal stille gestanden:* Josua 10, 12-14. – *32 Bestandheit der Charaktere:* Im Wörterbuch zu Logaus »Sinngedichten« von L. mit »Beständigkeit« übersetzt. Diesem Wortgebrauch folgen u. a. Herder, Mendelssohn und Schiller. Zum Problem der Charaktere mit fixierten Eigenschaften vgl. L.s Ausführungen im 89. und 90. Stück der »Hamburgischen Dramaturgie« (Bd. 2 dieser Ausgabe).

S. 91   *18 Britannicus und Nero:* Agrippina, die Stiefmutter des Britannicus, erreichte durch Intrigen, daß er – obwohl Sohn des Kaisers Claudius – von der Thronfolge zugunsten ihres leiblichen Sohnes Nero ausgeschlossen wurde. 55 v. Chr. ließ Nero den Stiefbruder als möglichen Nebenbuhler vergiften. – *36 den Riesen und den Zwerg:* So verfuhr Lichtwer in seiner gleichnamigen Fabel.

S. 92   *2 folgende menschliche Fabel:* Die Fabel ist – von der zitierten Bibelstelle ausgehend – eine freie Erfindung L.s. – *27 oben angeführten:* S. 81, *17 f.*

S. 93   *19 Gasconier:* Die Bewohner der Gascogne (Südfrankreich) galten als Großsprecher und Aufschneider. – *29 ff.* »*daß der Schwan* ...«*:* Bodmer rühmt in der Vorrede zu L. Meyer von Knonaus Fabeln (2. Auflage, Zürich 1754) das »Natürliche«; die zitierte spöttische Anspielung Bodmers auf L.s Fabeln gilt u. a. der Fabel »Der Pelekan«. – *34 Naturalist:* Naturforscher; zum ironischen Unterton des Begriffes s. L.s gleichnamige Fabel.

S. 94   *12 von dem ehernen und irdenen Topfe:* Fabel von Lafontaine (Buch 5, Nr. 2). – *35 Leidenschaften:* Von L. im Sinne von ›Affekten‹ gebraucht, womit jede Gemütsbewegung gemeint ist.

S. 95   *31 zur Intuition:* zur Anschauung, im Sinne der »anschauenden Erkenntnis«. – *35 jener unphilosophischen Einteilung:* Einteilung nach stofflichen oder personalen Kriterien. L. meint hier die des Theon (s. zu S. 89, *13*) nach Autor bzw. Herkunftsland des Autors (äsopische, libysche, sybaritische, phrygische, kilikische, karische und kyprische Fabeln – »Progymnasmata«, Kap. 3).

S. 96   *8 Aphthonius:* verfaßte im 4. Jh. n. Chr. wie Theon »Progymnasmata«, das sind ›Vorübungen‹ zur Praxis der Rhetorik. L. benutzt die Ausgabe von Camerarius (Leipzig 1588). – *30 abspeisen will:* Die Einteilung des Aphthonius wird nur geringfügig variiert: »Man teilt die Fabeln in drei Hauptgattungen ein: in vernünftige, wie ›die Alte‹, ›der Mann und das Mädchen‹, in symbolische, wie ›Der Wolf und das Lamm‹, in vermischte, wie ›Der Mensch und die Wiesel‹.« (nach Ramlers Übersetzung, I, 255) Auch Gottsched (Kritische Dichtkunst, I, 151 f.) hat diese Einteilung übernommen, er nennt jedoch die erste Abteilung »glaubliche«, die zweite »unglaubliche« Fabeln. – *34 die Eiche und das Schilf:* Äsopische Fabel. – *36 Herr Verstand; Fräulein Einbildungskraft:* Allegorische Personen bei de la Motte (III, 13).

S. 97   *6 ekeln:* heikel, wählerisch, mäkelnd. – *15 ff.* »*Die äsopische Fabel...«:* Ramlers Batteux-Übersetzung I, 243.

S. 98   *12 ff. Absit enim ...:* Es liege uns aber fern, demjenigen richtiges Denken abzusprechen, der sich nicht richtig ausdrückt. Es ist kindisch, jemandem, der einen von Irrtum freien Geist hat, deshalb einen Irrtum vorzuwerfen, weil ihm die richtigen Worte fehlten, mit denen er seinen Gedanken wiedergeben konnte. – *37 oben angeführte Fabel:* S. 73, *17 ff.*

S. 99   *16 guter Dialektiker ...:* hier im Sinne von logisch richtige Kriterien anwenden. – *25 einen übeln Verstand machen:* ein Mißverständnis hervorrufen.

S. 101   *2 der Blinde ...:* Fabel von Gellert. – *18 f. die Bäume ...:* s. Buch der Richter 9, 8-15.

S. 102   *26 ff.* »*Das Wunderbare...«:* Kritische Dichtkunst, I, 187.

S. 103   *20 f. von dem Ackermanne...:* bei Phädrus IV, 18.

S. 104   *22 f. Sophismata ...:* Spitzfindigkeiten, die, was nicht Ursache ist, als Ursache gebrauchen. – *25 seinem Hermann Axel:* von Bodmer – dem Verfasser – als Pseudonym für die eigene Person eingeführt: »Kritische Briefe«, S. 168 f. – *38 Pater Bossue:* René Le Bossu (1631-1680); seinen Ausführungen zur Fabel in »Traité du poème épique« (Paris 1675) widerspricht auch Gottsched in der »Kritischen Dichtkunst«, S. 149 f.

S. 105   *35 Squelette:* Gerüst, Anlage.

S. 106   *4 kritische Briefsteller:* Bodmer, s. S. 403, 25. – *11 von dem Fuchse ...:* Äsopische Fabel, nacherzählt u.a. von Phädrus (I, 13) und Lafontaine (I, 2). – *24 Reinicke Fuchs:* 1752 hatte Gottsched das niederdeutsche Tiergedicht »Reynke de Vos« in hochdeutscher Bearbeitung herausgegeben.

S. 107   *1 zur Intuition:* s. S. 95, 31. – *4 Requisitis:* Erfordernissen. – *7 sechzehnte Fabel:* S. 45 ff. – *19 Rangstreite der Tiere:* S. 41 ff. – *25 vorgetragen werden:* nicht im Sinne von ›Rezitation‹, sondern die Disposition des Erzählablaufes, der Erzählung.

S. 108 3 *charakterisiert ihn de la Motte:* »Discours sur la Fable«, S. 43 in seiner Fabel-Ausgabe (Paris 1719). – *16 sonderbare Genie:* einzigartige Genie. – *30 f. qu'il falloit ...:* daß es nötig sei, zum Ausgleich mehr Lustigkeit als in seinen Fabeln walten zu lassen. – *32 aufgestützt:* aufgeputzt, verziert.

S. 109 *8 witzig zu bleiben:* Der französische Schriftsteller und Neffe Corneilles, Bernard le Bovier de Fontenelle, wurde hundert Jahre alt (1657-1757), er schrieb u. a. eine Lobrede auf Leibniz (1716). – *11 mot plaisant ...:* »Discours sur la Fable«, S. 52: ein witziges, aber treffendes Wort. – *21 ff. Ego vero ...:* Ich glaube aber, daß die Erzählung vor jedem anderen Teil der Rede mit jeder möglichen Anmut und Schönheit zu schmücken ist. – *29 des Facti:* des zu verhandelnden Gerichtsfalles. – *34 Chrie:* griech. ›Gebrauch‹, hier: Ausarbeitung einer Rede nach vorgegebener Disposition. – *34 plan:* klar, einfach. – *37 f. Sed plurimum ...:* Aber am meisten kommt es auf die Natur des Gegenstandes an, den wir behandeln.

S. 110 *10 ff. Tout Original ...:* So selbständig er in seiner Art ist, verehrte er doch die Alten bis zu der falschen Meinung, sie seien seine Vorbilder gewesen. *Die Kürze, sagt er, ist die Seele der Fabel, und es ist unnütz, Gründe dafür anzugeben; es genügt, daß Quintilian es gesagt hat.* – *17 ganz anderen Kunstrichter:* Patru (1604-1681), dessen Namen Lafontaine nicht erwähnt. Er galt seiner Zeit als ein zweiter Quintilian.

S. 111 *10 So stehen wir noch:* Der kurze historische Rückblick kennzeichnet L.s poetologisches Vorgehen: wichtig ist nicht, die ›Autorität‹ der antiken Autoren unbedingt zu wahren; sie sind hauptsächlich Bezugspunkt für die kritische Bestandsaufnahme der zeitgenössischen Theorie und Praxis der Fabel. L.s eigene Argumentation sucht zwar die Kontinuität zu Positionen der Antike, beschränkt sich jedoch auf die Verfahrensweise der Äsopischen Fabel als ›Muster der Gattung‹ und gewinnt – die Forderungen der rationalistischen Ästhetik Wolffs integrierend – eine eigene Theorie zu Form, Intention und Wirkungsweise der Fabel. – *12 ἑρμηνεια ἀκατασκευος:* schmucklose Ausdrucksweise – eine Formulierung Theons. – *14 langes Verzeichnis:* Bis auf die 4. und 5. Zierat (die aufsehenmachenden Wendungen und die kühnen Ausdrücke) zitiert L. die Liste Batteux' (in Ramlers Übersetzung I, 249 ff.). – *35 ff. Un vieux Renard ...:* Lafontaine, V, 5: Ein alter Fuchs, ein ganz erfahr'ner, / Ein großer Hühnerdieb, ein großer Hasenfänger, / Der seinesgleichen schon auf eine Meile wittert usw.

S. 112 *21 f. Allusion:* Anspielung. – *31 meinem Manne:* S. 39.

S. 113 *6 aus seiner Republik:* In Platons Dialog »Der Staat« wird Homer – wie alle Dichter – aus dem Idealstaat verbannt, da seine poetischen Bilder undeutlich sind und die Erkenntnis der Wahrheit nicht befördern. Äsop hingegen – der klare philosophische Begriffe versinnbildlicht und lehrt – erhält einen Ehrenplatz. Auch Lafontaine weist in der Vorrede zu seinen Fabeln auf Platons Maßnahme hin, worauf sich L. im folgenden ironisch bezieht. – *19. nicht kurz ... genug:* Auch nach Gottsched (Kritische Dichtkunst, I, 1, 2) war die Fabel als erbauliche Sittenlehre kurz zu halten. – *23 Abstemius:* L. meint die 1495 erschienenen »Fabulae [...] nuper compositae«. – *24 meinen Fabeln:* 36 der Prosafabeln L.s wurden später tatsächlich in Versen bearbeitet – von Ramler, der sie 1796/97 herausgab.

S. 114 *1 fühlte mich zu unfähig:* vgl. die Versfabeln (S. 137 ff.), sowie zu S. 54, 25. – *16 f. »daß er seine ...«:* »Discours sur la Fable« (1719), S. 47. – *27 f. Canis per flumen ...:* Ein Hund der schwimmend Fleisch durch einen Fluß trug, / Erblickt sein eignes Bild im klaren Spiegel. (Siebelis) – *31 f. Die griechischen Fabeln:* Äsop 210. – *34 niedrigen Steige:* flachen Pfad, fast auf Höhe des Wasserspiegels.

S. 115 *2 f. Vacca et capella ...:* Kuh, Zieg' und Schaf, das stets geduldige, / Durchzogen mit dem Leun im Bund den Wald. (Siebelis) – *6 die Kunstrichter:* u. a. de la Motte, der hier in seiner Fabelabhandlung ein Beispiel sieht für ein Bild, das gegen die natürliche Erfahrung verstößt. – *11 ludert:* Er frißt Aas; heute noch in der Jägersprache geläufig. – *13 ff. Ego primam tollo ...:* I, 5, 7 ff.: Den ersten nehm' ich, weil mein Name Löwe, / Den zweiten gebt ihr mir, weil ich so tapfer, / Der dritte fällt mir zu, weil ich der stärk're, / Schlecht soll's dem gehn, der mir den vierten anrührt. (Siebelis) – *17 im Griechischen:* Äsop 226. – *21 βασιλεύς γαϱ ἐιμι:* denn ich bin der König. – *22 ὡς ἐξ ἴσου ...:* da ich mich zu gleichen Teilen an dem Unternehmen beteiligt habe. – *23 f. κακον μεγα ...:* wird dir teuer zu stehen kommen, wenn du dich nicht eilends davonmachst. – *26 ff. Venari asello ...:* V. 3-5, 9 f.: Der Löwe ging zu jagen mit dem Esel. / Er steckt ihn hinter Sträuche und gebeut ihm, / Mit ungewohntem Ruf das Wild zu schrecken. / -- / Und wie's voll Angst bekannten Fluchtpfad sucht, / Streckt es der Leu im wilden Ansprung nieder. (Siebelis).

S. 116 *10 ff. Peras imposuit ...:* V. 1 ff.: Zwei Ranzen legte Jupiter uns auf, / Den voll der eignen Fehler auf den Rücken, / Den von den fremden schwer vorn auf die Brust. (Siebelis) – *18 ff. Ανθϱωπος ...:* Jeder Mensch trägt zwei Ränzel; oder: Zwei Ränzel sind uns um den Hals gehängt. – *22 an einem andern Orte:* Vorarbeiten zu einer kommentierten Phädrus-Ausgabe stammen aus den Jahren 1758/59; sie sind z. T. wörtlich in die Fabel-Abhandlung übernommen worden. In der Folgezeit hat L. sein Vorhaben nicht weiter verfolgt. – *33 casus obliquos:* alle abhängigen, d. h. deklinierbaren Fälle.

S. 117 7 *heuristischen Nutzen:* in der Übung der ›Erfindungskunst‹ (= Heuristik); weniger im Sinne der Erfindung neuer Stoffe als zur Schulung des selbständigen Auffindens von Erkenntnissen der praktischen Philosophie und der geeigneten Formen ihrer literarischen Darbietung. – 20 *Scienz:* Wissensgebiet. – *34 Principium der Reduktion:* der Zurückführung des Allgemeinen auf das Besondere; die Reduktion des Erfahrungsgrundsatzes auf den exemplarischen Einzelfall. Wolff bezieht in § 310 (von dem L. nur die ergänzende Note zitiert) dieses Prinzip auf die Fabel: »Die Fabeln erfindet man mit Hilfe des Grundsatzes der Zurückführung. Denn man erfindet eine Fabel, wenn man einen gewissen wahren Fall irgendeiner allgemeinen Wahrheit auf einen erdichteten zurückführt, der den Begriff jener Wahrheit mit ihm gemein hat.« – 34f. *den Philosophen:* Ch. Wolff. – 35ff. *Videmus adeo...:* Wir sehen also, welchen Kunstgriff die Erfinder der Fabeln anwenden, nämlich das Prinzip der Reduktion, das, wie es überhaupt zur Erfindung sehr nützlich, zum Erfinden von Fabeln aber unbedingt notwendig ist. Da das Prinzip der Reduktion in der Kunst des Erfindens einen sehr großen Platz für sich beansprucht und da ohne dieses Prinzip keine Fabel erfunden wird, kann niemand daran zweifeln, daß die Erfinder der Fabel zu den Erfindern gehören. Und es gibt keinen Grund, daß die Erfinder die Erfinder der Fabeln verachten. Wenn nämlich die Fabel ihren Namen verdienen und vollkommen sein soll, gehört zu ihrer Erfindung nicht wenig Kunst, so daß Leute, die sich sonst beim Auffinden von Wahrheiten auszeichnen, erkennen müssen, daß ihre Kräfte, sobald es zur Tat kommt, hier versagen. Altweibermärchen sind Späße ohne Wahrheit, und ihre Dichter gehören zu den Spaßmachern, aber nicht zu den Erfindern der Wahrheit. Jenen dürfen die Erfinder von Fabeln und kleinen Geschichten nicht gleichgestellt werden, von denen hier die Rede ist, und die wir, ob wir wollen oder nicht, zur praktischen Philosophie rechnen müssen, wenn wir uns nicht mit der Wirklichkeit in Widerspruch setzen wollen. – Die »fabulae aniles«, die »Altweibermärchen« grenzt Wolff in einer Anmerkung zu § 302 als Erfindungen ohne nützlichen Zweck von den Fabeln ab, die zu einem bestimmten Nutzen erfunden werden.

S. 118 20f. *neuern Schriftstellers:* Moses Mendelssohn.

S. 119 1f. *gewisser Kunstrichter:* Bodmer in der Vorrede zu Meyer von Knonaus Fabelausgabe von 1744. – 16 Λεων και ...: Ein Löwe und ein Esel machten gemeinsame Sache und gingen auf die Jagd. – 19 *achte Fabel:* Diese und die folgenden alle im 2. Buch der »Fabeln«. – 23 *Ausweg:* Abweg. – 28f. και ὁ κολοιος ...: Und die Krähe war wieder eine Krähe.

S. 120 11 *Bein:* Knochen. – 24ff. τοτε αυτους ...: Sie würden dann von ihrem Elend befreit werden, wenn sie mit ihrem Harn einen Strom zustande brächten.

GEDICHTE

LIEDER (S. 123)

»Kleinigkeiten« war ein 1851 angeblich in Frankfurt und Leipzig anonym erschienener Band mit 65 Gedichten betitelt: sein Autor war Lessing, der Verleger J.B. Metzler in Stuttgart. Er enthielt Lieder von Liebe und Wein, der Thematik der Anakreontiker (z.B. Hagedorn, Gleim, Uz) der Zeit, aber in eigenem Ton: straffer, frischer, im Witz pointierter, souveräner, keine »Tändeleien«.

Schon in Meißen habe er mit solchen freien Nachahmungen des Anakreon begonnen, schreibt Lessing am 28. 4. 1749 an seinen Vater. Seine Autorschaft wurde rasch bekannt, die Gedichte verschafften ihm einigen Ruhm. Als gesellige Lieder wurden sie z.T. vertont (z.B. von Carl Philipp Emanuel Bach), einige wurden, v.a. von Studenten, bis in unsere Zeit gesungen (»Der Tod«). Sie erschienen auch – um neues erweitert, um weniges vermindert – im ersten Teil seiner »Schriften« 1753.

Letzte von Lessing – unter Karl Wilhelm Ramlers kritischer Mitwirkung – z.T. gründlich überarbeitete Sammlung im 1. Band seiner »Vermischten Schriften« bei Voß in Berlin 1771.

S. 123   *An die Leier:* freie Umgestaltung des Motivs der Ode des Anakreon. – *18 Afterzeit:* Nachwelt.

S. 125   *Nach der 15. Ode Anakreons: 2 Mahomets Gesetze:* Verbot des Weins.

S. 126   *Für wen ich singe: 5 Richter:* Kunstrichter. – *24 Schmolcken:* Benjamin Schmolck (Schmolcke) (1672-1737), Verfasser weitverbreiteter erbaulicher religiöser Lyrik.

S. 131   *Wem ich zu gefallen suche: 11 Gleim:* Johann Wilhelm Ludwig Gleim (1719-1803) als Vertreter der Anakreontik. – *12 Rost:* Johann Christoph Rost (1717-1765) als Verfasser frivoler Schäfererzählungen. – *18 Schauplatz:* Bühne, Theater. – *32 Federsieger:* nach Grimms Wörterbuch offenbar nur hier bezeugt. – *39 Rabulisten:* Wortklauber, Rechtsverdreher. – *41 Sophisten:* hier im Sinne von »philosophische Haarspalter«. – *73 Miltons lassen Miltons sein:* Anspielung auf dessen im allgemeinen ernsterhabene, statt heitere, »muntere« Dichtung.

Fabeln und Erzählungen in Versen (S. 137)

Nicht mit Prosa-, sondern mit der sehr viel häufigeren Form der Versfabel, die er gattungsmäßig von der Verserzählung nicht streng schied, begann der junge Lessing noch in den 40er Jahren seine Fabel-Dichtungen. Jedoch hat er nur seine Prosafabeln gesondert als Buch veröffentlicht (s. S. 9 ff.), die erzählenden Versdichtungen erschienen – nach einzelnen Publikationen in Zeitschriften – größtenteils im 1. Teil seiner »Schriften« von 1753. Das Bemühen um Knappheit im Ganzen, konzise Diktion im Detail ist sowohl im Vergleich mit anderen Fabel-Dichtern der Zeit (Gellert) wie bei den eigenen Überarbeitungen zu beobachten. Überarbeitet und z.T. verändert nahm sie Lessing dann in den 2. Teil (S. 35-78) seiner »Vermischten Schriften« auf, von dem die ersten fünf Bogen zwar schon zu Lessings Lebzeiten gedruckt wurden (1771-1772), der als Buch – von Karl Lessing zu Ende redigiert – jedoch erst 1784 bei Voß in Berlin erschien. (Danach die Fassungen unserer Auswahl.)

S. 137 *Der Sperling und die Feldmaus: 2 weil:* solange, während. – 4 *Jovis:* Jupiters. – *13 f.:* Gemeint sind die Klopstocknachahmer. – *Der Adler und die Eule: 1 Pallas:* Pallas Athene, Göttin der Weisheit, ihr Attribut war die Eule, so wie der Adler das Jupiters.

S. 138 *Der Hirsch und der Fuchs: 21 Diana:* Göttin der Jagd. – 26 *Demonstration:* philosophische Beweisführung.

S. 139 *Die Sonne:* Das Gedicht wendet sich gegen die Anfeindung Miltons durch die Gottschedianer.

S. 140 *Faustin:* nach Poggio Bracciolinis (1380-1459) erster »Facetia«; das Motiv wird später (1776-77) in den Notizen zu dem Hanswurst-Spiel »Koboldchen« wieder aufgegriffen.

Sinngedichte (S. 143)

Das Epigramm (im 17. Jahrhundert noch häufig »Aufschrift«) oder Sinngedicht, wie es im 18. Jahrhundert meist genannt wurde, gehört seiner Kürze, geistigen und sprachlichen Konzentriertheit wegen zu den beliebtesten Formen der Aufklärungszeit. Lessing schrieb lateinische wie deutsche Epigramme. Den Römer Marcus Valerius Martialis (1. Jh. n. Chr.) bezeichnet er als sein Vorbild. So sind seine Epigramme

meist satirische »Stachelreime«, andere Möglichkeiten, wie sie im
17. Jahrhundert etwa Angelus Silesius nutzte, läßt er außer acht. Die
Gattung beschäftigte ihn stark und immer wieder: mit seinem Freund
Ramler zusammen gab er Logaus »Sinngedichte« (1759), ausführlich
kommentiert, heraus, 1771 veröffentlichte er im 1. Teil seiner »Vermischten Schriften« seine »Zerstreuten Anmerkungen über das Epigramm und einige der vornehmsten Epigrammatisten«.

Nach Abdrucken in Zeitungen und in seinen »Kleinigkeiten«
(s. S. 795) von 1751 brachte Lessing die erste Sammlung von Epigrammen im 1. Teil der »Schriften« von 1753; danach veröffentlichte er –
nach kritischer Siebung und teilweise auch nach Änderungen durch
seinen Freund Ramler – eine vermehrte Zusammenstellung 1771 im
1. Band seiner »Vermischten Schriften«. Letzte Korrekturen brachte
Lessing noch im selben Jahr in einem zweiten Druck an, der jedoch erst
frühestens zehn Jahre nach Lessings Tod als erster Band der »Sämtlichen Schriften« (wenn auch mit der Jahreszahl 1771) erschien. Danach der Druck unserer Auswahl.

S. 144 *Auf einen ... Dichter:* Der Dichter ist Klopstock.

S. 144 *Das schlimmste Tier:* Der Ausspruch des Weisen wird dem
griech. Philosophen Thales, auch Bias (einem der Sieben Weisen Griechenlands) zugeschrieben.

S. 145 *Unter das Bildnis...:* Friedrich d. Gr.

S. 145 *Auf ein Karussell:* Ein Karusell war ein Maskenaufzug zu
Pferde mit allerlei Reitkunststücken wie das im Gedicht erwähnte
Ringstechen. Im August 1750 hatte Friedrich d. Gr. ein solches Fest zu
Ehren seiner Schwester, der Markgräfin von Bayreuth, veranstaltet.

S. 146 *Grabschrift auf Voltairen: 4 Henriade:* Voltaires Epos, das
Henri IV. verherrlichte und Voltaires Ruhm begründete (1723; vollst.
1728).

ENTWÜRFE FÜR ODEN (S. 147)

Nach seinen eigenen Worten hat sich Lessing in seiner Jugend in allen
Dichtungsarten versucht (der Roman und die Prosa-Erzählung galten
nicht als poetisch vollwertig), Oden – mit ihren »ernsthafteren Gegenständen«, ihrem »stärkeren Geist«, ihrem hohen Stil – hat Lessing erst
in den fünfziger Jahren und nur zehn geschrieben. Und davon sind die
Hälfte pflichtmäßige Huldigungsgedichte an Friedrich den Großen,

Pflichtübungen, die der junge Journalist erfüllen mußte. Die anderen, z.B. zum Abschied oder zum Tod eines Freundes, sind Versuche bei typischen Oden-Anlässen mit nur selten hörbarem eigenen Ton. Interessanter sind einige Odenentwürfe, in denen Lessing nach eigener Themenwahl selbst vernehmbar ist. Veröffentlicht wurden beide Entwürfe von Karl Lessing im 2. Teil der »Vermischten Schriften« 1784.

S. 147 *[An Mäcen]*: Mäzen war der Gönner des Horaz. – *22 der Regent:* Friedrich der Große; in früheren Oden Gegenstand der Verehrung, wenn nicht gar Lobhudelei, hatte er L. enttäuscht, als er ihm 1755 nicht den erhofften Berliner Bibliothekarsposten anbot.

S. 148 *1 Corner:* Auf wen L. hier anspielt, war nicht zu ermitteln. – *8 andere Krankheit:* Syphilis.

S. 148 *Ode...:* Beilage zu L.s Brief an Gleim vom 14. Juni 1757. Der preußische Generalfeldmarschall Kurt Christoph Graf von Schwerin war am 6. Mai 1757 bei Prag gefallen. Kleist ist L.s Freund Ewald von Kleist, der ebenfalls im Siebenjährigen Krieg als preußischer Offizier kämpfte. – *13 Mars:* röm. Kriegsgott. – *14 Bellona:* röm. Kriegsgöttin. – *14 Klotho:* eine der Moiren (griech. Schicksalsgöttinnen; röm.: Parzen), die Spinnerinnen des Lebensfadens. – *25 Lenz:* Anspielung auf Kleists Gedicht »Der Frühling« (1749). – *27 Juno den Gürtel der Venus:* Anspielung auf eine Episode des Trojanischen Kriegs: Juno (Hera) schmückt sich mit dem Gürtel der Venus (Aphrodite), der die Eigenschaft hat, unwiderstehlich zu machen. Während sie Jupiters (Zeus') Aufmerksamkeit von der Schlacht ablenkt, wird Hektor von Ajax schwer verwundet. Vgl. Homer, »Ilias«, 14. Gesang.

DRAMEN

DER JUNGE GELEHRTE (S. 153)

Von den fünf frühen Lustspielen, die Lessing im 4., 5. und 6. Band seiner »Schriften« (1754-55) drucken ließ, ist der »Junge Gelehrte« das einzige, das noch heute immer wieder einmal aufgeführt wird. Schon in der Meißner Schulzeit entworfen, in der ersten Leipziger Zeit 1747 von dem Theologiestudenten ausgearbeitet, von dem verehrten Lehrer, dem Prof. Abraham Gotthelf Kästner, kritisch überprüft, wird das Stück des 19jährigen im Januar 1748 durch die berühmte Neubersche Truppe unter starkem Beifall aufgeführt. Obwohl dieses Stück seiner Art nach –

naturgemäß – zur sogenannten sächsischen Typenkomödie gehört, in der es weniger um das moralisch gerechtfertigte Verlachen lächerlicher Menschen als personifizierter Eigenschaften geht, sticht es doch durch seinen Witz, seine Agilität, seine dramatische Substanz und Struktur, die sich schon hier – wie in allen Dramen Lessings – in seinem Einsatz der Sprache zeigt, aus den sonstigen deutschen zeitgenössischen Lustspielen hervor. Daß er in diesem Stück sich auch selbst verlachte, hat er offen bekannt, es hatte für ihn etwas Befreiendes, daß er es schreiben konnte.

Lessing empfand es selbst, daß das Drama seine Sache sei; alles, was ihm in den Kopf gekommen sei, habe sich ihm damals in eine Komödie verwandelt, schrieb er 1754 rückblickend in der Vorrede zum 3 und 4. Teil seiner »Schriften«. Zugleich aber schien es ihm der Mühe wert und hatte er den Ehrgeiz, das von ausländischen Stücken überfremdete deutsche Theater zu heben. Noch gäbe es keine »Geister, auf welche die komische Muse Deutschlands stolz sein könnte«, was fehle, sei ein »deutscher Molière«.

Wenige Jahre später, 1754, setzt er sich im ersten Stück seiner »Theatralischen Bibliothek« auch theoretisch mit dem zeitgenössischen Lustspiel auseinander; was er fordert und erstrebt, ist nicht das »Possenspiel«, das »nur zum Lachen bewegen« wolle, auch nicht das von Frankreich her kommende comédie larmoyante, das »weinerliche Lustspiel«, wie es Gellert pflege, das »nur rühren«, sondern die »wahre Komödie«, die »beides« wolle. Erfüllt hat er diese Forderung in der »Minna von Barnhelm«. Gedruckt wurde »Der junge Gelehrte« erst 1754 im 4. Teil von Lessings »Schriften« (bei Voß in Berlin); mit einigen unwesentlichen Veränderungen nahm ihn Lessing 1767 in den ersten Teil seiner »Lustspiele« (ebenda) auf, deren 2. Auflage von 1770 unserem Druck zugrunde liegt.

S. 155   23 f. *Komplimentierbuch:* Anstandsbuch, Lehrbuch der höflichen Umgangsformen. – 32 *weiß ich mich:* weiß ich den Weg. – 32 *wie das Färberpferd um die Rolle:* so viel wie: im Schlaf; das »Färberpferd« hält die Farbmühle in Gang, indem es sich mit verbundenen Augen im Kreis bewegt.

S. 156   8 *Fausts Höllenzwang:* das Zauberbuch, das Faust benutzt haben soll, um sich die Geister der Hölle dienstbar zu machen. Diese Stelle und die auf der nächsten Seite (S. 157, 12 »Aber o himmlische Gelehrsamkeit ...«) haben daran denken lassen, daß L.s Faustdrama (S. 745) in diese frühe Zeit zurückgeht. – 13 f. *des Ben Maimon Jad chasaka:* ein Hauptwerk (»Starke Hand«) des jüdischen Philosophen Moses Maimonides (Rabbi Mose ben Maimon, 1135-1204); es kodifiziert in vierzehn Bänden die jüdischen Religionsgesetze und war Jahrhunderte lang maßgeblich.

S. 157 *1 Manus manum lavat:* Eine Hand wäscht die andre. – *17 Figuren:* bildliche Wendungen. – *31 f. Unser Wissen ist Stückwerk:* 1. Korinther, 13, 9.

S. 158 *12 Kalmuckisch:* Kalmücken (türk. »die Zurückgebliebenen«), westmongolischer Volksstamm. – *18 gemein:* (bei den Gebildeten) gebräuchlich. – *23 das ist:* gelehrte Erklärungsformel. – *33 ff Digastricus ... Masseter ... Pterygoideus internus oder externus ... Zygomaticus ... Platysmamyodes:* Mund- und Halsmuskeln. L. hat 1748 in Leipzig und in Wittenberg kurze Zeit Medizin studiert.

S. 159 *5 Koptisch:* ägyptische, mit griech. Buchstaben geschriebene Sprache; Sprache christlicher und gnostischer theologischer Literatur seit dem 3. Jahrhundert; als Kirchensprache der koptischen Christen in Oberägypten noch heute von Bedeutung. – *7 Malabarisch:* Sprache von Malabar, der »Pfefferküste« im südwestlichen Vorderindien. – *14 Wendisch:* Sammelbegriff für slawische Sprachen Ost- und Mitteldeutschlands, im engeren Sinne so viel wie Sorbisch, die slaw. Sprache, die bis in die Gegenwart in der Lausitz, L.s Heimat, gesprochen wird.

S. 160 *16 f. A bove majori ...:* Von dem älteren Ochsen lerne der jüngere pflügen. – *19 de meliori:* vom besseren Gesichtspunkt aus; aus besserer Erfahrung. – *22 cautius ...:* geflissentlicher als Vipernblut. Durch Wortumstellung veränderte Horaz-Stelle (Oden, I, 8, 9-10), die gleich anschließend angeführt wird. – *25 ff.:* »Wollt' des Tiber lehmige Flut nicht mehr im Bade teilen, / Miede wie Gift das Ringöl?« (»Sämtliche Werke«, lat. u. dt., Teil I, Carmina (Oden und Epoden), hg. v. Hans Färber, München: Heimeran, 1964, S. 21).

S. 161 *16 Quae, qualis, quanta:* »was, wie beschaffen, wie groß?«, als schulphilosophische Fragen zur Ermittlung der Beschaffenheit von etwas. – *16 f. Tempora mutantur:* Die Zeiten ändern sich (nos et mutamur in illis – und wir uns mit ihnen), Ausspruch Kaiser Lothars I. (8./9. Jh.). – *29 f. Status Controversiä:* der Stand der Auseinandersetzung, der eigentliche Streitpunkt. – *32 Barbara ... Celarent:* in der Logik Bezeichnungen für zwei Typen der logischen Schlußfolgerung. – *38 Informator:* Hauslehrer, Hofmeister, Schulmeister.

S. 162 *2 scholastische Philosophie:* christliche Philosophie des Mittelalters, methodisch gekennzeichnet durch ihre Perfektionierung des logischen Disputationsverfahrens. – *10 ausculta et perpende:* höre und prüfe. – *29:* »Odyssee«, II, 17 und II, 161. – *31:* »Odyssee«, III, 477.

S. 164 *8 nulla regula ...:* keine Regel ohne Ausnahme. – *24 f. Erinnen ...:* griech. Dichterinnen. – *31 Netrix, Lotrix:* unlateinische Formen (gemeint: Spinnerin, Wäscherin). – *31 Meretrix:* Dirne. – *35 Poetrix:* unlateinische Form (gemeint: Dichterin).

S. 166 *3 irrender Ritter:* abenteuerlicher Ritterroman in der Art des »Amadis«, Unterhaltungslektüre bis ins 18. Jh. – *3 Banise:* Heinrich Anshelm von Zigler und Kliphausens populärer heroisch-galanter Roman »Die asiatische Banise« (1689).

S. 167 *12 verzweifelt:* verflucht. – *21 Sapienti sat:* Dem Verständigen genügt es. – *32f. Ex libro ...:* Aus einem Buch kann jeder gelehrt sein.

S. 168 *13 akkordieren:* einen Vergleich schließen. – *36 Schurek:* das hebr. Zeichen für den Vokal u. – *36 M'lo Pum:* »voller Mund«.

S. 170 *13 darf:* brauche.

S. 171 *31 Theologen:* Protestanten; für die Katholische Kirche ist die Ehe ein Sakrament. – *36 nur:* erst.

S. 172 *19f. Omne nimium ...:* Jedes Zuviel wird ein Kalb (»vitulum« statt »vitium« = Fehler). – *33 Konsumtionsakzise:* Verbrauchssteuer.

S. 174 *26 zum Teufel gefahren:* vgl. die Bemerkung zum Faustthema o. zu S. 156, 8.

S. 175 *37 verzweifelt:* s.o. zu S. 167, 12. So im folgenden noch öfter.

S. 176 *17 quid putas?:* was meinst du? – *28 quovis modo:* auf irgendeine Weise. – *30 Schraubereien:* Neckereien. – *30 vel sic, vel aliter:* so oder anders. – *33 illam ipsam:* eben die.

S. 180 *4 innerhalb der Szene:* zwischen den Kulissen.

S. 184 *1 stimmen:* »jemand unter der Hand eingeben, angeben, wie er urteilen, handeln soll« (Adelung).

S. 185 *12 verziehen:* verweilen, bleiben. – *31 keufst:* keifst.

S. 186 *10 Apollo:* Gott der Künste (u. a.), nicht der Gelehrsamkeit. – *12 Stößer:* Raubvogel, der auf seinen Raub hinab»stößt«. – *26 Karesse:* Liebkosung.

S. 187 *29 nicht umsonst:* wohl beabsichtigter Doppelsinn.

S. 188 *19 über den Tölpel stoßen:* überlisten.

S. 192 *35 distinguieren:* unterscheiden.

S. 193 *18 Hobbes:* Thomas Hobbes (1588-1679), engl. Staats- und Rechtsphilosoph; sein Hauptwerk, »The Leviathan« (1651), entwickelt eine diktatorische Staatstheorie. – *22 Certo respectu:* in gewisser Hinsicht. – *27 ausschlägt:* den ersten Schlag führt.

S. 194 *17 Proselyten:* der von einer (meist religiösen) Gruppe zur andern Übertretende. – *22 de Eruditis ...:* von Gelehrten, die spät zur Wissenschaft gekommen sind. – *23 de Opsimathia:* über das späte Gelehrtentum. – *23 de studio senili:* vom Studium im Greisenalter

S. 195   5 *Auctore Damide:* von Damis verfaßt.

S. 198   7 *applizieren:* verlegen.

S. 199   26 f. *über seine Meinungen Türkenmäßig zu halten weiß:* seine Meinungen im Zaum zu halten weiß. – *30 Freigeisterei:* rationalistische Anzweiflung des christlichen Glaubens.

S. 201   28 *ganz wohl lassen:* gut stehen, anstehen.

S. 204   34 f. *de bonis ...:* von guten Gelehrtenfrauen. – *36 f. de malis ...:* von schlechten Gelehrtenfrauen.

S. 205   21 *Mulier non Homo:* Die Frau ist kein Mensch. Als Thema theologischer Abhandlungen tatsächlich belegt. – 33 *Er hat seit einigen Jahren:* wie es L. am 30. 1. 1749 von sich an seine Mutter schrieb.

S. 206   6 *ekel:* wählerisch.

S. 207   15 *allzuzärtlich:* allzu zart empfindend. – 25 *Monaden:* in der Leibnizschen Philosophie die grundlegenden metaphysischen Einheiten alles Seins. Die dem Leibnizianismus feindlich gesinnte Berliner Akademie hatte für 1747 eine Preisaufgabe über die Monadenlehre gestellt und einen Gegner der Lehre preisgekrönt. – 26 *Devise:* Kennwort. – 30 *Unum est necessarium:* Eins ist notwendig (Lukas, 10, 42).

S. 209   10 *Erneuerung:* Die 1700 gegründete »Preußische Sozietät der Wissenschaften« in Berlin wurde 1740 nach der Thronbesteigung Friedrichs d. Gr. die »Académie Royale des Sciences et Belles-Lettres«. – 14 f. *was in den Niederlanden ...:* Besetzung der österreichischen Niederlande durch die Franzosen (1745-46) unter Moritz von Sachsen im Österreichischen Erbfolgekrieg.

S. 210   8 f. *Xanthippe:* die als zänkisch bekannte Frau des Sokrates. – 15 *ABCschnitzer:* In alten Fibeln bezog sich ein Merkvers auf Xanthippes unverträgliche Natur. – 22 f. *contra principia ...:* gegen einen, der die Grundsätze nicht anerkennt, ist nicht zu argumentieren.

S. 213   16 *Kapitalist:* jemand, der (viel) Geld besitzt (im Gegensatz zum Grundbesitzer). – 37 *Katzenpfoten:* Anspielung auf Lafontaines 17. Fabel des 9. Buches, »Le Singe et le chat.«

S. 214   28 *einen Mönch stechen:* oberdeutsche Redensart: »die Faust zeigen, so daß dabei der Daumen heraussteh e« (Adelung).

S. 216   33 *Weltweisheit:* Philosophie.

S. 217   1 *demosthenisch:* wie Demosthenes, der berühmte griech. Redner. – 2 *Nix:* Kurzform von Nikolaus, hier: ein unbedeutender, unwissender Mensch. – 7 *Milton:* mit »Paradise Lost« (1667) der im 18. Jh. umstrittenste Vertreter der Erhabenheit des literarischen Stils und Themas. – 7 *Haller:* Albrecht von Haller (1708-1777), dem der junge L. mit größter Hochachtung begegnete, galt als Vertreter der stilistisch gedrungenen Gedankenlyrik. – 34 f. *post coenam ...:* nach der Mahlzeit sollst du ruhn oder tausend Schritte tun.

S. 218   17 *Kleopatra:* Anspielung auf Kleopatras Selbstmord. – 37 *Ah, verberabilissime ...:* höchst prügelwürdiger – nicht Spitzbube, sondern Erzspitzbube. Zitat aus Plautus' Lustspiel »Aulularia«, 4. Akt, 4. Szene.

S. 219   24 *nur jetzt gleich:* erst gerade eben.

S. 221   4 *ABCbuch:* s. o. zu S. 210 15. – 37 *a priori:* philosophischer Fachausdruck: von vornherein, vor der Erfahrung, aus rein theoretischer Einsicht.

S. 222   14 *Stockfisch:* »dummer, einfältiger Mensch« (Adelung). – 15 *Pickelhering:* dt. Name für den Hanswurst im Possenspiel.

S. 226   21 f. *aufsagen:* absagen. – 29 *Requisita:* Erfordernisse. – 31 *Galimathias:* Kauderwelsch, Geschwätz.

S. 227   23 *allzuzärtlich:* allzu zart empfindend.

S. 229   26 *verziehen Sie!:* verweilen Sie!

S. 230   13 *ich hätte nicht wie viel nehmen ...:* um keinen Preis. – 24 *Zinshahn:* Hahn, der als Steuer (Zins) abgegeben wird; Nebenbedeutung: »zorniger, erhitzter Hahn«, wohl weil die mutigsten und stärksten Tiere zu solcher Abgabe ausersehen wurden (Adelung). – 34 *vexieren:* ärgern, necken.

S. 231   7 *Schuldmann:* Schuldner.

S. 233   8 *Tier, das ein Horn auf der Nase hat:* Auf der Leipziger Messe 1747 wurde zum erstenmal in Europa ein Rhinozeros gezeigt.

S. 236   19 *Epithalamium:* Hochzeitslied. *Thalassio* (S. 236, 28) und *Hymenaeus* (S. 237, 6) bedeuten dasselbe.

S. 238   30 *Deleatur ergo:* Es ist also zu streichen. – 34 *neue Wörter:* Anspielung auf die Neologismen Klopstocks und seines Gefolges, die von Leipziger Seite lächerlich gemacht wurden. Vgl. Schönaichs »Neologisches Wörterbuch« (1745).

S. 239   38 *Plagium:* Gedanken-Diebstahl.

S. 240   10 *häßliche Dohle:* vgl. L.s Fabel »Die Pfauen und die Krähe«, S. 27.

S. 241   34 *eingebunden:* auf die Seele gebunden.

S. 242   23 *Monas:* s. o. zu S. 207, 25. – 24 *Xenokrates:* griech. Philosoph (4. Jh. v. Chr.). – 25 *Pythagoras:* griech. Mathematiker und Philosoph (6. Jh. v. Chr.). – 25 *Moschus:* Moschos, griech. Philosoph der elischen Schule (4. Jh. v. Chr.).

DIE JUDEN (S. 249)

Wie das etwa gleichzeitig, 1749, entstandene Lustspiel »Der Freigeist« sind auch »Die Juden«, nur in noch verstärktem Maße, ein Problemstück. Es geht nicht darum, einen absonderlichen Charakter der Lächerlichkeit preiszugeben, sondern ein Vorurteil der Gesellschaft zu entlarven und womöglich zu beseitigen. Als »Resultat einer sehr ernsthaften Betrachtung über die schimpfliche Unterdrückung« der Juden versucht Lessing »dem Volke die Tugend da« zu zeigen, »wo es sie ganz und gar nicht vermutet« (Vorrede zum 3. und 4. Teil der »Schriften« 1754). Es handelt sich also um eine »Rettung« mit den Mitteln der Komödie, wobei notwendig Komik hinter Ernst oft zurücktritt.

Das Stück wurde 1754 mit dem Vermerk »Verfertiget im Jahr 1749« zuerst im 4. Teil der »Schriften« bei Voß in Berlin gedruckt und leicht verändert 1767 in die »Lustspiele« aufgenommen. Unser Text nach deren 2. Auflage 1770.

Erstaufführung wohl am 4. September 1766 in Nürnberg, danach nicht selten weitere Aufführungen, so z. B. 1771/72 nach Lessings Berufung in Braunschweig.

Die Buchveröffentlichung erhielt Kritiken, auf die Lessing mit dem Aufsatz »Über das Lustspiel die Juden« 1754 im 1. Stück der von ihm herausgegebenen Zeitschrift »Theatralische Bibliothek« antwortete.

S. 251   32 *verzweifelt:* verflucht.

S. 252   10 *Vogt:* Verwalter.

S. 253   37 *über Macht:* aus Leibeskräften.

S. 254   17 *Verziehen:* verweilen, bleiben.

S. 255   12 *mit Gift vergeben:* vergiften. Wohl Wortspiel mit Gift = Gabe und Gift. – 30 *sauber:* behutsam.

S. 259   10 *Empfindlichers:* Schmerzlicheres. – 27 *Wohlstand:* Anstand.

S. 261   9 *willkürlich:* spontan. – 11 *allzuzärtlich:* allzu zart empfindend.

S. 262   4 *Nur jetzt:* gerade eben. – 4 *Schulze:* Gemeindevorsteher. – 32 *Physiognomie:* Gesichtszüge.

S. 263   32 *ewig:* »Auffüllungs-Partikel, den Nachdruck zu befördern« (Adelung); so viel wie: in aller Welt.

S. 267   9 *Schirrmeister:* der Knecht, der für das Pferdegeschirr verantwortlich ist, wozu Ketten gehören – daher die Anwendung der Bezeichnung auf den Kettenhund.

S. 268   28 *Je vous aime:* ich liebe Sie. – 32 *nur ein Deutscher:* komische Variation von L.s Kritik an der Nachäffung der Franzosen.

S. 270   9 *Verzweifelt:* Verflucht! – 21 *Fasson:* Form. – 22 *Lot:* früheres Handelsgewichtsmaß, 16 2/3 g.

S. 274   7 *schlechteste:* einfachste, geringste.

S. 277   15 *Larve:* Maske.

S. 278   23 *Schubsäcke:* Taschen.
S. 280   6 *empfindlich:* schmerzlich.
S. 282   14 *dafür ist gebeten:* das wird nicht geschehen.
S. 283   27 *salva venia:* mit Verlaub.
S. 284   9 *schließen:* einsperren.
S. 287   10 *überflüssig:* in übermäßiger Weise. – 25 *Verfahren:* Verhalten. – 33 *Alfanzereien:* Gaukeleien, Narreteien.
S. 289   6f. *Unleidlichkeit des Tadels:* Unfähigkeit, Tadel zu ertragen. – 15 *Anmerkungen:* von Johann David Michaelis, dem Göttinger Professor der Theologie und Orientalistik, am 13. Juni 1754 in den »Göttingischen Gelehrten Anzeigen«; Besprechung des 4. Teiles der L.schen »Schriften«. – 17 *Jenaische gelehrte Zeitungen:* 24. Aug. 1754 in der Besprechung des vierten Teils der »Schriften«: »Es ist auch in diesem Stücke [»Die Juden«] viel Schönes; ob wir gleich nicht bergen können, daß uns dasjenige, was in einer auswärtigen Zeitung darbei angemerket worden, keine überflüssige Erinnerung zu sein scheint.« – 27f. *in Hrn. Gellerts Schwedischer Gräfin:* Ein polnischer Jude erweist dem schwedischen Grafen G*** in russischer Gefangenschaft Wohltaten, die beweisen, »daß es auch unter dem Volke gute Herzen gibt, das sie am wenigsten zu haben scheint« (Anfang des zweiten Briefs des zweiten Teils von Christian Fürchtegott Gellerts vielgelesenem Roman: »Leben der schwedischen Gräfin von G***«, 2 Teile, 1746-1748).
S. 290   16 *Handlung:* Handel. – 26 *dürfte:* brauchte.
S. 292   4 *einen andern:* L.s Freund Moses Mendelssohns Brief an den Mediziner und Literaten Dr. Aron Emmerich Gumpertz, der die Bekanntschaft L.s und Mendelsohns vermittelte.
S. 294   14 *Theologen:* s. o. zu S. 289, 15.
S. 295   20f. *den Juden gemeiner:* bei den Juden üblicher. – 28 *Niederträchtigkeit:* Demut, Bescheidenheit.
S. 296   7 *Antwort:* verschollen. – 9 *Retorsionen:* Erwiderungen.

Miss Sara Sampson (S. 297)

Dem ernsten Drama hat sich Lessing auf verschiedenen Wegen zu nähern gesucht. Dabei ist es bemerkenswert, daß sein erster von ihm publizierter derartiger Versuch einen zeitgenössischen politischen Stoff betraf, den er in der herkömmlichen Form des großen heroischen Dramas, in gereimten Alexandrinern, anging: »Samuel Henzi«; er hat ihn in seinen »Schriften«, 2. Teil, 1753 veröffentlicht. Auf das »bürgerliche Trauerspiel« in Prosa, die »Miß Sara Sampson« von 1755, folgen bald mehrere andersartige Versuche, so u. a. der in die Antike versetzte –

Fragment gebliebene – »Kleonnis« (s. S. 739), wiederum in Versen (aber in fünffüßigen Jamben) von 1758, aus dem gleichen Jahr der auf den heroischen Ton gestimmte »Philotas«, jedoch in Prosa, sowie etwa aus den gleichen Jahren das – von Lessing ebenfalls veröffentlichte – »Faust«-Fragment in Prosa (s. S. 745).

Von all diesen entworfenen, erwogenen oder ausgeführten Stücken ist nur »Miß Sara Sampson« ein »bürgerliches Trauerspiel«; und Lessing ließ es auch bei diesem einen Beispiel der von ihm in Deutschland initiierten Gattung bewenden. »Emilia Galotti« (s. S. 515), mit ihren gesellschaftlichen Gegensätzen, lebt aus anderem Milieu als diese Familientragödie.

Von theoretischen Überlegungen Lessings zum Trauerspiel aus dem Jahr 1755 ist nichts erhalten. Ein Jahr darauf führte er über dieses Thema einen Briefwechsel mit seinen Freunden Friedrich Nicolai und Moses Mendelssohn, in seiner etwa gleichzeitigen Vorrede zu Thomsons Trauerspielen und vor allem dann in der »Hamburgischen Dramaturgie« (beide in Bd. 2) kommen seine Ansichten deutlich zu Tage: »Nur die Tränen des Mitleids, und der sich fühlenden Menschlichkeit, sind die Absicht des Trauerspiels«, denn »*der mitleidigste Mensch ist der beste Mensch,* zu allen gesellschaftlichen Tugenden, zu allen Arten der Großmut der aufgelegteste«. Im 14. Stück der »Hamburgischen Dramaturgie« hat er das bürgerliche Trauerspiel deutlich von der heroischen Staatstragödie abgegrenzt: »ein Staat ist ein viel zu abstrakter Begriff für unsere Empfindungen«. Es ist nicht eine antihöfische, sondern eine mitmenschliche Tendenz, die Lessing zu dieser Art Drama gebracht hat. Auf die Wirkung kam es ihm vor allem an, und von daher, weniger von seiner Dramaturgie her, die Lessing selbst später angreifbar zu sein schien, wird auch eine heutige Betrachtung der »Miß Sara Sampson« gerecht werden können. Nicht zu denken ist es ohne die neue bürgerliche Gefühlskultur, ohne die »Empfindsamkeit«, die u. a. Richardsons Romane (etwa um das Schicksal der »verführten Unschuld«) prägte – Lessing hatte sie in Rezensionen begleitet (s. Bd. 2, S. 548 f.). Insofern hat dieses Stück, das Gottscheds Regelkanon sprengte, etwas Programmatisches.

Lessing hat »Miß Sara Sampson« im Frühjahr 1755 in etwa sieben Wochen in Potsdam geschrieben. Am 10. Juli wurde es in seinem Beisein in Frankfurt/Oder mit stärkster Wirkung aufgeführt. Ob Lessing damals schon die englische »domestic tragedy«: »The London Merchant« von George Lillo (1731) gekannt hat, ist ungewiß. Als wichtigste Quellen gelten: Thomas Shadwell: »The Squire of Alsatia« (1688), Charles Johnson: »Caelia« (1733), Suzanna Centlivre: »The Perjur'd Husband« (1700).

Erstdruck in Lessings »Schriften, Sechster Teil«, Berlin, bei Christian Voß, 1755. Letzter Druck zu Lessings Lebzeiten 1772 ebenda in Lessings »Trauerspielen«. Danach unser Text.

S. 301   *13 abzutreten:* abzusteigen.

S. 302   *2 Der mittlere Vorhang:* verdeckt während des Spiels auf der Vorderbühne den hinteren Teil der Bühne; aufgezogen gibt er ohne weitere Veränderung der Kulissen den Blick frei auf eine neue Szene.

S. 306   *37 Stehen Sie noch an:* zögern Sie noch.

S. 307   *9f. Aber noch schlief ich nicht ganz:* In seinem Essay zu den Trauerspielen des Seneca empfiehlt L. dem modernen Dichter, die Prophezeiungen der Götter durch Träume zu ersetzen, aber »sie müßten etwas Orakelmäßiges haben, damit sie den Ausgang so wenig, als möglich verrieten«.

S. 308   *16 nicht erklären dürfen:* nicht zu erklären brauchen.

S. 309   *29f. wenn ich ihrer nur entübriget sein könnte:* wenn ich sie doch nicht benötigte.

S. 312   *11 bis an die Szene:* bis an die Seitenkulisse. – *23 verzieh:* warte.

S. 316   *18 Sollte ... lassen?:* Steht es mir?

S. 319   *8 an deine ... die Reihe Zeit genug kommen lassen:* deine ... früh genug an die Reihe kommen lassen. – *10 im Paroxysmo:* am Höhepunkt einer fieberhaften Erkrankung.

S. 320   *1 Quäker:* ursprünglich ein Spottname für die 1647 in England von George Fox gegründete Sekte protestantischer Puristen. Fox ermahnte seine Anhänger, in Ergriffenheit vor dem Worte Gottes zu zittern (engl. quake). – *5 Bankozettel:* Banknoten.

S. 322   *2 Arabella:* Es scheint, daß L. in der Gestaltung dieser Kinderrolle seinen eigenen Vorschlägen für moderne Bearbeitungen des Senecaschen »Hercules furens« folgt. Er empfiehlt eine Sprechrolle für eins der Kinder des Herkules und schreibt weiter: »[Der neuere Dichter] müßte den Charakter desselben aus Zärtlichkeit und Unschuld zusammen setzen, um unser Mitleiden desto schmerzlicher zu machen, wenn wir es von den blinden Händen seines geliebten Vaters sterben sehen.«

S. 329   *2ff. Oder wenn du noch ...:* In einem Brief an Mendelssohn (14. September 1757) bezieht sich L. auf diese Stelle, um zu demonstrieren, welche Art von Hilfe der Autor dem Schauspieler bieten kann. »Wenn ich von einer Schauspielerin hier nichts mehr verlangte, als daß sie mit der Stimme so lange stiege, als es möglich, so würde ich vielleicht mit den Worten: *verstellen, verzerren und verschwinden,* schon aufgehört haben. Aber da ich in ihrem Gesichte gern gewisse feine Züge der Wut erwecken möchte, die in ihrem freien Willen nicht stehen, so gehe ich weiter, und suche ihre Einbildungskraft durch mehr sinnliche Bilder zu erhitzen, als freilich zu dem bloßen Ausdrucke meiner Gedanken nicht nötig wären.«

S. 335 25 *zwischen der Szene:* hinter den Kulissen.

S. 341 13 f. *mich nicht entbrechen:* mich nicht enthalten.

S. 343 23 *entstehen:* fehlen.

S. 345 15 ff. *Geschwind reißen Sie mich* ...: Zu dieser Stelle bemerkt L.: »Es ist wahr, Mellefont würde hier geschwinder nach dem Briefe haben greifen können, wenn ich ihn nicht so viel sagen ließe. Aber ich raube ihm hier mit Fleiß einen gemeinen Gestum, und lasse ihn schwatzhafter werden, als er bei seiner Ungeduld sein sollte, bloß um ihm Gelegenheit zu geben, diese Ungeduld mit einem feinern Spiele auszudrücken.« Vgl. Anm. zu S. 41, 2. L. verteidigt diese Stellen als »so wenig untheatralisch, daß sie vielmehr tadelhaft geworden sind, weil ich sie allzu theatralisch zu machen gesucht habe« (an Mendelssohn, 14. September 1757).

S. 347 32 *gähling:* jählings, plötzlich.

S. 353 6 *Schalk:* unzuverlässiger Knecht.

S. 354 19 f. *eine ganze sündige Stadt* ...: Anspielung auf 1. Moses 18, 20-33.

S. 356 9 f. *Obstand:* Widerstand.

S. 367 28 *entbrechen:* freimachen.

S. 370 14 *unanständig:* unpassend, unangemessen.

S. 372 32 *Der will sich nichts wagen:* die reflexive Form hier in der Bedeutung der transitiven.

S. 385 24 *Kordialpulver:* ein herzstärkendes Pulver.

Philotas (S. 389)

Im Jahr 1758 als einziger mehrerer Pläne zu »heroischen« Trauerspielen vollendet (s. »Kleonnis« S. 739). Das bürgerliche Trauerspiel war also nur *eine* Möglichkeit des ernsten Dramas für Lessing. Jedoch zeigt gerade dieses Stück den Sieg der Menschlichkeit (hier eines Vaters, der das letzte Wort hat) über die moralische Fragwürdigkeit eines prinzipiellen Heroismus. Zwar wird die Wirkung von Philotas' Tod auf seinen Vater nicht mehr gezeigt, doch darf man schließen, daß sie keine andere ist als auf dessen Rivalen: Philotas bewirkt durch seinen Tod das Gegenteil dessen, was er wollte: Mitmenschlichkeit also auch hier.

Wohl nur die Sprach- und Gefühlsintensität der Hauptfigur und der Zeitpunkt seines Erscheinens (Siebenjähriger Krieg) haben zu so radikalen Mißverständnissen wie von Gleim und Bodmer geführt, die beide die heroischen Ideale des Philotas auf Lessing übertrugen: Gleim in einer Versifizierung patriotisch bejahend, Bodmer in seinem Trauerspiel »Polymet« parodistisch (beide 1760). Fehlinterpretationen waren auch in der Folge, bis in unser Jahrhundert, fast die Regel.

Erstdruck (anonym) einzeln bei Christian Friedrich Voß in Berlin 1759, später kaum verändert 1772 in die »Trauerspiele« aufgenommen. Danach unser Druck. – Erstaufführung wohl erst 1774 in Berlin.

S. 390 *Philotas:* So hieß der kriegerische Sohn des Parmenion, eines Feldherrn Alexanders des Großen. Es ist möglich, daß L. diesen Namen in ironischer Absicht verwendet und daß ihm die Bedeutung »Freundschaft«, insbesondere Freundschaft zwischen Nationen, die das Wort Φιλότας im Dorischen hat, vorschwebte. – *Aridäus:* Auch dieser Name scheint auf die Umgebung Alexanders d. Gr. zu verweisen: sein Halbbruder und zeitweiliger Reichsverweser hieß so.

S. 392 29 *Lykus:* Name mehrerer Flüsse in Kleinasien. – 31 *Methymna:* Stadt auf Lesbos.

S. 393 2 *Toga:* Nach vollendetem 17. Lebensjahr trug ein junger Römer die Toga virilis. L. überträgt hier römische Sitten auf griechische Verhältnisse. – 7 *Aristodem:* Name eines messenischen Helden. L. verwendet den Namen ebenfalls im »Kleonnis«-Fragment. – 11 *Cäsena:* Stadt in Oberitalien. Diese Ortsangabe scheint den anderen geographischen Hinweisen zu widersprechen.

S. 396 21 *Polytimet:* u. U. ein sprechender Name; gr. Πολυτίμητος, hochgeehrt.

S. 400 *Fünfter Auftritt ...:* dazu L. in seinen Anmerkungen zu Xenophons »Cyropädie«: »Der lustige aufgeräumte Ton, in welchem sich Cyrus und seine Feldherren unterhalten, kann dienen, die fünfte Szene meines Philotas zu rechtfertigen.«

S. 411 13 *Ein wenig zu kurz scheinet es mir:* Vgl. L.s Anmerkung in den »Kollektaneen«: »Der Zug wegen des kurzen Schwerds ist nicht so wohl aus dem Lohenstein (im Arminius) als aus dem Plutarch: Lacaena dicenti filio, parvum gladium sibi esse: adde inquit gradum.« [Eine Spartanerin sagte auf die Bemerkung ihres Sohnes, das Schwert sei ihm zu kurz: rechne den Schritt hinzu.]

MINNA VON BARNHELM (S. 415)

»Daß sich diese Komödie aus der Welt und nicht der Studierstube herschreibt«, fand schon der Rezensent der Berlinischen privilegierten

Zeitung vom 9. April 1767, also 45 Jahre vor Goethe, der im 7. Buch von »Dichtung und Wahrheit« das Werk »die erste aus dem bedeutenden Leben gegriffene Theaterproduktion, von temporärem Gehalt« nannte. Aus der Zeit nach dem Friedensschluß von 1763 entwickelt sich die Handlung um den in seiner Ehre gekränkten und in dieser Kränkung »gefangenen« preußischen Major Tellheim und seine ihm scheinbar durch weibliche Natürlichkeit und Gescheitheit überlegene sächsische Verlobte. Was dem alten Komödienmuster nach Personal, Konstellation und Intrige entsprechen könnte, ist in Wirklichkeit durch den Ernst der Zeit, die unkonventionelle Menschlichkeit und Freiheit des dramatischen Spiels zu neuer, höherer Realität erhoben. Die kunstvolle, dennoch durchsichtig klare Architektur des Dramas ist ein Zeichen dafür.

Die Handlung ist angeblich durch eine wahre Begebenheit in einem Breslauer Gasthof angeregt worden. Zahlreiche literarische Anklänge an französische und englische Komödien hat man bemerkt, »Diderots philosophischen Geist, des Marivaux feinen Witz und des Destouches Reichtum der Charaktere« fand die Berlinische privilegierte Zeitung in dem Stück vereinigt, – doch besagen solche Hinweise nicht allzuviel angesichts von Lessings originaler Leistung.

Die Angabe: »Verfertiget im Jahre 1763« (also im Jahr des Friedensschlusses) auf dem Titelblatt der Erstausgabe kann sich allenfalls auf die Konzeption beziehen, denn briefliche Zeugnisse besagen, daß das Stück im Frühjahr 1764 begonnen und 1765 abgeschlossen wurde.

Erstdruck Ostern 1767 bei Voß in Berlin als Einzelausgabe sowie im 2. Teil der »Lustspiele«; 2. Auflage sowohl des Einzeldrucks wie der »Lustspiele« (mit kleinen Änderungen) 1770. Danach unser Druck. – (Faksimile-Ausgabe der Handschrift von G.E.A. Bogeng, Heidelberg 1926.)

Uraufführung am 30. September 1767 (trotz anfänglicher Bedenken Preußens) in Hamburg; seitdem bis heute wohl das am meisten gespielte deutsche Drama.

S. 418 29 *Bald:* fast.
S. 419 1 f. *Danziger ... doppelter Lachs:* ein in der Danziger Brennerei »Zum Lachs« hergestellter Likör; das Etikett zeigt einen oder zwei Lachse; doppelter »Lachs« wird durch eine Modifikation der sogen. »einfachen« Destillation gewonnen. – 15 *Eine vierfache Schnur ...:* Abwandlung der Bibelstelle Prediger Salomo, 4, 12: »Einer mag überwältigt werden, aber zwei können widerstehen, und eine drei-

fache Schnur reißt nicht leicht entzwei.« – 20 *Mores:* Sitten. – 25 *aufgehen läßt:* ausgibt.

S. 420   4 *verzweifelt:* verflucht. – 5 *galant:* etwa: geschmackvoll eingerichtet. – 10 *läßt:* aussieht. – 11 *vexiert:* hält zum besten. – 17 f. *im Kriege:* im Siebenjährigen Krieg (1756-63) zwischen Preußen und Österreich und ihren Verbündeten. – 21 *Friede:* Der Friede von Hubertusburg wurde am 15. Februar 1763 geschlossen.

S. 421   30 *fünfhundert Taler Louisdor:* 1 Louisdor = 5 Taler, also 100 Louisdors; vgl. S. 623, 13 die gleichwertigen »hundert Pistolen« (span. u. frz. Goldmünze).

S. 422   20 *Racker:* Schimpfwort (Schinder, Abdecker, Henker).

S. 423   13 *hundert Pistolen:* vgl. o. zu S. 421, 30. – 13 f. *alter Wachtmeister:* hier: früherer Wachtmeister. – 22 *Forderungen an die Generalkriegskasse:* vgl. S. 487-488. – 22 *aufzieht:* hinhält, warten läßt.

S. 424   31 *Vorsicht:* Vorsehung. Anläßlich von C. F. Weißes »Richard III.« vertritt L. im 79. Stück der »Hamburgischen Dramaturgie« die Auffassung, daß durch Zweifel an der letztgültigen Benevolenz Gottes oder der Vorsehung die Reinheit des Tragischen gefährdet werde. – S. auch »Nathan« IV, 7.

S. 425   5 *Equipage:* (militärische) Ausrüstung. – 5 *Handschrift:* hier: Schuldschein. – 24 *mich mit einem Manne abzufinden:* hier: dankbar zu erweisen.

S. 427   10 *Taler:* = 24 Groschen. – *Gr.* = Groschen = 12 Pfennige. – 17 *Feldscher:* militärischer Wundarzt. – 28 *Liverei:* Livrée.

S. 428   29 *Blessuren:* Verwundungen.

S. 429   10 *Kompliment:* Empfehlung; vgl. *18* »Empfehl«. – *16 überflüssig:* etwa: allzugütig.

S. 430   8 *Friedrichsdor:* = Louisdor (im Wert), 5 Taler.

S. 431   13 *Heraklius:* Erekle, Irakli, letzter Fürst von Kacheti und (seit 1760) von Karthli (das vorher unter persischem Schutz gestanden hatte), in Georgien. – 22 *Persien weggenommen:* historisch unrichtig, Heraklius befreite lediglich seine Territorien (s. o.) von persischer Botmäßigkeit. – 23 *Ottomanische Pforte:* im engeren Sinne das Tor des Sultanspalasts in Konstantinopel, übertragen: Herrschaft der Türken (Ottomanen).

S. 432   7 *Schulzengerichte:* ein Gut, dessen Besitzer befugt war, die Funktionen eines Schulzen (dörflichen Bürgermeisters und Richters) auszuüben, und nicht zu Hand- und Spanndiensten (gegenüber einem adeligen Grundherrn) verpflichtet war. – 11 *Dukaten:* Ein Dukaten war damals etwa drei Taler wert. – 23 *Affäre bei den Katzenhäusern:* Anspielung auf Zusammenstöße der Preußen und Österreicher bei dem

Dorf Katzenberg in der Nähe von Meißen während des Siebenjährigen Krieges, 1759/62. – 25 f. *Disposition:* hier: Schlachtplan. – 29 *Winspel:* auch Wispel, Getreidemaß, das in Norddeutschland üblich war; der Inhalt wechselte je nach der Gegend. – 30 *Rocken:* Roggen.

S. 433   11 *Tabagie:* Tabakskneipe. – 19 *Hure:* L. in der kurzen Nachlaß-Notiz »Delikatesse«: »Man hat über das Wort *Hure* in meiner Minna geschrieen. Der Schauspieler hat es sich nicht einmal unterstehen wollen zu sagen. Immerhin; ich werde es nicht ausstreichen, und werde es überall wieder brauchen, wo ich glaube, daß es hingehört.«

S. 434   8 *verzweifelt:* verflucht. – 23 *Haltung der Kapitulation:* doppeldeutig, nämlich sowohl Übergabe wie Einhaltung eines Vertrags.

S. 436   28 *zerrissen:* aufgelöst.

S. 437   35 f. *Charakter:* hier: Titel, Stellung.

S. 438   9 *Dato:* heute. – 9 *a. c.:* anni currentis = des laufenden Jahres. – 17 f. *hier zu Lande keine Sünde, aus Sachsen zu sein:* Anspielung auf die Gegnerschaft der Preußen und Sachsen im Siebenjährigen Kriege und – privat – wohl auch auf die Verdächtigung L.s als »Erzsachsen« in Berlin. Vgl. seinen Brief an Friedrich Nicolai vom 25. Mai 1777: »Was Sie mir sonst von der guten Meinung schreiben, in welcher ich bei den dortigen Theologen und Freigeistern stehe, erinnert mich, daß ich gleicher Gestalt im vorigen Kriege zu Leipzig für einen Erzpreußen, und in Berlin für einen Erzsachsen bin gehalten worden, weil ich keines von beiden war, und keines von beiden sein mußte – wenigstens um die Minna zu machen.« – 27 *Thüringen:* ein damals zum Kurfürstentum Sachsen gehörendes Gebiet in Nordwest-Thüringen.

S. 439   3 f. *klein Rammsdorf:* in der Nähe von Leipzig. – 5 *Hof:* Herrenhaus (des Guts- und Gerichtsherrn).

S. 440   7 *nehmen:* verhalten. – 12 *Zufall:* Vorfall.

S. 442   4 *Kasten:* Einfassung des Steins. – 4 *der Fräulein:* Im 18. Jh. behauptet sich (besonders in Niedersachsen) der weibliche neben dem sächlichen Artikel. – 4 *verzogen:* in verschlungenen Buchstaben. – 37 *Schuldner:* hier: Gläubiger.

S. 443   35 f. *blessiert:* verwundet.

S. 445   16 *komplimentieren:* s. o. zu S. 429, 10.

S. 453   1 *Rummel:* »ein Handel, eine Sache in verächtlichem Verstande« (Adelung).

S. 454   38 *Schleifwege:* Schleichwege.

S. 455   10 *Schwemme:* »... wo Tiere zur Erfrischung oder zur Abspülung der Unreinigkeit schwimmen müssen« (Adelung).

S. 456   20 *läßt:* steht. – 20 *Neugierde:* Wirte sollen im damaligen Preußen gelegentlich als Spitzel im Staatsdienst gestanden haben.

S. 459　7 *als ins Ohr:* wie wenn er es ihr ins Ohr sagte. – 9 *Freischulzengerichte:* vgl. o. zu S. 432, 7.

S. 462　7 *Schneller:* List, Trick, Streich.

S. 463　17 *ein Taler achtzig:* etwa 80 Taler.

S. 464　36 *Kantinen:* gefütterte Körbe oder Kästen zum Transport von Flaschen.

S. 466　34 *Interessen:* Zinsen.

S. 468　9 f. *Mundierungsstücke:* umgangssprachlich für Montierungsstücke, Ausstattungsstücke.

S. 469　36 f. *Katz aushalten:* Ausdruck vom Katzballspiel (Katz = frz. chasse), durch den gleich folgenden Satz erläutert.

S. 472　10 *anführen:* hintergehen.

S. 474　19 f. *Der ... melancholische Kaffee:* Im 18. Jh. war die Ansicht verbreitet, daß das Kaffeetrinken trübselig stimme.

S. 475　10 *Est-il-permis:* Ist es erlaubt? – 14 *Parbleu!:* Bei Gott! – 14 *Mais non:* aber nein. – 15 *C'est sa chambre:* Das ist sein Zimmer. – 18 f. *juste ...:* richtig, mein schönes Kind, den suche ich. Wo ist er? – 21 *Comment:* Wie? – 30 f. *Ah voilà ...:* Ah, das ist seine höfliche Art. Er ist ein sehr galanter Mann, der Major! – 34 *C'est dommage ...:* Schade; wie ärgerlich.

S. 476　7 *Nouvelle:* Nachricht. – 12 ff. *Mademoiselle ...:* Das gnädige Fräulein spricht französisch? Aber natürlich; eine Dame wie Sie! Die Frage war sehr unhöflich; Sie verzeihen mir, gnädiges Fräulein. – 22 *Sachés donc:* Hören Sie also. – 28 *à l'ordinaire:* gewöhnlich. – 30 ff. *et le Ministre ...:* und der Minister hat mir im Vertrauen gesagt, denn Seine Exzellenz ist ein Freund von mir, und zwischen uns gibt es keine Geheimnisse. – 33 *sei auf den Point ...:* stehe unmittelbar vor dem Abschluß. – 35 ff. *tout-à-fait ...:* ganz und gar zu Gunsten des Majors. Mein Herr, sagte mir Seine Exzellenz, Sie verstehen, daß alles von der Art abhängt, wie man die Dinge dem König vorstellt, und Sie kennen mich. Dieser Tellheim ist ein prächtiger Kerl, und weiß ich nicht, ob Sie ihn lieben? Die Freunde meiner Freunde sind auch meine. Er kostet den König etwas viel, dieser Tellheim, aber dient man den Königen für nichts? Man muß sich gegenseitig helfen in dieser Welt, und wenn jemand etwas verlieren muß, dann soll's der König sein und nicht einer von uns ehrlichen Leuten. Das ist das Prinzip, von dem ich niemals abweiche.

S. 477　8 f. *Ah que ...:* Ah, Seine Exzellenz hat das Herz auf dem rechten Fleck! – 9 f. *au reste:* im übrigen. – 11 *une Lettre de la main:* ein Handschreiben. – 12 *infailliblement:* unfehlbar. – 17 f. *Vous voyés en moi:* Sie sehen in mir. – 21 ff. *qui est ...:* die tatsächlich königlichen Bluts ist. Man muß sagen, ich bin zweifellos der abenteuerlichste Sproß, den das Haus je gehabt hat. — 24 *Affaire d'honneur:* Ehrenhandel. — 26f. *Staaten-General:* Regierung (wörtlich Ständeversammlung) der Niederlande. — 27ff. *Ah, Mademoiselle ...:* Ah, mein Fräulein, hätte ich doch niemals dies Land gesehen! — 31 *Capitaine:* Hauptmann. — 34f. *Oui, Mademoiselle ...:* Ja, mein Fräulein, ich bin entlassen und liege nun auf der Straße. — 37 *Vous étes ...:* Sie sind sehr liebenswürdig, mein Fräulein.

S. 478   3ff. *Tranchons ...:* Sagen wir es geradeheraus; ich habe keinen Pfennig und stehe buchstäblich vor dem Nichts. — 9 *qu'un malheur ...:* daß ein Unglück nie allein kommt. — 10 *arrivir:* geschehen. — 10 *Honnêt-homme:* gesellschaftliches Bildungsideal des 18. Jh.s, etwa: Ehrenmann. — 10 *Extraction:* Herkunft. — 11 *Resource:* (Geld)quelle. — 13f. *Mademoiselle ...:* Mein Fräulein, ich spiele mit einem Pech, das über alle Vorstellung hinausgeht. — 15f. *gesprenkt:* gesprengt, um den gesamten Einsatz gebracht. — 16ff. *Je sais bien ...:* Ich weiß wohl, daß noch etwas außer dem Spiel dabei mitgespielt hat. Unter meinen Gegenspielern waren nämlich gewisse Damen. — 20 *invitir:* eingeladen. — 21 *revanche ...:* Genugtuung; aber Sie verstehen mich, mein Fräulein. — 34f. *Tant mieux ...:* Um so besser, mein Fräulein, um so besser! Alle Leute von Geist lieben das Spiel heiß. (Private Selbstironie — leidenschaftliches Spielen wird auch von dem L. der Breslauer Jahre, während derer »Minna von Barnhelm« entstand, berichtet.)

S. 479   3f. *Comment ...:* Wie mein Fräulein, Sie wollen mit mir Halbpart machen? Von ganzem Herzen. — 7 *Ah, Mademoiselle ...:* Ah, mein Fräulein, wie liebenswürdig Sie sind! — 11 *Donnés ...:* Geben Sie nur immer, mein Fräulein, geben Sie. — 15 *Pistol:* s. o. zu S. 421, 30. — 16 *interessir:* beteiligt. — 19 *liaison:* Verbindung. — 20f. *et de ce moment ...:* und von diesem Augenblick an fange ich wieder an, an mein Glück zu glauben. — 35f. *Je suis ...:* Ich bin einer von den Geschickten, mein Fräulein. Wissen Sie, was das heißt? — 38 *Je sais ...:* Ich kann hinters Licht führen.

S. 480   2 *Je file ...:* Ich unterschlage eine Karte mit einer Geschicklichkeit. — 4 *Je fais ...:* Ich betrüge beim Kartenmischen mit einer Gewandtheit. — 6f. *Donnés-moi ...:* Geben Sie mir ein Täubchen zu rupfen (einen einfältigen Menschen zu betrügen) und — . — 9ff. *Comment ...:* Wie, mein Fräulein? Sie nennen das betrügen? Das Glück verbessern, es sich an die Finger fesseln, sich auf seine Sache verstehen. — 15 *Laissés-moi faire ...:* Lassen Sie mich nur machen, mein Fräulein. — 18 *Votre trés-humble:* Ihr Ergebenster.

S. 483   14 *aufmutzen:* vorhalten; Vorwürfe machen.

S. 485   31 *untergesteckt:* auf andere Regimenter verteilt.

S. 487   9 *Equipage:* s. o. zu S. 425, 5. — 27 *Ämter:* Verwaltungsdi-

strikte. – 27 *Kontribution:* von der Besatzungsmacht erhobene Steuer.
– 34f. *zu ratihabierende:* zu bestätigende. – 38 *Valute:* Gegenwert des Wechsels.

S. 488   1 *Gratial:* Dankgeschenk. – 21 *Vorsicht:* Vorsehung.

S. 489   4 *Mohr von Venedig:* Othello. – 28 *weil:* solange.

S. 490   15 *nur jetzt:* gerade eben. – 16f. *urgieret:* vorgebracht. –
19 *entladen:* entlastet.

S. 493   16 *entstehen:* ausbleiben.

S. 497   23 *studiert:* überlegt.

S. 500   37 *darf:* brauche.

S. 501   5 *Feldjäger:* Ordonnanzoffizier.

S. 502   12 *Szene:* Kulisse.

S. 503   5 *Vorbitterin:* Fürbitterin. – 26 *Mein Bruder:* Friedrichs d. Gr. Bruder, Prinz Heinrich von Preußen, befehligte während des Siebenjährigen Krieges die preußischen Truppen in Sachsen. – 31 *urgieren:* vorbringen. – 34f. *wohlaffektioniert:* wohlgesonnen.

S. 506   4f. *verlaufen:* entlaufen. – 5 *Fräulein:* junge Dame von Adel.
– 5 *an den Kopf geworfen:* an den Hals geworfen.

S. 507   21 *Sophistin:* hier: Scheinlogikerin.

S. 512   32 *von dieser Farbe:* von der preußischen.

S. 513   27 *Rentmeister:* Vermögensverwalter. – 33 *Fuchtel:* Schläge mit der flachen Degenklinge (Fuchtel); Strafe für Soldaten und Unteroffiziere.

EMILIA GALOTTI (S. 515)

Dieses letzte von Lessing für die Bühne seiner Zeit geschriebene Drama war – trotz sofortigen starken Widerhalls – schon bei seinen Zeitgenossen nicht unumstritten und wird in unserer Zeit – vor allem unter politischem Aspekt – unterschiedlich gedeutet. Hier kann die Beobachtung der Entstehungsgeschichte nützlich sein. Der altrömische Virginia-Stoff (Tötung der in ihrer Unschuld von einem Tyrannen bedrohten Tochter durch den Vater – einen Plebejer! – mit der Folge eines politischen Umsturzes) hat Lessing schon seit 1754 beschäftigt. Während seine anderen vollendeten Dramen fast alle in ziemlich kurzer Zeit geschrieben sind, zog sich die – gegen seine Gewohnheit – immer wieder aufgenommene Arbeit an diesem Stück in verschiedenen Stationen fast 20 Jahre hin: es war eine literarisch-handwerkliche Aufgabe, die er mit der Bewältigung des in der Weltliteratur oft behandelten extremen, ja ungeheuerlichen Stoffes anging. Versuche im Stil eines heroisch-historischen Römer-Dramas befriedigten ihn offenbar nicht, 1757/58, also nach »Miß Sara Sampson«, aber noch vor »Philotas«, aktualisierte

Lessing den Stoff zu einer »bürgerlichen Virginia«, gab dem Stück bereits den Titel »Emilia Galotti«, versetzte es also in seine Zeit, wenn auch nach Italien, entpolitisierte es aber insofern, als er alles von der Geschichte »absonderte«, »was sie für den ganzen Staat interessant machte« (an Nicolai), da ein solches privates Schicksal schon »tragisch genug, und fähig genug sei, die ganze Seele zu erschüttern«. Der für ihn bezeichnende Wirkungsgesichtspunkt, auch das Exemplarische spielen also von Anfang mit. Zweifellos erschwerte sich Lessing durch diese Zuspitzung des Stoffes auf eine rein moralisch-menschliche Problematik seine Aufgabe; die Arbeit an dem auf drei Akte geplanten Stück war sehr mühsam, scheint ziemlich weit gediehen zu sein, wurde aber nicht zu Ende geführt.

In Hamburg, Ende der 60er Jahre, befaßte Lessing sich erneut mit dem Stoff – nun in Hinblick auf das dortige Theater –, erweiterte den Plan auf fünf Akte, konnte ihn aber wiederum ebensowenig beenden wie andere dramatische Pläne auch. Daß Lessing das Stück je völlig »privatisiert« haben könnte, ist dem Stoff nach undenkbar, ein gewisses Maß von Öffentlichkeit und damit von politischer Potentialität ist mit der Handlung gegeben; man kann vermuten, daß es vor allem die politischen *Folgen* des »Virginia«-Stoffes waren, die Lessing »absonderte«. Über die Hamburger Erweiterung des Planes auf fünf Akte wissen wir unmittelbar nichts, wir können nur annehmen, daß die Rolle der Gräfin Orsina in ihrer jetzigen Form dazugekommen ist (Nicolai in der Vorrede zu Lessings Sämtlichen Schriften, 27. Teil, 1794), was auf eine gewisse Verstärkung des politischen Moments schließen lassen könnte. Erst da in Wolfenbüttel die Herzogin Lessing, nach seinen Worten, so oft sie ihn sah, »um eine neue Tragödie gequält« habe, nahm er im Herbst 1771 das Stück wieder vor, mit der Absicht, es zum Geburtstag der Herzogin am 10. März 1772, durch die Döbbelinsche Truppe in Braunschweig aufführen, aber auch es drucken zu lassen. Hierfür scheint Lessing das Stück weitgehend neu geschrieben zu haben. Anfang März 1772 schickte er dem Herzog die damals »bis in den vierten Aufzug« reichenden Korrekturbogen mit der Frage, ob das Stück, wie Döbbelin es wünsche, zu jenem Tage aufgeführt werden könne. Diese Frage beantwortete der Herzog positiv.

Es ist nicht anzunehmen, daß Lessing – und auch die Döbbelinsche Truppe – dem Herzog, der Herzogin und dem Braunschweiger Publikum bei dieser Geburtstagsfestaufführung ein kryptorevolutionäres Stück vorführen wollten.

Die Frage, wie stark die in dem Stück enthaltene Hofkritik zu bewerten sei, ist weniger biographisch als Ausfluß von Lessings bekannter Abneigung gegen höfisches Wesen, sondern zunächst dramaturgisch zu betrachten. In einer solchen vom Stoff her aufs Extreme gestellten Tragödie muß um der psychologischen Glaubhaftigkeit willen (die im übrigen nicht voll erreicht wird) mit äußersten Gegensätzen und extremen Mitteln gearbeitet werden. »Öffentlichkeit« und politische Implikationen sind allein durch das Milieu gegeben. Aber auch die »politisch« schärfsten Äußerungen, wie Odoardos Monolog in IV, 4, halten sich im Rahmen der seit dem 17. Jahrhundert üblichen Hofkritik, die Auswüchse und Mißbräuche des Absolutismus anprangerte. Zudem war es die Gattung Tragödie, die Lessing hier erfüllen wollte, die den strengsten, verhärtetsten bürgerlichen Moralkodex – an Stelle des altrömischen der Fabel – mit seinem äußersten Gegensatz konfrontieren mußte, die im übrigen straffste Dramaturgie verlangte, wodurch wiederum die Wucht des dramatischen Geschehens verstärkt wurde. (Vgl. zu Spartacus«, S. 832)

Wenn es bei einigen Höflingen nach der Uraufführung auch »lange Gesichter« gegeben haben soll und wenn das Stück auch in Gotha auf dem Hoftheater nicht aufgeführt wurde, so bezeugt doch die vielfältige Reaktion der damaligen Presse – wie auch in Briefen –, daß »Emilia Galotti« – ihrer zweifellos empfundenen »politischen« Aktualität ungeachtet – vor allem als literarisches Ereignis betrachtet wurde. Die Diskussion befaßte sich mit dramaturgisch-poetologischen Fragen, die Psychologie – vor allem Odoardos – spielte eine große Rolle, über den Einfluß Shakespeares wird geschrieben u. dergl. Selbst wenn Lessings Freund Ramler in seiner Rezension die »königlichen Worte« aus Psalm 2,13 zitiert, die er diesem Stück als Motto mitgeben möchte und die auf eine Ermahnung der Könige und eine Züchtigung der Richter auf Erden zielen, so steht dieses Zitat innerhalb von Ausführungen über die »ungemeine Kunst« und den »vorzüglichen Rang« des Trauerspiels, das im übrigen – auch das ist bezeichnend – über die zeitgenössische französische Dramatik gestellt wird.

Kritik geübt wird – außer an der Psychologie – nur selten, und dann vor allem an der angeblich kalten Konstruiertheit des Dramas; am schärfsten von Goethe in einem Brief an Herder, im Juli 1772: »Emilia Galotti ist auch nur gedacht ...« Am ausgewogensten und umfassendsten – indem er auch den politischen Aspekt einbezog – äußerte sich Herder 1793 in der dritten Sammlung seiner »Briefe zur Beförderung der Humanität«.

So berechtigt manche Kritik an »Emilia Galotti« im einzelnen ist, das Erstaunliche ist, daß dieses Stück nach seiner »weisen, unnachahmlichen Ökonomie« (Eschenburg), der unheimlichen Zielstrebigkeit seines Ablaufs, nach der Vielfalt und Farbigkeit seiner Personen, der gebändigten Lebendigkeit und Genauigkeit seiner Sprache, durch die Integrierung der Zeit in das Geschehen das erste bis in unsere Gegenwart hinein wirksam gebliebene große ernste Drama unserer Literatur ist.

Erstaufführung (mit großem Erfolg) am 13. März 1781; Lessing konnte ihr wegen Unwohlseins nicht beiwohnen. Der Hof war nicht anwesend, der Erbprinz incognito.

Erstdruck in den »Trauerspielen« 1772 bei Christian Friedrich Voß in Berlin; im selben Jahr drei Einzeldrucke, nach deren letztem unser Druck (unter Berücksichtigung einer erst 1949 wiederentdeckten und von H. S. Schulz ausgewerteten von Lessing korrigierten Abschrift für den Druck; Modern Philology 47, 1949, S. 88-97).

Quellen und Anregungen Titus Livius, »Ab urbe condita«, III, 44 ff. Die Virginia-Episode wird ebenfalls berichtet von dem bei L. hin und wieder erwähnten Dionysius Halicarnassus (»Antiquit. Rom.«, XI, 28f.). Daneben die Dramatisierungen dieses Stoffes durch Samuel Crisp, »Virginia«, 1754, und A. Montiano y Luyando, »Virginia«, 1750.

Angeregt wurde L. durch eine Reihe weiterer Werke der europäischen Literatur, darunter: Matteo Bandello, »Novelle«, 1554; J. G. de Campistron, »Virginie«, 1683; Voltaire, »Le Fanatisme ou Mahomet le prophète«, 1743; Samuel Richardson, »Clarissa Harlowe«, 1746.

S. 516 *Hettore Gonzaga:* Eine Seitenlinie des Hauses Gonzaga (Mantua) regierte von 1539 bis 1746 die Grafschaft Guastalla; eine andere Seitenlinie, Sabbionetta-Gonzaga, starb 1591 aus. Die Ansprüche der Gonzaga auf Sabbionetta (vgl. 521, 26f.) sind also historisch, auch ein Landschloß Dosolo (Dosalo) befand sich in ihrem Besitz. Einen Hettore Gonzaga dagegen hat es nicht gegeben.

S. 517 22 *Marchese:* ital. Adelstitel; dem dt. »Markgraf« entsprechend zwischen Graf und Herzog im Rang.

S. 518 *19 die Kunst geht nach Brot:* sprichwörtlich (Caspar Scheyt, 1561; Neander, 1590). – *25 nicht vieles; sondern viel:* nach Plinius, »Epistolae« (VII, 9): »aiunt multum legendum esse, non multa« (Man sagt, man solle viel lesen, nicht vieles).

S. 519 20 *verwandt:* umgewandt. – 23 *Anzüglichsten:* Anziehendsten. – *30f. die plastische Natur:* die bildende, gestaltende Natur.

S. 520 *5 noch eins so viel:* noch einmal so viel. – *34 Stolz haben Sie in Würde ...:* Eben diese Technik, den Affekt in einer gemilderten Form darzustellen, empfiehlt L. dem Maler, »Laokoon« III (s. Bd. 3 dieser Ausgabe).

S. 521 12 *Vorwürfe:* Gegenstände; Lehnübersetzung von lat. obiectum. – 23 *Vegghia:* ital. Abendgesellschaft. – 27 *Sabionetta:* 1708 vom Herzog Vincenzo Gonzaga erworben und mit Guastalla vereinigt. – 27 *Degen:* hier Krieger.

S. 522   30 ff. *Dieser Kopf, dieses Antlitz ...:* Dem Dichter spricht L. die Möglichkeit »der Schilderung körperlicher Schönheit, als Schönheit« ab. Indem er sie hier dem Maler in den Mund legt, illustriert er die bekannte Passage im »Laokoon« XX (s. Bd. 3 dieser Ausgabe). – *33 f. Schilderei:* Gemälde (vgl. mhd. schiltaere, Maler).

S. 523   9 *Studio:* Studie.

S. 524   15 *einkömmt:* einfällt. – 21 *Massa:* Massa e Carara, Provinz in Oberitalien.

S. 526   7 *Piemont:* Fürstentum in Oberitalien.

S. 530   11 *wo deine Vorsprecherin:* (Konditional) wenn deine Fürsprecherin. – 22 *Lassen Sie die Ausfertigung noch anstehen:* Warten Sie noch mit d. A. (vgl. unten Z. 34: *Es kann Anstand damit haben*).

S. 534   8 *Pistole:* Goldmünze im Werte von fünf Talern.

S. 536   36 *Ich besorg' auch so was!:* Als ob ich darüber besorgt wäre!

S. 537   29 f. *wenn anders sie diesen Namen verdienet:* wenn sie überhaupt diesen Namen verdient.

S. 541   18 *nehmen:* benehmen (vgl. S. 549, 12: *genommen:* benommen).

S. 550   32 *selbst funfziger:* zu fünfzig, zusammen mit 49 anderen.

S. 577   9 *Gewehr:* hier allgemein Waffe. – 10 f. *Schubsack:* Tasche. – 38 *Bacchantinnen:* Begleiterinnen des Bacchus, die im Rausch morden.

S. 578   25 f. *Ich wollt' auch nicht, Sie hätten! Um wie vieles nicht!:* Der Grund dieses schwer begreiflichen Wunsches scheint folgender zu sein: Wenn die Orsina mit ihrem Verdacht, daß Emilia die Komplizin des Prinzen ist, recht hat, dann ist es, wie sich Odoardo später ausdrückt, nur »das alltägliche Possenspiel«, das zwar erschütternde Folgen hat, nämlich die Ermordung Appianis, nicht aber die moralische Weltordnung in Frage stellt, wie das durch die ausweglose Tragik einer Unschuldigen geschähe.

S. 581   3 *Neidhart:* neidischer Mensch. – 28 *gebüßet:* befriedigt.

S. 583   31 f. *unanständig:* nicht schicklich.

S. 584   14 f. *Kränkungen:* hier in der älteren, allgemeineren Bedeutung: eine Handlung, die Schmerz empfinden läßt.

S. 585   37 *trotz Ihnen:* nicht weniger als Sie.

S. 587   12 f. *alleranständigste:* passendste, angemessenste. – 26 *Sibylle:* So nennt er Orsina, die wie die Sibyllen des Altertums im Zustand der Verzückung Prophetisches äußerte.

Nathan der Weise (S. 593)

Obwohl Lessings letztes Drama auf einen alten, an Boccaccios Novelle vom Juden Melchisedek anknüpfenden Plan zurückgeht, den er 1776 nach der Rückkehr von seiner Wiener (und italienischen) Reise hatte »vollends aufs Reine bringen und drucken lassen wollen«, wäre es ohne die theologischen Auseinandersetzungen mit dem Hamburger Hauptpastor Goeze wohl nicht und gewiß nicht so, wie es vorliegt, vollendet worden. Jedoch zeigen Lessings späte Hinweise auf den frühen, sonst nirgends erwähnten Plan, daß er nicht nur seit seiner Jugend als »Liebhaber der Theologie« sich mit theologisch-wissenschaftlichen Fragen abgegeben, sondern daß die Wahrheitsfrage der Religionen auch sein Gestaltungsbedürfnis als dramatischer Dichter bewegt hat.

Die Veröffentlichung einiger scharf religionskritischer »Fragmente eines Ungenannten« (H. S. Reimarus, s. Bd. 3 dieser Ausgabe ab S. 309) hatte 1777 zu öffentlichen Auseinandersetzungen mit Vertretern der orthodoxen Theologie, zuletzt 1778 zu den »Anti-Goeze«-Schriften geführt, deren weitere Publikation Lessing auf Betreiben seiner Gegner durch Herzog Karl von Braunschweig untersagt wurde, der ihm am 13. Juli 1778 das Privileg der Zensurfreiheit entzog und die restlichen Exemplare der »Fragmente« und der Anti-Goeze-Schriften konfiszieren ließ. Daß Lessing sich auf seine »alte Kanzel, das Theater«, zurückziehen und nun dort durch sein Drama »predigen« konnte, ist zu einem Glücksfall für die deutsche Literatur geworden, denn auf diese Weise ist nicht nur unser einziges Drama mit religiöser Thematik von künstlerischem Rang entstanden, sondern hat unsere Literatur gleich zu Anfang ihrer – späten – Blüte eine nicht zu vermutende geistige und menschliche Höhe erreicht, so daß Goethe wünschen konnte, das hier »ausgesprochene göttliche Duldungs- und Schonungsgefühl möge der Nation heilig und wert bleiben«.

Lessing ließ sein Drama – aus Gründen, die er nicht näher bezeichnet hat – auf Subskription, also auf eigenes Risiko, aber bei seinem Berliner Verleger Voß erscheinen. Im August 1778 bereits ließ er in verschiedenen Blättern seine Subskriptionsanzeige veröffentlichen. Im November beginnt er mit der endgültigen Niederschrift, deren Drucklegung sein in Berlin lebender Bruder Karl, nach vorheriger Überprüfung durch den Freund Ramler, vermittelt. Da der Text stark anschwillt, kann eine geplante Vorrede sowie ein Nachspiel »Der Derwisch«, das aber noch nicht vorlag und auch nie geschrieben wurde, nicht mit aufgenommen werden. Im Mai 1779 war das Drama in den Händen der Subskribenten.

»Nathan der Weise« trägt die Gattungsbezeichnung: »Ein dramatisches Gedicht«. Darunter verstand Lessing (s. »Hamburgische Dramaturgie, 79. Stück aus Anlaß von Shakespeares Richard III., Bd. 2 dieser Ausgabe) eine nicht mehr strenge Gattungsform, die es – wie in Komödie oder Tragödie – zu erfüllen gegolten hätte, sondern eine lockere Form, die dem Autor wohl größere Beweglichkeit gestattete, die zwar nicht die Schönheiten einer bestimmten Gattung, aber »doch sonst Schönheiten« haben könne. Diese Freiheit, mehrere Gattungen »in einem und demselben Werke zusammenfließen« zu lassen, wenn »höhere Absichten« es erforderten, nahm er hier offensichtlich für sich in Anspruch, sie erlaubte den souveränen Umgang mit unterschiedlichen Formen, den Übergang vom Tragischen zum Komischen mit vielen Zwischentönen, also all das, was den künstlerischen Charakter dieses »Dramatischen Gedichts« ausmacht und was in der Literatur völlig neu war. Was für ein Schritt von den Anti-Goeze-Schriften zu diesem Stück! Zu diesem spezifischen Charakter des »Nathan« gehört auch die Versbehandlung. Der Blankvers, der fünffüßige Jambus, den Lessing verwandte und der seitdem, wenn auch in anderem Ton, für lange Zeit zum deutschen Dramenvers wurde, war zuvor nur ein paar Mal fürs Drama verwandt worden, Lessing selbst hatte seinen »Kleonnis« (s.S. 739) in diesem Versmaß vorgesehen gehabt. Jetzt verwandte er ihn, dem Charakter dieses »dramatischen Gedichts« entsprechend, ganz locker, variabel, er entfernte ihn von der Prosa oft nur so weit wie eben nötig, es kam ihm offenbar auf einen unfeierlichen, anpassungsfähigen Vers im parlando-Ton an. Wenn, vor allem im 19. Jahrhundert, Kritiker die fehlende Strenge dieser Verse bemängelten, hatten sie – als Klassiker-Epigonen – die Stilsicherheit Lessings in dieser Hinsicht nicht gespürt und kannten wohl seine Äußerung nicht: »ich dächte, sie [diese Verse] wären viel schlechter, wenn sie viel besser wären« (an Karl Lessing, 7. (1.?) Dezember 1778).

»Nathan der Weise« ist vielen Deutungen und Mißdeutungen ausgesetzt gewesen, er wurde verboten, ignoriert, parodiert, weitergeführt, historisiert, verfremdet, zumeist aber reduziert auf die Ringparabel, was nicht selten einer bequemen Trivialisierung oder gar Bagatellisierung gleichkam. Nicht häufig wurde mit dem nötigen Nachdruck auf die eigentliche Kernszene der Nathan-Handlung, zwischen Nathan und dem Klosterbruder (IV, 7) hingewiesen, die als bewußt spät nachgeholte Exposition erst das Fundament nicht nur zur vollen Würdigung der Ringparabel, sondern zum Verständnis der Person Nathans überhaupt bildet und in der kein Wort entbehrlich ist. Auch ist nicht immer deutlich genug erkannt worden, daß das ganze »dramatische Gedicht« ja eine Parabel und bis in die Details hinein von tiefsinnig parabolischer Bedeutung ist.

Eine Aufführung des Stückes hat Lessing nicht erlebt, eine Aufführung durch Döbbelin in Berlin 1783 litt an unzureichender Besetzung der Hauptrolle, erst Schillers – ziemlich stark eingreifende – Bearbeitung, die unter seiner Leitung am 28. 11. 1801 in Weimar aufgeführt wurde, eroberte dem Stück die Bühne.

Von den drei 1779 erschienenen Ausgaben gilt die dritte (c) als die zuverlässigste. Danach unser Text.

S. 593 *Introite, ...:* »Tretet ein, denn auch hier sind Götter. Bei Gellius.« Zitat aus der Vorrede der »Attischen Nächte«, 175 n. Chr., des Aulus Gellius. Das Wort stammt von dem griech. Philosophen Heraklit.

S. 594 *Saladin:* (Salah ed diu = Heil des Glaubens) ein Kurde, der sich 1171 zum Herrscher (Sultan) von Ägypten macht. Nach verschiedenen erfolgreichen Zügen gegen christliche Ritterheere ergibt sich ihm 1187 Jerusalem. L. verlegt den Handlungsverlauf in die Zeit des 1192 zwischen Saladin und Richard Löwenherz abgeschlossenen Waffenstillstandes; im übrigen hat er sich »über alle Chronologie hinweg gesetzt«. In der Charakteristik Saladins folgt L. historischen Darstellungen (Voltaire, Marin), die in gezielter Fehldeutung den Mohammedanerfürsten als Ideal eines aufgeklärten Herrschers zeichnen. – *Sittah:* nach Sitt alscham, dem Namen der Schwester Saladins. – *Derwisch:* mohammedanischer Bettelmönch. – *Emir:* arab. Fürst, Herrscher. – *Mamelucken:* arab. Sklaven, Leibwache oriental. Herrscher.

S. 598 99 *Kundschaft:* hier: Kenntnis.

S. 599 132 *Traun:* wahrhaftig.

S. 602 237 *Das schließt für mich:* Diese Schlußfolgerung stützt meine Ansicht.

S. 604 283 *Bug:* Biegung.

S. 605 334 *Franke:* Dem Orientalen der Kreuzzugszeit waren alle Europäer Franken, weil die Bewegung von Frankreich ausging. Vgl. 5. Aufzug, 8. Auftritt, V. 674.

S. 607 372 *Al Hafi:* arab. der Barfuß.

S. 609 422 *Kommt an:* Heran denn! Eine Aufforderung zum Streit. – 441 *Defterdar:* arab. Schatzmeister.

S. 614 570 *das rote Kreuz auf weißem Mantel:* Dieses Gewand kennzeichnet ihn als Tempelherrn. – 573 *Tebnin:* Festung bei Tyrus, 1187 von Sarazenen erobert. – 574 *des Stillstands letzter Stunde:* Die Dauer des Waffenstillstandes war auf drei Jahre und drei Monate begrenzt. – 576 *Sidon:* heute Saida, alte phönizische Hafenstadt, 1187 von Saladin besetzt. – 577 *Selbzwanzigster:* zu zwanzig, zusammen mit 19 anderen.

S. 616   632 *König Philipp:* Philipp August von Frankreich, zusammen mit Richard Löwenherz Initiator des III. Kreuzzuges; war aber bereits 1191, vor Abschluß des Waffenstillstands, nach Frankreich zurückgekehrt.

S. 617   661 *ausgegattert:* ausgekundschaftet.

S. 618   673 *Maroniten:* christliche Sekte in Syrien. – 678 *Ptolemais:* Akka, bereits 1104 von den Kreuzfahrern erobert; 1187 besetzte Saladin auch diese ihres Hafens wegen besonders wichtige Festung, erst vier Jahre später wurde sie durch Richard Löwenherz zurückgewonnen. – 680 *erst:* eben erst.

S. 619   717 *Paket wagen:* frz. risquer le paquet = es darauf ankommen lassen.

S. 620   736 *Sina:* China.

S. 623   5 *Gabel:* Zug, durch den gleichzeitig zwei gegnerische Figuren bedroht werden.

S. 624   18 *Dinar:* arabische Goldmünze. – 18 *Naserinchen:* Naserin, kleine türkische Silbermünze. – 25 *Satz:* Einsatz. – 33 *doppelt Schach:* König und Dame werden zugleich bedroht. – 34 *Abschach:* Der gegnerische König wird dadurch, daß eine Figur bewegt wird, durch eine hinter ihr stehende bedroht.

S. 625   54 f. *Hab' ich mit dem Iman denn Gespielt:* Der Koran verbietet die Nachbildung von Tieren und Menschen, und ein Iman, i. e. ein geistlicher Würdenträger, darf also nur mit »glatten Steinen« spielen. Saladin benutzt hier die »ungeformten« Steine als Entschuldigung für sein unaufmerksames Spiel. – 72 *Wenn unserm Bruder Melek ...:* Dieser Heiratsplan wurde bei den Friedensverhandlungen von 1192 erwogen, er scheiterte an der Forderung christlicher Bischöfe, daß Saladins Bruder Malek el Adhel den mohammedanischen Glauben aufgeben solle. Vgl. Marigny, »Geschichte der Araber«, III, 544.

S. 626   105 *Acca:* Akka, identisch mit der oben erwähnten Stadt Ptolemais.

S. 631   215 *Abbrechen:* mindern. – 228 *Unterschleif:* Betrug.

S. 632   248 *Mich denkt:* ich erinnere mich.

S. 633   280 *Trotz Saladin:* ebenso wie Saladin. – 283 *Parsi:* Anhänger der Lehre des Zoroaster. – 299 f. *übern Fuß mit ihm gespannt:* auf gespanntem Fuß mit ihm.

S. 634   316 *Salomons und Davids Gräber:* Salomon soll seinem Vater David große Schätze mit ins Grab gegeben haben. Sein Siegelring galt als Talisman der Weisheit und Zauberei.

S. 635   355 *Haram:* Harem.

S. 643   559 *Sparung:* Schonung.

S. 644   599 *Kundschaft:* Bekanntschaft.

S. 647   679 *bekam der Roche Feld:* wurde der Turm wieder frei.

S. 648   702 *Unter meinen Ghebern:* Die Gheber sind eine Sekte der Parsi, die aber am Kaspischen Meer wohnen, nicht am Ganges, wie Lessing anzunehmen scheint. – 711 *Delk:* von arab. dalak, Gewand eines Derwisch.

S. 654   135 f. *wo Moses Vor Gott gestanden:* Vgl. 2. Moses 19 ff.

S. 655   140 ff. *Daß es bei weitem ...:* L. kannte die »Orientalische Reyß« (1612) von Breuning von Buchenbach, wo es in der Beschreibung des Berges Sinai heißt: »Des andern tags stiegen wir von diesem Heiligen berge, ... und seind dieses orts keine staffeln, derhalben es auch desto mühseliger und beschwerlicher hinab zu kommen.« S. 193.

S. 658   222 *stellen:* verstellen. – 227 *abzubangen:* Vgl. L.s »Anmerkungen über Adelungs Wörterbuch«: »durch bange machen einem etwas ablisten, abpressen« (Lachmann/Muncker, Bd. 16, S. 87).

S. 667   490 *Bezeihen:* bezichtigen.

S. 669   561 *freier Dings:* aus freien Stücken. – 564 f. *das nämliche An mich zu suchen:* mich um das gleiche zu bitten. – 569 *Post:* ital. posta, Schuld.

S. 672   646 f. *der Mann Steht seinen Ruhm:* wird seinem Ruhm gerecht.

S. 686   159 *Apostasie:* Abfall vom Glauben.

S. 687   193 *Kapitulation:* Vertrag.

S. 691   290 *Ginnistan:* nach L. »so viel als Feenland« (an Karl L., April 1779). – 291 *Div:* nach L. »so viel als Fee« (an Karl L., April 1779).

S. 692   307 *Jamerlonk:* nach L. »das weite Oberkleid der Araber« (an Karl L., April 1779). – 308 *Tulban:* Turban.

S. 701   558 *Quarantana:* der Sage nach der Berg der Versuchung, wo Jesus 40 Tage fastete, zwischen Jericho und Jerusalem. – 569 *Tabor:* der Berg der Verklärung Christi.

S. 702   601 *Gazza:* Gaza, Festung und Hafen an der Straße von Palästina nach Ägypten. – 604 *Darun:* Festung südlich von Gaza. – 608 *Askalon:* Festung und Hafen nördlich Gaza, 1187 von Saladin erobert.

S. 704   661 *Gath:* Stadt nordwestlich von Jerusalem.

S. 709   7 *Kahira:* Kairo.

S. 711   60 *Thebais:* Oberägypten, benannt nach der Stadt Thebai, heute Said.

S. 717   226 *Gauch:* Tor.

S. 726   468 *in die Richte:* ohne Umweg.

S. 729   565 *gach:* jäh, ungestüm.

DRAMATISCHE FRAGMENTE

Lessing hat sich bis etwa 1770 immer wieder mit Dramenplänen der verschiedensten Art befaßt, die teils knappe Skizzen und Szenarien sind, teils aber schon aus dialogisierten oder versifizierten abgeschlossenen Auftritten und Aufzügen bestehen. Veröffentlicht hat er davon außer dem »Samuel Henzi« (1753 im 22. und 23. der »Briefe«, im 2. Teil der »Schriften«) nur eine Szene aus dem »Faust« (1759 im 17. Literaturbrief), aufgehoben hat er diese – z. T. aus den 50er, den eigentlichen Dramenjahren stammenden – Entwürfe jedoch, offenbar als Reservoir, wie der auch auf einen solchen Entwurf zurückgehende »Nathan« zeigt. Angesichts der kleinen Zahl der von Lessing vollendeten Dramen und angesichts der Tatsache, daß er fast mit jedem Drama einen bestimmten, innerhalb der Dramatik seiner Zeit noch nicht erreichten Punkt anstrebte – und wenn er ihn erreicht hatte, nie auf ihm verharrte –, sind auch diese Fragmente von hohem Interesse. Deshalb werden vier von ihnen in dieser Ausgabe mitgeteilt. (Vollständig – einschließlich des erst kürzlich aufgefundenen Fragments »Tonsine« finden sie sich in Bd. 2 der acht-bändigen Werkausgabe.)

KLEONNIS (S. 739)

Das Fragment gehört in den Zusammenhang der Bemühungen Lessings um das »heroische« Trauerspiel (s. zu »Philotas« S. 389 und zu »Emilia Galotti« S. 515) Ende der 50er Jahre; der Text ist in den ersten Monaten 1758 geschrieben. Bemerkenswert ist, daß Lessing hier – zum ersten Mal – fünffüßige Jamben verwendet, jedoch in einem andern, wesentlich gehobeneren »Ton« als später im »Nathan« (s. dazu S. 593). Das Fragment ist einerseits eine Art Gegenstück zu »Philotas« und deutet andererseits in der Verurteilung der Tat des Aristodemus, der »einem deutlichen Orakel« folgend (Vers 158) seine Tochter opfert, voraus auf die Tat Odoardo Galottis, der seine Tat ebenfalls mit der Erfüllung des göttlichen Willens motiviert (»Virginia«-Motiv).

Außer den versifizierten Szenen sind noch vorbereitende Exzerpte aus Quellen sowie sonstige Notizen Lessings, z. T. auch in seinen »Collectaneen«, vorhanden. Seine Hauptquellen waren Pausanias I, 4, Justinus III, 4, Strabo VI und VII, Orosius XXI, die er vor allem bei Charles Rollin: Histoire ancienne, Paris 1748 fand. In den folgenden Anmerkungen werden diese Notizen benutzt.

Erstdruck im »Theatralischen Nachlaß« (unvollständig) hrsg. von

Karl G. Lessing, 2. Teil, Berlin 1786; Lessings vollständige Notizen erstmals in der Ausgabe bei G. Hempel, Berlin 1868-1879, Bd. 11, 2, S. 665-677.

Das Stück spielt 743 v. Chr., während des – historischen – Kriegs zwischen Messeniern (Messene: in NW-Griechenland) und Lakedämoniern (Spartanern).

Der König der Messenier ist *Euphaes* (13. Abkömmling des Herakles, deshalb »Heraklide«). Nach Notizen Lessings, die »Personen« überschrieben sind, hat Euphaes zwei Söhne: *Kleonnis* (der aber unter einem andern Namen im Stück vorkommen soll) und *Demarat*, »der aber lieber nicht zum Vorschein kommen darf«. In den überlieferten ausgeführten Szenen ist jedoch nur von Demarat die Rede und zwar in einer Weise, die auf ihn als Hauptfigur des Stückes schließen läßt. Es ist also möglich, daß Lessing bei der Versifizierung statt des ursprünglichen Namens Kleonnis den des Demarat eingesetzt hat, so daß Euphaes dann nur einen Sohn hätte.

Messenischer Feldherr ist *Aristodemus,* ein gefürchteter Krieger. Von Euphaes wird er aber deshalb gefürchtet, weil er zu Beginn des Krieges seine Tochter geopfert hat (s. o.).

Der König der Lakedämonier (Spartaner) ist *Theopomp,* er hat einen Sohn *Doryssus* (identisch mit dem Gefangenen? Ähnliche Situation wie in »Philotas«?).

Die Messenier sind zu Beginn des Stückes in bedrängter Lage, sie haben sich bei *Ithome,* »einer kleinen, auf einem Berg gleichen Namens gelegenen Stadt«, verschanzen müssen; in einer blutigen Schlacht (»im achten Jahr dieses Krieges«) ist der König Euphaes schwer verwundet und nur durch Aristodemus' Mut gerettet worden. *Tisis,* der zum Schluß auftritt, ebenfalls ein Sohn des Herakles, ist ein berühmter Seher und spielte – nach den Notizen – in der Vorgeschichte des Dramas eine wichtige Rolle.

S. 742   74 *Für eine sieben bluten:* Der König wünscht, das Schicksal hätte die Wunden, die ihn jetzt von der Schlacht abhalten, für seine letzte Schlacht aufgespart: mit seiner Todeswunde würde er dann gern das siebenfache Maß an Schmerz ertragen.

S. 743   111 *verbuhlter:* hier: parteiischer.

D. FAUST (S. 747)

Aus dem Kontext des berühmten 17. Literaturbriefs (16. Februar 1759; s. Bd. 2, S. 623 ff.) ergibt sich die Bedeutung, die die darin anonym veröffentliche Szene »Faust und die sieben Geister« für Lessing hatte: seine folgenreiche Entscheidung für Shakespeare gegen die Franzosen in seiner Auseinandersetzung mit Gottsched belegt er – durchaus selbstbewußt – mit einer Szene aus einem Trauerspiel über diesen allgemein beliebten deutschen Stoff, der schon in seiner alten Volksstückform »sehr viel Englisches« hätte und manches enthielte, das »nur ein Shakespearesches Genie zu denken vermögend gewesen«. Was ihm vorschwebte, war ein »deutsches Stück« mit »lauter solchen Szenen«.

Lessings Beschäftigung mit dem Fauststoff ist seit 1755 nachgewiesen. Zweimal mindestens hoffte er, das Stück bald beendigen zu können: 1757 in Berlin und 1767 in Hamburg. Doch hat er sich auch später noch damit beschäftigt, wie aus verschiedenen Zeugnissen, so z. B. von Friedrich Müller (dem »Maler Müller«), Christian Friedrich von Blankenburg, Johann Jacob Engel (diese beiden s. u.) hervorgeht. Doch scheint Lessing (um 1770) noch einen zweiten, anders angelegten Entwurf gemacht zu haben, »ohne Teufel, in dem ... die Ereignisse so sonderbar auf einander folgten, daß bei jeder Szene der Zuschauer würde genötigt gewesen sein, auszurufen: das hat der Satan so gefügt« (nach »Maler Müller«). Erhalten ist von einem solchen Entwurf nichts. Angeblich enthielt jedoch ein Kästchen, das Lessing auf seiner Italienreise 1775 von Dresden aus zurückschickte und das nie angekommen ist, neben anderen Manuskripten auch ein umfangreiches »Faust«-Fragment. Das zweite der hier abgedruckten Fragmente hat nichts mit jenem neuen Entwurf zu tun, sondern stammt noch aus früherer, auch aus der Berliner Zeit und wird deshalb auch als »Berliner Szenarium« bezeichnet. Veröffentlicht hat es Karl G. Lessing 1786 in dem von ihm herausgegebenen »Theatralischen Nachlaß« seines Bruders, im 2. Teil.

Zwei der eben erwähnten Mitteilungen über Lessings »Faust« seien angesichts der Bedeutung dieses Versuchs hier wiedergegeben: Der preußische Offizier und Schriftsteller Christian Friedrich von Blankenburg (1744-1796), der vor allem durch seinen »Versuch über den Roman« (1774) bekannt wurde, veröffentlichte in der von Johann Wilhelm von Archenholz herausgegebenen Zeitschrift »Litteratur- und Völkerkunde«, 5. Bd., Juli 1784 einen Brief, in dem er »das Skelett« jenes verloren gegangenen Fragments, das ihm Lessing gezeigt haben soll, mitteilt. Und Karl G. Lessing veröffentlichte im »Theatralischen Nachlaß« Bd. 2, 1786 ein Schreiben des Schriftstellers, Theatermannes und Literaturtheoretikers J. J. Engel in Berlin (1741-1801) mit aus dem Gedächtnis rekonstruierten Szene aus Lessings Faust, die freilich nur begrenzten Quellenwert haben kann.

»*Schreiben über Lessings verloren gegangenen Faust*
Vom Hauptmann von Blankenburg
[...] Die Szene eröffnet sich mit einer Konferenz der höllischen Geister, in welcher die Subalternen dem Obersten der Teufel Rechenschaft von ihren auf der Erde unternommenen und ausgeführten Arbeiten ablegen. Denken Sie, was ein Mann, wie Lessing, von diesem Stoffe zu machen weiß! – Der letztere, welcher von den Unterteufeln erscheint, berichtet: daß er wenigstens einen Mann auf der Erde gefunden habe, welchem nun gar nicht beizukommen sei; er habe keine Leidenschaft, keine Schwachheit; in der nähern Untersuchung dieser Nachricht wird Fausts Charakter immer mehr entwickelt; und auf die Nachfragen nach allen seinen Trieben und Neigungen antwortet endlich der Geist: er hat nur einen Trieb, nur eine Neigung; einen unauslöschlichen Durst nach Wissenschaften und Kenntnis – Ha! ruft der Oberste Teufel aus, dann ist er mein, und auf immer mein, und sicherer mein, als bei jeder andern Leidenschaft! – Sie werden ohne mein Zutun fühlen, was alles in dieser Idee liegt; vielleicht wäre sie ein wenig zu bösartig, wenn die Auflösung des Stückes nicht die Menschheit beruhigte. Aber urteilen Sie selbst, wie viel dramatisches Interesse dadurch in das Stück gebracht, wie sehr der Leser bis zur Angst beunruhigt werden müsse. – Nun erhält Mephistophiles Auftrag und Anweisung, was und wie er es anzufangen habe, um den armen Faust zu fangen; in den folgenden Akten beginnt, – und vollendet er, dem Scheine nach, sein Werk; hier kann ich Ihnen keinen bestimmten Punkt angeben; aber die Größe, der Reichtum des Feldes, besonders für einen Mann wie Lessing, ist unübersehlich. –– Genug, die höllischen Heerscharen glauben ihre Arbeit vollbracht zu haben; sie stimmen im fünften Akte Triumphlieder an – wie eine Erscheinung aus der Oberwelt sie auf die unerwartetste, und doch natürlichste, und doch für jeden beruhigendste Art unterbricht: ›Triumphiert nicht‹, ruft ihnen der Engel zu, ›ihr habt nicht über Menschheit und Wissenschaft gesiegt; die Gottheit hat dem Menschen nicht den edelsten der Triebe gegeben, um ihn ewig unglücklich zu machen; was ihr sahet, und jetzt zu besitzen glaubt, war nichts als ein Phantom. –‹

So wenig, mein teuerster Freund! dies auch, was ich Ihnen mitteilen kann, immer ist; so sehr verdient es, meines Bedünkens, denn doch aufbewahrt zu werden. Machen Sie nach Belieben Gebrauch davon! – etc.

Leipzig, am 14ten Mai 1784. *v. Blankenburg.*«

»*An den Herausgeber des theatralischen Nachlasses*
Es ist ganz wahr, liebster Freund, daß Ihr seliger vortrefflicher Bruder mir verschiedene seiner Ideen zu theatralischen Stücken mitgeteilt hat. Aber das ist nun schon so lange her; die Pläne selbst waren so wenig

ausgeführt oder wurden mir doch so unvollständig erzählt, daß ich nichts mehr in meinem Gedächtnis davon zusammenfinde, was des Niederschreibens, geschweige denn des öffentlichen Bekanntmachens, wert wäre. Von seinem *Faust* indessen, um den Sie mich vorzüglich fragen, weiß ich noch dieses und jenes; wenigstens erinnere ich mich im allgemeinen der Anlage der ersten Szene und der letzten Hauptwendung derselben.

Das Theater stellt in dieser Szene eine zerstörte gotische Kirche vor, mit einem Hauptaltar und sechs Nebenaltären. Zerstörung der Werke Gottes ist Satans Wollust; Ruinen eines Tempels, wo ehemals der Allgütige verehrt ward, sind seine Lieblingswohnung. Eben hier also ist der Versammlungsort der höllischen Geister zu ihren Beratschlagungen. Satan selbst hat seinen Sitz auf dem Hauptaltar; auf die Nebenaltäre sind die übrigen Teufel zerstreut. Alle aber bleiben dem Auge unsichtbar; nur ihre rauhen mißtönenden Stimmen werden gehört. Satan fodert Rechenschaft von den Taten, welche die übrigen Teufel ausgeführt haben; ist mit diesen zufrieden, mit jenen unzufrieden. – Da das wenige, dessen ich mich aus dieser Szene erinnere, so einzeln und abgerissen, ohne alle Wirkung sein würde; so wage ichs, die Lücken dazwischen zu füllen und die ganze Szene hieherzuwerfen. –

SATAN. Rede, du Erster! Gib uns Bericht, was du getan hast!

ERSTER TEUFEL. Satan! Ich sah eine Wolke am Himmel; die trug Zerstörung in ihrem Schoß: da schwang ich mich auf zu ihr, barg mich in ihr schwärzestes Dunkel und trieb sie, und hielt mit ihr über der Hütte eines frommen Armen, der bei seinem Weibe im ersten Schlummer ruhte. Hier zerriß ich die Wolke und schüttete all' ihre Glut auf die Hütte, daß die lichte Lohe emporschlug und alle Habe des Elenden ihr Raub ward. – Das war alles, was ich vermogte, Satan. Denn ihn selbst, seine jammernden Kinder, sein Weib; die riß Gottes Engel noch aus dem Feuer, und als ich den sah – entfloh ich.

SATAN. Elender! Feiger! – Und du sagst, es war eines Armen, es war eines Frommen Hütte?

ERSTER TEUFEL. Eines Frommen und eines Armen, Satan. Jetzt ist er nackt und bloß und verloren.

SATAN. Für uns! Ja, das ist er auf ewig. Nimm dem Reichen sein Gold, daß er verzweifle, und schütt' es auf den Herd des Armen, daß es sein Herz verführe: dann haben wir zwiefachen Gewinn! Den frommen Armen noch ärmer machen, das knüpft ihn nur desto fester an Gott. –– Rede, du Zweiter! Gib uns bessern Bericht!

ZWEITER TEUFEL. Das kann ich, Satan. – Ich ging aufs Meer und suchte mir einen Sturm, mit dem ich verderben könnte, und fand ihn: da schallten, indem ich dem Ufer zuflog, wilde Flüche zu mir hinauf, und als ich niedersah, fand ich eine Flotte mit Wuchrern segeln. Schnell wühlt' ich mich mit dem Orkan in die Tiefe, kletterte an der schäumenden Woge wieder gen Himmel – –

SATAN. Und ersäuftest sie in der Flut?

ZWEITER TEUFEL. Daß nicht Einer entging! Die ganze Flotte zerriß ich, und alle Seelen, die sie trug, sind nun dein.

SATAN. Verräter! diese waren schon mein. Aber sie hätten des Fluchs und Verderbens noch mehr über die Erde gebracht; hätten an den fremden Küsten geraubt, geschändet, gemordet; hätten neue Reize zu Sünden von Weltteil zu Weltteil geführt: und das alles – das ist nun hin und verloren! – O, du sollst mir zurück in die Hölle, Teufel; du zerstörst nur mein Reich. – – Rede, du Dritter! Fuhrst auch du in Wolken und Stürmen?

DRITTER TEUFEL. So hoch fliegt mein Geist nicht, Satan: ich liebe das Schreckliche nicht. Mein ganzes Dichten ist Wollust.

SATAN. Da bist du nur um so schrecklicher für die Seelen!

DRITTER TEUFEL. Ich sah eine Buhlerin schlummern; die wälzte sich, halb träumend halb wachend in ihren Begierden, und ich schlich hin an ihr Lager. Aufmerksam lauscht' ich auf jeden Zug ihres Atems, horcht' ihr in die Seele auf jede wollüstige Phantasie; und endlich – da erhascht' ich glücklich das Lieblingsbild, das ihren Busen am höchsten schwellte. Aus diesem Bilde schuf ich mir eine Gestalt, eine schlanke, nervigte, blühende Jünglingsgestalt: und in der – –

SATAN *(schnell).* Raubtest du einem Mädchen die Unschuld?

DRITTER TEUFEL. Raubt' ich einer noch unberührten Schönheit – den ersten Kuß. Weiter trieb ich sie nicht. – Aber sei gewiß! Ich hab ihr nun eine Flamme ins Blut gehaucht; die gibt sie dem ersten Verführer preis, und diesem spart' ich die Sünde. Ist dann erst *sie* verführt – –

SATAN. So haben wir Opfer auf Opfer; denn sie wird wieder verführen. – Ha gut! In deiner Tat ist doch Absicht. – Da lernt, ihr Ersten! ihr Elenden, die ihr nur Verderben in der Körperwelt stiftet! Dieser hier stiftet Verderben in der Welt der Seelen; das ist der bessere Teufel. – – Sag' an, du Vierter! Was hast du für Taten getan?

VIERTER TEUFEL. Keine, Satan. – Aber einen Gedanken gedacht, der, wenn er Tat würde, aller jener Taten zu Boden schlüge.

SATAN. Der ist? –

VIERTER TEUFEL. Gott seinen Liebling zu rauben. – Einen denkenden, einsamen Jüngling, ganz der Weisheit ergeben; ganz nur für sie atmend, für sie empfindend; jeder Leidenschaft absagend, außer der einzigen für die Wahrheit; dir und uns allen gefährlich, wenn er einst Lehrer des Volks würde – den ihm zu rauben, Satan!

SATAN. Trefflich! Herrlich! Und dein Entwurf? –
VIERTER TEUFEL. Sieh, ich knirsche; ich habe keinen. – Ich schlich von allen Seiten um seine Seele; aber ich fand keine Schwäche, bei der ich ihn fassen könnte.
SATAN. Tor! hat er nicht Wißbegierde?
VIERTER TEUFEL. Mehr, als irgend ein Sterblicher.
SATAN. So laß ihn nur mir über! Das ist genug zum Verderben. – –

Und nun ist Satan viel zu voll von seinem Entwurfe, als daß er noch den Bericht der übrigen Teufel sollte hören wollen. Er bricht mit der ganzen Versammlung auf; alle sollen ihm zur Ausführung seiner großen Absichten beistehen. Des Erfolgs hält er bei den Hülfsmitteln, die ihm Macht und List geben, sich völlig versichert. Aber der Engel der Vorsehung, der unsichtbar über den Ruinen geschwebt hat, verkündiget uns die Fruchtlosigkeit der Bestrebungen Satans, mit den feierlich aber sanft gesprochenen Worten, die aus der Höhe herabschallen: *Ihr sollt nicht siegen!* – –

So sonderbar, wie der Entwurf dieser ersten Szene, ist der Entwurf des ganzen Stücks. Der Jüngling, den Satan zu verführen sucht, ist, wie Sie gleich werden erraten haben, *Faust;* diesen *Faust* begräbt der Engel in einen tiefen Schlummer, und erschafft an seiner Stelle ein Phantom, womit die Teufel so lange ihr Spiel treiben, bis es in dem Augenblick, da sie sich seiner völlig versichern wollen, verschwindet. Alles, was mit diesem Phantome vorgeht, ist Traumgesicht für den schlafenden wirklichen *Faust:* dieser erwacht, da schon die Teufel sich schamvoll und wütend entfernt haben, und dankt der Vorsehung für die Warnung, die sie durch einen so lehrreichen Traum ihm hat geben wollen. – Er ist jetzt fester in Wahrheit und Tugend, als jemals. Von der Art, wie die Teufel den Plan der Verführung anspinnen und fortführen, müssen Sie keine Nachricht von mir erwarten: ich weiß nicht, ob mich hier mehr die Erzählung Ihres Bruders oder mehr mein Gedächtnis verläßt; aber wirklich liegt alles, was mir davon vorschwebt, zu tief im Dunkeln, als daß ich hoffen dürfte, es wieder ans Licht zu ziehen.

Ich bin usw. *J. J. Engel.«*

S. 748 37 *Unzuvergnügender:* einer, dessen Ansprüche nicht befriedigt werden können.

S. 750 7 *Entelechie:* griech.: was sein Ziel in sich hat. Die erste Entelechie eines lebensfähigen Körpers ist nach Aristoteles die Seele. – 20 *Bahall:* hebr. Herr; bei den Westsemiten Name verschiedener Berg- und Stadtgottheiten.

DIE MATRONE VON EPHESUS (S. 753)

Der in Petronius' »Satiricon«, III überlieferte, aber auf indische und chinesische Quellen zurückgehende Stoff ist in der Weltliteratur oft behandelt worden. Für Lessing sind weniger die Tatsache, daß er sich mit diesem Stoff befaßt hat, als die lange Dauer und die Zeitpunkte dieser Beschäftigung interessant. Zuerst wurde er schon Ende der 40er Jahre als Student in Leipzig durch Christian Felix Weiße (dessen »Matrone von Ephesus« aber erst 1767 erschien) angeregt, sich mit dem Stoff auseinanderzusetzen, was von den Themen seiner sonstigen damaligen Arbeiten her nichts Verwunderliches hat. Von derartigen frühen Versuchen ist aber nichts erhalten. Zwanzig Jahre später, 1767, – also nicht allzu lange nach der Beendigung der »Minna von Barnhelm«! – befaßt sich Lessing in Hamburg, in Hinblick auf das dortige Theater, erneut mit dem Stoff; aus dieser Zeit stammt der erste überlieferte Entwurf, der aber noch wenig ausgeführte Szenen enthält. Umfangreicher, und nun szenisch ganz durchgeführt, ist der zweite, ebenfalls aus der Hamburger Zeit stammende Ansatz, der hier abgedrukt ist. Einen wichtigen Einblick in Lessings Werkstatt geben seine hierzu gehörenden Äußerungen im 36. Stück der »Hamburgischen Dramaturgie« (s. Bd. 2, S. 194 ff.); die an deren Schluß angekündigte »Erklärung« hat Lessing also nicht geschrieben.

Erstdruck beider Entwürfe im »Theatralischen Nachlaß«, 1. Teil, hrsg. von Karl G. Lessing, 1784; Muncker hat die Fragmente jedoch nach den Originalhandschriften im 3. Band seiner Ausgabe neu ediert. Danach unser Text.

S. 761 10 *bei dem die Götter zu schwören sich scheuen:* i. e. Pluto, der Gott der Unterwelt.

S. 770 24 *den Phylarchen:* hier wohl als Rangbezeichnung eines Kavallerieoffiziers. – 27 *den ... Liturgen:* von gr. λειτουργία, Bezeichnung für gewisse öffentliche Dienstleistungen, die urspr. freiwillig und unentgeltlich von Bürgern übernommen wurden.

S. 771 24 *Phalanx:* hier Bezeichnung für eine der Unterabteilungen der φαλαγγῖται, etwa dem »Regiment« entsprechend.

SPARTACUS (S. 775)

Einer der spätesten Dramenpläne Lessings. Er erwähnt ihn zum ersten Mal am 16. Dezember 1770 in einem Brief an seinen Freund Ramler in

Berlin, der ihm zwei Oden zugesandt hatte: »Die Ode an die Könige will ich mir dreimal laut vorsagen, so oft ich werde Lust haben, an meiner antityrannischen Tragödie zu arbeiten. Ich hoffe mit Hülfe derselben aus dem *Spartacus* einen Helden zu machen, der aus andern Augen sieht als der beste römische. Aber wenn! wenn! Diesen Winter gewiß nicht.« Am 16. Februar 1771 schreibt L. an Nicolai: »Mein Spartacus soll darum [trotz anderer Arbeiten] doch noch eher fertig werden, als wir in Deutschland ein Theater haben.«

Beide Äußerungen stammen also aus der Zeit der Arbeit an »Emilia Galotti«, und diese Koinzidenz macht den Entwurf besonders bemerkenswert. Hier, im *historischen* Drama, will Lessing eine »antityrannische Tragödie« mit einer andern – also keiner herkömmlichen – Art Helden als dem besten römischen machen. Hier – nicht in »Emilia Galotti« – war der Stoff genuin »sozialkritisch«. Daß Lessing diesen Stoff in dieser Zeit aufgriff, besagt viel.

Neben den im Fragment erwähnten Quellen hat Lessing den »Spartacus« von B. J. Saurin (1760) gekannt.

Erstdruck im »Theatralischen Nachlaß«, 2. Teil, hrsg. v. Karl G. Lessing, 1786.

S. 775   1 *Spartacus:* entfloh 73 v. Chr. aus der Gladiatorenschule in Capua und wurde zum maßgebenden Führer im 3. röm. Sklavenkrieg. Befehligte ein Heer von über 60000 Mann, das Teile Unteritaliens beherrschte und bis Oberitalien vordrang. 72 v. Chr. durch Crassus (s. u.) nach Unteritalien zurückgedrängt und 71 in Lucanien geschlagen. (Spartacus fiel in der Entscheidungsschlacht.) – 2 *Erzählung des Florus:* die »Epitome« (Abriß der röm. Geschichte) des Lucius Annäus Florus (2. Jh.). (Stellenangabe nach neueren Ausgaben: 2. Buch, 7. Kap.) – 11 ff. *de stipendiario ...:* Von einem thrakischen Söldner wurde er zum Soldaten, vom Soldaten zum Deserteur, dann zum Räuber, schließlich wegen seiner Kräfte zum Gladiator. – 15 ff. *defunctorum praelio ...:* Das Begräbnis der im Kampf gefallenen Anführer gestaltete er wie eine Leichenfeier für Feldherrn und ließ die Gefangenen bei den Scheiterhaufen auf Leben und Tod gegeneinander kämpfen. – 17 *Crixus:* neben Spartacus einer der Führer im Sklavenkrieg. – 19 *insignia ... fasces:* Feldzeichen, Rutenbündel (Abzeichen der Strafgewalt, die Feldherrn und hohen Beamten von den *Lictoren* vorangetragen wurden. Die Anzahl der Lictoren galt als Zeichen für die Höhe des Rangs). – 19 *Prätoren:* hohe röm. Beamte mit weitgehenden Befugnissen und Vollmachten. – 24 f. *Crassus:* Marcus Licinius Crassus, mit dem Beinamen »Dives«, der Reiche; einflußreicher röm. Politiker. Aus seiner Biographie in den »Lebensläufen« des Plutarch wird S. 776 zitiert (2. Kap.). Zur Zeit des Sieges über Spartacus war Crassus Prätor, 70 v. Chr. wurde er mit Pompeius (s. u.) Konsul. – *30 Cajus Cassius:* Cajus Cassius Longinus, röm. Feldherr, der am Krieg gegen Spartacus teilnahm.

S. 776   *7 ff.:* ἀναγνωστας, *lectores* ...: Vorleser, Schreiber, Geldprüfer, Hausverwalter, Tafeldecker. – *17 Appianus:* aus Alexandria (2. Jh.), Verfasser einer röm. Geschichte in griech. Sprache. – *17 f.* ἐς συνθηκας ...: Crassus einen Vertrag anbot. – *25 Pompejus:* Gnäus Pompeius Magnus, beteiligte sich bei der Rückkehr aus dem Sertorianischen Krieg in Spanien am Schlußkampf gegen die aufständischen Sklaven. – *30 ff. De Gladiatoribus* ...: Über die Gladiatoren. Aus den Saturnalischen Gesprächen des Lipsius [1547 bis 1606, niederländ. Philologe]. Es habe zwei verschiedene Arten von Gladiatoren gegeben, Gezwungene und Freiwillige. Die Gezwungenen: Sklaven, Verurteilte, Kriegsgefangene. Die Freiwilligen: Freie, die sich für Geld verpflichteten. Diese wurden *auctorati,* Gedungene, genannt. – Auctoramentum heißt nämlich Handgeld und Lohn. Die Verdingung eines Freien erfolgte durch einen feierlichen Eid. Dieser Eid findet sich bei Petronius – gebrannt, gefesselt, geprügelt, sogar durch den Stahl getötet zu werden.

S. 777   *5 ad caput Silari:* bei der Quelle des Silarus.

ZU DIESEM BAND

Die Texte dieses Bandes sind den Bänden 1, 2 und 5 (»Abhandlungen über die Fabel«) der achtbändigen Lessing-Ausgabe im Carl Hanser Verlag, München entnommen. Die fortlaufenden Zeilenkommentare beruhen auf den entsprechenden Anmerkungen der genannten Bände: zu den Gedichten, den Fabeln und den Dramen »Der junge Gelehrte«, »Die Juden« und »Minna von Barnhelm« wurden sie erarbeitet von *Gerd Hillen,* zu »Miß Sara Sampson«, »Philotas«, »Emilia Galotti«, »Nathan der Weise« und den vier dramatischen Fragmenten von *Karl S. Guthke,* zu den »Abhandlungen über die Fabel« von *Jörg Schönert.* Die Einführungen zu den einzelnen Werken (vor den Zeilenkommentaren) stammen vom Herausgeber dieser Auswahlausgabe. (Weiteres im Nachwort »Zu dieser Ausgabe« am Schluß des 3. Bandes.)

H. G. Göpfert

ALPHABETISCHES VERZEICHNIS
DER GEDICHTÜBERSCHRIFTEN UND -ANFÄNGE
(Überschriften sind *kursiv* gesetzt)

Alten, alt zu unsrer Pein ... 131
An die Leier 123
*An eine würdige
   Privatperson* 144
An einen Autor 144
[An Mäcen] 147
Auf ein Karussell 145
*Auf einen gewissen
   Dichter* 144

Das schlimmste Tier 144
Der Blinde 145
Der geizige Dichter 143
Der philosophische Trinker 130
Der Sonderling 124
Der Tod 128
Die drei Reiche der Natur 129
Die Ehre hat mich nie
   gesucht 7
Die Einwohner des Mondes 134
Die Küsse (Ein Küßchen,
   das ein Kind mir schen-
   ket) 124
Die Mägdchen, die in
   sechzehn Jahren 134
Die schlafende Laura 127
*Die Sinngedichte an den
   Leser* 143
Du fragst, warum Semir ein
   reicher Geizhals ist? 143

Ein Küßchen, das ein Kind
   mir schenket 124

Freund, gestern
   war ich – wo? 145
Für wen ich singe 126

Gestern, Brüder 128
Gibt einst der
   Leichenstein 144

[Grabschrift auf Kleist] 146
Grabschrift auf Voltairen .. 146

Hier liegt – wenn man
   euch glauben wollte 146

Ich 7
Ich singe nicht für
   kleine Knaben 126
Ich trink', und trinkend
   fällt mir bei 129
Ihn singen so viel
   mäß'ge Dichter 144
*In eines Schauspielers
   Stammbuch* 146

Kunst und Natur 146

Lehre mich, o Damon,
   singen 126

Man würze, wie man will .. 146
Mein Freund, der Narr 130
Merkur und Amor 143
Merkur und Amor zogen .. 143
Mit so bescheiden stolzem
   Wesen 144

*Nach der 15. Ode
   Anakreons* 125
Nachlässig hingestreckt ... 127
Niemanden kann ich sehn 145

O Kleist! dein Denkmal ... 146

Phyllis an Damon 126

Sittenspruch (Man würze,
   wie man will) 146
So bald der Mensch sich
   kennt 124

Töne, frohe Leier 123

*Unter das Bildnis des
    Königs von Preußen* 145

Was frag' ich nach dem
    Großsultan 125

Wem ich zu gefallen suche . 131
Wer kennt ihn nicht? 145
Wer wird nicht einen
    Klopstock loben? 143
Wie heißt das schlimmste
    Tier 144

INHALTSVERZEICHNIS

Motto 7
Fabeln. Drei Bücher 9
  Erstes Buch 11
    I. Die Erscheinung 11
    II. Der Hamster und die Ameise 11
    III. Der Löwe und der Hase 12
    IV. Der Esel und das Jagdpferd 12
    V. Zeus und das Pferd 13
    VI. Der Affe und der Fuchs 14
    VII. Die Nachtigall und der Pfau 14
    VIII. Der Wolf und der Schäfer 14
    IX. Das Roß und der Stier 15
    X. Die Grille und die Nachtigall 15
    XI. Die Nachtigall und der Habicht 15
    XII. Der kriegerische Wolf 16
    XIII. Der Phönix 16
    XIV. Die Gans 16
    XV. Die Eiche und das Schwein 17
    XVI. Die Wespen 17
    XVII. Die Sperlinge 18
    XVIII. Der Strauß 18
    XIX. Der Sperling und der Strauß 18
    XX. Die Hunde 19
    XXI. Der Fuchs und der Storch 19
    XXII. Die Eule und der Schatzgräber 19
    XXIII. Die junge Schwalbe 20
    XXIV. Merops 20
    XXV. Der Pelekan 21
    XXVI. Der Löwe und der Tiger 21
    XXVII. Der Stier und der Hirsch 22
    XXVIII. Der Esel und der Wolf 22
    XXIX. Der Springer im Schache 22
    XXX. Aesopus und der Esel 22

Zweites Buch 24
   I. Die eherne Bildsäule 24
   II. Herkules 24
   III. Der Knabe und die Schlange 25
   IV. Der Wolf auf dem Todbette 26
   V. Der Stier und das Kalb 26
   VI. Die Pfauen und die Krähe 27
   VII. Der Löwe mit dem Esel 27
   VIII. Der Esel mit dem Löwen 27
   IX. Die blinde Henne 28
   X. Die Esel 28
   XI. Das beschützte Lamm 29
   XII. Jupiter und Apollo 29
   XIII. Die Wasserschlange 30
   XIV. Der Fuchs und die Larve 30
   XV. Der Rabe und der Fuchs 31
   XVI. Der Geizige 31
   XVII. Der Rabe 32
   XVIII. Zeus und das Schaf 32
   XIX. Der Fuchs und der Tiger 33
   XX. Der Mann und der Hund 33
   XXI. Die Traube 34
   XXII. Der Fuchs 34
   XXIII. Das Schaf 34
   XXIV. Die Ziegen 35
   XXV. Der wilde Apfelbaum 35
   XXVI. Der Hirsch und der Fuchs 36
   XXVII. Der Dornstrauch 36
   XXVIII. Die Furien 37
   XXIX. Tiresias 37
   XXX. Minerva 38
Drittes Buch 39
   I. Der Besitzer des Bogens 39
   II. Die Nachtigall und die Lerche 39
   III. Der Geist des Salomo 39
   IV. Das Geschenk der Feien 40
   V. Das Schaf und die Schwalbe 40
   VI. Der Rabe 41

VII.–X. Der Rangstreit der Tiere	41
XI. Der Bär und der Elefant	43
XII. Der Strauß	43
XIII. XIV. Die Wohltaten	44
XV. Die Eiche	44
XVI.–XXII. Die Geschichte des alten Wolfs	45
XXIII. Die Maus	49
XXIV. Die Schwalbe	49
XXV. Der Adler	49
XXVI. Der junge und der alte Hirsch	50
XXVII. Der Pfau und der Hahn	50
XXVIII. Der Hirsch	50
XXIX. Der Adler und der Fuchs	51
XXX. Der Schäfer und die Nachtigall	51
Abhandlungen über die Fabel	53
Vorreden	53
I. Von dem Wesen der Fabel	56
II. Von dem Gebrauche der Tiere in der Fabel	86
III. Von der Einteilung der Fabeln	95
IV. Von dem Vortrage der Fabeln	107
V. Von einem besondern Nutzen der Fabeln in den Schulen	116
Gedichte	121
Lieder	123
An die Leier	123
Die Küsse	124
Der Sonderling	124
Nach der 15. Ode Anakreons	125
Phyllis an Damon	126
Für wen ich singe	126
Die schlafende Laura	127
Der Tod	128
Die drei Reiche der Natur	129
Der philosophische Trinker	130
Wem ich zu gefallen suche	131
Die Einwohner des Mondes	134
Fabeln und Erzählungen in Versen	137
I. Der Sperling und die Feldmaus	137

    II. Der Adler und die Eule 137
    III. Der Tanzbär 138
    IV. Der Hirsch und der Fuchs 138
    V. Die Sonne 139
    VI. Das Muster der Ehen 140
    VII. Faustin 140
Sinngedichte 143
    Die Sinngedichte an den Leser 143
    Merkur und Amor 143
    Der geizige Dichter 143
    An eine würdige Privatperson 144
    Auf einen gewissen Dichter 144
    Das schlimmste Tier 144
    An einen Autor 144
    Unter das Bildnis des Königs von Preußen 145
    Auf ein Karussell 145
    Der Blinde 145
    In eines Schauspielers Stammbuch 146
    Sittenspruch 1779 146
    Grabschrift auf Voltairen 1779 146
    [Grabschrift auf Kleist] 146
    Entwürfe für Oden 147
    [An Mäcen] 147
    Ode auf den Tod des Marschalls von Schwerin 148
Dramen 151
  Der junge Gelehrte 153
  Die Juden 249
    Über das Lustspiel Die Juden 289
  Miss Sara Sampson 297
  Philotas 389
  Minna von Barnhelm, oder das Soldatenglück 415
  Emilia Galotti 515
  Nathan der Weise 593
Dramatische Fragmente und Entwürfe 737
  Kleonnis 739
  D. Faust 747
  Die Matrone von Ephesus 753
  Spartacus 775

Anhang 779
  Fabeln 781
  Gedichte 795
    Lieder 795
    Fabeln und Erzählungen in Versen 796
    Sinngedichte 796
    Entwürfe für Oden 797
  Dramen 798
    Der junge Gelehrte 798
    Die Juden 803
    Miß Sara Sampson 805
    Philotas 808
    Minna von Barnhelm 809
    Emilia Galotti 815
    Nathan der Weise 820
  Dramatische Fragmente 825
    Kleonnis 825
    D. Faust 826
    Die Matrone von Ephesus 832
    Spartacus 832
  Zu diesem Band 835
  Alphabetisches Verzeichnis der Gedichtüberschriften
    und -anfänge 837